dtv

»Der gefilte Fisch ist eigentlich ein jüdisches Nationalgericht: Man nimmt die Gräten heraus und füllt ihn dann mit lauter guten Sachen. Bei diesem ›Gefilten Fisch‹ sind die Gräten leider dringeblieben. Die Probleme der Deutschen, der Juden, der deutschen Juden, der Schule, der Lehrzeit sind hineingepackt und zusammengebunden in der Erzählung von meiner Jugend, meiner Familie und meinen Freunden.« Königsberg in den zwanziger Jahren: Mit dem Entschluß, das Gymnasium zu verlassen und eine Tischlerlehre zu beginnen, kehrt Max Fürst der bürgerlich-jüdischen Welt seines Elternhauses bewußt den Rücken. Als er 1925 aufbricht und sich 1927 endgültig in Berlin niederläßt, spielen zwei Menschen eine herausragende Rolle in seinem Leben: Hans Litten, der Freund aus Königsberger Zeiten und spätere Rechtsanwalt der Arbeiter und der Unterdrückten im Kampf gegen Hitler, und Margot, die wie Max aktiv in der sozialistischen Jugendbewegung tätig ist. Mit ihr wird er Gestapohaft und KZ überleben, 1935 nach Palästina ausreisen und 1950 nach Deutschland zurückkehren.

Max Fürst (1905–1978) machte 1924 seine Gesellenprüfung als Tischler. 1925 verließ er Königsberg, baute eine jüdische Jugendgruppe mit auf und gründete die Beratungsstelle »Jugend berät Jugend« in Berlin. 1933–1934 in Gestapohaft und im KZ Oranienburg, 1935 Auswanderung nach Palästina. 1950 Rückkehr nach Deutschland und Arbeit u. a. an der Odenwald- und in der Bernsteinschule. Max Fürst war bis in die siebziger Jahre Tischler in Stuttgart.

Max Fürst

Gefilte Fisch
und wie es weiterging

Mit einem Nachwort von
Peter Härtling

Deutscher Taschenbuch Verlag

April 2004
© 2004 Deutscher Taschenbuch Verlag GmbH & Co. KG,
München
www.dtv.de
Der Band enthält:
›Gefilte Fisch. Eine Jugend in Königsberg‹
(Erstveröffentlichung: München 1973),
›Talisman Scheherezade. Die schwierigen zwanziger Jahre‹
(Erstveröffentlichung: München · Wien 1976)
und Texte aus dem Nachlaß
Umschlagkonzept: Balk & Brumshagen
Umschlagfoto: Archiv Gerhard Faller-Walzer
Gesetzt aus der Garamond 10/11,5· (3B2)
Gesamtherstellung: Druckerei C. H. Beck, Nördlingen
Gedruckt auf säurefreiem, chlorfrei gebleichtem Papier
Printed in Germany · ISBN 3-423-13190-X

Inhalt

Gefilte Fisch
Eine Jugend in Königsberg
7

Talisman Scheherezade
Die schwierigen zwanziger Jahre
341

Entscheidung für Palästina und Heimkehr
Texte aus dem Nachlaß
731

Gefilte Fisch – nachgefüllt
Nachwort von Peter Härtling
761

Inhaltsübersicht
767

Gefilte Fisch

Eine Jugend in Königsberg

Der gefilte Fisch ist eigentlich ein jüdisches Nationalgericht: Man nimmt die Gräten heraus und füllt ihn dann mit lauter guten Sachen. Bei diesem ›Gefilten Fisch‹ sind die Gräten leider dringeblieben. Die Probleme der Deutschen, der Juden, der deutschen Juden, der Schule, der Lehrzeit sind hineingepackt und zusammengebunden in der Erzählung von meiner Jugend, meiner Familie und meinen Freunden. Der Fisch ist süß-sauer bereitet; Saures ist genügend darin, es fehlt aber nicht an Süße, der Schilderung der ostpreußischen Landschaft, der geliebten versunkenen Stadt Königsberg, versunken wie alle Vergangenheit, heraufgeholt aus der Erinnerung, die bei allem kritischen Denken wahrscheinlich immer noch verschönt hat. Kein Weinen nach verlorener Vergangenheit, sondern schon ein Versuch, etwas von den Ursachen aufzuzeigen, die den Untergang der Stadt – als Beispiel – bestimmt haben.

Ob dieser Fisch genießbar geblieben ist, wird der Leser entscheiden.

Max Fürst

I

Alles, was ich erzähle, ist nur sehr beschränkt wahr, es ist nur so wahr wie meine Erinnerung, aber ich glaube, meine Erinnerung liebt mich und gibt mir deshalb recht. Ich habe das auch nötig. Es wäre traurig, wenn es mir nicht gelänge, etwas Glanz über all das zu schütten, was zeitweise so trostlos war. Wie oft habe ich als Kind versucht, die Nacht über wach zu bleiben, denn als Kind war die Nacht endlos für mich, und wenn mir gelungen wäre – was mir nie gelang –, in der Nacht nicht zu schlafen, so hätte ich mich dem »Jüngsten Gericht«, das am nächsten Morgen über mich hereinbrechen mußte, entziehen können. Aber das Jüngste Gericht kam dann nicht am nächsten Tage, es brach unvermutet über mich herein. Die Angst aber vor dem nächsten Tag ist nie gewichen. Sicher gab es auch fröhliche Tage für mich in Königsberg, Am Schloß Nr. 2 – drei Treppen; aber dort habe ich gelernt, meine Angst vor dem nächsten Tag zu haben und sie in Schach zu halten. Ich hatte vielerlei Zaubersprüche, und ich war merkwürdigerweise in dieser Zeit, meiner Schulzeit, ganz alleine. Wie konnte ich auch gegen meine älteren Schwestern aufkommen, die imstande waren, die Erwartungen meiner Eltern zu erfüllen. Wahrscheinlich waren meine Eltern schon früh von mir enttäuscht worden. Ich hatte immer den Eindruck, daß mein Vater mich für ziemlich schwachsinnig hielt und nur noch versuchte, mich vor dem Ende im Rinnstein zu retten. Ich kann schwer beschreiben, was für eine Art Kind ich war. Es war wohl nicht ganz einfach, mit vier Schwestern aufzuwachsen, andererseits habe ich dabei viel über die Mentalität von Mädchen gelernt. Mädchenjunge, sagte einige Male mein Vater ziemlich verächtlich zu mir. Dabei war mein Vater eigentlich nicht böse und keineswegs besonders streng, aber wir gerieten immer aneinander. Ich war verlogen, weil ich immer in Abwehrstellung war, und hatte selbst dann ein schlechtes Gewissen, wenn ich manchmal auf langen Spaziergängen vertraute Gespräche mit ihm hatte. Denn ich konnte kein Vertrauen zu jemand haben, der die Macht hatte, plötzlich einen Rohrstock herauszuholen und mich zu verprügeln. Ich hätte so gerne ein inniges Verhältnis zu ihm gehabt, aber ich hatte gelernt, immer auf der Wacht zu sein und kein unbedachtes Wort zu sagen.

Ich möchte von dem Haus erzählen und von der Gegend, in der wir wohnten. Unsere Straße war die Verbindung von der Junker- zur Schloßstraße. Die Junkerstraße war die Bummelstraße von Königsberg. Ich weiß nicht, aus welchem Grunde die eine Seite für die Studentenverbindungen tabu und die andere zum Promenieren freigegeben war. Es war eine Straße mit schönen Geschäften, die beste Geschäftsstraße der Oberstadt. Wir konnten von unserem Balkon links auf das Spielzeuggeschäft von Weiss sehen an der Ecke Junker-/Theaterstraße. An dieser Ecke war auch das Seydelsche Lyzeum, eine Mädchenschule, die alle meine Schwestern besuchten, bis die älteste, Lisbeth, auf das Mädchengymnasium, die Luisenschule, überwechselte. Die Schloßstraße führte an einer bewachsenen Terrasse des Alten Schlosses entlang. Rechts ging der Blick von unserem Balkon direkt aufs Schloß, vor allem auf den Kirchturm. Damals schien er mir sehr schön; ganz hoch oben hatte er eine Galerie, von der mittags um 12 Uhr und abends um 9 Uhr mit Trompeten ein Choral geblasen wurde. Wir wurden als Kinder nie müde, das zu hören und zu sehen. Sie bliesen auf allen vier Seiten, und wir warteten, bis sie an unserer Seite sichtbar wurden. Sommer, Mittag, Sonne, trockene Hitze und der geschmetterte Choral. Ich erinnere mich an einen glücklichen Moment, an die blauen, etwas verwaschenen Leinenkleider der Mädchen.

Jetzt muß ich aber erst von unserem Haus erzählen. Unten war das Seidengeschäft von Goldstein mit schönen großen Schaufenstern. In der ersten Etage war die Uhren-Großhandlung von Grabowsky, und die alte Frau Grabowsky war die Hauswirtin. Hauswirtinnen sind wohl immer alt, sie leben lange. Ihre Männer haben es meist viel eher aufgegeben, mit ihnen mitzuhalten. Entweder haben sie zu viel gearbeitet, und das ist ihnen nicht bekommen, oder sie ertrugen es nicht, neben diesen Verwaltern Gottes auf Erden zu leben. Meine Hauswirtin in Jerusalem hat es mir einmal gesagt, sie war auch alt, kam aus Amerika und sprach ein amerikanisches Jiddisch. Sie sagte: »Du willst dich gegen deinen Hauswirt auflehnen, das ist so, als wenn du dich gegen Gott auflehnst.« Vielleicht hatte sie recht, daß Gott ihr das Haus und die Macht über die Bewohner verliehen hatte.

Das Geschäft leitete der Sohn Hans, der eine Glatze hatte und freundlich war. Da war noch ein Faktor, so hieß der Hausdiener, der die Kisten schleppte und sie unten im Flur auf dem sehr kleinen Hof öffnete. Ich half und durfte Nägel herausziehen. Im zweiten Stock wohnten die alte Frau Grabowsky und ihre Tochter, Frau Goldschmidt, und deren Familie. Der Herr Goldsmith, so schrieb er sich vor 1914, war Engländer. Das war für uns sehr interessant. Er wurde im Krieg zeitweise interniert. Frau Goldsmith war Klavierlehrerin und Pianistin, die auf ihrem Flügel unter unserem Kinderzimmer tagelang dieselbe Stelle übte. Sie war befreundet mit dem großen Pianisten Edwin Fischer, und wir waren immer sehr stolz, wenn er in unserem Hause wohnte, aber auch von ihm hörten wir immer nur hundertmal eine Stelle, trotzdem lauschten wir andächtig. Es war sehr praktisch, daß Frau Goldsmith unter uns übte. Immer wenn Frau Grabowsky sich beschwerte, daß wir fünf Kinder zu viel Krach machten, konnten wir uns auf das Klavierspielen berufen.

Wir hatten die Dachwohnung. Die Räume waren hoch und dementsprechend auch die Treppen, und als ich mit der Tischlerlehre angefangen hatte, machte ich für meinen Vater auf einem Absatz eine Eckbank, weil es ihm schon schwerfiel, die Treppen hinaufzugehen. Unsere Wohnung hatte fünf Zimmer. Jedes Zimmer einen Erker. Die schrägen Wände waren zu Kammern ausgebaut. Wir hatten zwei Kinderzimmer, ein ziemlich schmales gehörte meinen beiden älteren Schwestern Lisbeth und Edith. Am Fenster im Erker standen nebeneinander zwei Tische für Schularbeiten, dann eine Nähmaschine, an den Wänden des breiter werdenden Raumes einander gegenüber zwei Betten. Schließlich noch, wie in jedem Zimmer, ein riesiger Kachelofen und eine Tür zum Korridor, eine andere zu unserem Kinderzimmer.

Dieses Kinderzimmer war das eigentliche Zentrum meiner Jugend. Da schliefen ich und Rosa und später, seit 1914, Hanna, meine jüngste Schwester, und schließlich Lene. Ich muß sie vorstellen: Helene Stoll. Sie kam 16jährig zu uns, als ich ein halbes Jahr alt war, und blieb, bis ich 15 wurde. Sie war immer unsere Freundin und gehörte so zur Familie, daß sie überall Helene von Fürst hieß. Es war sicher kein leicht erworbener Adel, aber 40 Jahre später hat sie es mir bestätigt, daß ihr Leben bei uns begonnen hatte. Für ihr privates Leben hatte sie eine der beiden Kammern, die unseren Erker bildeten. Dort hatte sie unter der Dachschrägung eine Kommode stehen und eine Petroleumlampe. Da saß sie manchmal, wenn wir schon lange schlafen sollten und sie nicht in der Küche mit der Köchin Anna Robiller zusammen sein wollte. Dort las sie unsere Bücher, unsere Schulbücher, und ihre frommen Bücher. Sie saß dann sehr still, und obwohl die Kammer sehr klein war, sah ich ihren großen Schatten an der Wand. Ich liebte die Kammer sehr, weil sie so eng ein Leben umschloß. Ich liebte sie auch wegen des Lichts in der Nacht, und ich liebte den Schatten. Meine Neugierde wurde geweckt, wenn dieser Schatten ganz groß wurde und sie sich die Kleider über den Kopf zog. Dann kam sie noch einmal zu jedem von uns und rückte die Kissen zurecht und schlüpfte dann in ihr Bett. Es war so beruhigend, daß sie da war, denn ich wurde lange Zeit von Geistern verfolgt. Ich hörte gerne Märchen, und an einem Winternachmittag wurde uns, als wir bei meinen Vettern waren, die Geschichte von dem Vampir vorgelesen. Am Schluß kletterte er den Menschen auf den Kirchturm nach, und sie wurden nur dadurch gerettet, daß die Uhr eins schlug und die Geisterstunde vorbei war. Nun, es war eine stürmische Nacht, und der Vampir rüttelte an der Balkontüre. Ich war damals wohl sechs Jahre und schämte mich, zu rufen. Da tat ich etwas ganz Verruchtes. Ich zerrte so lange an dem Bett des Babys Hanna, bis es zu weinen begann. Da kam natürlich Lene, und ich war gerettet. Ich glaube, ich litt damals sehr unter meinem Gewissen, denn sonst hätte ich diese böse Tat wohl nicht bis heute behalten.

Wir besaßen wirklich eine besondere Wohnung mit ihren Ecken und Dachkammern, ein Reich mit tausend Geheimnissen. Gegenüber Helenes Kammer war unsere Spielzeugkammer. Das war unser Reich. Auf Regalen und am Boden unsere Spielsachen. Meine Steinbaukästen, die Puppen meiner Schwestern, später das Puppenhaus, meine Eisenbahn, eine riesige Auswahl von Spielsachen, die sich bei fünf Kindern mit den Jahren angesammelt hatten. Die kostbarsten waren der Leierkasten, das Schattentheater, die Laterna magica, Schätze, die bei allen Festen herausgeholt wurden und die wir um so mehr liebten, je älter wir wurden. In der Mitte des Erkers stand der Kindertisch mit kleinen Stühlchen, später habe ich den Stühlchen die Lehnen abgesägt, dann waren es Hocker. Wir haben im Erker noch Heimabende abgehalten. Es wurde überhaupt in der ganzen Wohnung kaum etwas geändert, solange sie für uns existierte. Nur ich wurde dann bald aus dem Kinderzimmer verbannt, weil es sich ja nicht schickte, daß der Junge mit den Mädchen in einem Zimmer schlief. Vorher aber passierte noch die traurige Geschichte mit dem Kopfkissen. Mein Vater war ein Puritaner, und er wollte aus mir einen rechten Jungen machen. Eines Tages, ich werde wohl fünf Jahre alt gewesen sein, fand er, daß ein Junge ein hartes Kopfkissen brauchte, und ich bekam ein Roßhaar-Kopfkissen statt des schönen weichen Federkissens, das die Mädchen hatten. Natürlich konnte ich nun erst recht nicht einschlafen, und da ich noch wach war, als Helene ins Bett ging, nahm sie mich in ihr Bett. Dort bin ich in ihren Armen gleich eingeschlafen. Morgens habe ich selten gesehen, wenn Helene aufstand. Es war wunderschön, wenn es Winter war und sie morgens ins Zimmer kam, um uns zu wecken und Feuer in dem großen Ofen zu machen. Dann konnte man noch ein Weilchen liegen, bis die Kohlen glühten und die Ofentüren geschlossen wurden. Natürlich hatten wir auch eine Waschkommode, denn das Badezimmer war hinter dem Schlafzimmer der Eltern und am Morgen nicht zu benutzen. Es war damals auch noch nicht üblich, sich im Badezimmer zu waschen. Ein Schrank, braun gestrichen und gemasert, und ein großer alter Ausziehtisch in der Mitte des Zimmers, auf dem gebügelt und geschneidert wurde und an dem wir unsere Schularbeiten machten, vollendeten die Einrichtung. An dem Tisch aßen wir auch mit Lene, wenn die Eltern nicht zu Hause waren, und ich mußte dort essen, wenn ich zur Strafe von der gemeinsamen Tafel verbannt war.

Das Kinderzimmer war aus lauter ererbten Möbeln zusammengestellt. 1910, als meine Großmutter starb, bekamen wir die um 1870 üblichen Mahagoni-Stühle mit runden Lehnen und Rohrgeflechtsitz. Vom Balkon vor dem Erker sprach ich schon. Er war immerhin so groß, daß wir Kinder den kleinen Tisch hinausstellen konnten und im Sommer am Sonntag dort frühstückten. Vater hatte Blumenkästen gebastelt, in denen wir im Krieg Tomaten zogen. Tomaten – merkwürdiges Ostpreußen. Es galt als sehr fortschrittlich, Tomaten zu essen; sie tauchten erst 1914 auf, und die meisten Menschen in Ostpreußen hielten sie für giftig.

Auf dem Balkon spielte sich auch das große Drama mit Anna Robiller, der Köchin, ab. Es war im August 1914. Es war ein selten schöner warmer Sommer gewesen, und es war ein verführerisch schöner Tag, als die Soldaten ins Feld zogen. Wir standen alle auf dem Balkon und brüllten Hurra. Plötzlich rief Rosa: »Die Anna ist runtergefallen.« Wirklich sahen wir sie unten auf der Straße zwischen den Soldaten herumkriechen. Ich war natürlich sehr aufgeregt. Was geschehen war, erfuhr ich erst später. Anna Robiller hatte so laut und so begeistert geschrien, daß ihr Gebiß, auf das sie so stolz war, mittenmang die Soldaten gefallen war. Wir Kinder waren sicher eine herzlose Bande, aber wir wagten nicht zu lachen. Ich war damals neun Jahre alt, und als ich den Mund aufmachen wollte, kniff mich Helene in den Arm, das war Signal genug. Übrigens war mein Vater gar nicht so begeistert, was ich ihm zeitweise sehr übelnahm. Ich erinnere mich an eine Szene, es war ein paar Tage vor Beginn des Krieges: Er klopfte an das Barometer und sagte: »Es gibt ein großes Unglück.« Ich weiß nicht, was eins mit dem anderen zu tun hatte, aber er sagte es so ernst, daß es mich beeindruckte.

Ich wußte schon lange, daß es ein Unglück geben würde, Anna Robiller hatte es gesagt. Es war nämlich ein großer Spiegel mit Facetten und goldenem Stuckrahmen, der über dem Sofa im Eßzimmer hing, heruntergefallen, und jedes Kind weiß, daß ein zerbrochener Spiegel sieben Jahre Unglück bringt.

Beschreibungswürdig war auch unsere Toilette, ein wichtiger Ort und meine Zuflucht, wenn ich vor Ängsten nicht mehr wußte wohin. Sie war neben dem Wohnungseingang mit einer Bretterwand vom Korridor getrennt. Gegenüber dem Thron waren Besen, Schaufel und Schrubber an die Wand gehängt, und davor hing ein »Paradetuch«, das sie verdeckte. Es war weiß und rot mit Kreuzstich bestickt, und es war sehr schön, nur war die Schrift derartig verschnörkelt, daß ich Jahre dazu gebraucht habe, um sie zu entziffern. Sie hieß: »Lust und Lieb zum Ding, macht die Müh gering.« Wenn ich da thronte, buchstabierte ich und wurde mir nie über das verschnörkelte »L« klar, und auch wenn ich sicher war, daß es ein »L« sein müsse, konnte ich es nicht glauben, so sinnlos kam es mir an jener Stelle vor. Ich wagte auch nicht, jemanden zu fragen, weil ich ja doch ein Dummer war und mir das nicht immer wieder sagen lassen wollte. In dieser Zeit war es wohl auch, daß mich jemand anschrie: »Bist du aber dumm« und ich ruhig sagte: »Das haben mir schon viele gesagt.« Ich hatte mich schon damit abgefunden und wollte meist nur in Ruhe gelassen werden.

Kreuzstich-Bilder scheinen damals überhaupt eine große Leidenschaft gewesen zu sein. Wenn am Sonntagnachmittag nach dem großen Essen alles abgewaschen und geputzt war, dann wurde der große gemauerte Herd, den es in Ostpreußen damals noch in jeder Wohnung gab, mit einem weißen Leinentuch mit Schornsteinfegern in Kreuzstich, das über die Seiten hinabhing, zugedeckt. Der Kaffee am Nachmittag wurde dann auf dem Gaskocher gekocht. Ich habe mich schon als Kind gewundert, wie es möglich war, den Herd mit der großen Eisenplatte und den Kochringen, dem Backofen und der umlaufenden Eisenstange, damit man nicht zu weit an die heiße Platte herankam, so sauber zu bekommen, daß man weißes Leinen darüber legen konnte. Aber ich glaube, daß Anna auch erst Zeitungspapier unterlegte. Ja sicher: Paradetuch hießen all diese schönen Leinentücher. Die Schornsteinfeger-Leinen gab es auch in zwei Ausführungen, in Rot und Dunkelblau. Ich liebte die blaue Fassung besonders und hielt es für ein gutes Omen, wenn sie aufgelegt war.

Ich bin mir wieder davongelaufen und geradewegs in die Küche. Das tat ich gerne, wenn ich auch dort immer gleich etwas zu tun bekam. Natürlich konnte man sich nur in die Küche wagen, wenn Anna gut gelaunt war. Anna war nicht sehr beliebt bei mir. Wenn sie lieb war, »betatschelte« sie mich, was ich gar nicht gern hatte. Ihr Lieblingskind war meine Schwester Rosa, die zwei Jahre jünger war als ich. Röschen verteidigte sie wie eine Löwin, und Rosa brüllte schon, wenn man sie nur ansah. Ich fand, daß Anna Robiller falsch war. Falsch war alles an ihr, ihre Zähne, ihre Haare, ihre Frömmigkeit, sie tat oft freundlich mit uns und verpetzte uns dann. Meine Mutter sagte, sie sei eine ausgezeichnete Köchin. Ja, manchmal, wenn sie wollte. Meine Mutter hatte Angst vor ihr; sie ging Auseinandersetzungen aus dem Wege. Zwischen meinem Vater und der Anna war oft Krieg, aber ich glaube, meine Mutter hat immer vermittelt, weil es sich einfach nicht schickte, ein Mädchen, es war ja eigentlich wirklich eine Frau, zu entlassen, wenn sie schon so lange bei uns war. So waren wir alle noch jahrelang ihren Launen ausgesetzt.

Schön war es in der Küche, wenn Anna auf Urlaub war oder Ausgang hatte. Da war noch der Eisschrank, für den im Sommer Stangen-Eis gebracht wurde. Er war in einem gestreiften Gelbbraun, eine furchtbare Farbe, in der auch Küchenschrank und Küchentisch lasiert waren. Es gab eine Speisekammer, und am Fenster war ein breiter Schlitz in der Wand, der die Küche mit dem Mädchenzimmer (Annas Zimmer) verband. Der Eingang zum Mädchenzimmer war im Korridor. Das Zimmer war beinahe dreieckig, so daß an der Türseite Bett und Schrank sich gegenüberstehen konnten und vorne neben dem Bett gerade noch Platz für einen kleinen Tisch war. Beheizt wurde das Zimmer durch den Schlitz in der Küche. Vom Fenster sah man über zwei kleine Hinterhöfe hinüber zu den Häusern der Prinzessenstraße. Sie war eine Parallelstraße zur Straße Am Schloß, und dort soll Immanuel Kant gewohnt haben. Das ist glaubhaft, weil sich Kant schon damals darüber beklagt haben soll, daß die Wachablösung immer mit Knüppelmusik durchgezogen kam. Das tat sie auch noch zu meiner Zeit. Dort lag die Konditorei Gehlhaar, eine unserer Kindersehnsüchte, die das beste Königsberger Marzipan buk. Randmarzipan wurde auch bei uns zu Weihnachten gebacken, aber nicht im Backofen, sondern im großen Kachelofen bei uns im Zimmer. Wir hatten dazu bei Tante Anna eine Pfanne geborgt, mit der man an einem langen Stiel den Inhalt gegen die Glut drehen konnte.

Später wohnte ich in Annas Zimmer; im rechten Winkel zum Fenster war das Fenster unseres Eßzimmers. Im Sommer, wenn sie offen waren, konnte ich mit einem großen Schritt ins Eßzimmer hinübersteigen. Man durfte nur nicht hinuntersehen, dann wurde einem so wohlig schwindlig.

Durch die Kreuzstich-Paradetücher bin ich nun völlig vom rechten Weg abgekommen. Ich wollte eigentlich von der Eingangstür den langen Korridor mit dem abgetretenen Stragula-Fußboden entlanggehen. Links standen zwei große Schränke und rechts die Garderobe zwischen den Türen zu den beiden Kinderzimmern. Trotzdem war der Korridor noch groß genug für unsere Kinderfeste, für Tanz und Polonaise, und dort hingen auch die Ringe zum Turnen und unsere Schaukel. Geradeaus gab es dann zwei Türen, die linke ging zum Eßzimmer, die rechte zum Salon. Der Salon war ein Zimmer, das wir nur auf Zehenspitzen betreten durften. Er war überaus vornehm, hatte einen schönen, weichen Teppich und (falsche) Empire-Möbel. Die Stühle hatten so dünne gedrehte Beine, daß man immer das Zittern bekam, wenn ein etwas massiver Herr darauf Platz nahm. Ein achteckiges Tischchen, ein Sofa und ein Vitrinenregal, in dem immer wieder von uns durchgeblätterte Zeitschriften und Noten lagen und auf dem Nippes stand, den ich natürlich damals sehr bewunderte. Besonders schön waren Kaiser Wilhelm I. und Napoleon III. bei Sedan, sehr natürlich in farbigem Porzellan als Aschbecher zu verwenden, und ein anderer Aschbecher mit einem Frosch, der rauchte, wenn man eine Zigarre auf die Schale legte. Ganz schlimm waren Figuren aus Meerschaum, Schäfer und Schäferinnen, die der jüngste Bruder meiner Mutter, der damals »Kunsthändler« war, aus Frankreich importierte. Onkel Richard war das erfolgloseste Mitglied der Familie meiner Mutter. Er war sehr weich, freundlich und immer etwas traurig und schuldbeladen; er war sehr schwach und hat dennoch alle anderen überlebt: Erst vor einigen Jahren, beinahe 90 Jahre alt, ist er in Argentinien gestorben. Ihm verdankten wir auch den riesigen Gobelin, der über der Chaiselongue hing, auf der ich, nach meiner Verbannung aus dem Mädchenzimmer, schlief. Ich weiß nicht, wie es mein Vater mit seinen Ansichten von gesundem Schlaf mit flachem Kopfkissen vereinen konnte, daß ich auf dieser Chaiselongue mit steilem Kopfteil jahrelang schlafen mußte. Nun, ich glaube, mir hat weder das eine noch das andere geschadet. Von meinem Lager aus sah ich den Ofen mit seinem schmiedeeisernen Gitter vor der Feuerung, der mit seiner Krone sicher vier Meter hoch gewesen ist. Alle unsere Öfen reichten bis zur Decke und alle hatten unendliche Verzierungen auf ihrem weißen Leib. Bei diesem waren es grüne Lilien, die sich heraufrankten. Im Kinderzimmer war ein Muster aus runden Rosetten. Wir nannten es »Kailchen«, was so etwas wie ein Kloß war. Ich habe oft Märchenfiguren in den Verschnörkelungen gesehen, und der Ofen wurde zu einer Burg, in der grausige Taten geschahen. Ich darf den Kronleuchter nicht vergessen, der von der Decke abwärts mit Glasprismen behängt war. In der Mitte war eine offene Glaskugel, in der die Gasflamme brannte. Heute ist so etwas wieder modern, nur sind die Prismen etwas größer und kommen aus Italien. Woher unser Kronleuchter kam, weiß ich nicht. Es war immer eine schöne Arbeit, wenn das Glas gewaschen wurde und neu gehängt werden mußte. Man konnte es nie gleich wieder richtig zusammenkriegen, so daß die ineinandergehängten Glasstücke wie ein Faltenwurf im Theater herabhingen. Überhaupt war das schöne gelbe Gaslicht wunderbar, und es dauerte lange, bis wir uns an das elektrische Licht gewöhnt hatten. Mein Vater war sehr stolz, daß wir auch im Treppenhaus elektrisches Licht hatten. Er erzählte oft von einem Besuch bei meiner Tante in Berlin, wo man noch mit der Petroleum-Lampe heruntergebracht werden mußte. Erst im Krieg, als die Gasbeleuchtung öfters aussetzte, wurde das elektrische Licht von der Decke heruntergeholt und unten am Kronleuchter angebracht. Die Gaslampen wurden erst viel später umgebaut.

Zurück zum Salon. Natürlich hatte er wieder einen Erker, diesmal ein Podest, auf dem in Blumenständern großblättrige Blattpflanzen standen, die nie blühten, und auch eine Zimmerpalme, die ziemlich erfroren aussah. Der Salon wurde nur geheizt, wenn große Feste gefeiert wurden, und so mußte ich den Krieg über im Winter im Schlafzimmer der Eltern schlafen, auch dort auf einer Chaiselongue, zu Füßen des Ehebettes. Das mochte ich gar nicht gern. Ich hatte mir so langsam den Salon erobert. Zuerst durfte ich nur dort schlafen und nichts im Zimmer anrühren. Später durfte ich dann – ich glaube, im Jahr viermal – vor dem großen Reinemachen meine Eisenbahn aufbauen und stehenlassen. Dann baute ich große Brücken und transportierte Eisenbahnwagen mittels eines Krans auf das Podest. Eisenbahn und Baukasten waren mein Lieblingsspielzeug, die immer wieder neue Kombinationen zuließen. Mein Vater sah diese Leidenschaft nicht allzu gerne: »Wenn der Junge sich bei den Schularbeiten nur halb soviel Mühe geben würde.« Ich glaube, er gab sich Mühe, aber es war so hoffnungslos. Wenn ich schlafen gegangen war, sah ich unter der großen Doppeltür das Licht des Eßzimmers. Meine Schwestern waren schlafen gegangen, meine Mutter, die zu meinem Vater immer »Liebchen« sagte, ging dann auch zu Bett, nur mein Vater saß noch auf dem Sofa und las. Ich hatte das gerne, wenn nur noch wir beide wach waren. Dann war ich mit ihm zusammen und erzählte ihm auch meine Geheimnisse; er war mir nahe, ohne mir gefährlich zu werden. Sehr oft, wenn ich Husten hatte und er es nebenan hörte, kam er herein und gab mir Codein-Tropfen. Ich war gerührt, weil ich ja eigentlich glaubte, daß ich ein unleidliches Kind war und irgendwie immer etwas außerhalb stand. Natürlich probierte ich auch meine Tricks aus. Solange das Licht brannte, konnte ich auch meine kleine

Lampe anhaben und lesen. Manchmal machte ich auch meine Schulaufgaben, weil ich nicht wollte, daß jemand mit mir lernte. Wenn mein Vater aufstand, wußte ich genau die Reihenfolge seiner Gewohnheiten. Ich mußte das Licht ausmachen, bis er auf die Toilette gegangen war, noch einmal nachgeprüft hatte, daß die Haustür abgeschlossen war, und sich die Schuhe ausgezogen hatte. Dann ging er ins Schlafzimmer, das neben dem Eßzimmer lag, und schloß die Türe. Danach konnte ich weiterlesen, bis ich einschlief.

Nun muß ich noch einiges über den Gobelin erzählen, den Onkel Richard aus Paris hatte kommen lassen. Er zeigte Dante mit Beatrice. Er war sehr schön und sicher nach einem berühmten Bild gemacht. Ich fand es etwas komisch, daß Dante ein olivgrünes Kleid anhatte und ziemlich mißmutig aussah. Noch viel schwieriger war es herauszukriegen, wer von den beiden Damen, die da in der italienischen Landschaft standen, Beatrice war. Ich weiß nur, daß die eine, die ein quittengelbes Kleid anhatte, nicht sehr hübsch war, aber die Hand nach ihm ausstreckte, während die andere, die mir sympathischer war, schon weil sie ein blaues Kleid trug, sehr vergrämt aussah. Mein Kunstsinn wurde auch in der Schule auf die Probe gestellt. ›Herkules am Scheidewege‹ hieß das Bild, das an der Längsseite der Aula hinter dem Podest, auf dem die Lehrer sich versammelten, die ganze Wand einnahm. Ein Professor an der Königsberger Akademie, Otto Ewel, hatte es gemalt, doch das erfuhr ich erst jetzt, ich hatte immer geglaubt, unser Zeichenlehrer Dörstling sei der Künstler gewesen, weil er so stolz darauf war und uns so oft darauf hinwies. Heute würde man sagen, ein Schinken, aber es war doch sehr lehrreich, wie Herkules, nur mit einem Lendenschurz, allerdings aus Pelz, bekleidet, zwischen zwei Damen stand. Die eine, etwas füllige, hatte ein ärmelloses, halsfreies, auffällig gelbes Kleid an, während die andere einen schlichten blauen Kittel trug. Fraglos repräsentierte sie die Tugend, während es sich bei der anderen wohl um die Verlockung handelte.

Ich glaube nicht, daß das Laster sich in die Nähe von Herkules und in eine Knabenschule gewagt hätte. Mein Freund Fredi Quadfasel wunderte sich, weshalb die Tugend den Herkules gerade hinter die steinigen Felsen locken wollte. Das verstand ich aber erst viel später. Dieses Bild hat mich wie Dante und Beatrice viele Jahre begleitet. Doch zurück in den Salon. Dort stand ein Biedermeier-Schreibsekretär, den mir Onkel Felix gegeben hatte; er hatte ihn von der Großmutter geerbt. Er war wunderschön mit seinen vielen Schubfächern und kostbar, weil er lange das einzige Stück war, das mir alleine gehörte.

Unser Eßzimmer war, wie alle Eßzimmer jener Zeit, in nußbaumbrauner Eiche und hatte als Gegensatz zu dem Salon die Elefantiasis. Besonders der große Speisetisch litt daran, der auf gedrehten, sehr umfangreichen Beinen stand. Es war ein Rushway-Tisch, das heißt, er hatte nach einem englischen System sechs Auszüge in sich, die er auch brauchte, da bei allen Festen und Geburtstagen eine recht zahlreiche Familie zu Gast kam. An gewöhnlichen Tagen gab es eine feste Sitzordnung. Meine Mutter saß an der Schmalseite in der Nähe der Tür, die zum Korridor führte, neben ihr an der Langseite saß mein Vater. Sein Stuhl hatte eine kleine Rolle um die Lehne, die meine Schwestern einmal zum Geburtstag gestickt hatten. Neben dem Vater saß Edith, an der Schmalseite gegenüber meiner Mutter saßen Rosa und ich, dann kamen an der Langseite Lisbeth und Hanna, unsere Jüngste, die wieder neben der Mutter saß. Schräg über die Ecke stand das riesige Buffet. Das war eine Ritterburg mit Säulen, selbst auf den Türen waren Schnitzereien angebracht. Der Aufbau reichte beinahe bis zur Decke. Die Zacken oben waren wohl eine Kopie des Papstschlosses in Avignon; der Aufsatz wäre eine herrliche Szenerie für das Puppentheater gewesen, nur hat meine Mutter es nie erlaubt, daß wir die Türen herausschraubten. Das ging ja auch nicht, wohin dann mit den vielen Weingläsern. Das Unterteil, in dem das gute Geschirr stand, war sehr unpraktisch, weil man, um die Tiefe auszunutzen, Stapel von Tellern und Schüsseln hintereinander stehen hatte und nur unter großen Gefahren etwas herausholen konnte. Darüber waren die Besteckkästen, und auf dem wuchtigen Blatt standen neben vielem Silbergeschirr die Zuckerdosen. Ich konnte es nie lassen, ein Stück Zucker zu stibitzen, denn neben dem Buffet war die Tür zum Schlafzimmer der Eltern, und wir mußten, bevor wir zur Schule gingen, den Eltern einen guten Morgen wünschen gehen. Ich haßte das, weil ich immer gute Ermahnungen mitbekam. Mein Trost bestand in dem Stück Zucker. Meine Mutter sagte: »Wer lügt, der stiehlt auch«, und ich muß bekennen, daß ich noch schlimmere Dinge getrieben habe.

Gegenüber dem Buffet war das Fenster; es ist das Fenster, in das ich von Annas Zimmer über den Abgrund hinweg einsteigen konnte. Davor standen der Nähtisch meiner Mutter und ein Sessel. Hinter dem Sessel hing das Barometer an der Wand, an das mein Vater klopfte, als der Krieg ausbrach. Am Nähtisch konnte man fast immer meine Mutter finden. Sie stopfte unendlich viele Strümpfe und nähte Knöpfe an. Strümpfe stopfen und Staub wischen waren die Hauptbeschäftigungen meiner Mutter. Darüber hinaus hatte sie damit zu tun, zwischen allen zu vermitteln. Oft versuchte sie, mich bei meinem Vater zu entschuldigen, schlichtete Streitereien zwischen Lene und Anna, und wenn sie beim Austeilen der Suppe uns aufmunternd sagte: »Es schmeckt wie Marzipan«, dann wußten wir schon, daß in der Küche etwas schiefgegangen war. An der Längswand neben dem Buffet stand noch ein Schaukelstuhl aus Buche, dann das Sofa, mit einem teppichartigen rotgemusterten Bezug. Darüber wieder ein geschnitztes Brett, auf dem Nippes standen. Auf dem Sofa hielt Vater seinen Mittagschlaf. Neben dem Sofa noch ein relativ zierlicher Teetisch, auf dem das immer blankgeputzte Teeservice stand, daneben war der Ofen. Gegenüber, zwischen Fenster und Tür zum Korridor, stand das Klavier. Alle hatten wir einmal

Klavierstunden gehabt, am meisten spielte meine älteste Schwester Lisbeth. Ich scheiterte an dem ›Fröhlichen Landmann‹. Es war mir unmöglich, mit zwei Händen etwas Verschiedenes zu spielen.

Den goldgerahmten Spiegel mit den Kristallfacetten, der drohend über dem Sofa hing, der schon den Krieg angekündigt hatte, aber offensichtlich unentbehrlich war, denn sein Stuckrahmen wurde wieder repariert, und den Regulator hätte ich beinahe vergessen. Sie gehörten zum Zimmer. Ohne sie wäre alles wie ein unsigniertes Bild gewesen, und man hätte nicht gewußt, daß das Ehepaar Fürst um 1900 geheiratet hatte. Ein Regulator ist nicht ein Gerät für unsittliche Zwecke, auch nicht eine verfrühte Herz-Lungen-Maschine, sondern einfach eine Uhr. Nicht eine Standuhr. Man hatte eben entdeckt, daß eine Standuhr unpraktisch sei, weil sie so viel Platz einnahm. Auch nicht eine Kuckucksuhr – die hatten wir im Kinderzimmer und die wurde mit Ketten und Gewichten aufgezogen. Ein Regulator hing an der Wand, war den Möbeln des Zimmers angepaßt und wurde mit einem Schlüssel aufgezogen, was mein Vater pünktlich jeden Sonnabendnachmittag tat. Dazu gab es einen Zwei-Stufen-Tritt, gleichfalls mit Schnitzereien und gesticktem Teppichbezug, der den Platz unter der Uhr einnahm. Der Regulator hatte ein Zifferblatt wie Big Ben; er schlug jede halbe und jede volle Stunde. Schön laut, so daß wir den von Goldschmidts hörten, wenn unserer vorging. Übrigens besaßen Goldschmidts natürlich eine Standuhr, als diese 1905 wieder modern waren.

Ich habe von diesem Eßzimmer viel gelernt. Vielleicht ist es auch daran schuld, daß ich Tischler geworden bin. Schon mit 14 bis 15 Jahren konnte ich nach der Einrichtung bestimmen, wann die Leute geheiratet hatten, und etwas später hatte ich die Theorie, daß man bei einem Kind bestimmen konnte, in welchen Möbeln es aufgewachsen war. Natürlich mußte man das dialektisch sehen, denn es gibt ja auch Menschen, die sich gegen den Einfluß der Umwelt wehren. So hat dieses Zimmer viel zu meiner Entwicklung und zu meiner Menschenkenntnis beigetragen.

Nun zum letzten Zimmer unserer Wohnung, dem Schlafzimmer meiner Eltern. Es war das hinterste Zimmer in der Reihe Salon, Eßzimmer, Schlafzimmer. Es hatte nur durch das Eßzimmer Zugang, und seine Fenster gingen auf den Hof. Wenn Kant noch gelebt hätte, so hätten ihm meine Eltern ins Zimmer sehen können. Das Schlafzimmer war sehr kalt und auch durch Heizen selten warm zu kriegen. Es hatte zwei Kammern, eine Vorratskammer mit all den schönen im Sommer eingemachten Früchten, auf der andren Seite eine, in der Kartons und Wintersachen aufbewahrt wurden. Eigentlich war das Badezimmer auch nur eine Kammer, grau gestrichen, mit einer grauen Badewanne mit Füßen und einem grüngrauen Badeofen. In der anderen Ecke lagerten Holz und Schichken, das sind Tannenzapfen, die wir Kinder sammelten und in Rucksäcken nach Hause schleppten. Sonnabendnachmittag war Badetag, und es war ein großes Vergnügen, wenn Helene uns alle abschrubbte und wir zu zweien und dreien in der Badewanne saßen und Unterseeboot spielten. Edith, Max und Rosa, wir drei gehörten eigentlich immer zusammen. Lisbeth isolierte sich ständig von uns, sie machte unsere Streiche nie mit. Sie war der Liebling meiner Großmutter und war vernünftig. Vernünftig, das war das Wort, ich war leider nie vernünftig. Irgendwie war es mir immer unmöglich, vernünftig zu denken. Die Möbel des Schlafzimmers waren aus Satin, was immer das sein mochte: Es war eine gelbliche Mahagoni-Art. Die breiten Ehebetten, vor denen eine Chaiselongue stand, auf der ich lange Zeit geschlafen habe, hauptsächlich im Krieg, als ein Oberst im Salon einquartiert war und seine zwei Burschen, für die in aller Eile zwei Bodenkammern ausgebaut wurden, und dann in den langen Wintern, in denen Kohlen gespart werden mußten. Ich fand das eigentlich unerträglich, aber es gab keine andere Möglichkeit, denn die Winter in Königsberg waren sehr kalt, und wenn ich die erste Erkältung hatte, ließ mir meine Mutter keine Ruhe mehr. Als wir noch klein waren, war es immer sehr hübsch, krank zu sein. Man bekam ein kaltes, nasses Tuch um den Leib geschlagen, das berühmte Billroth-Papier, und darüber ein wollenes Tuch, das Franzenröckchen. Dann mußte man schwitzen, und wenn das nichts nützte, wurde der Herr Sanitätsrat Dr. Kob geholt. Ein schrecklich hölzerner alter Mann, der war unser Hausarzt und hatte ein fixes Honorar. Es war ein Glück, daß wir nie ernsthaft krank waren, denn daß der Herr Sanitätsrat völlig vertrottelt war, das wußten sogar schon wir Kinder. »Zeig Zungchen, mein Jungchen«, das war sein Satz, den er mir nie ersparte. Er ist mit ein Grund, daß wir Kinder den Ausbruch des Weltkriegs sehr begrüßten. Kurz zuvor hatte er nämlich gefunden, daß wir Veranlagung zur Skrofulose hatten. Wir durften keine Kartoffeln mehr essen, und da es als Ersatz Milchreis oder Griesbrei gab, waren wir froh, daß man gleich am Anfang des Krieges keine Zeit mehr für all diese Dinge hatte, weil es ja in Ostpreußen wenigstens zu Beginn des Krieges Kartoffeln genug gab. So waren wir wieder gesund und durften unsere Kartoffeln essen.

Zum Schlafzimmer gehörte noch eine große Kommode mit Spiegelaufsatz. Der Spiegelaufsatz war die Frisiertoilette meiner Mutter. Damals kam jeden Tag die Friseuse, um meiner Mutter die Haare zu machen. Meine Mutter hatte schönes schwarzes Haar, aber sie hatte nie gelernt, sich das Haar selber zu richten. Ich sah gerne zu, wenn die Haare gekämmt, gebürstet und toupiert wurden. Aufregend wurde es aber erst, wenn meine Eltern zu einem Ball, zu einem Konzert oder ins Theater gingen. Dann war meine Mutter, die immer Wert darauf legte, sehr unscheinbar und grau auszusehen, plötzlich sehr schön, so schön wie auf einem alten Bild, das über dem Klavier hing. Mein Vater war ohnehin ein schöner Mann, nicht sehr groß, mit einem schmalen Kopf, einer Glatze, aber einem etwas rötlichen Spitzbart. Sie waren ein schönes Paar, wenn sie durch das bewundernde Spalier der Kinder und Helenes durch den Korridor hinausgingen. Ich hatte damals nur Weihnachtsmärchen gesehen und konnte mir gar nichts Schöneres vorstellen als das Geschehen auf der Bühne. Meine Mutter erzählte mir aber, der Kritiker sei noch längst nicht zufrieden gewesen und hätte den Kopf geschüttelt. Da ich aber nur einmal einen Kritiker gesehen hatte, der noch dazu einen langen wallenden Bart hatte, so stellte ich mir immer vor, daß am Ende jeden Stückes der Kritiker mit dem langen Bart vor den Vorhang trat und stumm den Kopf schüttelte. Doch zurück zu unserer Friseuse. Sie war eine kleine Frau, deren Namen ich vergessen habe. Nicht vergessen aber habe ich ihren Garten. Sie wohnte in der Wagnerstraße (die einen sehr schlechten Ruf hatte), einer Seitenstraße des Steindamms, in einem kleinen Haus, und der Garten war nicht größer als ein großes Zimmer. Er war von hohen Mauern umgeben. Ich weiß nicht, wie die Sonne es machte, hineinzuscheinen, aber der Garten war voll der schönsten Blumen. Sooft ich mit einer Bestellung, von meiner Mutter geschickt, bei ihr war, immer blühten andere Blumen. Er war für mich ein Stückchen des Gartens Eden oder des Südens, beides waren in gleicher Weise Märchenorte.

Im Unterteil der Kommode waren vier große Schubladen, ich muß doch noch darauf zurückkommen, weil eigentlich an jedem Möbelstück »Gefühlswerte hingen«, wie mein Freund Hans Litten zu sagen pflegte. In der zweiten Schublade standen unsere Sparbüchsen. Sie hatten die Gestalt von Windmühlen, und jedes Kind hatte für seine Sparbüchse einen winzigen Schlüssel. Wir bekamen etwas Taschengeld und gelegentlich auch einmal kleine Geldgeschenke von Freunden der Eltern. Das Geld benutzten wir für Geschenke zu Geburtstagen und zu Weihnachten. Leider war meine immer ziemlich leer, weil ich so viel kaufen mußte. Lisbeths war immer sehr voll, weil sie am meisten geschenkt bekam und sehr sparsam war. Ich muß gestehen, daß ich sie jahrelang bestohlen habe, denn ich hatte bald heraus, daß man mit einer Haarnadel durch den Einwurfschlitz das Geld auch wieder herausangeln konnte. Einmal, als ich einen großen Raubzug gemacht hatte, kaufte ich mir das Schönste, was ich mir denken konnte: ein Lineal, ich sehe es noch vor mir. Es war etwa 40 cm lang, Mahagoni poliert, eine Rinne für die Finger war hineingefräst, und in beiden Kanten waren Stahlschienen eingelassen. Ich war am Ziel meiner Wünsche, aber ich konnte es weder in der Schule noch zu Hause benutzen. Ich trug es in meinem Schulranzen herum, und wenn ich nach Hause kam, versteckte ich es schnell hinter meinem Schreibtisch, denn es war die Zeit, wo man entdeckt hatte, daß ich Schulhefte mit Zensuren nicht zeigte, weshalb meine Schultasche durchsucht wurde. Aber hinter dem Schreibtisch konnte ich es auch nicht lassen, da ja überall saubergemacht wurde und ich niemals hätte erklären können, von welchem Geld ich es gekauft hatte. Zwei Wochen lang kämpfte ich mit mir, dann ging ich in der Schule in einer Pause hinunter auf die Toilette und setzte es aus. Als ich nach der nächsten Stunde hinunterstürzte, um es wieder zu retten, war es schon fort. Natürlich war ich ein schlechter Schüler, damals, zwischen meinem 9. und 13. Lebensjahr. Was meinen Vater so erregte, war, daß ich gute Noten bringen konnte und am nächsten Tag ganz schlechte. Er pflegte dann zu schimpfen: »Der Junge schläft immer in der Schule.« Es war wahr, ich führte damals ein Doppelleben und war in meinen Träumen weit fort von der Wirklichkeit, war ein Eskimokind, das nur ganz zufällig nach Königsberg verschlagen war, und ich glaubte fest daran, daß meine Eltern und alle um mich herum Hexen waren. Die Welt wurde nur so weit aufgebaut, wie ich sie sah, und meine Schwestern spielten mit großem Talent ihre Rollen, als wären sie mir gleichgestellt. In Wirklichkeit lachten sie über mich, sobald sie außer Reichweite waren. Oft versuchte ich, alle zu überlisten, und wollte hinter die Kulissen schauen, aber es gelang mir nie. Anna Robiller war sowieso ein Rabenaas, nur Helene war meine gute Fee, aber sie konnte mich auch nur trösten, denn sie hatte keine Macht über all die Tücke. Ich weiß nicht, wie fest ich wirklich daran glaubte, aber ich lebte damals mehr in Tagträumen als in der Wirklichkeit. Ich glaube, jeder Mensch hat schizophrene Möglichkeiten, wenn er dem Druck, der auf ihm lastet, nicht mehr gewachsen ist. Als ich Jahrzehnte später im Gestapo-Gefängnis saß und zu täglichen Vernehmungen geholt wurde, bildete ich mir zeitweise ein, daß ich ein amerikanischer Journalist wäre, der sich hatte einsperren lassen, um die Wahrheit zu erfahren. Es ist ein sehr gutes Mittel gegen Schmerzen, aus seiner Haut schlüpfen zu können: Man ist dann erhaben über seine Leiden.

Bei all diesen Überlegungen stehe ich noch im Schlafzimmer meiner Eltern und sehe jetzt auf ihrem Waschtisch die weißgraue Marmorplatte und darauf die beiden großen Steingutwaschschüsseln, weiß mit rotem Blumendekor, das sich auf den dickbauchigen Wasserkannen wiederholte, auf dem Eimer für Schmutzwasser mit dem hohl gerundeten Deckel mit einem Loch in der Mitte und den Nachttöpfen, die damals unbedingt zur Ausstattung gehörten. Es muß doch eine große Beruhigung sein, wenn alle Gegenstände dasselbe Dekor haben, wenn die Griffe und die Füße an Kommode, Schrank, Waschtisch dieselben sind. Man muß sehr arm oder sehr reich sein, um verschiedenartige Möbel in ein Zimmer stellen zu können, in das auch Besucher kommen dürfen. Nun gehe ich langsam zurück durch die Tür ins Eßzimmer. Es gibt noch viele Winkel, die ich vergessen habe: der Nähtisch, das Klavier und darüber das Bild meiner Mutter, eine große Fotografie ohne Hintergrund, wirklich eine schöne Frau. Wahrscheinlich war sie damals 25 Jahre alt. Der Bücherschrank. Natürlich Eiche, zu den anderen Möbeln passend, mit Türen, grünes Kathedralglas in Bleiverglasung. Dabei waren doch die Klassiker, die da aufgereiht waren, die solide Basis meiner Bildung. Freilich, am schönsten waren die riesigen illustrierten Bände der

Schiller-Ausgabe, und das wichtigste Buch für mich waren Grubes Geschichtsbilder. Darin konnte ich nie genug lesen. An Feiertagen und meistens an Silvester, wenn wir Großen bis 12 Uhr aufbleiben durften, lasen wir die ›Jungfrau von Orleans‹ oder ›Nathan der Weise‹ oder andere Dramen mit verteilten Rollen. Das war immer ein großes Glück, wenn man dann eine Rolle so schön herausschmettern konnte. Lene war auch dabei, und alle waren eifrig und glücklich.

Nun, da ich noch immer vor dem Klavier stehe, möchte ich doch noch einiges über unsere musikalischen Bemühungen erzählen. Als Lisbeth etwas besser spielen konnte, kaufte mein Vater ein neues Klavier. Es war ein echter Bechstein mit einem sehr schönen Klang. Ich war stolz darauf, denn auf Bechstein spielte jeder berühmte Pianist, und wir fühlten uns durch die Marke mit ihm verbunden. Unsere Klavierlehrerin war Klara Kaspari. Alle Kasparis in Königsberg, und es gab deren viele – Rechtsanwalt Kaspari I, II und auch III –, hatten das riesige Habsburger Kinn, aber Klara Kasparis Kinn war endlos, und Finger hatte sie wie hölzerne Trommelstöcke. Sie war eine Jugendfreundin meiner Mutter, aber sie schien uns viel älter zu sein, dürr und abgestanden. Wahrscheinlich war das ein Grund, warum ich bei ihr nichts lernen konnte. Da aber meine Eltern sich in den Kopf gesetzt hatten, daß ich musikalisch sei, weil ich schon als kleiner Junge mit Begeisterung Ziehharmonika spielte, sollte ich Geige spielen lernen. Eigentlich waren alle Voraussetzungen gegeben, daß ich ein Virtuose hätte werden können, denn meine Geigenlehrerin, die Frau eines Augenarztes und die Freundin, so sagte man, vieler schöner Männer, war sehr schön, hatte pechschwarzes Haar, ein rundes Gesicht und blitzende Augen. Heute würde man sagen, sie knisterte vor Erotik. Leider kam etwas ganz Absurdes dazwischen. Das waren die langen schwarzen Wollstrümpfe, die ich im Winter tragen mußte. Da ich bis heute noch eine sehr empfindliche Haut an den Beinen habe, war es mir eine Qual, angespannt zu stehen und zu geigen. Ich hatte ein Gefühl, daß mir die Haut abgezogen würde. Man kann sich vorstellen, daß ich unter den Umständen kein sehr erleuchteter Schüler war. Trotzdem habe ich lange und gerne Geige gespielt. Der Höhepunkt unserer musikalischen Betätigung waren die Geburtstage der Eltern. Morgens ganz früh, bevor wir zur Schule gingen, begann das Konzert vierhändig auf dem Klavier, und sogar ein sechshändiges Stück hatte Klara Kaspari für diesen feierlichen Akt gefunden. Einmal spielten wir sogar vierhändig mit Geige. Natürlich gab es für jedes Kind auch noch ein Solo. Dazwischen wurden von den Kleinen Gedichte aufgesagt, später hatte ich eine ganze Werkstatt für Geburtstagsgedichte. Der Brauch wollte es, daß meine Eltern im Bett blieben und überrascht wurden. Es wurde nur die Tür zum Schlafzimmer aufgemacht, und Lisbeth sagte die Stücke an. Das begann um 6 Uhr morgens und dauerte eine Stunde. Wir mußten uns dann sehr beeilen, um in die Schule zu kommen.

Am Nachmittag und Abend wurde der große Tisch ausgezogen, und trotzdem saßen wir Kinder mit unseren Vettern und Cousinen im Kinderzimmer, und am Höhepunkt des Abends wurde noch einmal die ganze Festmusik heruntergespielt. Wir hatten damals sehr viele Verwandte und Freunde, es waren immer sofort 15 bis 20 Personen zusammen. Dann kam auch das gute Geschirr auf den Tisch. Das war nicht das blaue Zwiebelmuster, sondern eines mit dicken Goldrändern. Es war ein Erbstück von den Großeltern. Juden hatten damals alle sehr kostbares Geschirr, denn das Gesetz war noch nicht lange abgeschafft, daß sie, wenn sie heirateten, die Aussteuer bei der königlichen Manufaktur kaufen mußten. Die Familie meiner Mutter war seit langem in Königsberg ansässig und stark assimiliert. Meine Großmutter lehnte alle jüdischen Bräuche ab. Mein Großvater hieß Max. Ich habe seinen Namen geerbt, er starb wohl kurz vor meiner Geburt. Damals lag mir nichts ferner, als Ahnenforschung zu treiben. Lieber wäre es mir gewesen, durch Urzeugung entstanden zu sein. Aber in jeder jüdischen Familie ist mehr als anderswo Verwandtschaft unvermeidlich, und unfreiwillig hat sich mir nach und nach doch einiges eingeprägt. So, daß meine Großmutter Hanna und mein Großvater Max um 1872 in Königsberg in der Wassergasse ein Wäsche-, Bekleidungs- und Bettengeschäft gegründet haben. Ich weiß das eigentlich nur aus dem Jubiläums-Carmen, das ich heute noch singen kann.

»Heute sind's volle vierzig Jahr
das Geschäft gegründet war
klein und eng und sehr beschränkt
und vom Gründer selbst gelenkt
Max und Hanna hatten Mut
und es ging schon damals gut
Hannchen an der Kasse saß
dort in der Wassergaß«

(Melodie nach einem Schlager von 1912)

Ich hatte immer eine Leidenschaft für Verse, und wie mein Vater zu sagen pflegte, behielt ich allen Unsinn und nie etwas Vernünftiges. Ich habe später eingesehen, daß er recht hatte. Aber was tun?

2

Das Geschäft in der Wassergasse war zu meiner Zeit schon ein für das damalige Königsberg großes Haus. Vier Stockwerke war es hoch und durch Ankauf der Nachbarhäuser hatte es einige Breite bekommen. Ich glaube, daß meine Großmutter den aktivsten Anteil daran hatte. Nach dem Tode meines Großvaters regierte meine Großmutter. Sie regierte wirklich, und es gab wohl keinen in der Familie, der sich ihr widersetzen konnte. Sie hatte eine hoch aufgetürmte Frisur, wie Auguste Viktoria, unsere gnädige Kaiserin. Sie hatte mindestens zwei Söhne und zwei Töchter. Ich sage mindestens, denn es gab noch einen Sohn, der früh gestorben ist, vor der Jahrhundertwende. Meine Mutter wagte auch später nie, von ihm zu sprechen. Ich weiß nur so viel, daß er in Berlin lebte und – o Schrecken – Sozialist war, wenn nicht noch etwas Schlimmeres; jedenfalls arbeitete er mit Leuten zusammen, die, wie meine Mutter sagte, ihm alles aufaßen (wahrscheinlich das, was sie ihm heimlich schickte). Er starb an Tuberkulose. Ich hätte von ihm nie erfahren, wenn nicht meine Mutter in ihrer Herzensangst ihn mir als warnendes Beispiel anführte, als ich begann, mich mit Politik zu befassen. Mehr habe ich auch nicht herausbekommen. Aber keine Sorge, die vier anderen Kinder waren unerschütterlich gute Bürger. Und wenn ihr Leben abenteuerlich endete, war es nicht ihre Schuld.

Meine Mutter war die Älteste, sie war sehr sanft und schwächlich. In ihrem 18. Lebensjahr bekam sie eine Augenkrankheit und mußte mehrere Jahre in einem verdunkelten Zimmer leben. So kam es, was auch in einem so assimilierten Haus wie dem meiner Großeltern eigentlich unmöglich war, daß die jüngere Schwester Käthe vor ihr heiratete. Sie heiratete Siegmund Bauchwitz, Schuhe en gros in Berlin. Mein Onkel Felix, der das Geschäft in der Wassergasse erbte, war der älteste Sohn. Er heiratete Ida – ich habe ihren Mädchennamen vergessen – aus Marggrabowa, einer ostpreußischen Grenzstadt zu Russisch-Polen. Eine sehr agile und lebenslustige Frau. Ich glaube nicht, daß meiner Großmutter Ida genehm war, weil sie mit ihrem polnischen Namen und ihrer Geburtsstadt nicht in unsere deutsche Familie hineinpaßte. Lockalein, das ewige Dienstmädchen (von ihr wird noch zu berichten sein), prägte auf sie den berühmten Satz »fremd bleibt fremd«. Das war vernichtend. Ich glaube nicht, daß Tante Ida sich viel daraus machte, sie war sehr modern, hielt nichts davon, daß

Dienstmädchen als Familienmitglieder mitredeten, und hielt die Ladendorffsche Familie für antiquiert und sich für mondän. Der jüngste lebende Sohn war der Onkel Richard, der Kunsthändler, dem wir den Dante-und-Beatrice-Gobelin verdankten. Er lebte in Berlin mit seiner klugen, energischen Frau und hatte zwei Söhne. Dann gab es noch einen Bruder meiner Großmutter, einen Nachkömmling, der Alfred hieß. Er hatte die Konsequenz aus der Assimilation gezogen, hatte sich taufen lassen und eine sehr schöne deutsche Frau, meine Tante Anna, geheiratet. Alfred Ladendorff fühlte sich als ein hanseatischer Kaufmann, er hätte den Buddenbrooks entsprungen sein können. Bei uns Kindern war er sehr unbeliebt, weil er uns bei der Begrüßung fragte, ob wir uns auch die Hände gewaschen hätten. Ich dachte immer, er hätte ein Handelskontor, erfuhr aber später, daß er eine Kakaogroßhandlung hatte. Es traf sich nämlich, daß er auch einmal starb, das muß 1922 gewesen sein. Die Trauerfeier war im Krematorium. Außer dem Pfarrer und Tante Anna waren nur Juden in der Kapelle. Der Herr Pfarrer war wohl etwas irritiert von seinem Publikum, jedenfalls hielt er eine sehr merkwürdige Rede, deren Höhepunkt folgende Worte waren: »Er hat zwar nie die Lehre Christi in ihrer vollen Größe erfaßt, hoffen wir aber, daß ihn Christus dennoch in sein Himmelreich aufnimmt.« Nun, er hatte schon recht, der Herr Pfarrer, denn man sah alle Damen ihre Taschentücher herausreißen, aber sie hielten sie vor den Mund und nicht vor die Augen. Nur meine Mutter weinte wirklich. Anna und Alfred Ladendorff hatten einen Sohn Horst. Ein Typ, der zu einem Playboy geeignet gewesen wäre, wenn er genügend Geld gehabt hätte. Leider hatte er es nicht. Er war so alt wie meine älteste Schwester, also 1902 geboren, war rundherum leicht begabt, spielte recht gut Geige. Nachdem er sehr schnell das Geschäft seines Vaters zugrunde gerichtet hatte – die einsetzende Wirtschaftskrise half ihm dabei –, wurde er Schauspieler am Königsberger Schauspielhaus. Ich glaube, ein sehr schlechter. Er heiratete ein ganz entzückendes Mädchen, die Tochter eines berühmten Arztes, Professor Cohn, und wurde wieder Jude. Ich verlor ihn aus den Augen und fand ihn erst in Tel Aviv nach meiner Auswanderung 1935 wieder. Seine Mutter, meine Tante Anna, die in aufrechter Haltung und Strenge ihrem Mann nicht nachstand, zeigte nach dem Tode ihres Mannes immer mehr Interesse an jüdischen Dingen und ging schließlich mit meiner Mutter regelmäßig in die Synagoge. Meine Mutter war mit ihr sehr befreundet. Das gefiel uns gar nicht, und als ich ihr einmal sagte, Tante Anna passe doch eigentlich gar nicht zu ihr, antwortete sie nur ganz kurz: »Sie ist doch einsam.« Das waren meistens die Gründe, warum meine Mutter mit jemand befreundet war.

Familie, auf hebräisch Mischpacha, auf jiddisch Mischpoche, war im Fall der Ladendorffs schon mehr ein Clan. Darum muß ich auch so ausführlich von ihr erzählen. Wenn für mich auch schon sehr früh klar war, daß mir Freundschaft alles und Familienangehörigkeit wenig bedeutete, so hat sie doch mein Leben in den ersten 15 Jahren entscheidend bestimmt, gerade auch dadurch, daß ich mich immer gegen sie wehren mußte. Außerdem, und das ist sicher eine Alterserscheinung, sehe ich sie heute nicht nur unter der Sammelbezeichnung Bürger, sondern als Individuen. Natürlich waren die Berliner Verwandten nicht so wichtig. Sie kamen in den Ferien mit den Kindern, und Siegmund Bauchwitz kam zweimal im Jahr zur Königsberger Messe, lud uns in sein Hotel zum Essen ein und wußte alle Vertreterwitze mit Berliner Schnauze zu erzählen. Viel schwieriger war es mit Felix Ladendorff: sehr gutmütig, ziemlich beschränkt, sehr national deutsch, alles Jüdische war aus seinem Haus verbannt. Bei ihm, wie bei meiner Großmutter, wurde kein jüdisches Fest gefeiert, und er war stolz darauf, im Ersten Weltkrieg Soldat gewesen zu sein. Man feierte Weihnachten mit Weihnachtsbaum und Kerzen.

Großmutter und Großvater waren Cousin und Cousine,

beide hatten den Namen Ladendorff. Mein Vater und meine Mutter waren auch Cousins zweiten Grades. Geschadet hat das uns Kindern nichts. Ich kenne die Eltern meines Vaters überhaupt nicht, ich weiß auch nichts über ihre Geschäfte. Es ist mir immer rätselhaft, daß ich eigentlich über meinen Vater kaum etwas weiß. Ich weiß, daß er Apotheker werden wollte und daß man ihm nicht die Ausbildung bewilligte, weil er ein sehr schwaches Kind war. Ich kenne über ihn eine Geschichte, daß er auf dem Markt von Zigeunern gestohlen wurde, man ihn aber wiedergefunden hat. Als Kind mochte ich das nicht glauben und dachte eher, man habe ihn vertauscht. Mein Vater hieß Emil, er hat aber nicht immer so geheißen. Als mein Großvater das Kind anmeldete, hatte er es in einem Anfall von Gebildetenwahn Egmont genannt. Später hat er das vergessen, und das Kind wurde Emil gerufen und in all seinen Papieren so eingetragen. Das gab eine furchtbare Geschichte, als er heiraten wollte. Es gab gar keinen Emil Fürst. Es dauerte fünf Jahre, bis sein Dasein wieder durch einen Gnadenerlaß bestätigt wurde. Noch auf meiner Geburtsurkunde steht der Vermerk mit dem Gnadenerlaß. Nun, mein Vater hat danach anscheinend sehr intensiv gelebt. Was er aber von seinem 20. Lebensjahr, als er von Königsberg fortging, bis zu seinem 48. Lebensjahr getrieben hat, habe ich niemals herausbekommen. Das einzige, was ich weiß, ist, daß er im Rheinland Vertreter war. Ich habe mir darüber immer den Kopf zerbrochen, denn es hat nie einen Bekannten gegeben, der aus jener Zeit berichten konnte. Er kam um 1900 zurück, weil seine Mutter sehr krank war. Damals suchte man unter den Töchtern des Landes eine Frau für ihn, die auch genügend Mitgift hatte, damit mein Vater ein Geschäft aufmachen konnte. Man fand Gertrud Ladendorff, die eine gute Mitgift brachte, weil sie verheiratet werden mußte, damit auch ihre Brüder heiraten konnten. So wurden Gertrud und Emil ein Paar, und ich habe immer wieder darüber gestaunt, daß es eine gute Ehe geworden war, jedenfalls die beste in der ganzen Familie. Meine Tante Julka erzählte mir einmal, daß Gertrud bei der Hochzeitstafel ihre Mutter gefragt hätte, ob sie noch ein Stückchen Zucker in den Kaffee nehmen dürfe. So blieb sie ihr Leben lang. Solange meine Großmutter lebte, besuchte sie sie täglich, und es war ein Weg von 20 Minuten, der zurückgelegt werden mußte, um von der Straße Am Schloß zum Mittel-Tragheim zu kommen, wo meine Großmutter mit ihrer Assistentin Lockalein regierte. Lockalein und Locka, das waren die Namen, die wir Kinder ihr gaben, hieß eigentlich Charlotte Kunkel. Sie war wie viele Mädchen, auch Anna Robiller, aus der Provinz in die Stadt gekommen, weil sie ein uneheliches Kind hatte. Meine Großmutter nannte sie Lotte; sie kannte meine Mutter schon als Kind. Für mich war sie immer eine alte Frau mit einem schwarzen Tuch auf dem Kopf, wie man sie zu Tausenden in den Dörfern findet. Zwischen Kopf und Rumpf war der Hals nur ein Wulst, sie war rund wie eine russische Holzpuppe, aber kein Fett, alles war Kraft. Sie könnte den Teufel bei den Beinen packen, sagte sie einmal. Sie war Pietistin und hielt die Augen auf der Straße demütig gesenkt, aber sie war eine Tigerin, wenn es galt, die Interessen der Ladendorffer zu verteidigen. In den letzten Jahren beherrschte sie meine Großmutter vollkommen. Sie war es, die die Intrigen gegen Felixens Frau Ida spann. Meine älteste Schwester war die Favoritin meiner Großmutter. Als Rosa, das vierte Kind, geboren wurde, fand meine Großmutter, daß es nun aber genug sei, und es war wohl die einzige Unfolgsamkeit meiner Mutter, daß sie noch einmal schwanger wurde. (Meine Tante Julka in Allenstein sagte mir später einmal: »Weißt du denn nicht, daß sich deine Mutter nur wohl fühlte, wenn sie schwanger war?«) Meine Großmutter hat es ihr nie verziehen und Lockalein in der Folge nicht dem Kind, das gewagt hatte, ohne den Segen Hanna Ladendorffs auf die Welt zu kommen. Meine Schwester Hanna hat noch heute ein sehr schweres Leben. Ob der fehlende Segen der Großmutter daran schuld ist, weiß ich nicht. Wer weiß schon solche Dinge. Ich kenne andere Kinder, denen es trotz der Flüche der Mütter recht gutgeht. Meine Großmutter hatte auch nicht viel Zeit, ihre Meinung über meine jüngste Schwester zu revidieren, denn sie starb ein knappes Jahr später.

An die Wohnung meiner Großmutter kann ich mich kaum mehr erinnern. Ich weiß nur, daß sie fast ausschließlich in spiegelblankem Altmahagoni möbliert, weniger vollgestellt war als unsere. Ich erinnere mich an einen Konflikt mit der Großmutter, als ich darauf bestand, einen Baukasten, den ich geschenkt bekommen hatte, mit nach Hause zu nehmen. Ich sollte oft kommen und dort damit spielen. Ich fragte: »Hast du ihn mir geschenkt oder nicht?« Großmutter erlaubte mir schließlich, ihn mitzunehmen. Ich besinne mich deshalb, weil meine Mutter sehr unglücklich war und mir mehrmals sagte, daß ich sehr ungezogen sei. Als meine Großmutter starb, sagte Onkel Felix, meine Großmutter wäre zu retten gewesen, aber Locka erlaubte nicht, sie in die Klinik zu bringen. »Sie soll in ihrem Bett sterben.« Erst Jahrzehnte später habe ich diesen Ausdruck begriffen. Onkel Felix ist nicht in seinem Bett gestorben. Ich erinnere mich an eine Szene kurz vor Großmutters Tod: an ein großes Mahagoni-Bett, das an einer Wand stand, die vier Pfosten wie Kugeln gedreht. Meine Großmutter lag sehr bleich, aber gut frisiert unter einer rosa Bettdecke. Sie hatte in der Hand eine dicke rote Kordel, an der sie sich aufrichten konnte. Das Bett stand in einer Ecke mit dem Kopfende zur Fensterwand. Hinter dem Fußende des Bettes war eine Tür. Wir vier Kinder standen etwas ängstlich aufgereiht. Ich hätte sicher geweint, wenn nicht Helene hinter uns gestanden hätte, und Großmutter sah uns an und stöhnte leise. Da öffnete sich die Türe, und meine Mutter trat zitternd mit dem Baby auf dem Arm ein. Meine Großmutter sah kurz auf, ließ sich fallen und drehte sich zur Wand. So hart kann man noch auf dem Sterbebett sein. Ich weiß nicht mehr darüber. Ich sehe nur Helene mit uns und dem Baby nach Hause gehen. Es war ein bekannter Anblick für die Königsberger: Helene von Fürst mit Hanna im Kinderwagen, Rosa auf dem Arm, Max am Rockschoß und die beiden Großen neben dem Kinderwagen.

Meine Mutter ließ es Hanna nicht spüren, daß sie den Segen nicht erhalten hatte. Im Gegenteil. Und ich glaube, trotz der Trauer war der Tod der Mutter eine Erleichterung für sie. Ich weiß es nicht genau, aber ich denke, daß mein Vater sich nicht so leicht dem Willen seiner Schwiegermutter beugte. Ich habe auch keine Erinnerung daran, meinen Vater bei der Großmutter gesehen zu haben, außer bei der offiziellen Gratulationscour, die Großmutter am Vormittag des Neujahrsfestes entgegennahm. Ich besinne mich da auf glanzvolle und würdige Versammlungen. Vielleicht liegt es daran, daß ich damals noch ein Kind war, aber über der Zeit vor 1914 lag ein ganz anderer Glanz. Es war ein Bürgertum, das sich noch ganz unkritisch ernst nahm. Im Kriege und nach dem Kriege war aller Glanz fortgewischt und die Existenz unsicher geworden.

Die Erbin meiner Großmutter war eigentlich Locka. Auch Felix half ihr, aber brummend. Er hatte ihren Sohn in seinem Geschäft als Hausdiener angestellt. Ich glaube, er war ein Tunichtgut, trank viel und schlug seine Frau und die Kinder. Locka muß ihn sehr unterstützt haben, denn obwohl sie wenigstens bis zur Inflation eine Rente bezog, arbeitete sie als Reinemachefrau. Sie hatte sich im selben Haus, in dem Großmutter gewohnt hatte, eine Wohnung mit den Möbeln der Großmutter eingerichtet. Sie wohnte dort mit einer anderen frommen Frau zusammen, die Minna hieß. Während Locka ja ganz handfest war, war Minnas Blick nur auf himmlische Dinge gerichtet. Ohne ein »in Gottes Namen« konnte sie nichts verrichten. Während wir Kinder Locka liebten, fanden wir die scheinheilige Minna abscheulich. Locka vertrat bei uns die Stelle der Großmutter. Sie hatte auch die Spielsachen, die Großmutter uns geschenkt und bei sich behalten hatte, geerbt. Das Schönste war ein Küchenherd, den man mit Spiritus heizen konnte. Wir haben mit Lockas Hilfe die tollsten Gerichte darauf gekocht. Wir, das waren Lisbeth, Edith und Max. Ich war der Diener Johann, manchmal auch Hans Stolperjahn aus einem Kinderbuch, der alles fallen ließ und zerbrach. Fast jeden Sonnabendnachmittag waren wir jetzt in der Dachwohnung, wo man auf den alten Schützengarten hinuntersehen konnte. Locka erfand immer neue Spiele für uns, das Kochen aber blieb das schönste Spiel, und ich habe da die Grundausbildung für meine hauswirtschaftlichen Kenntnisse erhalten. Locka war für uns wirklich eine Fee. Bei ihr wurden die Weihnachtsgeschenke immer an die Zweige des Weihnachtsbaums gebunden; sie erfüllte alle Wünsche, die unsere Eltern nicht erfüllen konnten oder wollten. Weihnachten 1913 gab sie mir das schönste Geschenk, das mir je jemand machte, eine Ziehharmonika mit vier Bässen. Ich habe mich mit einem Rieseneifer darauf gestürzt, und bis zum 27. Januar, Kaisers Geburtstag, konnte ich ›Heil Dir im Siegerkranz‹ spielen. Damit begann meine Karriere als Spielmann, die noch heute nicht beendet ist. Als wir größer wurden, endeten die Besuche bei Locka. Viel später, als mein Vater gestorben war, Helene und Anna verheiratet waren und Locka schon über 70 Jahre alt, hat sie noch einmal in unserem Haushalt gearbeitet. Damals war nur noch Hanna zu Hause, zwei Zimmer hatte man vermietet. Es ging gut, bis Hanna bemerkte, daß unverhältnismäßig viel Geld für Lebensmittel ausgegeben wurde. Hanna entdeckte dann, daß Locka Butter, Fleisch und Gemüse für ihre Pietisten-Kommune mitnahm. Da Hanna weder Geld noch Humor hatte, zwang sie meine Mutter, Locka zu entlassen. Jetzt schimpfte Locka mit Recht auf das Teufelskind, das ohne Erlaubnis der Großmutter auf die Welt gekommen war und noch fromme Leute des Diebstahls bezichtigte. Locka starb 1932, nachdem ich sie ein Jahr zuvor bei einem Besuch noch völlig unverändert gefunden hatte.

Ich kann Sprünge über Jahrzehnte machen. Ich muß es auch, denn es ist unmöglich, all die Darsteller, die in dem Schauspiel meines Lebens mitspielen, gleichzeitig auf die Bühne zu bringen. Es wäre auch ein viel zu gefährliches Unternehmen. Es gäbe schon Schwierigkeiten, Onkel Felix und Locka nebeneinanderzustellen. Noch schwieriger, wenn ich an Tante Ida denke. Es wäre außerordentlich taktlos, sie da hineinzuverwickeln. So bin ich immer wieder gezwungen, Sprünge durch die Zeiten zu machen, um die Lebensläufe zu Ende zu erzählen. Ich habe natürlich bei weitem nicht alle Mitglieder der Ladendorffschen Familie vorgestellt, sondern nur die, die in irgendeiner Weise Einfluß auf meine Kindheit hatten. Ich bin kein Ahnenforscher und lege keinen Wert auf Genauigkeit. So weiß ich auch nicht, wie der Zusammenhang zwischen der Fürstschen und der Ladendorffschen Familie ist. Ich weiß zwar, daß mein Vater ein Vetter zweiten Grades meiner Mutter war, aber auch nicht mehr. In Gedanken ist man in Sekundenschnelle über Jahrzehnte hinweg, aber der Weg vom Mittel-Tragheim zur Altstädtischen Langgasse, wo mein Onkel Leopold, der älteste Bruder meines Vaters, sein Geschäft hatte, dauerte schon einige Zeit. Geht man von Lockas Wohnung stadteinwärts, so ist zuerst auf der rechten Seite das Regierungspräsidium, ein scheußlich grauer Bau, von dem nur das eine Lobenswerte zu erzählen ist, daß um 1922 herum der Oberpräsident den großen Saal dem Bund für neue Tonkunst zur Verfügung stellte. Ich hörte da die erste moderne Musik, das ›Marienleben‹ von Hindemith.

Am Ende der Straße, an der Ecke zum Hinter-Tragheim, stieß man direkt auf das Tor zum Börsengarten; es war eine Holzkonstruktion, zwei Wärter standen davor in grüner Uniform. Wir Kinder hätten hineingehen dürfen, weil Vater Mitglied des Börsenvereins war. Wir gehen am Stadttheater vorbei und über den Paradeplatz, wo Helene, wenn die Zeit nur kurz war, mit uns Kindern spazierenging. Das war der Platz, wo am Sonntag Platzkonzerte der Garnison stattfanden und wo im Krieg der eiserne Hindenburg aufgestellt wurde. Der eiserne Hindenburg war natürlich aus Holz, und daneben war ein Stand, wo man, wenn man patriotisch war, schnell einen Nagel aus Eisen, Silber oder aus Gold (Motto: Gold gab ich für Eisen) kaufen und einschlagen konnte. Eine Platte kostete allerdings 15 Mark, so daß die ganze Schulklasse hinging, wenn das Geld zusammen war. Der Krieg dauerte zwar sehr lange, doch nicht lange genug. Denn als er zu Ende war, hatte Hindenburg noch immer kahle Stellen. Hinter dem Paradeplatz war der Königsgarten, in dem nur wenige Bäume standen, der dafür aber eine eingezäunte Rasenfläche besaß, so daß man die dahinter stehende Universität mit ihrem klassizistischen Säulengang gut sehen konnte. Als wir etwas größer waren, spielten wir dort Räuber und Soldat oder lieber, wenn Mädchen dabei waren, Räuber und Prinzessin. Nur die beiden Seiten, schön symmetrisch, waren besser bewachsen und dienten uns als Versteck. Links stand Kant unter Kastanien, und auf der rechten Seite waren Kinderspielplätze mit Sandkästen. Dann geht man die Theaterstraße herunter, wirft einen Blick ins Schaufenster des Spielwarengeschäfts in der Junkerstraße und ist Am Schloß. Natürlich hätte ich gerne einen Blick zu Emil Vetter hineingeworfen, das schöne Papierwarengeschäft in der Junkerstraße, wo wir unsere Schulhefte kauften und ich das schöne Lineal. Aber wir wollen ja zu Onkel Leopold und seiner fülligen Frau Martha und vor allem zu Tante Sophie, der einzigen lebenden Schwester meines Vaters, was sie uns jedesmal unter die Nase rieb, wenn wir ihr nicht genug Ehre erwiesen. Wir gehen an unserer Wohnung vorbei in die Schloßstraße, dann stehen wir schon unter dem Schloß und gehen an der Schloßmauer links den Berg hinunter. Man kann ihn hinunterlaufen und kommt dann atemlos an die andere Ecke des Schlosses, wo ganz hoch über der Unterstadt, der Altstadt, Kaiser Wilhelm steht, der richtige, der Erste, der mit dem Vollbart. Er trägt in Bronze einen dicken Purpur-Mantel und streckt uns sein Zepter entgegen. Man kann und soll eigentlich langsam hinuntergehen, denn es lohnt sich, es ist ein steiler Berg, und die Hauptstraße geht gegenüber der Post immer weiter den Berg hinauf bis zum Steindamm. Dort heißt der Berg aber Gesekusplatz. Zu unserer Freude werden wir immer von Fremden nach dem Gesekuhplatz gefragt. Ich wollte dort schon immer einen Fahrstuhl bauen, wie es ihn in dem Warenhaus von Barrasch gibt, denn wenn auch die Kutscher absteigen, ist es doch eine große Schinderei für die Pferde, die schweren Lastwagen den Berg hinaufzuziehen. Da wurde rücksichtslos geschlagen, und uns klopfte das Herz aus Mitleid mit dem Pferd und auch vor Schaudern böser Lust. Der Tierschutzverein hatte ein Gespann schwerer Belgier da stehen. Die waren oft die Rettung.

Links an der großen Mauer neben dem Aufgang zur Schloßkirche ist die Kant-Tafel mit dem gestirnten Himmel und dem moralischen Gesetz. Jeder Schüler in Königsberg hat es einmal abschreiben müssen. Unten, zu Füßen des Kaisers, stand Bismarck auf einem Platz, auf dem Blumenmarkt abgehalten wurde. Wir wären sicher gern die Kantstraße geradeaus über die Krämerbrücke in den Kneiphof gegangen. Am Ende der Kneiphöfischen Langgasse an der Grünen Brücke war der Laden meines Vaters. Altstadt, Kneiphof und Löbenicht waren die drei Urstädte, aus denen sich Königsberg gebildet hatte. Hier kannten wir jedes Geschäft und noch viele Jahre später die Lebensgeschichte jedes Inhabers. Sie kannten natürlich auch uns, und es war gefährlich, hier Dummheiten zu machen. Deshalb gehen wir auch quer über den Bismarckplatz durch die schmale Schulstraße zum Eckhaus, wo mit einer breiten Fensterfront zur Hauptstraße, der Altstädtischen Langgasse, sich die Firma Fürst & Bodenstein, Posamenterie und Kurzwaren ausbreitete. Hier herrschte Onkel Leopold, ein gewaltiger Mann, doppelt so dick wie mein Vater und mit einem Backenbart wie Kaiser Wilhelm I. Natürlich war das

Geschäft en gros und detail und hatte alles, was ein Hausierer auf seinem Rücken trug und noch viel mehr. Es war ein großer Raum, und ich erinnere mich, daß er so aussah wie unser Kronleuchter mit den Glasprismen. Es gab noch eine Galerie mit einer großen Freitreppe, wie sie vor 1900 möglich war. Die Wohnung lag über dem Geschäft. Ich glaube, das Wort prachtvoll ist das richtige für alles, was mit Onkel Leopold zusammenhing. Prächtig waren die großen Flügeltüren und prächtig ausladend Tante Martha. Prächtig waren auch damals noch die Kinder Otto, der Älteste, zehn Jahre älter als ich, Else, ein sehr schönes Mädchen, Kurt und Rudi und Walter, der Jüngste, so alt wie meine Schwester Lisbeth.

In der Etage darüber wohnte noch Tante Sophie Heymann, »die einzige lebende Schwester meines Vaters«, unterstützungsbedürftig, etwas krumm, mit weißem Haar. Sie spielte immer die Bescheidene. Vom Apfel bis zum Fisch suchte sie immer einen Teilhaber. Sie hieß bei uns Kindern Tante »Kinder, wer teilt mit mir?«. Sie wollte nicht nur teilen, sie wollte auch teilhaben. Sie war der unvermeidliche Gast in unserem Haus und, was die Sache noch schlimmer machte, immer in Begleitung ihrer Tochter Erna. Erna war auch etwas verwachsen und, soweit ich mich erinnere, sehr dumm und ebenso arrogant. Sie war es in der Art der guten jüdischen Töchter, die sich jedem anderen Mädchen überlegen fühlten und es beleidigend fanden, daß die Herren trotz ihrer Bemühungen sich nicht um sie kümmerten; mit spitzer, bald markanter, bald wehleidiger Stimme machte sie ihre Bemerkungen über alles, und es war uns verboten, frech zu sein, weil sie älter als wir und die Tochter von der Tante war. Unser Maßstab war immer für unsere Verwandten und Gäste, wie sie sich zu unserer geliebten Helene stellten, die ja doch unsere Freundin und Zuflucht war. Tante Sophie und Erna versuchten bei jeder Gelegenheit, Helene beizubringen, daß sie einem höheren Stand angehörten und ach so gebildet waren. Helene ließ sich da nie beirren, sie war zwar sehr fromm, aber in keiner Weise devot. Später, es muß um 1912 gewesen sein, als Onkel Leopold in eine Villa auf den Hufen der Westendvorstadt von Königsberg zog, bekamen Tante Sophie und Erna einen Teil der Fürstschen Wohnung, und Erna, die Putzmacherin gelernt hatte, machte dort ein Hut-Atelier auf. Es wurde aber nie etwas Richtiges daraus. Nur meine Mutter mußte Hüte von Ernas Kunst tragen, was uns Kinder sehr ärgerte, weil sie scheußlich waren.

Diese beiden gehörten zu den Schützlingen meiner Mutter, und sie hatte für all ihre Schwächen eine Entschuldigung. Sie ging auch zu ihnen, wenn eine von ihnen krank war, und machte zum Ärger meines Vaters tausend Handgriffe, die sie zu Hause nicht machen konnte. Wenn man das moderne Wort »betreuen« anwenden wollte, so wäre das ganz falsch. Sie bot diesen Leuten, vor denen sie eigentlich Angst hatte, ihre Hilfe so an, daß die anderen das Gefühl hatten, meiner Mutter eine Gnade zu erweisen. Meine Mutter hatte ständig solche Menschen um sich, und ich bekam immer wieder die Antwort: »Du siehst doch, daß die anderen sich nicht um sie kümmern.« Ich weiß heute noch nicht, ob meine Mutter eigentlich gut war. Was ist gut? Ich kenne sie auch egozentrisch und sogar zeitweise tatkräftig. Nachdem wir achtzehn Jahre in unserer Wohnung wohnten, war sie noch nie im Keller gewesen, wo wir doch alles immer drei Treppen hoch aus dem Keller schleppen mußten, Kartoffeln, Kohlen usw. Sie lebte ein Leben nach den Trivialromanen des 19. Jahrhunderts. Es war seltsam, daß sie lebte; sie war wie von Courths-Mahler erfunden und wußte, wie ihre literarische Vorlage, genau, was sie in jedem Fall zu tun hatte.

Zurück zu Onkel Leopold. Das Aufblühen und der Untergang seines Hauses hängen trotz seiner individuellen Züge sehr eng mit der Änderung der wirtschaftlichen Struktur und damit der Bedeutung der jüdischen Kaufmannschaft in Deutschland und in Ostpreußen zusammen.

Der Zusammenhang des Handels mit dem Feudalismus ist nicht zu übersehen. Wer einmal im Vorderen Orient die Abhängigkeit der Feudalstrukturen vom Handel, vom internationalen Handel, beobachtet hat, der kann sich denken, wie gut sich Handel und Geldwirtschaft der Juden dieser Gesellschaft angepaßt haben. Wahrscheinlich sind die Juden nach Königsberg mit den Ordensrittern gekommen. Jedenfalls spielten sie vor 200 Jahren, als Königsberg an Bedeutung gewann, als Export- und Importhafen für das weite ostpreußische, polnische und russische Hinterland, eine große Rolle. Da sie den polnischen und russischen Handel in den Händen hielten, ließen sie sich auch in Königsberg nieder. Dieser Handel, der noch auf familiären Bindungen beruhte, hatte sich eine Vertrauensbasis geschaffen. Es war selbstverständlich, daß die Fischweiber von der »Fischbrücke« – so hieß der Markt, wo am Pregel die Fischerkähne anlegten – bei M. Ladendorff ihre Bedarfsartikel kauften oder bei seinem Konkurrenten Siebert in derselben Straße. Pünktlich am gleichen Tag im Monat erschien der Vertreter von Fürst & Bodenstein mit seinem Knopflager bei Schneidern und Kurzwarenhändlern in der Provinz, und es hätte schon etwas sehr Schlimmes passieren müssen, wenn man seine Waren bei einem anderen Vertreter bestellte. Es hieß da immer: »Schon mein sel. Vater hat bei F. & B. gekauft.« Der Erste Weltkrieg änderte gerade in Ostpreußen die Situation völlig. Der Handel mit der UdSSR und mit Polen ging andere Wege, aber auch in Deutschland bereitete sich eine neue Art der Warenverteilung vor, und auch ohne Hitler wären Kinder der jüdischen Kaufleute in andere Berufe abgewandert.

Ich glaube, diese Abschweifung war nötig, um den Hintergrund zu zeigen, vor dem sich die persönlichen Schicksale dieser Familie abspielten. Onkel Leopolds Villa in der Tiergartenstraße machte einen ungeheuren Eindruck auf mich. Ich wußte damals noch nichts vom Jugendstil, aber bis zum heutigen Tage ist es mein Wunsch, ein solches Haus mit mehreren Stockwerken zu besitzen, wo in der Halle eine Freitreppe zu einer Empore hinaufführt, auf der wir Kinder stehen durften und über die halbrunde Halle in die drei sich weit öffnenden Zimmer blicken konnten, wenn der Stadtrat Leopold Fürst die Honoratioren der Stadt mit ihren Damen empfing. So glanzvolle Feste gab es bei uns zu Hause nicht, und wir hatten ja auch nur einen Korridor, nicht eine Halle mit hölzerner Treppe und eine Galerie mit geschnitztem Geländer.

Noch schöner war die Hochzeit von Else, die wir immer die Fürstin Else von Bodenstein nannten, weil sie wirklich schön war und sich als Kind in der Schule so genannt hatte. Diese Hochzeit fand in der neu gebauten Stadthalle statt, im kleinen Saal, der eine richtige Bühne hatte, auf der statt eines Hochzeitscarmen eine ganze Operette aufgeführt wurde, bei der wir mitspielen durften. Ein richtiger Schauspieler, ein Freund des Hauses, übte sie ein. Da wurde die ganze Liebesgeschichte zwischen Else und ihrem Bräutigam Paul Arndt in dem Badeort Kolberg mit vielen Liedern dargestellt, und wir Kinder konnten alle Melodien und Texte so gut, daß wir viele Jahre lang bei jeder Gelegenheit unser Repertoire zum besten gaben. Erst viel später habe ich die Tragödie erfahren, die dahinterstand. Else, die sich von der Familie emanzipieren wollte, arbeitete in Kolberg in einem Kinderheim. Dort verliebte sie sich. Da aber der Mann kein Jude war, donnerte sie der Herr Stadtrat zusammen, und da sie keine Schande über die Familie bringen wollte, wurde sie schnell mit dem ebenso langweiligen wie unbegabten Paul Arndt verheiratet. So waren bei dieser prächtigen Hochzeit vielleicht nur wir Kinder die Glücklichen. Heute sind die beiden in England lebenden Töchter die einzigen Überlebenden der großen Familie: Else und Paul Arndt, Otto, Kurt, Rudi, Walter, die ganze Familie war zum Aussterben verurteilt.

Otto war für uns das Vorbild eines jungen Mannes, gewandt, gut aussehend und freundlich mit uns Kindern, zu

Scherzen bereit, mit einem runden, viel mehr ostpreußischen als jüdischen Gesicht. Er mußte gleich 1914 in den Krieg, wurde 1917 schwer verwundet, kam äußerlich gesund zurück und heiratete die Krankenschwester, die ihn gepflegt hatte. Nach dem Tod des Vaters übernahm er das Geschäft. 1933 stellte er seiner Frau frei, sich scheiden zu lassen, damit sie nicht mit einem Juden belastet wäre. Sie tat es, und er starb ein Jahr später an einer schweren Krankheit. Sein Bruder Kurt dagegen war kalt und zynisch. Er studierte Medizin, überstand den Krieg im Hinterland, heiratete und wurde Frauenarzt. Er gehörte in Königsberg zu einem Kreis junger Ehepaare, die sich modern vorkamen, weil sie libertinistisch lebten. Ich habe ihn aus den Augen verloren. Er kam in einem Lager um.

Der dritte Sohn, Rudi, der uns der liebste war, wenig älter als Lisbeth, machte 1918 das Abitur, wurde gleich eingezogen und noch schnell einen Monat vor Kriegsende am ersten Tag an der Front getötet. Ich sehe ihn noch vor mir – Tote bleiben ewig jung –, wie er mit seinem roten Tschako, den Abiturienten bei uns acht Tage lang trugen, mit mir durch die Junkerstraße schlenderte. Rudis Tod brach den Tyrannen Leopold vollständig. Ich glaube, Juden waren damals noch keine richtigen Heldenväter und -mütter, ihnen fehlte die Pose, an der man sich aufrichten kann, ihnen fehlte es an der Einsicht in die Notwendigkeit eines solchen Todes. So starb Onkel Leopold, und die Beerdigung des Stadtrats Leopold Fürst, an der der Bürgermeister und die Stadtväter teilnahmen, war noch das letzte glanzvolle Ereignis der Familie. Es war ein kilometerlanger Trauerzug. Damals gab es noch Trauerzüge, die den ganzen Weg vom Hause des Toten bis zum weit außerhalb liegenden Friedhof zurücklegten. Auf Umwegen wurde der Zug am Geschäft vorbei und als große Ehrung um das Rathaus herumgeführt. Es gab eine Kapelle mit Trauermusik, dann den Wagen mit dem Sarg, von vier Rappen gezogen, danach die nächsten Angehörigen. Nur die Damen fuhren im Wagen. Ich ging neben meinem Vater, mir sehr fremd und sehr feierlich, durch das lange Spalier der Bürger.

Bald danach starb auch Tante Martha in einer Nervenklinik. Auch sie hatte den »Stürmen des Lebens«, von denen der Rabbiner auf dem Friedhof sprach, nicht standhalten können.

Der letzte Sohn, Walter, war ein armer Stotterer, etwas älter als ich. Als Otto versuchte, ihn im Geschäft zu beschäftigen, unterschlug er Geld und fälschte Aufträge. Ich sah ihn das letzte Mal in Berlin. Er schlug mir irgendwelche Geschäfte vor, da wir beide als schwarze Schafe der Familie zusammenarbeiten müßten. Ich glaubte nicht an dieses Muß und hatte kein Interesse an Geschäften. Auch er ist bei dem großen Sterben umgekommen.

Die Geister, die man ruft, lassen sich nicht so leicht bändigen. Es öffnen sich längst vergessene Schleusen, und immer mehr drängt heraus. An Worten, an Gerüchen, an Melodien hängende Erinnerungen wollen erzählt werden, und wenn ich anfangs dachte, daß die Idylle die Gefahr wäre, so werde ich jetzt dauernd von dunklen Strömen fortgerissen. Ich muß noch einmal weit zurückgehen, damit es wieder hell wird.

3

Wenn der Frühling nach Königsberg kam, wenn er dennoch kam nach einem schier endlosen Winter, wo wir zwischen Schneebergen zur Schule gingen, wo um $^1/_2$ 2 Uhr, wenn wir Mittag aßen, im Eßzimmer schon Licht brennen mußte, wo im März noch alles tief verschneit war und im April der nasse Schlagschnee unter den Sohlen klebte, wenn es dann endlich Ende April oder Anfang Mai Frühling wurde, dann waren auch die Menschen wie ausgewechselt. Dann sah man kein mürrisches Gesicht auf der Straße, und selbst

Lisbeth war nicht mehr vernünftig. Dann kam der Frühling auch nicht auf leisen Sohlen über Nacht, sondern wie eine Explosion. Alle Bäume fingen gleichzeitig an Blätter zu treiben, wo kamen nur plötzlich die dicken Knospen her? Da gab es keine schwerfälligen Ostpreußen mehr, und die Luft kribbelte wie Champagner. Ich würde gerne einmal wieder meinen Schulweg gehen, wenn an den Geschäften die weiß-rot gestreiften Markisen heruntergedreht werden und die frisch gesprengten Straßen so riechen, wie wenn in Cranz an Sonntagen Kalmus und Schilf vor die Haustüre gestreut wird. Ich möchte an jeder Ecke stehenbleiben, denn jedes Haus und jeder Baum waren mein Freund, und ich muß oft stehenbleiben und erklären und erzählen, wie ich es in der Wohnung getan habe.

Am besten, ich fange wieder im Jahre 1912 an, die letzten Jahre vor dem Krieg, die Jahre der weißen, gestärkten Servierschürzen, der Kurkonzerte im Tiergarten, der Reisen nach Cranz in den Sommerferien und der großen Illuminationen an Kaisers Geburtstag. Da ist es dann auch nicht so eilig, zur Schule zu kommen. Wir gehen also ganz schnell die Schloßstraße hinunter, rechts natürlich die ganze Länge des Schlosses, und kommen an der Spitze, wo Junkerstraße und Schloßstraße zusammenlaufen, zum Münzplatz. An der Ecke das große Damenmodengeschäft von Silberstein, in dessen Tochter mein Vater in seiner Jugend verliebt war. Doris hieß sie. Schnell über den Münzplatz sehen, ob auf dem Schloßteich schon die Schwäne sind, und dann rechts um die Ecke des Schlosses herum, wo gerade um 12.30 Uhr die Wache mit Knüppelmusik abgelöst wird. Gegenüber ist die Kürassierkaserne; es war wohl das höchste Erlebnis militärischen Glanzes meiner Jugend, wenn an Kaisers Geburtstag die Kürassiere in voller Rüstung mit der berittenen Musikkapelle ausrückten. Mit Helene standen wir in der Menge, die natürlich die Straße freihielt. Endlich öffneten sich die Tore. Voran ritt die Kapelle mit dem großen Schellenbaum und dem Mann mit dem schwarzen Vollbart und den beiden Kesselpauken, die an beiden Seiten des Pferdes herunterbaumelten. Wenn der herrlich dumpfe Ton zu den Trompeten erklang, dann kannte mein Glück keine Grenzen, und Helene mußte mich festhalten, damit ich nicht mitten in den Zug hineinlief. Auch der Kaiser trug ja gerne die Uniform der Kürassiere, und es war ein großer Fehler, daß man dies alles zu Beginn des Krieges abschaffte, denn ich bin überzeugt, daß der Sieg unser (so sagte man damals) gewesen wäre, wenn das Regiment mit klingendem Spiel gegen den Feind gezogen wäre. Wer hätte da nicht Preuße sein wollen? Wir Kinder und Helene waren überhaupt große Verehrer des Kaisers und kannten die Gewohnheiten des erlauchten Paares aus den Schullesebüchern, von Kaiser Friedrichs stillen Leiden bis zu Auguste Viktorias Leutseligkeit. Einmal haben wir bei praller Sonne vier Stunden an der Landstraße zwischen Cranz und Cranzbeek im Staub gestanden, um das erlauchte Paar im offenen Auto vorbeifahren zu sehen und hurra zu rufen. Damals konnte sich der Kaiser ganz auf mich verlassen und natürlich auch Auguste Viktoria, die die Haare so trug wie meine Großmutter und darüber einen weißen Staubschleier. Ich konnte es auch überhaupt nicht verstehen, daß andere Völker nicht tieftraurig waren, keine Deutschen zu sein, natürlich ausgenommen die Indianer, von denen man ja wußte, daß sie auf sich selbst und auf ihre Farbe stolz sein konnten.

Ich würde jetzt gerne den Mühlenberg gleich an der Zyklopenmauer der Kürassierkaserne, meinen Schulweg, hinuntergehen, doch ich gehe lieber zuerst etwas weiter links den Ausgang vom Münzplatz die Französische Straße entlang. Ich kann mich ja nicht von Helene in die Schule bringen lassen, und ich kann ohne Helene nicht zu ihrem Vater gehen. Die Französische Straße war eigentlich der Damm und wird wohl einmal der Mühlendamm gewesen sein, der den Schloßteich aufstaute. Jetzt war sie nicht mehr als Damm zu erkennen. Auf beiden Seiten standen Geschäfte. Mich interessierte auf der linken Seite eine Musikalienhandlung, wo das Schaufenster voller Musikinstrumente lag, gleich daneben wohnte mein Freund Paul Jakoby, der Sohn von Rechtsanwalt Jakoby I. Auf der anderen Seite lag die Buchhandlung von Raabe, die etwas von Wilhelm Raabe und von Spitzweg an sich hatte. Sie befand sich in einem alten Haus, das halb den schiefen Berg hinunter hing. Ich weiß nicht mehr, ob die »Brockensammlung« auch zu Raabe gehörte. Dort brachte man ausrangierte Bücher und Schulbücher hin, die sortiert und an arme Kinder verteilt wurden. Ich erinnere mich nicht mehr so genau, ob es eine soziale Einrichtung oder einfach ein Antiquariat war. Auf dem schiefen Berg, gleich neben der Brockensammlung, war die große Toreinfahrt der Fuhrhalterei, wo Vater Stoll, Helenes Vater, als Rollkutscher arbeitete. Ein großer, mit Kopfsteinen gepflasterter Hof; auf beiden Seiten waren Pferdeställe, wo die vielen braunen, falbweißen und gescheckten Gäule immer unruhig stampften. Es war sehr aufregend, den Vater zu suchen. Wir durften mit in den Stall mit dem dumpfen und wilden Geruch, aber nicht zu nah an die Pferde heran, weil das eine schlug und das andere biß. Eine gruselig schöne Sache in den halbdunklen Ställen, wenn Vater Stoll, der immer nach Bier roch, einen nahm und trotz Helenes Protest auf den glatten Pferderücken setzte, während der lange Pferdekopf in der Futterkrippe schnaubte. Schön, nach der wonnigen Gefährdung wieder in die beruhigende helle Sonne hinauszutreten; voller Freude über bestandene Heldentaten und wieder an der sichernden Hand. Ich war auch nicht so sehr erstaunt, als Helene meiner Mutter einmal aufgeregt erzählte, ihr Vater sei von einem Pferd gebissen worden und hätte operiert werden müssen, wobei ihm ein Pferdekopf, der Kopf des Pferdes, das ihn gebissen hatte, aufgesetzt werden mußte. Sicher habe ich auch erst dann entdeckt, daß Vater Stoll nicht wirklich einen ganz langen Pferdekopf hatte. Die ganze Sache war für mich nicht so sehr erstaunlich, da ich ja schon von Zentauren wußte und den Märchen immer schon eine mindestens so große, wenn nicht größere Wirklichkeit einräumte als meiner Umwelt. Viele Jahre später, als ich begann, meinen Kindern Märchen aus meinem Leben zu erzählen, meldete sich auch die Geschichte von dem abgebissenen Kopf. Meine Kinder wollten sie kaum glauben, da bekam ich auch Zweifel. Auch Helene stammte nicht, wenn ich auch als Kind geneigt war, es zu glauben, direkt von den Feen ab, wenn ich auch noch heute davon überzeugt bin, daß eine Fee oder eine Königin ihre Ahnfrau gewesen ist, wo hätte sie denn sonst ihr schönes Haar, ihr ovales Gesicht, ihre königliche Haltung her. Wenn man nur an die Geschichte von »O du Falada, da du hangest, o du Jungfer Königin, da du gangest« denkt, es gibt genug Beweise von verwunschenen Königstöchtern, und mir sind im Leben so viele begegnet, die ich erlösen wollte. Und manchmal ist es mir auch gelungen. Wie war es möglich, daß Helene aus dem Slum von Königsberg, dem Ober-Haberberg, einer Arbeiterkaserne kam. Es war wirklich wie eine Kaserne angelegt, das Haus, in dem Helenes Eltern wohnten. Es gab keine abgeschlossenen Wohnungen, sondern die an einem langen dunklen Flur liegenden Zimmer wurden einzeln vermietet. Die Wasserleitung auf dem Flur, die Toiletten auf dem Hof wurden gemeinsam benutzt. Die Stolls hatten ein Zimmer und ein Kabinett, wie man damals einen dunklen, kleinen Raum nannte. Im Zimmer wurde gekocht, Wäsche gewaschen und geschlafen. Da wohnten die Eltern und die sechs Kinder. Damals nahm ich das so hin und machte mir keine Gedanken darüber, wie es möglich war, unter diesen Umständen sechs Kinder aufzuziehen, die später tüchtige Menschen waren. Die Mutter Stoll muß wohl mehr gewesen sein als das abgearbeitete Weib mit dem schwarzen Kopftuch, das oft bei uns vorbeikam, wenn sie den weiten Weg von Haberberg zum Roßgarten ging, um dem Mann das warme Mittagessen zu bringen. Vater Stoll war vom Land nach seiner Militärzeit in die Stadt gekommen und, da er bei der Kavallerie diente, Kutscher geworden. Der große Einschnitt im Leben der armen Leute waren die zwei Jahre Dienstpflicht: Die einen wurden aus ihren Berufen herausgerissen und fanden später keinen Anschluß mehr, die anderen gingen danach vom Land in die Stadt. Besonders für die Armen war die Dienstzeit ein prägendes Erlebnis. Das ist nicht zu übersehen, wenn es auch mir unverständlich ist. Ich habe auch später bei vielen Arbeitern gefunden, daß für sie der Militärdienst und selbst der Krieg einigen Glanz hatten und sie aus einem öden Dasein heraushoben. Nur so kann ich mir erklären, daß die ganze Familie Stoll kaisertreu war und so gar nicht sich mit dem Proletariat identifizierte. Helene muß ein wildes Kind gewesen sein. Sie erzählte mir einmal, wie sie als Kind schon zum Lebensunterhalt ihrer Familie beigetragen hatte, indem sie sich auf der »Freibank« mit einem Sack zwischen den Beinen der Erwachsenen durchschlängelte und den feilgebotenen Ochsenkopf schon erwischt hatte, bevor ein anderer die Hand ausstrecken konnte. Sie war im Süden und im Hafen von Königsberg zu Hause und kannte jeden Winkel, und mit ihr sind wir oft bei den alten gotischen Speichern an der Lastadie herumgestromert. Als sie mit 16 Jahren in unseren Haushalt kam, wegen ihrer Jugend von meiner Mutter etwas mißtrauisch, aber auch entzückt betrachtet, war ich ein halbes Jahr alt. Helene wuchs mit uns auf und lernte mit uns, weil sie unsere Schulaufgaben mitmachte. Sie war ebenso begabt wie gut und hätte wohl spielend studieren können, wenn sie je dazu Gelegenheit gehabt hätte. Statt dessen war es ja eine schwere Aufgabe, die sie mit uns Kindern hatte. Sie war fromm und wollte Diakonissin werden, aber mein Vater hatte ihr immer wieder abgeraten, weil er meinte, sie hätte noch so viel vor sich, sie solle sich nicht so früh festlegen. Sie hatte auch eine übertriebene Vorstellung von ihrer Jungfernschaft und erzählte mir einmal dramatisch, was sie getan hätte, wenn die Russen damals 1914, als sie ziemlich nahe vor Königsberg standen, in die Stadt eingedrungen wären. Sie war trotz des engen Zusammenlebens in unserem Elternhaus nicht aufgeklärt. Mein Vater erzählte später schmunzelnd, daß Helene, als er sie im Februar 1910 vor der Geburt meiner jüngsten Schwester weckte, um die Hebamme zu holen, ihm sagte, ob nicht Frau Fürst bis zum Morgen warten könne. Sie sei eben erst schlafen gegangen. Es war schon eine große Zumutung, denn wir anderen Kinder hatten alle Masern gehabt und Helene hatte wochenlang keine ruhige Nacht. Dazu war Februar, und es war bitter kalt, und Telefon hatten weder wir noch Fräulein Lottermoser, die Hebamme. Immerhin war nachher Hannchen ihr Lieblingskind, das sie vollständig alleine aufziehen konnte. Helene gehört wohl noch zur letzten Generation der »treuen Dienstmädchen«, die sich vollständig mit den »Herrschaften« identifizierten. Wir sind bis heute mit ihr in Verbindung geblieben, und sie hat mir oft erzählt, daß sie manchmal, nachts erwachend, sich in ihrem Zimmer nicht zurechtfindet, weil sie meint, noch im Königsberger Haus zu sein. Man muß bedenken, was das bedeutet. Sie hat ihrer idealistischen Einstellung gemäß in Hamburg einen Schneider geheiratet, dessen Frau nach dem 6. Kind gestorben war. Helene war damals 31 Jahre alt. 15 Jahre war sie bei uns gewesen. Dann hat sie die sechs Kinder dieses Mannes großgezogen und auch noch drei eigene. Der Mann arbeitete zu Hause als Zuarbeiter für ein großes Geschäft, und natürlich half Helene. Als wir sie 1931 besuchten, wohnte sie noch in der Hamburger Altstadt in einem ziemlich baufälligen Haus. 1936 sind sie dann in ihr eigenes Häuschen in Rissen gezogen. 1939 hat sie noch meine Schwester, die sie damals mit dem Judenstern am Arm besuchte, bei sich beherbergt, und als ihre Mitbürger in Rissen sich darüber beschwerten, erklärte sie, Edith sei so ihre Tochter wie ihre eigenen Kinder und sie lasse sich da nicht dreinreden. In ihrem winzigen Zimmer, das sie jetzt bewohnt, hängen noch dieselben Bilder wie in ihrer Kammer in Königsberg, und sie hat noch mehr Bilder von uns und den Eltern aus jenen Tagen als wir, natürlich auch deshalb, weil wir nach unserer Flucht aus Deutschland ja erst sehr spät seßhaft wurden. Helene ist heute 84 Jahre alt und Urgroßmutter. Sie ist eine alte Dame geworden, wie meine Mutter es geliebt hätte, und ihre Enkeltochter ist ein so kapriziöses kleines Frauenzimmer, daß wir sie Prinzeß Margret nennen.

4

Steine: Der Stein, den die Bauleute verworfen, er ist zum Eckstein geworden. Es war mein Satz. Ich wollte gern dieser Stein sein, es war mein Traum. Dieser Satz aus den Psalmen, der in der Haggada stand, dem Buch, das zu Pessach gelesen wurde. Pessach war das schönste jüdische Fest, das bei uns zu Hause gefeiert wurde. Das Fest der Familie, die große weiße Tafel mit allen Mitgliedern der Familie und mit Gästen. Wer hungrig ist, komme und esse, wer danach verlangt, der feiere mit uns das Pessachfest. Der Spruch soll am Eingang zu jeder Festtafel hängen, und für den Propheten Elias wird ein Stuhl freigehalten, weil er in Gestalt eines Bettlers kommen könnte. Es ist das Fest des Auszugs aus Ägypten, aus der fetten Sklaverei zur mageren Freiheit in der Wüste. Ich verstehe nicht, wie ein jüdisches Kind nach diesem Fest nicht Revolutionär sein will. Ich wollte es immer. Ich träumte davon, ein Eckstein zu sein, aber später war ich auch schon zufrieden, nur ein Stein sein zu können und nicht verworfen und nutzlos. Pessach, das Fest, bei dem der Hausherr und der Jüngste die wichtigsten sind, denn der Jüngste ist es, dem die Aufgabe zufällt, die Fragen zu stellen. Er oder sie stellten die Fragen auf hebräisch. Soviel hatte man schon gelernt. Der Hausherr antwortete auf deutsch und erzählte die Geschichte des Auszuges und der Befreiung vom Ägyptischen Joch. Es war ein herrlicher Abend. Unterbrochen wurde die Erzählung aus der Haggada durch das Festmahl, und diesmal aß man nicht einfach, man speiste. Dann folgten Lieder auf hebräisch und jiddisch. Da war mein Vater Meister, denn seine Familie hatte mehr in der jüdischen Tradition gelebt. Meine Mutter konnte kein Hebräisch. Es war in ihrem Hause verpönt gewesen. Bei uns war das Assimilationsbedürfnis schon gebremst. Bei den meisten Juden hatte sich schon die Enttäuschung gezeigt, daß man, richtig besehen, kein Deutscher war, kein wilhelminischer Deutscher, daß man zu dieser Oberschicht nicht gehörte. Das Pendel schlug zurück. Wie schwierig war das alles damals für uns Kinder zu durchschauen. Man tat überall, als ob man dazugehörte, und man versteckte sich mit seinem Judentum. Später nannten wir es Verlogenheit, wo es doch nur Hilflosigkeit war. Ich stieß auch darauf in der Pessach-Haggada, zusammen mit dem Satz der Forderung: »Gedenke, daß deine Väter Sklaven waren in Ägypten.« Jahrelang hatte ich den Spruch gehört, aber er war an mir vorbeigeglitten, und ich erinnere mich, wie ich rot wurde im Gesicht. Ich lebte ja in einer Welt, die vorgab, nur von Freien abzustammen. Ich hatte das Abendland mit den freien Griechen, die die Vorbilder für die freien Germanen waren, noch nicht durchschaut. Monatelang schämte ich mich, daß ich von Sklaven abstammte, und dunkel wußte ich ja, daß die Befreiungstat Mosis, der mein hebräischer Name war, nur eine zeitweilige Befreiung bewirkte. Dunkel ahnte ich es, wie unfrei und unwürdig meine Vorfahren handeln mußten, um am Leben zu bleiben. Ich verstehe heute nur schwer, wie ich den Zwiespalt überwunden habe: das krallenbewehrte Abendland in der Schule eingepaukt zu bekommen und zu wissen, daß man zu den bespuckten Opfern gehörte. Aber der Satz »Vergiß nicht, daß deine Väter Sklaven waren in Ägypten« hat sich in mich eingefressen. Ich weiß nicht, wann all das in mich hineingeträufelt ist. Langsam, wahrscheinlich schon in der Vorschule; sicher, als ich in die Sexta des Realgymnasiums kam, als ich aus der Umgebung der Familie heraustrat, als mir das bürgerliche Deutschland in der Gestalt der Oberlehrer, die sich damals noch Professoren nannten, entgegentrat. Lange lag das alles weit unter dem Bewußtsein, und lange Zeit brauchte ich, um es zu erkennen und in mein Leben einzuordnen. Lange brauchte ich, bis ich erkannte, daß auch andere sich hätten erinnern sollen, daß ihre Väter Sklaven waren, und daß die, die sich als Herren aufspielten, Betrüger waren. Damals aber wollte ich schon der Eckstein sein, oder wenigstens ein Stein im Bau.

In Ostpreußen, dem Land ohne Felsen, waren Steine etwas Besonderes. Die Ziegel, aus denen alles gebaut wurde: Man wurde niemals müde, in den Ziegeleien zuzusehen, wie sie aus Lehm geformt, getrocknet und gebrannt wurden, die Kiesel, die das Meer ausspie, die Findlingsblöcke, die auf Gletschern von nie gesehenen Gebirgen zu uns transportiert wurden. Die meisten Straßen waren damals noch mit Kopfsteinen gepflastert, besonders die Steigungen, damit die Pferde mit ihren Hufen Halt finden konnten. Später wurden die Hauptstraßen mit gerade geschnittenen Granitwürfeln belegt, die auf Sand eingestampft und mit Teer ausgegossen wurden. Die großen Platten auf dem Bürgersteig, auf denen wir unsere Hüpfspiele aufzeichneten, die langen Bordsteine und kunstvollen runden Ecken und die kleinen Würfel, die von den Platten bis zu den Bordsteinen von einem Pflasterer, unter dessen Knien dicke Lederwulste lagen, mit kurzstieligem Hammer zu kunstvollen Mosaiken gelegt wurden. Viele Stunden habe ich zugesehen, als die Junkerstraße mit teergetränkten Hirnholzklötzen ganz gleichmäßig und leicht gewölbt neu gepflastert wurde.

Wie wunderbar uneben war die Mauer am Mühlenberg aus behauenen Findlingsblöcken, die mich zu meinem täglichen Schulweg abwärts führte. Auf der anderen Seite der abschüssigen Straße war ein Gitter vor dem Mühlengrund, wo wohl einst die Schloßmühle stand. Ich habe noch heute den Ton im Ohr, wenn sich die Hufe der Pferde an den

Kopfsteinen festzukrallen suchten, ihr Ausrutschen, wenn es glitschig war, und ihr Fallen, wenn die festangezogenen Bremsen den Wagen kaum noch hielten und der Kutscher den »Schuh« unter die Räder schob, wenn das arme Tier trotz Schlagens nicht aufstehen konnte und ausgeschirrt werden mußte, wenn es – wie sterbend ergeben – auf der Seite lag und dann doch, wir sahen es aufatmend, sich sofort erhob, sich wieder anspannen ließ und den Wagen den Berg hinaufzog. Wie oft haben wir dann schieben geholfen, froh, das Unsrige dazu beitragen zu können.

Wo die Kasernenmauer endete, begannen die Häuser des Löbenichts, des dritten und ärmsten Urstadtteils Königsbergs. Dann ging es sanfter abwärts, bis man dem Münchenhofplatz, dem damals noch neuen Realgymnasium, gegenüberstand. Es ist die Schule, in die ich 1914 aufgenommen wurde, nachdem ich die Vorschule absolviert hatte. Gleich daneben fließt der Pregel.

Ja, der Pregel, ich glaube, ich werde besser erst später über ihn berichten. Da fehlen mir noch die Worte und die Umgebung. Statt dessen gehe ich über die Holzbrücke, das heißt, ich würde über sie gehen, wenn sie nicht gerade aufgezogen wäre. Wie oft war unsere Ausrede in der Schule, daß die Brücke aufgezogen war. Königsberg ist die Stadt der Brücken. Sechs fallen mir gleich ein, weil fünf alleine die Verbindung zum Kneiphof waren, die sechste war die Holzbrücke; noch zwei, die Hohe Brücke und die Kaiserbrücke. Nicht vergessen darf man die Eisenbahnbrücken. Wichtig für unsere Ausreden waren aber die ersten acht Brücken, man konnte ja immer gerade über eine gehen wollen, wenn beide Arme hochgereckt waren, so daß man ihr Gerippe sehen konnte und der Regen durch die Straßenbahnschienen zurücklief. Heute baut man solche zum Himmel ragenden Arme als Denkmäler für Flieger, aber kein hoch gebauter Überseefrachter fährt dann vorbei wie an der Holzbrücke, und erst das macht die beiden Brückenarme zu einer Ehrengarde für die weite Welt, die nach Königsberg hereinkam. Ich weiß nicht, warum wir Kinder immer laufen mußten, noch bevor die Sperrketten fortgenommen waren, um noch den kleinen Stoß zu erleben, mit dem beide Teile einrasteten, ein kleines harmloses Erdbeben. Hinter der Brücke die Lindenstraße und ein Stückchen weiter, gegenüber der Honigbrücke, die direkt in den Kneiphof und zum Dom führte, war die neue, die große Synagoge. Wie es neugotische Kirchen gibt, so gibt es auch neumaurische Synagogen. Nun, mein Urteil über den Bau hat sich mehrmals gewandelt. Früher fand ich den Bau aus glasierten Ziegeln mit drei Kuppeln, davon die mittlere höher und größer als die anderen, schön. Es ist ja auch gleichgültig: Gebet und Andacht brauchen vielleicht einen geschlossenen Raum, aber schlechte Architektur hindert sie nicht und gute wird sie meistens nicht fördern. Doch bin ich früher nie so tolerant gewesen. An die Synagoge angebaut war das Waisenhaus, in dem es immer nach einer Mischung aus Lysol und Kohl roch. Ich glaube, der jüdischen Gemeinde gereichte es nicht zur Ehre, dieses Waisenhaus, dessen langjähriger Direktor ein furchtbarer Mensch war.

Ich gehe aber nicht in die Synagoge, sondern noch ein Stückchen weiter zu Fräulein Arnold, bei der ich in der Vorschule war. Damals hatten nicht alle Gymnasien Vorschulen, deshalb gab es viele ältere Lehrerinnen, die privat Kinder für die Sexta vorbereiteten. Fräulein Arnold, die aussah wie Adele Sandrock und einen Klumpfuß hatte, war eine herzensgute Frau, die ich sehr liebte. Leider hatte sie, wie alle damals, einen Rohrstock, den sie nicht gebrauchte, wenn wir ungezogen waren, sondern wenn wir Fehler im Diktat machten, und ich glaube, mit diesem Rohrstock hat sie früh meinen Verstand fürs Leben verschlossen. Sie gebrauchte ihn nach dem Prinzip »Wer nicht hören will, muß fühlen«. Ich fühlte schon, aber machte immer wieder dieselben Fehler. Aber es gab auch gute Tage bei ihr. Immerhin müssen wir schon sehr früh die griechischen Göttersagen gelernt haben, da machte ich sicher keine Fehler. Ich gestattete meinem rothaarigen Freund Paul gerne, daß er der Jupiter war. Aber ich wollte Apollo sein. Das reizte mich mehr. Heinz Posner durfte Merkur sein; manchmal spielte ich auch noch Hephästos, der war mir auch sympathisch, weil er hinkte. Das tat unser Rabbiner Vogelstein auch, und ich bemühte mich manchmal, so zu gehen, weil ich das für besonders würdig hielt. Grete, die etwas pummelig war, durfte Hera sein. Dafür war Lotte, die ich liebte, Artemis. Das war alles sehr gut geregelt, und wir spielten schöne Götterspiele in den Pausen und nach der Schule. Ich weiß nicht, was sich Menschen dabei denken: Wir mußten doch wirklich eine Aufnahmeprüfung machen, ehe wir in die Sexta des Realgymnasiums aufgenommen wurden. Mein Vater brachte mich in die neue Schule und sagte das Übliche: »Mach uns keine Schande.« Wie üblich, nahm ich das alles ernst. Ich saß plötzlich mit 40 Kindern in einer großen Klasse und sollte rechnen und nach Diktat schreiben. Ich habe die Prüfung doch bestanden. Vielleicht hatte »ein Gott Erbarmen«. Man fragte auch Gedichte ab, griechische Götter oder Heimatkunde, aber diese Prüfung hat meinen Mut in der Schule nicht bestärkt. So habe ich jetzt auch noch keinen Mut, über das Realgymnasium zu schreiben, es ist noch zu früh. Wenn es Winter wäre, würde ich gleich von Fräulein Arnold weiterlaufen. Rechts zu den Pregelwiesen, die überschwemmt waren und das ideale Terrain zum Schlittschuhlaufen. Da war es weitläufig, nicht so eng wie auf dem Schloßteich. Trotzdem ging ich lieber auf dem Schloßteich Schlittschuhlaufen. Wenn es früh fror, schnallten wir uns die Schlittschuhe schon zu Hause an, humpelten durch die Junkerstraße zum Schloßteich, und dann konnte man den ganzen Schloßteich lang laufen, unter der Brücke durch – damals war es noch eine Holzbrücke – und bis zum Ende. Man konnte in die Logengärten hineinsehen, die sich auf der linken Schloßteichseite geheimnisvoll abgeschlossen aneinanderreihten. Bis ans Ende des Schloßteichs war es über einen Kilometer, dann kam wieder eine Straße als Damm, und darüber war dann gleich der Oberteich, der viel größer als der Schloßteich war und auch nicht so schnell zufror. Mein Vater sagte oft, daß Königsberg schon deshalb eine so schöne Stadt sei, weil es nur selten mitten in einer Stadt einen See gäbe. Eigentlich gibt es zwei, aber damals war der Oberteich noch vor der Stadt, außerhalb der Wälle. Damals, aber das ist schon sehr lange her, konnte man die Stadt nur durch die Tore verlassen. Das Steindammer Tor, das Roßgärter Tor, das Königstor, durch das man zu den Friedhöfen ging. Alle Tore waren aus roten Ziegeln gebaut und hatten oben Zacken wie eine Königskrone, und wenn ich mich nicht sehr irre, sind wir noch über eine richtige Zugbrücke nach den Hufen zum Tiergarten und zu Onkel Felix gegangen, der weit draußen in Amalienau wohnte. Die Wälle waren meist nur von außen aufgeschüttet und mit Gras bewachsen. Innen waren sie aus Ziegeln gemauerte Kasematten, aber auch von außen sah man die Schießscharten. Wir gingen mit Helene oft in den Glacis spazieren. Im Herbst sammelten wir Kastanien, auch für die Rehe im Tiergarten. Mir war immer etwas bange in den Glacis, weil ich ja nicht wußte, ob die Soldaten mich nicht für einen Feind halten würden. Die Schießscharten sahen immerhin gefährlich aus. Draußen vor den Wällen durfte man nur Holzhäuser bauen. So waren auch der Cranzer- und Samlandbahnhof nur aus Holz gebaut. Ich weiß nicht, wann dieses Verbot aufgehoben wurde. Jedenfalls schon lange vor 1912. Dann wurde ein Tor nach dem anderen abgebrochen, oder sie blieben als Denkmal stehen, und die Straße führten rundherum.

Auf den Wällen haben wir noch lange unsere Räuberspiele gespielt. Man konnte damals über sie oder durch die Glacis um die nördliche Hälfte der Stadt gehen. Ein großer Halbkreis von Pregel zu Pregel, natürlich mußte man Umwege machen, wo noch Militär lag, oder am Wrangelturm, der wohl mit dem gegenüberliegenden Dohnaturm den

Oberteich bewachte. Ach, ihr wißt gar nicht, was ein Glacis ist und wozu es da ist. Ein Glacis ist ein Wäldchen, das vor den Wällen und dem Wassergraben liegt, um dem Feind die Sicht zu versperren. Sicher schätzte man den Feind sehr viel dümmer ein als sich selber, denn das Wäldchen war ganz durchsichtig, und es ist ja undenkbar, daß es so dumme Soldaten gibt, die durch das Glacis hindurchstolpern und dann in den Graben hineinfallen. Nun, auch am Ende des 18. Jahrhunderts, als diese sehr preußischen Befestigungsanlagen um das vergrößerte Königsberg gebaut wurden, wird man sich vielleicht mehr gedacht haben, als der kleine Rose in der Schule gelernt hat und an seine Schüler weitergab. Nichts wird ja mit solcher Inbrunst weitergegeben wie Irrtümer. Aber wenn ich es jetzt überdenke, weiß ich auch nicht, wie das alles gemeint war. Jedenfalls hatten die Mauern einen Zweck erfüllt. Die Stadt war kreisrund, und das sah sehr ordentlich aus. Wer einen großen Zirkel im Schloß ansetzte, konnte jede Stelle des Festungswalls erreichen. Das hat nun doch etwas mit meinem Leben zu tun, denn der auf diese Art eingefriedete Bezirk war in meiner Kindheit auch mein Besitz, und da gehörte mir jede Straße und jede Ecke. Aber da alles Eingefriedete auch eingezäunt ist und eine Hemmung, war es gut, daß die Stadt am Anfang des neuen Jahrhunderts nach allen Seiten sich ausbreitete, hauptsächlich nach Norden und Westen. Mein Vater sagte, und ich muß es noch einmal wiederholen, daß Königsberg durch die Seen eine schöne Stadt war. Sie hatte durch die kreisrunde Form auch eine gute Aufteilung. Der schmale Schloßteich ging vom Schloß aus direkt nach Norden und wurde durch den breiten Oberteich als Radius sogar noch betont. Vom Osten kam der Pregel mit zwei langen Armen in die Stadt hinein, umklammerte das Herz der Stadt, den Kneiphof, vollständig und floß als breiter Strom zwischen den Hafenkais nach Westen wieder hinaus. Es war eine Stadt, die zwar nicht am Meer lag, aber die weite Welt kam zu ihr mit großen Frachtschiffen, die so groß waren, daß sie beinahe das in der Stadt sehr enge Flußbett ausfüllten. Der Fluß durchschnitt die Stadt im Zentrum. Sie klammerte sich an ihn mit ihren Kais, mit ihren schönen alten Speichern und den großen neuen Lagerhäusern, deren Krane mit Polypenarmen die Schiffe ansaugten. Viele Schiffe mußten in Pillau geleichtert werden, ehe sie mit dem Rest der Ladung, haushoch aus dem Wasser ragend, die Stadt durchfahren konnten. Wir gingen gerne am Fluß entlang, bis er sich von der Stadt befreit hatte und dann breit dem Frischen Haff zuströmte. Die Seen hatten keinen so nützlichen Zweck, aber sie machten mit den Ruderbooten, den Schwänen und anderen Wasservögeln die Stadt fröhlich und weit.

Jetzt stehen wir wieder am Oberteich. Mein Vater machte gerne große Spaziergänge mit uns, und an Sonntagen im Frühling gingen wir oft am Oberteich entlang nach Maraunenhof, dem nördlichen Villenvorort, wo mein Vetter Otto Fürst wohnte. Dann gingen wir noch weit hinaus nach dem Aschmannspark; dort pflückten wir Anemonen. Das Blumenpflücken war eine teuflische Sache. Alle freuten sich, wenn wir große Sträuße gepflückt hatten, aber auf dem Heimweg war nicht sicher, wer schneller müde wurde, die Blumen oder wir Kinder. Es muß auch eine schwere Arbeit gewesen sein, fünf Kinder den weiten Weg zurückzubringen. Und selbst wenn wir dann auf halbem Weg in die Straßenbahn stiegen, war es nicht leicht, noch sieben Personen in die volle Bahn hineinzubugsieren. Solche Ausflüge waren schön, aber auch gefürchtet, denn sie endeten meist mit Tränen. Andererseits liebte es mein Vater, alles zu erklären. Er las viel und viele Zeitungen und wußte die meisten Dinge, die wir fragten, und es war eine große Ehre, ihn begleiten zu dürfen. Es gab Jahre, wo ich gerne mit ihm ging und es selbst in Kauf nahm, daß er manchmal versuchte, mit mir über die Schule zu sprechen. Da gab es dann so vieles, was er nicht wissen sollte und wo ich mich nicht verplappern durfte. Ganz anders waren die Ausgänge mit meiner Mutter. Da konnte man sich nützlich machen und ihr die Pakete abnehmen; sie plauderte von ihren Schützlingen und versuchte uns zu überzeugen, daß es gute Menschen seien. Manchmal waren sie es auch.

Da war zum Beispiel Fräulein Lenchen, die immer im Frühjahr und Herbst kam, wenn die großen Kartons mit Winter- und Sommersachen aus der Salonkammer herausgeholt wurden. Dann wurde es ein Fest, wenn die Kleider den Mädchen der Reihe nach anprobiert wurden und die Anna, die wohl die Temperamentvollste war, die Hände über dem Kopf zusammenschlug, was die Marjellchen schon wieder gewachsen waren. Welche Freude, wenn ein Kleid von Lisbeth für Edith schon zu klein war und für Rosa noch zu groß, aber man trug auch mit Stolz die Kleider der Älteren weiter, denn es wurde ja auch die Würde der Älteren mit übernommen. Fräulein Lenchen änderte und verbesserte und bestimmte auch, was nicht mehr gut war. Ich stand daneben. Meine Matrosenanzüge konnte ich niemand vererben. Es hätte auch sonst nicht geklappt, weil Edith und ich beinahe gleich groß waren.

Es war zu schön, wenn Kleid für Kleid aus der Kiste herauskam und wie ein alter Freund wiedererkannt wurde und natürlich die heftige Diskussion unter den Großen einsetzte, wer es im vorigen Jahr getragen hatte. Dazu gehörte im Frühling die offene Balkontür, denn all diese Dinge wurden immer im Erker verhandelt, wo gutes Licht war. Ich möchte nicht behaupten, daß es bei den Mädchen genauso war, aber ich fand es immer sehr peinlich, neue Sachen zu kriegen. Schon damals lief ich gerne in alten, ausgebleichten Sachen herum, nicht zuletzt, weil neue in gefährlicher Weise von den Großen überwacht wurden. Ein neuer Anzug war eine rechte Bürde, wenn sofort ein Gras- oder Fettfleck oder gar ein Riß zu sehen war. Ein neuer Anzug verurteilte einen zur Unbeweglichkeit. Er mußte getragen werden, wenngleich ich wußte, daß es schlecht ausgehen und lange dauern würde, bis nicht mehr das bewahrende Auge auf ihm ruhte.

Auch die kleine und jeden Monat die große Wäsche waren sehr angespannte Tage. Anna war dann krebsrot, und selbst Helene gehörte uns nicht mehr, obwohl auch noch eine Waschfrau kam. Dabei war es so schön oben im Dachstuhl, in der Waschküche und auf dem großen Hängeboden, wo ich mir den Klammerbeutel umhängen und Klammern zureichen durfte. Auch die steinhart gefrorenen Wäschestücke im Winter und die süße Zugluft mit Holzgeruch im Sommer. Dann gab es für uns die unvermeidliche Grießsuppe und nur für die Waschfrau und Vater etwas Kräftiges. Anna hatte ihre Lieblingsgerichte, die sie für gesund hielt. Es gab zum Beispiel ein Gericht, das vielleicht ihre eigene Erfindung ward, weil ich es in keinem Kochbuch gefunden habe: Kürbis mit Reis. Kürbis, der so gut mit Essig als Kompott schmeckte, wurde süß-sauer eingelegt und mit Reis gekocht. Am besten war, wenn man es rechtzeitig erfuhr und irgendeine Möglichkeit fand, krank zu sein. War man erst einmal am Tisch und bekam von Mutter mit der Bemerkung, es schmecke wie Marzipan, den Suppenteller vollgeschippt, war man verloren. Es mußte aufgegessen werden, was auf dem Teller lag, und noch heute finde ich es unmoralisch, nicht sauber aufzuessen. Das wurde uns aber auch richtig eingebleut, und besonders bei Kürbis mit Reis. Es endete immer mit Tränen. Man würgte das »glabrige« Zeug in sich hinein, und wenn es wieder herauskam, war es pure Ungezogenheit. Das ging jahrelang so, bis eines Tages Vater erklärte, er hätte jetzt genug davon, er esse es auch nicht gerne und er sehe nicht ein, warum er jedesmal den Ärger mit den Kindern haben müsse. Na, das gab ein Nachspiel in der Küche, denn Mutter mußte es ja der gekränkten Künstlerin beibringen, und sie grumpelte noch wochenlang, wenn es den Herrschaften nicht paßt ... und wenn man ein solch herrschaftliches Haus sei ... und sie könnte ja – aber sie tat es nicht. Wir wären alle froh gewesen, wenn sie gegangen wäre.

Dabei war sie wirklich eine gute Köchin, wenn es darauf ankam. Sie schaffte es fast immer, daß das Essen Punkt zwei

Uhr mittags, wenn mein Vater aus dem Geschäft kam, auf dem Tisch stand. Natürlich verstand sie es auch, Helene und meine Mutter einzuspannen. Sie sang, wenn sie sich nicht zu sehr geärgert hatte, unentwegt und wunderbar wahllos, von Zion und von Isabell und vom Staube Eduards, in den man den Leichnam der Geliebten legt. Sie war auch eigentlich leicht zu beschwichtigen, wenn man die Arme um sie legte, und sofort gerührt, wenn dazu die Gelegenheit sich ergab. Sie war treu, klatschsüchtig und laut bis in den Tod. Sie hielt die ganze Familie für ihr Eigentum und die Männer, besonders meinen Vater, für schlecht. Ihr Gesicht war mehr breit als hoch, dazu ein spitzes Kinn. Sie war katholisch und liebte den Pfarrer von der Altstädtischen Kirche, der natürlich evangelisch war. Sie hatte einen Sohn, den sie im Kloster abgelegt hatte, und war so offen heuchlerisch moralisch, daß es schon rührend war. Sie hatte in der Nähe von Wormdit, woher sie stammte, eine Schwester, die mit einem Schrankenwärter verheiratet war und, o Glück, ein richtiges Bahnwärterhaus bewohnte. Ich war nie dort, aber Ros'che und Hann'che waren da (es gab nichts, wo Anna nicht ein »che« anhängte). Man durfte da kein rotes Kleid anziehen, weil sonst die Züge hielten, und es gab mitten im Krieg, als wir in der Stadt wirklich knapp waren, »Krischelschugger«. Es muß etwas traumhaft Gutes gewesen sein, weil die Kinder noch jahrelang davon schwärmten. Irgend etwas mit märchenhaft vielen Eiern, Speck und Zucker. Nicht zu vergessen, daß man ja auch bei einem gewaltigen Mann zu Besuch war, der mit einem Signal ganze Züge anhalten konnte. Es gab eben doch einiges, was in Annas Leben glänzte. Sie ging auch tanzen und sang kokette Schlager und hat sicher der jungen Helene schon aus Eifersucht das Leben schwergemacht.

Wie glücklich waren wir, wenn sie auf Urlaub war und Helene für uns kochte. Wenn dann noch, und das vereinte sich oft, die Eltern verreist waren – mein Vater hatte Ischias und fuhr nach Bad Polzin, um Moorbäder zu nehmen –, waren das ungetrübte heitere Sommertage. Wir halfen alle gerne in der Küche. Dann gab es abwechselnd Spinat mit Setzei und Bratkartoffeln oder Kartoffelflinsen, unsere Lieblingsessen, und wir aßen im Kinderzimmer. An den Nachmittagen entdeckten wir immer wieder neue Wege, wo wir nie mit den Eltern gingen, zum Westen hinaus durch die Laak an der Sternwarte vorbei, über die Neue Bleiche zum Veilchenberg, der, glaube ich, eine alte Bastion war. Von dort über die Pillauer Landstraße nach Luisenwahl. Alles was schön war, hatte immer etwas mit Königin Luise zu tun. Diese arme Königin hat in Königsberg und im Samland segensreich gewirkt, weil sie überall Steine hinterlassen hatte, auf denen sie auf ihrer Flucht vor dem bösen Napoleon ausruhte. Es waren harte Steine, aber meine Mutter hat mir einmal auch ein Bild gezeigt, wo Königin Luise auf der Flucht gezeichnet war. Da fuhr sie in einer Kutsche und hatte ein sehr schönes Spitzenkleid an und einen seidenen Schal um wie meine Mutter, wenn sie ins Theater ging. Das erklärt auch die Steine: Wenn sie allzusehr von der Kutsche durchgeschüttelt war, stieg sie aus und setzte sich auf einen Stein. Sicher hätte sie sich gern auf die Erde gesetzt, aber da hätte das schöne Kleid Grasflecken bekommen. Bei der Königin habe ich auch gelernt, wozu ein Diamantring gut ist. Sie ritzte überall in die Fenster den Spruch von Goethe von dem, der nie sein »Brot mit Tränen aß und nie in kummervollen Nächten auf seinem Bette weinend saß«. Das mit den kummervollen Nächten konnte ich ihr gut nachfühlen, das kannte ich; aber ich glaube, die Hauswirte werden nicht sehr begeistert gewesen sein über die zerkratzten Fensterscheiben. Jedenfalls sagte mein Vater mir später, es gäbe so viele Fluchtsteine der Königin Luise, daß sie vor Ausruhen und Weinen gar nicht von der Stelle gekommen sein könne. Mein Vater machte immer solche Bemerkungen. Meine Mutter hingegen hatte echtes Mitleid mit ihr. Ein Denkmal mit Halsschleier – mein Vater behauptete, sie hätte einen Kropf gehabt – stand in Luisenwahl, ansonsten war es eine kleine, schattige Schlucht mit Laubbäumen und Sträuchern, durch die ein Bach floß.

Wir liebten es sehr, dort zu spielen, obwohl dort immer schon viele Hufenkinder waren, so feine wie mein Vetter Max und Hilde Ladendorff, die Kinder von Felix. Dann kletterten wir hinauf zur Hufenallee und kamen zur Straße, die wir immer mit den Eltern gingen, wenn wir Ladendorffs in der Steinstraße besuchten. Ladendorffs wohnten im Westen, in Amalienau, in einer modernen Wohnung mit einem schönen Badezimmer, aber ohne jedes Geheimnis. Nur der Garten lockte zum Spielen. Wenn wir aber mit Helene alleine waren, gingen wir gewiß nicht zu Onkel Felix und Tante Ida, da gingen wir lieber in den Tiergarten, der war auch an der Hufenallee, beinahe gegenüber von Luisenwahl.

Andere Städte haben einen Zoo oder einen Zoologischen Garten, bei uns hieß er einfach Tiergarten. Mein Vater war ein Kapitalist; er besaß sogar zwei Aktien vom Tiergarten. Auf diese Aktien hatte die Familie das ganze Jahr über freien Eintritt. Der Tiergarten, der Börsengarten und der Walter-Simon-Platz waren die schönsten Spielplätze für uns Kinder. Ohne viel Umstände möchte ich zugeben, daß ich nicht das mutigste Kind war, das man sich vorstellen kann. Es gab überall Ängste. Da war zum Beispiel das Raubtierhaus. War es Sommer, dann waren ja die Löwen, Tiger und Pumas im Freien, und den Eisengittern war noch ein Gitter aus Baumstämmen vorgestellt, so daß wir nicht zu nahe herankommen konnten. Es war auch weit genug für einen etwaigen Rückzug. Waren die Tiere aber drinnen, so war es ein enger Gang zwischen den Käfigen, und wenn der Löwe einen anbrüllte, konnte man leicht vor Schreck so weit geschleudert werden, daß man in den Tatzen des Tigers auf der anderen Seite landete. Ich habe oft davon geträumt. Die zweite Angst im Tiergarten war eine Brücke, die über einen Bach führte. Die Brücke führte ins Heimatmuseum, das dem Tiergarten angegliedert war. Sie war aus Holz und mit einem kühnen Bogen, wie wohl litauische Brücken gewesen sein mögen. Als ich noch klein war, war ich nur mit Mühe da hinüber zu kriegen. Ich lief dann ganz schnell hinüber und schrie »die Brücke türzt«. So hieß die Brücke dann bei uns, bis sie – da ich immer prophetische Gaben hatte – eines Tages wirklich einstürzte und durch eine steinerne ersetzt wurde. Ich habe aber auch mit Löwen gespielt. Als Lisbeth Scharlach hatte – es hat ihr Ansehen bei uns sehr gehoben, und wir haben es ihr nie vergessen –, durften wir sechs Wochen nicht zur Schule gehen und sollten statt dessen viel in frischer Luft sein. Auf diese Weise konnten wir am Vormittag, wenn nur wenige Leute da waren, im Tiergarten sein. Damals waren gerade zwei junge Löwen auf die Welt gekommen. Sie wurden von einem Hund gesäugt, und sie waren so groß wie Katzen, und der Wärter erlaubte uns, mit ihnen zu spielen, weil wir die einzigen Besucher am Vormittag waren. Natürlich kannten wir alle Tiere und alle Wärter beim Namen, und Helene konnte auch gute Verbindungen anknüpfen. Sie war dann Fräulein Helene, was uns alle immer wieder freute.

Ich möchte nun nichts mehr über die Tiere sagen, denn ich will schon glauben, daß es auch in anderen Zoos und Tiergärten viele Tiere gibt, aber der Tiergarten war im Sommer auch ein gesellschaftlicher Mittelpunkt Königsbergs. Damals war noch fast alles aus Holz gebaut. Der Bezirk gehörte anfangs auch noch zum Festungsgürtel. Holzbauten für Repräsentation hatten in jener Zeit immer etwas Luftiges, Feierliches an sich. Man baute gerne maurisch, oder was man sich darunter vorstellte. Es gab eine Atmosphäre wie in einem Badeort. Von Ostende bis Petersburg, überall diese Architektur. Nur daß sie in Ostpreußen und Rußland sich länger gehalten hat, weil es viel mehr Holz gab als im Westen. Das große Glück waren für uns Kinder die beiden Musikpavillon-Muscheln, die Rücken an Rücken auf einem großen Platz standen. Mir scheint heute noch, daß die Musikpavillons riesig groß waren. Mittwochs und Sonntag nachmittags spielten zwei Kapellen. Auf der einen Seite war Blechmusik, eine Militärkapelle, auf der anderen Seite die Kapelle des Stadttheaters. Ich weiß es genau, weil Frau Hopf, eine Freundin meiner Mutter, dort manchmal die Harfe spielte. Es war mir immer ein Rätsel, wie sie sich mit den vielen Saiten zurechtfand. Natürlich war auch das Publikum auf beiden Seiten völlig verschieden. Das sah ich sogar damals schon. Wir Kinder liefen dauernd zwischen den beiden Kapellen hin und her und kamen dann wieder an den Tisch, wo die Eltern und Felixens Familie saßen. Dem Platz mit den Musikkapellen gegenüber lag das Tiergarten-Restaurant. Es war das erste Gebäude aus Stein, das dort gebaut wurde. Zwischen beiden befand sich der große Promenadenweg, wo man auch sittsam zwischen Militär- und Opernmusik promenieren konnte. Wenn ich mich recht entsinne, hockten an diesem Wege unter den Bäumen auf eigenen Stangen bunte Papageien, die man ansprechen konnte und die etwas Lustiges in die Gegend krächzten. Das geheimnisvollste Haus lag noch ein Stück weiter dem Ausgang zu: eine richtige Music-Hall, eigentlich für Kinder verboten.

Es war ein großer Holzsaal mit Bühne, und ich besinne mich darauf, weil wir uns mit Helene einmal bei schlechtem Wetter hineinschlichen. Da spielten und sangen auf der Bühne irgendwelche Exoten, Bayern und Tiroler, und sangen Berliner Schlager von Schöneberg im Monat Mai. Es war Tag, schummriges Licht, Biergeruch und fremd gekleidete Menschen mit Blechmusik. Vielleicht war auch der Berliner Schlager alles, was ich verstanden habe. Irgendwann werde ich auch einmal über die Schlager-Jahrgänge schreiben müssen, denn mehr noch als Möbel und Straßen erinnern sie mich bis heute an bestimmte Situationen, und ich habe gleich den Geschmack des Jahres auf der Zunge, wenn ich sie höre.

Es war eigentlich immer so: Wenn wir mit Helene spazierengingen, wurde am Ausgang des Tiergartens beraten:

Fahren wir mit der Straßenbahn oder essen wir in der Milchstube Blaubeeren mit Milch? Wenn wir mit den Eltern spazierengingen, war es dasselbe. Nur Vater ging mit uns in eine Konditorei. Zuerst schaute er bei Amende hinein, der Konditorei gegenüber dem Tiergarten, und kam zurück, weil es so voll war. Auf unserem Heimweg gab es noch mehrere Konditoreien, aber erst wenn wir brav und beinahe zu Hause waren, kaufte er bei Gehlhaar in der Prinzessenstraße Baiserschalen mit Schlagsahne, die dann zu Hause geschlagen wurde. Es war für ihn eine große Ausgabe, für sieben bis acht Personen die Straßenbahn zu bezahlen. Außerdem fand mein Vater ja Gehen so gesund. Er wurde immer böse, wenn ich müde dahinschlich und womöglich noch mit den Füßen auf der Erde schlurfte, denn die Stiefelsohlen für die vielen Kinder kosteten auch viel.

Ich muß noch einmal den Weg zurückgehen, denn ich habe vergessen, die Konditoreien mit Namen aufzuzählen. Königsberg hatte Konditoreien, bei deren Namen einem schon das Wasser im Munde zusammenlief: Amende habe ich schon genannt; ich dachte immer, es hieße »Am Ende«, weil ich schon wieder so müde war, wenn ich dorthin gelangte. Aber es gab noch weitere Wege, wenn Vater mit uns etwa zum Hammerteich ging. Da war der Hammerkrug. Mein Vater setzte sich da ungern hinein, weil der Hammerkrug ganz in der Nähe von Onkel Felixens Wohnung war, wo noch andere Bekannte meiner Eltern wohnten. Vater murmelte dann etwas von Präsentierteller, auf dem man säße. Es war eines der Cafés, wo der Spruch stand: »Der alte Brauch wird nicht gebrochen, Familien können Kaffee kochen«. Die anderen Konditoreien hießen: »Schulte«, »Petschlies«, »Plouda«, »Schwermer« und »Zappa«. Das waren unsere Heiligen. Wir gingen gar nicht oft hinein, sondern standen vor den Schaufenstern, und wenn wir einmal im Jahr eine Konditorei besuchten, dann herrschte ehrfürchtiges Schweigen.

Ich muß immer wieder tauchen, und wenn ich tauche, finde ich bunte Kiesel in vielen Farben. Im Seebad Cranz sammelten wir bunte Kiesel für meinen Vater. Wenn er am Sonntag kam, hatten wir einen ganzen Kasten voll. Vater sagte, daß er die Woche in Königsberg davon lebe, daß Anna sie ihm weich koche. Manchmal tauche ich ganz tief, immer in die Zeit vor 1914. Dort liegt für mich Cranz. Fast wäre ich in Cranz geboren worden. Aber meine Mutter kehrte gerade noch rechtzeitig nach Königsberg zurück. Wir waren damals den ganzen Sommer über dort. Lisbeth, die schon in die Schule ging, wohnte bei der Großmutter. Später waren auch wir nur in den Ferien an der See. Die Ostsee, meine Liebe, die große Weite. Was man in der Ebene beinahe hatte, den kreisrunden Horizont, das hatte man ganz auf dem Meer. Welle auf Welle, viele Stunden habe ich hingesehen, hohe Schaumkronen und die gerade ein wenig gerippte, blanke Scheibe, graue Nebel, ein ferner Dampfer, ein erwartetes Segel, das endlich auftauchte. Aber das kam erst später. Damals habe ich sicher noch nicht viel gesehen, nahm noch alles für gegeben. Aber wie sehr hat das unbewußte Aufnehmen meine Lebenswelt bestimmt, den Ausgangspunkt des Lebens festgelegt. Ich habe erfahren, wie gerade das vorbewußte Sehen, das unverstandene Hören prägt und die Straße ebnet, auf der man denkt und fühlt, einem das Rohmaterial gibt, aus dem das Leben zu bauen ist. Ein Grund mehr, jede Erinnerung minuziös zu notieren, den Widerhall im heutigen Leben zu finden. Die See, ich weiß, wie wir in jedem Jahr wieder ans Wasser gestürmt sind, nicht um gleich zu baden, sondern um zu sehen: die endliche Unendlichkeit, die bewegte Monotonie. Laufen, bis man endlich wieder das Wunder vor sich hat, und die Sinne satt werden lassen, bis man ganz erfüllt ist und sich ruhig abwenden kann und das andere, das Ringsherum, wieder sehen und lieben kann. Wir wohnten jedes Jahr bei einer Familie Berend. Der Mann war Maurer. Sie waren Pietisten. Schon unsere Großmutter hatte dort gewohnt. Es war ein Steinhaus, niedrig, weiß getüncht, im Hof eine Kalkgrube, ein Wagen, den wir Kinder als Zigeunerwagen umfrisierten, ein großer hölzerner Waschbottich unter der Regenleitung, durch den Gemüsegarten hindurch kam man zu der Bleiche, wo wir spielen durften, wenn nicht gerade Wäsche ausgelegt war. Nicht weit davon war der Seiler, der rückwärts aus seinem Schuppen herauskam, wenn er die langen Seile für die Fischer drehte. Ein böser Mann. Er hatte einmal eine Fackel unter den Bauch seines Pferdes gehalten, weil es nicht laufen wollte. Uns erklärte man, das Pferd habe Koliken und müsse sterben, wenn es nicht liefe. Ich weiß nicht, ob es stimmte. Er blieb für uns ein böser Mann, den wir fürchteten. Häuser mit Vorgärten, eine Dorfstraße. Die Hauptstraße mit Andenkenläden, dann magere Sandkiefern und die Düne ein wenig ansteigend. Holzsteige bis zum Korso, der Promenadenweg vor der See. Zwei Meter tiefer der Strand mit den bunten Strandkörben, an der anderen Seite entlang die Hotels für die vornehmen Leute, die Cafés, das Eisengitter zum Meer und weiße Bänke, alles etwas schwebend. Der Pavillon auf der zum Platz verbreiterten Strandpromenade, wo bei schönem Wetter eine Kapelle spielte. Der Seesteg, auf dem man weit hinaus ins Meer gehen konnte, wo die Segelboote für Vergnügungsfahrten landeten, und rechts, wo die Promenade endete, die Badeanstalten, für Herren und Damen getrennt. Irgendwo gab es auch ein Familienbad. Die Hotels, der Seesteg aus Holz auf Stützen stehend, hatten das Schwebende, Provisorische an sich. Eine Nomadenstadt, die noch nicht das Vertrauen zu sich selbst als Festung gegen das Meer hatte. Und wirklich stürzten die Wellen manchmal weit über den Promenadenweg, trotz der Wellenbrecher, der Buhnen, die zwischen eingerammten Pfählen in die See hineingebaut waren. Wir krochen gerne unter den Seesteg, um das Getrampel der Schuhe auf dem Holz zu hören. Ich hatte damals einen großen Sandwagen, den ich auch mit in den Wald nahm, wenn wir Schichken sammeln gingen, aber ich konnte auch in dem lichten Dünenwald, den man »Dumkes Höh« nannte, damit rodeln.

Baden und Spiele am Meer. Beinahe noch schöner war es, mit Lene oder mit Vater am Meer entlang zu wandern. Dort wo der Holzsteg, der Korso, endete, konnte man die Schuhe ausziehen, der Strand hatte keine Zäune mehr, keine Abteilungen, den Blick hinderte kein Haus, und die mit Strandhafer bewachsene Düne lief bis zum Horizont neben der See her. Cranz lag an der Wurzel der Kurischen Nehrung, was ich damals noch nicht wußte. Cranz lag an der See, aber Cranzbeek lag schon am Kurischen Haff. Von Cranz nach Cranzbeek fließt die Beek, und dort gibt es die Chaussee, in deren Staub wir auf das Auto mit dem zweiten Wilhelm warteten. Die Beek war der Hafen am Haff für die Touristendampfer. Er bestand ebenso wie die Anlagestelle in Rossitten, Nidden, Schwarzort nur aus einem Holzsteg. Auf der Seeseite hat die Nehrung keine Anlegestelle. Nur Memel hat durch das Tief, die Mündung des Haffes, Zugang zur See und einen Hafen. Richtig schön aber ist es, die Nehrung entlang zu wandern; das haben wir später oft gemacht, und davon ist noch viel zu erzählen. Mit meinem Vater kamen wir damals immer nur bis zu dem hölzernen Aussichtsturm, der etwas erhöht auf der bewaldeten Düne stand. Das Flachland, die Ebene ist so schön langweilig. Man geht und geht in den Horizont hinein, ein Feld reiht sich an das andere, ein Baum, ein Haus, ein Mensch, alles steht vor der Weite, alles gewinnt an Bedeutung vor dem riesigen Hintergrund. Ein Hügel ist eine Erhebung, jeder Mensch, jeder Baum, jeder Strauch ist eine Erhebung; in der weiten Ebene ist alles erhaben, was das Gleichmaß überragt. Es hat Bedeutung, es steht nackt den Blicken ausgesetzt vor dem Himmel. Der Wald gibt Geborgenheit und beschränkt den Blick, und dann klettern wir auf den Aussichtsturm, und der Blick ist wieder weit. Auf jedem Hügel im Samland steht ein Aussichtsturm. Es lohnt sich, weil man weit über Wald und Häuser das Meer sehen kann. Der

Anblick wäre nicht befriedigend, wenn man nicht am Ende das Meer sehen könnte. Der hölzerne, aus Rundstämmen gebaute Aussichtsturm im Wald hinter Cranz auf halbem Weg nach Sarkau gibt den schönsten Blick frei. Den Blick über das Meer, den Blick über die Wälder bis zu den weißen Dünen der Nehrung, den Blick über das Haff und über die weite Ebene. Wie oft habe ich dort gestanden und mich langsam im Kreise gedreht und dieses Land gesehen wie ein Verliebter.

Mit meinem Vater gingen wir den Weg am Fuß der Düne entlang. Es war die Poststraße, die nur die Postwagen befahren durften, weil sie »auf Sand gebaut« war. Hinter Cranz führte er durch einen Sumpfwald, einen Märchenwald mit Kiefern, Erlen, Birken, Farnen und Blaubeergestrüpp. Dort lebten Elche. Oft war der Weg gesperrt, weil eine wütende Elchmutter ihre Jungen durch Spaziergänger bedroht sah. Bunte Schmetterlinge standen auf roten, blauen, gelben, lila Blüten; Eidechsen, Ringelnattern und Kreuzottern kreuzten den Weg. Eine schmale Schneise führte rechts zum Haff hinunter, bis der Wald am Schilf des Haffs endete. Dort war das Gartenrestaurant: Schwendlund. Ein Holzhaus, Bänke, Tische. Wir Kinder bekamen »Schmand mit Glumse«, schlecht übersetzt mit: Sahne und Quark. Nein, es war ein königliches Essen und so frisch wie ein Morgen an der See. Mein Vater nannte wesentlich prosaischer Schwendlund Mückenheim. Aber uns Kindern machte es nichts, man konnte sich so schön kratzen. Auf dem Rückweg wurde mein Sandwagen mit Farnen beladen, die mein Vater ausgrub, um sie auf die Gräber zu setzen. Am Weg, wenn man über den Chauseegraben kletterte, war wieder ein Stein, auf dem Königin Luise auf ihrer Flucht ausgeruht hatte.

Cranz, unser Paradies bis 1914. Als dann Großmutter gestorben war, zerbröckelte der Glanz. Dort hatte sie im Sommer hofgehalten. Später, nach dem Krieg, als wir von dort aus durch die Wälder auf die Nehrung wanderten, war

Cranz einfach ein Badeort, laut und voller Bürger, den man schnell hinter sich brachte, um den Leuten nicht zu begegnen, vor denen man in der Stadt gerade geflohen war. Vor dem Krieg waren wir noch weich eingebettet in der Familie. Der Glanz war das Unbezweifelte. Es gab noch keine lange Trauer. Es gab ein durchsonntes Haus, Sturm mit heranstürmenden Wellen. Sicher und geborgen bei der Mutter oder bei Helene konnte man es wagen, dem Sturm zu widerstehen: bei Regen in den Wäldern, festlich weiß gekleidet an Sonntagen auf dem Korso, um vormittags die schmetternde Musik anzuhören. Spiele auf der Bleiche, auf dem Zigeunerwagen mit rundem Laubdach, die große Küche, Essen im Freien, Holz sammeln, Schichken sammeln, Erdbeeren sammeln, Blaubeeren sammeln. Sonntags geharkte Wege mit Tannen und Kalmus bestreut, eine Ordnung, die noch nicht bedrückte.

Farne im Wald, immer wieder gibt es Stichworte, die Erinnerungen auslösen an lange Wege. Oft sind wir später auch in die Wälder von Metgethen gegangen und haben Farne ausgegraben. Die gefiederten Blätter und Wurzeln.

Zu der lebenden Familie gesellte sich die tote auf dem Friedhof. Sommer und Winter am Sonntagvormittag der Spaziergang mit den Eltern, meist nur mit Vater: Königstraße, Königstor und hinter den Wällen die Labiauerstraße, dann links endlos an Friedhöfen vorbei, bis am Ende der israelitische Friedhof lag. Israelitisch war die mildere Auflösung für das harte Wort Jude. Jude war ein Hammer, mit dem man einen erschlagen konnte. Die Anrede »Jude« war schon ein Schimpfwort. Damals sagte man, nach der Religion gefragt, lieber »mosaisch«. Würde man jemand auf der Straße anreden wie »Du Christ«, so würde ihn das komisch berühren. Die Anrede »Du Jude« war eine Ohrfeige für einen Menschen, der sich in nichts von den anderen Deutschen unterscheiden wollte als durch seine Religion. Es gab auch einen Judenfriedhof in Königsberg. Der war noch innerhalb der Stadtmauern auf dem Tragheim, nicht weit von der Wohnung der Großmutter. Dieser Friedhof war ein Greis mit einem schütteren Bart und einem Stock. Er kam mir vor wie der Prophet Elias, der als Gast an unserer Pessachtafel erscheinen konnte. Er war mit einer hohen, steinernen Mauer umgeben. Daran lehnten die großen alten Steine der Erbbegräbnisse. Da waren die segnenden Hände gemeißelt, die anzeigten, daß der Verstorbene den Kauhanim, den Kohen, der Priesterkaste angehörte. Wir suchten Vaters Eltern, die noch dort begraben waren, und seine jung verstorbenen Brüder. Der Friedhof war ein verwildertes Paradies, und mein Vater hatte auf alle Gräber Farne gepflanzt. Es störte ihn, wenn die Wildnis sich über die Gräber ausbreitete. Seine Farne gediehen prächtig im Schatten der alten Bäume. Es war nicht möglich, alle Gräber zu pflegen oder pflegen zu lassen. Der alte Judenfriedhof, auf dem man selten einen Menschen traf, war für uns ein Dornröschenschloß, ein Geheimnis, eine kleine Entschädigung dafür, daß die »anderen« auf Ordensburgen zurückblicken konnten. Wir hatten diesen kleinen Friedhof. Mein Vater erzählte uns, daß jüdische Friedhöfe nie eingeebnet werden durften. Sie müßten bestehen bleiben, weil ja die Toten immer bereit sein mußten zur Auferstehung in Jerusalem am Ende der Zeiten.

Der neue jüdische Friedhof lag am Ende der Reihe der vielen evangelischen und katholischen Gemeindefriedhöfe und war von ihnen nicht zu unterscheiden. Wir gingen zuerst immer an das Grab der Ladendorffschen Großeltern, das von der Friedhofsgärtnerei und von Lockalein versorgt wurde. Es war ständig mit neuen Blumen geschmückt. Wir bepflanzten auch die anderen zur Familie gehörenden Gräber. Jeder Seitenweg führte zu Gräbern von Verwandten, und wenn es warm war, nahmen wir Gießkannen und gossen die Blumen, entfernten die Unkräuter. Manchmal pflanzten wir auch dort Farne, wenn Vater fand, daß das Grab zu wenig gepflegt aussah. Meine Mutter saß oft lange Nachmittage am Grabe ihrer Mutter, während wir spielten.

Wir besuchten auch alleine die Verwandten, von denen Mutter uns gerade erzählt hatte. »Damals, als Tante Grete noch lebte.« Ja, die kannten wir noch. Sie war weiter draußen beerdigt, wo die Gräber noch ziemlich kahl waren, ohne Steine und mit niedrigen Bäumen. Aber lieber besuchten wir die früheren Verstorbenen, die sich in ihren Gräbern schon eingelebt, die schöne Steinfassungen hatten, wo es schattige Bäume gab und wo die großen Marmorfassungen der Erbbegräbnisse der reichen Familien standen. Wir kannten sie alle, die Cohns, die Levis, die Blumenthals. Wir spielten mit ihren Enkeln, und Mutter wußte die Verschwägerungen und Querverbindungen der Familien. Mehr noch als die Absonderung war es die Übersehbarkeit, die den riesigen Friedhof uns verwandt erscheinen ließ.

Nun, man grübelte gewiß nicht jeden Tag über unser jüdisches und deutsches Dasein nach, aber man wurde immer wieder darauf gestoßen. Zum Beispiel, wenn wir mit meiner Mutter zu Tante Rosettchen gingen, die mit ihrer älteren Schwester Minna im jüdischen Stift wohnte. Tante Minna war in unserer Erinnerung eckiger, sie hatte ein breites Gesicht, und die Haut im Gesicht und an den Händen war wie aus gegerbtem Leder. Tante Rosettchen war immer noch rosig, das fahle Rosa einer schön verblühten Rose. Sie paßte so gut zu den honiggelben Birkenmöbeln im Zimmer mit dem leisen Lavendelgeruch. Wenn es ihr gutging, saß Minnachen auf dem Lehnstuhl auf dem kleinen Podest im Erker, und ich saß dann auf dem Absatz des Podestes oder auf dem mit dicken Blumenmustern bestickten Fußschemel. Minnachen war welterfahrener als Rosettchen, sie war verheiratet gewesen und stellte scharfe und witzige Fragen. Meistens aber lag sie im Kabinett im Bett, duldete es aber nicht, alleine zu sein, sondern klopfte mit ihren harten Fingern so lange an die Bettseiten, bis wir uns alle in das kleine Zimmer hineingedrängt hatten. Sie hatte nichts von dem vogelartigen verblühten Charme von Tante Rosettchen, die sie wie eine unmündige Tochter behandelte, und wiewohl sie ganz auf sie angewiesen war, regierte sie, wie es einst meine Großmutter getan hatte. Ich saß oft auf den Stufen des Podests und beantwortete ihre Fragen oder hörte ihr und Mutter zu. Sie hatten noch ein zweites Zimmer, ein Kabinett, wo die Betten standen und wo ich ungern hineinging, um Tante Minna die Hand zu geben.

Das jüdische Altstift war in der Synagogenstraße gegenüber der alten, der orthodoxen Synagoge. Dort und in den Seitenstraßen der Kaiserstraße war das alte jüdische Getto. Hier hatten auch die Eltern meines Vaters gewohnt. Hier begegnete man den Juden aus den polnischen und russischen Gettos mit Kaftan und Peies; sie waren für uns um so abstruser, als sie wie wir Juden waren. Wir verstanden kein Jiddisch, und der Gedanke war peinlich, daß unsere Ahnen auch so ausgesehen haben sollten. Mein Vater titulierte sie mit »nicht sehr angenehme Zeitgenossen«. Ich glaube, auch andere Menschen wären nicht sehr erfreut, wenn ihnen ihre Ahnen nicht in romantischer Verklärung, sondern ganz real unter die Augen treten würden. Es war für meine Eltern eine überlebte Lebensform, die sie zugunsten der »höherstehenden« deutschen Kultur aufgegeben hatten. »Deutsche Ordnung, deutsche Sitte trat in Judas niedrige Hütte«, stand in einem Gebetbuch.

Ein paar Jahre später waren die Kinder der Ostjuden in Königsberg unsere besten Freunde; wir sangen zusammen jiddische Lieder, und nun erschienen uns die orthodoxen und chassidischen Juden in romantischer Verklärung. Bevor ich zu Tante Rosettchen im Stift zurückkehre, möchte ich noch sagen, daß die Auseinandersetzung zwischen den Deutschen und den Juden für mich nie zu einem besonderen Problem wurde; vielleicht ist es insofern von mir jetzt etwas verzerrt beschrieben worden. Da aber die Erfahrung mit Hitler dahintersteht und auch durch den Zionismus der Rassenkonflikt aus ganz anderen Motiven weit über seine Bedeutung hochgespielt worden ist, wäre es verlogen, diese Erfahrungen vergessen zu wollen, es wäre einfach unglaubwürdig, und so möchte ich eine Überbetonung eher in Kauf nehmen. Ich kann das auch alles nur an den Bildern, die ich sehe, klarmachen.

Tante Rosettchen sah aus wie jede Stiftsdame auf der Welt, die ohne direkte Sorgen, aber sehr sparsam leben muß. Sie war Direktrice in einem großen »Haus« gewesen. Ich weiß nicht mehr, was für ein Haus es war, ein Waren- oder Modehaus. Ich weiß auch nicht, wie sie Mutter benachrichtigte, wenn sie Hilfe brauchte. Vielleicht ging meine Mutter auch regelmäßig hin. Ich besinne mich nur, daß ich, damals schon 15 Jahre alt, im Sommer, als meine Eltern in Polzin waren, benachrichtigt wurde, daß Tante Minna gestorben sei. Ich weiß auch nicht mehr, warum man zu mir kam, jedenfalls ging ich ins Büro der jüdischen Gemeinde und sagte, was zu sagen war. Es war ja auch nicht schwer. Jeder wußte, was zu tun war. Ich ging dann zu Onkel Felix ins Büro und besprach mit ihm, ob ich die Eltern zurückholen solle. Und wir entschieden, daß es nicht gut sein würde, Vater die Kur unterbrechen zu lassen. So wurde Tante Minna auf den Friedhof gebracht, und ich fuhr mit dem Landauer Tante Rosettchen abholen. Als wir dann auf dem Friedhof waren und die gar nicht kleine Trauergemeinde versammelt war, nahm sie meinen Arm und bat mich, sie auch zum Grabe zu geleiten. Ich sei schon immer ihr Kavalier gewesen. So führte ich die Zerbrechliche, und es war wohl die größte Ehre, die mir je zuteil wurde. Erst viel später, als ich nach 1925 schon weit von Königsberg fort war, starb Tante Rosettchen. Man sagte mir, sie sei an Greisenfäule gestorben. Ob das eine Krankheit ist, kann ich nicht sagen.

Nun, da ich schon in der Synagogenstraße bin, kann ich ja auf dem Rückweg auch gleich durch die Vorstädtische Langgasse über die Grüne Brücke zum Geschäft meines Vaters gehen. Vor der Grünen Brücke rechts an der Ecke zum Pregel stand die Börse. Ich kenne sie gar nicht in ihrer richtigen Funktion, sondern nur als Konzertsaal. Bevor die neue Stadthalle am Schloßteich gebaut wurde, fanden dort die Konzerte statt. Als ich begann, Geigenstunden zu nehmen, durfte ich mit den Eltern zu meinem ersten Konzert gehen. Bronislaw Hubermann, Geigenvirtuose. Vater erzählte mir vorher, daß Hubermann schon als kleiner Junge Konzerte gegeben hätte und daß es sehr selten sei, daß ein Wunderkind später ein erwachsener Virtuose würde, und Vater war so stolz auf ihn, weil er auch Jude war und weil er seine ganze Entwicklung gesehen hatte. Der Glanz des Konzertsaals, ich glaube mich nicht zu irren, daß er im viktorianischen Stil gebaut war wie die großen Bahnhöfe und Ausstellungshallen jener Zeit, stimmte mich ein für das Konzert. Die vielen festlich gekleideten Menschen, die langen Stuhlreihen. Der Geiger schwarz, ein Zigeuner mit eckigem Kinn. Erst zuletzt der Ton, der weite verzweifelte Sieg über die Materie. Was mir in Erinnerung geblieben ist, ist der gehetzte Triumph, die spitzen Dissonanzen, die sich in Akkorde auflösten, die Atemlosigkeit dieses artistischen Spiels, der singende Ton als Anlauf zum neuen Drahtseilakt. Ich war zu unmusikalisch, beides zu begreifen, Artistik und Musik. So blieb es für mich der atemberaubende Zirkus, dessen Publikum mit Klatschsalven neue Sprünge erzwang, so waren wir an dem Spiel beteiligt, das entzückte Gefühl, hochgepeitscht zu sein, ein Rausch, und es war gut, daß es eine Nacht gab für die hochfliegenden Träume und einen Morgen, der mich wieder an meine mageren Möglichkeiten erinnerte. Wie kann man den Virtuosen, den vollendeten Artisten ohne Neid erleben, wie das unerreichbare Vorbild ohne Schmerz, wie die tiefe Depression vergessen. Damals nagte es an mir und band mir doppelt die Hände. Wo blieb die Musik? Es ging um die Macht, Menschen zu verzaubern. Noch lange glaubte ich, daß die Welt durch Erleben verändert würde.

Zurück nach Königsberg an die Grüne Brücke. Sie war schon damals nicht mehr grün, die Holzbrücke war nicht aus Holz, und von der Honigbrücke brauche ich gar nicht erst zu sagen, daß sie wie alle anderen Brücken aus Eisen war und noch mit der Hand mühsam aufgezogen werden mußte. Gleich hinter der Brücke rechts lag das Herrenartikel-Geschäft meines Vaters. Damals hatte das Geschäft noch zwei Schaufenster, und mein Vater, der sie selber dekorierte, war sehr stolz darauf. Hier durfte er Künstler sein, Preisschilder malen und die Pappbilder von den Herren mit dem hohen Stehkragen und dem Selbstbinder richtig zur Geltung bringen. Jetzt bin ich doch schon durch die schmale Tür hineingegangen. Es muß nach 1914 sein, denn gleich hinter der Tür an der Schaufensterwand prangt der Spruch: »Der Deutsche grüßt Guten Morgen, Guten Abend usw. – fort mit dem fremden Spruch Adieu.« Wahrscheinlich hat mich dann Fräulein Neumann begrüßt. Es gab zwei ältliche Fräulein im Geschäft, die mit dem Geschäft alterten, während der Laufbursche, den mein Vater anfangs noch hatte, dauernd wechselte. Zwischen den Hüten und Hemden und der Herrenunterwäsche war wenig, was mein Herz begehrte, und weil der Raum sehr eng war, waren wir Kinder dort auch nicht sehr begehrt. Am Sonntag ging ich gerne mit meinem Vater ins Geschäft, um die Markisen herunter- und heraufzudrehen, und oft gingen wir sonntags zur Hauptpost und holten viele Pakete ab. Der Geruch der Pappkartons und das Vergleichen der Zahlen auf Paket und Paketkarten, das Fahren mit dem Handwagen ist mir im Gedächtnis geblieben.

Mehrmals geriet mein Vater in Panik, wenn er fürchtete, das Ende der Zeiten sei gekommen. Das erste Mal, als es nicht mehr erlaubt war, am Sonntagvormittag zu öffnen. Er glaubte, es nicht überstehen zu können, wenn die Landkundschaft nicht mehr nach der Kirche zum Einkaufen kommen konnte. Es blieb nur vor den Feiertagen erlaubt, sonntags zu öffnen. Das zweite Mal, als im Krieg der Ladenschluß wegen Lichtersparnis auf 7 Uhr abends festgelegt wurde, das dritte Mal nach dem Krieg bei der Einführung des Acht-Stunden-Tags. Nur wenn Fräulein Neumann Urlaub machte, mußte mein Vater am Morgen pünktlich im Geschäft sein. Sonst ging er jeden Tag erst noch seine Schwester, Tante Sophie, besuchen, bevor er sein Tagewerk begann. Mittags war er pünktlich um $^1/_2$ 2 Uhr zu Hause, und spätestens um 2 Uhr wurde gegessen, während sich Fräulein Neumann im Geschäft, auf der Gasflamme im hinteren Gang, wo auch die Formen für die Hüte erwärmt wurden, ihr Essen warm machte. Fräulein Neumann ist für mich eine schemenhafte Gestalt geblieben; sie war selten bei uns zu Hause. Ich besuchte sie einige Male mit meiner Mutter in ihrem Zimmerchen in einem alten Hause im Kneiphof, wenn sie krank war. Sie gehört zu den vielen Personen meiner Umgebung, die weniger körperlich waren als die beiden großen Ladentische, hinter denen sie agierte, und die Spiegel, vor denen die Hüte aufprobiert wurden. Von heute aus überzeugen mich weder der Fleiß noch die Tüchtigkeit meines Vaters, obwohl er einmal im Monat abends noch ins Geschäft ging, wenn die Schaufenster zu dekorieren waren. Es ist ein eigenartiger Fleiß, der darin besteht, die meisten Stunden in Bereitschaft zu stehen, ein umständlicher, sicher ermüdender Dienst. Ein bißchen ist das ja auch Abwehr und Rache, daß ich das schreibe, weil er sich mir immer als fleißiges Vorbild aufdrängte. Nun, »Gott hab' ihn selig«, wie man damals sagte. Ich habe keine Ansprüche an ihn, und wenn ich etwas an ihm kritisiere, so doch höchstens, daß er sich zuviel mit mir beschäftigte.

Im Krieg, als Zivilkleidung nicht sehr gefragt war und des Kaisers grauer Rock gratis geliefert wurde und nur Snobs sich eine extra Mütze kauften, begann mein Vater Karbid und Karbidlampen ins Geschäft hineinzunehmen. Das Karbid war damals eine neue Erfindung, die sich aber schnell verbreitete, da Petroleum gerade für die Landbevölkerung rar war. Außerdem brannten Karbidlampen heller, fast wie Gaslampen. Auch zu Hause hatten wir solche Lampen, weil Gas und elektrisches Licht oft ausgingen. Vater hatte es im Keller, weil es mordsmäßig stank, wenn auch das Gegenteil in der Gebrauchsanweisung stand. Karbid stand bei uns Kindern aber auch in gutem Geruch. Denn durch die geschäftlichen Beziehungen zur Landbevölkerung bekamen wir manchmal einen Happen über die Rationen hinaus. Sicher wäre ich auch ohne sie nicht verhungert. Aber Hunger hatte ich in den Jahren des Krieges immer. So half ich auch gerne meinem Vater, die Brocken zu zerschlagen und abzuwiegen. Außerdem interessierten mich die Lampen ja mehr als Hüte, Hemden und Krawatten, sehr zum Leidwesen meines Vaters, der mich aus seinem Geschäft nur mit Schülermützen versorgen konnte.

Wie jedes Ehepaar hatten meine Eltern auch einige Standard-Neckereien. Vater redete von Herrn Fliess als dem Hausfreund meiner Mutter, und Mutter warf ihm seine Freundin Frau Fox vor. So dürr der Junggeselle Herr Fliess mit einem Pincenez war, so mollig, dick und rosig war Mutter Fox, die Nachbarin meines Vaters. Frau Foxens Obstladen war im selben Haus, aber um die Ecke, ging also auf den Fluß. Es war ein winziger Laden, und die Waren wurden wie auf dem Markt vor dem Laden aufgebaut. Da saß sie unbeweglich, eine Marktgöttin. Sie verkaufte keineswegs an jeden, denn der gemeine Jedermann fand ihren Laden unten am Fluß sowieso nicht. Und kam einer, so versteinerte Frau Fox noch mehr. Da kann ja jeder kaufen wollen. Kamen aber die Honoratioren von Königsberg, dann wurde sie beweglicher. Am besten war es, sich selbst zu bedienen und ihr zum Abwiegen zuzureichen. Für meinen Vater und ihre besten Freunde hatte Frau Fox noch einen besonderen Korb hinter sich stehen, und Vater kam dann nach Hause, vor sich auf Händen riesige Flaschenbirnen tragend. Die dufteten und hatten genau den richtigen Reifegrad. »Das ganze Muhl voll Saft« hatte man dann beim Essen. Mindestens einmal im Jahr, meistens wenn die Himbeeren reif waren, nahm sie uns Kinder mit in ihre Gärtnerei. Natürlich gab es überall Himbeeren, aber nicht so große. Dann pflückten wir für Anna zum Einmachen Hutkartons voll und aßen uns »dumm und dämlich«, wie man so sagte. Nach dem Krieg hatte die Stadt ein Auge auf die schöne Ecke geworfen. Vater und Frau Fox mußten ausziehen, und es wurde die große Stadt-Sparkasse dort gebaut. Vater bekam 100 Meter weiter einen neuen Laden, der zwar nur ein Schaufenster hatte, dafür aber tiefer war, mit einem schönen Glasbüro hinten für ihn. Er war graublau gestrichen, etwas moderner, aber es fehlte nicht der Zylinderhut auf der Stange über dem Schaufenster. Ich glaube, auch bei meinem Vater herrschte große Aufregung, wenn ein Fremder den Laden betrat. Andererseits konnte man immer schwerer von den treuen Kunden und Bekannten leben, denn auch sie waren sparsam und ein Hut langlebig, man kam höchstens, ihn sich auf- oder umbügeln oder neu füttern zu lassen, wenn das alte Futter ganz durchgeschwitzt war. Nur selten kaufte sich jemand einen Strohhut, eine steife Kreissäge oder die älteren Herren einen weichen schönen Panama. Es gab auch schon große Konkurrenz: das Warenhaus und in einiger Entfernung ein gleichartiges Geschäft, in dem junge Mädchen bedienten. Zu solch unfeinen Mitteln konnte mein Vater selbstverständlich nicht greifen. Später, als ich schon Lehrling war, arbeitete meine Schwester Edith bei meinem Vater, bevor sie es durchsetzte, daß sie Säuglingsschwester werden konnte. Es war die Zeit, wo wir beide unzertrennlich waren und uns sehr liebten. Sie brachte mich oft morgens in die Fabrik, drei Kilometer nach der anderen Richtung, bevor sie sehr ungern in den Laden ging; ich holte sie dafür abends ab. Es gab Zeiten, wo ich ohne Edith gar nicht zu denken war. Wir lebten wie Zwillinge zusammen und wünschten uns, es zu sein. Einmal äußerte sogar meine Mutter Befürchtungen über Geschwisterliebe. Wir waren erstaunt, wo wir doch eigentlich dachten, daß Mutter zwar fünf Kinder geboren hatte, aber immer noch an den Storch glaubte. Was weiß man von seinem Nächsten, den man doch lieben soll? Noch schlimmer ist ja die neue, ich glaube Bubersche Version: »Liebe deinen Nächsten, denn er ist wie du.« Da ist zwar die unmögliche Forderung fortgenommen, einen anderen wie sich selbst zu lieben, aber es ist wenig glaubhaft und wenig wünschenswert, daß er wie ich sei. Was weiß man von dem Nächsten; vielleicht wäre die noch geringere Forderung möglich, »denke, daß dein Nächster auch so wie du fähig ist zu denken«, aber das wäre ja wirklich kein Grund, ihn zu lieben. Das kann einen nur sehr mißtrauisch gegen den Nächsten machen, denn er kann ja nichts Gutes über mich denken, das zu tun erforderte ja eine Güte, die ich nicht besitze und meinem Nächsten nicht zutraue.

Denken wir nichts Böses, sondern daran, daß wir manchmal Geschäftsfreunde und Verwandte ins Geschäft begleiten mußten und dann mit den Herren zusammen gegenüber zu Plouda mitgehen durften, wo sie einen Kaffee tranken und ich Baiser mit Sahne bekam. Denken wir lieber an die so runde und erfreuliche Mutter Fox, die nach Sonnenschein, Himbeeren, Eß- und Pferdeäpfeln roch und von der doch noch einiges zu erzählen ist, bevor man weitergeht. Solange der Bau der Städtischen Sparkasse unvollendet war, hatte Frau Fox ihren Stand außerhalb des Bauzaunes, dann aber wollten die Herren, daß sie verschwinde. Da hatte man aber nicht mit den Bürgern der Stadt gerechnet. Sparkasse hin, Sparkasse her, davon gab es genug, aber Frau Fox, die gab es nur einmal. Es gab einen Aufschrei, der nicht zu überhören war, und er wurde nicht überhört. Wohin mit der Frau Fox? Die Bank machte verschiedene Vorschläge, aber weder wollte die Foxen einen Obstladen in der Langgasse haben, noch war sie weiter in die Nebenstraße abzudrängen. Sie war eben eine Institution, mit der sich die Bank nicht messen konnte, und so blieb nichts anderes übrig, als der Gewichtigen eine kleine Höhle auf ihrer alten Stelle in die Prachtburg einzubauen und sie ihr auf Lebenszeit zu übergeben. Man konnte damals eine Städtische Sparkasse noch nicht gegen das Wohlwollen der Bürger aufbauen. So konnten mein Vater und die anderen Herren weiter ihre Präsente für die Damen dort beziehen.

Später bin ich nie mehr in die Gärtnerei von Frau Fox gefahren. Ich weiß deshalb nicht mehr, ob sie im »Nassen Garten« oder in Schönfließ war. Dabei fällt mir ein, daß ich noch nichts über Herrn Fliess erzählt habe. Er war viel bei uns, immer wenn es gut zu essen gab, trug ein Pincenez, und weder Helene noch wir Kinder mochten ihn. Um sich zu »revanchieren«, mietete er einmal im Jahr eine »Jenagere«. (Ich habe lange gesucht, bis ich festgestellt habe, daß es sich um einen Wagentyp handelt, der Journalière hieß und von zwei Pferden gezogen wurde.) Herr Fliess zog nach dem Krieg von Königsberg fort, und nur wenn wir durch die Fliesstraße auf den Tragheim gingen, erinnerten wir uns an ihn, weil er dort gewohnt hatte.

Obwohl es kein weiter Weg ist von der Kneiphöfischen Langgasse nach Hause, möchte ich niemand strapazieren und ihn erst den Berg hinaufschleifen, um dann noch einmal wieder herunterzugehen zu Onkel Felix nach der Wassergasse Nr. 7: von der Kneiphöfischen Langgasse über die Krämerbrücke und dann rechts die Wassergasse hinein. Da kam man allerdings erst bei Siebert vorbei, dem großen Konkurrenten von M. Ladendorff. Bei Siebert war alles besser als bei Ladendorff. Es war ein großes Haus und auf den bürgerlichen Geschmack eingestellt. Siebert hatte auch sein eigenes Elektrizitätswerk. Ich weiß es, weil unser Vater am Siebertschen Beispiel erklärte, was ein Monopol ist, das eigentlich bei der Stadt lag. Siebert durfte sein neues, auf der anderen Straßenseite liegendes Haus nicht mit eigenem Licht versorgen. So war das Gesetz. Mit Siebert hatte ein Spruch zu tun, den man immer in der Stadt zu hören kriegte: »Alle Menschen müssen sterben, bloß der dicke Siebert nicht.« Ich habe den dicken Siebert nie gesehen, und ich weiß nicht, warum der Tod gerade ihn verschonen sollte. Ich weiß auch nicht, ob er je gestorben ist. Ich weiß nur, daß es so immer gesagt wurde, und ich faßte es schon damals als eine Art Schleichreklame auf. Ich hätte es lieber gesehen, wenn man Onkel Felix für unsterblich erklärt hätte.

Nun, das Geschäft von Ladendorff war auch ganz schön groß, jedenfalls nachdem der Durchbruch zu dem neuen Haus fertiggestellt war. Kam man durch die Schwingtüre hinein, so stieß man zuerst auf Fräulein Lottermoser an der Kasse. Fräulein Lottermoser war unsere besondere Freundin. Ihre Schwester war die Hebamme, die uns Kindern in die Welt verholfen hatte. Im Krieg war ich regelmäßig im Geschäft und stempelte in die dicken Kassenblocks die Buchstaben der Abteilung hinein, das gab mir mehr Heimat und Anrecht in dem Ladendorffschen Geschäft, als ich jemals im Geschäft meines Vaters hatte. Vom vierten Stock bis zum Keller kannte ich alle Angestellten. Da waren natürlich durch den Krieg einige Lücken in der männlichen Belegschaft, aber sonst gab es bis zur Reinemachefrau gar keinen Wechsel. Auch dort waren viele alte Damen und deshalb fast keine jungen Mädchen. Die hinteren Fenster und der hintere Ausgang gingen direkt auf den »Fischmarkt« am Pregel. An den Markttagen lagen dicht nebeneinander die Fischerboote, die von weit her die Fische auf den Markt brachten. Von den Königsberger Fischweibern brauche ich nicht zu erzählen. Ihre Grobheit und ihr Witz waren stadtbekannt. Ich stand oft am Fenster, wenn sie die großen Zander und Hechte auf den Ladentisch klatschten, und man verstand, daß sie sie lieber der Kundschaft um die Ohren gehauen hätten. Es war merkwürdig, daß Felix wunderbar mit ihnen umgehen konnte, wenn sie nach getaner Arbeit und auch zwischendurch ins Geschäft kamen, gerade die fischschuppenglänzende Schürze abgebunden hatten, noch heftig nach Fisch stanken und im Geschäft als Damen behandelt werden wollten. Dann blieb er auch nicht in seinem Glaskasten, außer wenn der alte Lau da war. Der war noch beliebter. Der alte Lau wird wohl an die 80 Jahre alt gewesen sein. Er war als junger Mann ins Geschäft gekommen und kam noch oft hin, obgleich er pensioniert war. Ich glaube, Onkel Felix zahlte ihm Pension. Er stand dann an der Tür und begrüßte die Kunden. Noch immer wurde gehandelt, obwohl das Schild »feste Preise« aushing, und immer mußte Felix als höchste Instanz entscheiden, sonst hätte es kein Ende gegeben. Es war ein wunderbares Geschäft mit Schürzen, Kleidern, Stoffballen, Kurzwaren, Netzen, Seilen, im zweiten Stock und im Keller Möbel, primitive Küchenschränke, Tische, Bänke im dritten Stock und die Ballen mit Bettfedern im vierten Stock, wo es auch Kissen und Inletts gab. Oben standen später auch meine ersten selbständigen Erfindungen. Als ich nach Beendigung meiner Lehrzeit arbeitslos war und eigentlich schon von Königsberg fortgehen wollte, fragte Onkel Felix, ob ich für ihn arbeiten wolle. Ich bekam im dritten Stock einen Raum mit einer Hobelbank, eine Raubank hatte ich von Onkel Richard, dem Kunsthändler, geerbt, der es einmal mit einer Küchenmöbelfabrik versucht hatte und pleite gegangen war. Einiges Werkzeug hatte ich mir während der Inflation besorgt. Ich war vier Monate lang Haustischler bei der Firma und baute nach meinen eigenen Entwürfen vier Meter lange Bettfedernschränke. Sie wurden ein großer Erfolg. Man konnte oben einen ganzen Sack Bettfedern hineinschütten und sie in Tischhöhe mit Klappen, ohne daß es staubte und flog, in der richtigen Menge herausnehmen. Da ich damals schon gerne früh aufstand, ging ich oft schon um 6 Uhr hin. Sicher habe ich auch morgens gearbeitet, aber der eigentliche Grund war, daß um 6.30 Uhr die Krämerbrücke geöffnet wurde und ich mich mit den Matrosen auf den Schiffen unterhalten konnte. Die großen Überseefrachter füllten beinahe den ganzen Pregelarm, und die Männer auf Deck standen mit mir in gleicher Höhe. Da die Schiffe wieder vertäut waren, bis die nächste Brücke geöffnet war, gab es manchmal Unterhaltungen, und es wurde in vielen Sprachen geradebrecht, bis das Riesenhaus sanft entglitt. Inzwischen machten die Fischerboote mit den Kästen voller lebender Fische fest, und der Lärm des Marktes begann. Wenn dann um 8 Uhr die Verkäuferinnen erschienen, hatte ich schon ein paar schöne Stunden, in denen ich auch vorwärtsgekommen war, hinter mir. Eine schöne Zeit, und ich war besonders eifrig, weil ja kein Meister über mir stand und es galt, das Mißtrauen aller zu besiegen, die ja von Geburt an den Max gekannt hatten und sich nicht vorstellen konnten, daß er etwas Rechtes fertigbringen würde. Ich war damals schon ungeduldig, möglichst schnell aus Ostpreußen fortzukommen.

Mit der Geschichte von den Federnschränken bin ich schon wieder der Erzählung weit vorausgelaufen. Ich muß zunächst noch etwas zu der Bemerkung über Max sagen, »den man ja von Geburt an kannte«. Das darf nicht so einfach untergehen. Im Ladendorffschen Geschäft und in seiner Umgebung war ich zu Hause. Und sicher nicht nur ich, denn ich weiß es von meinem brummigen Onkel Felix, daß auch er als Kind in dem Laden herumgesprungen ist, und so manche Fischfrau hat ihn auf dem Arm gehabt und gehätschelt, die ihn dann später als Inhaber des Geschäfts ernst nehmen mußte. Der Unterschied zwischen solch einem Laden und einem Bauernhof war noch nicht so groß. Es war sicher auch nicht so leicht für Herrn Lau und Fräulein Müller, Respekt vor dem Chef zu haben, den sie als Lehrling gekannt hatten. Wie viel schwerer war es für Felix, sich diesen alten Angestellten gegenüber durchzusetzen und ihr erworbenes »Mitbestimmungsrecht« zu ertragen. Da half es nur, wortkarg und brummig zu sein und sich hinter der gepolsterten Bürotüre Luft zu machen. Was nicht sein konnte und was sich eben nicht schickte, auch wenn man sich dafür nicht so viel zugute hielt wie die Gutsherren, war, einen alten Angestellten zu entlassen. Ich habe es einmal besonders empfunden, als – es muß 1925 gewesen sein, jedenfalls kurz bevor ich fortging – der alte Lau begraben wurde. Da sprach der Pfarrer von seiner Treue, mit der er sein Leben lang gedient habe. Schon damals hatten sich die Begriffe verschoben, denn ich wußte, wie die Arbeiter in der Fabrik, in der ich lernte, behandelt wurden. Ich weiß noch, wie ich meine Mutter, die wieder unendlich gerührt war, damit schockierte, daß ich sagte, die Treue und Geduld von Felix wären eher zu loben gewesen. In jener Zeit wären gern viele treu gewesen, aber man sprach zwar noch von Treue, meinte aber Unterwerfung. Ich möchte Felix nicht in den Himmel loben, er war gar nicht besser, als »man« damals war, aber die Bindungen ringsherum waren so fest, daß er sich gar nicht leisten konnte, unpersönlich zu seinen Angestellten und Kunden zu sein. Man kannte sich, und man mußte miteinander auskommen, und man kam meistens miteinander aus. Ich habe als Kind viel mehr in diesem Geschäft gelebt als sein eigener Sohn. Da war schon ein Bruch. Tante Ida gehörte nicht und wollte nicht zu den Fischfrauen und Ladenmädchen in der Wassergasse gehören. Sie wohnte weit entfernt davon und pflegte den Verkehr mit anderen Damen und Herren. Sicher hätte sie es auch lieber gesehen, wenn das Geschäft andere Kunden gehabt hätte als Kleinbürger, Fischer und Bauersfrauen. Es war gar nicht so falsch, was Lockalein, deren Sohn ja auch bei Felix arbeitete und dem Felix trotz seiner Trunksucht die Treue hielt, sagte, »fremd bleibt fremd«. Meine Mutter war da ganz anders. Sie kannte die Sorgen jedes Angestellten, und wenn sie auch mit gnädige Frau angeredet wurde, was gnä Frau gesprochen wurde, so war sie doch eine Kameradin, zu der man stand. Ich war in dem Laden der Sohn meiner Mutter, der Enkel meiner Großmutter, denn viele Angestellte kannten eben noch die Zeit, als Fräulein Lottermoser Lehrling war und Großmutter an der Kasse saß.

Felix und Ida Ladendorff waren so gegensätzlich in der Art und der Auffassung, die sie vom Leben hatten, daß man schwerlich an eine gute Ehe glauben konnte. Ich weiß darüber nichts als Klatsch. Damals waren ja auch beide für mich uninteressant, soweit sie nicht in mein Leben eingriffen. Sie hatten drei Kinder. Max, so alt wie meine Schwester

Rosa – er hieß immer der kleine Max, in diesem Fall war ich der große –, Hilde, so alt wie meine Schwester Hanna, und viele Jahre später noch ein Nachkömmling. Wir Kinder waren viel zusammen. Für die Eltern war es ein Sonntagnachmittags-Ausflug nach den Hufen. Die Hufen war der Sammelbegriff für die westlichen Vororte hinter dem Tiergarten. Die Hufen-Kinder waren anders als die Stadtkinder. Besser gekleidet, mit modernen Eltern, die meistens auch wohlhabender waren. Sie spielten andere Spiele, weil sie Gärten hatten. Wir waren nie sonderlich begeistert, wenn wir mit ihnen zu tun hatten. Erst mit 14 Jahren, als wir aus der Familie herauswuchsen, kamen wir in der Kameradschaft der Jugend zusammen, die Kinder der Hufen, der Mittelstadt und die Kinder der armen Viertel, des Gettos und der südlichen Vorstädte. Kindergeburtstage bei den Ladendorffs waren für uns immer gefürchtet; da waren wir immer die armen Verwandten, etwas »abgetragen« und altmodisch, so wie unsere Eltern. Damals tauchte dort ein Kind auf, Hannah Arendt, schön und klug, für mich ein Kind aus einer ganz anderen Welt. Sie lebten nebeneinander, diese »anderen« Welten, und doch waren es alles Bürger.

Wie Tante Ida und meine Mutter sich je verstanden haben, ist mir immer unverständlich geblieben. Leonhard Frank hat im ›Bürger‹ die verschiedenen Typen beschrieben. Für Locka war Tante Ida einfach eine »luchterne« Frau. Lucht ist der Dachraum im Haus, wo der Wind durchweht. Wichtig für sie war das Geschäft in der Wassergasse nur, weil es Geld einbrachte. Felix und meine Eltern lebten noch mit allen, die mit ihnen arbeiteten, unter einem Dach. Dieses patriarchalische Denken hatte natürlich auch seine Grenzen und seine Schwierigkeiten. Für mich war es leichter, mit Tante Ida auszukommen als mit Felix, der so lange freundlich mit mir war, als ich noch ein Kind war und die Spielregeln der Familie nicht verletzte. Es sei ihm nicht vergessen, daß er sich lange gemerkt hatte, daß ich leidenschaftlich gern Eier aß, die ich bei den knappen Verhältnissen und den vielen Kindern im Krieg selten zu sehen bekam. So wurde ich jedesmal, wenn ich alleine in die Wohnung kam, mit gekochten Eiern bewirtet, und zum Geburtstag bekam ich eine ganze Mandel (15 Stück), damit ich mich, wie Anna Robiller drastisch zu sagen pflegte, »armbarstig« essen konnte. Später, als ich begann, selbständig zu denken, war er nicht sehr tolerant und immer gereizt, wenn ich nur irgend etwas sagte. »Der Junge macht sich ja über uns lustig!« Das war ein schlimmes Verbrechen. »Der Junge ist Kommunist.« Das war bei einer Geburtstagsfeier bei uns, wo der große Rushway-Tisch ganz ausgezogen war und das gute Geschirr aus dem dickbauchigen Buffet auf dem Tisch stand. Natürlich waren die Flügeltüren weit geöffnet, und ich saß unten an der Tafel zwischen meinen Vettern und Cousinen und machte Randbemerkungen über die satten Reden, mit denen Onkel Felix meinen Vater überflutete, von der guten alten Zeit, von dem Unsinn, daß Arbeiter etwas mitzureden haben sollten, wo sie ja ohne jede Verantwortlichkeit seien, nur an sich selbst dächten. Es war das Übliche; auch mein Vater pflegte ähnliche Reden zu halten. Ich war etwas zu munter geworden, als das Unerhörte geschah, daß Onkel Felix hochrot aufsprang und mich anschrie. Ich wurde auch rot, war aber zu keinem Widerruf zu bewegen. Ich hatte auch damals schon Edith als Rückendeckung. Mein Vater hatte manchmal eine liebenswerte Loyalität, sah merkwürdigerweise ein, daß man sich für eine Ansicht nicht zu entschuldigen hätte. Mutter sorgte dafür, daß Felix und ich uns versöhnten. Felix polterte, aber meistens brummte er nur. Er war, wie die meisten Menschen seiner Art, gutmütig mit plötzlichen Wutausbrüchen. Felix wollte vor allem nicht in seiner Ruhe gestört werden. Wenn man das beachtete, war alles gut. Er war sehr deutsch und sehr konservativ, er war beleidigt, wenn man ihn daran erinnerte, daß er Jude sei. Bei ihm wurden nur die christlichen Feiertage gefeiert. Das hatte natürlich für uns Kinder seine guten Seiten. Bei uns zu

Haus wurde Chanukka gefeiert, das immer etwas vor Weihnachten lag. Man ging in die Synagoge, es wurde unter kurzen Gebeten der achtarmige Leuchter angezündet, und dann gab es Geschenke und einen bunten Teller mit Nüssen, Pfefferkuchen, Marzipan, Äpfeln und Apfelsinen für jedes Kind, und das war das Schöne dabei, individuell essen zu können. Ein paar Tage später, Weihnachten, gab es Geschenke für Lene und Anna, und danach zogen wir zu Ladendorffs hinaus. Da gab es dann einen Weihnachtsbaum, den mein Vater mit einigem Stirnrunzeln betrachtete. Er gehörte zu den Juden, die zwar nicht koscher lebten, aber es nicht gerne hörten, daß es Schweinefleisch bei uns gab, den Schinken zwar gerne aßen, aber nicht beim Namen nannten. Bei Ladendorffs bekamen wir dann auch Geschenke und einen bunten Teller. Ich besinne mich auf so viele Heimwege durch den knirschenden Schnee – »wenn der Schnee blitzt, wird es frieren« – mit großen Tüten in der Hand. Am ersten Feiertag waren wir bei Lockaleins. Weihnachtsbaum, Weihnachtslieder, Geschenke und bunte Teller. Wenn wir Kinder unsere Ernte eingebracht hatten, dann begannen wir unser großes Fest. Mein Vater hatte für die Mädchen eine Puppenstube gebaut, drei Stockwerke hoch, es war ein Wunderwerk. Er hatte sie innen und außen tapeziert und Möbel gekauft, die ausschauten wie richtige. Es war eben ein Puppenhaus, und als wir klein waren, mußten wir auf die Hocker steigen, um an das oberste Stockwerk heranzukommen. Immer zu Weihnachten wurde das Puppenhaus aufgebaut und eine Kleinigkeit daran verbessert. Alle Puppen waren dabei, große und kleine, und je älter sie waren, desto besser waren sie. Dann wurden unsere Freunde eingeladen, der Überschuß unserer Süßigkeiten sozialisiert, und es begann ein rauschendes Fest. Höhepunkt war die Vorführung der alten Laterna magica, eigentlich mit Comic-strip-Bildern, und als Clou das Kaleidoskop, das Farben hinausschoß und unter unserem Jubel die Spitzen und Farben wieder schluckte; erst der Farbfilm kann solche Wunder vollbringen, aber wie schön ist solch ein Wunder, das man selber machen kann. Unser »Kinderzimmer« glich mehr einer Höhle mit seinen scheußlichen Möbeln, nichts war aufeinander abgestimmt, aber durch die Benutzung vereinigt, mit einem Erker, der wie ein Gang aussah, und der Balkontür, die im Winter einen braunen Lendenschurz aus flauschigem Stoff erhielt und dicke Rollen, die uns vor der Zugluft aus den Ritzen schützten. Der große Ofen mit Bratäpfeln in der Ofenklappe, der alte Mahagonitisch mit der Wachstuchdecke, darauf der Hokker, auf dem der Apparat stand, der einen kleinen Schornstein hatte, weil eine Petroleumlampe in ihm brannte. Es war eine große Zeremonie, bis auch noch das Laken über der Tür angepinnt war. Vor dem Tisch standen dann die Stühle der Zuschauer, und es war richtiger Kintopp, selbstgemachter. Dann mußte sich das geehrte Publikum umdrehen, und es gab Schattentheater, Pappfiguren mit beweglichen Armen und Beinen wurden vorgeführt, und ich besinne mich genau auf den »Angler an des Ufers Rand«, der dann einen alten Schuh herauszog, und auf den »Wurstmax Holdrioh, bin niemals traurig, immer froh«. Weiter ging es mit »Trichinen, ei, wo denkt ihr hin, Trichinen gibt es nicht darin, doch trefflich hab' ich sie gewürzt, daß sie euch nicht der Durst verkürzt«. Nach dem Theater spielten wir Leierkasten. Es war schon ein recht ansehnlicher Leierkasten mit sechs schweren gestanzten Metallplatten dazu. Natürlich gab es den »Dompfaff, der uns beide getraut hatte«, auch die Geschichte von der schönen »Vilja, dem Waldmägdlein, ein Jäger erschaut es im Felsengestein«. Mir kommen noch heute die Tränen, wenn ich daran denke, wie Anna den Text dazu sang. Inzwischen gab es Schüsseln mit Nüssen aus unseren »bunten Tellern«. Die Puppen glotzten uns an, und Hanna versuchte, auch sie zu füttern. Dann fingen wir an, unsere eigenen Theaterstücke zu spielen und zu singen, von Elsas Hochzeit und anderen schönen Dingen. Das haben wir mit wechselndem Publikum viele Jahre gemacht. Zuletzt haben wir wohl mehr über Wyneken und Marx diskutiert, aber der Ritus blieb der gleiche, und je veralteter unsere Requisiten waren, desto schöner wurden sie. Wurde es zu laut, erschien gelegentlich mein Vater und brachte uns zwei große Messer. Wir sollten die Sache ausfechten, das würde weniger Lärm machen und uns endgültig beruhigen. Ich habe schon damals gelernt, Feste zu feiern, nicht wie sie fallen, sondern wenn es die richtige Zeit war. Dann aber war das Fest auch eine Arbeit, eine fröhliche, da waren wir niemals faul, und es mußte jeder Gast bedacht werden und zu seinem Recht kommen. Jedes Fest muß seinen Anlaß und sein Ritual haben, und jeder muß am Ende satt sein vor Freude.

Ich will aber Onkel Felixens Ende berichten, weil er mir im guten und bösen nahestand. So harmlos Felix aussah, so war er doch immer bei uns gegenwärtig, weil er seine Schwester, meine Mutter, beeinflußte. Es war ein Glück, daß meine Mutter harmlos war und uns immer bald erzählte, was er ihr eingeflüstert hatte. Onkel Felix sagt, Onkel Felix meint und Onkel Felix ist ein sehr erfahrener Mann. Ich habe ihn nach meinem Weggang von Königsberg lange nicht gesehen, sicher erst wieder bei der Beerdigung meines Vaters. Danach war ich im selben Jahr mit Margot – wir waren noch nicht verheiratet – zu Hause, wohnten aber bei einer Freundin. Nun wollte ich meine Mutter nicht übergehen, hatte aber ganz vergessen, daß es ein Schock für sie sein würde, wenn ich mit Margot kam. Onkel Felix lud mich in sein Privatbüro. »Ich verstehe gar nicht, daß du ›so eine‹ deiner Mutter ins Haus bringst.« Ich schrie ihn an und warf die Tür zu, mußte draußen furchtbar lachen, machte die Tür wieder auf, sagte Entschuldigung und machte sie leise wieder zu und ging. Meine Mutter sagte: »Max, es ist doch nicht recht, was du tust, bring doch das Kind zurück zu seinen Eltern.« Das wollte ich auch nicht, da mir gerade dieses Kind so gut gefiel. Mir war damals auch die Kleinigkeit entgangen, daß das Kind gerade 16 Jahre alt war. Dann sah ich Onkel Felix Weihnachten 1934 wieder. Damals waren Margot und ich gerade aus dem KZ entlassen worden; wir waren ganz legal verheiratet (das war das einzige Legale an uns) und hatten zwei Kinder. Wir wollten vor der Auswanderung noch einmal meine Stadt und die Kurische Nehrung sehen. Die Stadt war schon sehr verändert, meine Mutter hatten meine Schwestern nach Berlin geholt, und auch sonst waren viele Freunde schon geflüchtet. Felix und Ida waren noch da. Felix lehnte es strikt ab, nach Palästina oder überhaupt wegzugehen, obwohl er damals selbst das Geschäft nur noch halten konnte, indem er es Herrn Grunwald, seinem langjährigen Geschäftsführer, überschrieben hatte. Es war ein Tag vor Weihnachten. Wir gingen durch die Stadt, und ich erzählte Margot von jedem Haus, was es für uns bedeutet hat. So kamen wir in die Wassergasse. Als wir hinter der Schwingtüre waren, sah ich Felix, der wie eh und je am Eingang stand und die Kunden begrüßte. Es war vieles passiert, aber wenn es nicht auch Männer in SA-Uniform gegeben hätte, die Felix die Hand drückten und ein gutes Fest wünschten, hätte ich glauben müssen, die Zeit sei stehengeblieben. Felix sah sehr alt aus, und sein schon immer runder Rücken war sehr gebeugt. Als er uns sah, stürzte er auf Margot zu, umarmte sie und sagte wörtlich: »Ich freue mich, dich als Nichte begrüßen zu können.« Wir freuten uns, denn wir waren ja nicht gekommen, um alte Fehden auszutragen. Ich wurde überall begrüßt von den alten Angestellten. Alle Reden fingen an mit »weißt du noch damals« und endeten mit »rede doch Herrn Ladendorff zu, daß er fortgeht, wo seine Tochter doch fortgegangen ist. Wir können es ihm doch nicht sagen, weil er dann denkt, daß wir ihn loswerden wollen.« Wir waren am Heiligen Abend in der Steinstraße bei Felix und Ida. Es war ihm nicht zuzureden. Ich bin ein Deutscher, ich habe nichts getan, ich bleibe hier. Ich habe die beiden nicht mehr gesehen. Meine Schwester Edith war in Berlin dabei, als sie nach Polen abtransportiert wurden. Sie jammerten über die weite

Reise, hatten kein Geld. Da gab Edith, die schon illegal lebte, ihnen ihr letztes Geld, denn wenn es auch keinen Sinn hatte, so waren sie doch im Moment beruhigter. Mehr weiß ich nicht. Sie sind den Weg so vieler Menschen gegangen. Viele haben das, was sie für Treue hielten und was Sturheit war, so teuer bezahlt. Er hatte sicher recht, daß er so deutsch war wie jeder andere Deutsche, aber was hilft es, recht zu haben, wenn der Wahnsinn ausgebrochen ist. Er war gewarnt worden, als ihm sein Geschäft stückweise fortgenommen wurde. Zunächst mußte er nur einen »arischen Partner« hineinnehmen, dann mußte er es ganz abgeben. So trügerisch war die Loyalität seiner deutschen Freunde, die ihn nicht retten konnten, ihn aber ihrer hilflosen Freundschaft versicherten. Er suchte immer wieder alle Beweise zusammen, damit es keine Veränderung gab, die er fürchtete. Er wurde eines der Millionen Opfer, deren Schuld allein ihre Unbeweglichkeit war. Wer aber kann sich rühmen, dem Wahnsinn die richtige Antwort gegeben zu haben?

Ihr Tod muß nicht beschrieben werden. Es gibt genügend Dokumente, die das tun. Man kann es nachlesen und glühend rot werden vor Scham über die Menschen, die es taten und die es duldeten. Nicht nur abstrakte Millionen sind so vernichtet worden, sondern auch diese beiden, die Du, der Leser, nun kennst. Wie finden wir den Weg zurück in meine Geschichte. Nur so: Mit großer Teilnahmslosigkeit geht das Leben weiter, grausam und tröstlich. Du selber, solange noch ein Faden des Lebens in Dir ist, ergreifst ihn und klammerst Dich daran, und wenn Du den ersten Bissen gegessen hast, hast Du dem Toten schon den Rücken zugewandt. Wenn Du das weißt, wirst Du Dich nicht wundern, wie minimal Dein Leben und Leiden Deine Umwelt berührt. Ich habe es einmal ganz kraß erfahren, und nur die krasse Erfahrung kann die Illusion zerreißen, die Du Dir selber aufgebaut hast und an der Du Dich festhältst.

Es war 1933 in Berlin, als ich im Gefängniswagen vom Verhör der Gestapo zum SS-Gefängnis in Tempelhof gefahren wurde. Es war am Nachmittag, als wir durch die Friedrichstraße fuhren, ganz in der Nähe meiner Werkstatt. Ich stand in einem Einzelkäfig und sah durch das Gitterfenster die bekannten Geschäfte, auf Reichweite von Nachbarn, die flanierenden Leute. Nahe und unerreichbar, was war die Wirklichkeit? Mein zerschlagener Rücken, meine Angst oder die ungerührte Welt da draußen? Es ist grausam und tröstlich, daß es auch noch Tag werden wird, wenn ich gestorben bin. Als 14jähriger fing ich an, Gedichte und Märchen zu schreiben. Ich erinnere mich nur an eines meiner Märchen ... Es endete nach einer furchtbaren Nacht mit dem Satz: »Und am nächsten Tag schien wieder die Sonne.«

5

Darf ich jetzt wieder anfangen, wo ich Königsberg verlassen habe? In der Wassergasse, auf dem Fischmarkt und den paar Schritten bis zum Altstädtischen Markt? Es gibt nichts Schöneres, als durch alte Städte spazierenzugehen, die Entdeckerfreuden liegen so nahe beieinander. Noch herrlicher ist es, in eine heimatliche Stadt zu gehen und sie anderen zu zeigen. Ich könnte lange so weitermachen, bis ich jeden Prellstein gezeigt habe und wie er ausgefahren ist, jeden Ring vor dem Rathaus, an dem die Pferde angebunden wurden, und nicht zu vergessen den Japper hoch über der Rathaustür. Das ist eine Maske, welche die Zunge herausstreckt, bei jedem Glockenschlag etwas mehr. Wir haben es als Kinder oft geübt, natürlich wenn wir es nicht sollten und uns nicht die Zunge mit dem Löffel heruntergedrückt wurde. Der Maske über dem Rathaus-Eingang wurde die Zunge nicht heruntergedrückt. Soviel ich weiß, wurde sie dort angebracht, als sich noch die drei Urstädte von Königsberg als feindliche Brüder gegenüberstanden. Da sollte sie den Löbenichtern die Zunge herausstrecken. Möglich ist ja alles, aber ich fände es für so eng zusammenstehende Brüder fast zu liebenswürdig. Ich war als Kind nicht so, eher jähzornig. Ich wurde natürlich auch von meinen Schwestern oft gefoppt; auch wegen des kleinen Unterschieds zwischen uns. Da die Mehrheit immer recht hat, warf ich meiner Schwester Edith ein Glas an den Kopf. Jahrelang hatte sie die Narbe über dem Auge. Mein Vater nannte mich oft dickfellig, aber es hat mich immer viel Kraft gekostet, so zu scheinen. Manchmal ist eine Narbe über dem Auge sehr lehrreich. Ich hatte immer schon viel Phantasie zum Ausmalen furchtbarer Möglichkeiten, und so hat mir gerade diese Narbe viel dazu verholfen. Ich möchte nicht wissen, wie viele Narben sich die drei Bruderstädte beibrachten, noch nachdem sie sich zur Stadt Königsberg zusammengeschlossen haben. Ich weiß nur, wie mißtrauisch wir vom Löbenichtschen Realgymnasium gegen unsere »Brüder« vom Altstädtischen und vom Kneiphöfischen Gymnasium waren. Das waren ja richtige Gymnasien mit langer Tradition, und wir, die Neulinge, mit Stolz, aber eben mit weniger Tradition, der Anfang einer technischen Schule. Wenn ich bedenke, welche technische Entwicklung seit meiner Jugend die Welt veränderte, finde ich es erstaunlich. Ich kenne noch gut den Gasanzünder, der am Abend mit der langen Stange durch die Straßen ging und die Lampen an den hohen Kandelabern anzündete. Mit mir wuchs der Sieg der Elektrizität mit den ersten sehr wackeligen Schaltern und den Strippen, die die Wände herauf an kleinen Isolatoren verlegt wurden, mit den kleinen Birnen an der Decke, mit den Reden, wie ungesund doch das elektrische Licht für die Augen sei, mit den ersten Steckkontakten für ein elektrisches Bügeleisen, das das Holzkohleneisen ersetzte. Was gab es da alles für technische Lösungen für Plätteisen. Neben dem Holzkohleneisen, wo man einen ganzen Ofen mitschleppte, das Bolzeneisen, wo die Bolzen wunderbar glühend zwischen der Kohle im Herd oder

Ofen lagen und mit einem eisernen Haken herausgeangelt wurden, das Plätteisen, bei dem die ganze Sohle abgehakt werden konnte und auf dem Herd erhitzt wurde, und das Gas-Plätteisen, das paarweise auftrat; eines stand immer auf der Gasflamme, während mit dem anderen gebügelt wurde. Nur eines gab es nicht, und das habe ich erst viel später in Kairo kennengelernt: das Fuß-Plätteisen, wo das Plätt-»Gut« auf einem niedrigen Tisch auf dem Boden ausgebreitet wurde und das Plätteisen vom Fuß geführt wurde und man dadurch die Hände frei hatte, die Oberhemden dem rauchenden Tier gefällig auszubreiten.

Wir haben noch lange jedem Flugzeug nachgesehen. Ich erinnere mich noch an den »Ersten ostpreußischen Rundflug« – es wird wohl auch 1912 gewesen sein –, wo, o Wunder, so viele Doppeldecker – ich glaube, auch schon Eindekker – am Himmel erschienen. Ich weiß noch, wie ich den ersten Zeppelin sah und wie wir mit Vater einen langen Sonntagvormittag auf einer Wiese gesessen haben und auf die Ankunft des Schütte-Lanz warteten – es war auch ein Luftschiff, und es war einer der »historischen Augenblikke«, wie mein Vater sagte. Ich glaube immer noch, daß es das schönste Luftschiff war. Aber ein historischer Augenblick oder ein historischer Wendepunkt, wie mein Vater manchmal sagte, war es nicht, denn es entschwand, und bald werde ich der einzige sein, außer einigen veralteten Büchern, der sich seiner dankbar erinnert. Mein Vater liebte besonders den Parseval, ein Luftschiff in der Form einer Zigarre, vielleicht deshalb, weil er gerne Zigarren rauchte. Ich war jedenfalls dagegen, weil es ein halbstarres Luftschiff war, und für halbe Sachen war ich nie. Manche Entwicklungen kamen so langsam, daß ich sie gar nicht datieren kann. So weiß ich nicht, wann ich das erste Autotaxi gesehen habe. Ich weiß nur, wie ich an einem Winterabend einmal ein Taxi holen sollte und zum Steindamm ging und mir dann die Hände froren, bis der Fahrer das Auto angekurbelt und die Lampen angesteckt hatte. Später hatten die

Autos Karbidlampen, dann auch mein Fahrrad, und erst nach dem Ersten Weltkrieg gab es die Dynamos für die Scheinwerfer. Das elektrische und natürlich auch das Gaslicht waren auf die Städte beschränkt. Auf dem Lande gab es das gar nicht, und wir waren auch an den Gebrauch der Petroleumlampen gewöhnt. Freilich, den Gebrauch einer Lichtputzschere, die ich einmal aufstöberte, mußte mir Anna erklären. Die »Wunder« der Technik waren für uns noch wirkliche Wunder. Selbst der kleine Waschbär, der unermüdlich im Schaufenster meines Vaters einen Kragen wusch und Reklame machte für die so scheußlich steifen abwaschbaren Stehkragen. Die Idee, daß die Technik zur Erleichterung des Lebens gebraucht werden könnte, war kaum geboren. Dem standen auch die vielen Sprichwörter entgegen, vom »früh sich krümmen« und dem schrecklichen »sauren Schweiß«, der eine Arbeit und auch das Leben erst wertvoll werden ließ. All die vielen Sprichwörter und Kalendersprüche, die heute verschimmelt sind und zu Dutzenden unter Hohngelächter verramscht werden, wurden auf uns losgelassen. Mir jedenfalls kam das Lob der körperlichen Arbeit sehr gelegen, besonders seit ich in der Sexta war.

Büffeln war für mich eine Unmöglichkeit. Entweder ich verstand etwas und konnte es dann auch anwenden, oder ich lernte es nie. Und da man in der Lateinstunde von mir nun Grammatik und Vokabeln verlangte, war ich verloren. Besonders schwer machte es mir der alte Rose, unser Klassenlehrer, auch Heuochs genannt, mit seinen echten Verzweiflungsstürmen, bei denen er sich die Haare raufte und uns »Heuochsen« beschimpfte. Ich hatte tiefes Mitleid mit ihm, weil er seine Verzweiflung über uns so anschaulich darstellen konnte. Geflucht hat er auf alle; das war sein Lehrstil.

Seit ich dieses hier schreibe, habe ich auch einiges gelesen, was andere über diese Zeit und die Schule geschrieben haben, und es ist tröstlich, daß so einige ihrer Verehrung für die Lehrer Ausdruck gegeben haben. Sie haben geschrieben, wie sie gefördert worden seien und was sie ihnen verdankten. Ich muß leider sagen, daß es sieben verlorene Jahre voller Schrecken für mich waren, denn ich war gezwungen, das alles bitter ernst zu nehmen. Es waren so schicksalsträchtige Worte, die dann unter dem Osterzeugnis standen: »Fürst hat das Ziel der Klasse erreicht« oder leider zweimal »nicht erreicht«. Man muß ja wohl zugeben, daß das Ergebnis der Arbeit eines Jahres kaum in weniger und prägnanteren Worten ausgedrückt werden konnte. Noch viele Jahre später haben Margot und ich die Formel benutzt und statt eines Dankgebets feierlich gesagt: »Max und Margot haben das Ziel der Klasse erreicht.«

Ja, aber wie schwer wog ein Zeugnis, wenn das »Ziel nicht erreicht« war und man es nach Hause tragen mußte; wenn zu Hause ein Vater wartete, der eiskalt sein konnte. »So, andere haben es ja geschafft«, und wenn die Schwestern mit Zeugnissen ankamen, für die sie fünf Mark erhielten. Da war der Mühlenberg plötzlich sehr steil, und der Mühlengrund mit dem Gitter davor lockte. Es wurde einem mehr Mut abverlangt, als ein Junge hatte, oder mehr, als ich hatte, denn andere Jungen hatten ihn ja wohl. »Betragen« war in dem Zeugnis immer gut, aber »Aufmerksamkeit« war stets zu bemängeln. Dazu kam, was man ja auch dieser Niederschrift ansieht, daß es mir unmöglich ist, alles in die richtigen Fächer zu tun. So mußte der Junge, wenn es zum Beispiel in einem Übersetzungstext hieß: »Die Einwohner der Stadt wurden in die Sklaverei verkauft«, sich diese Ungeheuerlichkeit vorstellen – anstatt den Kasus zu bestimmen.

Immer wieder gab es Worte, an die ich Tagträume und Märchen anknüpfen konnte, und immer wieder gab es ein schreckliches Erwachen. Das Thema der Gewalt, das sich mit dem Wort Sklave verband – wir wurden ja den Tatsachen des Lebens schonungslos gegenübergestellt –, das Thema der Gewalt, der Mensch als Objekt der Geschichte, als Objekt der Gewalt, hat mich zu jeder Zeit seither beschäftigt, und je nach Alter und Erfahrung gab es andere Vorstellungen und Ängste. Der Junge in der Pubertät hatte auch Träume der wollüstigen Gewalt, aber es lag wohl an der Erfahrung meiner Herkunft, daß ich mich nie mit der organisierten Gewalt zu identifizieren vermochte. Ich war zu früh in die Schule gekommen und ein sogenannter Spätentwickler, aber es ist mir nie gelungen, Wörter, die mit Menschen zu tun hatten, abstrakt zu nehmen, Wörter zu deklinieren, ohne in den Inhalt zu versinken. Amo, amas, amat, amamus. Ich hätte auch dieses Wort vergessen, wie ich all die anderen lateinischen Wörter und Konjugationen vergessen habe, wenn es sich nicht um lieben gehandelt hätte, und oft ging es mir so, daß Wörter, die ich jahrelang in der Schule gleichgültig lernte, plötzlich zu glühen begannen. Das Wort bekam eine Bedeutung und ein Gesicht wie die Menschen der angeblich namenlosen Masse; ich war ihm ausgeliefert, ich schlief mit ihm, erwachte mit ihm, es lag mir wie ein großer Brocken im Mund, und es blockierte mein Denken. Das ist sehr unpraktisch für einen Schüler, und es kann schon sein, daß ich wirklich ein Heuochse war und Stroh im Kopf hatte statt Hirn, wie der alte Rose behauptete. »Seelische Werte« erschienen Gott sei Dank nicht im Zeugnis, und damals wäre es mir auch schwer möglich gewesen, sie in Worte zu fassen. Es gab natürlich noch andere Lehrer. Da war ein Herr Peters, der gab Deutsch und Heimatkunde. Ich war ein guter Schüler in Deutsch, zumindest im Aufsatz, wenn ich auch in Orthographie mangelhaft war; und das hat sich bis heute nicht gebessert.

Dulce et decorum est, pro patria mori. Da ich 1914 in die Sexta des Realgymnasiums kam, war ich beim Ausbruch des Ersten Weltkrieges im August Zeuge vieler historischer Augenblicke. Wir wurden dazu immer in der Aula versammelt, manchmal durch Klingelsignal mitten in der Unterrichtsstunde. Die Aula im zweiten Stock war sehr schön und hell; das Schulgebäude war überhaupt erst gerade eingeweiht worden, und es bekümmert mich ernsthaft, daß ich nicht mehr weiß, ob bei Kriegsausbruch das schöne Gemälde mit dem ›Herkules am Scheidewege‹ schon enthüllt war oder nicht. Ich sehe es noch hinter dem Podium, auf dem das Lehrerkollegium saß, mit grauer Leinwand verhüllt. Die Aula hatte zu beiden Seiten Fenster; links, wo unter der Empore auch der Eingang war, begannen sie erst in der Mitte und gingen auf den inneren Schulhof; gegenüber sah man die ganze Länge entlang auf den Pregel und konnte die Schiffe und den Verkehr über die Holzbrücke beobachten. Im Hintergrund lag über der ganzen Breite der Aula die Empore. In der Mitte der Empore stand die große Orgel, die nun allen Siegesfeiern und Andachten die nötige Weihe gab. Davor unser Musiklehrer, Professor Lichey. Damals war es mir ganz selbstverständlich, daß er Orgel spielte und den Chor dirigierte. Man sieht, wir waren von Kunst umgeben. Vorne das Werk von Professor Dörstling und hinten die brausende Orgel mit Professor Lichey, dem es im Krieg nie genug war, daß nur »fest und treu die Wacht am Rhein« stand, während wir ja dem so viel gefährlicheren Gegner gegenüberstanden. So komponierte er das Lied ›Auf der Ostwacht‹. Manchmal fällt es mir noch ein, so oft haben wir es geprobt. Leider muß ich bekennen, daß ich im Chor auch keine Glanznummer war. Immerhin habe ich bei dem schwarzen Wuschelkopf Lichey den Grundstein zu meiner großen Liedersammlung gelegt, und wenn auch sein Taktstock öfter auf uns tanze, nahm man ihm das nicht übel, weil er wirkliches Temperament hatte und uns mühsam Lieder aus dem Schulliederbuch ›Frisch gesungen von Heinrich und Pfusch‹ beibrachte. – Auch über den anderen Künstler kann ich mich nicht beklagen; vielleicht ist sogar sein Bild mit dem ›Herkules am Scheidewege‹ ein wirkliches Kunstwerk, das heute mit dem Jugendstil wieder neu entdeckt werden würde. Es wirkte nur so befremdlich als moralische Aufforderung, wenn davor das völlig schwarz gekleidete Lehrerkollegium Aufstellung genommen hatte. Freies Zeichnen gab es in der Schule nicht, aber wir durften wenigstens unsere Spielsachen mitbringen. Von Dörstling habe ich auch das erste über moderne Kunst gehört. Er erzählte, daß »es einen Maler gab, der, ohne zeichnen zu können, alles mit Farbpunkten und Strichen malte; später hat es sich dann herausgestellt, daß er wirklich verrückt war«. Das war das erste, was ich über van Gogh hörte. Immerhin führte er uns später ins Museum im Schloßhof, und das erste Bild, in das ich mich verliebte, waren die ›Kosaken die Steppe begrüßend‹. Ich glaube, es war von Franz von Defregger, einem Freund unseres Kaisers Wilhelm II., der ja bekanntlich die Kunst unterstützte, wenn die Richtung ihm paßte. Das jedenfalls habe ich schwarz auf weiß (vergilbt) vor mir liegen. Ein Bild der beiden Herren mit der Unterschrift: »Von einer Nordlandreise Kaiser Wilhelms: Der Kaiser im Gespräch mit Prof. Franz v. Defregger auf der Jacht Hohenzollern bei Drontheim«. Ich muß gestehen, daß ich auch im Zeichnen und Austuschen nichts Besonderes geleistet habe und der Künstler leicht die Achseln zuckte, wenn er meine Machwerke sah. Mit diesen Strichen, die wir übten, und dem Visieren der Perspektive konnte ich nicht viel anfangen, vor allem, da meine Wurstfinger, wie meine schöne Geigenlehrerin einmal ein wenig abschätzig sagte, nicht die Geschicklichkeit besaßen, das, was ich visierte, dann auch säuberlich aufs Papier zu übertragen. Ich liebte die Zeichenstunde, aber ich war sehr schnell entmutigt.

Bevor ich von weiterem Ungemach berichte, möchte ich jedoch nicht die Meinung aufkommen lassen, daß ich diese sieben Jahre Realgymnasium in Tränen und Selbstmitleid verbrachte. Dazu war die Welt doch zu schön, auch mitten im Krieg, und ich voller Neugierde auf alles und jedes, und wo mir in der Schule nur etwas geboten wurde, was mich zum Denken anregte, baute ich mir aus Wissen und Phantasie neue Himmel. Nicht zu vergessen, daß ich ja Apollo war, der weit über allen Schwierigkeiten stand und lächelte, und daß es immer eine Artemis gab mit langen kräftigen Beinen, vor der ich gerne im Staub gelegen hätte. Es lag alles nahe beieinander: der Druck der Schule, zerquälte Nächte, der Rohrstock und die eisige Kälte meines Vaters, die ich mehr fürchtete als Schmerzen. Es gab die Schwestern, Helene, die Sonne und den Schnee. Ich war leider weder ein antiker noch ein germanischer Held, die für ihre gekränkte Ehre dahinstarben. Ein Lächeln konnte meine finstersten Selbstmordideen, in denen ich mich wälzte, wegblasen wie ein Sturm die Gewitterwolken. Man hat eben nie einen so guten Charakter wie die vom langen Gebrauch geläuterten Vorbilder, besonders wie sie in Lesebüchern dargestellt werden.

Damals entdeckte man, daß ich auf einem Auge so stark kurzsichtig war, daß ich es nie benutzte. Es war eine Erbschaft meiner Mutter, die lange Jahre ein Augenleiden hatte und ein Auge kurz vor meiner Geburt verlor (verlieren heißt hier soviel wie in Todesanzeigen »von uns gegangen« statt gestorben). Um nun das schwachsichtige Auge zu stärken, wurde mir jahrelang das gute zugebunden, und ich tastete mich dann mühsam durch die Gegend. Von Spielen und Lesen konnte kaum die Rede sein. Natürlich begann diese Prozedur erst, nachdem ich die Schulaufgaben gemacht hatte. Also begann ich diese Arbeiten endlos auszudehnen, bis man mir dahinterkam und mich endlos Vokabeln abfragte, wozu ich ja nicht sehen brauchte. Ich glaube, genützt hat diese Quälerei gar nichts, aber es geschah, wie alles andere, nur zu meinem Besten. Und nützlich war es insofern, als ich langsam begann, die Phrasen zu durchschauen, und sie nicht mehr ganz so ernst nahm.

Die ersten Monate des Krieges waren für uns Kinder ganz besonders schön. Die Russen näherten sich Königsberg, und ein großer Teil der Beamten wurde mit ihren Familien evakuiert. Natürlich evakuierten auch die wohlhabenden Bürger ihre Familien. Helene und Anna schliffen die großen Brotmesser, um sich gegen Vergewaltigungen zu schützen. Nur gut, daß wir einen Oberleutnant als Einquartierung hatten, der uns beschützen wollte. In der Schule wurden die Klassen merklich leerer, und der Unterricht wurde etwas nebensächlicher behandelt, denn was sollte das alles, wenn »die Welt den Atem anhält«. Wir Kinder fanden das alles furchtbar spannend; die vielen Soldaten und die leeren Straßen, und der Tiergarten war beinahe für uns alleine geöffnet. Leider muß ich gestehen, daß wir uns als Helden fühlten und die Fortgehenden als Feiglinge verdammten. Es ist eine sehr deutsche Eigenschaft, nicht zwischen Vorsicht und Feigheit unterscheiden zu können. Natürlich ist es nebensächlich, was wir Kinder dachten, aber wir dachten ja auch nichts anderes, als was uns die Großen eingeflüstert hatten. Nun, es kam ja bald der große Sieg. Unser Direktor konnte den schönen Satz vom süßen und ehrenvollen Tod fürs Vaterland wiederholen, denn es wurde ja nicht nur gesiegt, indem man die Russen in die masurischen Sümpfe trieb, wo sie, wie Bilder es bewiesen, elend umkamen; es starben auch »die Söhne deutscher Mütter«. Gott sei Dank hatten die Russen ja keine Mütter, und wenn doch, so waren sie sicherlich froh, daß sie die Kinder los waren, wie man es aus dem Tierreich kannte. Gott wurde immerzu zitiert, hauptsächlich als Lenker der Schlachten. Niemals vorher wurde dieser Choral so oft gesungen, in dem der »Sieg unser« war. Wir siegten mit Reden und Chorälen und Fahnen in der hellen Aula. Selbst mein Vater hatte eine lange Fahne besorgt, die über die Brüstung des Balkons an eine lange Stange gehängt wurde. Bald aber überschlug sich der Chauvinismus; die Reden hielt der »kleine Rose«, der mit seinem lahmen Bein nicht ins Feld ziehen konnte und das durch hitzigen Eifer wettmachte. Daß die Russen keine Menschen waren, wurde uns ständig versichert; nur mit der Knute konnte man sie in die Schlachten treiben. Die Engländer waren »Krämerseelen«, und die Franzosen und Italiener schmähte man als die »Welschen«, was ein Synonym für Falschheit war. Die Slaven waren die Sklaven. Alle Metaphern, die im Dritten Reich in Gebrauch waren, wurden damals vorgeprägt. Nur unser oberster Kriegsherr ging zwischen den beiden Weltkriegen verloren.

Kein Berufsstand ist so im 19. Jahrhundert steckengeblieben wie die Lehrer, und besonders die Gymnasiallehrer verteidigten voller Dünkel ihren Status als Vorkämpfer des Nationalismus. Sehr viel später erst ist mir klargeworden, daß nach 1848 den deutschen Intellektuellen ebenso das Rückgrat gebrochen worden war wie den Bauern im Bauernkrieg. Wie verheerend falsch wurden die wenigen deutschen Revolutionen im Geschichtsunterricht dargestellt. Es geschieht nicht nur in Deutschland allein, daß der Knüppel, der das Rückgrat gebrochen hatte, noch nach Jahrhunderten leidenschaftlich geküßt wurde, aber es gibt ja auch Länder, die ihre siegreichen und ihre besiegten Revolutionäre ehrten. Bei uns fügte sich der ganze Unterricht nahtlos in das Bild, das sich die »Professoren« von Deutschland gemacht hatten. Von den alten Barden über Schiller, Körner, Uhland bis zu Freiligrath gab es die Bestätigung, daß Deutschland uns über alles zu gehen hätte. Im Geschichtsunterricht stellte es sich heraus, daß die Welt nur am deutschen Wesen genesen konnte und unsere Ehre uns keine andere Möglichkeit gab, als diesen Krieg zu führen und zu siegen... Niemals wurde Deutschland als Teil dieser Welt gesehen. Immer wurde seine besondere Rolle hervorgehoben, und die Nationalhymne ›Deutschland, Deutschland über alles...‹ wurde immer wörtlich genommen. Es ist mir unverständlich, wie dieses Gedicht auch heute wieder die Nationalhymne sein kann. Was auch immer der Dichter sich dabei gedacht haben mag, es ist ein aggressives Machtgebet und eine Heuchelei, es umwerten zu wollen. In zwei Kriegen war dieses Lied die Fanfare. Unter ihr sind Generationen von Schülern auf den Weg zum Faschismus gebracht worden. Man mußte schon starke Hilfen haben, um gegen dieses Gift immun zu werden. Nachher sieht das alles so lächerlich einfach aus, und man kann es sich gar nicht vorstellen, wie das passieren konnte. Die deutsche Geschichte kann man erst verstehen, wenn man die Lese- und Geschichtsbücher kennt und auch weiß, wie sehr jeder Ansatz zu einer Einsicht von den falsch ausgebildeten Lehrern sabotiert wurde und vielleicht noch wird: Denn eine Lüge bleibt selten allein. Damit werde ich mich noch viel zu beschäftigen haben, denn kein Hitler ist vom Himmel gefallen und mit seinem Tod hat er noch lange kein Ende gefunden. Man hört immer noch das Klappern der deutschen Gebetsmühlen, die spätestens 1870 in Betrieb genommen wurden. Aber zurück zu ihren Priestern, den Pädagogen.

Ich habe lange nachgedacht, ob ich mich nicht auf persönliche Züge meiner Lehrer besinne. Mein Gedächtnis haftet nur an skurrilen Einzelheiten, soweit ich mich überhaupt an sie und ihre Namen erinnere, an ihren Hochmut uns gegenüber, gegen den wir auch mit unseren Jugendstreichen nicht ankamen. So gab es einen Lehrer mit Namen Mentz. Er war sehr lang, hatte einen kleinen Kopf und wurde später, lange nach meiner Zeit, der Nachfolger des Direktors. Er hatte den Tick, uns wie Friedrich der »Große« mit »Er« anzureden. »Will Er nun endlich antworten oder nicht!« Nun, mir blieb die Antwort schon im Halse stecken, wenn das in etwas näselndem Offizierston gesagt wurde. Ja, Friedrich der Große war auch solch eine Lieblingsfigur, und nicht nur des Geschichtsunterrichts, der ja leider nicht nur bei ihm verweilen konnte. Da stimmte auch das deutsche Schema genau: Der »hochgemute Jüngling«, der durch hartes Anpacken des Vaters von dem verdächtig welschen Schludrian befreit und zu einem harten und gerechten Preußen gemacht wurde, der sein Land durch Eroberungen vergrößerte und in seiner geringen Freizeit die Musen pflegte. Sicherlich hat Professor Mentz auch in seiner Freizeit musiziert und Gedichte gelesen. In der Schule durften wir davon nichts merken. Überhaupt war ein Staat sofort vom »Verfall« bedroht, wenn er aufhörte, ein aggressiver Kriegerstaat zu sein. So hörte auch das Römische Reich nach Julius Cäsar auf, vorbildlich zu sein. Es war vom Verfall bedroht, aber daß dieser Verfall 300 Jahre dauerte und was inzwischen alles geschah, ist uns in der Schule niemals klargeworden. Aus diesem Sumpf des Verfalls ragten nur noch einzelne Kaiser hervor, die den Niedergang nicht mehr abwenden konnten. Wir erfuhren, daß der Krieg der Vater aller Dinge sei; darum hörten wir mehr vom Heldenzeitalter der Griechen, wobei die Spartaner die Lieblingsvorbilder unserer Lehrer waren, und im Heldenzeitalter der Römer war es »Cornelia, die Mutter der beiden Gracchen«. Mit Cäsar begann schon der Verfall, und von der Pax Romana hörten wir nur, weil ihr die germanische Völkerwanderung endgültig ein Ende setzte. Kein Wort darüber, weshalb es eine Völkerwanderung gab, aber alle Bewunderung den Vandalen, die den verfaulten Römern zeigten, was die deutscheste Art sei. Nun, unser Kaiser hatte ja in seiner »seltenen und bewunderungswerten Hoheit der Gesinnung« auch die Vandalen als Vorbild der Deutschen des beginnenden 20. Jahrhunderts reklamiert. Und unsere Lehrer wollten ihm da nicht nachstehen, da sich ja auch nach 1914 die niedrige Gesinnung der Völker der Welt offenbarte. Selbst wenn man sich später von den Zwangsbildern der Schule befreite, die Denkklischees bleiben und sind mir noch heute immer zur Hand.

Geographie und Geschichte waren meine Lieblingsfächer, und wie jeder Junge begann ich, mich mit den Helden zu identifizieren. Ich weiß, daß ich eine Zeitlang nicht mehr Apollo, sondern der dunkle Held Hagen sein wollte. Da hatte es mir die Treue angetan und die dunkle Tragik. Ich sah es zwar nicht gerne, daß mein Held den Athleten Siegfried hinterrücks ermordete, aber das war ja eben die Treue, daß er für seinen Herrn diese Schweinerei gegen besseres Wissen tun mußte. Von Tragik umwittert, das war es, was mich anzog, und ich verstand, wenn jeder treu ist auf deutsche Art, so ist es eine Pflicht, aus Treue untreu zu werden und zu morden. Natürlich hat man dabei nur edle Gefühle. Jeder ist edel, wie sollte es auch anders sein, aber weil auch jeder treu ist, kam es eben zu der Tragödie. Ich habe lange an diesem Knochen genagt, bis ich ihn beiseite legte und andere Helden verehrte. Ich wußte damals noch nicht, daß ich mich unberechtigterweise an deutschem Volksgut vergriff und Hagen von Tronjes große Zeit im Dritten Reich erst kommen sollte.

Auch in dem Punkt »sei wahr, laß nie die Lüge« war ich theoretisch und praktisch ein vollkommener Versager. Ich kann zu meiner Entschuldigung nur sagen, daß mir auch dauernd bewußt war, wie schlecht ich war. Denn hatte man es mit der Tugend schwer, so ist Untugend noch viel schwerer zu ertragen. Selten ist sich jemand, der lügt, im klaren darüber, worauf er sich da einläßt. Man muß ein ungeheures Gedächtnis haben, denn durch eine Lüge verändert man den Ablauf der Wirklichkeit, und man muß die Spuren verwischen und andere legen, damit der Ablauf der Realitäten scheinbar wieder stimmt. Mein Vater ärgerte sich immer besonders darüber, daß ich so unberechenbar war. Manchmal schrieb ich gute Arbeiten, manchmal ganz schlechte. Das war ihm auch nicht zu erklären; ich wage selbst heute nicht zu sagen, daß es sehr von dem Stand des Mondes abhing. Vielleicht finde ich später noch einmal den Mut, das zu erklären. Es hing jedenfalls davon ab, wie wach ich in der Stunde war und ob ich nicht gerade, wenn eine Klassenarbeit zu schreiben war, von wichtigeren Problemen gestört wurde. Natürlich hing es auch ganz einfach davon ab, ob ich genügend gelernt und nicht nur in das Buch hineingedöst hatte. Trotz dieser vielen Hindernisse hatte ich auch in den für mich schwierigen Fächern manchmal gute Zensuren, ebensooft aber auch sehr schlechte. Das war nun in der gleichen Weise unangenehm. Hatte ich gute Zensuren, so fand mein Vater, daß ich eben gar nicht so dumm sei und nur nicht wollte, was er dann bei den schlechten Zensuren bestätigt fand. Um all diesen Unannehmlichkeiten zu entgehen, erzählte ich nur noch von Dreien; das war damals die mittlere Zensur. Ich unterdrückte den Jubel über eine gelungene Arbeit und ersparte mir die Betrübnis, der ich nicht entkommen konnte. Ich wußte anfangs nicht, worauf ich mich da eingelassen hatte. Es begann ein Jonglieren mit Heften »verlieren« und »finden« und noch beim Lehrer gebliebenen und unter dem Bett versteckten Heften, mit Angstträumen und schneidigen Frontalangriffen. Ich entdeckte, daß man sehr wohl jemand belügen und ihm gerade in die Augen sehen konnte, und daß man, abgesehen von der Angst, gar kein so böses Gewissen hatte, wenn etwas glückte. Nur durfte man sich nie einen Augenblick gehenlassen, mußte immer den anderen beobachten und wissen, was er wohl als nächstes sagen würde. Ja, man mußte lernen, die Fragen zu lenken, herauszufordern, um gefaßt und ruhig die vorbereitete Antwort zu murmeln. Es war ein bitteres Lernen, auch waren die Triumphe immer sehr kurz. Ich muß gestehen, daß ich dabei auf eine schmerzhafte Weise sehr viel gelernt habe, mehr als mir die Schule bieten konnte. Was ich damals lernte, war die Voraussetzung für meine spätere illegale Arbeit, aber auch für meine spätere Arbeit mit Menschen. Merkwürdigerweise gibt es gar nicht so viele Verhaltensweisen, die man nicht mit den wunden Nerven eines verfolgten Tieres durchschauen kann. Damals ging es natürlich schief aus, denn da ich so sehr mit der Abwehr beschäftigt war, verpatzte ich einige Arbeiten mehr, wodurch das Gleichgewicht gestört wurde. In einer Schulpause sah ich meinen Vater über den Schulhof gehen. Natürlich ging ich ihm entgegen. Er fegte mich einfach zur Seite. Er hatte einen »blauen Brief« bekommen, sprach mit dem Lehrer und erfuhr nun die Wahrheit. Diesmal wurde es mir wahrhaft schwer, nach Hause zu gehen. Er schrie mir entgegen: gelogen und betrogen, und es war mir beinahe eine Erleichterung, daß er mich auf das Bett warf und mich mit Stockschlägen überschüttete. So wurde aus der Bedrückung Wut, und ich sann nach, wie ich ihn ermorden könnte. Jetzt konnte mir keiner helfen. Wochen und Monate war ich für meinen Vater »Luft«. Er sprach nicht mit mir und gab mir nie die Hand, dabei mußte ich ihm ja immer begegnen. Meine Mutter versuchte immer wieder, mich zu veranlassen, »Abbitte zu leisten«, aber nachdem er mich bei dem ersten Versuch hatte abblitzen lassen, gab es keinen zweiten. Ich weiß nicht, wann er mir verziehen hat. Es wird an einem Feiertag gewesen sein. »Laß nie die Lüge deinen Mund ...«

Ich habe sie immer wieder als Abwehrwaffe gebraucht. Der Schwache hat nicht viele Möglichkeiten, wenn er sich behaupten will. Immer die Wahrheit zu sagen bedeutet für ein Kind, sich dem Erwachsenen auszuliefern, konformistisch zu sein; es erfordert aber auch, daß man Vertrauen zu ihnen hat und die notwendigen Abwege erklären kann. Ich hätte es nicht können, selbst wenn man sich Mühe gegeben hätte, mich zu verstehen. Für mich war die Lüge das Mittel, mir mein eigenes Königreich zu schaffen. Ein blutiges, trauriges, eines, das mit Vereinsamung erkauft wurde. Ich fürchte, ich werde noch einmal solch eine große Lügen-Aktion beschreiben müssen. Als ich mich später aus der Abhängigkeit von Schule und Eltern befreit hatte, wußte ich, wie viel leichter es war, die Wahrheit zu sagen, und welch schwere Aufgabe es ist, erfolgreich zu lügen. Eines aber hatte ich dabei gelernt, nämlich zu wissen, daß andere Menschen auch denken und daß ihre Gedankenwege nicht identisch sind mit dem, was ich erwarte und wünsche. Das klingt so selbstverständlich. In Wirklichkeit aber ist es sehr schwer, sich von seinen eigenen Wünschen frei zu machen und seinen Freund und seinen Gegner als eigene Person zu erkennen. Ich habe also viel dabei gelernt, und manchmal gelang es mir auch, anderen aus einem Lügengestrüpp herauszuhelfen.

Überlassen wir den Knaben Max seinen Sorgen, er hat sich noch immer am besten selber herausgefunden, aber Knabe ist schon ein bißchen viel gesagt. Er war wohl mehr ein Junge, vielleicht ein Lümmel oder ein Laux, wie man in Königsberg sagte. Es ist für die Situation, in der wir aufgewachsen sind, doch wichtig, sich noch weiter mit den Tugenden oder den Untugenden zu beschäftigen. Laß nie die Lüge ... Es ist sehr häßlich zu lügen, wenn man es privat betreibt, aber wie ist es, wenn ein Volk lügt, wenn der Geschichtsunterricht durch Lügen und halbe Wahrheiten verfälscht wird? Da ist etwa die Geschichte Ostpreußens. Man betont, daß Ostpreußen immer deutsch war; einer schreibt beinahe verwundert, daß die Mehrzahl der ostpreußischen Namen deutschen Ursprungs ist. Ein anderer stellt fest, der Deutsche Ritterorden habe die Pruzzen der Geschichtslosigkeit entrissen. Schön und gut, warum nur hat dieses unvernünftige Volk Aufstände dagegen gemacht? Wollten sie etwa nicht dem Abendlande angegliedert werden? Ein Glück, daß diese Aufstände blutig niedergeschlagen wurden. Ein Glück, daß das Land mit so schönen, zum Teil gotischen Zwingburgen überzogen wurde, die von den Ordensrittern gebaut wurden, gewiß genau so, wie die Pharaonen die Pyramiden gebaut haben. Es bleibt die Frage, wie viele Menschen man töten darf, um als Kulturträger in die Geschichte einzugehen? Wieviel Menschen muß man morden, um ein Land ganz und gar zu annektieren? Um Geschichte so schreiben zu können, daß einige Jahrhunderte lang keiner widerspricht? Das schlechte Gewissen zeigt sich im gereizten Ton der Historiker. Zum Beispiel in folgendem Satz: »Wenn böswillige Geschichtsklitterung recht hätte, wonach die Ritter des Deutschen Ordens vor 700 Jahren alle Pruzzen erschlagen haben, hätte ich nie das Licht der Welt erblickt, denn mein Name ist altpreußisch.« Nun, die Endlösung gelingt freilich nur selten, aber den ungeduldigen abendländischen Kulturträgern ist vieles gelungen.

Die Hanse und ihre Verbündeten, die Ritterorden, hatten Städte und Zwingburgen gegründet, und so wurden die baltischen Völker, die Finnen, die Esten, die Letten und die Preußen ein Spielball der jeweiligen Großmächte, zuerst der Deutschen, Schweden, Polen und Litauer und später, nachdem sich das russische Reich konsolidiert hatte, wurden auch die Polen und Litauer der Spielball zwischen den Deutschen und den Russen.

Im Geschichtsunterricht wurde uns zwar das Unrecht erklärt, das die Amerikaner den Indianern angetan hatten, wir begeisterten uns an Wilhelm Tells Befreiung der Schweizer vom österreichischen Joch, aber der Untergang der Pruzzen war von »Gott gegeben« und Litauer und Polen waren falsch und dreckig. Ich muß immer und immer wieder darauf zurückkommen, wie sehr diese Lügen und Entstellungen uns vergiftet haben und wie sehr diese Unfähigkeit, auch das Recht der anderen zu sehen, dazu beigetragen hat, daß Königsberg zerstört wurde und Ostpreußen verlorenging.

Vielleicht wäre es doch besser, sich an einige der Tugenden zu halten, mit deren Propaganda sich Dichter des beginnenden 19. Jahrhunderts so sehr beschäftigt haben, denn die Einsicht und das Bekennen der eigenen Fehler und der der Vorväter würde auch die Toten zum Sprechen bringen. Sie würden ihre Halsstarrigkeit gegenüber notwendigen Entwicklungen zugeben, und man könnte sich mit den Nachkommen auf einer anderen Ebene, auf der Ebene der gleichen Achtung und des Ausgleichs treffen. Es gibt ja so viele geschichtliche Parallelen, die sich nicht in der »Geschichtslosigkeit«, sondern in beurkundeter Historie abspielten, wie etwa der hoffnungslose Kampf, in dem das kleine Juda der Großmacht Rom widerstehen wollte. Gewiß kann man da auch nicht nachträglich von Recht und Unrecht sprechen, wohl höchstens von dem Unrecht beider. Leider kann man da aus der Geschichte nur lernen, daß meistens Narren das Geschick eines Volks bestimmten. Erfolgreiche Narren und erfolglose, und das Volk hatte immer die Folgen zu tragen. Dieser Geschichtsunterricht, verstärkt durch die von der Umwelt als fraglos hingenommenen Urteile über geschichtliche Vorgänge, setzt sich also im Gehirn fest, daß die ihn begleitenden Vorurteile immer die erste Reaktion auf Situationen bestimmen, und es bedarf schon einiger Arbeit, um später zu selbständigem Denken zu kommen. Es bleiben dann immer noch genügend Ketten, aus denen man sich befreien muß wie ein Entfesselungskünstler, den man der Tricks beraubt hat.

Anfang des Jahres 1915, nachdem die Russen endgültig aus Ostpreußen vertrieben und die Evakuierten zurückgekehrt waren, sah ich meinen ersten Film. Er hieß ›Unser Hindenburg‹ und handelte vom Sieg bei Tannenberg. Ich erinnere mich an Hindenburg und Ludendorff auf dem Feldherrenhügel, marschierende deutsche Soldaten, zerstörte Dörfer und stolpernde Russen. Es gab natürlich schon Kinos, gerade gegenüber der Schule an der Ecke des Münchenhofplatzes war eines. Die Plakate im Schaufenster waren so brutal und reißerisch wie heute. Die Lehrer sahen es nicht gerne, daß wir davor standen. Ich finde es heute seltsam, daß ich nie versucht habe, in ein Kino zu gehen. Der Krieg und die Kriegsspiele befriedigten wohl mein Bedürfnis nach Romantik, und ich war folgsam, wenn ich es nur irgendwie sein konnte.

Der Krieg ging damals noch über uns Kinder hinweg. Der Vater war viel zu alt, um eingezogen zu werden, und die jungen Soldaten, die in brandneuen Uniformen herumliefen, bewunderten wir. Für uns war der Krieg eher eine festliche Unterbrechung des grauen Alltags. Sieg hieß Feier in der Aula, und wichtig war nur, wie groß der Sieg war und ob wir einen Tag oder auch noch den nächsten schulfrei hatten. Wir fanden es eher interessant als traurig, als der Vater eines Klassenkameraden »fiel«; es gehört zu den Eigenarten der Sprache, daß ein gefallener Mann eben etwas sehr Ehrenhaftes ist und der Direktor vor der ganzen Schule in der Aula sein Beileid ausspricht »für das Vaterland«; dagegen ist ein gefallenes Mädchen etwas ganz Furchtbares. Die gefallenen Soldaten waren etwas für einen Jungen, die Söhne waren sehr stolz, und die Frauen und Töchter trugen lange Trauerschleier. Mein Vater hatte eine große Abneigung gegen lange Trauerschleier und die öffentlich zur Schau getragene Trauer überhaupt. Er drohte meiner Mutter oft, daß er im Grabe aufstehen und am Schleier zupfen würde, wenn sie nach seinem Tode damit auf den Friedhof ginge, und meine Mutter glaubte wohl auch, daß ihm alles zuzutrauen sei, wie sie es immer von mir sagte. Als mein Vater viele Jahre später starb, war sie in einem echten Dilemma. Denn ohne Schleier konnte sie als anständige Frau doch wohl nicht zur Beerdigung gehen, aber man konnte ja wirklich nicht wissen ... Und so tat sie, was alle wahrhaft Schwachen tun: Sie bekam Grippe, und da es damals – es war Februar – 29 Minusgrade hatte, fanden wir fünf Kinder, daß wir als Ersatz genügten. Wir sprachen ihr gut zu, und sie blieb im Bett.

Merkwürdigerweise hatte ich wenig Freunde in der Schule. Meine Schwestern dagegen brachten immer Freundinnen mit nach Hause. Ich erinnere mich an eine Freundin Lisbeths, Margot Brangel, die sehr blond war und aussah wie Shirley Temple. Ich war sehr verliebt in sie. Es war ziemlich schwierig, sie zu sehen, denn Lisbeth holte nicht gerade ihren tolpatschigen jüngeren Bruder zu sich, wenn sie Besuch hatte. Mein Freund war Paul Jakoby, aber er entglitt mir ebenso wie Erich Riebensahm, als ich in Quinta sitzenblieb. Dann war ich einige Zeit lang mit Hans von Homeyer befreundet, dessen Vater am Anfang des Krieges gefallen war. Im nächsten Jahr war es Klaus Richter, ein dunkler, nicht sehr großer, aber sehr kräftiger Junge. Ich bewunderte ihn, weil er in Turnen und Sport so gut war. Sein Vater war Konsistorialrat – in meiner Erinnerung ein sehr schöner, großer würdiger Mann mit einem schwarzen Vollbart. Er war Pfarrer an der Löbenichtschen Kirche und ein fanatischer Alldeutscher und Antisemit. Das war wohl auch der Grund, weshalb die Freundschaft bald auseinanderging. In jenen Jahren fühlte ich mich auch verpflichtet, mutig zu sein, und da die anderen Fürsten alle einen Wahlspruch hatten, hatte ich auch einen: »Mehr als den Kopf kann es nicht kosten.« Ich probierte ihn an allem möglichen aus, besonders wenn ich etwas ausgefressen hatte. Wie alle jungen Böcke in dem Alter begann ich mit allen zu raufen und zu boxen. Es lag mir zwar nicht viel daran, aber es gehörte zum guten Ton, und ich mußte ja wohl auch zeigen, daß ich kein Mädchenjunge war. Mit Vorliebe boxte ich mit größeren und älteren Jungen; es war zwar nicht sehr angenehm, wenn man einen Schlag in die Rippen bekam und dann minutenlang nicht atmen konnte, aber es war eben auch ehrenvoll, wo ja doch »unsere tapferen Soldaten« usw. So wehrte ich mich auf dem Schulhof nach Kräften, um mich gegen andere zu behaupten und natürlich auch nicht in den Ruf eines jüdischen Feiglings zu kommen.

Ja, der Schulhof. Hatte man die Geographiestunde beim dicken Ludwig siegreich überstanden, so drohte schon wieder eine französische Klassenarbeit. Dann mußte man in der großen Pause besonders wild sein, um die Angst zu überspielen. Da war es ein Glück, wenn Professor Ludwig auf dem Hof Aufsicht hatte. Er hatte einen unglaublich dicken Bauch, den er vor sich her trug und von dem behauptet wurde, daß man eine Kaffeetasse darauf stellen konnte wie auf ein Tablett. Es sah jedenfalls sehr interessant aus, wenn er die Klassenhefte darauf gelegt hatte und seine Hände darüber faltete. Wir hatten einige merkwürdige Käuze, weil die jungen Lehrer eingezogen worden waren und wir zum Teil von Leuten unterrichtet wurden, die schon hätten pensioniert sein sollen. Die unteren Klassen waren auf dem vorderen Hof. Er war offen zur Straße, und man konnte über den niedrigen Zaun hinweg bei dem italienischen Eiswagen Eis kaufen, während der hintere Schulhof für die Großen von einer festen Mauer umgeben war. Sicherlich hatte er ein Tor, aber ebenso sicher war es normalerweise verschlossen, und es ist seltsam und nur damit zu erklären, daß dieser Hof mich noch heute an die Ängste um die nächste Schulstunde erinnert, daß ich ihn dauernd mit einem anderen Hof verwechsele, dem Hof im Untersuchungsgefängnis Columbiahaus, wo ich im Dezember 1933 zur Verfügung der Gestapo saß. Es waren Wochen, in denen wir täglich und bei jeder Gelegenheit geprügelt wurden, bis eines Tages Weihnachten ausbrach. Weihnachten, deutsche Weihnachten, da wird man auch gegen die ärgsten Verbrecher milder gestimmt. Es gab Würstchen und Kartoffelsalat, und der Kommandant wollte unbedingt etwas für unsere Gesundheit tun. So wurden wir aus den Zellen heraus auf den Hof getrieben. Das war der ummauerte Hof mit einem verschlossenen Tor. Ringsherum auf den Mauern und an den Fenstern SS-Leute mit Pistolen und Maschinengewehren. Zunächst fielen einige Häftlinge um, die monatelang nicht an der Luft gewesen waren; sie konnten der scharfen Winterluft nicht standhalten. Man hatte an alles gedacht, denn in der Mitte des Hofes stand ein Weihnachtsbaum. Nun begannen wir – es müssen so um die 200 Häftlinge gewesen sein –, die Waffen mißachtend, im Hof spazierenzugehen. Das war nun aber viel zu zivil. Wir sollten zu zweien geordnet im Kreis um den Baum herumgehen. Dann fiel dem Kommandanten ein, daß ja auch Juden dabei waren. Die wurden sogleich ausgesondert und mußten dann im großen Kreis um die um den Weihnachtsbaum Versammelten herumlaufen. Nun sollten die »Arier« Weihnachtslieder singen, was mit einigen Nachhilfen auch klappte. Es war ein wirklich schöner Anblick. Um den Baum stehend die alten Gewerkschafts- und KP-Funktionäre mit mehr oder weniger verstörten oder frommen Gesichtern Weihnachtslieder singend und darum herum die laufenden Juden. Ich weiß nicht, wie es den anderen gegangen ist, aber mir war trotz der Schmerzen sehr zum Lachen zumute. Es endete damit, daß einer den Choral anstimmte ›Bis hierher hat mich Gott gebracht, in seiner großen Gü-üte«. Da wurden die Gesichter alle so teuflisch fromm, daß es der SS auffiel und wir eilig in unsere Zellen zurückgetrieben wurden.

Warum ich das hier erzähle? Sicher ist Schulhof nicht gleich Gefängnishof, aber die Folter auf dem Schulhof, die nächste Stunde abzuwarten, wo in einem blauen Heft über dein Schicksal bestimmt wurde, hatte es in sich. Wieder muß ich bekennen, daß diese Angst vor dem Ungewissen, die mit mir jahrelang ein böses Spiel trieb, mir in vielen Situationen geholfen hat. Es ist möglich, mit der Zeit eine Technik zu entwickeln, mit dieser Angst fertig zu werden. Ich weiß aus der Zeit im Gefängnis und im KZ, wie viele Menschen beim Warten auf die nächste Vernehmung zerbrochen sind. Das Warten auf furchtbare Ereignisse kann so entsetzlich enervierend sein. Es war für mich ein großer Schock, als ich erlebte, wie die »harten Männer« nach wenigen Schlägen zusammenbrachen. Sie hatten ihre Widerstandskraft schon vorher verbraucht, während scheinbare Schwächlinge zwar ganz unwürdig heulten und barmten, aber nie die Kontrolle über sich verloren. Ich möchte hier gar nichts über die KZs sagen, nur an diesem Beispiel, wo die Leiden wesentlich auf körperliche Pein und die Folgen daraus reduziert sind, ist es mir leichter darzustellen, was ich meine: Wie ein Kind immunisiert wird oder sich selber immunisiert gegen die Gefahren eines Lebens. Ich habe ja auch später gelernt, daß es viel mehr kosten kann als den Kopf oder bis der Kopf endlich drankommt. Ich glaube nicht, daß eine harte oder – wie man sagt – strenge Erziehung fähiger macht, mit dem Leben fertig zu werden. Die Kindheit und das Heranwachsen sind ein solches Abenteuer, daß man dem nichts hinzufügen muß, es werden dem Kind keine Entscheidungen geschenkt. Ich mußte viele Umwege gehen, bis ich wieder die Kraft hatte, das Leben schön zu finden. Narben behält man immer, und heute fürchte ich die eingebildete Gefahr und stehe den eintretenden Katastrophen ziemlich gefaßt gegenüber.

Es gibt überall, auch auf dem Schulhof, freundliche Erinnerungen. Ich erinnere mich, daß dort mein erster, leider nie erfüllter Berufswunsch entstanden ist. Ich wollte immer gern Straßenfeger werden, ein Beruf, der mir so verschlossen blieb wie das Paradies. Alles, was man nicht erreichen kann, bleibt schön und unverbraucht. War der Winter wieder einmal vorüber, so war auf dem Schulhof der festgetretene Schnee zu Eis geworden. Zwischen den Bruchstücken entstanden Flüsse und Bäche; man konnte mit dem Absatz und einer Hacke Landschaften gestalten, so etwa das Zweistromland oder das Nildelta, ferne Wunderländer, wo zwischen zwei mächtigen Flußarmen Nebenflüsse und Verbindungskanäle angelegt werden konnten. Es rieselte und »von den Bergen stürzen die Quellen«, wie es unser Dichter sagte. Man konnte riesige Seen anlegen und mit einem Durchbruch durch Eisgebirge ein ungeheures Terrain trockenlegen. Wenn man aber dann seiner göttlichen Rolle müde wurde, konnte man sich vom Hausmeister eine Hacke holen und dem Frühling zum Durchbruch verhelfen. Es gibt wohl kaum ein größeres Vergnügen, als das in große Stücke springende Eis aufzuhacken und auf einen Haufen zu schaufeln, noch dazu mit dem herrlichen Gefühl, ein Chaos zu beseitigen. Darin bestand für mich der Straßenfeger. Der Gott, der das Chaos beseitigt, ohne über Moral sich den Mund zu zerreißen; einer, der unbeachtet und schweigend unentbehrlich ist; der den Winter bändigt und den Frühling vorbereitet; der mit seinem Sprengwagen den Staub bindet und Frühlingsduft in die Stadt bringt. Ich glaube, ich sah damals auch schon das, was mich später zu diesem Beruf drängte. Es ist eine so nützliche Arbeit und ganz überschaubar. Man kann seinen Gedanken nachhängen und gar nichts falsch machen. Man hat eine Verantwortung, aber sie geht nie über die sichtbare Leistung hinaus. Wie gesagt, es ist mir nie gelungen, mich diesem Idealberuf auch nur zu nähern. Ich hätte es auch nie meinem Vater zu gestehen gewagt, selbst dann nicht, wenn er mir drohte, mich aufs »Schlorrengymnasium« zu schicken. Schlorren sind Holzpantinen, in denen damals arme Leute gingen – im Abzählreim »Alte Hex auf Schlorren« –, und mit Schlorrengymnasium drückte wohl ein sehr liberaler Herr seine Verachtung für die Volksschule und ihre Schüler aus. Damals erschien mir das Schlorrengymnasium als etwas Fürchterliches, und ich wußte nicht, daß es mir den Weg zu meinem Paradies geöffnet hätte, denn trotz all meiner Unfähigkeiten war ich für diesen Beruf immer noch zu wenig qualifiziert: Auch ein Straßenfeger muß eine Prüfung bestehen, nämlich einen Pferdeapfel ganz über den Steindamm rollen. Aber es gibt noch andere Gründe. Ein Straßenfeger ist ein städtischer Angestellter oder gar ein Beamter, und dazu brauchte man einen »Ariernachweis«. Einmal dachte ich, dem Ziel meiner Wünsche näher zu kommen. Das war in Tel Aviv nach meiner Emigration. Aber es stellte sich heraus, daß diese Arbeit für Dichter und Philosophen reserviert war, die man nirgends sonst unterbringen konnte, und da wollte und konnte ich nicht konkurrieren. Andere Völker, andere Forderungen. Als ich mich noch einmal 15 Jahre später in Stuttgart um eine Hausmeisterstelle in einem neu gebauten Jugendhaus bewarb, wurde sie mir verweigert, weil ich zu intelligent aussah. »Sie mit Ihren Fähigkeiten!« Da habe ich resigniert. Natürlich ist der Straßenfeger bei mir eine Flucht vor der Verantwortung, die, wie ich sage, mir immer zugespielt wurde. Andere sagen, daß ich sie suchte. Ich glaube, ich bin nicht sehr verantwortungsfreudig (ein Wort, das zwar alt ist, aber der Vater der vielen lieben Reklameworte, wie blühwillig, gehfreudig usw.), aber vielleicht weiß ich da selber nicht so recht Bescheid.

Noch einmal Straßenfeger: Es ist doch so, daß sich an jedes Wort so vieles knüpft, wenn es einem in jedem Lebensalter durch den Kopf geht. Ich finde es gar keine so schlechte Idee, Poeten und Philosophen als Straßenfeger zu beschäftigen. Sie werden dadurch unabhängig von den Verlegern und Bücherkonsumenten. Die Stadt kann das Ihrige dazu tun: Für die Ehre, daß die klügsten Männer ihre Stadt sauberhalten, hält sie die zu bearbeitenden Bezirke klein. Da die Philosophen und Dichter kein sehr großes Einkommen haben, würden sie sich keine ambitiösen Frauen leisten können, sondern sich mit Mädchen auf der Straße anfreunden, die wiederum, durch den Umgang gebildet, viel zur Kultur des Landes beitragen würden. Eines wäre natürlich bedenklich: Wenn solch ein Philosoph, nachdem er später eine einträgliche Praxis erworben hat, seine Biographie schriebe, begänne sie bei allen mit dem Satz: »Als ich noch die Straße fegte.«

Noch einen anderen Beruf würde ich gerne auf die Straße verlegen, die Fürsorge; ich wage es kaum zu sagen: auch den Pfarrer und Beichtvater. Es würde dem Staat viel Geld sparen, und man hat natürlich viel mehr Vertrauen zu einem arbeitenden Menschen. Man sagt dann zum Beispiel, geh bitte in die Holzbrückenstraße von Nr. 9 bis Nr. 45, dort wirst du einen Mann fegen sehen, der ist dein Mann, er wird dich verstehen. Vielleicht gibt er dir dann auch einen Besen in die Hand, und du fegst zuerst schweigend neben ihm her, bis es aus dir herausquillt und du merkst, daß deine Sorgen wie welkes Laub auf die Straße fallen und in denselben Mülleimer mit anderen Abfällen gekehrt werden. Da ihr ja zu zweit arbeitet, werdet ihr viel früher fertig, dann stellt ihr die Besen an die Eingangstür und setzt euch in eine Kneipe oder in ein Café, und es ist kein Schreibtisch zwischen euch, sondern nur ein Tisch, auf dem ein Getränk steht, und der Straßenfürsorger gibt einen Rat, sagt, was zu tun ist; zieht ein schmales Notizbuch aus der Tasche und notiert deinen Namen, sagt, er werde am Nachmittag beim Arbeiten darüber nachdenken. Ich bin sicher, daß die Kinder ihm helfen würden, wenn er zu viel mit den Sorgen der Menschen zu tun hat. Natürlich würde es Proteste der Psychoanalytiker geben, wenn ihre Arbeit die Müllabfuhr besorgt. Aber darum soll man sich nicht kümmern, denn es gibt Snobs genug, die erst lange zu ihnen gehen werden, bevor auch sie den einfachen Weg auf die Straße finden. Ich glaube, man müßte doch Straßenfeger sein.

Wenn meine Mutter dies läse, würde sie wieder sagen, »Max ist immer so übertrieben«. Sie hat natürlich recht, ich neige noch heute zur Übertreibung. Ich weiß, wie weit eine Sache übertrieben werden muß, um sie aus dem Treibsand der Gewöhnlichkeit herauszutreiben; um wenigstens etwas zu erreichen, muß man sehr treiben und getrieben werden.

Wenn man so viele Unfähigkeiten hat und so viele Jahre hindurch es immer wieder vorgehalten bekommt, daß man den Ansprüchen, die die Gesellschaft an einen stellt, nicht genügt, muß man viele Umtriebe veranstalten, um seine Selbstachtung wiederzugewinnen. Es gibt so viele Fälle, wo Menschen gerade wegen ihrer Defekte zu außerordentlichen Leistungen aufgestachelt werden, im guten und im sehr bösen. Es sind nicht einmal die fremden, die absurden Gedanken, die die Eltern an ihren Kindern erschrecken, sondern die mangelnde Vorstellungsgabe, daß Kinder auch außerhalb der ausgetretenen Wege ihre Wege finden könnten. Es ist dann eben gleich der Rinnstein als feste Vorstellung da, in dem das Kind enden könnte, während die Kinder der Verwandten das »Ziel der Klasse« anscheinend mühelos erreichten. »Max ist immer so übertrieben.« Was soll aus ihm werden?

»Blast Kriegsdrommeten, blast mit Macht, uns soll darum nicht grauen, wir wollen unsrer treuen Wacht in Ost und West vertrauen.« So ging es in die Deutschstunde. Wir lernten viel ewige Dichtung, viel ewiges deutsches Gedankengut auswendig. In den Schulbüchern steht seit dem Anfang des 19. Jahrhunderts die Zeit still. Es sind kaum leichte Schwankungen zu registrieren. Ich war sehr erstaunt, als mir ein Schüler des Jahrgangs 1955 gestand, daß sie die ›Glocke‹ nicht mehr auswendig lernen müßten. Mir fiel mein Glaube ans Abendland zusammen. Es ist kein Wunder, daß sich Eltern und Kinder nicht mehr verstehen, wenn die junge Generation über das Pathos eines Redners lacht, der das Abendland rettet. Ich denke aber, meine Besorgnisse sind grundlos, denn da sich die Erziehung der Pädagogen nicht grundlegend geändert hat, werden sie andere Dichter so verstümmeln, wie sie es zu meiner Zeit mit Schiller, Goethe und Uhland getan haben. Ich suche gern die wenigen Pluspunkte zusammen, damit es nicht so aussieht, als ob die ganze Schulzeit vertan war. Einmal, ein kurzes Jahr lang, hatten wir einen Lehrer, seinen Namen weiß ich nicht mehr, der hat mir Sehen und Schreiben beigebracht. Er brauchte als einziger keine Disposition, auch kein Aufsatzheft. Ein Zettel genügte und einige Zeilen. Ein Vogel am Fenster, Gehversuche der kleinen Schwester, ein paar Schritte im Wald usw. Er las uns Tiergeschichten vor, sicher von Löns. Er war wahrscheinlich ein Jäger. Er hat mir auch beigebracht, daß ein Gesicht trotz schiefem Mund, dicker Nase und brauner Warze auf der Backe, mit gebogenem Haar darin, schön sein kann. Ich habe überhaupt damals erst angefangen hinzusehen, es nicht als selbstverständlich zu nehmen, daß Erwachsene und Kinder so oder so aussehen. Ich begann Menschen zu beobachten, weil ich sie beschreiben wollte. Es gelang mir nie, nie so, daß es mich befriedigte. Da begann ich Geschichten zu erzählen, wahre oder nicht wahre, in denen ich mich an ihn herantastete, Konsequenzen zu beschreiben aus diesem Gesicht, Kontroversen, die kleine Lachfalten unter den Augen erscheinen ließen, Situationen, in denen die Augenbrauen hochgezogen wurden, zu erstaunten Kinderaugen. Immer ist man Spurensucher in einem Gesicht.

1916 fand mein Vater, daß die Kinder aus der Stadt hinaus müßten, wenigstens in den Sommerferien. Es begann, weniger zu essen zu geben, die Kinder waren viel krank gewesen, Cranz kam nicht in Frage. Vielleicht war es auch zu teuer für eine so große Familie. Mein Vater mochte den Kurbetrieb und die gesellschaftlichen Verpflichtungen, die sich daraus ergeben, ohnehin nicht. Damals fiel das Zauberwort Sorgenau. Ich weiß nicht, woher er den Tip bekommen hatte. Eines Sonntags fuhr er fort und mietete ein Fischerhaus. Wenn ich das Wort Sorgenau ausspreche, dann überstürzen sich die Erinnerungen. Wie soll ich das ordnen, erzählen, damit es jemand versteht, daß Sorgenau eine Welt für mich ist, nicht nur in der Erinnerung das Glück der Kindheit. Wie schön war es da, wenn es regnete, wenn es kalt war, wenn es stürmte und wenn der sonst so breite Strand Spielfeld der anstürmenden Wellen war, die hoch sich auftürmten mit weißem geschweiftem Schaum, sich weit und flach ergossen, zurückfliehend sich eilends überflossen. Wir fragt dann noch danach, ob der Himmel grau ist, wenn die Wolken im Widerhall der Wellen gejagt werden, und wie die Wellen jagen sich die Bilder, die ich sehe, wenn ich an das kleine Fischerdorf denke. Wo habe ich sie nur so lange verborgen? Ich hatte das alles längst vergessen. Nur einmal, im Krankenhaus in Tel Aviv, als ich an einer Dysenterie beinahe gestorben wäre, kamen in den Fieberträumen ungefragt die Bilder von Sorgenau, tagelang segelte ich mit Fischerbooten, legte Netze und fing mich selber. Ich habe viele Heimaten, bin ein treuer und ungetreuer Sohn, weil ich nie weiß, welche ich höher preisen soll. Das Leben ist manchmal hart und nicht geeignet für Zauberkunststücke und Erinnerungen. Da erzählte mir meine damals 12jährige Tochter etwas von dem Haus, in dem wir gewohnt haben, als sie vier Jahre alt war. »Max, ich sehe es ganz deutlich.« Und auf ihrer glatten, so sanft gebogenen Kinderstirn stand eine senkrechte Falte. Da konnte auch ich wieder sehen.

Der Name Sorgenau hat übrigens nichts mit Sorgen zu tun. Es ist die deutsche Verballhornung eines pruzzischen Namens, und auch die deutsche Aue ist aus einer falsch verstandenen Benennung der »Natives« entstanden. Die Verdeutschung der ursprünglichen Namen begann erst nach 1933, ich weiß noch, wie ich damals bemerkte, daß die Orte alle jüdische Nachnamen bekamen: Rosenheim und Weidenstock usw.

Eine Reise in die Sommerferien war damals noch ein kleiner Umzug. Man zog um mit Decken, Kopfkissen, Laken, Kochtöpfen, Geschirr, natürlich auch mit dem runden Hutkoffer meiner Mutter. Viele Kisten mit Vorhängeschlössern, Koffern, Taschen und Paketen. Der Carl von Ladendorff kam – Carl hieß jeder Hausdiener bei Ladendorffs, während die Laufburschen meines Vaters alle Fritz hießen –, trug die Kisten hinunter, und alles wurde auf einem vierrädrigen Plattenwagen verstaut. Der hatte vorne eine Deichsel und einen breiten Gurt, den man über die Schulter nahm. Es gab auch eine Handbremse. Vater und ich schoben von hinten und hielten auf dem Berg den Wagen zurück. So zogen wir zum Pillauer Bahnhof. Nicht nach Norden hinauf zum Samland- oder Cranzer Bahnhof, sondern über den Kneiphof hinaus zum Hauptbahnhof. Daneben war der Pillauer Bahnhof. Es war ein weiter Weg. Einmal, ich glaube, es war nicht bei der ersten Reise, passierte dabei eines der kleinen Unglücke, die sich so sehr einprägen, weil man durch geringe Schuld in eine Tragödie hineinrutscht. Es handelte sich um ein Vorlegeschloß einer Transportkiste. Vielleicht war es nicht gut geschlossen oder es war das Schloß nicht in Ordnung. Als wir jedenfalls am Bahnhof ankamen und das Gepäck aufgeben wollten, war ein Schloß aufgegangen. Vater schickte mich nach Hause, den Schlüssel zu holen, und gab mir das Schloß mit. Das war doch ein wunderbarer Auftrag, Max, der Retter in der Not. Ich lief so schnell ich konnte nach Hause, fand auch den Schlüssel. »Lauf nicht so«, sagte meine Mutter, doch ich stürzte selig fort, und damit ich ihn nicht verlöre, hakte ich den Schlüssel über den Bügel des Schlosses. Auf dem Rollberg, kurz vor der Kanttafel mit der Kritik der praktischen Vernunft, stolperte ich, drückte auf das Schloß, klick, es war geschlossen und der Schlüssel saß fest im Bügel. Diesmal gab das Schloß nicht nach, sosehr ich auch klopfte. Es ist unwichtig, was geschah, als ich zum Bahnhof kam, die Ohrfeige und die bissigen Bemerkungen meines Vaters, daß ich gut wäre, mich nach dem Tod zu schicken, wenn man ewig leben wolle. Das ist unvergeßlich – auch die Angst, die mich durchs Leben begleitete, daß ich Schloß und Schlüssel in der Hand habe und durch eine mutwillige Bewegung den Schlüssel mit dem Schloß verschließe. Ein wiederkehrender Angsttraum. Dann öffnet sich kein Boden und verschlingt mich, kein Vogel Greif trägt mich zu fernen Diamantenfeldern, sondern Schritt für Schritt muß ich weitergehen mit dem verschlossenen Schloß. Ich kann es kaum erklären und halte es immer wieder für ein Wunder, wie solche Menschen durch das Leben kommen. Da will ich lieber die Disposition lassen und mich und mein Schreiben dem gnädigen Schicksal anvertrauen. Das gnädige Schicksal kam damals in Gestalt des Zuges, denn bis dahin hatte mein Vater ein neues Schloß gekauft und mit mir geschimpft. Nun, ich weiß es heute, was man alles hätte tun können, daß es in jeder Eisenhandlung Ersatzschlüssel gibt, daß ein Schlosser solch ein Schloß mit einem Dietrich öffnen kann – und nicht nur Schlosser, ich selber habe es als Tischler gelernt, natürlich nicht im deutschen Vaterland, wo Innungen dafür sorgen, daß ein jeder schön ordentlich bei seinem Leisten bleibe. Aber als ich, vom deutschen Vaterland verstoßen, im »Heiligen Land« eine Zuflucht gefunden hatte, mußte ich so manches tun, was ein ehrlicher Tischler strikt abgelehnt hätte. So ging ich zeitweise auch mit Dietrichen um, nur soll man nicht denken, ich wolle jetzt bekennen, auch ein Einbrecher gewesen zu sein. Dazu gehört ein Mut, den ich freiwillig nie aufbringen würde. Ich brauchte die Werkzeuge zu ganz friedlichen Zwecken, nämlich den armen Vergeßlichen ihre Wohnung wieder zu öffnen. Es gab viele Vergeßliche in Haifa, wo man an so vieles zu denken hatte und so vieles zu vergessen wünschte. Ich hatte damals Werkstatt und Wohnung dicht an der Grenze des von den Juden bewohnten Stadtteils. Schulen und Turnhallen waren mit Flüchtlingen belegt, denn im ganzen Lande war der Bürgerkrieg entbrannt. Eines Tages wurde ich gerufen, um in einem Häuserblock am anderen Ende der Stadt Wohnungen, die zeitweise von Arabern besetzt gewesen waren, aufzuschließen, damit dort Flüchtlinge untergebracht werden könnten. Bald trafen wir auf einen Trupp mit Maschinenpistolen bewaffneter Leute. Man vermutete also noch Araber im Block. Es ist kein sehr angenehmes Gefühl zu arbeiten, wenn hinter einem jemand immer sehr nervös mit der Maschinenpistole herumfummelt, ganz abgesehen von der Ungewißheit, wie es vorne hinter der Tür aussieht. Schließlich riet man mir, die Türe aufzubrechen, aber das hätte nun der Aktion den ganzen Sinn genommen, denn mit eingeschlagenen Türen hätte ja niemand dort wohnen können. So wurden es zwei aufregende Stunden, bis die Flüchtlinge, ihre wenige Habe auf Handwagen karrend, einzogen.

Da saßen wir nun im Zug nach Pillau, in Fischhausen bitte umsteigen. Natürlich fuhren wir dritter Klasse. Es gab damals so viele Klassen. Wer fuhr eigentlich erster Klasse außer dem Kaiser und den Ministern? Was war der Unterschied zwischen den grünen und den roten Polstern? Zweiter Klasse, das wußten wir, fuhren Lichtensteins, Blumenfelds, auch Ladendorffs. »Man kann ja nicht mit jedem zusammensitzen.« Ich weiß nicht, wie mein Vater darüber dachte; er dachte wahrscheinlich an die große Familie. Wir Kinder, wenn wir mit Helene zusammen waren, fuhren vierter Klasse. Das war aufregend. Der große Raum, nur an der Seite Bänke. In der Mitte Kiepen und Körbe. Es machte ja nichts aus, wenn man stehen mußte, man wurde in jedem Fall so schön durchgerüttelt. Manchmal gab es da auch noch so schöne Bulleröfen, die der Schaffner heizte.

Wir fuhren durch die Heimat. Heimat ist, wo man den Nachbarn kennt, wo die Kinder an den Fingern die Bahnstationen aufzählen. Juditten, Moditten (wo mal der olle Kant im Sommer wohnte), Metgethen: Da war das Gebiet, das wir im Sommer an Sonntagen mit den Eltern durchwanderten. Metgethen mit dem Wald, der kein Ende nahm, bis Heydekrug und noch weiter. Seerappen, Powayen, Kobbelbude, Kaspershöfen. Alles Bahnhöfe, an denen man bei Schulausflügen und zum Kriegspielen ausstieg. Lehrer mit Wickelgamaschen und Ferngläsern; es kam bei Kriegspielen immer zu Streitigkeiten zwischen den Lehrern, wer gesiegt hatte. Fischhausen, alles umsteigen, Schreien und Stubsen, bis alles mitgenommen und nichts liegengelassen war. Ich kann es mir ja leisten: Der Zug nach Sorgenau-Palmnicken fährt so langsam, den hole ich noch ein. Ich bleibe sitzen und fahre um das Fischhausener Wiek herum, eine tiefe Bucht des Haffes, auf einen Sprung nach Pillau. Pillau, der Hafen am Meer. Das ist doch noch etwas ganz anderes als die Inland-Städtehäfen von Königsberg, Hamburg, Bremen. Das ist auf jedem Schritt nur Hafen, vom roten Leuchtturm bis zu den Häusern, wo sich kein Staub festzusetzen wagt. Salz in der Luft, Salzwind in den engen Straßen und an den Quais, wo die großen Frachter geleichtert werden und die kleinen Kähne an den Seeschiffen saugen wie die Ferkel an der Sau. Das ist der Hafen, von dem man träumt, das ist so, wie ich es auf Postkarten von Cuxhaven sah, die uns Onkel Siegmund von einer Reise schickte. Damals kam noch eine andere Postkarte von Ostende: Damen, Kinder, ohne alle Sorgen, Strandkörbe in frischen Farben, und weit über dem Meer Inseln – oder war es schon England? Nie würde unser armes Samland den Glanz von Cuxhaven und Ostende haben. Aber etwas davon war schon in Pillau zu merken, wenn die riesigen Schiffe, vom engen Pregel und Seekanal befreit, sich dem weiten Meer in die Arme warfen, so wie wir es in Sorgenau vorhatten.

Die Kleinbahn, noch mit einer Glocke an der Lokomotive, ist bald eingeholt. Wir Kinder stehen natürlich auf dem Perron, das hatten wir uns erkämpft. Mein Vater murmelte etwas von einem »Sack Flöhe hüten«. Eine Kette sicherte uns vor dem Hinausfallen; es war keine Gefahr, die Bahn fuhr vorsichtig wie eine Amme mit uns Kindern um jede Kurve herum. Es war eine liebe Bahn. In Sorgenau standen wir gerne bis zum letzten möglichen Augenblick auf den Schienen, bis sie einmal doch zornig aufbrüllte und vor dem Bahnhof stehenblieb. Noch aber stehen wir auf dem Perron und zählen wieder an den Fingern, »nein, erst kommt doch noch ...« Gaffken, Godnicken, Kirpehnen, Germau, dann von weitem sichtbar unser Privatberg, der große Hausen, 89 Meter hoch, und dann kommt Sorgenau, und Pultkes stehen schon mit Kind und Kegel und Handwagen am Bahnhof, um uns in Empfang zu nehmen. Mit der Zeit kannte uns dort jeder, die Fürsts sind wieder da, es sind Sommerferien in Königsberg. Alle kamen und drückten die Hände. O Gott, ich habe so viele Namen vergessen. Nur einige weiß ich noch, Wendler, unser Nachbar; er hatte ein eigenes Schiff und wurde Mix genannt; ein anderer, der mit Spitznamen Nolt hieß, und unsere Wirtsleute, bei denen wir später wohnten, Bombien und Sudau, der kein Fischer war, sondern Maurer im Bergwerk. Die Kinder sehe ich noch vor mir, die halbwüchsigen, aschblonden Greten. Die Sonne und die Seeluft zog nicht nur die Farbe aus den Waschkleidern, auch aus den Haaren, selbst die Rotköpfe waren fahl. Die Bahn fuhr weiter nach Palmnicken. Dort endete sie zu unserer Zeit am Bernsteinwerk. Jedes Jahr haben wir einmal den Tagebau des Bernsteinwerkes besichtigt und das Museum, wo die großen Stücke Bernstein lagen mit Fliegen und Mücken darin konserviert, gleich neben den römischen Münzen. Bis hierher gingen schon lange vor der historischen Zeit, als noch die alten und jungen Germanen auf ihren Bärenhäuten schliefen, die Handelswege, um den kostbaren Bernstein zu holen, den anscheinend alle Götter so dringend brauchten.

Die Gegend an der Ostsee hat dauernd den Besitzer gewechselt, und so kann jedes Volk jederzeit uralte Besitzrechte geltend machen. Dabei hat wahrscheinlich noch niemals ein Besitzwechsel durch Rechtsprechung stattgefunden. Immer herrschte die Gewalt, und davon haben auch die Ordensritter reichlich Gebrauch gemacht. Für uns Kinder war es ein erhabenes Gefühl, auf historischem Boden zu stehen, und wir dachten nicht daran, daß dieser Boden wieder einmal so heiß werden könnte wie ein Vulkan. Wer denkt schon in der norddeutschen Tiefebene, gar noch im Samland, an Vulkane? Zu den Merkwürdigkeiten unseres Geschichtsunterrichts gehört es, daß sich deutsche Geschichte in Mittel- und Westdeutschland, in Island, Schweden und Norwegen abspielte. Dort gab es allerorten »historischen Boden«. Die preußische Geschichte dagegen begann mit den Ordensrittern und war belegt durch die vielen Zwingburgen und einige Städte, die sich in ihrem Umkreis angesiedelt hatten. Hauptsächlich die Hafenstädte der Hanse. Über das Land selbst höchstens ein Hinweis auf die »dumpfe slawische« Bevölkerung. Es ist nicht zu leugnen: Die Kolonialzeit war in Ostpreußen noch nicht am Ende. Nichts zeigt das deutlicher als die Eindeutschung litauischer und polnischer Ortsnamen im Dritten Reich. Auf Bildern aus dem Reich sah man romantische alte Städte wie Rothenburg ob der Tauber, und zum Stammland der Deutschen gehörte sicher der deutsche Rhein, gehörten die Friesen; für uns lag das alles weit fort. Wir »gehörten zu Deutschland«. Hätte man die Präposition fortgelassen, so wäre es zwar die eine Hälfte der Wahrheit gewesen, aber ebenso hätte es uns natürlich schockiert.

Die römischen Münzen im Bernstein-Museum – es ist doch eine unglaubliche Vorstellung, daß Handelswege vom Samland quer durch Europa bis Griechenland und noch weiter schon vor dreieinhalbtausend Jahren bestanden haben. Die Vorstellung ist aber nur deshalb so unglaublich, weil wir gar nicht anders denken können als in den europäischen Vorstellungen von Grenzen und Zoll oder von Raub und Überfällen. Die Vorstellung, daß man durch die Länder zog wie ich durch Ostpreußen, wo jeder bereitwillig Quartier gab und man für die Ehre, jemand zu beherbergen, doch nicht Geld nehmen konnte, daß es vielleicht so war, daß die Handelsleute auch die erwarteten Nachrichten aus der Welt brachten, Anregungen für neue Kulturen, Märchen und Erzählungen aus fremden Ländern und Grüße von Freunden, die weiter entfernt wohnten, diese Vorstellung ist uns fern. Vielleicht ist zu Fuß die Welt gar nicht so groß und so schwierig wie mit Auto, Eisenbahn und Flugzeug. Es wäre auch zu überlegen, ob eine Welt ohne Staat nicht doch mehr ist als eine Utopie. Man müßte wirklich darüber nachdenken, was uns die von unserer aggressiven Kultur so verachteten, ahistorischen Völker zu sagen haben.

Palmnicken hatte noch andere Sehenswürdigkeiten als das einzige Bernstein-Bergwerk der Welt. Es hatte ein Kurhaus, wo in der Saison Konzerte veranstaltet wurden. Ich besinne mich besonders auf einen alten »Kammersänger«, der in Sorgenau wohnte und dort Liederabende veranstaltete. Er konnte einfache Lieder sehr dramatisch vortragen, daß man im Herzen erschauerte, besonders vor dem rollenden »r«. Jedenfalls habe ich so manches Lied von ihm gelernt, das noch heute in meinem Repertoire ist. Es gab in Palmnicken auch ein Schloß, es war wohl nur ein Gutshaus. Man konnte von seiner Terrasse über einen Englischen Park – er bestand aus schönen Wiesen, langsam abfallend zur Steilküste mit eingestreuten alten Bäumen – weit in die See hinaussehen. Es war eine Sensation als Gegensatz zu den von mir geliebten struppigen Küstenwäldern. Besonders schön war im Park eine Blutbuche, und ich liebte einen Winkel der offenen Terrasse, weil sie von dort so wunderbar gegen Meer und Himmel aussah. Dann dachte ich, in Arkadien zu sein oder im Land, wo die Zitronen blühen. Wer wollte das nicht? Das war ja alles so hoch gepriesen und besonders reizvoll in einem Land, wo sechs Monate im Jahr Winter ist und in manchem Jahr die Sonnentage schnell zu zählen waren.

Heimat ist auch, wenn man auf viele Kilometer jeden Schritt genau kennt und ganz »wischig« (kribbelig) ist, weil man nicht weiß, was man dem Fremden, dem Freunde zuerst zeigen will. In der Lage bin ich jetzt auch; führe ich die Küstenlinie entlang oder erst in unser Haus oder ins Innere des Landes? Als Vorgeschmack sage ich die Namen der Dörfer, laß sie auf der Zunge zergehen, spreche sie einzeln aus wie ein Gedicht: Palmnicken, Kraxtepellen, Groß-Hubnicken, Kreislacken, Marscheiten, Groß-Dirschheim mit der herrlichen Schlucht zum Meer, Brüsterort. Jetzt sind wir an der äußersten Spitze des Samlands, und wenn man denkt, jetzt ginge es westlich und man könne jetzt bis Cranz sehen, dann irrt man sich. Das könnte man oben auf dem Leuchtturm. Unten am Strand, und wer würde nicht diesen Weg barfuß am Strand entlang machen, reiht sich Bucht an Bucht. Jedesmal, wenn man eine Bucht ausgeschritten hat und am »Haken« ist, gibt es eine neue. Klein-Kuren, Groß-Kuren, Warnicken, Georgenwalde. Jetzt sind wir wieder in belebter Gegend. Badeortgegend. Von Palmnicken bis Klein-Kuren trifft man kaum einen Menschen am Strand, kaum einen Bauern oder Fischer in den Dörfern oder auf der Landstraße. Rauschen, Neukuhren, Rantau. Jetzt wird die Steilküste zur Düne. Biegieten, Gaerbseiden, Eisseln und Rosehnen, die wohl ostpreußischsten Namen noch kurz vor Cranz. Eine lange Reise, wenn man Bucht für Bucht, Ort für Ort besucht, wenn man gemächlich in den Dorfwirtshäusern sitzt und einen »Schlag« mit jedem redet.

Im Krieg war es eine Ehrenpflicht, barfuß zu gehen. Ein Schauspieler ging am Sonntag barfuß auf der Junkerstraße promenieren, mit einer Schleife am großen Zeh. Wir Kinder hatten unsere Chancen erfaßt, das Argument, daß der Fuß verdorben würde, wenn wir ohne Schuhe gingen, stach nicht mehr. Wir hatten für das Vaterland Hornhäute unter den Sohlen und konnten ruhig Kieswege und Chausseen gehen. Den Zehen machte es nichts aus, an Steine zu stoßen, wenn sie auch lieber genußreich im feinen Staub der Landstraßen wühlten. Vergessen war auch das schöne Reklameplakat, auf dem eine mit Schleiern bekleidete Dame ihre

Hände in schönstem Jugendstil abwehrend gegen die Sonne streckte und ihr rosiges Gesicht schützte: »Meinen Teint verdirbst du nicht.« Jetzt wurden wir mit Wonne braun, so daß mein Vater sagte: »Ihr seht aus wie die richtigen Zigeuner.« Wenn wir es nur gewesen wären, dann hätte der Jammer mit der Schule endgültig ein Ende gehabt!

In Sorgenau brauchte man sich mit Kleidern nicht viel Sorgen zu machen. Die Eitelkeit der Kinder der Badegäste zeigte sich darin, im zerschlissensten und ausgebleichtesten Kleid zu gehen, wenn es schon nicht möglich war, den ganzen Tag im Badeanzug herumzulaufen. Neue Kinder, die hinzukamen, waren »affig«, bis sie in Kleidung und Gebaren wie wir waren, und das geschah bald. Ab und zu wurde ich geschimpft. Ihr seht aus wie die Polakenkinder. Die Polaken wohnten in einem großen Bau auf dem Weg nach Palmnicken. Es war eine Mietskaserne für Arbeiter im Bernsteinwerk. Im Dorf gibt es ja noch mehr Klassen als in der Stadt. Hier waren die Fischer dominierend. Handwerker und Kaufleute, Gastwirte waren willkommen wie die Badegäste, aber die Arbeiter mit ihren vielen Kindern waren den Dorfbewohnern unheimlich. Ich hatte mich mit einem Jungen aus der Mietskaserne angefreundet. Wir gruben zusammen die Bauten der Wildkaninchen aus, trafen uns in Höhlen an der Steilwand, aber ins Dorf mochte er nicht kommen.

Wie schön sind deine Zelte, Jakob, deine Wohnungen, Israel! Wie schön sind deine Häuser, Sorgenau! Eigentlich war gar nichts Besonderes an den Häusern. Es war kein altes Dorf, es gab keine Holzhäuser, wie wir sie im Heimatmuseum auf der Kurischen Nehrung, in der Niederung oder in Masuren fanden. Es waren einfache Häuser, meistens weiß gekalkt; vor den Fischerhütten waren Gärten mit Blumen: Fingerhut, Stiefmütterchen, hauptsächlich Sonnenblumen. Und wenn sie riesengroß waren, nannte man sie Sonnenglanze. Ein einfacher Holzzaun darum und eine knarrende Gartentür, da brauchte man keine Klingel.

Wer bekannt war, und wer war im Dorf nicht bekannt und verwandt, ging über den Hof hintenherum ins Haus, dann stand man gleich in der Küche. Einstöckige und zweistöckige Häuser, wahrscheinlich außen Ziegelwände, innen jedes Jahr frisch gekalkt, Balkendecke und Verschalung, in einem Zimmer waren auch Tapeten. Ich erinnere mich an Rosen auf weißem Grund und daß wir Rosa damit neckten. Der Hof mit etwas abgetretenem Rasen, ein paar Stöcke, die sich oben gabelten. Da wurden lange Stangen hinübergelegt, um Netze zu »klären« und zu flicken. Gegenüber dem Haus ein Schuppen mit Netzen, Stangen, Köchern und einer Schnitzbank. Daneben ein Stall für irgendein kleines Vieh, ein Schaf, eine Ziege, ein Schwein oder Karnickel, daneben ein Klo, wie es sich gehört mit einem hölzernen Thron, einem eingeschnittenen Herz in der Tür, durch das das Sonnenlicht hineinspielte, und Ritzen im Holz, durch die man sehen konnte, was sich auf dem Hof tat. Ein schöner Aufenthalt, wo es warm war und bedächtig stank. Wir hatten drei Zimmer im Haus und die Küche. Das Fischer-Ehepaar hatte noch eines, die Kinder wohnten auf der Lucht, wo noch zwei Zimmer ausgebaut waren, gekocht wurde im Schuppen oder auf dem Hof. Es gab schon elektrisches Licht, aber ich besinne mich auch noch auf Petroleumlampen und Kerzen. Wir brachten ja auch nicht oft Licht, weil es im Sommer sehr lange hell ist und wir am Abend vom vielen Baden und Herumlaufen müde waren. Wasser zum Waschen gab es in einem großen Faß, Regenwasser aus der Traufe und zwei Eimer und ein Faß zum Kochen und Trinken. Das Wasser mußte mit einer Pede (Joch) von der Pumpe geholt werden. Es gab verschiedene Größen für Männer, Frauen und Kinder und auch verschieden große Zinkeimer. Eine Pede war immer schön ausgearbeitet. Eine Rundung für den Hals war eingeschnitten und auch Höhlungen für die Schulter. Es war so viel leichter, den Eimer mit der Pede auf den Schultern zu tragen als in der Hand. Selbst wenn die Eimer voll mit Wasser waren, ging man wie schwebend. Man war gezwungen, rhythmisch zu gehen, und die leicht schwankenden Eimer zogen uns vorwärts. Bis zur Pumpe waren es nur fünf Minuten, aber man hörte den ganzen Tag das leise Quietschen. Es war ein anderer Ton, wenn sie leer schluckte, und man mußte sie eventuell mit etwas Wasser »angießen«. Dann hörte man das aufgeregte Pumpen der Kinder und das mühsame der älteren Frauen und das schöne gleichmäßige der großen Mädchen und Männer. Es war der Treffpunkt des Dorfes. Nachrichten wurden ausgetauscht, man klatschte, die Mädchen trafen die Jungen, und es wurde herumgeschäkert. So schön, wenn in ruhigen Stößen das Wasser in die Eimer rann, das leise Klappern, wenn ein leerer Eimer auf die »Nase« der Pumpe gehängt wurde, bis man dann leicht schwankend wie Segler im Wind mit Joch und Eimer nach Hause ging. Auch da gab es noch Unterschiede. Man konnte, wenn man nicht ganz sicher war, die Ketten mit den Händen im Gleichgewicht halten oder die Arme in die Hüften stemmen und sich vom Pendelschlag des Eimers treiben lassen. Man spielte chinesischer Kuli, nur war seine Bambusstange drückender, dafür leichter. So wurde das Wasserfaß gefüllt, und in den Eimern stand das Trinkwasser. Es wurde mit einer Kelle geschöpft. Natürlich sollten wir nicht aus der Kelle trinken, aber wir Kinder taten das immer. Hygiene war noch kein Glaubensartikel, und was der Arzt sagte, galt für die Krankheit. So wurden wir Kinder auch alle in der Waschwanne am Abend hintereinander abgeschrubbt, und ich besinne mich noch auf die Kernseife, die im Krieg wahrscheinlich mit Sand untermischt war. Und wenn das Wasser schon arg dreckig war, hieß es einfach, »ein Dreck wäscht den anderen sauber«. Ich bin so skeptisch gegen Erinnerung, seitdem ich mich einmal dabei ertappte, als ich anfing aus der KZ-Zeit idyllische Momente zu erzählen. Die kurze Mittagsstunde, wenn wir zusammensaßen und Kaffee tranken, den wir uns irgendwoher organisiert hatten, die Kameradschaft, lange nächtliche Diskussionen. Wenn man nicht sehr aufpaßt, verbessert sich die Vergangenheit stetig. Man ist ja auch dankbar, überlebt zu haben, und es ist leichter, mit guten als mit schlechten Erinnerungen zu leben.

Was Glück in der Erinnerung ist, habe ich einmal in reiner Form von meiner Enkeltochter Vera erfahren. Sie war als Fünfjährige mit Dana, ihrer jüngeren Schwester, und den Eltern zwei Monate aus Jerusalem bei uns zu Besuch. Durch Zufall fanden wir in einer schönen Waldsiedlung eine Wohnung mit Gärtchen für die Familie. Sechs Jahre später kam sie alleine. Ich fuhr sie hinaus, »weißt du noch, dort habt ihr damals gewohnt«. Sie wußte es, breitete die Arme aus, legte ihren Kopf an die rauhe Wand, küßte sie, und ein paar Tränchen liefen über ihre Backen. So ist das, holde Jugendzeit.

Jeden Morgen gingen wir an den Strand, meist waren wir schon vor dem Frühstück auf den Haskeberg gelaufen, wo die übliche Bank stand und von wo aus man sehen konnte, wie die See war. Wenn wir alleine oder mit Helene gingen, sprangen wir den steilen Weg hinunter oder den sandigen Fahrweg, auf dem die Fischer mit einem Pferdewagen den Fang – wenn es viel war – und die Netze hinaufbrachten. Kam Mutter mit, gingen wir durch die Schlucht an den Strand. Wie soll ich die Schlucht beschreiben, wo ich jetzt so viele Schluchten kenne, große und bizarre. Aber es ist doch keine, es kann keine so schön sein wie die Schluchten im Samland, weil sie ja zur See führen. Den ganzen Vormittag durchhitzt oder durchgeblasen am Strand, und dann noch ein paar Schritte im glühenden Sand, und du bist in der kühlen Schlucht im Wald, ein winziger Bach rieselt, ja er rieselt wirklich, und die Füße laben sich an dem kühlen, etwas feucht glitschigen Lehmboden. An beiden Seiten erst Sanddorn, dann Tannengestrüpp und Kiefern; man geht jetzt über trockene Tannennadeln, übt sich, Tannenzapfen und Zweige mit den Zehen zu fassen und zu werfen. »Sei nicht so übermütig«, sagte meine Mutter. Sie wußte nicht, daß ich nur übte, was alle Indianer und Waldmenschen konnten. Tarzan war damals – mindestens für uns – noch nicht erfunden. »Sei nicht so übermütig«, sagte meine Mutter, »der Tag wird noch schlecht enden.« Was konnte schon Schlimmes passieren.

Jetzt bin ich die Schlucht heraufgestiegen. Auf dem Weg hinunter – an der Pumpe vorbei, die Senkung in der Wiese lang, den Pfad am Bach durch Büsche, bis uns der Wald aufnahm – hätte ich doch keine Zeit gehabt zu beschreiben, da ich immer mit Edith um die Wette lief; wir wären schon einmal im Wasser gewesen, bis Mutter mit den Kleinen und der vernünftigen Lisbeth nachkam. Schnell die Kleider in die Badebude, dieser Schwester des Klos, genauso groß; sie riecht nur besser. Gott sei Dank, es sind ziemlich hohe Wellen. In Sorgenau konnte man auch bei Wellengang baden, einer der wenigen Strände, die ungefährlich sind, weil die See nicht hinauszog oder jedenfalls nur wenig. Man mußte es nur heraushaben, durch die Wellen zu tauchen, damit man nicht umgeworfen wurde. Die Bewegungen der See blieben ganz an der Oberfläche. Wir konnten uns all dem entziehen, wenn wir unter Wasser schwammen. Ich habe in der See schwimmen gelernt. Schon in Königsberg hatte ich Schwimmstunden. Es gab ein Hallenbad; das hieß Palästra, hatte aber sonst wenig mit den Griechen zu tun. Es war kalt, grau und roch nach Männern. Der Schwimmlehrer nahm mich an die Angel, und wenn ich nicht parierte, ließ er mich ein bißchen ertrinken. Ich tat selten gut. Es war wieder ein Versuch meines Vaters, aus mir einen Mann zu machen. Als ich dann nach Sorgenau kam, konnte ich schwimmen und wurde sogar Totenschwimmer. Dazu mußte man eine dreiviertel Stunde lang schwimmen können. Das war auch nötig. Am Nachmittag, wenn wir ohne Aufsicht waren, badeten wir weiter nördlich, noch hinter der Stelle, wo die Fischerboote lagen, dem Seehundstein zu. Seehundstein hieß der nördliche Haken der Sorgenauer Bucht, in deren Mitte das Dorf lag. Die Seehundsteine waren Findlingsblöcke, die vor der Spitze lagen. Sie ragten aus dem Wasser wie Seehundsköpfe. Vor dem Seehundstein war in einer aufregenden Sturmnacht ein Dampfer gestrandet. Jetzt lag er jahrelang da, und wir konnten zu ihm hinschwimmen und Seeräuber spielen. Da konnte man auch ohne Badeanzug baden, wie die Dorfkinder. Die Fischer, die Erwachsenen, badeten nie in der See. Wir kriegen genug Salzwasser ins Boot, sagten sie; baden, das ist was für Kinder und Badegäste.

Zurück noch einmal zum Strand. Zu unserem Kummer versickerte der kleine Bach sogleich im Sand, nur bei Gewitterregen und bei lang andauerndem »Landregen« schwoll er so an, daß er bis ins Meer gelangte und ich mir einen Seehafen, mein privates Pillau, bauen konnte. Am Beginn der Schlucht, schon etwas erhöht, standen die Badebuden. Jeder Fischer hatte eine für seine Badegäste. Es gab auch ein Hotel, das heißt, das Wirtshaus vermietete Zimmer; aber die meisten Gäste wohnten bei den Fischern. Wir waren befreundet mit den Siehrschen Kindern. Herr Siehr war Justizrat in Königsberg und nach dem Kapp-Putsch wurde er Oberpräsident. Die Familie war ebenso wie wir im Sommer immer in Sorgenau. Ich glaube, es waren auch fünf Kinder und immer noch einige Gäste dabei. Nachträglich fällt mir auf, wie wenig davon hergemacht wurde, daß er der oberste Beamte in Ostpreußen war, der Lebensstil war der gleiche wie der unsrige. Herr Siehr war groß und stattlich, sah aber sonst aus wie die jüdischen Justizräte, die Rechtsanwälte, nur daß er verhältnismäßig jung war. Er hatte einen etwas weichen Mund, wie es liberale Politiker oft haben, aber es gehörte wohl viel Kraft und Mut dazu, mit den ostpreußischen Landjunkern fertig zu werden, denen jeder Liberale verdächtig war, jede Demokratie verrucht, die ihre Privilegien antastete. Sehr schön war seine Frau. Sie schien mir die schönste erwachsene Frau zu sein, die ich kannte. Groß, mit schwarzem Haar, leuchtende Augen, Gesicht und Körper breit gebaut. Meine Eltern sagten, sie wäre ein litauischer Typ. Das mag stimmen. Die Siehrschen Kinder waren zum Teil älter als wir. Ich glaube, der älteste Sohn war im Krieg. Eine Tochter, oder war sie über viele Jahre ein Gast, wurde »Zigeunersche« gerufen. Ich verstand immer Zigarrenschere (»Du mußt dir die Ohren waschen«). Die Siehr-Kinder waren unsere Spielgefährten, sie nahmen auch an unseren Festen teil, bei denen ich mit der Ziehharmonika zum Tanz spielte. Da waren immer auch die Dorfbewohner auf der Wiese an der Pumpe dabei. Die Mädchen sangen und tanzten, und wir gaben unser Theaterstück von der Hochzeit der Cousine Else zum besten. Ich spielte dann den Bräutigam und sang: »Für Else schwärme ich nur allein, und sie soll meine, ja meine Frau mal sein. – Ja, der Himmel hängt voller Geigen.« Und sah dabei die schöne Zigarrenschere an, die sich mit weitem Rock lieblich als Zuschauerin niedergelassen hatte. Wir hatten natürlich rasenden Beifall. Unter Lampions auf der Wiese mit großem Feuerwerk, einigen Knallfröschen und Bombenschlägen war es ein großartiges Fest, bis auch die Fischerfrauen und Mädchen auftauten und langgezogene traurige Lieder sangen. Fast alles, was in Ostpreußen im Volk gesungen wurde, war traurig. Nur selten hörte man lustige Lieder. Natürlich gab auch der Kammersänger-Kurgast mit dem abgetragenen Komikergesicht einiges zum besten. Jedes Jahr gab es diesen Gala-Abend in Sorgenau, es war ein Recht des Dorfes auf Kultur, und schon wenn wir kamen, wurde ein Sonnabend dafür vereinbart.

Mit der Zeit wurde der Krieg immer bösartiger. Da freuten wir Kinder uns auf Sorgenau, weil es dort mehr zu essen gab als in der Stadt. Natürlich mußten wir uns auch dort beim Ortsvorsteher anmelden, und überall wurden Brot-, Fleisch- und Zuckerkarten verlangt, aber die Wälder gaben an Beeren und Pilzen genug her, und auch Fische konnte man immer haben, wenn etwas gefangen wurde. Außerdem durften wir auf den Feldern Ähren lesen, die auf der Bratpfanne zu gutem Kornkaffee geröstet wurden. Es war wohl

1918, als nach dem Kohlrübenwinter unser Vetter aus Berlin, der Sohn von Richard Ladendorff, sehr ausgehungert bei uns die Sommerferien verbrachte. Ich besinne mich auf zwei ganz besondere Freßorgien. Einmal gab es beim Bäcker ohne Karten »Amerikaner«. Ich habe damals von diesem Gebäck zum ersten Mal gehört; es schmeckte scheußlich nach Petroleum, aber es war doch Kuchen, und ich schmecke noch heute Petroleum, wenn ich an »Amerikaner« denke. Das zweite Mal machten Helene und ich uns auf den Weg und gingen bis Germau, einen Zentner Kartoffeln hamstern. Ich sehe es noch heute vor mir, wie wir den Wagen durch den Sand quälten und immer wieder über Löcher hoben. Es waren sehr lange vier Kilometer, aber wir hatten es eilig, die gute Bäuerin hatte uns einige Speckschwarten eingepackt, und am Abend gab es großes Kartoffelplinsen-Essen. Kartoffelplinsen – plinzen – flinsen – Puffer, auf jiddisch Lattkes, sind ein wenn nicht ostpreußisches, so doch Fürstsches Nationalgericht. Einer bäckt unendlich viele und die anderen essen, bis sie nicht mehr aufstehen können. So taten wir es auch damals, und ich bin noch immer überzeugt, daß man viel Kummer mit Kartoffelflinsen heilen kann.

Da auch in Sorgenau im Krieg die jungen Leute fehlten, sprangen wir Kinder mutig in die Bresche, wie es in Schulaufrufen hieß, und halfen, soviel wir konnten. Wir standen mit den Fischerfrauen auf dem Berg und warteten auf die Fischerboote. Die waren meist in der Nacht oder sehr früh am Morgen ausgelaufen und kamen am Mittag zurück. Es gab nur einen kleinen Kutter im Dorf, doch man benutzte ihn damals selten. Manchmal bei Sturm wartete man lange, aber die Gesichter der Frauen waren unbeweglich; man sah keine Erregung, sie waren das lange, unsichere Warten gewohnt. Man hörte aber die Erleichterung, wenn eine rief: »Da ist der Mix Stieder.« Mix und Nolt sind die meistgenannten Spitznamen, die mir im Gedächtnis geblieben sind. Stieder ist wahrscheinlich die Mastspitze, der Stander.

Ich denke aber, daß das Wort mit Segel oder Takelage zu tun hat. Die Frauen konnten an den aufgesetzten Flicken die Segel von weither erkennen. Wenn der Mix oder Nolt Stieder auftauchten, kamen auch bald die anderen Boote. Wir hatten aber immer noch Zeit, langsam an den Strand hinunterzugehen oder sogar noch ins Dorf zu laufen, um irgendeine Frau zu holen. Wenn die Boote auf dem Sand knirschten nach dem kritischen Augenblick, wenn die Segel eingezogen waren und die Boote durch die Uferbrandung schlingerten, mußte man zur Hand gehen und Netze und andere Gebrauchsgegenstände in Empfang nehmen. Große Fische wie Dorsche, Flundern und Steinbutte waren schon ausgenommen und wurden in Kästen und Eimern an Land getragen. Die großen Fänge gab es meistens erst im Herbst, dann wurden auch junge Leute zur Hilfe beurlaubt. Die Netze wurden auf Stangen gelegt und »geklärt«. Seetang, Quallen und allerlei anderes Zeug war herauszunehmen, kleinere Löcher wurden gleich am Strand geflickt. Netze klären und Flicken war die Arbeit der Frauen und Kinder. Anders war es, wenn der Fang größer war oder Strömlinge, die kleinen Heringe, gefangen wurden. Dann reichte man die Netze mit dem Fang an Land, und wir nahmen die zappelnden Tiere mit den herausgequollenen Augen aus den Netzen. Das war mir zuerst ziemlich ekelhaft, aber an nichts gewöhnt sich der Mensch schneller als an geschäftsmäßige Grausamkeit. Zur Arbeit gehörte auch das Aufschlitzen und Ausnehmen der Fische zum Räuchern. Kein Delikateßladen der Welt kann bieten, was wir im Dorf hatten. Flundern und Strömlinge frisch aus der Räucherei, wenn sie noch warm sind. Wir aßen sie dann mit Kopf und Zagel (Schwanz), wie man sagte, aber ich hoffe, wir haben den Kopf doch erst abgerissen. Dorsch gekocht oder, wenn irgendein Fett da war, gebraten, gab es täglich. Der Dorsch hieß Pomuchelskopf, weil er einen sehr großen Kopf hatte. Steinbutte waren etwas Feineres, aber ich aß sie nicht so gerne, weil ich ihre rauhe Haut schon nicht anfassen mochte. Natürlich liebten wir Kinder besonders geräucherte Flundern. Das ist auch ein Essen. Beim Gedanken daran läuft mir noch heute das Wasser im Munde zusammen. Etwas außerhalb des Dorfes lag die Räucherei: Da wurden die Fische an langen dünnen Eisenstangen, die durch die Augen der Tiere gestochen wurden, über die Räucheröfen gehängt. Wir haben auch oft beim Auffädeln der Strömlinge geholfen. Es stellte sich überhaupt heraus, daß die Ferienkinder sehr nützlich sein konnten, und irgendwie hatten wir dort Heimatrecht bekommen. Noch 1938 war meine Schwester Edith in Sorgenau zu Besuch und wurde dort ohne weiteres aufgenommen.

Netze sind doch sehr reale Gegenstände, aber je mehr man damit zu tun hatte, desto lebendiger wurden sie. Das Märchen, in dem das Mädchen gleichzeitig bekleidet und nackt erscheinen sollte und dann mit einem Netz angetan erschien, ist ja bekannt. Es war für 1918 ein sehr tapferes Ding. Heute würde es zur Belohnung zwar nicht Frau des Königs, aber Titelbild einer Illustrierten werden. Wir spielten viel mit alten Netzen, sie waren der Brautschleier für Else bei unseren Theateraufführungen und auch Windeln für die Puppen meiner kleinen Schwestern. Natürlich bekamen wir nur ganz morsche Netze, sonst wurden die Stücke für die großen Löcher verwendet, die die Seehunde oder auch ein Sturm hineingerissen hatten. Die Fischerfrauen, aber auch die Männer hatten eine große Fertigkeit im Netzeknüpfen. Obwohl die Netze in der Regel gekauft wurden, knüpften manche Frauen sie auch noch von Hand, aber meistens hatten sie genug zu tun, um mit dem Flicken nachzukommen.

Wer jemals Fische im Netz japsen sah, wenn sie sich erst mit den Kiemen wie mit Widerhaken gefangen hatten und sich dann ganz darein verwickelten, wird nicht gerne das Bild vom Menschenfischer benutzen. Jedenfalls nicht im guten. Andererseits ist ein Netz ein schönes Gebilde; wenn Faden für Faden miteinander verknotet die rhombischen

Löcher bilden, ist es das Symbol des festen Zusammenhalts. Das wurde uns klar, wenn wir stundenlang im Hof standen und Netze ausbesserten. Wir taten es gerne, besonders meine Mutter. Sie war sehr geschickt in all diesen geruhsamen Handarbeiten. Für uns war schon die Holznadel, das Schiffchen, aufregend. Es gab verschiedene Größen für die jeweiligen Fadenstärken, und die Löcher in den Fluldernetzen waren viel größer als die in den Strömlingsnetzen. Anfangs sagte die Fischerfrau immer, die Fische werden sich wundern, wenn sie so ungleichmäßige Löcher sehen, aber bald hatten wir es gelernt. Noch lieber aber halfen wir unten am Strand, die Boote an Land zu bringen; waren sie erst mit der Spitze aus dem Wasser, wurden sie von zwei Fischern, mit dem Rücken gegen die schräge Bordwand stehend, etwas angehoben, worauf wir schnell die erste hölzerne Walze unterlegen mußten. Nur wo das Wasser den Strand bespülte, war er hart. Man konnte dort mit dem Wagen fahren. Wir haben das wirklich gesehen, als wir 1930 an der See entlang von Memel durch Litauen nach Lettland gingen. Da war es damals auch für Wagen immer noch das beste, am Strand entlang zu fahren. Weiter oben ist der Sand so locker, daß man schon einige Leute, Frauen und Kinder brauchte, die Boote hochzuziehen.

Am liebsten fuhr ich natürlich mit zum Fischen, aber das ist mir nur ganz selten gelungen. Einmal im Jahr fuhr der Fischer mit uns am Sonntagnachmittag etwas spazieren. Aufregend aber war es nur morgens um 4 oder 5 Uhr, wenn es noch kalt war und der Wellengang stark, wenn die Netze eingeholt wurden oder die langen Schnüre mit Angelhaken, die, sobald die Fische abgenommen waren, mit neuen Ködern versehen und gleich wieder versenkt wurden. Es ist mir nie klargeworden, wie die Fischer auf der weiten See ihre eigenen Netze fanden. Natürlich waren Fähnchen gesetzt, aber es schien mir so unmöglich zu sein, wie im Kornfeld eine bestimmte Kornblume zu finden. An heißen Tagen durfte ich in die See springen und mich an einem Seil nachziehen lassen. Ich weiß nicht, wie schnell die Boote trieben, aber man kam sich vor wie ein Rennboot. Ich war schließlich doch froh, wenn mich Karl am Krapschull packte und ins Boot zurückzog. Die Fischer lachten immer, wenn ich sie etwas fragte, und gaben mir nie eine Antwort. Man mußte höllisch aufpassen, daß man ihnen nicht im Weg stand, wenn sie arbeiteten. Jede Bewegung klappte. Wenn ich auch an Land ihre Sprache verstand, auf See war es eine Geheimsprache. Und sicher hatte noch jedes Boot besondere Ausdrücke. Bei all diesen Beschreibungen muß ich mich dauernd hüten, nur in Superlativen zu sprechen: die klarste Luft, die schönste Brise, die aufregendsten Momente, es ist eben so, man spricht wie ein Liebender.

Wenn ich denke, was wir täglich zu tun hatten, wundere ich mich noch heute, wie alles in einen Ferientag hineinging. Das ist es, was man im Alter sich zurückwünscht, wenn man von der Jugend träumt. Die leichten Bewegungen, wenn wir tänzelnd, wie Pferde, mit der Milchkanne in der Hand den Fußweg zwischen dem Roggenfeld mit Kornblumen, Klatschmohn und Kornraden und dem blühenden Kartoffelfeld mit weißen und blauen Blüten nach dem Gut Warschken Milch holen gingen. Über den weiten Gutshof, wo hinter dem Herrschaftshaus die Molkerei war – wir kauften dort Milch, Buttermilch und Quark –, führte der Weg vorbei an dem Kuhpferch mit dem klobigen Rundholzzaun und dem kotig zerstampften Boden, wo unter dem Dach der alten Bäume es nicht nur schattig, sondern auch düster war; kein Grashalm wagte sich hervor. Einmal standen wir der Gutsherrin gegenüber, die durch lange Gewohnheit so selbstverständlich die Herrin war, daß sie auch uns Stadtgören beeindruckte. »Wer ist denn das kleine Fräulein mit den schönen schwarzen Augen?« Edith knickste und murmelte ihren Namen. Als sie sich abwandte, hatten wir uns wieder gefaßt, streckten die Zungen heraus, daß die Mägde, die uns die Milch gaben, mit uns kicherten, und sangen den ganzen Rückweg von dem »Fräulein mit den schwarzen Augen«. Edith hatte gar keine schwarzen Augen. Es war nur der düstere Ort, der sie schwarz erscheinen ließ, aber strahlende Augen hatten wir alle. Wir wurden oft daran erkannt. Ich muß das sagen, denn wir sahen noch nicht viel in den Spiegel. Über Güter und Gutsherren, die das Land außerhalb der Städte regierten, machten wir uns keine Gedanken. Es waren fremde Reiche, gehörten zu den Märchen, und es war mehr die Verwunderung, manchmal auch Bewunderung der fremden, hochfahrenden Art, wenn die Mädchen, besser gesagt – wie die Fischer sie nannten – die Fräuleins von Nodems, das war das Gut am südlichen Ende der Sorgenauer Bucht, auf Pferden den Steilhang hinunter und ins Wasser ritten. Es waren Amazonen, und sie paßten vorzüglich in meine Götterwelt. Sonst dachten wir von Reitern nicht sehr gut. Wir reagierten empfindlich auf ihre herrische Art gegen Mensch und Tier und liebten es nicht, von oben herab angesehen zu werden. Es war etwas anderes, ob ein Bauer sein Pferd aufs Feld oder in den Stall ritt oder ein Reiter im Reitdreß sich auf dem Pferde produzierte und das Reiten zu einer Demonstration von Herrschaft wurde. Autos sind da viel demokratischer, wenn sie auch mehr stinken und Staub aufwirbeln.

Nun, wir hatten noch anderes zu tun, als über Klassenunterschiede in Stadt und Land nachzudenken. Wir mußten ja auch noch unsere Goldgruben bearbeiten. Das ostpreußische Gold, der Bernstein, wurde auch im Sand gefunden. Während oder nach einem Sturm liefen wir am Wasser die ganze Bucht entlang, entweder zum Nodemser Haken oder zum Seehundstein. Wer weiß, einmal konnte man ja auch Glück haben und ein großes Stück Bernstein finden. Wir fanden immer nur kleine Stücke, aber sie genügten für lange Bernsteinketten. Wir Kinder liebten nicht so sehr den honiggelben, undurchsichtigen, sondern den rötlichen, durchsichtigen Bernstein, in dem man oft eingeschlossene Insekten fand.

Am Strand war es im und nach dem Krieg gar nicht so ungefährlich. Mehrmals erschütterten Explosionen losgerissener Seeminen das Dorf und zertrümmerten die Fensterscheiben. Eines Morgens kam ein alter Mann – ich glaube, es war der Großvater der Mix-Familie –, ein unermüdlicher Strandläufer auf der Suche nach Bernstein und Treibgut, aufgeregt zum Fischer. Er hatte eine Metalltrommel nicht an Land ziehen können, obwohl er sie mit dem Krückstock schon beinahe hatte. Während er noch erzählte, gab es eine alles erschütternde Explosion. Es war eine Mine gewesen. Der Alte, der schon etwas »sonderbar« war, lief noch tagelang im Dorf herum und erzählte jedem, daß das Ding einen Spiegel gehabt hätte, in den er mit der Eisenspitze seines Krückstockes hineingestochen hätte. Die Mine war aber erst später explodiert, als sie an einen Stein stieß.

Das war alles sehr aufregend für uns Kinder, aber nichts ging über den Tag des großen Fangs. Es war wohl 1917, an einem stürmischen Tag, als die Frauen gerufen wurden. Wir verstanden nur wenig, sahen aber gleich, als wir auf dem »Berg« standen, daß irgend etwas mit der ganzen Flotte nicht in Ordnung war. Die Boote lagen bis an den Rand im Wasser, und es sah aus, als ob die Fischer innen auch bis zum Bauch im Wasser stünden. Es war der größte Strömlingsfang, der je gemacht worden war. Die Netze, in denen in jedem Loch ein Fisch steckte, waren so schwer, daß die Fischer nicht alle hatten mitnehmen können, sie mußten noch einmal fahren. Nur ein Boot hatte Pech gehabt, hatte ein wenig seitlich seine Netze ausgelegt und kaum 60 Fische darin. Alle Bewohner des Dorfes und auch alle Gäste halfen die große Ernte einzubringen. Zwischen Händen und Zehen hatten wir die glitschigen Fische. Der Rausch der Masse hatte uns erfaßt, wir konnten nicht essen, nicht schlafen, hunderttausend Fische in Wannen und Kästen, hunderttausend Russen in den Masurischen Seen, hunderttausend Gefangene – David schlug seine hunderttausend. Diesmal »nur« gefangene Fische aus den Netzen nehmen, ohne sie zu zerreißen, nicht die Fische, nicht die Netze, in Kisten und Wannen werfen, oben an der Pumpe waschen und sortieren. Tagelang lag alles voller Fischschuppen, rochen wir nach Strömling. Lene sagte, »ich wasche euch am besten gleich mit den Kleidern«. Träume in der Nacht: über Fischleiber laufen zu müssen, ein Traum, der mich noch jahrelang verfolgte. Dann war alles vorüber, und wir konnten es nicht fassen, daß am nächsten Tag wieder ein ganz normaler Tag war. Diesmal fuhren wir nach Hause mit Steinkrügen voller eingesalzener Fische.

»Alles in der Welt läßt sich ertragen, nur nicht eine Reihe von schönen Tagen.« So sagte es der Dichter, und so schrieb es Schwester Lisbeth in einem Brief. Ich empfand das schon damals als eine Gotteslästerung, und deshalb ist mir das Bild, wie meine Mutter die Worte vorlas, beglückt über ihre gebildete Tochter, im Gedächtnis geblieben. Ich konnte und ich kann sehr viele glückliche Tage ertragen, und so fiel mir auch jedesmal der Abschied von Sorgenau schwer. Ich muß mich ja doch einmal trennen, obwohl ich so viel noch nicht erzählt habe von den struppigen Küstenwäldern, von dem Großen Hausen mit dem pruzzischen Ringwall auf der Spitze, von Germau, dem großen Dorf. Aber man wird mir erlauben müssen, ab und zu wieder dahin zurückzukehren, so wie ich damals nach Königsberg zurückfuhr und mich wunderte, daß noch alles da war, alle Straßen und auch die Wohnung Am Schloß 2. Es ist ja alles unwahr, wenn man nicht mindestens auf jeder zweiten Seite sagt, wie man durch die Wohnung, durch die Straßen geht. Jeder weiß, daß dreiviertel des Lebens aus Wiederholungen besteht und daß dies auch einen Reiz hat, gerade dieses scheinbar so Langweilige. Aber es gibt auch Augenblicke, wo man den Alltag genau neu empfindet, wie in Sorgenau. Kamen wir aus den niedrigen Zimmern in die hohen Räume unseres Schlosses zurück, dann hallte jeder Ton wider, so wie man es sonst nur bei Schloßführungen und bei leeren Kirchen hört, und das allein schon bewirkte, daß jeder Gegenstand neu erschien. Außerdem kam ich mit Dankbarkeit gegen die Eltern im Herzen und mit den allerbesten Vorsätzen zurück. »Nun gib dir aber mal Mühe.« Leider stimmt das Sprichwort: »Mit guten Vorsätzen ist der Weg zur Hölle gepflastert.« Die Tage vergingen so schnell wie der hallende Ton der Zimmer. »Ich hoffte, du würdest dir jetzt Mühe geben«, sagte mein Vater. Ich hatte es auch gehofft, aber vergebens. Ich saß immer an denselben Klippen. Dennoch wurde es für mich in der Schule erträglicher. Neue Freunde und Namen, an die ich mich klammerte. Es waren meistens Schüler höherer Klassen, denen ich zuhören durfte. Das war zuerst Gerhard Birnbaum, der Sohn unseres Oberkantors in der Synagoge, bei dem ich Nachhilfe-Stunden hatte. Bei ihm hörte ich die erste Kritik am Krieg und Staat. Ich hatte zwar bei ihm Latein-Unterricht, aber ich blieb viele Stunden am Nachmittag bei ihm, er hatte eine Zither, auf der er mit einem Hebeldruck ganze Akkorde spielen konnte, und dazu sang er mir Volkslieder vor. Er wird höchstens drei oder vier Jahre älter gewesen sein als ich, aber das war ungeheuer viel in dem Alter. Ich habe bei ihm viel gelernt, wenn auch nicht Latein, obwohl er sich redlich Mühe gab. Für mich war er wichtig, weil er der erste ältere Freund war, den ich hatte. Wahrscheinlich hat er mich nie als Freund empfunden, er war wohl mehr mein Mentor; er merkte gar nicht, wieviel er mir gab, wieviel ich aus kleinen Bemerkungen über Schule und Gesellschaft lernte, wie er Dinge sagte, die ich eigentlich schon lange wußte, aber erst zu denken wagte, nachdem er sie ausgesprochen hatte. Ich habe immer Winter in Erinnerung, wenn ich an die Stunden in Gerhard Birnbaums Zimmer denke: Wege durch matschigen Schnee mit Gummigaloschen, die man über die anderen Schuhe zog, blank und schwarz, und die in der Garderobe ausgezogen wurden.

Ich weiß auch nicht, warum meine Erinnerungen an den Börsengarten immer mit Herbst zu tun hatten. Ich kann mich immer an reife Kastanien und frühes Dunkel erinnern.

Der Börsengarten, gleich hinter der Schloßteich-Brücke. Die linke Uferseite des Schloßteichs gehörte den Logen, sie müssen einen großen Einfluß in der Königsberger Bürgerschaft gehabt haben, daß sie das ganze Ufer zwischen sich aufteilen konnten. Das fing an mit der Bürger-Ressource, ohne die eine Stadt überhaupt nicht existieren konnte; dann der Börsengarten, die Drei-Kronen-Loge, die Totenkopf- und die Immanuel-Loge. Der Börsengarten war am wenigsten exklusiv. Man mußte Mitglied sein. Wir gehörten zu den Börsengarten-Kindern und kannten uns alle. Der Eingang war auch wieder Holz-Architektur, halb Indisches Grabmal, halb Elefantenhaus. Dazu paßten auch die beiden Portiers in grüner Livree, von uns der dicke und der dünne Laubfrosch genannt. Der Dicke war gutmütig und sah darüber hinweg, wenn wir über Spielplatz, Café und Promenade Räuber und Prinzessin oder auf dem kleinen Spielplatz so wild Völkerball spielten, daß dieser irgendwo auf den Cafétischen landete. Der ganze Börsengarten war nicht sehr groß. Oben ein Platz mit Tischen unter Bäumen und eine gedeckte Terrasse, wo wir auch bei Regen sitzen konnten, wenn wir es fertigbrachten, nicht zu laut zu werden. Da hab ich gesessen und ›Die Brüder Karamasow‹ gelesen. Wenn man irgendwie fort konnte von zu Hause, war es gut, einsam Weltschmerz zu haben. Man konnte ja trotzdem eine Terrasse tiefer wilde Ballspiele mitmachen, wenn mehr Kinder meines Alters da waren. Ganz unten am See war die Promenade, sie endete vor einer Holzwand. Oben im Café war die obligate Kapellenmuschel, und manchmal gab es dort am Nachmittag Café-Konzert. Dann gingen wir aber lieber fort, weil wir dauernd die Erwachsenen begrüßen mußten. An einem Tag im Jahr aber geschah das große Wunder. Die Türen in den Holzwänden waren offen, und wir konnten durch alle Logengärten das ganze Ufer entlang spazierengehen. Überall war Musik und Lampions brannten, auch die Boote waren illuminiert, und auf der Schloßbrücke standen viele Menschen, die mit uns feierten.

Ein Mensch ohne Uniform ist kein Mensch, ein Mensch mit Uniform ist es selten. Der Soldat, der Schaffner, der Straßenbahner, der Postbeamte und auch der Portier bekommen noch etwas ab von der Autorität, die eine Uniform verleiht. Ich, der ich auch für Menschen ein schlechtes Gedächtnis habe, bin völlig verwirrt, wenn ich Menschen, die in einer Uniform stecken, unterscheiden soll. Dann ist es gut, wenn es wenigstens einen dünnen und einen dicken Portier gibt, damit man nicht völlig ins Leere tappt. Es gab vor dem Steindammer Tor, gegenüber dem Luisentheater, ebenfalls ein Holzbau und erst in den zwanziger Jahren durch ein steinernes Neues Schauspielhaus ersetzt, einen großen Sportplatz. Den hatte ein reicher Jude, nein, nicht ein Jude, sondern ein jüdischer Mitbürger der Stadt gestiftet. Auf diesem weiten Gelände, das jedem Bürger und auch Schulen zur Verfügung stand, gab es eine Baracke, wo Milch verkauft wurde und alle möglichen Spielgeräte, ein Schlagball mit Knüppeln, ein Fußball, ein Völkerball und alle Tennissachen ausgeliehen wurden. Dort waren zwei alte Männer als Portiers tätig, zur Abwechslung war aber der kleine Dünne der nette, der einen nicht barsch abwies, wenn irgend etwas nicht da war, was man haben wollte, sondern einen hineinnahm und die himmlische Auswahl zeigte, bis man etwas anderes gefunden hatte. Es war eben nicht ohne Absicht, daß Gott die Menschen in verschiedener Größe und Dicke geschaffen und sich nicht nur auf das Gesicht verlassen hatte, das aus dem Uniformkragen herausragte. Wie ist das nun. Eigentlich ist ja alles ganz einfach: Eigentum ist Diebstahl, sagt der Sozialist, besonders jüdisches Eigentum, sagte 1933 der Gauleiter Erich Koch, und die größte Unverschämtheit ist es, wenn man gestohlenes jüdisches Eigentum der Stadt und den Kindern schenkt, noch dazu unter seinem Namen. Darum wurde der Walter-Simon-Platz gleich nach 1933 Erich-Koch-Platz genannt. So einfach ist das alles.

Das alte Luisentheater, das dem Walter-Simon-Platz gegenüber stand, verdankte seinen Namen der Königin Luise. Dort auf den Hufen, wo sie einmal auf ihrer Flucht vor Napoleon gewohnt hatte, hätte man am liebsten jeden Stein nach ihr benannt. So auch das Operettentheater. Ich habe dort zwei Operetten gesehen, sicher mit meinen Berliner Verwandten zusammen. Die eine hieß ›Polenblut‹, und ich besinne mich hauptsächlich auf appetitliche Zimmermädchen, von der anderen weiß ich nur noch, daß sie in der Türkei spielte und daß der Bräutigam über unendlich viele Hand- und Bettücher verfügte.

Es ist schade um die alten Holzhäuser und Tanzsäle, aber sie waren sicher lebensgefährlich. Immer wenn eines abgerissen wurde, erzählte mein Vater die Geschichte vom Brand des Opernhauses bei der Uraufführung von ›Hoffmanns Erzählungen‹, wo sich die Leute gegenseitig totgetrampelt haben. Ich hielt das aber für unmöglich, wenn man das so fein gebildete Publikum im Theater ansah. Damals gab es doch noch keine Volksbühne! Mein Vater erzählte auch gerne die Geschichte vom Brand im Zirkus in München. Er muß sich ebenfalls am Ende des 19. Jahrhunderts zugetragen haben. Ich schließe daraus, daß mein Vater in der dunklen Zeit vor seiner Heirat sich in München herumgetrieben hat. Er erzählte, daß die Elefanten, vom Feuer erschreckt, ausbrachen und durch die Straßen liefen und daß ein Elefant bei einem Schneidermeister, der mit seiner Familie gerade beim Essen saß, erschien und Tür und Türfutter als Kragen um den Hals trug. Die Geschichte ist sicher wahr, denn ich habe sie nicht erfunden, sondern mein Vater hat sie erzählt, und der hatte einen ausgezeichneten Charakter. Man soll wissen, wie gefährlich es sein kann, ins Theater und in den Zirkus zu gehen, selbst wenn die feinste Gesellschaft dort ist, die Damen mit Spitzenjabots und Schleier um den Hals wie Königin Luise. Todesmutig, wie ich bin, wenn es um mein Vergnügen geht, bin ich dennoch immer wieder in Holzsäle gegangen. Als ich 1926 in Hannover arbeitete, fand ich einen ehemaligen Tanzsaal, der zum Kino degradiert war. Er hatte noch eine Empore, wie man sie sonst nur im Western antrifft. Dort sah ich die schönsten Chaplin- und Buster-Keaton-Filme und, unvergeßlich mit der Atmosphäre dieses Raumes verbunden, den ›Geiger von Florenz‹, der erste Film mit Elisabeth Bergner, den ich sah. Ich habe dieses Kino allen anderen vorgezogen, nicht nur wegen der billigen Preise.

6

Ich glaube, es ist jetzt an der Zeit, einmal um die Synagoge herumzugehen, wie es die Juden am Simchastauro, dem Fest der Freude an der Heiligen Schrift, mit den Thorarollen im Arm tun. Die Rollen, die antike Buchform, ein langes Pergament, auf dem in breiten Abschnitten die fünf Bücher Moses aufgezeichnet sind, sind auf zwei Stäbe aufgerollt, zwischen denen dann auf dem Tisch der jeweilige Wochenabschnitt freigelegt wird. Der Bucheinband, besser die Bekleidung – denn jede Rolle ist wie ein König bekleidet – besteht aus einem roten oder grünen Samtrock, aus dem oben die Stäbe herausragen; sie tragen die Silberplatten an einer Kette, auf der kunstvoll die Zehn Gebote eingraviert sind. Ein Silberstab, der an einer Hand mit ausgestrecktem Zeigefinger endet, hängt darüber. Er dient dazu, den Vorlesenden zu begleiten, damit er auch nicht eines der heiligen Worte übersähe. Über die Spitzen der Stäbe sind Kronen aus Silber oder Gold gestülpt; manchmal über jeden Stab eine Verzierung, meistens über beide, eine richtige Königskrone mit silbernen Glöckchen, die bei jeder Bewegung leise erklingen. Wie sehr habe ich als Kind diesen Prunk geliebt, der es doch mit einem geschmückten Weihnachtsbaum aufnehmen konnte. Am Simchastauro-Fest wird das Ende des Buches und der Anfang, die Schöpfungsgeschichte, gelesen. Das letzte Kapitel und das erste, um die Unendlichkeit der Lehre zu zeigen. Da werden aus dem heiligen Schrein, der hinter der oberen Kanzel steht, alle Rollen herausgenommen und im Triumphzug um die Synagoge herumgetragen. Es gab große Rollen mit kostbarem Schmuck, kleinere, mit uraltem Filigransilber bekleidet, es gab ganz schlichte und winzige Rollen, die man auch in die Tasche hätte stecken können, aber in allen stand genau derselbe Text. Der Fremde, der vor der alten Synagoge, dem Haus der orthodoxen Gemeinde oder gar vor einem Chassidim-Stüble diesen Umzug sah, mag wohl an Heilige gedacht haben, wenn er die wie Puppen angezogenen Bücher sah, die mit Gesang im Tanzschritt getragen wurden, wenn noch dazu mancher sich hindrängte, um sie zu küssen.

In unserer repräsentativen liberalen Synagoge gab es keinen Zug um das Haus herum, der »Andersgläubige« hätte befremden können. Die jüdische Minorität war zu klein und noch zu wenig in Deutschland integriert, als daß nicht ein Fronleichnamszug peinlich geworden wäre, zumal in der Gegend, in der die neue Synagoge stand. Man stellte sich nicht gern mit seiner Religion heraus, wie es die Orthodoxen taten, deren Synagoge ja auch im Zentrum der ehemaligen Gettos lag und die es nicht kümmerte, was die Gojim, die Nichtjuden, dachten, wenn sie über die tanzenden Juden lachten. Wen kann es schon stören, daß jemand lacht, wenn man, das Heilige Buch im Arm, tanzt wie König David vor der Bundeslade. Wer aber tanzt schon in der liberalen Gemeinde vor Gott. Es war wichtiger, die jüdische Gemeinde »würdig« zu repräsentieren, aber wenn auch Würde das Stichwort war und die protestantische, preußische Kargheit das Vorbild, so ließ sich ja nicht alles in diese Form pressen, und man hatte ja auch nicht nur »Hanseaten« als Gemeindevorsteher und geduldige arme Bauern als Volk. So wurde alles innerhalb und außerhalb der Synagoge zwiespältig, der Umzug am Simchastauro fand innerhalb der Synagoge statt, begleitet vom Gesang der Gemeinde, des Chors und der Orgel, aber immer wieder riß die begeisterte Stimme des Vorbeters die Gemeinde in das von den Vätern ererbte Judentum zurück.

Wie anders und wie unbefangen sah das Kind das alles. Es war das erste Fest, an dem es dabeisein durfte und neben dem Vater in der Bankreihe stand. Die damaligen Eindrücke haben sich eingeprägt und wirkten dauerhaft fort. Der merkwürdige breite Mann, der in seltsamer Kleidung singend und schreiend, wie mir schien, mit Gott haderte. Es beunruhigte mich, denn ich hatte ja schon einiges von Helene über die Allmacht Gottes gehört, und ich fürchtete, daß alles schlecht ausgehen würde. Es beruhigte mich auch wenig, daß mein Vater ein Buch aufgeschlagen hatte und ihm murmelnd folgte. Es wurde mir erst wieder wohler zumute, als der Rabbiner Vogelstein, den ich ja kannte, von der viel höheren Kanzel auf deutsch mit samtweicher Stimme zu uns gewendet beruhigende Worte sprach. Es war herrlich und sicher ein Zeichen der Versöhnung, wenn das Allerheiligste, vielleicht war es auch das Paradies, sich öffnete und dann die prächtigen Könige herausgenommen und an die Männer, die langsam die Treppen hinaufstiegen, verteilt wurden. Diese hatten zwar ihre zivile Kleidung an, aber den silbergestickten Tallis umgelegt, ein mit Silber- oder Goldbordüre besticktes Tuch, das, zusammengelegt, um den Hals gehängt wurde. Nur die Orthodoxen hüllten sich an den hohen Feiertagen ganz hinein. Alle Sorge war vergessen, als sich dann langsam unter Gesang der Zug durch die Synagoge bewegte und auch an unserem Platz vorbeikam, wobei mein Vater eine leichte Verbeugung machte, wie wenn er einen Bekannten träfe, aber nicht den Zylinder lüftete, was er sonst wohl getan hätte. Es hatte mich überhaupt merkwürdig berührt, daß ich eine Mütze mitnehmen mußte und wir alle die Kopfbedeckung aufbehielten, was wir zu Hause nie tun durften (»Du hast wohl Spatzen unterm Hut«). Beim zweiten und dritten Umgang aber war ich ganz gefangen von dem glitzernden Prunk der Kronen, und ich war traurig, als alles zu Ende war.

Später habe ich noch oft neben meinem Vater gestanden, besonders wenn die Synagoge voll war. Mein Vater hatte, solang ich denken konnte, denselben Platz gemietet. Jeder hatte einen Platz gemietet. Es gehörte zu den Einnahmen der Gemeinde, und je nach dem Preis, den der einzelne bezahlen konnte, saß man ganz vorne, hinten oder seitlich unter der Balustrade. Ich weiß nicht, ob es auch Freiplätze gab, nehme es aber an, und sicher gab es auch Plätze für Durchreisende. So konnte man schon am Platz erkennen, wie wohlhabend ein Mitglied der Gemeinde war. Manchmal waren es auch ererbte Plätze, wie jener meiner Mutter oben auf der Galerie, ganz vorne an der Brüstung. Die Galerie war an den beiden Längsseiten und der hinteren Seite den Frauen vorbehalten. Die Trennung von Frauen und Männern während des Gottesdienstes ist ja auch in vielen christlichen Gemeinden üblich. Mein Vater hatte seinen Platz auf der linken Seite des breiten Mittelgestühls, so daß wir meine Mutter und die Schwestern, die auf der rechten Galerie saßen, sehen konnten. Natürlich war der Platz meines Vaters in der Mitte der Synagoge, weil er es gerne hatte, nicht zu auffällig vorne, aber auch nicht hinten bei den ärmeren Leuten zu sitzen.

Die vornehmsten Plätze waren ganz vorne links und rechts vor den Stufen, die zum Altar führten. Da saßen links in der vorderen Reihe die Chasen, wie sie auf jiddisch hießen – bei uns hießen sie natürlich Vorbeter –, und der Oberkantor Birnbaum, ein Mann, groß und breit wie ein Bär, mit einem grauen Bart, der ihm das Aussehen eines russischen Bojaren gab. Er sah wunderbar aus, wenn er im weißen Gebetsmantel mit dem silbergestickten Tallis und dem Käppchen an dem erhöhten Tisch stand. Er hatte einen herrlichen starken Bariton, und er war für mich immer der Glaubwürdigste in der ganzen Synagoge; wenn er sang, wäre ich nie auf einen anderen Gedanken gekommen, als daß er es mit ganzer Kraft zur Ehre Gottes tat. Ich werde noch einiges von ihm zu erzählen haben. Neben ihm saß der zweite Kantor und sein Stellvertreter. Er war nicht beliebt bei uns Kindern, vielleicht weil er auch unser Religionslehrer war und wir ihn, wie alle Lehrer, viel zu gut und zu nahe kannten. Er hatte viele Kinder, die sich glichen wie ein Ei dem anderen. Aber alle entwickelten sich später zu prächtigen Individuen.

Gleich hinter den Kantoren saßen, wie auf der anderen Seite hinter den Rabbinern, die Vorstände der Gemeinde oder, wie es hieß, die Mitglieder der Repräsentantenversammlung, alles würdige Herren, mit Zylinder auf dem Kopf. Auch mein Vater trug stets einen Zylinder in der Synagoge, zumal er diese Apparate in seinem Geschäft verkaufte. Auf der rechten Seite saßen die Rabbiner: der Oberrabbiner Vogelstein mit der samtigen Stimme, dem gepflegten Vollbart, der beim Gehen leicht hinkte, was ihm eine besondere Würde verlieh, und der ewig Zweite Rabbiner Perles, ein typischer Gelehrter und das Ziel aller gutartigen und nicht beleidigenden Witze der Kinder.

Jetzt bin ich wie ein Fisch mit vielen Köpfen in Sorgenau in einem Netz gefangen. Ich kann nicht hin und nicht zurück. Jeder Kopf möchte erzählen. Ich weiß nicht, wem ich den Vorrang geben soll, dem Fest, von dem ich anfing zu erzählen, oder den Rabbinern, die natürlich den Doktortitel hatten und beileibe keine einfachen Rebben waren. Vielleicht beginne ich mit der Synagoge selbst, damit man sich in dem Bau zurechtfindet, in dem meine weite Verwandtschaft – das gibt wohl so ungefähr das jiddische Wort Mischpoche wieder – natürlich ohne Onkel Felix, die Freunde meiner Eltern, die geehrten Repräsentanten mit den gepflegten Bärten und auch die Jungen und Mädchen, die ich von der Schule, vom Börsengarten und der Religionsstunde her kannte, an den Feiertagen zusammenfanden.

Oh, daß ich tausend Zungen hätte. Auch das würde mir nicht viel nützen, denn ich kann ja immer nur aufschreiben, was eine sagt. So müssen 999 warten, so wie die Köpfe im Netz. Ich muß Faden für Faden spinnen und nicht einen vergessen, und ich kann nur hoffen, daß auch der Leser nicht die Fäden verliert und sich selber daraus das Bild entwickelt, das ich ihm zeigen möchte.

Wir kamen vom Kneiphof über die Honigbrücke und sahen direkt vor uns die Synagoge im Glanz ihrer lasierten Ziegelfront liegen. Es hat mich immer bekümmert, daß sie fest in die Häuserzeile eingebaut war und nicht frei stand wie die Kirchen. Merkwürdigerweise war es mir immer ein wenig peinlich, daß wir und die anderen kleinen Trupps, die der Synagoge zustrebten, an einem Alltag so feierlich gekleidet waren, die Herren mit Zylinder und die Damen und Kinder in den besten Kleidern. Man fühlte sich deplaciert auf der Straße, wo alle anderen zur Arbeit gingen. Ich war froh, daß wir nicht an meiner Schule vorbeigehen mußten, besonders, seit ein »Professor« in unserer Abwesenheit von denen gesprochen hatte, die sich »am jüdischen Lotterkuchen vollfressen«, während unsere armen Soldaten ... Das war in den letzten Kriegsjahren, als es mit der sich abzeichnenden Niederlage nicht mehr »ein Volk« gab, sondern der Antisemitismus hochgespült wurde. Darum begrüßte man sich auch seltsam steif auf der Straße vor der Synagoge und fühlte sich erst vom Druck befreit, nachdem man durch eines der drei Doppeltore gegangen war und in der Vorhalle stand. Die breite Vorhalle, in der auch die Garderoben und Toiletten lagen – weil ja eine Synagoge mehr ein Lehrhaus, eine »Schul« ist, wo man sich viele Stunden aufhält, am Jom Kippur zum Beispiel den ganzen Tag –, füllt das vordere Schiff mit den drei Kuppeln. Ich war immer enttäuscht, wenn ich auf dem Synagogenhof den Hauptteil der Synagoge sah, der dann wie eine Turnhalle aussah, auf die nach der Straße hin die bombastische maurische Kulisse gesetzt war. In der Vorhalle waren auch die Treppen zur Galerie, wo die Frauen saßen. Vater trennte sich mit einem Kuß von Mutter und den Schwestern. Ich weiß nicht, warum, vielleicht um das Beieinandersein trotz der Trennung zu unterstreichen. Vater und ich gingen dann an der Alltagssynagoge vorbei, die mir immer der Hort der Alten und Frommen in dieser liberalen Gemeinde zu sein schien, der Leute, die auch im Alltag da waren, wenn die Trauernden jeden Morgen Kaddisch (das Gebet für die Toten) sagen kamen, denn das merkwürdige für mich war schon damals, daß diese Liberalen sofort orthodox wurden, wenn Schicksalsschläge sie trafen. Nicht nur die Generation meiner Eltern, auch die meinige verlor sofort den Firnis der Liberalität, den Spott, den sie immer für die Gläubigen bereit hatte, wenn ein naher Verwandter starb. Dann wurden plötzlich alle Riten peinlich beachtet, man ließ sich sogar den Bart wachsen und ging einen Monat lang täglich in die Synagoge, um Kaddisch zu sagen. War dann der Tote heimgeleitet, wohin eigentlich, hab ich oft gefragt, dann grüßte man Gott wieder höflich von fern und war allenfalls an den hohen Feiertagen in der Synagoge. Es genügte ja dann auch, den Platz zu bezahlen, er würde schon der Vertreter sein. Damit nun auch am Alltag die zehn Männer immer zur Stelle waren, wenn jemand das Bedürfnis hatte, seinen toten Vater in das himmlische Reich zu lotsen, gab es Minjan-Männer, die von der Gemeinde bezahlt wurden. Das waren alte Männer, die an jedem Morgen da waren, weil – so merkwürdig es ist – zu Gott nur eine Gemeinde von mindestens zehn Männern beten kann. Diese Gemeinde der alten Männer hatte auch ihre Plätze in der kleinen Synagoge, deren Türen an Feiertagen zu dem großen Raum zwar geöffnet waren, die aber ein Eigenleben führte. Sie richteten sich dort nicht nach dem Gebetbuch des Haupthauses, sondern lasen mehr oder minder laut ihre Gebete, so daß es hier immer so klang, wie es in einer echten Judenschule sein soll. Man steht zusammen, aber jeder redet doch ganz individuell mit Gott, jeder in der Weise und in dem Tempo, wie er es von seinem Vater und seinem Lehrer gelernt hat.

Jetzt beschimpft mich wieder einer der fünf Köpfe des Fisches; ich habe meinen Vater mit dem Zylinder und mich im steifen, neuen Anzug mitten im Gang in der Synagoge stehenlassen. Das ist nicht so schlimm, denn Vater begrüßt einen Bekannten und spricht ganz leise mit ihm, und ich stehe zwar etwas verloren daneben, sehe jetzt aber oben meine Mutter durch die Stuhlreihe gehen. Da kennt sie jede Dame, denn auf ihrem Platz hat ja schon Großmutter Hannchen gesessen. Es wird noch eine Weile dauern, bis sie ihren Platz erreicht hat. Deshalb möchte ich die Zeit benutzen und noch etwas über das nachdenken, was ich von den alten Männern in der Vorsynagoge erzählt habe. Es fiel mir auf, daß bei den orthodoxen Betern in der Gemeinde der Individualismus siegt; indem sich jeder in sein Gebetbuch vertieft, bildet er zwar mit den anderen die für den Gottesdienst erforderliche Gemeinde, hat aber innerhalb dieser die Freiheit für sein individuelles Gespräch mit Gott, während der Liberale, um den schönen und geformten Eindruck zu wahren (wir sind eben nicht mehr in der Judenschule, wo alles durcheinanderredet), sich streng an die aufgezeichnete Zwiesprache zwischen Vorbetern und Gemeinde hält. Es ist immer schwierig mit der Individualität und der Freiheit, zumal die Freiheit sich nie sehr eindrucksvoll zur Schau stellen kann. Etwas anderes, was ich hier so leichthin angesprochen habe, ist das Problem der Gemeinde. Es ist sicher nicht reine Schrulligkeit, daß zu einer Gemeinde oder – wie man heute sagen würde – zu einem Kollektiv mindestens zehn Menschen gehören müssen und daß Gott erst dann antwortet. Es ist eines der Probleme, die mich noch lange beschäftigt haben, als für mich die Frage, ob Gott antwortet, nicht mehr entscheidend war: Es spielte später eine ganz große Rolle, als ich mit meinen Freunden Gruppen in der Jugendbewegung aufbaute. Ich wundere mich heute, daß die rechtgläubigen Herren in der kleinen Synagoge es überhaupt ertragen haben, was sich vorne abspielte, denn über dem Tisch des Vorbeters, über der Kanzel und dem Raum, in dem die Thorarollen standen – ich hielt ihn lange für die Bundeslade, von der in der Bibel die Rede ist –, war auch eine Balustrade, auf der nicht nur der Chor saß, sondern sich auch eine Orgel befand. Ich glaube, man ist damals doch duldsamer gewesen, als man es heute ist. Diese Orgel spielte ein nichtjüdischer Organist, denn es wäre eine ganz schwere Sünde gewesen, wenn ein Jude am Schabbat das getan hätte. Wir waren es so gewöhnt, daß es da eine Orgel gab, aber einem rechtgläubigen Juden war das so zuwider wie Kirchenglocken in der Kuppel.

Ich möchte hier den Ausdruck Goi einführen, denn es ist so umständlich, immer von Nichtjuden zu reden. Ein Nichtjude kann ja auch ein Katholik, ein Protestant oder ein Moslem sein. Ich stocke schon bei der Feststellung, er könnte auch ein Atheist sein, denn ein ehemals jüdischer Atheist ist kein Goi, weil man mit Recht annimmt, daß er doch noch ein wenig Jude ist. Das Wort Goi bezeichnet ja auch nicht nur, daß man kein Jude ist, es besagt etwas Abschätziges, so etwa wie jeder Nichtgrieche ein Barbar ist. War aber für die Griechen ein Barbar zwar etwas Fremdes, doch manchmal etwas sehr Schätzenswertes, so war für die Juden der Goi außerordentlich wichtig, ja für manche Dinge einfach unentbehrlich, jedenfalls solange Juden im Galut (in der Verbannung außerhalb Israels) leben. Da Gott verboten hat, an einem Schabbat zu arbeiten, den Juden jedenfalls, und sie auch kein Feuer anzünden durften, was damals ja eine große Arbeit war und eine ständige Unruhe brachte, haben die Rabbonim in jahrhundertelanger Arbeit genau festgelegt, was man alles am Schabbat nicht machen darf. Man darf also auch kein elektrisches Licht einschalten, aber man darf es brennen lassen, weil es ja sowieso da ist. Daher brauchte man einen Schabbesgoi in der Synagoge, der das Licht an und aus machte und alle anderen Dienste tat, die ein Jude nicht ausführen durfte. Man brauchte auch einen Goi als Organist. Es gab zwar genügend jüdische Organisten, aber diese hätten ja die ganze Synagoge enteiligt, wenn sie gespielt hätten. Einem Goi konnte Gott leicht vergeben, daß er zu seinem Lobe Orgel spielte. Du aber erhebe dich nicht über jüdische Ungereimtheiten, denn es gibt sie in jeder Religion.

Über jedes Wort, das ich hier sage, gibt es Hunderte von Büchern. Aber es ist beinahe unmöglich, die Dialektik von Gesetz und individuellen Rechten jemandem auseinanderzusetzen, der nicht wenigstens einige Zeit in einem jüdischen Haus gelebt hat. Meine Frau zum Beispiel, die viele Jahre mit mir in Israel gelebt hat und besser hebräisch sprach als ich, sieht mich nur mit hilflosen Augen an, wenn ich davon erzähle. Man muß eben wenigstens eine Grundausbildung als Jude genossen haben. Aber lassen wir das einstweilen.

Mein Vater und ich stehen inzwischen auf unserem Platz, und mein Vater hat aus dem Fach unter dem Pult das Gebetbuch herausgenommen und den weißen silbergestickten Tallis umgelegt. Weil der Nachbar noch nicht da ist, kann ich sitzen und brauche nicht die ganze Zeit zu stehen. Meine Mutter ist auch auf ihrem Platz, und Edith steht an der Brüstung und grinst zu mir herunter. Es ist schwer, sich in der Synagoge umzusehen. Mein Vater duldet es nicht, daß ich mich etwas umdrehe, um zu sehen, wer da hinten Klatschgeschichten erzählt, um dann plötzlich abzubrechen und das fällige Gebet zu murmeln. Vater ist für Ordnung. Ich weiß nicht, wo er so viel deutsche Ordnung her hat. Ich weiß, daß seine Eltern gar nicht liberal waren; aber seine Entwicklung vom Elternhaus fort ist wohl in den langen Jahren geschehen, wo er weit entfernt im Rheinland war. In der Synagoge herrscht nur in kurzen Momenten diese feierliche Stille, wie sie in den Kirchen üblich ist. Sie ist eben nicht der Tempel. Der letzte Tempel wurde von Titus zerstört, und seither gibt es keine Heiligtümer, keine Ersatztempel. Es gibt Versammlungsräume, das sind die Synagogen, die auch gleichzeitig Lehrhaus sind, und wenn die kleinen Gemeinden ein Lehrhaus haben, so wird es Schul genannt. Gerade in Israel habe ich so viele Beth hak-knessot (Versammlungshäuser) gesehen, die nur aus einem großen Zimmer bestanden. Die Religion soll sich bei den Juden nicht auf die Gottesdienste beschränken, sondern das ganze

Leben durchtränken. Nur so sind die unendlich vielen Ge- und Verbote zu verstehen, die in das tägliche Leben eingreifen und es regeln. Es ist ein seit dreitausend Jahren dauernd verbessertes ausgeklügeltes System, das die Juden in den Dienst an Gott einspannt. Daher ist eine Synagoge nicht heiliger als jede Wohnung, in der Juden wohnen, oder es sollte wenigstens so sein.

So sind nach dem Willen Gottes die Zehn Gebote schon an der Türschwelle plakatiert. Die kleine Pergamentrolle, auf der in winziger gekürzter Schrift die Zehn Gebote geschrieben sind, steckt in einer Hülle in einer Fassung, die ans Türfutter genagelt ist. In ihr ist die Schriftrolle gerade so weit sichtbar, daß ein Frommer sie beim Eintritt ins Haus küssen kann, oder wenigstens mit einem Finger berühren, den man dann küßt, was einem Handkuß gleichkommt. Das ist eine Mesusa. Bei uns zu Hause war sie so klein und so unauffällig, daß ich sie erst entdeckte, als ich im Religionsunterricht gelernt hatte, daß sie notwendigerweise dasein müßte. Dann aber bemerkte ich, daß sie auch an jeder der vier Türen war, die in die Zimmer führten. Diese winzige Andeutung, daß man sich in einem jüdischen Hause befand, war vielleicht acht Zentimeter lang und sieben Millimeter hoch und breit. Ich nehme an, daß die Engel Gottes gute Augen hatten und überhaupt aufmerksam waren, wenn sie ein Haus betraten. Andere Juden haben es ihnen leichter gemacht und wesentlich größere Mesusen angebracht. Ich hatte bei uns immer den Eindruck, daß man zwar den Engel nicht provozieren, aber auch nicht anderen Menschen gleich an der Tür unsere Überzeugung offenbaren wollte.

Provozieren wollten wir im Heiligen Land, wo die Mesusen gleich mit der Wohnung geliefert wurden, weil sonst kein Rechtgläubiger eine Wohnung hätte betreten können, als wir die Mesusa abnahmen, in der Annahme, auf diesen Besuch verzichten zu können. Man wird bösartig, wenn man zur Frömmigkeit gezwungen werden soll. Es nützte uns aber nichts, denn der erste bärtige Fromme, der diesen Frevel wahrnahm, erhob ein furchtbares Geschrei, daß das ganze Haus zusammenlief und der Hauswirt dafür sorgte, daß diese Ordnungswidrigkeit beseitigt wurde. So schnell wird eine gerade noch geduldete Religion einer Minorität zur aggressiven Herrscherin. Wenn man heute Schreckensschreie über Gehirnwäsche in kommunistischen Staaten ausstößt, so sollte man sich doch auch klarmachen, wie stark die Beeinflussung durch die Religionen ist, wie schier unmöglich es für die meisten Menschen ist, sich von den Tabus zu lösen, die ihnen in der Kindheit eingeimpft werden. Es ist leicht, die unbequemen Speisegesetze beiseite zu schieben, es ist auch möglich, die Synagoge und religiösen Feste zu vergessen. Aber das, was all diese Gesetze bezwecken – die Absonderung von den anderen –, bleibt als Hintergrund vorhanden, und jedes unkontrollierte Denken führt automatisch zur Kaste zurück.

Das jüdische Volk ist nicht nur auserwählt, es ist auch geschieden von allen anderen Völkern. So will es die Thora, und so wird es auch dort mit größter Härte erzwungen. Das Buch ist gefüllt mit göttlichen Todesurteilen. Ich weiß, die Scheidung ist auch die Entscheidung für die reine Lehre, und ohne die Härte würde sich nie die Lehre des Judentums, des Christentums und des Islam entwickelt haben. Immer wieder bleibt die Frage, was der Mensch, sein Leben, sein Wohlsein gilt gegenüber der Idee. Jeder einzelne ist ein zum Tode Verurteilter, ohne Angabe des Termins, vielleicht ein für einige Zeit Begnadigter, wer weiß warum. Es gibt immer dieselben Ecken, an denen man stillsteht. Manche kenne ich, über manche bin ich des Nachts vielleicht von einem Engel hinübergehoben worden. Weshalb, warum, weiß ich nicht, aber neben Schicksal und Zufall steht ja auch meine Tat, meine Entscheidung und mein Wille. Es ist etwas Wunderbares, dem Todesurteil entronnen zu sein und ein neues Leben zu beginnen.

Die fünf Fischköpfe rufen mich wieder zurück; ihre Augen quellen über vor Eifer. Das war auch ein Traum. Hatte er wirklich mit Sorgenau zu tun? Gleichviel, ein anderer drängt sich vor.

Wir hatten natürlich auch Religionsstunden. Sie waren herzlich schlecht. Religionsstunde, das war zunächst einmal eine Sache der anderen, der Protestanten und Katholiken, an der wir nicht teilnehmen mußten; es gelang selten, die jüdischen Religionsstunden auf die gleiche Stunde zu legen. Damals entstand der Begriff der »geklauten« Zeit. Zeit, die man sich gestohlen hat, ist so viel kostbarer als alle andere Zeit. Das Salz des kleinen Unrechts macht sie kostbar. Ohne Rechenschaft geben zu müssen, konnte man an der Lastadie herumbummeln und den quietschenden Kränen zusehen, wo die Waren in die Speicher gezogen wurden oder in den nimmersatten Bäuchen der Schiffe verschwanden, eine kostbare dreiviertel Stunde. Man hätte vernünftigerweise Schularbeiten machen sollen, denn man hatte ja am Nachmittag den Religionsunterricht nachzuholen.

Der Religionslehrer war nicht sehr angesehen; wir waren wohl auch Snobs, wenn uns schon nicht die »studierten« Professoren imponierten, dann schon gar nicht die wie Dorfschullehrer auftretenden Religionslehrer. Dazu kam das jämmerliche Klassenzimmer in dem immer nach saurem Kohl riechenden Waisenhaus mit den ganz gesichtslosen grauen Insassen. Erst viel später empörten wir uns über die Infamie dieser Institution. Dabei hatte es der Religionslehrer sehr schwer, denn die Biblische Geschichte war das geringste, was er lehrte. Die meiste Zeit wurde damit verbracht, die hebräischen Druckbuchstaben zu lernen, damit wir in der Synagoge folgen konnten. Ich staune heute darüber, daß da überhaupt etwas zustande kam, denn es war ja kein geringes Vorhaben, uns in Unterrichtsstunden, die außerhalb des morgendlichen Schulbesuches lagen, noch die hebräische Sprache beizubringen.

In der Religionsstunde gab es viele Ecken, an denen ich mich stieß. Wie vieles rinnt an uns vorbei wie Wasser, weil es nicht aufgenommen werden kann. Was denkt man sich eigentlich dabei, wenn der in der Welt der Schulbücher behütete Schüler die Zehn Gebote auswendig lernen soll. »Ich bin der Ewige dein Gott, der dich aus dem Lande Ägypten geführt hat, aus dem Hause der Knechtschaft.« Das verstand ich, denn da gab es ja auch das Pessach-Fest mit der Mazze, dem ungesäuerten Brot. Bald aber hatte ich Schwierigkeiten mit dem »Ehren von Vater und Mutter«. Das war doch unmöglich so unbesehen hinzunehmen. Natürlich konnte man es bei meinen Eltern, die mir gegenüber meistens recht hatten, aber ohne Kritik ehren, das ging mir gar nicht ein, zumal bald der Ausspruch Jesu, »und du hassest nicht Vater und Mutter... hast du mir nicht in der rechten Art gedient«, meiner Tendenz, mich vom Elternhaus zu lösen, eher entgegenkam. Nun, wenn ich den Vers mit dem Ehebrechen heruntersagte, dachte ich nicht viel dabei. Töten und Stehlen war schlecht, und ich wußte ja, daß ich das nicht tun sollte, aber wenn man nur die Schwestern bestahl, war es nicht so schlimm. Die Sache mit dem Nicht-gelüsten-Lassen nach dem Weibe deines Nächsten war schon anders, denn das Wort »gelüsten« haftete plötzlich, und es war schon wert, darüber nachzudenken, daß man nicht nur auf Marmelade und Kartoffelflinsen, sondern auch auf ein Weib Lust haben konnte. Andererseits konnte man sich unter Weib nicht so recht etwas vorstellen. Meine Mutter und Tanten waren Damen, vielleicht Frauen, meine Schwestern waren Mädchen. Die Fischweiber auf dem Markt konnte man kaum mit der Lust in Verbindung bringen, aber es gab ja auch Bilder in den Zeitschriften, die unten im Notenpult lagen; vielleicht waren das Weiber. Es gab viele Überlegungen, und der Fall wurde erst etwas später geklärt. Richtige Schwierigkeiten hatte ich aber bald mit dem »eifervollen Gott, der da ahndet die Schuld der Väter an den Kindern« ... Da konnte man ja auch fragen, während man die Sache mit den Gelüsten besser mit sich selber ausmachte. Da war ich wieder an der Ecke, über die ich nicht hinwegkam. Bei den Juden sagt man nicht einfach, das muß geglaubt werden, es wird immer versucht zu überzeugen, und aus diesen Diskussionen ist ja auch der Talmud entstanden. Mich befriedigte aber bald die Feststellung nicht mehr, daß es eine Tatsache ist, daß die Kinder und Enkelkinder für die Untaten der Eltern büßen müssen. Ich sah das ein, aber ich war wohl damals zu sehr Individualist, als daß ich einen Gott akzeptieren konnte, der Kollektivstrafen verhängt. Das kam mir zu heidnisch vor. Der Fluch, der auf Ödipus' Geschlecht ruht, ist zwar dramatisch, aber für die Gegenwart graute es mir bei dem Gedanken, von den Taten meiner Großeltern abhängig zu sein. Damals wußte ich noch nicht, daß es in dieser Sache kaum einen Einspruch gibt, aber mit dem Kinderglauben war das nicht zu vereinbaren. Mich überzeugte auch nicht, als der Rabbiner Perles über dieses Thema an einem Jom Kippur sprach. Da am Jom Kippur, am Versöhnungstag, dem höchsten Feiertag, wie mein Vater sagte, die Synagoge ganz voll war und ich viele Stunden gestanden hatte, war ich kaum noch aufnahmefähig. Dr. Perles hielt immer Lehrvorträge, und ich glaube, daß ihm nur sehr wenige folgen konnten. Darum gab es immer einiges Entsetzen, wenn er die Stufen zur oberen Kanzel hinaufstieg. Dr. Vogelsteins Kanzelreden waren viel beliebter. Er sprach mehr im Stil eines protestantischen Geistlichen. Er appellierte an das Gewissen der Gemeinde, tat es aber so, daß sich jeder schon durch das Anhören der Predigt erhoben und gebessert fühlte, und ich glaube, es war auch sein Erfolg, der so groß war, daß er eines Tages an die größte Gemeinde nach Breslau berufen wurde.

Da stehe ich jetzt wieder in der Bankreihe neben meinem Vater. Am Jom Kippur waren die Altardecken und der Vorhang vor der heiligen Lade weiß mit silbernen Schriftzeichen bestickt, auch die Thorarollen hatten weiße Mäntel an, Rabbiner und Vorbeter in weißen Gebetsmänteln und Käppchen. Der Rabbiner hatte übrigens nicht ein einfaches Käppchen, sondern eine Kopfbedeckung, die oben viereckig war, in der Form, wie man sie bei amerikanischen Doktoranden sieht. Auch viele in der Gemeinde trugen weiße Gebetsmäntel und Käppchen. An diesem Tag geht es um Tod und Leben, denn am Neujahrsfest werden die Sünden eines jeden festgestellt und die Urteile in das große Buch geschrieben. Dann folgen die sieben Bußtage, in denen man überzeugend seine Sünden bereuen kann, damit noch etwas geändert wird; am Versöhnungstag muß man sich mit den Menschen und Gott versöhnen. »Oh, schreibe uns ein in das Buch des Lebens!« Es ist der große Festtag, und am Ende dieses Tages besiegelt Gott seinen Entschluß, was mit jedem Menschen im folgenden Jahr geschieht, dann ist es unabänderlich. Auch mir griff es jedesmal an die Seele, wenn das große Sündenbekenntnis gesprochen, eigentlich gesungen wurde. Oscham'nu, der Vorbeter, sprach es vor, und wir sprachen es nach, und zwar jeder jede Sünde. Alle sagten jede Sünde, damit keiner mit seinen Sünden alleine bleibe, so haben wir es gelernt! Ich finde es heute noch eine Tat des jüdischen Ritus, kollektiv für die Sünden einzustehen und keinen zu demütigen. Dann kam das »owinu malkenu« – »Unser Vater, unser König«, aus dem das Vaterunser entstanden ist. Viele Gebete, gesungene, gesprochene, gemurmelte stille Gebete. Ich verstand mit den Jahren viele und konnte alle lesen.

Jeder jüdische Tag, jeder Schabbat, jeder Feiertag beginnt am Abend, wenn der erste Stern am Himmel steht, und das ist gut so, weil der Tag nicht anonym in der Nacht, sondern inmitten der wachenden Menschen beginnt und endet. So beginnt auch der große Fastentag, der ja in den Herbst fällt, frühzeitig. Für uns Kinder war das Fasten ein Sport, und es kränkte uns beinahe, daß wir vorher essen sollten. Dann ging es sehr feierlich in die Synagoge, die in frischem weißem Glanz besonders festlich aussah. Am nächsten Morgen war es schon ein wenig anders, aber es gehörte dazu, tapfer zu sein und weiterzumachen und nicht mit den Kleinen zu essen. Dann wieder früh der Weg in die Synagoge. Die

Orthodoxen und die Chassidim blieben wohl auch die Nacht über dort. Es war ein langer Vormittag, besonders, weil ich gerade während der Predigt, die ja ein Höhepunkt war, oft stehen mußte. Soll ich jetzt sagen, zu den Sensationen des Tages gehörte auch das »Schofar« blasen? Schofar, ein Widderhorn, war das traditionelle Instrument, auf dem ganz verschiedene Töne geblasen werden konnten. Die Noten wurden angesagt. Leider war unser zweiter Kantor kein Künstler auf dem Schofar, und so konnte man sich kaum vorstellen, daß auf das Wimmern hin sich die Himmelstore öffnen würden. Einmal, als unser Kantor krank war, hatte sich die Gemeinde einem Mann aus Litauen verschrieben, der dem Horn solche Töne entlockte, daß es glaubhaft wurde, sowohl die Geschichte mit den Mauern von Jericho als auch die Posaune des Jüngsten Gerichts. Mittags, wenn die Synagoge sich dort geleert hatte, bestand Vater darauf, daß auch wir an die frische Luft gingen. Ich ging ungern, denn auch meine ziemlich verstockte Seele hatte sich gelockert, und ich konnte mir das Zeugnis des Himmels nicht sehr erfreulich vorstellen. Doch was die anderen schreckte, der Tod, schreckte mich keineswegs, dazu war ich noch zu jung, ich sah mich höchstens sehr bemitleidet sterben. Wenn ich dann aber draußen war, freute ich mich an dem Duft, und noch heute ist die Erinnerung an diesen Tag für mich mit dem Duft des reifen Gemüses auf den Feldern verbunden, vielleicht weil ich durch das Fasten doch empfindlicher geworden war.

Schlimm war die Rückkehr in die Synagoge, in der uns die verbrauchte Luft und der Geruch des Fastens entgegenschlug. Doch bald nahm mich wieder der Ernst der Situation gefangen; es entstand so etwas wie ein Taumeln in den Abgrund des Unabänderlichen. Wenn nach der letzten Predigt das deutsche Gebet gesprochen wurde, »Herr, du siehst, wie gebrechlich wir sind, wenn nur einen Tag uns das Essen entzogen wird«, fühlte ich mich stark, denn so leicht war ich ja nun doch nicht kleinzukriegen. Ich war aber froh, wenn der letzte Schofarton verklungen war und Vater mir die Garderobenmarke in die Hand drückte, daß ich seinen Paletot hole. Da traf ich dann auch die Schwestern, man küßte die Verwandten und ging nach Hause. Man war so leer, nicht nur weil man fünfundzwanzig Stunden nichts gegessen hatte, sondern auch, weil man mit den Sünden des Jahres abgeschlossen hatte. So oder so, man war erhört oder nicht, aber das neue Jahr empfing uns ganz leer. Dann kam das Anbeißen, eine Broche (Segensspruch) über das Brot, ein wenig Hering, und bald aßen wir das von Anna lecker bereitete Mahl.

Daß die stummen Fische einen so quälen können. Es ist immer so, die Redseligen beruhigen sich, wenn man sie nur ausreden läßt. Es ist einfach eine Geduldsache; es ist wie bei der zu vollen Badewanne; das Wasser muß durch den Überlauf abfließen. Aber was macht man mit den Stummen, die sind immer so hartnäckig; sie denken, daß das wenige, was sie andeuten, auch bis zur letzten Konsequenz erfüllt werden muß; sie sind nicht so leicht abzuschütteln. Sie sagen, du bist wie alle Juden, du redest von der Idylle, von den schönen Feiertagen, warum bist du nicht dabei geblieben? Hat dir das koschere Essen nicht geschmeckt? Wenn so ein Jom Kippur so heilig und so schön war, warum gehst du nicht mehr in die Synagoge? Du hast doch sonst immer gesagt, daß du wenig zu widerrufen hast, was du in der Jugend gewollt hast. Hast du immer noch die Angst vor dem Antisemitismus, wie es deine Eltern hatten? Nur nicht auffallen, und wenn jemand nach der Religion fragte, von der Ethik des Judentums reden, ja nicht vom Alltag; und wenn vom Alltag, dann vom »Schoß der Familie« und daß die Essensvorschriften eben hygienische Maßnahmen gewesen seien, ganz im Sinne der modernen Erkenntnisse auf diesem Gebiet. Daß man alles nur im übertragenen Sinne verstehen darf. Erzähl doch weiter von der bewußten Absonderung der Juden von allen Völkern, von der Beschneidung, war das auch eine hygienische Maßnahme?

Nun, ihr seid ja ganz beredt für stumme Fische. Natürlich, es war auch eine hygienische Maßnahme, aber hauptsächlich – und so ist es auch begründet – eine Maßnahme zur Absonderung des auserwählten Volkes. Ich hatte natürlich schon von Beschneidung gehört. Ich habe die Erfahrung gemacht, daß Kinder alles, was mit den Sexualorganen zu tun hat, in jedem Alter plötzlich wissen wollen, und wenn man es ihnen erzählt, es auch wieder vergessen; nach Monaten oder Jahren fragen sie immer wieder, bis sie so alt sind, daß sie es selber verarbeiten können.

Ich wurde auf den »Unterschied« gestoßen, als ich irgendwo angeschrieben sah: »Jude ohne Vorhaut, sei nicht mehr so vorlaut.« Ich war wohl 12 oder 13 Jahre alt und antisemitische Anschläge und Bemerkungen gewohnt und natürlich gleich hellhörig. Es war ja damals nicht möglich, jemand zu fragen. Meine Mutter – unmöglich, Lene, das war auch schwierig, sie war eben kein Jude. Meine Schwestern, das kam nicht in Frage, denn sie kicherten schon, wenn sie den kleinen Bruder nackt sahen; so blieb nur der Brockhaus, wo ich dann auch die richtigen Worte fand. Dann sah ich mir die Bilder von Michelangelo genau an und lernte, worin ich anders war als der junge Sklave. Wenn man bemerkt, daß man anders oder verändert ist gegenüber den Klassenkameraden, kann man sich seinen Adel entdecken, als auserwähltes Volk, oder man findet es seltsam und unverständlich, in welcher Weise man gezeichnet ist. Es bedarf dazu ja keines gelben Judensterns. Man ist gezeichnet, und ich weiß von einem Freund, der dem Verhängnis nur entrinnen konnte, weil ihn seine Eltern nicht als Juden hatten zeichnen lassen.

Ich möchte jetzt beinahe sagen: »Ich und mein Haus«, sage aber lieber schlicht: Meine Familie hatte die übrigen Kennzeichen des Judentums schon abgelegt, wir trugen keinen Arba-Kanfes, das Kleidungsstück aus Leinen mit Fransen an den vier Ecken, die wie die Mesusa die Zehn Gebote andeuteten. Wir trugen nicht ständig das Käppchen oder den Hut (Bedecke dein Haupt). Meine Mutter trug ihr eigenes Haar, ihr waren nicht die Haare bei der Hochzeit abgeschnitten, so daß sie ein Tuch um den Kopf oder eine Perücke hätte tragen müssen, und mein Vater trug zwar einen kurzen Bart, aber nicht, weil es verboten war, ein Messer als Rasiermesser zu benützen, sondern weil damals gerade ein Bart modern war. Man kann ruhig sagen, daß wir Feiglinge waren; wir sahen alle mehr wie Ostpreußen aus als wie Juden. Aber ich weiß, daß in der Hitlerzeit mir auch dies zum Überleben verholfen hat.

Wenn ich zurückdenke, fällt mir ein, daß ich wohl eine sehr glatte Haut gehabt haben muß. Ich kann auch von einer glatten Seele reden, denn die vielen Dinge, die mich bekümmerten, glitten ab, sie berührten mich, aber sie klebten nicht an mir. Durch die Vielfalt der Erlebnisse und Erkenntnisse, die mich beglückten oder erschauern ließen, war ich ständig in Bewegung und hatte dazu noch die Fähigkeit, mich zu schütteln wie ein Hund, der ins Wasser gefallen war, um einigermaßen trocken weiterzugehen. Freilich befielen mich auch andere Stimmungen. Es gibt in Ostpreußen so lange dunkle Herbste, daß man melancholisch werden könnte. Am Abend stand die warme schwere Luft, vollgetränkt mit Reife und Überreife, über der Stadt. Die Luft schmeckte nach dem Rauch der Kartoffelfeuer, in den sich der erste Rauch aus den Schornsteinen mischte. Kastanien sammeln, durch die Alleen laufen und mit den Füßen in den Blättern rascheln. Dann kam der Regen, Schnee und wieder Regen, und die Dunkelheit begann so früh, und morgens war es dunkel, wenn wir aufstehen mußten, und im Dunkeln kamen wir mit nassen Füßen in die Schule. Im Krieg war der Winter besonders unangenehm. Licht sparen, Kohlen sparen, immer mit den anderen in einem Zimmer sitzen und auf der Chaiselongue am Fußende des Elternbettes schlafen. Dann wurde ich ziemlich rebellisch und mußte mir die Geschichte anhören von den anderen Kindern und was die alles nicht haben. Ich wußte schon damals, daß wir es recht gut hatten, aber mich ärgerte dennoch die bürgerliche Kulissenwelt, in der das Sparen zu einer pädagogischen Maßnahme wurde. Diese dunklen Tage, bis der dichte Schnee alles aufhellte, Eisbahn und Weihnachtsmarkt uns den »grauen« Alltag wieder vergessen ließen, waren für mich immer die härteste Geduldsprobe. Da war es gut, daß es den Schabbat gab, der triste Nachmittag wurde froher durch die kleine Feierlichkeit, mit der meine Mutter die Kerzen in den silbernen Leuchter auf dem Teetisch ansteckte und schnell und ganz leise ein Gebet murmelte. Der Teetisch mit den gedrehten Beinen, der neben dem Ofen im Eßzimmer stand und auf ihm wiederum auf einem Spitzendeckchen ein selten benutztes silbernes Teeservice, war wohl der Hausaltar. Auf ihm brannte auch das ewige Licht, allerdings nur 24 Stunden hintereinander am Jom Kippur und an den Todestagen der Großeltern. All diese Lichter zündete meine Mutter an, nur ihr war es vorbehalten. Gerade in dieser düsteren Zeit gingen wir besonders häufig am Freitag abend in die Synagoge. Mir ist es jedenfalls so in Erinnerung. Es gehörte wahrscheinlich zu unserer opportunistischen Einstellung zum Judentum, daß wir hingingen, wenn die Zeit günstig war. Im Sommer, wenn der Schabbat spät begann und Vater auch hätte mitkommen können, gab es zu viel anderes zu tun. Dabei war gerade der Eingang des Schabbats besonders schön, und ich liebte das Lied L'cho-daudi ›Im bräutlichen Schmuck naht der Sabbat‹. Ich erinnerte mich daran, als ich einmal die Mitternachtsmesse im Hildesheimer Dom hörte. Jeder hat eine romantische Stelle, die auf »Kerzen in der Dunkelheit« reagiert, und es ist legales Recht der Religionen, Nutzen daraus zu ziehen. Am Vormittag war es in der Synagoge viel puritanischer, sachlicher, man verfolgte die Gebete besser, kurz gesagt, er wurde beherrscht vom Lehrvortrag des Dr. Perles, während am Abend der Gesang des Kantors Birnbaum dominierte.

Auch in der Schule gab es einen religiösen Zwiespalt am

Schabbat. Unter den vielen jüdischen Schulkameraden waren nur ganz wenige, die sich weigerten – natürlich mit Einwilligung ihrer Eltern –, am Schabbat zu schreiben. Wenn wir es auch nicht zugaben, es imponierte uns doch, daß ein Diener des großen Bankdirektors kam, um den Söhnen am Schabbat die Schultaschen zu tragen. Natürlich gaben die Bengel viel damit an, und man konnte sich ja so etwas nur leisten, wenn man einen Vater hatte, der Bankdirektor war; aber wenn man die Bibel aufschlägt, kann man sich selber davon überzeugen, was es für Folgen für dich und deine Kinder haben kann, wenn die Schabbatgesetze verletzt werden. In den Jahrhunderten der Unterdrückung nach der Zerstörung des letzten Tempels und der Zerstreuung in der Welt haben viele Gelehrte Kompromisse ausgearbeitet. Sie haben die Bibel durchsucht und durchdeutet, damit nicht alle Juden an ihrem Starrsinn, das heißt am Starrsinn ihres Gottes, genauer am Starrsinn der Ausdeuter des Willens Gottes sterben. Sie fanden den Satz, daß die Gesetze befolgt werden müssen, damit du *lebest* in dem Lande ... Daher dürfen die Gesetze bei Lebensgefahr überschritten und beiseite geschoben werden. Aber ist es Lebensgefahr, wenn ein jüdisches Kind ein deutsches Gymnasium besucht? Es ist vom Rabbinat so vieles geregelt worden, für jede nur denkbare Möglichkeit des Lebens wurden Vorkehrungen getroffen: Das ist ein Perfektionismus, wie ihn sonst nur die Deutschen haben. Der ununterbrochene Rückbezug auf die Bibel und die sich daraus ableitende Veränderbarkeit des Gesetzes haben das Judentum lange vor der Erstarrung bewahrt. Aber es gibt auch genügend Abstruses. So ist festgelegt, wie weit ein Jude am Schabbat gehen darf, was in den jüdischen Städtchen im Osten durch einen Draht gekennzeichnet war. So war festgelegt, was man am Schabbat außerhalb des Hauses tragen durfte; selbst ein Taschentuch wurde eine Last, die mit einer Schnur an der Kleidung befestigt werden mußte. Wurde man einmal nachdenklich an einem Schabbat – und welches

Kind wird nicht einmal ganz fromm und möchte dann gleich alle Gebote erfüllen –, dann wird man bald an die Grenzen des Möglichen kommen, dann ist das Urteil über Eltern und Umgebung schnell fertig, nicht nur das Urteil, auch die Verurteilung.

Jetzt scheinen mich aber selbst die gefangenen Fische auszulachen. Siehst du, auch dir geht es wie Bileam, der auszog zu fluchen und statt dessen segnete. Daß man sich immer rechtfertigen muß. Ich segne nicht und ich fluche nicht, ich versuche nur zu verstehen und verständlich zu machen, unter welchen Sternen sich meine Jugend abspielte. Natürlich bin ich nicht objektiv, wer könnte es sein? Aber da ich weiß, wie schwer es ist, diese Zeit zu durchleben und lebend durchzukommen, versuche ich immer wieder den einzelnen Wegen nachzugehen. Und wenn ich auch vieles ergänze mit dem, was ich in den Jahren erlebt und erfahren habe, so weiß ich doch, daß kein Baum mit der Spitze nach unten steht und daß ihn ein weites Geflecht in der Erde hält, das ausgebaut sein muß, bevor er sich in die Höhe wagen kann. Ich finde es selber seltsam, daß ich jetzt gezwungen bin, so viel über mein Judentum zu schreiben. Ob es mir gefällt oder nicht, es ist ein Teil meiner Wurzeln.

Wenn es mir doch gelänge, das darzustellen, wie wenig eines zum anderen paßte, und die Verwirrung zu zeigen, aus der ein Mensch hervorgeht, der die Rolle des Erwachsenen übernehmen muß. Das Raunen, das Geheimnisvolle, das Deutbare ist wohl der Zauber des Hebräischen. Ich möchte wissen, wie es damit in den Synagogen in Israel steht, wo die Sprache Umgangssprache geworden ist und jedes Wort einen fest umrissenen Sinn bekommen hat. Ein hebräisches Gebet ins Deutsche übersetzt, war fast immer bar jeder Poesie. Das galt auch für die deutschen Gebete, die der Rabbiner vor der Predigt sagte. Vielleicht waren sie doch eindrucksvoll, denn ich habe sie ja behalten, jedenfalls soweit sie uns betrafen: »Daß die Jugend in Sitte und ehrbarer Zucht sich entwickele, den Familien zur Freude, der

Gesamtheit zum Segen.« Was soll man eigentlich dazu sagen? Das Gebet steht würdig neben ähnlichen Leitsätzen der Zeit und auch noch der späteren. Aber daß ich es wortgetreu behalten habe, zeigt ja auch, daß es mich nicht unbeeindruckt gelassen hat.

In Palästina war ich nie in einer Synagoge. Die jüdische Religion, vermischt mit Nationalismus als Staatsreligion, ist mir nicht nur gleichgültig, wie sie es für mich in meinen Berliner Jahren wurde, sondern bekämpfenswert. Über die allgegenwärtige Religion stolperten wir an allen Ecken. Natürlich war ich bei einigen Hochzeiten dabei, die, da es ja auch jetzt noch in Israel keine standesamtlichen Trauungen gibt, als religiöse Zeremonie stattfanden. Man ertrug es mit etwas grimmigem Humor. Einmal, es muß in den ersten Jahren in Palästina gewesen sein, als ich in Jerusalem eine Werkstatt hatte, wurde ich auf dem Wege dahin vor der Hadassa – das ist das große Krankenhaus – von einem verzweifelten Mann mit Bart und Kaftan gekapert. Da ich nicht verstand, was er wollte, nur soviel, daß ihm der zehnte Mann zum Gebet fehlte, erbarmte ich mich seines augenscheinlichen Elends und ging mit. Es handelte sich um die Beschneidungszeremonie eines Jungen. Als man um das Baby herumtanzte und ihm die Wunde am Penis küßte, kam ich mir vor wie bei irgendwelchen Wilden im Urwald. Ich war zu sehr von dem repräsentativen Liberalismus geprägt, um für diese Zeremonie das geringste Verständnis zu haben. Was ich bei wilden Völkern mindestens interessant gefunden hätte, fand ich bei Menschen meiner (vielleicht ehemaligen) Religion nur abstoßend. Dabei sollte es doch erfreulich sein, die Freude bei der Aufnahme eines neuen Mitglieds in die vieltausendjährige Gemeinschaft zu sehen. Gerade bei solchen Gelegenheiten kann man merken, wie sehr einem schon in der frühen Jugend vorbestimmt wird, was man mit Freude und was mit Abscheu zu sehen sich angewöhnt, und wo auch der Humor und die intellektuelle Kontrolle versagen. Noch etwas anderes aus Palästina fällt mir ein. Wenn man an den warmen Abenden in Tel Aviv und Haifa durch die Straßen ging, weil die Wohnungen noch unerträglich durchglüht waren von der Tageshitze, war es amüsant, wenn die Symphonie-Konzerte im Radio übertragen wurden. Man konnte dann straßauf, straßab gehen und war wie in einem Konzertsaal; aus jedem Fenster tönte die Symphonie, man konnte und wollte ihr nicht entfliehen. Ähnlich war es, als ich am Pessachabend als »Gottloser«, der sich nirgends einladen ließ, sehr einsam in Jerusalem, in den Vierteln der östlichen und orientalischen Juden spazierenging. In jedem Haus war die Familie an der Pessachtafel vereinigt, vom weißbärtigen Patriarchen bis zum kleinen Jeschive-Bocher (Schuljungen) mit den Peieslocken vor dem Ohr, von der mächtigen Urmutter bis zu den schlanken Mädchen mit den braunen Rehaugen. Überall die weißgedeckte Tafel mit denselben Geräten und den Leuchtern. Und während ich so langsam dahinschlenderte, hörte ich auch fortlaufend die Gebete: Wie nach der Uhr begannen das Tischgebet und das Essen und später wieder die Fortsetzung der Gebete und Lieder. Dabei waren es Juden aus vielen Ländern, die auch in Israel in streng getrennten Quartieren lebten. Ich überschritt viele »Grenzen«. Ich ging von den Russen zu den Polen, zu den Rumänen, zu den Bulgaren, zu den Kurden, zu den bucharischen, indischen, den jemenitischen, den marokkanischen Juden und an vielen anderen Völkerstämmen vorbei, die ich nicht identifizieren konnte. Aber überall fand das zeremonielle Mahl statt mit dem ungesäuerten Brot, das den schnellen Auszug aus Ägypten symbolisierte. Der schnelle, der erste Auszug, der einer Flucht glich und an die vielen Male erinnert, wo Möglichkeit und Notwendigkeit zur Flucht so schnell kamen, daß noch nicht einmal der nötige Mundvorrat mitgenommen werden konnte.

Von der Weite des Judentums hörten wir in unserem Religionsunterricht wenig. Das Wort Weite war im Liberalismus ein papierenes Wort, und in unserer Anschauung lag das östliche Getto, seine Enge, seine Abgeschlossenheit vor unserer Vorstellung von weiter Welt. Auch das Ungelüftete, das in der schweren abweisenden Kleidung zum Ausdruck kam, war nicht geeignet, uns einen Begriff von dem Reichtum und der Weltweite des Judentums zu geben, von der der Rabbiner sprach. Ganz im Gegensatz dazu stand auch die sehr kümmerliche Literatur, die es in der jüdischen Schülerbibliothek gab. Da gab es die immer feindliche Umwelt, vor der man sich durch das Glück in der Enge des Gettos schützte, das Glück der Rückkehr unter das strenge Gesetz und Geschichten von Märtyrern, die mich abstießen. So etwa die Geschichte von dem Juden, der zum Spießrutenlaufen verurteilt ist und der zurückgeht, weil ihm sein Käppchen vom Kopf geschlagen worden war. Es gibt genügend jüdisches Martyrium, und man weiß nicht, wie man je froh sein kann, wenn man sich das vergegenwärtigt. Wer aber wie ich damals dem Leben entgegenging, wollte sich nicht von Toten erpreßt sehen. Ich war schon damals instinktiv voller Abneigung gegen den Kult mit den Toten, die dazu benutzt wurden, die Lebenden in eine bestimmte Richtung zu pressen. Die Märtyrer wie die Kriegstoten werden immer von denen mißbraucht, die sich zu den Erben der Toten aufgeschwungen haben und die ja die Überlebenden sind und hoffen, es immer zu bleiben. Vielleicht ist es doch der rechte Satz, »daß du lebest in dem Lande, welches der Ewige dein Gott dir gibt«. Und die Tragödie des jüdischen Volkes hat immer mit dem Sieg geendet, mit dem Überleben. Wenn die große Tat des Judentums die Lehre ist, so ist es vor allem die geschriebene Lehre und die Lehre des Schreiben-Könnens. Wie viele Völker sind ausgerottet worden. Ich weiß, wie schnell der Schrei verhallt, wie wenig er ausrichtet; aber das aufgeschriebene und bewahrte Wort bleibt und hat jene Magie, die die Versprengten zu neuem Leben sammelt. Da sind wieder die zwei Seiten derselben Sache: die Tradition als Rettung und die Tradition als Belastung. Es gibt ja auch den messianischen Glauben an eine Zeit, wo Geschiedensein nicht Rettung und Anderssein nicht Tod bedeuten.

Jetzt aber werde ich energisch von den Fischen unterbrochen. Sie spotten, daß sich Juden immer den Prophetenbart umhängen, ob sie nun Moses, Jeremias, Karl Marx oder Martin Buber heißen. Es ist genug. Wenn sie mich meinen, so trägt mein Sohn seinen Bart an meiner Stelle. Mit den Fischen aber will ich nun Schluß machen. Ob es ein Fisch mit fünf Köpfen ist, wie ich ihn im Traum gesehen habe, oder fünf Fische mit fünf Köpfen oder der gefilte Fisch auf der Pessachtafel. Ich nehme sie vorsichtig aus dem Netz und entlasse sie vor dem sicheren Tod ins unsichtbare Leben zum sicheren Tod.

Ich habe wieder den salzigen Geruch in der Nase, den der Seewind in unsere Stadt brachte. Als ich 13 Jahre alt war – im Frühsommer des Jahres 1918 –, hatte ich Bar Mizwa, vergleichbar mit der christlichen Einsegnung. Sie steht aber näher an den überlieferten Realitäten, denn es handelt sich um die Aufnahme in die Gemeinde der Erwachsenen mit allen Pflichten und Rechten. Wie seltsam, daß hier meine Erinnerung versagt. Das heißt, ich erinnere mich an das Fest, aber nicht an das genaue Datum. Deutlich stehen vor mir die vielen Brote mit Rübenmarmelade am Morgen, und es war immer ein Fest, wenn es Wruken gab, das sind Futterrüben, oder graue Erbsen, die inzwischen ausgestorben zu sein scheinen. Das waren jedenfalls Gerichte, wo man nicht alles vorgezählt bekam, sondern sich vollessen konnte, was in diesen Jahren wohltuend war. Ich kann mir vorstellen, wie viel gespart und gemacht wurde, damit die Bar Mizwa ein strahlendes Fest wurde, denn es war nicht nur mein Fest, es war auch gleichzeitig das Fest meiner ältesten Schwester. Die liberale Synagoge hatte einen fortschrittlichen Kompromiß geschlossen, der auch für die Mädchen eine beinahe christliche Einsegnung vorsah. Das Alter war aber auf 16 Jahre festgesetzt worden. Zusätzlich nahmen einige Jungen von 16 Jahren teil, deren Eltern viel liberaler waren als die meinigen und ihre Söhne nicht mit 13 Bar Mizwa werden ließen. Wie es möglich war, daß das Fest zur gleichen Zeit stattfand, weiß ich nicht. Ich glaube, meines war um einige Wochen vor meinen 13. Geburtstag gelegt worden. Jedenfalls war meine Feier am Sonnabend und Lisbeths am darauffolgenden Sonntag in der Synagoge. Ich hatte viel zu lernen, bevor ich in der Synagoge neben den Vorbeter treten und meinen Thoraabschnitt vorlesen konnte. Diesmal aber war mir der Unterricht keine Qual, denn ich hatte einen Lehrer, den ich verehrte, den Oberkantor Birnbaum. Ich war oft in seinem Haus gewesen, als ich bei Gerhard Lateinstunden hatte, aber diesmal fand der Unterricht im Allerheiligsten statt, in der Bibliothek. Dieser Sänger war auch ein Gelehrter, und es war für mich das erste Mal, daß ich in einem großen Zimmer war, an dessen Wänden ringsum Regale mit alten Büchern und Folianten bis zur Decke standen. Die ganze Mitte des Raumes nahmen Tische ein, vielleicht war es auch eine einzige große Platte, vollgepackt mit Büchern, Zeitschriften und Noten. Ich muß gestehen, daß ich mich damals mit großem Enthusiasmus auf die »Lehre« stürzte, und alles, was ich noch vom Judentum behalten habe, stammt aus dieser Zeit. Birnbaum verstand es auch, einige Fenster in die Mauer zu brechen, als die das Judentum im Religionsunterricht vor mir stand. Durch ihn schien mir plötzlich alles lebendig und lernenswert. Es waren schöne Sitzungen in vielen Monaten, auf die ich mich freute, wo ich doch sonst das Lernen so haßte.

Auch ersehnte Tage kommen einmal heran, nicht nur die gefürchteten. So ging ich an einem Schabbat-Vormittag in der Synagoge die Treppen hinauf zum Tisch des Vorbeters. Der Mittelpunkt des Schabbat-Gottesdienstes ist die Verlesung des wöchentlichen Thoraabschnittes, und gerade sie ist eine Demonstration der religiösen Demokratie. Es wird dabei gezeigt, daß es seit der Zerstörung des Tempels keine ausübenden Priester mehr gibt, indem jedesmal mehrere Leute aus der Gemeinde nacheinander aufgerufen werden,

den Abschnitt zu lesen. Weil damals nur die wenigsten fließend hebräisch lesen konnten, sagte der Aufgerufene nur den Segensspruch, und die Lesung selber machte stellvertretend für ihn der Vorbeter. Der Junge aber, der nun offiziell Mitglied der Gemeinde wurde, las sein Kapitel selbst. Beim Hinaufgehen sah ich etwas ängstlich über die Gemeinde. Da saßen sie alle, alle Verwandten, selbst Onkel Felix, den ich noch nie in der Synagoge gesehen hatte, war gekommen, und alle, die Verwandten und die Fremden, sahen mich an. Es war ein Glück, daß ich dann mit dem Rücken zu ihnen stand, denn alle beten ja nach derselben Richtung. Ich höre noch heute die helle Knabenstimme in dem weiten Raum, bei den Segenssprüchen sich fast überschlagend, dann ruhiger: Adonaj siphosai tivtow. Herr öffne meine Lippen, daß mein Mund dein Lob verkünde. Das war der Anfang meines Abschnittes und den habe ich bis heute behalten. Und wie ich damals dann ruhig und klar bis zu Ende weiter las: Wort für Wort wurde mir mit einem Elfenbeinstab, der in einer zeigenden Hand endete, gezeigt. So wurde es meine Zauberformel, wenn ich öffentlich reden mußte. Wer weiß, was Er denkt, und wer kann sagen, was Sein Lob ist. Jedenfalls konnte ich seit damals meine Scheu und mein Lampenfieber überwinden. Als ich herunterkam, war mein Vater stolz auf mich, und das war viel seltener, als es Feiertage gab. Wie schön ist es dann, einmal mit der Welt versöhnt zu sein. Ich hungerte damals sehr nach Anerkennung, und ich bin auch heute noch nicht darüber erhaben. Am Sonntag darauf war die »Konfirmation« meiner Schwester Lisbeth, es war eine sonderbare Mischung von Judentum und Jugendweihe. Ich denke daran nur ganz ich-bezogen, denn ich freute mich, weil da etwa zwölf Jungen und Mädchen waren, während ich meine Feier für mich alleine gehabt hatte. Am Abend gab es ein großes Festmahl; der Ausziehtisch war mit Platten und Böden verlängert worden und ging durch zwei Zimmer. Auf mich hat jedoch den größten Eindruck gemacht, daß mein lieber Lehrer Birnbaum, des süßen Weines voll, sich erhob und mit mächtiger Stimme donnerte: »Ich als gut geladener Gast.«

Ich gehe durch die Jahre, wie ich durch meine Werkstatt gehe. Eine Arbeit ist beinahe fertig; die Türen sind eingehängt, die Schlösser schließen. Aber was sagt das schon, es ist noch genug zu tun, und derweil werde ich schon von anderen bedrängt, etwas vorzubereiten oder zu entwerfen. Ich muß erst einmal aufräumen. Was hat man denn getan, wenn nun ein Schrank im leeren Zimmer steht? Ich bin nun einmal Tischler, und die Sorge bleibt immer, dieses Zimmer auch bewohnbar zu machen für die Menschen, die darin wohnen sollen. Jahre sind lang, die meisten haben 365 Tage, und alle müssen durchgestanden werden. Nur wenige vergehen im Fluge. Die meisten erlahmen in der Routine. Ich gehe durch die Jahre, notiere Ereignisse; was aber geschieht alles an Tagen, an denen scheinbar nichts geschehen ist? Da wächst ein Arm etwas länger, und eine neue Erkenntnis setzt sich in mir fest. All das merke ich nicht, aber es wirkt sich sofort oder später aus. »Was hat der Junge nur?« – »Heute bist du aber unleidlich.« Es gibt keine Antwort oder nur eine dumme. Die Ungeduld der Eltern ist begreiflich. Man sieht das Gras nicht wachsen, aber plötzlich ist es da. Gerade die läppischen Dinge sind oft entscheidend.

Ich weiß nicht mehr, wann ich entdeckte, vom Mond abhängig zu sein. Es war wohl schon mit 12 oder 13 Jahren. Ich habe immer sehr gerne den Mond gesehen. Ich wußte auch, daß die Juden den neuen Mond mit Gebeten begrüßten und daß in der germanischen Sage der böse Wolf den Mond zu schlucken drohte. Leider weiß ich nicht mehr, wann ich anfing, die Zusammenhänge zu konstruieren. Aber ich habe mich ja immer in der Sagen- und Märchenwelt bewegt. Märchen hatten für mich mehr Realität als die Gegenwart, mit der ich nicht fertig wurde. Bei zunehmendem Licht und Vollmond kamen mir die Dinge entgegen. Es war leicht, sie mir gefügig zu machen, und bei abnehmendem Licht und Neumond entglitt mir mehr und mehr die Kontrolle über die Realität. Eine Klassenarbeit, um Neumond geschrieben, war verloren, ganz gleich, ob ich wußte, daß Neumond war oder nicht. Wenn ich es nicht wußte, war es meist schlimmer, weil ich ohne Warnung in die Falle hineinstolperte. Ich konnte mit niemandem darüber reden; ich konnte ja nicht zu meinem Vater gehen und sagen, daß ich die schlechte Zensur bekommen hatte, weil Neumond war. Da hätte er von Flausen geredet. Später habe ich dann diese Perioden in das Leben eingeordnet. Wenn auch die Verletzbarkeit in der Neumondzeit blieb, so hatte ich dafür meine gute Zeit und wußte sie zu nutzen und fand dann auch in der großen Sensibilität der negativen Periode einen Weg, und so manchesmal gelang mir das, was ich sonst nie hätte tun können.

Ich weiß, man spricht über diese Dinge nicht gern, es zerstört das Bild eines aktiven Charakters, aber ich lernte dabei, wie man so vieles nicht tut, sondern es durch einen getan wird. Ich lernte dabei auch zu ertragen, wenn mir die Dinge aus der Hand geschlagen wurden, die ich glaubte festhalten zu können. Vielleicht gibt es bei anderen Menschen eine zielstrebige Entwicklung; vielleicht gibt es bei anderen keine Brüche und sie können einen schönen geraden Weg gehen. Ich ärgerte mich darüber, aber ich mußte alle krummen Wege ausgehen, und ich glaubte lange, nur mir gehe es so. Wenn wenigstens Hoffnung bestanden hätte, mich in »Gottes Hand« zu begeben, aber so, wie die Dinge lagen, hatte er nur mit Leben und Tod zu tun, ansonsten galt das Sprichwort »Jeder ist seines Glückes Schmied«. »Mit Fleiß und Aufmerksamkeit hättest du es geschafft.« Damit wurde ich immer wieder auf mich zurückgeworfen. Das war ja auch gut so. Die Spannung zwischen den Mondzeiten hat mich nie ganz verlassen, vor allem nicht in schwierigen Situationen.

Inzwischen ging der Krieg blutig seinem Ende entgegen. In der Erinnerung verfloß die Zeit damals sehr langsam, sie war verquollen und zähflüssig. Feste wie die Bar Mizwa verschlissen schnell. Ich konnte es nicht verstehen, daß noch der Geschenktisch mit all den Büchern im Zimmer stand, und schon war der Alltag wieder grau, die Schule bedrückend, und ich konnte mir nicht vorstellen, was Frieden bedeuten sollte. Die Zeit vorher war ausgelöscht. Ich denke, es ist sehr menschlich, daß »große Zeiten«, Zeiten, in denen von außen so viel an uns herangetragen wird, es uns unmöglich machen zu denken, daß es jemals anders sein könnte. Wie kann ein Kind es sich vorstellen, einmal nach Frankreich fahren zu können, wo diese mörderischen Schlachten geschlagen wurden. Wie sollte man sich Politiker vorstellen, die nach all dem, was geschehen war, bereit waren, sich an einen Tisch zu setzen? Eltern und Schule machten es uns unmöglich, »unsere Feinde« ohne Abscheu zu sehen. Ich habe im Zweiten Weltkrieg bewußt erlebt, wie unmöglich es war, durch den blutigen Vorhang an Menschen zu denken und es den Kindern klarzumachen, daß es in jedem Land unter den verhetzten auch klarsehende Menschen gibt. Mein damals 12jähriger Sohn hat mir an dem Tage, als die Zeitungen vom Abwurf der Atombombe auf Hiroshima triumphierend über die riesigen Zahlen der Toten berichteten, mit der Mahnung die größte Freude gemacht: »Max, denk, all diese Menschen.«

Doch zurück zum Kriegsende. Ich weiß nicht, welchen Eindruck die Oktoberrevolution auf mich machte, wahrscheinlich habe ich nur auf der Karte, die im Zimmer hing, die Fähnchen, die die Eroberungen anzeigten, weiter gesteckt. Aber neue Worte begannen das Vokabular zu beherrschen. Mein Vater sprach oft verächtlich von den Miesmachern, obwohl auch er nicht mehr so sehr zuversichtlich an einen Sieg glaubte. Er schimpfte viel über die Juden, die sich »herausstellten«. Der Abgeordnete Haase, der aus Königsberg stammte und noch ein Verwandter von Lichtensteins war, die zu unseren Freunden gehörten, Rosa Luxemburg und Karl Liebknecht, der eine jüdische Mutter haben sollte, schienen ihm durch ihr Auftreten eine Gefahr für alle Juden zu werden. An Trotzki, der in Flugblättern immer der Jude Bronstein genannt wurde, und die vielen Juden, die mit ihm die Revolution in Rußland »angezettelt« hatten, mochte man gar nicht denken. Mein Vater fühlte schon die Kollektivhaftung. Ich hörte das alles auch in den Reden in der Schulaula und war eher stolz darauf, wenn ich auch die Zusammenhänge nicht verstand. In den Reden und Kriegsberichten in der Schule hörte ich zum ersten Mal das Wort von den »vaterlandslosen Gesellen«. Das waren alle, die gegen den Krieg demonstriert hatten, die Streiks in der Rüstungsindustrie billigten und ganz allgemein daran zweifelten, daß die Eroberungsziele der Alldeutschen zu erreichen seien. »Daß er (der Feind) nie mehr sein Haupt erheben könne«, war der Satz, der mir im Gedächtnis geblieben ist. Glücklich (wirklich glücklich?) die, die nach der Niederlage das alles so schnell vergessen konnten und heute wieder können. Denn es wurde uns ja auch immer versichert, daß der Feind uns nicht anders behandeln würde. Wir erfuhren kaum verschlüsselt, daß auch die Juden »vaterlandslose Gesellen« seien. Ich wußte damals noch nicht, wie prophetisch es war, dieses Schimpfwort, und daß ich knapp zwanzig Jahre später wirklich vaterlandslos werden würde. Den Arbeitern aber hing das Vaterland damals wie ein Stein um den Hals, damals und auch zwanzig Jahre später.

Wir erfuhren herzlich wenig davon, wie es wirklich aussah. Ich verstand noch nicht, in der Zeitung zwischen den Zeilen zu lesen. Mein Vater las die liberale Hartungsche Zeitung, sonst lasen wir die Extrablätter, die am Ende des Krieges immer spärlicher erschienen. Es gab einige Mitschüler, die schon vernünftiger waren, und ab und zu schnappte ich auf dem Schulhof Bemerkungen auf, die mich stutzig machten. Da war Fredi Quadfasel, Primaner, und sicher ein Freund von Gerhard Birnbaum. Ich kann nicht behaupten, daß er einer von mir war, aber es war doch etwas Besonderes, wenn ein älterer Schüler einen jüngeren einer Anrede würdigte. Fredi sah so komisch aus, wie sein

Name war. Er hatte einen großen Kopf und einen etwas schiefen Mund, aus dem die Worte sonderbar mulmig herauskamen. Im Gegensatz dazu war der Inhalt messerscharf. Für mich war das erstaunlich, denn solche Worte hörte ich auch nicht aus dem Munde eines meiner jüdischen Freunde. Er erzählte für mich unerhörte Sachen. Er zerfetzte das Wort von den vaterlandslosen Gesellen und was es sonst so an Phrasen gab. Ich hatte nie gewagt, solche Dinge zu denken. Ich hatte mir bis dahin Deutschland nie ohne den Kaiser vorstellen können. So etwas wie »Revolution« konnten doch nur die Franzosen machen, von deren Vorfahren, den Galliern, schon Julius Cäsar sagte, daß sie »novarum rerum cupidus«, begierig auf neue Dinge seien, während doch unser Schiller sagte: »Wo sich die Völker selbst befreien, da kann die Wohlfahrt nicht gedeihen.« Wie alle meine Mitschüler und wahrscheinlich auch die Erwachsenen war ich vollgestopft mit solchen Klischeevorstellungen. Es waren immer ganz kurze Bemerkungen, die Fredi nach langem Schweigen machte, aber gerade das war so eindrucksvoll. Ich sog alles auf wie ein trockener Schwamm. Ich glaube, ihm verdanke ich den Anstoß zu selbständigem Denken, ihm verdanke ich auch, daß ich mich von dem Gedanken loslösen konnte, minderwertig zu sein, weil ich in der Schule versagte. Dennoch hat es sehr lange gedauert, bis ich das, was ich hörte, auch anwenden konnte. Da war er schon längst auf der Universität und für mich unerreichbar. Er verschwand aus meinem Gesichtskreis, und ich war zu beschäftigt, es zu bemerken. Vergessen habe ich ihn nie, nicht den Namen und nicht das Gesicht.

Natürlich hörten wir auch auf der Straße einiges, wenn sich vor den Läden lange Schlangen bildeten. Anna war zur Strategin geworden. Sie setzte uns dort ein, wo man anstehen mußte, denn die Lebensmittelkarten reichten nie aus. Da hörten wir dann Sätze wie »Friede wird, wenn der Wilhelm im Zylinder geht und die Auguste nach Kartoffeln steht«. Ich war zunächst empört über die Respektlosigkeit, mit der von den »hohen Herrschaften« geredet wurde, aber es haftete doch, und ich begann mich mehr für Politik zu interessieren. »Du sollst dich lieber um deine Schularbeiten kümmern«, sagte mein Vater auf meine Fragen.

Dann kam der Zusammenbruch. Ich sehe es noch vor mir, wie wir alle, Lehrer und Schüler, in der Aula unter dem Herakles zusammengerufen wurden. Über uns brauste mächtig die Orgel, und wir sangen wieder das Lied vom »arg bösen Feind«. Es fiel uns gar nicht auf, daß uns der deutsche Gott verraten hatte. Man war auch nicht gewillt, das Gottesurteil anzunehmen, was doch eigentlich für einen Christen selbstverständlich hätte sein müssen. Unvergeßlich bleibt mir, daß der kleine Rose weinte. Ich hätte es nie für möglich gehalten, daß ein Mann weint, noch dazu in der Öffentlichkeit. Ich hatte es schon im Gesicht von Männern zucken sehen bei Beerdigungen. Es hatte mich tief erschüttert, als bei der Beerdigung Onkel Leopolds, seines Bruders, das Kinn meines Vaters zuckte, aber wir hatten immer gelernt, daß ein deutscher Mann nicht weint. Nun schluchzte der kleine Rose hemmungslos. Wir konnten kein Mitleid haben. Es war uns zu deutlich in Erinnerung, wie groß er immer den Mund aufgetan hatte, wie das »Nimmermehr, Nicht Nachgeben, Sich Nicht Beugen, Nicht Verzichten«, aus ihm heraussprudelte. Wir schauten auf die Gesichter der anderen Lehrer: Hart und verbissen ragte der kleine Kopf des Professors Mentz über alle hinweg, sah über uns hinweg wie immer, wenn er mit uns redete, weich hinter seinem Bart das Gesicht Wittriens, des Direktors, eher hilflos hinter der Brille. Es war ein Tag der Wahrheit. Ich dachte, die Welt würde einstürzen, denn der Mutwillen unserer Feinde konnte doch nicht ungestraft bleiben. Aber es war nur *ein* Tag der Wahrheit. Schon bald hatte sich alles gefaßt, und bald war es wieder der kleine Rose, der nun das Scheusal der Anarchie, das schamlos sein Haupt erhob, bekämpfte. Vielleicht war er doch der göttliche Held aus der griechischen Sage. Dort pflegte man ja auch zu weinen, wenn er auch mehr die Gestalt des Thersites hatte. Meine Lehrer erschienen mir, als ob ihnen alles Menschliche fremd wäre. Gab es bei ihnen keine verschiedenen Ansichten? Hatten sie niemals Zweifel an ihrer Vollkommenheit? Ich habe es nie durchschaut. Wohl gab es bei einzelnen Anzeichen von Güte, aber zuerst einmal waren sie Lehrer und hatten eine Sonderstellung in unserer Welt.

7

Man müßte einmal die Biographie des Standes der Gymnasiallehrer schreiben. »Es ist eine Rasse für sich«, sagte mir ein Franzose. Ich bin wahrscheinlich von der Wahrheit nicht so weit entfernt, daß er erst im 19. Jahrhundert in Ausbildung und Bezahlung sich stabilisierte, und so ist 1870 sein goldenes Zeitalter. Es gibt für alle Stände »goldene« Zeiten, die sie geprägt haben; je weiter sich diese Zeit entfernt, in der man zu Brot und Ansehen gelangte, manchmal durch eine revolutionäre und reformerische Tat, desto vorbildlicher, ja legendärer wird sie. So stehen oft ehemalige Revolutionen, die sich auf dem gewonnenen Status verfestigt haben, allem weiteren Fortschritt entgegen.

Das ist auch die Regel bei anderen Ständen. Für das Handwerk war das Mittelalter das »goldene Zeitalter«. Es war eine gute Zeit, und noch heute freuen wir uns an ihren Werken. Der Meister stand damals so hoch im Ansehen wie heute gerade noch die Universitätsprofessoren. Aber die Zeit geht weiter, und es gibt kein »Glück im Winkel« mehr. Andere, notwendig andere Produktionsmethoden haben das Handwerk ausgehöhlt. Es wird noch eine Weile dauern, bis die neue Breite auch Tiefe gewonnen hat. Auch der dritte Stand, der Bürger, hatte seine Zeit, wo er mit Schiller und Beethovenmusik der König des 19. Jahrhunderts war.

Die Technik, die Gesellschaft entwickeln sich weiter, und

je mehr ein Stand veraltet, an Bedeutung verliert, um so zäher hält er am »Hergebrachten«, am »Überlieferten« fest, um so mehr wird die Tradition gepflegt. Je weniger er tragender Teil der Gemeinschaft ist in einer sich wandelnden Welt, um so größer der Anspruch, das »Salz der Erde« zu sein. Das ist alles nur angedeutet, ich versuche mir klarzuwerden, wie es kam, daß unsere Lehrerschaft so nationalistisch eingestellt war. Akzeptiert wurde nur der, der konform mit ihm war. Es änderte sich auch nichts, als die jüngeren Lehrer aus dem Krieg zurückkamen. Es wurde viel von dem »Fronterlebnis« geredet, von dem »inneren Soldaten, der nie aufgibt«. Die ganze Einstellung zu den Schülern stammte aus einer schon damals längst vergangenen Zeit. Es war für einen Lehrer offenbar besonders schwer, über das »Ich« zum »Du« zu kommen. Alles Du war für ihn so schemenhaft wie der Feind, dem der Soldat gegenübersteht. Das verfestigte Autoritätsbewußtsein gegenüber den Schülern entsprach diesem Feindbild. Das Ich, das den Schülern gegenüberstand, sah keinen anderen Weg zum »Wir« als die absolute Unterwerfung. Später, in der Jugendbewegung, haben wir viel darüber diskutiert. Natürlich sprachen wir damals anders, denn da waren wir die Betroffenen. Es ist unmöglich, einen vergangenen Zorn zu wiederholen. Wir erleben ihn heute als den heiligen Zorn der Unterdrückten. Er ist ungerecht und doch gerecht in der akuten Situation, aber die Wiederholung nach fünfzig Jahren in der gleichen Form wäre eine Farce, oder man müßte ein großer Künstler sein.

Man ist seltsam in seinen Gefühlen. Kaum ist man ein paar Jahre aus der Schule entlassen, ist man schon leicht gerührt. Wenn man nicht sehr aufmerksam ist, vergißt man gerne das Üble, was einem da widerfahren ist, und sieht nur ein Gebäude, in dem sich ein Teil des jungen Lebens abgespielt hat. Von da ist es nicht weit zu dem väterlichen Rat: »Mir hat es nichts geschadet, es wird auch dir nichts schaden.« Man muß schon in den Spiegel sehen, noch besser sieht man es bei anderen, bei Gleichaltrigen, was aus ihnen nicht geworden ist. Was ist aus dem Elan der Jugend geworden? Ist er ausgelebt oder verschüttet worden. Man vertut nicht seine Jugend; sie wird einem vertan, und daher ist die Schule ein eminent politisches Problem, nicht nur für den einzelnen, sondern auch für das Volk, das zu falschen Vorstellungen erzogen ist. Wir haben es ja erlebt.

Die letzten Schuljahre waren für mich leichter, nicht weil ich ein besserer Schüler wurde, sondern weil ich die Ziele, die sich die Schule gesteckt hatte, nicht mehr anerkannte. Langsam begann das Leben außerhalb des Familie und der Schule mich mehr zu beeindrucken.

Ich denke an die langen dunklen Herbst- und Winternachmittage, wenn die Straßen nur spärlich beleuchtet sind. Auf dem Lande merkt man es nicht so sehr wie in der Stadt. Als ich im Januar 1919 an einem dunklen Nachmittag aus der Schule am Steindamm kam – wir waren in eine Privatschule ausquartiert worden, weil unsere Schule zwei Gymnasien beherbergte –, riefen Betrunkene: »Es lebe Rosa Luxemburg.« Als ich nach Hause kam, wußte man schon, daß sie ermordet worden war. Streiks, Demonstrationen und einzelne Schüsse waren uns schon zur Gewohnheit geworden. »Da siehst du, sie wollen nicht arbeiten.« Meinen Vater ärgerte es, daß ich für die Arbeiter eintrat. Helene war da noch schärfer. Sie wollte nicht verstehen, daß es eine Republik gab. Die Regierung des Kaisers war von Gott gegeben. Das hatte sie in der Schule und der Kirche gelernt, und davon wollte sie nicht abgehen. Ich versuchte ihr zu erklären, daß veraltete Gesetze wie die Gesindeordnung endlich abgeschafft werden müßten. Ich erklärte ihr, daß sie selbst mehr Rechte bekommen hätte, daß es bisher erlaubt gewesen sei, das Gesinde, »das bist du«, zu schlagen. Es machte aber wenig Eindruck auf sie. Ich merkte damals, wie schwer es ist, ganz einfache Zusammenhänge klarzumachen. Aber die kleinen Vorteile, zum Beispiel den freien Nachmittag, der ihr nun zustand, nahm sie an.

Eines Morgens wachte ich plötzlich auf. Es gab einen furchtbaren Knall, wie damals, als die Minen in Sorgenau explodierten. Ich lief ins Kinderzimmer und sah auf unserem Balkon Soldaten der Reichswehr, die mit Maschinengewehren auf das Schloß schossen. Kommunisten – alle waren Kommunisten in Königsberg –, USPD-Leute hatten sich im Schloß verschanzt. Ich weiß nicht mehr genau, warum. Es hatte etwas mit dem Baltikum-Freikorps zu tun. Am empörtesten war man darüber, daß der Anführer ein USPD-Mann war, der Gemüsehändler Seidel. Mit ihm war auch mein Freund Martin Hoffmann, der Sohn eines Religionslehrers, im Schloß. Nach einigen Schußwechseln und Schüssen aus Minenwerfern ergaben sich die Besatzer. Es war noch alles verhältnismäßig glimpflich abgegangen. So war die weltweite Revolution zum ersten Mal bis in unser Haus gekommen. Damals war ich böse, daß ich sie verschlafen hatte. Aber sie kam in vielen Jahren wieder, und oft habe ich dann gewünscht, noch den Kinderschlaf zu haben. Andererseits gehörte das Schlafen-Können zu den besten Gaben, die ich mitbekommen habe. Selig sind die, die schlafen können, auch wenn Kugeln und Bomben um sie herumknallen, auch wenn sie wissen, daß sie im Gefängnis am nächsten Tag zur Vernehmung geholt werden. Selig sind auch die geistig Armen, die nicht hören, nicht sehen und nicht sprechen müssen. Nur wer nicht informiert ist oder sich dagegen abhärten kann, hört nicht die Schreie in der ganzen Welt. Ob ihm das Himmelreich sicher ist, weiß ich nicht; wenn er Glück hat, kann er unter seinem Apfelbaum sitzen und mit sich und der Welt zufrieden sein. Aber jeder sitzt gerne einmal unter dem Apfelbaum, wo ihn die Welt nicht erreicht. Wer kann immer in Spannung leben, ohne daß er unmenschlich wird? Ich denke, auch Lenin, Gandhi und Marx haben irgendwo diesen Apfelbaum gehabt.

Ich hatte ihn bei den Eltern eines gleichaltrigen Freundes kennengelernt. Er hieß Lipsky, war klein, schwarz und sehr behaart; aufgefallen war er mir dadurch, daß er der erste Atheist war, den ich kennenlernte. Er wohnte weit draußen im Süden der Stadt, in Schönfließ. Ich besinne mich auf dunkle Herbstnachmittage, wo er mich von der Endstation der Straßenbahn abholte und wir eine Landstraße mit Weidenbüschen entlang weit durch Pregelwiesen gingen. Es war ganz flach dort, und wir liebten es, den Gespensterbäumen Namen zu geben. Sein Vater war Naturheilkundiger. Ich habe nie mehr mit ihm gesprochen als »guten Tag« und »auf Wiedersehen«. Es war ein Holzhaus, das sie bewohnten, in dem es immer nach Bratäpfeln und Kräutern roch. Sie waren Vegetarier, und es gab sehr merkwürdiges Essen. Ich verstand damals noch nicht viel von Ideologien, wenn ich später aber mit solchen Leuten zusammentraf, fand ich sie nie echt und glaubwürdig, wenn es nicht nach Äpfeln und Schmierseife roch. Wir bauten Häuser und Ritterburgen aus Borke. Es gab dort viel davon in den Sägewerken am Pregel. Ich blieb auch öfters über Nacht, und wir liefen dann am Morgen bei Dunkelheit und Nebel zur Straßenbahn. Eines war neu für mich: die beinahe unheimliche Ruhe und Stille dieses Hauses. In meiner Erinnerung saß man unter einer großen Petroleumlampe. Bei uns zu Hause war es immer lebhaft, selbst wenn wir nicht laut sein durften. Es ist immer schön, in eine ganz andere Welt zu sehen. Ich weiß nicht, warum ich dort nur in der Dunkelheit war. Vielleicht dauerte die Freundschaft nur einen Herbst. Vielleicht war auch die Dunkelheit mit der Petroleumlampe so eindrucksvoll, daß ich nur sie nicht vergessen habe.

Alles beginnt einmal, selten weiß man den Anfang. Meine lebenslange Diskussion über den Sozialismus begann mit Martin Hoffmann. Meine Auseinandersetzung mit dem Zionismus begann mit Max Klatzko. Er war etwas älter als ich, dicklich, mit etwas vorgeschobenem Bauch und einer Brille. Er watschelte mehr als er ging, und ich konnte mir nicht vorstellen, was er im Turnunterricht machte. Er war aber sehr selbstbewußt und kümmerte sich nicht darum, was andere meinten. Schon das fand ich außerordentlich. Wahrscheinlich wollte er mich für die zionistische Jugendbewegung, den Blau-Weiß (die Israel-Fahne), keilen. Seine Argumente schienen mir lückenlos. Ich wußte, daß die Deutschen uns gar nicht haben wollten, ich merkte es in der Schule auf Schritt und Tritt. Wie kann man sich an die Deutschen heranschmeißen wollen, wo sie uns verachten? Natürlich hatte auch ich Argumente, aber an der Realität gemessen waren sie dürftig. Auch die Art, wie mein Vater und besonders die Ladendorffsche Familie ihr Deutschtum herauskehrten und in der Öffentlichkeit ihr Judesein versteckten, machte mich mehr stutzig, als daß es mich überzeugte. Dennoch zogen Klatzkos Argumente nicht. Ich wußte oder meinte zu wissen, daß die Behauptung, jeder Deutsche sei im Grunde Antisemit, nicht stimmte. Ich glaubte es besser zu wissen, aber hauptsächlich half mir mein Trotz. »Ich lasse mir nicht von anderen vorschreiben, wer ich bin. Vielleicht bin ich kein Deutscher – was ist das überhaupt –, ich bin Königsberger und Ostpreuße, und ich gehöre hierher wie alle anderen, die hier geboren sind und hier leben.« Das war ziemlich primitiv, aber Ideologie schmeckte mir damals noch gar nicht. Ich finde diesen Zwiespalt, dem wir in der Jugend ausgesetzt waren, fruchtbar für unsere Entwicklung. Ich glaube gar nicht, daß mich eine problemlose Zeit besser gefördert hätte. Diese Lesebuchjugend, diese Obhut vor allen bösen Winden, gibt es ja nicht und soll es auch nicht geben.

Bewußt und unbewußt trugen auch die Eltern die verschiedensten Dinge an mich heran. Es begann etwas merkwürdig mit meiner Aufklärung, meiner sexuellen Aufklärung. Natürlich sprach man nicht davon, und wir spielten ja in unserer Gegend nicht mit »Straßenjungen«, die mir leicht etwas hätten sagen können. So begann alles mit einem kleinen grünen Buch. Ich weiß noch nicht einmal, wie der Titel hieß, nur ein Satz daraus ist mir in Erinnerung geblieben. »Er küßte ihrer Brust silbernes Doppelwunder.« Das ist schön, jeder tut es gerne, noch dazu bei Mondschein, sonst wäre das Silber nicht zu erklären. Aber »des Mondes Silberstrahlen« war mir natürlich bekannt. Ich schloß daraus, daß auf diese Weise Kinder gezeugt wurden. Ich hatte ja auch Frauen auf den Bildern in den Zeitschriften unter den Noten bewundert und fand sie anziehend. Ich war eben immer sehr dumm. Mein Vater sorgte versehentlich für einige Erweiterungen meines Horizonts. Er schenkte mir zum Geburtstag Geschichten eines römischen Schriftstellers. Diesmal war es ein kleines Buch in rotem Ledereinband. Er hat es bestimmt nicht gelesen und wollte damit nur mein Interesse an der Lateinstunde fördern. Da las ich die Geschichte von einem Mann, der in einen Esel verwandelt war, und einer Dame, die ihn stürmisch liebte. Sie streichelte sein Glied usw. Nun kannte ich zwar Esel nur vom Tiergarten, aber Pferde haben ebenfalls ein enormes Glied, das manchmal furchtbar groß war. Nun, so etwas Ähnliches, nur etwas kleiner, fand ich auch bei mir, und zwei und zwei konnte ich schon zusammenzählen, so dumm war ich nun wieder nicht. Ein paar Jahre später, als ich in der Jugendbewegung war, wurde oft über Probleme der Aufklärung geredet, aber so eindrucksvoll war es doch lange nicht wie die Geschichte mit dem Esel.

In diese Zeit des Erwachens gehören viele kurze Begebenheiten. Immer wieder ist es erstaunlich, daß etwas ganz harmlos anfängt und dann entscheidenden Einfluß auf das Leben nimmt. Wir hatten im Keller der Schule Werkräume. Man mußte mit Papparbeiten beginnen, und im zweiten Jahr machte man dann Holzarbeiten. Da habe ich einige Jahre an zwei Nachmittagen in der Woche gearbeitet. Dafür hatte selbst mein Vater Verständnis, denn er bastelte auch gerne. Ich baute zu Weihnachten große Blumenständer für meine Mutter und für Tante Sophie Hocker für die Treppe, da sie nur schwer die drei Stockwerke zu uns hinaufkommen konnte. Wir hatten einen jungen Mathematiklehrer – er hieß Porzehl und wurde Purzel genannt. Er entdeckte meine Leidenschaft für Holz, er hatte sie auch. Hinter dem Physiksaal gab es einen gut eingerichteten Werkstattraum, dort baute er sich Möbel, denn er hatte gerade geheiratet. Jetzt ging ich in jeder freien Stunde hin und arbeitete mit ihm. Er verachtete Hobel als zu maschinell und glättete alles mit einem großen Stecheisen. Er sprach viel vom Niedergang des Handwerks und brachte überall Ornamente an. Wir schnitten meterlange Borten und Tischränder, und die Türrahmen seines Bücherschranks hatten germanische Ornamente. Zuerst störte mich das alles nicht. Da ich plötzlich in Mathematik gut war, ging ich auch oft in seinen Stunden hinunter und arbeitete weiter. Manchmal führten wir Gespräche wie zwei Gleichaltrige. Das ging mehr als ein Jahr gut. Dann setzte er mir eines Tages auseinander, daß Ludendorff ein großer Mann sei. Da konnte ich nicht mehr schweigen. Er redete furchtbar abfällig über den Plebs, und das waren Ebert und die sozialistischen Führer. Das ging einfach nicht. Ich war mit ihm an derselben Klippe angelangt wie mit den anderen Lehrern. Es war nicht mehr meine Welt. Es hat mir selten etwas so leid getan, aber ich konnte nicht mehr mit ihm arbeiten. Die Angel saß fest. Damals fiel die Entscheidung, daß ich Tischler werden würde.

Lisbeth und Edith, meine großen Schwestern, durften schon lange ins Theater, zu Konzerten und in die Oper gehen. Man wußte aber nie, wo ich hingehörte: zu den beiden Großen oder zu den beiden Kleinen? Lange bekam ich zu hören, daß ich erst ins Theater gehen könnte, wenn ich besser in der Schule wäre. Da das aber gar nicht werden wollte, resignierten die Eltern, und ich durfte mit. Das waren große Abenteuer, besonders wenn berühmte Gäste wie der Sänger Jadlowker oder der Schauspieler Paul Wegener auftraten. Wir nahmen, wenn es irgend ging, Stehplätze auf der Galerie. Da war es am billigsten. Stehplatz im Parkett war teurer, und man ging das Risiko ein, einen Großen vor sich zu haben. Es gab jeweils nur eine beschränkte Anzahl Karten, die erst am Tage der Aufführung verkauft wurden. So standen wir oft acht lange Stunden nach Karten an, was viel Kraft gekostet haben muß. Jedenfalls habe ich auf diese Weise fast alle klassischen Opern gesehen und gehört und alle Stücke, von ›Wilhelm Tell‹ bis zum ›Sturm‹, von Shakespeare. So viele Nebensachen waren so aufregend. Da war zum Beispiel der schon erwähnte Tenor Jadlowker. Ein großer Tenor ist wie eine Blüte, die manchmal schnell verblüht, und oft berichteten die Zeitungen aus Berlin, daß er passé sei. Wir waren voller Spannung, wenn er auf seiner Tournee wieder nach Königsberg kam. Mich bewegte wirklich die bange Frage, ob er noch singen könne, und erst wenn er dann den ersten strahlenden Ton gesungen hatte, fiel mir ein Stein vom Herzen. Königsberg war eine große Theaterstadt, und viele große Schauspieler und Regisseure waren dort, bevor sie berühmt wurden. Ich merkte erst viel später, wie autark Königsbergs Kunstleben war, als ich 1926 in Hannover lebte. Das war eine große und in vielen Dingen viel prächtigere Stadt, aber man konnte sich ausrechnen, wie lange es dauern würde, bis ein Stück, das in Berlin Erfolg hatte, in Hannover aufgeführt wurde. Es war wohl eine Folge des polnischen Korridors, daß Königsberg nie ein Satellit von Berlin wurde.

Anfangs war es Lisbeth, meine älteste Schwester, die besonders leidenschaftlich ins Theater ging. Sie war auch immer in einen Schauspieler »verschossen«, wie man damals sagte, und sie war beglückt, wenn sie den jungen Heldendarsteller auf der Straße sah. Edith und ich spotteten über sie. Sie war ein typisches junges Mädchen, eine bürgerliche Tochter, wie sie im Buche steht. Natürlich war sie den Jungmädchenbüchern schon entwachsen und las gute Literatur. Aber wenn sie davon berichtete, wurde es immer wieder eine Variation von Trotzköpfchen. Sie war sehr fleißig, spielte alle Opernauszüge auf dem Klavier und bereitete uns so auf die Oper vor. Lisbeth studierte einige Semester und wurde dann Bibliothekarin. Es war ein Beruf, für den sie eigentlich geboren war. Jedenfalls hätte ich sie mir nie als etwas anderes vorstellen können. Leider wurde auch sie aus ihrem geordneten Leben gerissen, aber als ich sie nach langen Jahren, in denen sie in Argentinien als Hausmädchen gearbeitet hatte, wiedersah, war sie unverändert: eine Bibliothekarin. Sie hat viel Ähnlichkeit mit der beharrlichen Seite meiner Mutter.

Es war an einem der dunklen Nachmittage, als ich mit meinen Eltern zu einem Vortrag ins Israelitische Waisenhaus ging. Der Saal hatte Sitzreihen, und vorne stand ein Pult. Walter Feinstein hieß der Vortragende. Feinstein war wohl derselbe Jahrgang wie Birnbaum und Quadfasel. Es war zwar sein erstes öffentliches Auftreten, aber ich kannte ihn schon lange. Er wollte Schauspieler werden, nannte sich auch schon immer Walter Fein und sprach manieriert wie ein Charakterdarsteller. Er hatte eine Schwester, die damals, wie alle intellektuellen Mädchen, Literatur studierte. Am besten waren immer die Geschichten, die er über seinen Vater erzählte. Der war Ostjude und Häusermakler und verzweifelt über seine mißratenen Kinder, die beide keinen anständigen Beruf erlernen wollten. Er verwandelte sich förmlich in seinen Vater und sprach dann ein Mischmasch aus jüdelndem Deutsch. Der Vater fand es völlig blödsinnig, daß die Tochter studieren und nicht heiraten wollte. Er hatte ihr durch den Schadchen, den jüdischen Heiratsvermittler, mehrere Vorschläge für einen passenden Ehemann machen lassen. Aber dem hochmütigen Mädchen waren sie alle nicht gut und klug genug, bis er die Geduld verlor und es aus ihm herausbrach: »So, Herr Goethe wird kommen aus Frankfurt am Main und heiraten Gerda Feinstein.« Walter Feinstein sprach über moderne junge Dichter. Nach einem Vortrag über Hugo von Hofmannsthal, der mit dem später so viel gehörten Satz begann: »Mit ihm kam ein neuer Ton in die deutsche Dichtung«, las er einige Gedichte, dann wurde das Spiel ›Der Tor und der Tod‹ aufgeführt. Die Bühne war ganz primitiv, wie ich es noch nie im Theater gesehen hatte. Die Schauspieler waren er und andere Altersgenossen. Mich aber hat das alles sehr stark beeindruckt. Es weckte die Neugierde in mir. Seither suchte ich nicht mehr den altbekannten Ton, sondern vielmehr das Fremde, um es zu entwirren und zu deuten. Eigentlich war mir der Inhalt ganz fremd, weil ich äußerlich sehr viel derber und realistischer wurde, aber die Entwicklung läuft ja immer auf zwei Gleisen gleichzeitig. So lernte ich nicht mehr Schillers und Uhlands Gedichte auswendig, sondern das ganze Spiel vom ›Tor und Tod‹: »Lebst du noch immer, Ewigspielender? Liest noch Horaz und freuest dich am spöttisch-klugen, nie bewegten Sinn?«

8

Ich muß weitschweifig werden, um die Gedanken, die wir damals hatten, über die Mauer zu heben, die die Zeit ganz besonders steil zwischen jenen Jahren und uns errichtet hat. Meine praktische politische Arbeit begann, als mein Vater mich veranlaßte, bei den Wahlen zur Nationalversammlung für seine Demokratische Partei Flugblätter zu verteilen und vor den Wahllokalen mit Plakaten zu stehen. Ich jagte jedem Flugblatt nach und legte mir nach der Briefmarkensammlung die zweite große Sammlung an. Beide sind verlorengegangen. Ich habe überhaupt nur ganz wenige Bücher und andere Gegenstände aus jener Zeit gerettet. Ich staune immer, wie viele Familien es in Deutschland gibt, die heil über diese Zeit hinweggekommen sind, wo sich in allen Ekken noch Relikte der Jugend finden. In der Jugend geht man gerne mit leichtem Gepäck davon, aber ebenso gerne würde man auch einmal zurückkehren und in alten Koffern wühlen. Wenn man dann seine Sentimentalität überwunden hat, ist man doch froh, ein ewiger Flüchtling zu sein, und sieht mit Sorge, wie sehr sich Eigentum an einen hängt und uns festhält. Also doch mit leichtem Gepäck und sich freuen, daß die im Kopf gespeicherten Bilder noch jederzeit verfügbar sind.

Das leichte Gepäck. Das ist auch ein Stichwort, das mich in allen Stadien des Lebens begleitete, wie der Straßenkehrer und die Bürger, die in die Sklaverei verkauft wurden. Leichtes Gepäck erlaubt die Probe, wie bruchsicher die Existenz eines Menschen ist, wenn er sich unter Druck behaupten muß. Diese Stichworte müssen immer wieder aufgegriffen werden. Nein, sie haben mich immer wieder aufgegriffen und sich an mir probiert.

Es wird wohl um 1920 gewesen sein, als ich zum ersten Mal mit der Jugendbewegung zu tun bekam. Das war zunächst mehr als langweilig. Es war kurz nach dem denkwürdigen Abend mit dem Tor und dem Tod, als ich in den jüdischen Jugendverein mitgenommen wurde. Der CV (Centralverein Deutscher Staatsbürger jüdischen Glaubens) wollte eine Jugendbewegung aufbauen, um die Kinder von der zionistischen Jugendbewegung abzuhalten.

Ich will hier nicht zu der Frage der deutschen Jugendbewegung Stellung nehmen. Man hat nach dem Zweiten Weltkrieg besonders gerne auf ihr herumgehackt, weil die Nazis das Führungsprinzip übernommen hatten sowie die harmlos mittelalterlich volkstümelnden Begriffe wie Gauleiter usurpierten. Ich habe auch in der Emigration Landsknechtslieder gesungen. Die Lieder aus dem Bauernkrieg waren für uns Kampflieder wie die der Russischen Revolution. Eine kleine Betonung einer Textstelle, eine kleine Änderung im Rhythmus erinnert mich noch heute an gemordete Freunde. Anfangs verstand ich gar nicht die Betretenheit, als ich diese Lieder wieder in Deutschland sang.

In der Jugendbewegung war eigentlich keine Bewegung mehr, als wir sie entdeckten. Ihr Stil, ihre Haltung wurden mißverstanden und mißbraucht. Die Pädagogik hatte sie überrannt. Man hatte die revoltierende Jugend eingefangen. Jede Partei, jeder Verein baute sich seine Jugendgruppe auf, in der »gesunden« Form der Jugendbewegung und des Wandervogels. Da aber immer eine neue Jugend heranwuchs, kam es dabei ab und zu zu Revolten, zu Splittergruppen, die sich dann wieder selbständig machten und sich der Jugendpflege entzogen. Ich möchte mich nun gar nicht so weit distanzieren, daß ich sage »Blamier mich nicht, mein schönes Kind ... wenn wir erst mal zu Hause sind«, denn die Jahre in der Jugendbewegung haben mein ganzes Leben bestimmt. Aber ich möchte versuchen, statt theoretisch darüber zu schreiben, mit der Zeit darzustellen, wie und was wir damals dachten.

Es fing also ganz harmlos an im jüdischen Jugendverein mit Vorträgen, die mich wenig interessierten, zum Beispiel über ein Buch ›Moria und Golgatha‹, eine Auseinandersetzung zwischen Judentum und Christentum, oder über das Buch von Jakob Wassermann ›Mein Weg als Deutscher und Jude‹. Ich fand diese ewige Betonung des »Deutschen« peinlich. Bald wurde für Jüngere eine Wandergruppe gegründet, und damit endeten die Spaziergänge mit den Eltern. Wichtiger noch als die Wanderungen war für mich die Zusammenarbeit mit den Führern, den damals so viel älteren Jungen und Mädchen – es waren kaum drei Jahre Unterschied –, und bald waren wir dem Jugendring angeschlossen, und zu meinem Erstaunen fand ich mich plötzlich bei einigen praktischen Arbeiten zusammen mit sozialistischen, völkischen und zionistischen Gruppen des Wandervogels. Wir waren uns über die Parteirichtung hinweg bald einig, was zu geschehen habe, und wir konnten miteinander reden, ohne wie die Erwachsenen einander zu verdammen. Es wurde ziemlich schnell klar, wie weit wir in jeder Frage zusammenarbeiten konnten. Es gab damals wenigstens noch keine beamteten Jugendlichen, und der Jugendring war eine freiwillige Zusammenarbeit und nicht, wie heute, eine Verteilungsstelle für Geld. Geld hatten wir überhaupt nicht. Als Versammlungsraum benutzten wir ein Zimmer in der Geschäftsstelle des CV. Es lag auf einem

Hinterhof auf dem Steindamm, vorne war, wenn ich nicht irre, der Rollschuhpalast. Später wurde es eine Autogarage. Im CV-Büro herrschte ein Herr Sabatzki, ein kleiner, zerquetschter Mann, den wir mit unserem Lärm, den wir Singen nannten, störten. Es war noch nicht die große Zeit der Generalsekretäre. Sekretär bei einem Verein zu sein, war ein Vorgeschmack für die Hölle, wie uns Herr Sabatzki glaubwürdig versicherte. Er war ein gehetztes Nichts zwischen den Honoratioren des Vereins, die alle mitzureden hatten – und was gilt schon einer, der von dem Verein leben wollte. Bald hatten wir viele einzelne Gruppen; ich selber leitete eine: Ich war damals kaum 15 Jahre alt und der Führer der 12- bis 13jährigen. Man kam mit allen Sorgen zu mir, ich mußte vor jeder Wanderung zu den Eltern gehen und bitten und überzeugen. Dann ging's am Sonntag hinaus, ein Stückchen mit der Eisenbahn, soweit das mitgebrachte Geld für alle reichte, dann quer durch Wälder und Wiesen an einen Waldsee. Wir kannten einige, die uns so gut wie alleine gehörten, weil sie kein anderer fand. Freilich mußte man sich durch Brennesseln und Schilf einen Weg bahnen, aber bald waren wir alle große Trapper, und je schwieriger es war, desto besser. Der Gedanke daran, daß ich oft mit 20 Kindern losgezogen bin und in verschilften Moorseen badete, machte mir noch nachträglich angst. Da ich »wissenschaftliches« Wandern, wie es die Pfadfinder nannten, nach Kompaß und Karten ablehnte – ich begann endlich aus meinen Untugenden Tugenden zu machen –, bestanden wir große Abenteuer, und es war jedesmal ein großer Tag gewesen, wenn wir völlig ausgepumpt im Laufschritt noch den Zug erreichten. Ich war zufrieden, wenn ich von den Eltern gefragt wurde, was denn nun wahr sei von all dem, was die Kinder erzählten, und meine Standardantwort lautete: »Wir haben eben Phantasie.« Die hatten wir reichlich. Sobald wir die Stadt hinter uns hatten, verwandelten wir uns und schlüpften in eine neue Haut, die uns besser paßte als die von der Schule gegerbte. Was war das für ein Land, in dem wir wanderten. Aus dem hochstämmigen Kiefernwald kommend, schlugen wir Wege durchs Tannengestrüpp, bis die weiten Wiesen und Felder vor uns lagen und an den riesigen Horizontbogen reichten, kaum unterbrochen von einzelnen Bäumen und Häuserchen. Wir gingen dann in den weiten Raum hinein auf Feldwegen zwischen violetten Lupinen-Feldern, kletterten über die Viehkoppeln und stolperten über die Feldraine zwischen Kartoffeläckern. Wenn wir einen Bauern oder Landarbeiter trafen, winkte er uns zu, daß wir quer über das Feld gehen könnten. »Das macht doch nichts.« Das war für mich der erste große Schock, als ich nach Süddeutschland kam. Man konnte sich kaum bewegen, überall gab es Zäune, man konnte nirgends querfeldein gehen, bis auf Bezirke, die dazu freigegeben waren.

Dort aber waren wir die Könige im freien Land, das uns auch ernährte; außer im Winter gab es ja immer etwas, was man kochen oder roh essen konnte. Am Abend gab es freundliche Bauern, die uns wie Gäste behandelten, wenn wir darum baten, in der Scheune schlafen zu dürfen. Es ging niemals ohne ein Riesenstück Streuselkuchen ab, und für die »Freileinchen« gab es sogar Betten »auf der Lucht«. Aber die Freileinchen waren damals auch halbe Jungen und schliefen lieber im Stroh. Da habe ich aber schon wieder vorgegriffen, denn es dauerte lange, bis wir uns die Freiheit erkämpft hatten, ohne Aufsichtsperson über Nacht fort bleiben zu dürfen. Es war ganz gut, daß wir wenig Geld hatten. So nahmen wir das Land rund um die Stadt ganz in Besitz. Wir hatten unsere Seen, und der Kobbelbuder Forst war unser Wald, und die Bauern kannten uns bald so gut wie die Sorgenauer Fischer. Oft fuhren wir in die Groß-Heydekruger Gegend, wo wir auf das Haff, das Frische Haff, stießen und die durch den Seekanal schwimmenden großen Frachter noch mit unserer Sehnsucht beluden.

Diese Zeit war schön, aber ich möchte nicht vergessen, was für einen zähen Kampf mit meinen Eltern und den

Eltern meiner Freunde wir führen mußten, bis wir uns von all dem frei gemacht hatten, was »Sitte und ehrbare Zucht« in der Vorstellung der Eltern war. Dennoch: Fast schäme ich mich aufzuschreiben, wie schön meine Jugend oft war, wenn wir wie sonnentoll durch das Schilf brachen, wie eine Horde Elefanten uns Wege schufen, nicht der Quaddeln achtend, die wir an den Beinen und im Gesicht von Stechmücken und Bremsen hatten. Oder zu Ostern, wenn wir das dünne Eis auf den Bächen zerbrachen und uns im kalten Wasser wälzten wie die Wildschweine im Dreck: Wir waren übermütig vor Jugend.

Vielleicht ist es falsch, wenn ich sage, daß ich ganz plötzlich erwachsen wurde. Richtiger ist wohl, daß die Kindheit beendet war und die Jugend begann. Aber wo endet sie? Eines ging nahtlos ins andere über, bis heute. Vielleicht wurde Spontaneität durch Erfahrung ersetzt. Damals war für uns Erfahrung ein Synonym für Feigheit. Das ist zwar nur zum Teil richtig. Aber was uns als Erfahrung entgegentrat, war die sehr zweifelhafte Erfahrung der Erwachsenen: »Wenn erst der Ernst des Lebens an dich herantreten wird!« Damit wollte man die Aktivität der Jugend in Mißkredit bringen. Der »Ernst des Lebens« war für uns nur die platte Umschreibung dafür, daß jeder es eines Tages auf sich nehmen muß, für sich, seine Frau und seine Kinder zu sorgen. Natürlich ist das für viele die Klippe, bei der man leicht kurzsichtig werden kann und dann nicht mehr sieht, wie sehr wir mit der Welt verbunden sind, in der wir leben müssen. Ich sage das nicht zufällig, ich greife nur etwas voraus. Das sind Dinge, die wir uns in den Gruppen erarbeiteten; denn bald beschäftigte uns das Problem der Berufswahl und überhaupt die Frage des Verhältnisses zu der Welt und ihrer ungewissen Zukunft. Wir diskutierten viel über den Berufsrevolutionär, den Lenin gefordert hatte, und fanden, daß es nur in Ausnahmefällen möglich war, sich ausschließlich seinen Idealen zu widmen. Unfundierter Idealismus führt sehr leicht zur Korruption und totaler

Abhängigkeit. Das gleiche galt für den Beruf des Pädagogen, des Lehrers. Wir fanden es notwendig, erst einen Grundberuf zu haben, einen Beruf, den man unauffällig unter anderen Menschen ausüben konnte und auf den man sich jederzeit wieder zurückziehen kann. Er sollte eine Gewähr dafür bieten, daß man nicht den Zusammenhang mit der Masse verliert und völlig in Theorie versinkt.

Ich stocke schon wieder; denn wenn ich das Wort »Masse« gebrauche, muß ich auch klarstellen, daß der Begriff für uns nichts Verächtliches an sich hatte. Keineswegs assoziierten wir ihn mit einer Eigenschaft wie »dumpf«, sondern sahen in ihm nur den Ausdruck für die Grundgemeinschaft der Menschen. Wer sich anmaßt, sie erziehen zu wollen, ihr bessere Lebensbedingungen zu erkämpfen, soll in ihr gelebt, muß in ihr gekämpft haben, muß sie lieben, ohne sich Illusionen hinzugeben.

Zurück zum Ausgangspunkt. Die Erfahrung wird gebraucht, um aus der Theorie eine Praxis werden zu lassen. Das waren Themen, die in Gruppenabenden und in Einzelgesprächen auf langen nächtlichen Wegen oder am Lagerfeuer diskutiert wurden. Immer wieder wurde, was in Einzelgesprächen entdeckt wurde, mit der ganzen Gruppe besprochen, denn für uns war die Gruppe das Kollektiv, ein neues Wesen, das die Erfahrungen, die jeder einzelne machte, zu gültigeren Erkenntnissen zusammenfaßte. Kindliches, Romantisches und Tragisches, vor allem aber gelebtes Leben, vermischten sich zu Erkenntnissen.

Ich wurde durch die Gruppe bestärkt, Tischler zu werden, ein Beruf, den ich hoffte lieben zu können, der an der Basis des Lebens blieb, bei dem ich aber den Kopf stets über dem Wasser halten konnte. Wie sehr ich damals noch in dem bürgerlichen Denken des Elternhauses befangen war, zeigt, daß ich mich anfangs schämte, aus der Klasse meiner Verwandten auszuscheiden, und darauf bestand, die Tischlerlehre nur als Vorbereitung für den Architekten anzusehen. So zwiespältig ist man trotz aller Theorien. Es ist unmöglich, alle Schichten einzeln abzutragen. Jedenfalls gab es viele Kämpfe mit meinem Vater, denn er schämte sich vor der Familie. Erst viel später hörte ich ihn staunend von seiner großartigen Idee erzählen, seinen Sohn zu einem praktischen Beruf veranlaßt zu haben.

Meine Tischlerkarriere wäre im letzten Augenblick fast noch gescheitert, weil ich den Lehrvertrag pflichtgemäß durchlas, bevor ich ihn unterschrieb. Er enthielt unter anderem einen mir unheimlichen Paragraphen, den ich unbedingt nicht unterschreiben wollte. »Der Lehrling ist der väterlichen Zucht des Lehrherrn oder seines Beauftragten unterworfen.« Es war gar nicht so leicht für mich, eine Lehrstelle zu finden, aber einen Sklavenvertrag wollte ich dann doch nicht unterschreiben. Es wurde bei der Innung angefragt, aber sie wollte keine Abstriche von dem Normalvertrag akzeptieren; so wurde mir versichert, weil ich Oberschüler sei und schon 16 Jahre alt, kämen Prügel wohl nicht in Frage; schließlich hieß es, auf den Beruf zu verzichten oder zu unterschreiben. Ich unterschrieb.

Das so herbeigesehnte Ende meiner Schulzeit kam dennoch überraschend. In meiner Vorstellung war es wie der Auszug der Kinder Israels aus Ägypten. So war es auch. Aber statt zu den Fleischtöpfen Ägyptens kam ich in die Wüste. Die Plackerei in der Schule war wenigstens von vielen Ferien unterbrochen, die in der Tischlerei nur von drei Urlaubstagen im Jahr. Zunächst aber konnte ich, da meine Versetzung diesmal sicher war, schon Mitte März von der Schule abgehen, weil meine Lehre am 1. April begann. Es war ein großer Freudentag, den ich noch ganz klar in Erinnerung habe. Ich sehe mich noch, wie ich mich, die Hacken leicht zusammenschlagend, von den Lehrern verabschiedete. Ich traf meinen alten Professor Peters, dessen Haupt inzwischen von einem Kranz weißer Haare gekrönt war. Er sah mir mit stahlblauen Augen scharf ins Gesicht und sagte: »Fürst, werde ein deutscher Mann.« Es war schwer für mich, so würdig zu bleiben, wie es der

Situation entsprach. Besser ging schon die letzte Naturkundestunde vorüber, eines der brotlosen Fächer, wie mein Vater sagte, in denen ich gut war. Ich weiß nicht mehr, wie der Lehrer hieß. Er war jung, wollte bei Kriegsspielen immer siegen, war sehr forsch, hatte wenig Haare, ein rotes Gesicht und wurde Tomatenkopf genannt. Auch er hatte öfters den Koller und beschimpfte dann die Klasse. Diesmal fluchte er heftig: »Werdet doch Schuster oder Maler oder Tischler, statt euch hier faul auf den Bänken herumzudrücken.« Ich erhob mich würdevoll, packte meine Sachen zusammen, machte vor dem Überraschten eine Verbeugung und sagte, daß ich seinen Rat befolgen werde. Als ich an der Türe war, erreichte mich noch sein verdutztes »Aber« und das Gebrüll der Klasse. So hatte ich wenigstens einen guten Abgang.

Noch eine Veränderung machte mich mündiger: der Weggang von Helene. Der Herr Günther, den sie heiratete, war ihr Onkel; seine verstorbene Frau war die Schwester ihres Vaters. Es gab eine lange Korrespondenz, weil er sich in den Kopf gesetzt hatte, eine Frau aus demselben Stall zu nehmen. Es kommt mir fast alttestamentarisch vor. Lene sträubte sich lange, bis er plötzlich selbst erschien. Da gab sie nach. Sie hatte eine Vorstellung von einem persönlichen Gott, der ihr Befehle erteilt, allerdings nicht immer zum Guten, denn sie lud sich etwas auf, was sie fast zerbrach. Wir »aufgeklarten« Juden pflegen ja so etwas mit einer Handbewegung abzutun, laden uns aber aus anderen Gründen, die wir Vernunft nennen, ähnliche Dinge auf. Daß wir immer alle dort geschlagen werden, wo wir glauben, etwas meistern zu können! Sie glaubte an ihre erzieherischen Fähigkeiten, scheiterte aber an einem 12jährigen Mädchen, dem sie die neue Mutter sein wollte. Sie wurde dadurch nicht gebrochen, aber verhärtet, und was Gott ihr dann »befahl«, war alles andere als christlich. Ich bewundere die Ehrlichkeit, mit der sie vierzig Jahre später berichtete, wie mitleidlos sie sein konnte. Ich, der Chronist, stoße an diesem Punkt wieder darauf, wie schwer es ist, dort, wo man liebt, dunkle Ecken auszuleuchten; und nicht weniger schwer ist es, etwas Gutes zu sehen, wo man nicht liebt.

Durch den Weggang Helenes ergab es sich von selber, daß wir in unserem Haushalt, der mit Anna – die erst zwei Jahre später ihren Herrn Grab heiratete – acht Personen umfaßte, alle stärker mithelfen mußten. Ediths und mein Verhältnis zu den jüngeren Geschwistern wurde inniger. So stand ich auch den Eltern selbstbewußter gegenüber, schon weil wir es unternahmen, für Rosa und Hanna mehr Freiheiten durchzukämpfen, als wir in dem Alter gehabt hatten. Hinzu kam, daß das Geschäft durch die Inflation nur noch mühsam das Geld für den großen Haushalt aufbringen konnte. Vater war fünfundsechzig Jahre alt, wurde viel vom Ischias gequält, sonst bemerkte ich nicht, daß er älter wurde. Er wurde sogar aufgeschlossener uns gegenüber, und im Verhältnis zu anderen Eltern war er wirklich liberal. Da wir beide Dickköpfe waren, gab es trotzdem viel Streit zwischen uns. Edith war viel geschickter als ich, unsere Wünsche bei ihm durchzusetzen. Meine Mutter hatte oft viel zu tun, um zwischen uns Frieden zu stiften, und mit Rücksicht auf sie wurde mancher Krach vermieden. Unsere Wohnung wurde mehr und mehr ein offenes Haus. Manchmal tagten in jedem Zimmer Gruppen, und am Abend erkundigte sich Vater ein wenig resigniert, wieviel Kinder er heute nacht habe. So begannen wir langsam, die Familie in unserem Stil umzubilden, was von den Eltern geduldet wurde, weil wir andererseits auch die Arbeit dafür machten.

Wenn ich jetzt schreibe, daß Erwin Lichtenstein mein erster Führer war, so muß ich erst wieder ein paar Worte über den Führer in der Jugendbewegung sagen. Denn es handelt sich bei ihm nicht um den germanischen, bis zu Hitler und dem Duce hochstilisierten Führer; er ist auch nicht zu vergleichen mit dem Jugendführer im NS-Jungvolk und den Führern in den politischen Jugendbewegungen, die später Funktionäre im Apparat werden konnten. Er war einfach einer, der den einzelnen oder eine Gruppe an die Hand nahm und führte. Gewiß konnte es schwierig werden, wenn die Gruppe über den Führer hinauswuchs, und es kam vor, daß er sich dann gegen die Ablösung, die oft mit einer Auflösung der Gruppe einherging, wehrte. Aber eine Jugendgruppe muß nicht nach langem Leben schielen, sondern ihre Zeit intensiv ausnutzen. So jedenfalls faßten wir es damals auf. Autoritär oder antiautoritär war bei uns nicht die Frage. Einer mußte den Anstoß geben. Da in dieser Jugendgemeinschaft keine materiellen Belange zu verteidigen waren, wurden wir auch nicht allzusehr von Ehrgeizigen behelligt. Konfliktstoffe gab es dennoch genug.

Erwin Lichtenstein war ein sehr langer dünner Junge mit einem großen schmalen Kopf und roten Haaren. »O Berg mit dem rötlich strahlenden Gipfel«, war unsere Anrede und Liebeserklärung, obgleich man besser von einem Kirchturm geredet hätte, aber den hat Schiller eben nicht so schön besungen. Sein Vater, der Justizrat mit dem etwas zerzausten Bart, war der Königsberger Demokrat vom Dienst: Er war in allen demokratischen Gremien tätig, von der jüdischen Repräsentantenversammlung bis zur demokratischen Partei. Erwin war auch ein Demokrat, eigentlich schon viel zu vernünftig für uns, mit einer großen Toleranz und noch nach Jahren, als er schon verheiratet und Redakteur einer Zeitung in Danzig war, immer bereit, für uns einzutreten, wenn wir uns viel zu weit vorgewagt hatten und der »geballten Majorität« der Eltern zu unterliegen drohten. Und obwohl wir Kompromisse verachteten, ließen wir uns gerne von ihm retten. Die Urgruppe bestand aus wenigen Leuten: meine Schwester Edith und ich (mein Vater würde jetzt sagen »Ich dummer Esel immer voran«); die beiden Brüder Lepehne, Walter, der Ältere, war messerscharf und hatte Ähnlichkeit mit Robespierre, daher sein Spitzname; Hans Meierowitz, der immer schon Apotheker war, langsam abwägend, gutmütig vermittelnd, mit seinen

Schwestern; Lisa Warschawsky verkörperte das Getto, rothaarig, hellhäutig, mollig; sie brachte uns unsere jiddischen Lieder bei. Sie war überhaupt die Mahnung, unser Deutschtum kritisch zu sehen; ebenso Margot und Horst Himmel: Horst sehr tüchtig in allen praktischen Dingen, Margot die »metaphysische Realität«, ungebrochen sentimental, immer auf seelische Tragödien lauernd, in denen sie schwelgte; Lilli Lassar-Cohn war der Mittelpunkt der Gruppe, sommersprossig, in jeder Situation aktiv, intelligent, so deutsch, wie man nur sein konnte. Bei allen Jugendsportfesten ging sie ohne Zaudern und ohne besonderes Training hinein und holte sich einen Preis. Ihr galt meine Liebe und Bewunderung; dazu kamen noch Bernhard Borkau und später sein Bruder Heinz sowie die Geschwister Samuel, deren Vater ein Gut im Süden der Stadt, bei Jerusalem, hatte. Ja, es ist kein Irrtum. Ich weiß es ganz genau, daß Jerusalem damals in der Nähe von Königsberg lag. Ilse Samuel war so deutsch und sah so interessant jüdisch aus, daß wir sie Schmulchen nannten, denn Schmul ist die jiddische Abkürzung von Samuel. Es war eine bunt gemischte Gruppe, und viele habe ich noch nicht einmal genannt.

Bevor ich die anderen aufzähle, will ich noch einiges von Lilli berichten, nicht nur weil ich sie liebte, sondern weil sie auch das Herz der Gruppe war. Ich kannte sie schon seit langem. Ihr Bruder, mit dem ich oft boxte, war in meiner Schule. Natürlich kannte jeder die Lassar-Cohns. Ihr Vater war Privatdozent an der Universität und Chemiker, eine Seltenheit in Königsberg, und er hatte, das gab es damals kaum, ein volkstümliches Buch über Chemie herausgegeben. Mit seinem gepflegten langen Bart war er eine markante Erscheinung in der Synagoge und im Börsengarten. Wir mußten ihm immer die Hand geben, wenn er auftauchte, was wir auch gern taten, weil er uns ein wirklicher Vertreter Gottes auf Erden schien. Lilli war für uns besonders deshalb bewundernswert, weil sie schon im halben Winter mit Wadenstrümpfen herumlaufen durfte. Wir pflegten dann mit dem Argument »Lilli darf schon ...« die Mutter zu quälen, bis wir es auch durften. Der Professor war aber gar kein so sanfter Mensch, wie wir ihn einschätzten, aber das erfuhr ich erst sehr viel später. Er war deutsch-national und zwang im Krieg seine Familie, nur von den zugeteilten Rationen zu leben. Als seine Frau einmal Kartoffeln schwarz beschafft hatte, verbrannte er diese Konterbande vor den Augen der hungrigen Familie. Als der Krieg verloren war und der Kaiser vertrieben, wollte er auch nicht mehr leben und ließ seine Familie ziemlich mittellos zurück. So verließ Lilli früh die Schule, lernte im Getreidehandel und ernährte die Familie. Sie war ungewöhnlich kompetent für alle Dinge und dabei fröhlich, und niemand ahnte, wie schwer sie es zu Hause hatte mit ihrer sehr unpraktischen, weinerlichen Mutter. Aktiv waren wir alle. Wir gründeten Gruppen in der Provinz, wobei es wichtig war, weite Strecken über Sonnabend-Sonntag nach Allenstein, Lötzen, Insterburg und Gumbinnen, Elbing und Marienburg zurückzulegen.

Ich erzählte schon, daß ich vor Beginn meiner Lehrzeit 14 Tage Ferien hatte. Wann immer wir konnten, fuhren wir nach Allenstein. Dort erwarteten uns viele Köstlichkeiten. Zunächst wohnte da Tante Julka, die mir damals schon uralt zu sein schien und die den frechsten Mund in der ganzen Familie hatte. Sie besaß eine Streichholzfabrik. Das war ein roter Backsteinbau aus dem vorigen Jahrhundert. Vorne das Wohnhaus und hinten die Fabrik. Tante Julka empfing einen gleich mit den Worten: »Emma wird dir dein Zimmer zeigen. Wenn du deine Sachen abgelegt hast, kannst du zu deinen Freunden gehen, um 1 Uhr gibt es Essen.« Wir Kinder waren gern bei ihr und vor allem bei ihrer Tochter Hannchen. Hannchen war eigentlich auch ein Mensch, den man sonst nur aus Büchern kannte, zart, aber energisch, und ich entdeckte, was ich später immer wieder bestätigt fand, daß die Provinzler, waren sie überhaupt interessiert, viel informierter über die Vorgänge in der Welt waren als die Großstädter. Die »ausgeruhten Köpfe« kamen immer aus der Provinz, man hatte mehr Zeit, weil weniger Wege zu gehen waren und es weniger Zerstreuung gab. In Hannchens riesiger Bibliothek gab es alles an neuer Literatur, was das Herz sich wünschte, und sie besaß schon eine große Schallplattensammlung, als es bei uns immer nur den Leierkasten gab. Tante Julka war die zweite Frau Onkel Jakobs. Onkel Jakob hatte – es muß in den siebziger Jahren des vorigen Jahrhunderts gewesen sein – Pleite gemacht und dafür im Schuldturm gesessen. Meine Mutter erzählte, es wäre peinlich gewesen, weil er am Sonntag, wenn alles auf der Promenade war, sich traurig am Fenster zeigte. Er war schon lange gestorben, und Tante Julka redete nie von ihm. Die Zündholzfabrik hatte sie dann aufgebaut. Zu unserer Zeit wurde sie aber schon von ihrem Sohn Otto, einem Ingenieur, geleitet. Er hatte einen roten Dixi, mit dem wir weit durch die Wälder fuhren, um Bäume zu suchen, die für die Streichholzfabrikation geeignet waren. Es war das erste Privatauto, in dem ich fuhr. In der Fabrik, die mir damals als ein Wunderwerk der Automation erschien, war er ständig dabei, neue Maschinen zu erfinden. Damals wurde noch viel selbst gebaut. Tante Julka saß meistens in ihrem großen Wohnzimmer im Parterre unter einer riesigen, bis an die Decke gehenden Zimmertanne, stickte und machte mokante Bemerkungen über die Familie, die uns freuten. Hannchen war immer tätig, sie war in allen Wohlfahrtsvereinen, aber auch in der Sozialdemokratischen Partei aktiv. Sie war die einzige Verwandte, mit der wir auch später noch befreundet waren. Die ganze Familie ist ausgerottet worden. Tante Julka starb 1935; von Hannchen erzählte man mir, daß sie bis zuletzt heldenhaft im Lazarett im Lager Theresienstadt gearbeitet hätte; sie starb kurz vor Kriegsende. Otto wurde veranlaßt, in Allenstein zu bleiben, weil er für die Fabrik unentbehrlich war. Als er dann nicht mehr unentbehrlich war, war es zum Auswandern zu spät. Er wurde verschleppt und ist verschollen. Er wurde, wie so viele, dafür bestraft, daß er sich von der Heimat nicht trennen konnte. Das ist wahr, denn er blieb noch dort, als seine Fabrik schon längst »arisiert«, das heißt enteignet war.

Es tut mir leid, die schönen Bilder aus der damaligen Zeit dadurch zu zerstören, daß ich gleich das bittere Ende erzähle, aber als Überlebender habe ich die Pflicht, auch das zu berichten. Es ist ja doch gut, daß niemand weiß, was ihm bevorsteht. Damals blinzelten wir in die Sonne und stürmten zu unseren Freunden. Sie wohnten in einem anderen großen Haus in Allenstein. In der ganzen Provinzpresse stand oft ein Inserat, das uns amüsierte: »Krepiert ein Schwein, bringt es zu Segal.« Segals hatten nämlich eine Seifenfabrik. Kam man in das Segalsche Haus, so war von krepierten Schweinen nichts zu merken. Es war ein Museum mit Barockschränken und Tischen und Bildern. Die Eltern Segal waren Sammler. Noch heute bin ich gerührt, wenn ich an die Schränke denke mit den dicken gedrechselten Säulen des Danziger Barock und die Tische mit den kunstvollen Intarsien. Wahrscheinlich gab es viel davon in den Schlössern der ostpreußischen Großgrundbesitzer, aber ich wäre nie auf den Gedanken gekommen, daß man damit leben könne, sie betasten und gebrauchen. Dazu gab es dort viele Kinder. Hauptsächlich liebten wir die Jüngsten, die Zwillinge Lotte und Eva, die wirklich schwer auseinanderzuhalten waren mit ihren ovalen ostpreußischen Gesichtern. Als Kontrast dazu war eine etwas jüngere Cousine, die dort lebte, schwarz mit zwei Zöpfen, wie Königin Esther, klug und apart, eine zerbrechliche Kostbarkeit. Sie hieß Kate und wurde Katz genannt. Sie sah zerbrechlich aus, war aber härter und geschmeidiger als Stahl und konnte sich gegen Krankheit und andere Schwierigkeiten durchsetzen. Als 1933 die jüdischen Studenten in Berlin von der Universität gewiesen wurden, bot man ihr an zu bleiben. Sie blieb aber nicht und ging ins Ausland.

Das ganze Gegenteil zu dem kultivierten Segalschen Haus war das des Fahrradhändlers Peiser mit seiner dicken, gemütlichen und gleichzeitig ewig keifenden Frau. Jedesmal mußte ich da mit der Autorität des Großstädters seine Tochter Frieda und seinen Sohn loseisen. Der alte Peiser war einer, der sich in den Kopf gesetzt hatte, aus seinen Kindern »anständige Menschen« zu machen, so wie er einer war, und es war nicht leicht, gegen den alten Eisenkopf anzugehen. Überhaupt mußte ich viel lernen und unglaublich geschmeidig sein, mit all den Typen von Eltern umzugehen, denn das verlangten mein jüngeren Freunde von mir. Wenn wir dann aber alle beisammen waren, gab es schöne Wanderungen zwischen den Seen und zu einem Stauwerk mit einem Wasserfall, der auf mich, weil es der erste war – wo gab es schon im Flachland einen Wasserfall? –, mehr Eindruck gemacht hat als alle späteren berühmten Wasserfälle. Wie schön waren aber auch die breit hingelagerten Flußlandschaften wie bei Gumbinnen, wo die kleine Pissa und die Rominte zusammenflossen und sich zum Pregel vereinigten. Und die majestätisch ruhig dahinfließenden Flüsse, über die im Frühjahr die Eisschollen dahinhetzten, oder die breit hingelagerten Flußlandschaften.

Von dort kam Friede Grünwald nach Königsberg, um aufs Gymnasium zu gehen. Ihr Vater hatte ein Geschäft wie Onkel Felix, ihre Mutter schrieb Gedichte, und sie selbst war belesen und warf mit Nietzsche-Zitaten um sich, die einen so primitiven Burschen wie mich vollständig verwirren konnten. Was sollte mir ein Spruch wie »dieses Wetter ist scheußlich, darum liebe ich es«. Ich hatte für Paradoxe noch gar kein Verständnis und beschloß, Nietzsche nie zu lesen. Einer der seltenen Vorsätze, die ich gehalten habe, auch wenn meine Lebensauffassung später nicht ganz so positivistisch blieb. Friede war klein, mit einem runden, wachen Gesicht und einer leichten Rückgratverkrümmung, das nahm mich sofort für sie ein. Sie war intelligent, vierzehn Jahre alt und hat für mich den schönen Spruch geprägt: »Max Fürst ist ein guter Mensch.« Das »gut«, gesprochen mit entzückend hochgezogenen Augenbrauen, hieß wohl mehr »dumm«. Friede hatte einen Bruder Wilhelm, der Schlosser wurde, mit dem mich eine lange Freundschaft verband. Er hatte immer so schöne Sprüche parat wie »Dummheit und Stolz wachsen am selben Holz« und »Von der Wiege bis zur Bahre ist der Rohrzollstock das einzig Wahre«. Ich habe leider nie einen Rohrzollstock besessen. Wir beiden Handwerker konnten uns so gut über die »Eierköpfe« lustig machen und über seine Schwester Kate, die die Freundin meiner jüngeren Schwester war. Friede spottete zwar über mich, aber wenn ihre Welt nicht mehr in Ordnung war, kam sie und klagte ihr Leid, und ich mußte ihr stundenlang Lieder vorsingen, bis die Trauer sich verlaufen hatte. Viel zu schnell wurde ich zum Beichtvater all dieser Menschen, was für mich langsam bedrohlich wurde. Ich besinne mich auf einen Traum, der mich wieder jahrelang verfolgte. Ich sah mein Gehirn vor mir, es sah aus wie ein Granatapfel mit vielen kleinen roten Kernen, dazu viele Menschen, die Kern für Kern herausklaubten. Es war kein schmerzhaftes Gefühl, aber die Angst war in mir, daß ich ganz entleert sein würde. Ich habe Standardträume, die immer wiederkehren, auch wenn der Anlaß schon längst vergangen ist.

Friede Grünwald war eine kleine Hexe, sie rächte sich dafür, daß sie sich bei mir ausheulte, sie war zwiespältig, weil sie intellektuell viel weiter war als der kindliche Körper. So stellte sie denn dem »guten« Max immer wieder entzückende Fallen, in die ich dann prompt hineinfiel. Bei einem Chanukkaball des Jugendvereins stellte sie mich ihrer Freundin Ruth Simon vor. Ruth war ein Star von Königsberg, Tochter des Millionärs Shmuel Simon, eines der Königsberger Originale. Er konnte es sich leisten, keinen Kompromiß zu machen, war orthodoxer Jude und provozierte die reichen adligen Großgrundbesitzer, indem er bei Spenden immer den doppelten Betrag wie der Oberpräsident, von Batocki-Bledau, zeichnete und dann sein Shmuel Simon dahintersetzte, nicht etwa Samuel. Damals wurden auf dem Land die Handelsjuden noch einfach mit Shmuel angeredet, ganz gleich wie sie hießen. Ihm gehörten die meisten Grundstücke vor dem Steindammer Tor, den Mittelhufen, und dort wohnte, wie im alten Westen von Berlin, die Elite der Juden. Ruth besaß ein scharfes Gesicht, die Gestalt eines Windhundes, war ein wenig jünger als ich und von der Gloriole umweht, daß sie sich alles leisten könne. Ihr Bruder ging auf dasselbe Gymnasium wie ich, er gehörte auch zu den Jungen, deren Schultasche am Sonnabend von einem Diener abgeholt wurde. Ruth war Zionistin. Es fiel ihr nicht schwer, mich in sich verliebt zu machen.

Die beiden kleinen Hexen hatten das verabredet. Ein paar Tage später bestellte sie mich unter irgendeinem Vorwand in ihre Wohnung, und als ich schüchtern eintrat, sagte mir ein Dienstmädchen mit Häubchen und weißer Schürze, das gnädige Fräulein sei krank, doch als ich gehen wollte, rief die bekannte Stimme: »Laß ihn nur reinkommen.« So stand ich plötzlich wie ein plumper Bauernjunge im Boudoir einer Dame. Sie lag entzückend ausgebreitet in dieser Konfektschachtel und plauderte unbefangen, als wäre ich in das Zimmer meiner Schwestern gekommen. Mit ungläubigem Staunen hörte ich, daß sie nach Palästina gehen würde als Chaluza (Arbeiterin) und eine Hühnerfarm gründen wolle. Die Situation war zu grotesk, denn ich wußte ja schon, was ein Arbeiter ist, und Geplauder, Person und Umgebung wollten gar nicht zusammenpassen. So fand ich mich dann wieder und konnte auch sagen, was ich dazu zu sagen hatte. Zu den Standardsätzen meines Vaters gehörte die Bemerkung, daß Reichtum keine Schande sei und Armut auch nicht glücklich mache. Der Reichtum ist Ruth davongelaufen, aber da sie zwar ein Herz hat, das nur selten vernünftig ist, dafür oft gute und vernünftige Einfälle, sind wir viele Jahre später Freunde geworden. Sie ist aber in ihrem Lebensstil immer eine Millionärstochter geblieben, ob sie nun Geld hatte oder bettelarm war.

Durch Friede lernte ich auch Hans Litten bei einer Veranstaltung des jüdischen Jugendvereins kennen. Hans lehnte in einem blauen, bürgerlichen Anzug am Klavier, ein

Kreis hatte sich um ihn gebildet, natürlich stand Friede neben ihm, und man unterhielt sich gebildet. Ich hatte den Verdacht, daß es wieder um Nietzsche-Zitate ging. Jedenfalls verstand ich kein Wort. Ich wußte, daß sein Vater Professor war und Dekan der juristischen Fakultät, später mehrere Jahre Rektor der Universität, natürlich getauft, das war der Preis, denn sonst hätte er nicht ordentlicher Professor werden können. Sein Sohn Hans betonte sein Judentum und ging ihm zum Tort mit Hut und Gebetbuch am Schabbes durch die Stadt in die Synagoge. Das nächste Mal traf ich Hans auf einer Wanderung. Friede, das kleine Biest, hatte ihn bewogen mitzukommen und hetzte uns beide aufeinander. Er war zwar größer, zwei Jahre älter als ich und Student, aber ich war gewandter. Als wir genügend gerauft hatten, gingen wir zusammen weiter, und Friede hatte das Nachsehen. Am Abend in der Jugendherberge lagen wir in Militärbetten übereinander, und einer fing an, den ›Tor und den Tod‹ von Hofmannsthal zu zitieren, und da wir ihn beide auswendig konnten, rezitierten wir ihn in verteilten Rollen. So begann eine lebenslange Freundschaft.

Ich würde jetzt gerne von Hans Litten schreiben, aber das geht nicht mit dem zusammen, was ich bisher geschrieben habe. Denn dann hätte ich nicht erst die vielen Freunde und Bekannten vorstellen dürfen, mit denen wir in diesen Jahren zusammen gelebt haben. Es wäre auch nicht in seinem Sinne, und ich würde zwangsläufig zu einem Biographen werden, der eine Persönlichkeit wie einen Halbgott aus dem Nichts entstehen ließe, von *seinen* Ideen und Taten spräche und neben den vorgestellten Freunden und Bekannten noch ein Idealbild mit dem Anspruch errichtete, ihm nacheifern zu wollen. Zunächst möchte ich ihn und mich zurückhalten und den Versuch unternehmen, das Wachsen der Menschen in einer Gruppe darzustellen. Einer Gruppe, die auch nicht im Niemandsland angesiedelt ist, sondern in der bürgerlich-jüdischen Gesellschaft in Königsberg.

In solch einem Kollektiv ist das Wort des Klügsten nicht wichtiger als das des Dümmsten: die Geradlinigkeit Lillis wie die Langsamkeit Horst Himmels, die Sentimentalität Margot Himmels wie die Schärfe Walter Lepehnes, die spielerische Belesenheit Friede Grünwalds wie die Sanftmut der Segalschen Zwillinge. Wie oft fiel das Stichwort für die Lösung der Probleme ungewollt und unerwartet von einem, der in die Diskussion nur ein Wort warf, und wie oft wurde sehr klug über Nichtigkeiten geredet. Ein Kollektiv funktioniert, wenn jeder aufgeschlossen seine Persönlichkeit einbringt. Diese Grundlage zu schaffen ist die erste Aufgabe. Es blieben auch nicht immer die gleichen Personen, es kamen neue hinzu; andere verließen Königsberg oder die Gemeinschaft, aber die Diskussion ging über lange Jahre weiter.

Beim Überlesen des letzten Kapitels fällt mir auf, daß die Schilderungen von Mädchen überwiegen. Freundschaften mit Jungen und Männern sind eben oft weniger farbig, aber nicht weniger intensiv. Da gehen oft die Wege weit auseinander, aber wir finden uns schnell wieder, auch wenn wir uns jahrelang nicht sehen. Das erlebte ich oft. Da war zum Beispiel mein Freund Werner Harting, der Architekt. Er wurde in den dreißiger Jahren in Berlin mein Freund, er hatte den Mut, mich 1934 mit meiner kleinen Tochter im KZ Oranienburg zu besuchen, und als wir 1935 emigrierten, stand er am Bahnhof. Dann spärliche Briefe, bis ich 1950 wieder in Berlin erschien, wo er mir mit seinem Autochen entgegenkam. Als ich neben ihm Platz genommen hatte, sagte er: »Du hast dich damals doch geirrt«, und wir setzten das Gespräch fort, das 1935 unterbrochen wurde.

Immer, wenn ich mich mit einer Periode meiner Zeit in Königsberg beschäftige, fallen mir Dinge ein, die ich längst vergessen hatte. Immer neue Namen melden sich, wenn ich andere genannt habe, Erinnerung wird aufgeschreckt, die ich über lange Zeit hinweg mit mir getragen habe, völlig verdrängt vom Tagesgeschehen. Vieles muß ich fortlassen, weil ich sonst nicht mehr Herr der Erzählung bliebe. Am Anfang hatte ich noch die Zeit, von jedem der Freunde den ganzen Lebenslauf zu schildern, auch das muß ich auf wenige Ausnahmen beschränken. Ich weiß natürlich auch, wie sehr sich jede Persönlichkeit in den Augen des Nächsten verändert. Man wird zu einer Puppe mit festgelegten Charakterzügen, und alles wird in der Schilderung simplifiziert.

Sieht man ein Kind täglich, so merkt man nicht, wie es wächst, sieht man es aber in Abständen von Monaten, so ist man erstaunt über sein körperliches und geistiges Wachstum, und vergleicht man die neue Entwicklung mit dem Bild, das man sich vor der Begegnung gemacht hatte, so wird man finden, daß es viel zu statisch war. Man findet schon einige Grundzüge wieder, aber es gibt in dem Rahmen, den man gesteckt glaubte, unendlich viele Variationen. Es sind Formeln, bei denen die Unbekannten Eindrücke sind, die niemand kontrollieren kann, so daß der vermeintliche Grundcharakter scheinbar völlig verlassen ist.

Auf der anderen Seite habe ich immer darüber gestaunt, wie überrascht die Kinder von der Entwicklung ihrer Eltern sind. Natürlich schätzen Kinder fortschrittliche Eltern, aber meist nur, insofern sie direkt betroffen sind. Sie ziehen aber nicht gerne in Betracht, daß sich auch die Eltern entwickeln. Sie bevorzugen eine Stetigkeit, mit der sie sich auskennen. Wir können uns nur schwer in andere Menschen hineinversetzen. So pflegte ich meinen Kindern immer zu sagen: »Wir haben in eurer Abwesenheit nicht gerade in einer Vitrine gesessen und gewartet, bis ihr wiederkommt, um den Staub abzuwischen.« Das ist nicht nur in der Beziehung zwischen Eltern und Kindern so, sondern zwischen allen Menschen. Es gehört zur Toleranz, daß man immer wieder bereit ist, das Bild zu zerstören, das man sich von einem Freund gemacht hat, und ihn neu zu akzeptieren in der Entwicklung, in der er sich gerade befindet. So ist es nicht leicht, trotz aller Leitfäden, die gegeben sind, von dem Erwachsenen zum Kind zurückzufinden. Wie ein Archäologe hebt man Schicht für Schicht ab, stößt auf Scherben, und auch da bin ich gar nicht so sicher, daß ich sie richtig zusammengesetzt habe. Wer die großen Thesen und Widerrufe der Wissenschaft kennt, wird auf jeder Seite dreimal schreien »Irrtum vorbehalten«. Dasselbe gilt auch für alles, was ich über mich selber schreibe. Zwischen Eigenliebe und Enttäuschung bleibt ein schmaler Raum für Objektivität.

Um nun mit dem zweiten Fuß auf den Boden zu kommen, will ich erst über die Lehrzeit schreiben. Es war natürlich ein Schritt in die Unsicherheit, mit Menschen zusammen zu leben, zu arbeiten, die weder dem Bürgertum noch der jüdischen Gesellschaft angehörten. Es ist etwas anderes, Arbeitern als Lohnempfänger unter Lohnempfängern, also gleichgestellt, zu begegnen und nicht in der romantischen Verklärung von Versammlungen. Die Lehrfirma hieß G. Reuter; ihr Geschäft war auf dem Steindamm, gleich am Anfang, gegenüber der alten Steindammer Kirche, und die Werkstatt oder Fabrik in der Fuchsberger Allee, ein ganzes Stück hinter dem Cranzer Bahnhof. Die Fuchsberger Allee war zu meiner Zeit noch wenig bebaut, eine richtige Ausfallstraße mit einem schmalen Radfahrweg zwischen Alleebäumen, an denen ich im Winter oft mein Fahrrad zerbeulte, wenn ich über das Eis schlitterte. Das Fahrrad war die erste Errungenschaft und wurde mein unentbehrliches Requisit. Der Chef der Firma war schon nicht mehr Tischler, sondern Kaufmann, nicht sehr angenehm und sehr standesbewußt. Der Vater, der alte Tischlermeister, war noch Handwerker gewesen. Er kam ganz selten in die Fabrik und erzählte von den Jahren, als es noch keine Maschinen gab und die Lehrlinge im Graben stehen mußten, um mit der großen Zugsäge die Bäume und Balken aufzuschneiden. Der andere stand dann auf luftiger Höhe auf dem Baum. Es ist wohl ein sehr altes Lied, das uns vorgesungen wurde. Es fing immer an »In meiner Zeit, da mußte noch der Lehrling...« Und dann wurden wir darüber aufgeklärt, wie gut wir es hatten. Die gute alte Zeit ist in den Einzelheiten immer eine schwere Zeit gewesen, und es gehört zum Renommee der Alten, daß sie nur dadurch zu Männern geworden seien. Der Anblick selbst ist selten überzeugend. Aber die Mär von der guten alten und so wohltuend schweren Zeit scheint unausrottbar zu sein, denn der Werkmeister und auch die Gesellen sangen dasselbe Lied leidenschaftlich. Es wird immer den Unteren vorgesungen, während man selber sich beeilt hatte, davon wegzukommen. Außerdem gibt es den schönen Spruch von den Lehrjahren, die keine Herrenjahre seien. Nun, Herren wurden ja wirklich nur ganz wenige, aber dem Lehrling und dem Hilfsarbeiter gegenüber war man schon der Herr; man konnte sie hetzen mit der Begründung, daß sie ja später andere würden hetzen können. Dieses sanktionierte Oben und Unten und noch weiter Unten schafft immer neue Klassen innerhalb der Klassen und macht sie dirigierbar. In den ersten Wochen war ich ziemlich hilflos, denn natürlich war ich als Gymnasiast vorangemeldet und die anderen Lehrlinge waren mir an Handfertigkeit und Ausdauer weit überlegen. Dann entdeckten wir uns als Individuen und gleichzeitig die Solidarität. Nicht in der Theorie, sondern in der Praxis.

Die Fabrik war ein zweistöckiger Kasten. Im ersten Stock arbeiteten die Tischler, unten standen die Maschinen. Es gab ein mit Spänen und Kohlen angeheiztes Lokomobil, von dessen großem Schwungrad über Wellen und Transmissionsriemen alle Maschinen betrieben wurden. Im kleinen Heizraum herrschte Hephaistos, wie ich den Heizer nannte, ein dünner langer, anscheinend lungenkranker Mann, der auch eine kleine Schmiede betrieb, in der sommers wie winters eine Höllenglut herrschte. Er war mein erster Freund in der Werkstatt, und wir führten lange Gespräche. Er war der erste, der mich nach allem Wissen ausquetschte, und ich mußte mich oft für seine Fragen vorbereiten. Später, als der Neubau fertig war und er eine richtige Dampfmaschine bediente, wurde es für ihn etwas leichter. Zu dieser Zeit wurden auch die Wellen und Transmissionen in den Keller verlegt. Hephaistos hatte einen blauen, schmierigen Schlosseranzug an und bewegte sich stetig und lässig, war immer völlig schwarz im Gesicht und auch nach Feierabend nur wenig heller.

Vorne an der Straße lag das Haus, in dem der Werkmeister mit seiner Familie wohnte, ein etwa vierzig Jahre alter, sehr tüchtiger und eigentlich sehr freundlicher Mann, der aber unter dem Druck der Geschäftsleitung stand; er war sehr auf sein Ansehen erpicht, weil er selbst Geselle im Betrieb gewesen war und sich gegen die älteren Gesellen nur schwer durchsetzen konnte. Daneben wohnte der Kutscher, dann kam der Stall für die drei Pferde und die Wagenremise mit den G.-Reuter-Wagen. Ein weiter und breiter Hof mit Holzschuppen und Holzstapeln. Ich glaube, gut ein Drittel meiner Lehrzeit habe ich zwischen diesen Holzstapeln verbracht. Dort herrschte der Ochs, der Lagerarbeiter. Es war kein Ochs, wenn er auch die Kraft eines Ochsen hatte, er hieß so. Er war ein Schwabe, und seine merkwürdige Mundart war unsere stete Freude, sonst war er ein gutmütiger, ewig gut gelaunter Mann, mit dem wir gerne arbeiteten.

Holz ist etwas Wunderschönes, aber eine Eichenbohle ist verdammt schwer, und mehrere Stämme Eichenbohlen aufzuspänen, das heißt Querhölzer dazwischen zu legen, damit sie trocken werden, kann einem die Freude am Holz lebenslang vergällen. Ich muß immer dran denken, wenn mich Leute, die hören, daß ich Tischler bin, darauf ansprechen, »was es doch für eine Freude ist, mit solchem Material zu arbeiten«. Ich möchte dann immer von Knochenarbeit reden, denn schon damals – vielleicht gerade damals – gab es kaum einen älteren Tischler, der nicht krumm vor Rückenschmerzen war. Dennoch: Holz ist ein sehr schönes Material, aber bis es seine zärtliche Glätte erreicht hat, muß man sich und es durch alle Widerwärtigkeiten und Widerborstigkeiten quälen, da wird einem nichts geschenkt. Wer es in eine Form zwingen will, muß trickreich sein und die Zähigkeit eines Löwenbändigers haben.

Die Lehrzeit dauerte dreieinhalb Jahre, der Sklavenvertrag, wie ich es nannte. Ein halbes Jahr wurde mir noch geschenkt, weil ich älter war als die anderen Lehrlinge, die mit 14 Jahren anfingen. Die Hälfte der Zeit habe ich nicht Tischlerei gelernt, sondern alle möglichen anderen Berufe: Transportarbeiter, Hilfsbuchhalter usw. Du wirst es noch brauchen können, hieß es dann, wenn ich mich zaghaft beschwerte. Die Gesellenprüfung, die uns wie einem Hund der Wurstzipfel vor die Nase gehalten wurde, hinderte mich, wie die anderen aufzugeben, obwohl jeder wußte – und das wurde ja auch gesagt –, daß man auch dann noch wenig genug gelernt habe, denn bei der Art der Lehre waren auch vier Jahre noch zu kurz, um sich nachher als Geselle sein Brot verdienen zu können. Von den 13 Lehrlingen haben sicher mehr als die Hälfte nach der Gesellenprüfung nie mehr als Tischler gearbeitet: Kaum einer konnte bei den Akkorden mithalten. Es gab ja auch schon vor der Krise eine große Arbeitslosigkeit, und wer nicht das Glück hatte, bald eine Stellung zu finden, war für den Beruf verloren. Die Innung kümmerte es wenig, was aus einem jungen Mann wurde, der dann endlich die Gesellenprüfung bestanden hatte. Er hätte allerdings, wenn es mit gerechteren Dingen zugegangen wäre, seine Zeit besser verwenden können, als für 5,- Mark im ersten Jahr und im letzten Jahr für 15,- Mark Taschengeld, »Entschädigung«, wie es im Lehrvertrag hieß, Holz zu stapeln, Hof und Werkstatt zu reinigen und den Gesellen Handlangerdienste zu leisten. Innung und Lehrvertrag sind noch heute in Deutschland heilige Kühe, an deren Wunderkraft kaum einer zu zweifeln wagt. Eine »Schande für die ganze Innung« zu sein, war der Schimpf, mit dem wohl jeder Lehrling belegt wurde. Niemals war es ein Meister. Er konnte ja schon einfach deshalb keine Schande sein, weil er mit der Meisterprüfung ein echtes Mitglied der Innung geworden war. Auch in der Fortbildungsschule wurde gelehrt, daß Deutschland ohne die Innungen nie zu Glanz und Gloria gekommen wäre. Außerdem waren sie ja die legalen Nachkommen der mittelalterlichen Zünfte. Wir waren also sozusagen die Anwärter auf einen zweiten Adel. Nur daß unserer nicht erblich war. Wieder einmal sagt es unser Dichter Schiller richtig: »Ehrt den König seine Würde, ehret uns der Hände Fleiß.« Ganz richtig ist das ja auch nicht, denn dem Sohn eines Handwerksmeisters wurden alle Wege geebnet, aber nur selten konnte es sich ein Geselle ohne eigene finanzielle Mittel leisten, die Meisterprüfung zu machen.

So war es doch ein erblicher Adel, denn in den Zeiten unseres Kaisers konnte ja auch ausnahmsweise ein tüchtiger »Emporkömmling« geadelt werden. Wenn er dann Werkmeister war, war er auch nicht so ganz echt. Richtig war nur, wenn, wie es im Lesebuch immer wieder zu finden war, sich die Werkstatt vom Vater auf den Sohn vererbte, und das durch viele Generationen. Dabei war das Innungswesen schon zu jener Zeit überholt, denn selbst die Firma Reuter mit ihren 50 Arbeitern, Hilfsarbeitern und 13 Lehrlingen bezog einen großen Teil der Möbel, die im Geschäft verkauft wurden, aus Möbelfabriken, und der Chef sagte mir oft, daß er dabei viel mehr Geld verdiene als durch seine Werkstatt.

Als der Neubau fertig war, gab es einen Beiz- und Polierraum, wo die Fabrikmöbel überarbeitet wurden. Später bei dem großen Königsberger Holzarbeiterstreik, der über ein halbes Jahr dauerte, mußten wir Lehrlinge die ganze Zeit in der Beizerei Streikbrecherarbeit leisten, damit der Verkauf aufrechterhalten werden konnte. Ich wollte damals den Gewerkschaftsobmann davon überzeugen, daß wir uns dies nicht bieten lassen dürften, wurde jedoch belehrt, was Disziplin sei: Lehrlinge dürfen nicht streiken. Gut, sagte ich, aber wir lernen ja auch nichts, wenn wir die ganze Zeit in der Beizerei sitzen oder Transportarbeiter spielen. Da gab es nur ein Achselzucken. Das ist eben Sache der Innung und nicht der Gewerkschaften. Es ist eine verfluchte Sache mit den Klassen noch innerhalb der Klassen, und dabei leistet die Innung mit ihren Standesinteressen gute Dienste. Der Werkmeister ist der Meister und für die Ausbildung der Lehrlinge verantwortlich. Natürlich kann er nicht streiken. Er hat selbstverständlich auch keine Zeit für die Lehrlinge, weil er ja den Betrieb aufrechterhalten muß. Die älteren Lehrlinge können dabei helfen und die jüngeren ersetzen den Kutscher und den Hilfsarbeiter. Der Heizer ist im Metallarbeiterverband organisiert und streikt nicht. Das war ein Glück für die Lehrlinge, denn sonst hätten sie auch noch das machen müssen. Dabei war damals der Holzarbeiterverband die mächtigste und fortschrittlichste Gewerkschaft in Königsberg, aber auch diszipliniert, sagte mir der Obmann, wo kämen wir sonst hin. So schleppte sich der Streik hin, es wurde viel gehungert, und man war schließlich froh, ihn mit mäßigem Erfolg beendet zu haben. Wenn irgend etwas Tradition hat, ist es wahrscheinlich für ewig sanktioniert, und es scheint niemand ein Interesse zu haben, es abzuschaffen. Ich aber freue mich noch heute, wenn ich durch die Provinzorte fahre und im Schaufenster das Schild sehe: »Kauft beim Handwerksmeister« und daneben die Möbel, die er bei den Möbelsupermärkten gekauft hat und mit 30 Prozent wiederverkaufen kann. Nur so können die Kleinen bestehen, denn der »Hände Arbeit« macht sich nur gut im Lesebuch.

Natürlich war die Einführung des Acht-Stunden-Tags ein Fortschritt, aber an den Wochentagen mußten wir achteinhalb Stunden arbeiten, so daß wir von 7 Uhr bis 17.30 Uhr in der Werkstatt waren und dann erst mit Reinemachen beginnen durften. Ich habe ja schon einmal über den Straßenfeger geschrieben und finde es gut und nötig, sauberzumachen. Aber ist es nicht übertrieben, daß ausgerechnet 14- bis 18jährige Jungen nach der Arbeitszeit noch eine halbe bis dreiviertel Stunde saubermachen mußten? Eigentlich fand ich es schön, mit dem Spänekratzer die frischen Hobelspäne zusammenzuschieben. In der neuen Werkstatt mußte man sie nicht mehr in Körbe packen und in den Heizraum tragen, sondern nur bis zu den Löchern des Exhaustors, der sie dann weiterbeförderte. Dafür waren es mehr Räume, so blieb es dann bei derselben Zeit. Am Sonnabend, wenn schon um 13.30 Uhr Feierabend war, blieben wir eineinhalb Stunden, weil gründlich saubergemacht werden mußte. Maschinen abfegen und Lager reinigen. Nur der Ochs machte seinen Hof selber sauber, natürlich vor Feierabend, und Hephaistos beseitigte die Schlacken und die Asche aus dem Ofen. Er arbeitete so lange wie wir. Da es natürlich auch bei den untersten Sklaven noch »Klassen« gab, so beaufsichtigten die ältesten Lehrlinge das Reinemachen und brauchten dafür nicht mitzumachen. Aber Karl Dittloff, über den ich später noch erzählen werde, und ich haben sie dann langsam davon überzeugt, daß auch sie schneller nach Hause konnten, wenn sie mitarbeiteten. Es dauerte einige Zeit, aber dann sahen sie es ein. Mit den Gesellen hatten wir weniger Glück, als wir sie baten, ihren Platz selbst zu reinigen. Doch mit der Zeit taten es einige von ihnen doch. Nun sieht es fast so aus, als wenn es sich um böse Menschen gehandelt hätte. Sie waren aber fast alle freundlich und hilfreich. Nur erworbene Rechte, gerade den Untergebenen gegenüber, sind eben heilige Rechte, und das hat mit Sozialismus nichts zu tun. Das war immer das Argument. Man kämpfte für seine Rechte, aber die Lehrlinge hatten eben keine, wenn sie auch in der Gewerkschaft sein durften für einen sehr kleinen Beitrag. Und der Meister war natürlich ein Vorbild. Er war immer da. »Meister muß sich immer plagen.« Dafür wohnte er aber auch dort und hatte nicht eine dreiviertel Stunde Weg in die Stadt wie wir.

Ich kam eigentlich mit dem Meister ganz gut aus. Ich war kein glanzvoller Arbeiter, aber er hatte bald heraus, daß ich zu vielen anderen Dingen zu gebrauchen war. Auch der

Betriebsrat und Obmann der Gewerkschaft war, wie man damals sagte, ein feiner Kerl, nur durfte man nicht so naiv sein wie ich und Dinge verlangen, die ungewöhnlich waren. Er war ein ausgezeichneter Arbeiter, Spezialist für Schreibtische, die in Serien zu zehn Stück gebaut wurden. Den ganzen Tag ging er in der Werkstatt herum und war mit Organisationsfragen beschäftigt, und doch erfüllte er immer seinen Akkordsatz, es war wie Hexerei. Er konnte sehr gut organisieren, und wahrscheinlich bekam er von den Maschinenarbeitern auch alles sehr gut vorbereitet. Mit dem Akkord war es so eine Sache. Damals schon gab es den Spruch: »Akkord ist Mord«, aber alle außer den Maschinenarbeitern arbeiteten im Akkord, weil man ja damit den ziemlich schmalen Lohn aufbessern konnte. Das gab nun einen ewigen Kampf um den Akkordpreis. Wurde der Lohn zu sehr überschritten, so wurde der Akkordsatz heruntergesetzt. Deshalb hatte der Gewerkschaftsobmann dafür zu sorgen, daß niemand die übliche Prozentrate überschritt. Natürlich gab es welche, die gerne für sich mehr herausholen wollten und dann vom Obmann gestoppt werden mußten.

Die Welt der Arbeiter war für mich ein großes Erlebnis. Damals gab es noch nicht die Wohltat der differenzierten Ablenkung. Die Kneipe war für die meisten die einzige Möglichkeit, sich von dem Druck der täglichen Arbeit zu erholen. Deshalb spielte der blaue Montag noch eine ganz große Rolle. Vielleicht ist es nicht wahr, aber man erzählte mir, Gesellen hätten früher am Montag mit der Tischlerschürze in die Zange der Hobelbank eingespannt werden müssen, damit sie aufrecht stehen blieben. Natürlich fehlten auch nicht die berühmten Streichhölzer, um die Augenlider offenzuhalten. Es war natürlich Tischlerlatein, aber fast alle machten am Montag einen sehr angeschlagenen Eindruck. Der Spruch: »Ein Hobel, der nicht pfeift, ein Tischler, der nicht säuft, ein Mädchen, das nicht stille hält, die taugen nichts in dieser Welt« war jedenfalls noch voll in Gültigkeit, und ich war auch deshalb etwas verdächtig, weil ich, wie es in der Jugendbewegung üblich war, keinen Alkohol anrührte. Mir war es auch völlig unverständlich, wie diese scheinbar so vernünftigen Leute so dem Alkohol verfallen waren, daß viele Frauen den weiten Weg machten, um am Freitag, dem Tag der Lohnauszahlung, dem Mann vor dem Fabriktor aufzulauern, um ihm wenigstens das Haushaltsgeld abzunehmen, bevor er in der Kneipe landete. Da kann man sich nur wundern, was für ein Aufsehen mit der augenblicklich herrschenden Haschischseuche gemacht wird, und laut das Lob des Kinos, des Sports und des Fernsehapparates singen.

Mit der Zeit liebte ich den Umgang mit diesen Männern sehr, wenngleich ich mir darüber klar war, daß ich nie ganz dazugehören würde. Nach der Arbeit kehrte ich ja wieder in meine bürgerliche Umgebung zurück, und es zeigte sich auch, daß ich einiges in der Schule gelernt hatte, jedenfalls einige Zeit zur Besinnung und zum Lesen gehabt hatte. Mir gab diese neue Umgebung einen großen Auftrieb. Ich hatte etwas meinen Kameraden in der Jugendbewegung voraus; sie waren Schüler, Studenten oder Kaufleute. Ich hatte einen Ring gesprengt und konnte endlich freier atmen. Dieses Hinüberwechseln in eine andere Klasse kann noch viel mehr sein als eine weite Reise, weil man jeden Tage neue, nie gedachte Erfahrungen macht. Ich weiß nur, daß die Tage damals so lang waren, wie ich sie brauchte. Ich las viel und mit Hans Littens Hilfe einigermaßen systematisch, hatte fast an jedem Abend Heimabende und noch nachts lange Diskussionen. Auch in der Fabrik wurde ich gebraucht. »Wissen ist Macht« war die Parole, und in der Mittagspause hatte ich lange Diskussionen mit den Gesellen und Lehrlingen. Wie trockene Schwämme sogen die Arbeiter alles auf, was ich an Wissen bei mir bis dahin ungenutzt liegen hatte. Mich schockierte anfangs ganz besonders die Einstellung zu den Frauen. Es war mir fremd, wie man in einer Männergesellschaft über Frauen redete. »Die Langhaarigen« war der verächtliche Ausdruck für sie, die anderen Redensarten mag ich nicht wiederholen, gerade weil es jetzt so modern ist, in jener Tonart zu reden. Was konnten aber auch die blassen verhärmten Gestalten, die kaum je aus der Küche und vom Waschfaß fortkamen, den Männern bieten? Mit dem blinden Mut der Jugend fing ich an, einen Aufklärungsunterricht zu starten. Zuerst schimpften sie mich einen bürgerlichen Grünschnabel, aber ich hatte auch schon genügend Marx gelesen, um sie an ihrer selbstverständlichen Einstellung zum Sozialismus zu packen. Ich wußte bereits, daß es Ausbeutung nicht nur zwischen Unternehmer und Arbeiter gab, sondern daß noch die Ausgebeuteten ein Objekt zur Ausbeutung fanden. Ich erklärte ihnen, wie die Bürger sie genauso als Unmündige betrachteten wie sie ihre Frauen. Es gab scharfe Diskussionen, aber ich hatte bald einige auf meiner Seite, und die Diskussion ging weiter, auch wenn ich nicht dabei war. Natürlich erzählte ich auch von meinen Spezialgebieten, von Ausgrabungen in Ägypten, von den Griechen, den Römern und den Juden. Ich war der erste Jude, dem sie so nahe begegneten. Ich fand, und das gab mir viel Rückhalt, keinen Antisemitismus, nur eine nicht endende Neugier und einen Wissensdurst. Ich brachte Bücher von zu Hause mit, die herumgingen und herrlich zerlesen zurückkamen. Der Meister sah diese Diskussionen nicht gerne, obwohl er sich oft beteiligte. »Du solltest lieber deine Arbeit im Kopf haben.« Er hatte schon recht, ich war nur ein ziemlich mittelmäßiger Lehrling. Da brach aber ein Sturm aus, und der Obmann ging in seinen Glaskasten hinein und setzte ihm auseinander, daß es ihn einen Scheißdreck anginge, was wir in der Mittagspause trieben. So stand ich plötzlich unter dem Schutz der Werkstatt, und der Meister verlor nie wieder ein Wort darüber.

Sehr merkwürdig war auch die Einstellung der Arbeiter zum Krieg. Sie waren fast alle eingezogen gewesen und zum Teil übel zugerichtet worden. Es gab eine stereotype Form, wie man den Krieg ablehnte, wie es bei Sozialdemokraten und Kommunisten üblich war. In den Erzählungen aber war der Krieg das große Abenteuer, die große Herauslösung aus dem grauen Alltag. Man nahm viel dafür in Kauf, daß man doch einmal Herr über Leben und Tod des anderen, daß man Herr in den besetzten Gebieten gewesen war, und die Erzählungen von den litauischen Bordellen und was das für Weiber waren, nicht so blutarm und lustlos wie die ihren, nahmen kein Ende. Es wurde mir klar, wie leicht es doch ist, Menschen dazu zu bringen, in Krieg und Tod zu gehen. Die Vernunft und Ideologie ist nur eine flache Lage über ganz anderen Bezirken des menschlichen Bewußtseins.

Meine Eingliederung in die Werkstatt und meine Arbeit mit den Genossen wäre nicht so schnell vonstatten gegangen, wenn ich nicht wieder gerade den richtigen Freund dafür gefunden hätte. Ich bin so etwas wie ein Kind, das erst atemlos alles heruntererzählen muß, was ihm einfällt, sonst hätte ich schon früher von Karl Dittloff erzählt. Karl, zwei Jahre älter als ich, mit dunkelblonden Haaren und braunen Augen, war der Sohn eines typischen Dorfschullehrers. Volksschullehrer oder jedenfalls Herr Dittloff waren ganz anders als die Studienräte, die ich bis dahin kannte. Er lebte in Groß-Hoppenbruch, einige Bahnstationen von Königsberg entfernt, ganz in der Nähe von Balga, der Ordensburg am Frischen Haff. Es war die Eisenbahnstrecke, die in die große Welt über Elbing und Marienburg nach Berlin führte. Damals die Strecke meiner Sehnsucht. Groß-Hoppenbruch war ein Dorf, und das Schulhaus war, wie alle Dorfschulen, mit alten Bänken und grauen Wänden ausgestattet, aber Herr Dittloff, der Lehrer, war ein Sozialist, und das war eine große Überraschung für mich. Wie konnte ein weißhaariger Dorfschullehrer, der Bienenstöcke, Gemüsegarten und zwei Schafe hatte, Sozialist sein. Er erklärte es mir, und es fiel mir auf, wie sehr man wichtige Dinge, die einen nicht selbst betreffen, übersieht. Gleich nach der Revolution war Adolf Hoffmann preußischer Kultusminister. Er gehörte der USPD an, den Unabhängigen Sozialdemokraten, und war der meistangegriffene Mann in der ersten preußischen Regierung. Ein Konservativer sagte, daß es eine Schande sei, einen Kultusminister zu haben, der mir und mich verwechselte, worauf er ruhig antwortete, es sei besser, mir und mich statt mein und dein zu verwechseln.

Ich besinne mich auf ein Flugblatt gegen ihn: »Willst du, daß dein Kind sich in Ehrfurcht vor den Eltern entwickle? Adolf Hoffmann verbietet es dir. – Willst du, daß dein Kind in christlichem Glauben erzogen werde? Adolf Hoffmann verbietet es dir.« Und so ging es weiter, zwölf Paragraphen lang. Was hatte nun dieser Mann getan, dieser unentwegte, witzige Sozialist? Er hatte die kirchliche Aufsicht über die Volksschulen aufgehoben, die sich natürlich auf dem Dorf schlimmer ausgewirkt hatte als in der Stadt. Dafür waren ihm auch Herr Dittloff und viele Dorfschulmeister dankbar, die sehr unter der Abhängigkeit vom Pfarrer gelitten hatten.

Wenn ich in Groß-Hoppenbruch zu Gast war, gab es immer herrliches Essen, was damals für mich sehr wichtig war, und außerdem bekam ich noch Bienenhonig und weißen Schafskäse mit für die Familie. Karl und ich strolchten durch die Gegend bei der Ritterburg oder gingen ans Haff baden. Von dort aus fuhren wir am Haff entlang nach Frauenburg mit dem für das kleine Städtchen riesigen Dom in zierlicher Backstein-Gotik, nach Tolkemit, das so schön verwunschen am Haff lag, oder in die Dörbecker Schweiz bis Cadinen, wo das kaiserliche Gut lag. Der Kaiser war für uns damals schon fern, jedenfalls als Respektsperson. Mich interessierte dort mehr der Buchenwald. Bei Cadinen gab es die Buchengrenze, bei uns nur Birken. Es war eine tiefe Schlucht, die Heiligen Hallen. Ich habe nie wieder einen Ort gesehen, wo sich die schlanken Buchenstämme in einer ähnlichen Weise zu einer gotischen Hallenkirche türmten. Karls liebe, runde, betuliche Mutter und ich konnten es kaum verstehen, daß Karl die Stadt gegen dieses Paradies austauschen konnte. Karl hatte das Lehrerexamen gemacht, bevor er Tischler wurde, aber da es eine 14jährige Wartezeit gab für Junglehrer, weil ja schon damals unser Staat für Schulen nur wenig Geld hatte, gab er es auf und wollte Architekt werden. Er war sehr geschickt, besuchte gleichzeitig die Kunstgewerbeschule, war ungeheuer fleißig, aber kein Duckmäuser, und so fochten wir beide manchen Strauß in der Werkstatt aus. Karl brachte ich auch mit Hans Litten zusammen und in unsere Jugendbewegung. Am Ende unserer Lehrzeit baute sich sein Vater bei Metgethen, nahe bei Königsberg, etwa 15 Kilometer entfernt, ein kleines Haus, in dem dann Karl ganz alleine wohnte. Nach der Arbeit fuhren wir oft mit dem Fahrrad hinaus und führten ein Junggesellenleben mit Bratkartoffeln und Rühreiern mit Speck. Es war ein einzelnes Haus am Waldrand, und wunderbar waren die morgendlichen Radreisen, wenn noch der Reif auf den Feldern lag, der aufgehenden Sonne entgegen. Karl wurde wirklich Architekt, und noch in den dreißiger Jahren habe ich ihn in Hamburg besucht, wo er verheiratet war und sein schönes Atelier hatte. Nach dem Krieg habe ich ihn nicht mehr gefunden.

Essen war für mich damals eine große Leidenschaft. Ich weiß nicht mehr, ob wir im Krieg und den nachfolgenden Jahren sehr gehungert haben, aber Brot und Kartoffeln wurden uns noch lange vorgezählt. Ich weiß noch genau, wie ich endlich einmal in ein Konfitürengeschäft gehen und eine Tafel Blockschokolade ohne Marken kaufen konnte. Während meiner Lehrzeit war ich nur noch sonntags beim gemeinsamen Mittagessen dabei. Es war viel besser, nicht unter den mahnenden Augen des Vaters zu essen, wenn ich ausgehungert aus der Werkstatt kam. Ich entsinne mich, wie entsetzt er einmal am Nachmittag über meinen Appetit war: »Der Junge frißt mir die Haare vom Kopf!« Nun, da er damals so viele Haare hatte wie ich heute, wäre ich wohl schwerlich satt geworden. Jedenfalls mußte ich von meiner Wochenlohnentschädigung zu Hause abgeben. Ich weiß nicht, ob das eine moralische Maßnahme war oder ob es wirklich gebraucht wurde. Dann kam die Inflation und ruinierte meinen Vater fast vollständig, seither hielt er das Geschäft nur noch mühsam aufrecht. Er war, wie ich auch, kein guter Kaufmann, und jeder wirtschaftliche Schlag traf ihn mit voller Härte. In der Werkstatt traf die Arbeiter die Inflation noch viel härter. Wer nicht einen Schrebergarten hatte oder Verbindungen zum Land, mußte hungern. Besonders schwer traf es einige Lehrlinge. Damals hungerte man noch diskret, man schämte sich, wenn man kein Frühstück und Mittag dabeihatte. Karl und ich starteten eine Hilfsaktion. Ich fing an, mich meiner Fresserei zu schämen, und packte alles für die Werkstatt zusammen. Meine Mutter unterstützte mich dabei, sehr zum Ärger von Anna, die von undankbarem Pack murmelte. Mein Vater durfte auch nichts davon wissen. Er war zwar gerne hilfsbereit, aber viel zu sehr in Panik, als daß er es nicht verboten hätte. »Wohltätigkeit beginnt zu Hause«, war sein Spruch.

Der Glaube an die höhere Schule war so groß, daß ich jetzt jeden Freitag schon früh im Geschäft auf dem Steindamm den Lohn auszahlen mußte. Am Nachmittag radelte ich dann mit einem Reisekoffer mit vielen Millionen Mark in die Werkstatt. Später waren es Milliarden und Billionen. Es galt jede Woche eine andere Umrechnungstabelle, und wenn dann das Geld nicht gleich in Lebensmittel umgesetzt wurde, war es nichts wert. Ich hatte einen Vorteil. In der Frühstückspause, wenn die Preise noch nicht dem neuen Kurs angepaßt waren, kaufte ich für meinen Lohn gleich ein und hatte ihn verdoppelt. Ich habe mir einiges Werkzeug angeschafft, das ich später noch in meiner eigenen Werkstatt in Berlin besaß. Ich hatte noch einen anderen Vorteil von der Inflation. Mein Onkel Richard Ladendorff, der ehemalige Kunsthändler, von dem unser Gobelin ›Dante und Beatrice‹ stammte, hatte inzwischen in Berlin eine Küchenmöbelfabrik gekauft. Sie ging zwar auch in der

Inflation unter, aber ich erbte eine Hobelbank und einiges Werkzeug. Die Hobelbank ist deshalb bedeutsam, weil sie mir treu war. Sie ging mit nach Berlin, wo ich meine erste Werkstatt gründete, von dort nach Palästina und schließlich wieder zurück nach Stuttgart. So gibt es auch für mich einen dauernden Besitz. Alles andere, was aus jener Zeit mich begleitet hat, sind »geistige« Werte. So wie mich die Hobelbank begleitete, so hat mich auch der Beruf mein ganzes Leben hindurch begleitet. Überall, wo ich hinkam, war entweder meine oder eine andere Hobelbank, an die ich gestellt wurde. Selbst im KZ gab es eine Tischlerei, und ich wäre hineingekommen, wenn ich nicht gerade Jude gewesen wäre. Als ich auf einem kleinen Frachtdampfer, er hieß »Catarina Madre«, von Israel über Genua nach Deutschland zurückkehrte, entdeckte man – obwohl ich mit der italienischen Besatzung kein Wort wechseln konnte –, daß ich Tischler war. Die Zeit reichte gerade, das Steuerhaus abzuziehen, damit es neu lackiert werden konnte. Für einen Tischler gibt es immer Arbeit, nur mit der Bezahlung ist es manchmal schwierig, und, wie ich schon sagte, eine richtige bezahlte Stellung zu finden war in jener Zeit schwer, dafür wird man mir im Himmel oder in der Hölle – wo ich auch landen werde – mit einer Hobelbank und stumpfem Werkzeug nachgelaufen kommen.

Ich hatte mir angewöhnt, die politischen Ereignisse mit großer Aufmerksamkeit zu verfolgen. Die Ermordung Rathenaus hat auf mich einen so großen Eindruck gemacht, daß ich mich noch ganz deutlich an den Tag erinnere. Alle Arbeiter streikten, um an der großen Demonstration teilzunehmen, selbst der Meister war so erschüttert, daß er die Lehrlinge früher gehen ließ. Es war die gewaltigste Demonstration, die ich je in Königsberg gesehen hatte. Ein Aufschwung für die Demokratie, denn es demonstrierten Arbeiter und Intellektuelle zusammen, und ich dachte, es würde ein neues Zeitalter anbrechen, als ich den Justizrat Lichtenstein mit seinem roten Bart inmitten der marschierenden Arbeiter sah. Wieviel Hoffnungen hatten wir an dem Tag, wie zuversichtlich waren die Diskussionen an den nächsten Tagen in der Werkstatt. Jetzt hatte jeder eingesehen, wo der Feind stand, der die Republik bedroht, jetzt wird es eine Volksfront geben, und die vielen Ermordeten sind nicht umsonst gestorben. Wie bald wurden wir wieder enttäuscht, wie bald sahen wir, daß dies alles nur Strohfeuer gewesen war, daß die Gesetze zum Schutz der Republik nur gegen die Linken angewendet wurden. Die Tage nach der Ermordung Rathenaus waren die letzte Hoffnung auf eine Demokratie in Deutschland. Seither schon kämpften wir mit dem Rücken an der Wand gegen eine absehbare Niederlage. Uns konnte dann auch der Ruhrkampf nicht überzeugen, es waren nicht die Interessen des Volkes, die da verteidigt wurden, und noch weniger Vertraue hatten wir, als die kommunistische Partei halbherzig dafür eintrat; sie war schon damals so unsicher, ohne feste Linie, und wir konnten nie wissen, ob es nicht nur eine Taktik war, die vom nächsten Zentralkomitee umgeworfen wurde. All das waren Themen für Diskussionen in der Werkstatt, und ich hatte immer das Gefühl, daß die Arbeiter mehr Gespür für die Realitäten hatten als ihre Abgeordneten. Ich schreibe das absichtlich aus meiner damaligen Sicht, denn später ist man immer klüger, ohne für die Gegenwart richtige Entscheidungen fällen zu können.

Als Abendschüler besuchte ich die Kunstgewerbeschule. Karl und mein Vater hatten mich dazu bewogen, aber ich merkte bald, daß ich zum Zeichnen zu unbegabt war. Auch hatte ich natürlich zu viele Interessen, um pseudobarocke Kapitelle und Kröpfungen zu zeichnen. Mich interessierten auch nicht die vielen Schriftarten, mit denen man in Zierschrift die Zeichnungen beschriften sollte. Was mich reizte, waren die schönen, breiten Federn. Man sollte sich überhaupt eine Sammlung von Stahlfedern anlegen, wie sie damals noch üblich waren. Die ganz spitzen, die wir in der Schule haben mußten, die vorne etwas abgeflachten, mit denen die Schrift so schön markant wurde, die Kugelfedern und die ganz breiten, mit denen die dekorative Schrift geschrieben wurde. Aber mit den Federn konnte ich auch zu Hause spielen und brauchte dazu nicht ganze Abende mit halb abwesenden Lehrern zu verbringen.

Technisches Zeichnen wäre schon etwas für mich gewesen, aber auch da wurden wir mehr zurückgehalten als gefördert und lernten mehr in der Fortbildungsschule, die ich in den anderen Fächern oft mit Erlaubnis des Lehrers schwänzte. Wir hatten wieder einmal den Eindruck, daß wir das Armenhaus oder die Idiotenklasse der Kunstakademie waren. Die Klassen wurden immer dünner, und so blieb ich oft fort, ging dafür ins Kino und sah so herrliche Filme wie den ›Dieb von Bagdad‹ mit Douglas Fairbanks. Es war einer der ersten großen Filme, die ich sah, und er hat mich tief beeindruckt. Einmal so elegant über Schwierigkeiten hinwegspringen zu können entsprach meiner Sehnsucht. Ich bin auch heute leicht in eine Märchenwelt zu verlocken. Damals war ich davon für Tage beglückt. Außerdem kamen die erste Nachrichten vom Bauhaus zu uns, die von mir begeistert aufgegriffen wurden. Was sollten da die ausladenden Profile, die man selbst in unserer Werkstatt schon vermied. »Du willst wohl ewig Arbeiter bleiben«, sagte mein Vater, und ich widersprach ihm nicht. Ich hatte einen richtigen Widerwillen gegen das, was bei diesen Kursen geboten wurde.

Es war die Zeit der Ideologien, und zu dem neuen Menschen, den wir schaffen wollten, paßten die schlichten Möbel und Häuser des Bauhauses besser als der verschnörkelte Muff der Möbel in unseren Wohnungen. Sicher widerspricht das der liebevollen Erinnerung, mit der ich sie anfangs geschildert habe, aber ich möchte auch heute nicht zwischen den bedrückenden Ungetümen unseres Eßzimmers leben. Natürlich ist die Heilslehre, die wir damals daraus machten, höchst zweifelhaft, aber das ging mir erst später auf, als jeder Architekt mit seiner Bauweise eine

Revolution einzuleiten meinte. Jeder neue Stil braucht wohl eine Ideologie, um sich vom alten zu trennen. Wir jedenfalls sind nach 1926 zu den ersten modernen Bauten gepilgert wie die Moslems nach Mekka.

In der Werkstatt gab es noch zwei Holzbildhauer, dazu zwei Lehrlinge und einen Drechsler. Ihm schaute ich besonders gerne zu. Leider durfte ich nie an der Drehbank arbeiten. Der eine Holzbildhauer sagte schon damals verbittert, daß es ein verkommenes Handwerk sei. Ganz selten wurde etwas Gutes fabriziert. Ab und zu Bücherschränke im Danziger Barock, aber auch da waren die dicken Spiralen der flämischen Säulen das interessanteste. Einmal eine zierlich erhabene Ranke im Jugendstil an einer starken Rundung eines Buffetrandes. Das meiste aber war Dutzendware. Wir nannten es »breite Klöße«, ohne die eine Schlafzimmerschranktüre nicht denkbar war, die dann im selben Muster in verkleinerter Form auf den Nachttischen, der Frisiertoilette und in breiter Ausführung auf den Betten wiederkehrte. Staubfänger, sagte ich verächtlich. Natürlich gehörten dazu ähnliche Stücke auf den Lisenen der Bücherschränke im Herrenzimmer und auf den Buffets und Anrichten des Speisezimmers. Dazu als Füße die Löwenklauen in jeder Größe. Es war ein Elend, wenn die Armen tagelang die auf breiten Platten aufgeleimten, immer gleichen Stücke schnitten. Wenn jemand von Kunsttischlerei spricht, steht mir das sogleich vor Augen. Sie fühlten sich aber als Künstler, denn sie verzierten ja das, was einfache Tischler machten. Vielleicht wären mir die schlichten Formen der modernen Möbel nicht als Rettung erschienen, wenn wir nicht täglich dem Stil dieser »kompletten Schlaf- und Eßzimmer« gegenübergestanden hätten, die eben nur richtig waren, wenn der Nachttisch ein jüngerer Bruder des Kleiderschranks war, und selbst am Stuhl mußten sich die Ornamente des Buffets wiederholen; sonst durfte er so unbequem sein, wie er wollte. Es ist eine Manie, die Rundung eines Möbels im Zimmer an jedem anderen Möbel zu wiederholen. Es ist auch heute noch in kleinbürgerlichen Familien die Regel, daß die Zimmer einen »Stil« haben müssen, mag er auch noch so schlecht sein. Stilbruch ist ein Verbrechen, das sich nur Intellektuelle und sehr reiche Leute leisten können.

Die Holzbildhauer arbeiteten abseits von den Tischlergesellen in einer Ecke des Maschinenraums. Ein kleiner Lehrling hatte seinen Arbeitsplatz in der Nähe der Fräse und mußte dauernd den Staub einatmen. Es handelte sich um ein schwindsüchtiges Bürschchen, und im letzten Lehrjahr, als ich der Sprecher der Lehrlinge war, ging ich zum Meister und – als das nichts half – zum Chef, machte ihn darauf aufmerksam und murmelte etwas von Mord. Natürlich geschah nichts, denn der Junge war sowieso krank und man wollte nicht noch Umstände mit ihm machen. Als er starb, hatte ich die größte Sünde begangen, die ein Lehrling begehen kann, ich hatte recht behalten. Das konnte man mir nie verzeihen. Ich wurde sofort nach Beendigung meiner Lehre entlassen.

Ordnung, Fleiß, Pünktlichkeit und Unterordnung waren die geforderten Tugenden des Lehrlings. Wenn wir eine Arbeit fertig hatten, durften wir das nicht einfach melden, sondern sollten es in die Formel kleiden: »Meister, ich glaube, fertig zu sein.« Es wurde dann je nachdem, ob die Arbeit dringend gebraucht wurde oder nicht, abgenommen oder kritisiert. In der ersten Zeit, als man noch an Fuß- oder Örterbänken arbeitete – das waren Bänke mit achteckigen, schrägen Füßen, die in Gratleiste und Blatt gebohrt und verkeilt wurden –, flog die Arbeit mehrmals augenblicklich ins Feuer, damit der Lehrling nicht übermütig wurde. Später gab es natürlich auch immer etwas auszusetzen, aber das Material war zu teuer, um es zu vernichten. Selten gelang es, etwas auf Anhieb loszuwerden.

Die drei Maschinenarbeiter waren wieder eine geschlossene Gesellschaft. Sie waren angelernte Arbeiter, also keine Tischler, wenn sie auch genauso bezahlt wurden wie die

Gelernten, nur der Zuschlag des Akkords fiel fort. Manchmal dachte ich, sie wären größere Künstler als die Bildhauer, besonders der Mann an der Fräse. Das war ein schwarzhaariger kleiner Kerl, der mit allen Tricks seine noch sehr primitive Maschine ausnutzen konnte. Fast jedem Maschinenarbeiter und vielen Tischlern fehlten Finger an der Hand, denn die Sicherheitsmaßnahmen waren noch ziemlich primitiv. Ihm fehlten an der linken Hand der Mittel- und an der rechten die beide letzten Finger. Er war geradezu stolz darauf, und es tat seiner Geschicklichkeit keinerlei Abbruch. Er konnte einem Gesellen sehr helfen, wenn er wollte, und baute sich immer neue Zusatzgeräte. Von ihm stammte auch die Schleifmaschine für die langen Messer der Hobelmaschinen, die es uns Lehrlingen ersparte, sie auf der Schleifscheibe lang hin- und herzuschieben.

Bei allem, was gegen die Lehrzeit zu sagen ist, muß ich immer wieder bekennen, daß ich es nicht tragisch nahm. Die gelegentlichen Fußtritte, die ich bekam, vor allem von den Gesellen, denen man half, waren mehr freundschaftlich gemeint. Leimen mit heißem Leim war immer eine Hetze. Dafür war es eine beliebte Arbeit, die großen Leimöfen und Wärmeplatten zu heizen. Leim wurde ja in großen Mengen verbraucht, und wenn die Fugen aufgewärmt wurden, so mußte es doch schnell gehen, damit der Leim noch heiß war, wenn die Zwingen angesetzt oder die Platten in selbstgemachten hölzernen Schnelleimern mit Keilen zusammen gezogen wurden. Kalter Leim, in Tischlersprache »Bärenscheiße«, leimt nicht, er klebt nur, was zu Katastrophen führen konnte. Es gab noch keine vorfabrizierten Tischlerplatten, alles mußte von den Arbeitern hergestellt werden, und es erregte großes Aufsehen, als der Obmann begann, statt kleiner Stücke die Presse füllende Platten herzustellen und zu furnieren, um sie dann erst auf das richtige Maß zu bringen. Das meiste Geschrei gab es immer beim Furnieren, da man ja gerne die ganze Presse ausnutzen wollte. Der mit Schlämmkreide vermischte Leim wurde auf die Platten aufgetragen und erkaltete, dann wurde das Furnier aufgelegt, und schließlich mußten die Platten mit dem Furnier und dazwischen die heißen Zinkplatten sehr schnell in der Presse unter Druck gesetzt werden. Da es sich am Anfang noch um Spindelpressen mit vielen einzelnen Spindeln handelte, mußte man unten in den Böcken alles an den richtigen Platz bringen, ohne etwas zu verschieben. Dabei gab es fast immer großes Geschrei und Aufregung. Es ging auch ohne dies, aber bei den meisten war das Geschrei gleichzeitig eine Beschwörung, ohne die es nicht gut wurde. Für den Lehrling, der dabei half und sich vier Hände wünschte, war das zunächst sehr irritierend, auch wenn der eben noch ihn beschimpfende Geselle, wenn alle Spindeln angezogen waren, plötzlich lächelnd, halb entschuldigend sagte: »Es gehört eben dazu.«

Der Geruch des warmen Holzes, des Leims und des Schweißes erfüllte die Werkstatt. Es war immer ein Kampf um die Pressen und die Maschinen. Keiner konnte warten, da es ja um den Akkord ging, und der Meister oder der Obmann mußten dauernd Frieden stiften. Das Schwitzen stand noch in hohem Ansehen. »Von der Stirne heiß rinnen muß der Schweiß.« Das ist wieder sehr poetisch verklärt, denn nicht nur von der Stirne floß der Schweiß. Das verhielt sich so wie beim Soldaten, der in den Erzählungen immer nur durch einen Herzschuß fiel. Alles andere ist brutal und fördert nicht das Ansehen. Der saure Schweiß, der auch besungen wurde, war wohl eine Zusammenziehung von der sauren Mühe und dem Schweiß. Jedenfalls war es eine Ehrenpflicht, den Lehrling zum Schwitzen zu bringen. Es gibt Dogmen, gegen die man nur schwer anrennen kann, eines lautet, daß nur auf diese Art der junge Arbeiter Disziplin lerne. So waren wir froh, wenn wir der Werkstatt entfliehen konnten, um auf dem Hof Holz vom Wagen abzuladen. Ich liebte den würzigen Geruch der Kiefernbretter, besonders wenn die Sonne darauf schien. Damals wurde bei uns noch viel Birke und Erle verarbeitet. Kaum ein Holz ist nach der Bearbeitung so makellos glatt wie Birke und so satt im Ton, wenn es poliert ist. Der altväterische Sonnenglanz der Biedermeier-Möbel ging von ihr aus. Die chemischen Beizen, die Kiefer und Fichtenholz so samtartig erscheinen lassen, gab es noch nicht. Es gibt auch in Hölzern Moden, denen man sich kaum entziehen kann. Jedes Holz hat seinen besonderen Reiz, ist glatt oder porig, streifig oder in Pyramiden gemasert. Ganze Landschaften und Geschichten kann die Oberfläche des Holzes erzählen, wenn es nicht gar zu sehr nach Perfektion und oberflächlicher Schönheit zusammengesetzt wird. Dazu verleitet natürlich die Technik, mit Furnier zu arbeiten. Aber Holz ist etwas Lebendiges, wenn es massiv verarbeitet wird. Viele Kunden schwärmen zwar für die natürliche Verarbeitung, sind aber entsetzt, wenn es sich dann im geheizten Raum auch benimmt wie ein lebendiges Wesen. Der Tischler muß dann dauernd Kompromisse machen zwischen seinen Wünschen und dem Gebrauchswert. Das ist natürlich auch der Reiz des Handwerks, die manuelle Fertigkeit, die gleichzeitige Offenheit für technische Fertigung, der Gebrauchswert des Hergestellten und die Verwirklichung eigener Gedanken, angepaßt an die berechtigten Wünsche der Verbraucher. Es ist ein schwieriger Balanceakt, nicht ins Kunstgewerbe abzugleiten und doch dem Produkt eine eigene Individualität zu geben, die es auch noch vom guten Industrieprodukt unterscheidet. Man ist versucht, die Handwerker früherer Jahrhunderte zu beneiden, wenn man die Möbel jener Zeit in der Hand hat, aber für welch kleine Oberschicht bauten sie diese Möbel?

Man sieht, ich widerspreche mir selber fortwährend, aber Liebe zu einer Sache schließt die Kritik nicht aus. Über das Handwerk, seinen Aufstieg, seinen Verfall und seine Zukunft werden ja viele Bücher geschrieben, und in der Zeit, als ich meine Lehre durchmachte, war gerade das, was sich Handwerk nannte, erstarrt. Das zeigte sich auch, wenn irgendwelche neuen Werkstoffe angeboten wurden. Herr

Reuter hatte einen großen Raum, in dem drei und vier Millimeter starke Sperrplatten in großen Stapeln lagen. Es waren schöne Birken- und Erlen-Furnierplatten, aus denen im Krieg Flugzeuge gebaut worden waren. Herr Reuter hatte sie nach dem Krieg für ein Butterbrot gekauft. Der Meister fluchte darüber, weil sie so viel Platz einnahmen und man nichts damit anfangen konnte. Schließlich wurden sie für Rückwände verarbeitet. Er zitierte auch aus der Tischlerzeitung, daß kein anständiger Handwerker so etwas verwenden könne. Dabei war es eine große Erleichterung. Es dauerte aber Jahre, bis Möbel aus Sperrholz fabriziert wurden. Die Fabriken kümmerten sich nicht um die altväterliche Meinung der Handwerksmeister. Das Handwerk hinkte nach, jedem Experiment war man abhold, was uns Lehrlingen unverständlich blieb. Es war vielleicht wirklich eine Wohltat für uns, daß wir alles mit der Hand machen mußten, aber jedes Werkstück schien uns zum Halse herauszuhängen, wenn es fertig war.

Später, in Palästina, hatte ich eine winzige Werkstatt und einen weiten Weg mit dem Handwagen bis zu den nächsten Maschinen. Da war ich sehr froh über meine Fertigkeit mit Werkzeugen. Als ich dann aber kurze Zeit Lehrer für Tischlerei in einer Schule wurde, bin ich den umgekehrten Weg mit Erfolg gegangen. Ich habe den Anfang leicht gemacht, und erst als die Lehrlinge mehr Einsicht in die Art und Verarbeitung des Holzes hatten, haben sie mit Vergnügen sich geübt, Werkstücke ganz von Hand herzustellen. Die Disziplinierung der Lehrlinge entsprach meistens militärischen Vorstellungen. »Du mußt es im Schlaf können.« Das ist das geeignetste Mittel, Eigeninitiative zu stoppen und den Spaß an der Arbeit zu vergraulen. Einsicht ist nicht einmal schwerer durchzusetzen als Disziplin, und Einsicht in die Arbeit ist das beste Mittel, auch Aufmerksamkeit anzuregen. Bei uns wurde alles bis zur Ermattung geübt, so daß schließlich Handlangerarbeiten zu wünschenswerten Abwechslungen wurden.

Aus diesem Grunde war ich froh, in die großen Holzhandlungen auf die Pregelwiesen geschickt zu werden, um Holz abzunehmen. Wagen für Wagen wurde verladen, und ich hatte nur lange Listen von Länge, Breite, Stärke und Holzart aufzunehmen. Zu meinem Glück konnte diese Arbeit nur bei gutem Wetter stattfinden. Wenn dann die Wagen mit der schweren Holzlast in die Werkstatt fuhren, hatte ich Zeit, in der Sägemühle herumzustrolchen, von den Flößen aus im Pregel zur baden, die Dampfer, die aus Litauen das Holz brachten, zu inspizieren, in der Nase den Geruch von leicht fauligem Wasser, Teer, frisch geschnittenem Holz und Wiese. Von den hohen Holzstapeln konnte ich weit flußaufwärts über die weite Ebene sehen, wo sich Holzplatz an Holzplatz reihte bis zu der großen Zellstofffabrik; oder ich legte mich auf die harzig duftenden Planken, ein König weit über der Welt, träumte meine Träume und blinzelte in den blauen Himmel mit seinen weißen Wölkchen. Ausgestreckt, dem Himmel gegenüber auf einer harten Planke zu liegen und zu schlafen ist etwas ganz Besonderes, eine Art der feierlichen Darbietung auf einem Altar. Mit der letzten Fuhre, lange nach Feierabend, ging es dann zur Werkstatt. Es war ein Glück, daß der Meister von meiner Unkenntnis von Ackerbau und Viehzucht überzeugt war, nur einmal, als es während des Streiks noch eine Grippeepidemie gab, mußte ich zweispännig mit dem Wagen Möbel ins Geschäft bringen. Gott sei Dank wußten die Pferde besser als ich, was sie zu tun hatten. Ich brauchte nur die Leine zu halten und ab und zu mit der Zunge zu schnalzen.

Lag es an Ostpreußen oder daran, daß es noch keine Radioapparate gab – gleichviel, in der Werkstatt wurde während der Arbeit unentwegt gesungen. Einer begann, und die anderen fielen ein, zwei- und dreistimmig. Das Programm war sehr vielgestaltig, von Chorälen bis zur Rasenbank am Elterngrab und dem Totenkopf am Grabesrand, von der Internationale bis zum neuesten Schlager. Meistens wurde alles sehr langgezogen und getragen gesungen, was sowohl der ostpreußischen wie auch der litauischen Mentalität entsprach. Das schwere Leben fand seinen Ausdruck in einem Lied voller Tragik, für lustige Liedchen gab es keinen Anlaß. Von da an begannen mich, gewollt oder ungewollt, auch die Schlager zu begleiten. Der Text wurde immer mit einem leichten Dreh ins Sexuelle verdeutlicht. Seither weckt in mir ein Schlager oder ein anderes Lied mehr Erinnerung als eine Jahreszahl: Ach so, das war damals, als ›Max, du hast das Schieben raus‹ oder ›Warum denn weinen, wenn man auseinandergeht‹ oder ›Fritze, wo bleibt denn mein Sahnebaiser?‹ Mode war. Der letzte war schon lange vor meiner Lehrzeit erfunden, aber ich lernte ihn erst dort. Und jeder Schlager ist mit einem Bild und dem Geruch der Werkstatt verbunden. Leider habe ich doch viel vergessen, auch weil wir im Wanderbund ganz andere Lieder sangen, aber einige kommen mir immer wieder ins Gedächtnis zurück.

Silvester 1924 machte ich die Gesellenprüfung. Außer dem Gesellenstück – einem eichenen Schreibtisch, dessen Schubkästen mit dem kleinen Finger herauszuziehen und hineinzuschieben sein mußten, und einem polierten Schmuckkasten, Mahagoni furniert mit Intarsien – gab es in der Gewerbeschule neben der theoretischen eine weitere praktische Prüfung, für die man eine Holzverbindung herstellen mußte. Das war besonders gefürchtet, weil es in der Werkstatt der Fortbildungsschule nur entsetzlich stumpfes Werkzeug gab. Ich bin schon damals kein Mensch für Prüfungen gewesen, ich vergaß alles, was ich je wußte. Dazu kam, daß es unendlich viele, eigentlich sehr schöne Holzverbindungen gibt, wenn auch nur wenige heute noch gebraucht werden. Sie sind Zeugnis dafür, daß es zu allen Zeiten sehr einfallsreiche Tischler gegeben hat, die darüber nachsannen, wie man das lebende Material Holz bändigen kann, damit es das tut, wozu man es braucht. Am Abend vor der Prüfung sagte der Meister leichthin: »Es gibt da auch noch einen Doppelschlitz auf Gehrung, wird selten gebraucht, ich erkläre es dir nur, damit du Bescheid weißt.« Nun, ich träumte die ganze Nacht vom Doppelschlitz auf Gehrung und sah ihn unendlich groß vor mir. Am Morgen, als ich zu meiner Hinrichtung ging, hatte ich ihn dann vergessen. Es ging jedoch alles besser, als ich dachte. Als praktische Arbeit bekam ich – da man mich plötzlich doch für intelligent hielt – den Doppelschlitz auf Gehrung. Und nachdem ich die Vorangst überwunden hatte, konnte mich nichts mehr erschüttern. Ich machte ihn richtig, aber so schlecht, wie es das Werkzeug und meine Fähigkeiten erlaubten. Als ich schon dachte, nun sei ich durchgefallen, hatte ich mit »sehr gut« bestanden. Noch heute weiß ich nicht, wie ich dazu gekommen bin. In der Werkstatt mußte man nach der Prüfung eine Runde ausgeben, weil das aber gegen meine Prinzipien ging, und Prinzipien muß der Mensch haben, brachte ich einen Kasten Berliner Pfannkuchen mit. Da es Silvester war, wurden sie mit Freuden aufgenommen, denn zum Saufen war noch viel Zeit. Das war dann auch meine letzte Tätigkeit für die Firma G. Reuter.

Nach der Gesellenprüfung nahm ich mir 14 Tage Urlaub und fuhr nach Allenstein. Es war der erste größere Urlaub in den Jahren, denn während der Lehrzeit gab es nur drei Tage Urlaub im Jahr, und die waren sorgfältig mit Feiertagen und Sonntagen verlängert worden, damit ich die Gautage unserer Gruppe organisieren oder größere Wanderungen auf die Kurische Nehrung mitmachen konnte. Nun aber war ich froh, einmal viel Zeit zu haben. Nach drei Tagen wurde ich ganz dringend nach Königsberg zurückgerufen. Da lag die Kündigung von G. Reuter vor mir. Was mich mehr ärgerte, war, daß mein Vater beim Chef gewesen war und gebeten hatte, mich doch zu behalten. Er hatte dort auch erfahren, daß ich nicht nur unbrauchbar, sondern auch unbotmäßig wäre. Es gab eine heftige Auseinandersetzung, ich verbat mir jede Einmischung, und es endete mit zugeschlagenen Türen und überhaupt nur, weil uns beiden die Mutter leid tat, die zitternd zwischen uns zu vermitteln suchte. Vater und ich sprachen wochenlang nicht miteinander. Ein kurzes Intermezzo auf einem nicht angenehmen Arbeitsplatz in einer Fabrik fand sein Ende, als Onkel Felix mich mit dem Angebot überraschte, bei ihm Bettfederschränke zu bauen.

Ich liebte es nicht sehr, spazierenzugehen, besonders dann nicht, wenn man denselben Weg wieder zurückgehen mußte. Natürlich ist es eine Sache des Alters und der Stimmung. Als Kind bemerkte ich meistens überhaupt nicht, welchen Weg ich ging; ich war zu sehr mit meinen Gedanken beschäftigt, sah nur den Horizont und was ich ihm entgegenstellte und bemerkte wenig, was um mich herum geschah. Jetzt im Alter sehe ich auf dem Rückweg, was ich beim Hingehen versäumt hatte, und das ist viel. Bald werde ich mich auf eine Straße beschränken können und immer Neues sehen, entdecken, daß sie schon in zwei Stunden eine andere Straße ist. Ich muß jetzt noch einmal weit zurückgehen, denn die Werkstatt und mein übriges Leben verlaufen wie zwei Parallelen nebeneinander und sind nur mit seltenen Querwegen verbunden. Ich versuchte schon zu erklären, wie sehr die neue Lebenslage mich beeinflußte; nach Feierabend verschloß ich ganz dicht die Werkstatt, weil ich nicht wollte, daß sie mein »Lebensinhalt« wurde. So nannte man das damals, und der abschreckende Eindruck der Erwachsenen um mich herum, die nie etwas anderes zu reden hatten als von ihrem Geschäft, bestärkte mich noch darin. Dennoch muß ich, um es abzuschließen, auch das Ende erzählen.

Nach den langen Ausflügen mit den Eltern war es für uns verpönt, spazierenzugehen. Man wanderte, hatte ein Ziel, ging weite Strecken zur Arbeit, zu Heimabenden, um Geld zu sparen, und war Tag und Nacht unterwegs. Dazu gibt es eine jiddische Erzählung von der lieben Levone und dem freundlich Trunkenen. Die Levone, der Mond, spukt ja immer in meiner Geschichte statt des Glücksterns, den ich nicht besitze. Der Mond ist ein komplizierter Begleiter, aber er ist uns nahe, und trunken waren wir alle damals, eine seltsame Trunkenheit, die man in der Jugend und im Frühling hat. Trunken, weil die Welt und viel Zeit vor uns liegt, und nüchtern, wenn es darum ging, sie für uns neu zu gestalten. Ein Betrunkener kommt aus dem Haus und sieht den Mond. »Liebe Levone, begleitest mich noch ein Stück des Wegs«, und sie tat es. Als er vor seinem Haus stand, sah er wieder den Mond. »Das ist aber nett, meine liebe Levone, daß du mich so treu begleitet hast, nun will ich dich auch wieder zurückbringen«, und er tat es. So ging es weiter, bis die Nacht zu Ende war und der Morgen dämmerte. »Danke schön, liebe Levone, jetzt magst du auch schlafen.« Genauso taten es Hans Litten und ich zwischen Julchenthal, wo er wohnte, und der Straße Am Schloß Nr. 2, wo ich wohnte. Es war ein Weg von einer dreiviertel Stunde. Ich weiß nicht mehr im einzelnen, was wir auf diesen Wegen gesprochen haben, aber uns wird wohl der Stoff nicht ausgegangen sein. Es mußten ja auch die Mädchen nach Hause gebracht werden, der Gruppenabend noch einmal durchgesprochen und die Spreu vom Weizen getrennt werden. Die Levone war das Stichwort und der Schuß Romantik bei diesen Gesprächen. Wir haben wohl selten den Mond gesehen und wenig, was um uns herum vorging. Wir, und das gilt auch für die anderen Freunde in der Jugendbewegung, waren wohl Handwerker einer Revolution. Zwischen Stefan George, Karl Marx und Lenin suchten wir unseren Weg.

Ich glaube, wir beide ergänzten uns gut: Hansens theoretisches Wissen und meine realistischen Kenntnisse von Menschen und Dingen mit den Erfahrungen meines anderen Lebens in der Fabrik. Ich besinne mich auf ein langes Gespräch, das Grundlage für unsere Gruppenarbeit wurde. Es hatte mich so besonders gereizt und beschämt, daß mein Vater zu meinem Chef gegangen war und ihn gebeten hatte, mich zu behalten. Das Wort von der »heilen Welt« wurde vielleicht damals noch nicht gebraucht. Wir hatten unfreundlichere Worte dafür. Jedenfalls definierten wir sie als eine eingekapselte Gesellschaft. Klassen, Gruppen, Kasten waren heil, wenn sie in sich geschlossen im »wohlverstandenen« Interesse funktionierten. Jede Abweichung, jeder Ausbruch wurde mit größtem Mißtrauen betrachtet. »Schuster bleib bei deinen Leisten«, war der Leitspruch, und dazu gehörte, daß dieser Schuster genau wußte, wo sein Platz war, und sich damit begnügte und wußte, wo der Obere war, dem man mit dem gebührenden Respekt begegnete, und der Untere, auf dem man stand. So bildete sich die Pyramide, und sie stand, solange die Oberen mit großer Selbstverständlichkeit auf dem Rücken der Geduldigen, der Unteren standen. Die heile Welt der Kurzsichtigen, in der man die anderen nur durch das Zerrglas sieht, das die eigene Gruppe umgibt. Natürlich haben das schon vor uns viele gesehen, aber für uns war es ein bestürzendes Erwachen. Als ich ausbrechen wollte, gegen meinen mich bevormundenden Vater protestierend, hatte ich noch nicht einmal das Geld, bis Berlin zu fahren. Hans ging es ähnlich, er wollte Hafenarbeiter werden, als sein Vater ihn zwang, Jura statt Kunstwissenschaft zu studieren. Beide fanden wir auch als Arbeiter keinen Platz, denn die Arbeitslosigkeit war groß, und wir hatten auch da das Gefühl, unerwünschte Konkurrenten zu sein. Diesmal mußten wir nachgeben, aber wir hatten etwas gelernt. Wir hatten die Schriften von Marx, Engels und Lenin gelesen, und die Erfahrung, die wir gemacht hatten, machte sie anschaulich für uns. Alles ist einprägsamer, wenn man es am eigenen Leib erfahren hat. Wir durchstöberten die Geschichte und lernten aus dem Überlieferten, uns Gedanken über die Stummen der Geschichte zu machen. Zusammenhänge, die nicht in den Büchern standen, wurden durchsichtiger. Parallel dazu begannen alle Gruppen, Mappen mit Zeitungsausschnitten zu sammeln, um den Blick zu schärfen, was berichtet, was nicht berichtet, wie es berichtet wird und aus welchen Gründen. Jeder sammelte Material zu einem anderen Thema. Es waren herrliche Mappen, aber ich nehme an, daß auch viel Unsinn dabeigewesen ist. Es ist schade, daß all das nicht erhalten ist, es würde ja auch zeigen, wie sehr wir in unserer Zeit gefangen waren. In jedem Fall haben wir damals gelernt, Zeitungen zu lesen. Das ist uns immer zustatten gekommen.

Mit Hans brach auch plötzlich die moderne Kunst, der Expressionismus, in unser Denken ein. Er wurde unser besonderes Eigentum, weil er unsere Zeit war. Nach Strindberg, Ibsen, Hauptmann, Tolstoi und Dostojewski, Rilke, Spitteler und Stefan George sehe ich es noch vor mir, wie Hans das erste Gedicht von Else Lasker-Schüler vortrug. »Jakob war der Büffel seiner Herde ... und sein Ochsgesicht erschuf das Lächeln« und von Jakob van Hoddis »Dem Bürger fliegt vom spitzen Kopf der Hut ... ein kleines Auto fliegt nach Ithaka«. Dazu Bilder von Schmidt-Rottluff, Heckel, Picasso, Musik von Hindemith, Webern, Strawinsky. Es riß uns allen den Hut vom Kopf. Wir stürzten uns immer wieder in ein Chaos einander widersprechender Eindrücke. Es war ein Hexenkessel, in dem wir kochten, in dem alles, was unsere Zeit an uns herantrug, uns beschäftigte. Ausgehend von der Jugendbewegung mit Wyneken: ›Schule und Jugendkultur‹, Blüher, Romantik, Liedern, Wandern, Sonnwendfeuern, kamen wir zu Rilke, George, Pfemfert, Karl Kraus, expressionistischer Dichtung, der Auseinandersetzung mit dem Nationalismus jeder Art, also auch mit dem Zionismus, mit der Generation der Eltern, mit ihren Göttern, mit dem Judentum und anderen Religionen und immer wieder mit Marx, und bemühten uns darum, unsere Einstellung zu den täglichen politischen Ereignissen zu klären. Dabei sind die Wege, auch die Irrwege, oft wichtiger als die Ergebnisse. Ich kann wohl die Arbeit der Gruppe am besten deutlich machen, wenn ich die Entwicklung des einzelnen aufzuzeigen versuche. Man wird sehen, wie vielfältig die Ergebnisse sind, zu denen die gleichen Voraussetzungen geführt haben.

Wer weiß, was ein »Chewremann« ist? Wie alle jiddischen und aus dem Hebräischen kommenden Worte sind sie nicht genau übersetzbar. Es ist immer noch ein anderer Geschmack darin. Chewra ist die Gesellschaft, auch eine Gemeinschaft, man kann auch zu seinen Mitarbeitern sagen: Nun Chewre, jetzt ist genug gefrühstückt. Ein Chewremann ist eben einer, der gerne in einer Gemeinschaft lebt, er kann die Stütze der Gesellschaft sein, um ihn gruppiert sich das Gruppenleben. Lilli war solch ein Chewremann, auch wenn sie ein Mädchen war. Chewremänner gibt es in allen Schattierungen, von dem schulterklopfenden Genossen bis zu dem, der scheu ist und doch leise Schwierigkeiten beseitigt, für die Gruppe denkt und Wege ebnet und von dem man eines Tages erstaunt sagt, sieh an, der ist ja ein Chewremann. Eine Gruppe besteht nun nicht nur aus Chewremännern, sondern zum großen Teil aus Individualisten, sie können schwer längere Zeit eine Gruppe ertragen. So muß man die Gruppe locker halten, damit nicht den intelligenten Einzelgängern die Luft ausgeht. Es ist, denke ich, eine Kunst, eine Gruppe zu führen. Man kann dabei lernen, Geduld zu üben und sich zurückzuhalten, sonst bleibt man am Ende auf seinesgleichen beschränkt.

Durch die Abgeschlossenheit Ostpreußens hatten wir auch die Freiheit einer eigenen Entwicklung. Wir waren zwar einem in ganz Deutschland verbreiteten deutsch-jüdischen Wanderbund angeschlossen, doch blieb er schemenhaft. Er hieß »Kameraden«, und schon das bereitete uns Verdruß, weil der Name an Krieg und nationale Redereien erinnerte. Natürlich gab es auch eine Zeitschrift, aber auch sie war nicht besonders anregend für uns. Die Probleme des kultivierten Wandervogels waren nicht unsere; wir waren wild, wir waren für Mystik empfänglich, aber nicht für »gesundes« Wandern. Ebensowenig berührte uns, was über Bindungen zur Religion gesagt wurde. Durch Hans wurden wir allerdings noch eine Zeitlang angeregt, regelmäßig in die Synagoge zu gehen. Er selbst spottete über seinen Eifer. Er war natürlich christlich erzogen worden, hatte dann sein Abitur mit Hebräisch gemacht und konnte es viel besser als wir, die wir gerade soviel wußten, um die Gebete zu verstehen. Nun wollte er ganz Jude sein, was seinem Vater mißfiel und seine Mutter sehr unterstützte. Er beschäftigte sich sehr mit der jüdischen Mystik. Man fand ihn öfter in den kleinen Synagogen der Chassidim, und einmal wurden wir auch beide von den Eltern einer Freundin zum Pessachfest bei ihnen eingeladen, wo er mit seinen Kenntnissen gerne gesehen wurde. Ich war natürlich mit meiner Unbegabung für Sprachen da sehr im Hintertreffen. Ich weiß nicht, ob nicht meine Faulheit noch größer war als mein mangelndes Interesse, jedenfalls ging es in ganz andere Richtungen. Hans hatte ein Semester in München studiert, und so wurden uns wenigstens die Personen, die den Bund leiteten, ein Begriff. Durch seine Schilderungen wurde der Bund für uns wirklicher, aber ich war die ganze Zeit eigentlich immer in einem anderen Land als dem Deutschen Reich, wenn wir auch an allem, was in Berlin geschah – vor allem in der Politik und Kunst – lebhaft teilnahmen. Berlin war ein Vorort von Königsberg, und Hamburg konnte ich mir auch vorstellen. Aber süddeutsche Städte, traditionsbelastet, wie sie in meiner Vorstellung waren, sah ich nur als Idylle und Romantik.

Es war immer ein Fest, wenn einmal für kurze oder längere Zeit ein Kamerad aus dem »Reich« zu uns kam. Zuerst kam Hans Baum, lang, schlaksig, sentimental. Er verliebte sich abwechselnd in alle unsere Mädchen. Sie waren aber auch besonders hübsch. Er war über das bei uns übliche Maß hinaus sentimental. Von ihm blieb uns eigentlich nur ein Spruch. Er stand vor einer Birke und verkündete uns dann: »Die Birken sehen so jungfräulich aus.« Uns herberen Ostpreußen wäre es unmöglich gewesen, solch einen Satz über die Lippen zu bringen. Selbst die vor Sentimentalität triefende Margot Himmel lachte hell auf, als wir mit diesem Schlager aufwarteten. Wir hatten eine andere Sentimentalität, wohl die der berühmten russischen »Seele«, nichts, was so wohlgeformt über die Lippen kam. Sie drückte sich in den langgezogenen litauischen Liedern aus, während wir die süddeutschen Lieder vom »Busserl« und fließenden Brünnlein eher absurd fanden. Ein Mägdelein war für uns ein plastisches, hochglanzpoliertes Wesen, und wir hätten uns geniert, so etwas zu sagen. Das war eben ein Mädchen oder zärtlicher ein Marjelchen, ein Wesen aus Fleisch und Blut. Es waren große Unterschiede zwischen uns und den anderen im Reich. Wie jeder immer sich liebt, fanden wir uns gefühlvoll und die Süddeutschen sentimental. Wir malten uns aus, daß es ein autonomes Ostpreußen geben müßte mit Alfred Brust- und Barlach-Festspielen auf der Kurischen Nehrung. Alfred Brust war ein ostpreußischer Expressionist. Der Bund der baltischen Staaten, Ostpreußen, Litauen, Lettland, Estland, wäre eine gute Sache gewesen, schon weil sie in der Struktur einander so ähnlich waren. Der Glaube an die Überlegenheit der Deutschen war nach dem Ersten Weltkrieg erschüttert. Von Schule und Presse wußten wir wenig davon, aber wir hatten durch die geographische Nähe und durch Studenten, die in Königsberg studierten, ab und zu andere Informationen und hörten nicht nur von den Grausamkeiten, die die Letten an Deutschen verübt hatten. Wir trafen einmal auf der Kurischen Nehrung zwei deutsche Mädchen aus Lettland. Natürlich fragten wir sie gleich nach den Verhältnissen in ihrem Lande. Sie antworteten freimütig, daß sie nach dem Krieg hätten lernen müssen, daß die Letten auch Menschen seien. Vorher hätte ihr Vater, der Arzt war, den lettischen Apotheker nie in seinem Haus empfangen dürfen, weil er sonst von den anderen Deutschen boykottiert worden wäre. Das kommt uns allen heute so bekannt, beinahe gar nicht erwähnenswert vor. Uns war es neu, daß es Rassenprobleme so nahe vor unserer Türe gab. Ich weiß nicht, ob die Geschichte von der deutschen Herrenklasse auch einmal von der anderen Seite geschrieben worden ist. Sie drückt sich nicht nur in Bauwerken und Handelsbeziehungen aus.

Doch noch einmal zurück zu den »jungfräulichen Birken«. Gegen die Überschätzung der Heimat gibt es nur ein Mittel. Man muß gezwungen sein, mit Menschen anderer Landschaften zu leben. Reisen nützen wenig, denn da sind andere Menschen doch noch lange nur Exoten, die heimatliche Aura umgibt uns sehr zähe und filtert die Sicht. Aber lange Abwesenheit gibt eine neue Sicht. Ich kann heute nicht ohne Rührung einen nordischen Birkenwald sehen, er ist mit seinem lichtdurchlässigen Laub und den weißen Stämmen mehr noch als die Nadelholzwälder für mich das Symbol Ostpreußens geworden. Ich habe eben gesagt, daß uns Süddeutsche wie Exoten vorkamen. Wir waren natürlich froh, solche Exoten in unseren Gruppen zu haben. Wir waren ja eine Insel, und auf ihr sind Fremde immer willkommen.

Eines Tages meldete sich ein Kamerad der Nürnberg-Fürther-Gruppe. Von Beruf Schuster, natürlich schon Werkmeister, hatte er eine Stellung in Königsberg bekommen, hieß Siegfried Adler – in seiner Mundart Ssiegfried –, stämmig, mit fleischigem Gesicht, sympathisch durch die schelmischen Augen. Diese Art von Lächeln gab es nicht bei uns. Was es auch nicht bei uns gab, war, daß jemand einem Fremden gegenüber ohne weiteres von seinen Liebesgeschichten gesprochen hätte. Er tat es offensichtlich mit Genuß und erzählte ausführlich von einer Bertha (sprich Berda), die ihn verlassen hatte. Daß er Kommunist sei, erfuhr ich nur am Rande. Wir wurden unterbrochen, die Tür öffnete sich, und in kurzärmeligem Waschkleid mit einer Schüssel voll Obst stand meine Schwester Rosa sonnenbeschienen in der Türe. Sie sah aus, wie Mädchen bei Gauguin gemalt sind. Sie sprach kein Wort, setzte die Schüssel auf den Kindertisch, an dem wir saßen, und ging. Siegfried sah sie wie eine Erscheinung an, war plötzlich sehr einsilbig, dann sagte er, und ich kann es leider nicht musikalisch richtig wiedergeben: »Als ich deine Schwester sah, hat es mir halt einen Stich ins Herz gegeben.« Der Stich saß. Er blieb mit ihr für sein ganzes Leben verbunden. So einfach ist es, gar keine Harfenbegleitung – ich muß hier von »Erlebnis« reden, denn es ist mir sonst nur in Romanen begegnet, die Liebe auf den ersten Blick. Dabei war Siegfried alles andere als ein schmachtender Jüngling. Er erzählte mir später, daß er von der Kommunistischen Jugend delegiert war, um uns zu sprengen. Möglich ist das schon, ich mag es nicht glauben, eher, daß er damit später einige mir unbekannte Ketzereien gegen die alleinseligmachende Kirche der Stalinisten überdeckte, denn er fühlte sich sehr wohl in unserem Wald, in dem vielerlei Bäume gedeihen konnten. Es ist ein ganz bestimmtes Holz, aus dem Funktionäre gemacht sind; sie sind schon verschieden, aber immer nur Abarten des gleichen Baumes. Die Funktionäre der Histadruth, der israelischen Gewerkschaft, der deutschen, sowjetischen und englischen Partei- und Gewerkschaftsbürokratie sind sich manchmal zum Verwechseln ähnlich. Amusisch und einspurig in ihrem Denken tun sie alles, was der Partei und der von ihr genehmigten Revolution dient. Es sind Bürger mit ordentlichem Familienleben, mit Nippes im Wohnzimmer, und wenn die Partei hinter ihnen steht, haben sie den Mut, den man Löwen nachsagt.

Für unseren Bund war Siegfried sehr nützlich. Er gründete einen radikal-sozialistischen Kreis, machte Kurse über Marx und Dialektik. Es war gut, einen Mann zu haben, der das alles unerschütterlich ernst nahm. Ein gutgelaunter, hilfsbereiter Mensch. 1933 war er Redakteur einer kommunistischen Zeitung im Ruhrgebiet, wurde mit den ersten ins KZ Papenburg, wo das Lied von den Moorsoldaten entstand, gebracht, 1934 entlassen; er emigrierte nach Bolivien und kehrte 1949 nach Deutschland in die DDR zurück. Obgleich ich ihn doch lange kannte, ist er mir immer unverständlich geblieben. Einer seiner Aussprüche – es wird wohl noch vor 1925 in Königsberg gewesen sein – ist mir im Gedächtnis geblieben: »Nach der Revolution wird Deutschland für Jahrzehnte ein großes Zuchthaus sein.« Das widersprach allem, was ich mir unter Revolution vorstellte, und doch hat er recht behalten. Rosa, meine liebe Schwester, begleitete ihn wirklich auf allen seinen Wegen. Auch wenn sie ebenso »ideologisch ausgerichtet« war wie er, so schien sie mir immer viel ansprechbarer zu sein, vielleicht auch nur deshalb, weil sie mir als meine Schwester verständlicher ist.

Nun verging diese Zeit keineswegs in eitel Freude. Ich bin nicht sehr mutig, und was ist Tapferkeit? Ich habe schon versucht zu erklären, wie ich sie mir vorstelle: nämlich personifiziert in einem Menschen, der imstande ist, ohne viel Erregung mit Gefahren fertig zu werden, der vielleicht sogar Gefahren und komplizierte Situationen sucht, um sich etwas zu erregen. Ich muß gestehen, daß diese Definition für mich so gar nicht zutrifft. Ich bin froh, daß ich ein Gesicht habe, dem man die Erregung nicht so leicht ansieht; es ist ein guter Schild. Ich kann es mir auch gar nicht erklären, warum ich mir immer so viel Verantwortung aufladen ließ. Vielleicht wirke ich mutig, und ich kann auch nicht nein sagen, wenn ich die Notwendigkeit einsehe. Sagt man aber ja, so ist man schon in die Grube gefallen, alleine oder mit den anderen zusammen. Einen Rat geben heißt ja auch für den Erfolg einstehen, und schon ist man mit dem verbunden, dem man nur einen Rat geben wollte. Ich ärgerte mich oft über mich, wenn ich wieder etwas übernommen hatte, von dem ich eigentlich schon vorher wußte, daß ich es nur schwer würde bewältigen können. Meine Zunge ist aber schneller als meine Überlegungen. Meine Freunde nennen mich das Kamel. Das ist kein Schimpfwort. Das ist es nur bei den aggressiven Europäern, die nur achten, was sie fürchten. Für den Araber in der Wüste ist es das unentbehrlichste Tier. Es hat ein gutmütiges, allerdings etwas hochmütiges Gesicht, ist anspruchslos, und man kann auf und zwischen die Höcker sehr viel laden, was es dann gleichmütig trägt. Aber dieser Gleichmut ist nur scheinbar, es ist ein nervöses Tier mit außerordentlich viel Eigenwillen. Man muß darauf Rücksicht nehmen, sonst wird es bockig. In der Gebrauchsanweisung steht, daß man es mit einem Stück Zucker leicht versöhnen kann. Das ist billig. Bei Gefahr möchte es gerne sofort weglaufen. Man sieht es an dem Zucken seiner Beine, aber da es ja so viel geladen hat, bleibt es einfach stehen oder läßt sich nieder; man kann sich dann dahinter verstecken und den Sturm über sich hinwegbrausen lassen. Es ist nicht so ganz einfach zu behandeln, aber viele schätzen sich glücklich, ein Kamel zu besitzen.

Im übrigen hat das Kamel ja eine bemerkenswerte literarische Vergangenheit. Man weiß, es ist nicht leicht, durch ein Nadelöhr hindurchzukommen. Morgenstern beschreibt das so: »Und siehe da, das Tier ging durch, obzwar sich quetschend wie ein Lurch.« Es muß dabei viele Haare lassen, aber es ist ein gutes Gefühl, durchgekommen zu sein, und das ist die Mühe wert. Auch Alfred Döblin beschreibt in der ›Babylonischen Wanderung‹ ein Kamel, nicht immer freundlich, aber seinen Nutzen leugnet er auch nicht. So habe ich einen guten Stammbaum.

Im Sommer 1923 bereiteten wir ein großes Sommerlager vor. Wir fanden in Sorgenau abseits auf der Düne ein Haus mit vier Zimmern. Strohsäcke waren schnell beschafft. Da wir aber aus Königsberg und aus der Provinz viele 12- bis 14jährige dort haben wollten, mußten wir die Erlaubnis der Eltern haben. Wir veranstalteten mehrere Elternabende, wo ich mit Engelszungen die Vorzüge eines Ferienlagers für die Gesundheit pries. Für uns war die Gesundheit zweitrangig; wir erhofften uns viel davon, einmal vier Wochen in einer Kommune zusammenleben zu können. Zur Vorbereitung waren wir oft in Sorgenau gewesen, und die Bevölkerung, die uns »Fürsten-Kinder« von klein auf kannte, war uns sehr freundlich gesonnen. Wir hatten einen besonderen Platz, den wir schon als Kinder kannten, zwischen Sorgenau und Palmnicken am Seehundstein, oben auf der Düne. Er war abgeschirmt durch eine dichte Tannenschonung, durch die es nur einen schmalen Pfad gab. Dort saßen und lagen wir in den Tagen der Sonnenwende, träumten, redeten und sangen unsere wildesten Lieder aus dem Bauernkrieg oder die Lieder der russischen Revolution und tanzten unsere wilden Tänze, die schon nichts mehr mit Volkstänzen zu tun hatten. Die Nächte blieben hell. Das Abendrot ging in das Morgenrot über. Nach Sonnenaufgang schliefen wir, bis es warm wurde, um dann die Düne hinunterzulaufen und im Meer zu baden. Die Eltern stellten schließlich ihre Forderungen – es war doch ein Fehler, sie zusammenzubringen; mit jedem einzeln wäre ich eher fertig geworden – »es muß ein Erwachsener dabeisein«. Erwin Lichtenstein fand für uns in Danzig eine »alte« Person. Sie war 30 Jahre alt, also etwa 15 Jahre älter als ich. Sie hieß Hertha Sielmann, von Beruf Kunstgewerblerin, im Krieg Krankenschwester, was ja als Argument für die Eltern wichtig war. So standen wir dann etwas bang auf dem Bahnhof und warteten auf die Anstandsdame. Wir suchten sie zunächst vergebens; plötzlich sprach uns ein kleines Mädchen an, nicht älter als 17. Sie hatte eine kühne Nase wie Napoleon, vergißmeinnichtblaue Augen und blondes lockiges Haar. Sie war es, wir konnten es kaum fassen. Hertha hat die ewige Jugend gepachtet. Als ich sie vor zehn Jahren in England siebzigjährig sah, war sie noch immer kaum verändert, und wahrhaftig, sie hatte kein leichtes Leben hinter sich. Sie arbeitete noch und entwarf orientalische Teppiche, dazwischen war sie jahrzehntelang Fürsorgerin gewesen. Was sollten wir nur mit dem kleinen Mädchen anfangen, man konnte doch den Eltern nicht dauernd ihren Paß vorzeigen. So wurde sie mit Hilfe der Kleider meiner Mutter »gepolstert«, wie wir es nannten, bis sie würdig und ehrbar genug für die Eltern aussah. Das mußten wir auch jedesmal schnell machen, wenn an Sonntagen Eltern zu Besuch kamen.

Das Lager war ein großer Erfolg. Rosa und Siegfried, das Liebespaar, hatten Urlaub und waren die ganze Zeit draußen. Meine Schwester Edith, Lilli und ich nur am Sonnabend und Sonntag. Die ganze Gegend wurde durchstöbert, wir Fürsten kannten ja jeden Platz, wo sonst niemand hinkam. Leider hatte es ein tragikomisches Nachspiel. Wir hatten nackt gebadet. Das taten wir immer, wenn wir einen geeigneten Platz dafür fanden. Es ist ja auch zu blödsinnig, sich extra zu bekleiden, wenn man ins Wasser geht. In die Bucht bei Nodems kam am Alltag kein Mensch. Natürlich redete man nicht zu Hause darüber. Da wir aber die Kinder nicht in Zwiespalt bringen wollten, sagten wir es ihnen nicht extra. Sie verstanden es auch so. Nur ein kleines Mädchen erzählte ihrer Mutter dann doch einmal, wie schön es gewesen wäre. Königsberg, und insbesondere die jüdische Gemeinde, war ein Klatschnest, und bald wußte es jeder, daß in Sorgenau Max Fürst und Hans Litten 30 Mädchen vergewaltigt und gewaschen hatten. Erstens hatte man die Jungen auch gleich dazugezählt, und zweitens fand Hans, vergewaltigt spräche ja für uns, aber gewaschen, pfui, das sei ja pervers. Bis sich die Eltern vom Schreck erholt hatten und sich zu Aktionen aufrafften, war es Herbst geworden. Ich stand am Jom Kippur noch einmal – es war zum letzten Mal – in der Synagoge. Da waren auch personelle Veränderungen vorgegangen. Nach dem Tode des Oberkantors Birnbaum war ein junger Kantor, Lewandowsky, an seine Stelle getreten. Er sang sehr schön, aber ich wurde das Gefühl nicht los, daß es sich um große Oper handelte. Ebenso war nach dem Weggang des Rabbiners Dr. Vogelstein ein junger Rabbiner, Dr. Levin, gekommen. Er gab sich zuerst sehr aufgeklärt und versuchte, sich an die Spitze der jüdischen Jugendbewegung zu stellen; als wir das verhinderten, war er natürlich unser Feind, und an jenem Jom Kippur war seine Stunde gekommen. »Jugendliche, unreife Führer haben ihre Kompetenzen weit überschritten ... hätten in ihrer Unerfahrenheit unendliches Elend über unsere Jugend bringen können.« So donnerte es von der Kanzel über mich hinweg. Unglückseligerweise stand ich auch noch gut sichtbar in der sitzenden Menge, so daß er mir die Vorwürfe persönlich ins Gesicht schleudern konnte, und jeder in der Gemeinde, außer meinen Eltern, schien zu wissen, wer gemeint war. Natürlich blieb es bei Andeutungen, wie es Kanzelredner jeder Konfession zu halten pflegen, wohl wissend, daß ihn keiner würde zur Rede stellen können. Jeder ein Papst, der ex cathedra spricht. Mein Vater fragte mich dennoch, wen er wohl gemeint habe. Ich sagte leichthin, er hätte wohl von den Zionisten gesprochen. Am Abend haben wir ihn dann doch aufgeklärt. Der erwartete Donner blieb aus. Wir hatten mit Schweden argumentiert, das hatte ihn beeindruckt. Die Schweden sind ja doch Europäer. Zu meinem Erstaunen verteidigte er uns gegenüber anderen Eltern, sah in unserem Verhalten keine Todsünde, liebte wahrscheinlich auch nicht den polemisierenden Rabbiner, kurz, er fand nicht nur uns, sondern auch die anderen übertrieben, und damit war für uns persönlich die Sache erledigt. Für mich gab es noch schwierige Monate, in denen ich unsere jüngeren Gruppen zu retten versuchte; dann wurde die Sache von anderen Skandalen zugedeckt und »vergewaltigt und gewaschen« wurde ein Witz; ich muß gestehen, etwas zu unserem Kummer, denn auch im schlechten Ruf sonnt man sich gerne.

Jetzt muß ich endlich von Hans Litten erzählen. Es fällt mir schwer, denn er war mir mehr als ein Bruder. Es bleibt immer die Frage nach der Verantwortung für die Folgen aus dem, was wir tun und was wir nicht tun. Sicher habe ich keine Schuld an seinem Tode. Von unserer Gruppe, die wir lehrten, aktiv zu sein und zu kämpfen, ist ein großer Teil in der Zeit Hitlers und in der Zeit Stalins umgekommen. Als ich in Haifa in einem kleinen Keller, vom Hof durch einige Treppenstufen zu erreichen, meine Werkstatt hatte, stand an einem heißen Tag oben vor meiner Tür ein Mädchen. Ich blinzelte vom dunklen Keller in das gleißende Licht und erkannte sie nicht. »Und du arbeitest hier ganz ruhig, wo die Hälfte deiner Leute umgekommen ist?« fragte sie. Damals hatte ich eine große Wut, redete gar nichts und schickte sie fort. Was hätte ich auch sagen sollen. Alles wäre läppisch gewesen. Sollte ich mich rühmen, im KZ gewesen zu sein und nur Glück gehabt zu haben, daß ich herausgekommen war? Sollte ich sagen, daß ich zwei Kinder zu ernähren hätte? Ich hatte sicher keine Schuld am Untergang Hansens und meiner anderen Freunde. Aber der Angelhaken saß mit seinem Widerhaken in mir. Man ist immer schuldig, je mehr wir wissen, je mehr wir gelernt haben zu denken, desto hoffnungsloser ist es, zu leben und nicht an allem schuldig zu sein. An allem, und besonders an dem, was im engen Kreis um einen herum passiert. Deshalb ist es so schwer, über Hans Litten zu schreiben. Laß dich nicht täuschen, die hellen Tage sind Vordergrund einer Tragödie. Ich muß die Hans-Litten-Geschichte sehr kurz erzählen; um ihm gerecht zu werden, erforderte es ein Buch, das den Rahmen dieser Geschichte sprengen würde. Aber erzählen werde ich sie, denn »er war ein Stück von mir«.

9

Ich sagte es schon, Hans Littens Vater war Jurist, Dekan der juristischen Fakultät, zeitweise Rektor der Königsberger Universität. Ich kenne ihn als jovialen Herrn, der interessant und sehr witzig seinen Standpunkt mit sonorem Bariton vortragen konnte. Er stammte aus einer jüdischen Elbinger Kaufmannsfamilie und hatte sich taufen lassen, sonst wäre er nicht avanciert. Seine Frau Irmgard, von den drei Söhnen und später auch von uns Mimi genannt, war eine der interessantesten Frauen, die ich je kennengelernt habe. Klein, behend, aber stabil, äußerst gebildet, konnte sie es vereinigen, gar keine Vorurteile zu haben und dennoch eine der großen Damen zu sein, wie es sie im 19. Jahrhundert gab. Sie und Hans erzählten immer lachend ihre Familiengeschichte. Ihre Vorfahren waren einst Raubritter auf der Schwäbischen Alb; als es nichts mehr war mit den Raubrittern, wurden die Nachkommen Pastoren, und langsam wurden sie eine Familie von Universitäts-Professoren. Ihr Vater und ihre zahlreichen Brüder waren Universitäts-Professoren, und sie wäre es sicher auch geworden, wenn es damals für eine Frau möglich gewesen wäre. Auch ihre Mutter war eine außerordentliche Kunstkennerin. Ich habe sie nur einmal gesehen; es war in Berlin, und Hans stand kurz vor dem Staatsexamen, als die 72jährige, aus Halle kommend, auf der Durchreise Hans ins Völkerkundemuseum befahl, dort mit ihm fünf Stunden intensiv arbeitete, um dann gleich die Weiterreise nach Königsberg anzutreten. Kunst war im Hause Litten eine verpflichtende Beschäftigung. Man unterhielt sich über die Medicis und die anderen Herren der Renaissance so, als ob sie gestern noch gelebt hätten. Aber Mimi war auch sonst ein außerordentlicher Mensch mit einer Unschuld und einem Glauben an Rechtlichkeit, daß wir uns wie düstere Intriganten vorkamen. Sie wurde einmal von der Königsberger Ortsgruppe der Deutschen Volkspartei – (das waren die Nationalliberalen) – eingeladen, einen Vortrag über Frauen in der Politik zu halten, und sie begann ihn ganz selbstverständlich mit einer ausführlichen Würdigung Rosa Luxemburgs und begegnete den Vorwürfen der Versammlungsleitung naiv mit der Frage, ob man denn leugnen könne, daß Rosa Luxemburg bei weitem die bedeutendste weibliche Persönlichkeit gewesen sei. Man hörte es nicht gerne und lud sie, sehr zu ihrer Verwunderung, nicht mehr ein. So trat sie auch für die Freunde ihres Sohnes ein und war bei meinen Eltern, wenn es galt, in schwierigen Dingen zu vermitteln, und meine Eltern waren natürlich mehr durch die Frau Professor und ihre Logik zu beeindrucken als durch meine Argumente. Später, mit mehr als fünfzig Jahren, begann sie Auto zu fahren und leitete eine Expedition, die vom Propyläen-Verlag finanziert wurde. Es wurde das Kapitel über französische Gotik unter Professor Claasen vorbereitet. Sie kutschierte die Gelehrten durch Frankreich, kochte für sie und war Quartiermeister, so erzählte sie es jedenfalls. Ich weiß, daß sie viel mehr gemacht hat.

Der alte Litten hat es später sehr bereut, Hans in die juristische Karriere hineingezwungen zu haben. Obgleich Hans das alles verachtete – in seinem Tagebuch fand ich den Satz »als sich der Ochse im Paradiese langweilte, erfand er die Jurisprudenz« –, machte er doch glänzende Examen und wurde ein ausgezeichneter Jurist. Er wurde Rechtsanwalt am Kammergericht und fühlte sich verpflichtet, für das Recht einzutreten. So war er bald der Verteidiger der Arbeiter in ihrem Kampf gegen die Nationalsozialisten und bei diesen einer der am meisten gehaßten Männer. Im Hause des Professor Litten verkehrte in Königsberg die ganze Prominenz, da er nicht nur Rektor der Universität, sondern auch Berater der preußischen Regierung und, wie er sich rühmte, Prinzenerzieher war. Ich weiß bis heute nicht, was das bedeutete, aber er war sehr stolz darauf. Ich nehme an, die Söhne des Kronprinzen haben bei ihm studiert. Jedenfalls verkehrte er mit den immer noch »Höchsten und Allerhöchsten Herrschaften«. Bei ihm trafen sich unter anderem der General Blomberg, der spätere erste Kriegsminister unter Hitler, und der Pfarrer Müller, der später die nationalsozialistische Kirche der Deutschen Christen gründete. Es war eine deutschnationale, ganz reaktionäre Gesellschaft. Frau Litten blieb davon völlig unberührt. Sie war eine unpolitische Person; wenn sie bei uns in Berlin war, sah sie die Arbeit ihres Sohnes und wurde beeindruckt von seiner Rechtlichkeit. Wenn es schon ein Recht gibt, sind alle davor gleich, und so verteidigte sie auch am Littenschen Hofe in Königsberg die »Machenschaften« ihres Sohnes und schokkierte damit die erlauchte Gesellschaft. Es ergab sich immer wieder, daß einer der Herren sich zu ihr herabneigte und ihr sein Mitleid über den mißratenen Sohn in Berlin aussprechen wollte. Hans' Name stand damals in allen Zeitungen. Es gab dann eine beklemmende Stille, wenn die kleine, sanfte Frau auseinanderzusetzen begann, daß Recht und Gesetz nicht nur zugunsten der Herrschenden angewendet werden dürfen, sondern auch für die kleinen Leute gelten, und das vertrete ihr Sohn und sie sei stolz darauf. Der Alte brachte dann schnell das Gespräch in andere Bahnen. Hans empfand er als Gegner. Er hoffte noch immer, daß er zur »Vernunft« kommen würde, um sein Werk zu vollenden. (Ich weiß nicht, was er sich darunter vorstellte. Seine anderen beiden Söhne verachtete er. Es war ihm gleich, was aus ihnen wurde. Heinz, der so alt war wie ich, wurde Regisseur, und Rainer, der Jüngste, wurde Schauspieler. Heinz war lange Zeit Assistent bei Leopold Jessner in Berlin und dann selbständig in Weimar.)

Hans war in Berlin Anwalt der Roten Hilfe, obwohl er oft Ärger mit den Kommunisten hatte, die von ihm verlangten, daß er die Prozesse nur unter politischen Aspekten führte, was er ablehnte. Er wollte nicht Märtyrer produzieren, sondern Freisprüche erkämpfen. Er war bei den Nazis so verhaßt, daß man Überfälle auf ihn organisierte und er kurz vor der Machtergreifung nur noch unter Bewachung auftreten konnte. Am Tage nach dem Reichstagsbrand wurde er sofort verhaftet und in »Schutzhaft« genommen. Da begann Frau Litten, wie eine Löwin um ihr Junges zu kämpfen. Sprichwörter stimmen nie. Keine Löwin wäre imstande, so lange und so ausdauernd um ihr Kind zu kämpfen.

Diese übermenschliche Ausdauer, diese täglichen Wege, um eine Sprecherlaubnis zu bekommen. Sie mobilisierte alle ihre Freunde und alle ihre vielen Beziehungen, auch ihre ehemaligen Tischgenossen waren vor ihr nicht sicher. Es gelang ihr mehrmals, Hans das Leben zu retten, aber es war nur für neue Quälereien, neue Demütigungen. Immer wieder Versuche, kleine Erleichterungen zu erlangen, die dann am nächsten Tag widerrufen wurden. Ich habe damals gelernt, was Haß ist. Sie haßte die Nazis mit ganzem Herzen und mit ganzer Seele. Hebräisch heißt das »hacol lewowecho we hacol nafschecho«. Ich muß das in der Sprache der Bibel wiederholen, weil nur da diese Dramatik nicht lächerlich ist. Ich habe früher oft mit Hans über Haß diskutiert. Er konnte auch hassen, ich kam mir immer schwächlich vor mit meiner jüdischen Unfähigkeit zu hassen. Es war doch damals so, daß ein Jude viel zu skeptisch war, um hassen zu können. Er war eher bereit, sein eigenes Lebensrecht anzuzweifeln, und fand noch im KZ Entschuldigungen für seine Gegner. Hans sagte, ich wäre lau, und ich sagte, daß sein blanker Haß seine deutsche Erbschaft sei. Haß ist eine Verhärtung, aber er befähigt wie die Liebe zu übermenschlichen Anstrengungen. Das ist mir jetzt zu apodiktisch, vielleicht ist es so, daß starke Menschen auch zu übermenschlichen Anstrengungen keinen Haß brauchen, aber sicher ist, daß Haß im guten wie im bösen den Schwachen weit über seine eigenen Kräfte hinausführt. Es ist auch sehr zweifelhaft, dies zu einer Volkseigenschaft zu erklären. Wie sehr ändern sich diese Dinge von Generation zu Generation. Der Deutsche hat heute ganz andere hervorstechende Eigenschaften, und der Jude hat sich auch ganz entscheidend gewandelt. Brecht sagte einmal: »Auch der Haß der Gerechten verzerrt die Züge.« Frau Litten wurde härter. Dieser jahrelange zermürbende, immer vergebliche Kampf blieb auch nicht ohne Spuren. Heinz, ihr zweiter Sohn, half ihr getreulich, wurde aber dadurch ein kranker Mann. Der alte Litten, erzkonservativ und ein Gegner der Republik, schon weil er ahnte, daß durch eine Demokratie auch sein Thron ins Wanken kommen könnte, hat wohl nie die Folgen bedacht. Erst als auch er als Jude von der Universität vertrieben wurde, war er ein geschlagener Mann und nicht mehr fähig, eine Entscheidung zu treffen.

Frau Litten gab nie auf. Kann man es sich vorstellen, was ein Mensch, eine Mutter, durchmacht, die fünf Jahre hindurch jeden Tag um ihren Sohn kämpft, immer wieder vergeblich, doch nie ermüdend, nein, natürlich schon todmüde, aber dennoch keine noch so geringe Chance auslassend. Viele Tausende Mütter und Frauen waren in derselben Lage, und wie gut ging es Frau Litten im Vergleich zu einer Arbeiterfrau; durch ihren feudalen Bekanntenkreis war sie selten unmittelbar selbst gefährdet, durch ihre Gewandtheit und ihr selbstbewußtes Auftreten wurden ihr viele Türen geöffnet, durch die eine einfache Frau niemals hätte gehen können. Sie brauchte sich nicht um ihren Lebensunterhalt zu sorgen, in dieser Zeit hatte Professor Litten noch seine Pension, und sie hatte einen großen Kreis von Freunden und war von Königsberg nach Berlin gezogen, um den Ereignissen näher zu sein.

Hans wurde von Konzentrationslager zu Konzentrationslager geschleppt, bis er endlich 1938 in Dachau endgültig in den Tod gehetzt wurde. Da ging sie nach England und setzte dort ihren Kampf gegen den Nationalsozialismus fort. Da ist wieder ein Wort geschrieben, das einen scheinbar einfachen Vorgang umschreibt. Sie »ging«. Sie konnte sich nicht einfach in ein Flugzeug setzen oder mit Eisenbahn und Schiff nach England fahren, wie wir es heute gewohnt sind. Ich habe einen Kasten voller Briefe aus ihrer ersten Station der Flucht in der Schweiz. Davor liegt noch die Überschreitung der Grenze. Ich habe es ja selber einmal mitgemacht, diese Flucht über die Grenze mit zwei Kindern, diese sich zu Stunden dehnenden Minuten der Grenzkontrolle. Werden wir nicht auffallen? Wird man uns nicht doch noch zurückhalten? Was wird aus den Kindern, wenn wir hier verhaftet werden? Ich kann mir vorstellen, um wieviel schwieriger das alles mit dem Namen Litten war. Sie wohnte in der Schweiz mit Heinz in erbärmlichen Verhältnissen, jetzt schon ziemlich mittellos bei irgendwelchen Freunden mit kurzbefristeter Aufenthaltserlaubnis. Wieder viele Briefe, um den alten Litten dazu zu bewegen, Deutschland zu verlassen. »Ich habe nichts getan, mir wird nichts geschehen, wenn du vernünftig bist«, war die Antwort. Vernünftig sein hieß natürlich, sich nicht politisch zu betätigen. Einige Zeit später: »Ich komme, wenn ich standesgemäß untergebracht werde.« Kein Staat nahm gerne Emigranten auf. Endlose Briefe an Freunde, Labour-Abgeordnete, um Visum auf einen zweifelhaften deutschen Paß, um Geld für die Reise. Sie hatte gerade Hans begraben und fühlte die Verpflichtung, vielleicht zuerst ihn zu rächen, später wurde es eine Verantwortung für Deutschland. Endlich war der alte Litten »standesgemäß« auf dem Gut eines Lords untergebracht. Dort starb er einen ruhigen, zivilen Tod. Rainer, der jüngste, unkomplizierteste und lebenstüchtigste, sah im Gegensatz zu seinen Brüdern so deutsch aus, daß er noch einige Jahre nach 1933 an Theatern und in Filmen arbeiten konnte, bis er ein Engagement am Theater in Luzern in der Schweiz erhielt.

Als Frau Litten dann endlich mit Hilfe vieler Freunde, konservativer und sozialistischer, und mit Hilfe von Viktor Gollancz eine Aufenthaltserlaubnis in England bekam, schrieb sie ihr Buch ›A Mother fights Hitler‹, das nach dem Krieg nur in der DDR unter dem Titel ›Eine Mutter kämpft‹ übersetzt und nachgedruckt wurde. Sie arbeitete bei der BBC, dem englischen Rundfunk, mit Aufrufen an die Mütter Deutschlands, den Krieg zu beenden. Sie wohnte mit Heinz zusammen in London und war, soweit es ihre dürftigen Verhältnisse erlaubten, ein Sammelpunkt für die politisch aktiven Emigranten. Noch vor Ende des Krieges schrieb sie dann ihr zweites Buch ›All the Germans are they guilty?‹ (Sind wirklich alle Deutschen schuldig?), in dem sie sich mit der Kollektivschuld auseinandersetzte und klarzulegen versuchte, daß es nicht das Volk, sondern die Hitler- und Industrieclique gewesen sei, die die Welt in dies Unglück gestoßen habe. Sie kam 1949, ein Jahr früher als ich, nach Deutschland zurück. Völlig mittellos wohnte sie bei Verwandten und den wenigen Freunden, die sie noch fand. Sie fand hier gar kein Verständnis für sich. Man hätte doch denken können, daß man eine Frau, eine Deutsche, die sich ja nicht nur für ihren Sohn, sondern auch für andere Konzentrationslagerhäftlinge eingesetzt, die jahrelang gegen den Hitlerwahnsinn gekämpft hatte, ehren würde. Im Ausland war sie ein Symbol des Widerstandes. Sie war ein Beweis für das »andere Deutschland«, von dem so viel geredet wurde. Nichts dergleichen geschah, sie wurde als Landesverräterin behandelt, weil sie die deutsche Kampfkraft untergraben hatte, war ungern gesehen, wurde von Beamten beleidigt. Sie bekam jedenfalls damals noch nicht einmal die ihr zustehende Rente ihres Mannes zurück.

Ich machte oft ähnliche Erfahrungen wie sie, aber mir verzieh man, weil ich Jude bin, wenn man auch nicht viel Achtung vor mir hatte, weil ich nur mit 100 Mark und nicht in der Uniform einer Besatzungsarmee zurückgekehrt war. Meine erste Station in Deutschland war ein Hilfszentrum der Quäker in Ludwigshafen. Von dort brachte mich mein Freund Luz nach Bayern, nach Prien, wo Frau Litten bei einer alten Freundin, die dort eine Villa hatte, wohnte. Es war beinahe gespenstisch, wie wir dort, drei Generationen, in einem unzerstörten Haus saßen, zwischen gepflegten antiken Möbeln, und Wein aus Römern tranken. Es war ein trauriges Wiedersehen. Wir waren immer noch die Geschlagenen, aber der Spuk war vorbei, und ich war voller Hoffnung. Alles war bei mir Neubeginn, und Frau Litten ließ sich mitreißen. Eine ganze Nacht lang erzählten wir uns unsere Erlebnisse, unsere wunderbaren Rettungen, und ich begann wieder, an meinem Netz zu knüpfen, in dem ich meinen jungen Freund meiner ältesten Freundin zuführte, von meinen alten Freunden in Palästina und den neuen in Deutschland erzählte. Es war eine verzauberte Nacht der Abrechnung, der Rechtfertigung, und ich hatte seither wieder Boden unter den Füßen in Deutschland.

Frau Litten ging nach Ost-Berlin. Sie hatte resigniert; sie wäre gerne in Westdeutschland geblieben, in der Mitte zwischen ihren beiden Söhnen. Rainer lebte in der Schweiz,

Heinz in der DDR, wo er einige Zeit als Regisseur am Deutschen Theater arbeitete. Sie schrieb mir, sie hätte das Betteln satt. In der DDR wurde sie gern aufgenommen, man sorgte für sie. Jetzt erst konnte sie es sich leisten, alt zu werden. Ich bemerkte, als ich sie dort besuchte, daß ihre Lebenskraft geschwunden war. Sie war viel krank und starb einige Jahre später.

Jetzt, da ich über Hans Litten und die anderen ermordeten Genossen nachdenke und über sie schreibe, »fällt« mir ein, »Wen die Götter lieben, nehmen sie jung zu sich«. Soll das der Trost sein? Warum tun das die Götter? Hilft es ihnen, den Gestorbenen die jugendliche Gestalt zu erhalten, haben die Alten ihre »Wenn und Aber« mitgebracht, weil ja der Geist unsterblich ist? Sind es die Götter müde, die Altersweisheit anzuhören, oder denken Götter auch an den Menschen, den sie so wenig perfekt geschaffen haben, daß ihnen sein Schicksal auf Erden und sein Alter schwer zu ertragen ist?

Hans Litten kam zu uns nicht als unbeschriebenes Blatt; ihm ging der sagenhafte Ruf voraus, die beiden Primen des Wilhelms-Gymnasiums gesprengt zu haben. Das Wilhelms-Gymnasium war die Schule der Kinder des gehobenen Bürgertums, der höheren Beamten und des Adels, während die Kinder der Kaufleute und des Bürgertums ins Altstädtische und Kneiphöfische Gymnasium und in unsere Schule gingen. Nur der Einfluß seines Vaters bewahrte ihn vor dem Hinauswurf, als er bei einer Diskussion, ob ein Bild von Hindenburg in der Schule aufgehängt werden sollte, kühl bemerkte, er wäre schon immer dafür gewesen, ihn aufzuhängen. Man kann sich wohl vorstellen, was für einen Sturm der Entrüstung diese Äußerung über unseren »Retter« entfachte. Da er die Schule für eine Verdummungsanstalt hielt, die nur dazu da war, den letzten Tropfen Geist aus den Schülern herauszupressen, eröffnete er seinen Kampf gegen die Schule und gewann mit der Zeit die gesamte Klasse für seine Ideen. Sie brachten die Lehrer durch

Fragen in Schwierigkeiten und legten durch allerlei Mittel der Sabotage den ganzen Unterricht lahm. Schließlich schlossen sie mit den meisten Lehrern den Kompromiß, daß alle sich während der Schulstunde mit dem beschäftigen konnten, was sie interessierte. Die Klasse kam dann doch geschlossen durchs Abitur, weil einerseits die Schulleitung Wert darauf legte, daß von dieser »Giftpflanzung« auch nicht einer in der Schule zurückbliebe, andererseits halfen natürlich die besseren Schüler den schwächeren bei den Prüfungsarbeiten.

Ein Schulkampf, von Kindern geführt, wirkt in den Augen der Erwachsenen oft kindisch, und man ist stets versucht, mehr die »dummen Jungenstreiche« als die Hintergründe zu sehen. Da hilft nur, sich Bundestagsdebatten in ihrer ganzen Länge anzuhören, um festzustellen, wie viel mehr Sachlichkeit oft hinter den Schülerdiskussionen steckt.

Wir haben damals von Schulrevolution gesprochen, wenn wir auch jeden Versuch einer Reform beobachteten und diskutierten, zumal ich bei meiner Hoffnung blieb, daß nur Schule und Gesellschaft gleichzeitig zu reformieren seien, denn beides hängt ja unmittelbar zusammen.

1925 war die Gesellschaft in ihrem Bewußtsein noch weit von den Einsichten entfernt, die heute möglich scheinen. Der Wohlfahrtsstaat, so unvollkommen er sein mag, hat einiges verändert und wird mit der Zeit das Verhältnis der Eltern zu den Kindern noch stärker verändern. Damals bedeuteten viele Kinder für einen Bauern zugleich auch sein Kapital, seine Sicherung für die Zukunft, besonders aber seine Sicherstellung im Alter. Das war noch die Grundeinstellung meiner Eltern zu den Kindern, auch wenn das nie so direkt ausgesprochen wurde. Aber bei meinem Vater hieß es doch ständig: »Was wird werden, wenn ich nicht mehr arbeiten kann, nicht mehr sein werde?« Dies wurde so gesagt, als fürchte er, nicht mehr für mich sorgen zu können. Tatsächlich gingen seine Sorgen den umgekehrten

Weg. Wenn die Kinder nicht rechtzeitig einen einträglichen Beruf haben, können sie nicht für die Eltern sorgen. Meine Eltern, die weder Krankenversicherung noch Altersrente hatten und denen das wenige Kapital in der Inflation völlig dahingeschmolzen war, fühlten sich ihren Kindern im Alter völlig ausgeliefert. Ich weiß nicht einmal, ob meinem Vater das je ganz bewußt geworden ist, aber er handelte so unter dem üblichen Vorwand, nur das Beste für mich zu wollen. Es verbirgt sich so viel hinter dem Wort Elternliebe: Plötzlich geht das Versagen in der Schule an die Existenz, plötzlich ist es eine Katastrophe, wenn die Kinder es nicht im Sinne der Eltern »besser« haben wollen. »Du wirst im Rinnstein enden« heißt dann: »Ich werde mit dir im Rinnstein enden.« Der Ältere sucht den Jüngeren für den Spurt durchs Leben zu trainieren. Der ganze Clan steht dabei und gibt unüberhörbar seine Meinung kund. Es kommt also für die Eltern noch die Angst vor der Öffentlichkeit dazu, an den Kindern zu versagen.

Jeder weiß, was die anderen von ihm erwarten. Welchen Raum hat da noch das Kind für seine individuelle Entwicklung? Das sind heutige Einsichten. In der Jugend hatte ich gar keine Zeit und Gelegenheit für den Versuch, meine Eltern zu verstehen. Auch die Eltern verstehen meistens ihre eigenen Kinder am wenigsten. Sie setzen bei sich ideale Motive voraus, die selten vorhanden sind. Nähe und scheinbare Ähnlichkeiten verführen zu falschen Folgerungen, wird doch selbst Gott unterstellt, daß er den Menschen nach seinem Ebenbilde schuf, was ja wohl falsch ist oder in jedem Fall mißlungen. Wie sehr wir der Zeit verhaftet waren, zeigt auch unsere Bemühung, die Schule zu revolutionieren, während wir andererseits die Eltern aufgaben und hofften, andere Eltern zu werden.

Das ist ein Aspekt der Schulfrage, es gibt deren noch so viele, zum Beispiel die Beziehung zwischen Schule und Staat. Hans Littens These, die Schule sähe ihre Aufgabe darin, die Kinder der bestehenden Gesellschaft anzupassen, das heißt ihrer Eigenentwicklung und den Veränderungen der Verhältnisse entgegenzuwirken, ist nicht überholt. Das kritische Denken wird durch »gesellschaftlich notwendiges Wissen« möglichst weit zurückgedrängt. Dies wird durch ein System erreicht, das einem Hürdenlauf gleicht, durch Zensuren und Zeugnisse wird die ungleiche Schar in einen engen Kanal getrieben, in dem dann der Stärkste als erster durchs Ziel läuft und die anderen in ablesbarer Numerierung folgen, während der Rest, die Unbrauchbaren, die Atemlosen, Störrischen ausgeschieden und der »Masse« zugeschlagen werden, die dann die ehrenvolle und gleichzeitig verachtete Aufgabe hat, die Grundlage der Gesellschaft zu bilden.

Am Anfang des Jahrhunderts hatten die Arbeitervereine die Parole ausgegeben: »Wissen ist Macht.« Auch das erweist sich als höchst zweideutig. Das aufbereitete Wissen hindert sehr oft das Denken. Wissen ist etwas sehr Zwiespältiges. Erst mit kritischem Denken zusammen wird es lebendig. Ich habe sehr oft Arbeiter getroffen, die mit übermenschlichem Kraftaufwand sich Wissen in den bürgerlichen Schulen und Volkshochschulen aneigneten, um dann völlig erschöpft in untergeordneten Stellen der bürgerlichen Welt zu landen. Der Arbeiter trägt noch allzu gerne die abgelegten Kleider der Bourgeoisie. Es reizten uns die Vorstellungen des 19. Jahrhunderts, an denen die Arbeiteraufklärung ebenso wie unsere Schule hängengeblieben war. Natürlich hatte das auch mit den Anfängen der Arbeiterbewegung und dem Marxismus zu tun. Wie schwer es ist, diese Schale zu sprengen, sehen wir an den kulturellen Widersprüchen in den kommunistischen Staaten. Natürlich war das auch unsere Ungeduld: In der Jugend will man rasche Erfolge sehen.

Für uns war »Kollektiv« das Zauberwort. Im Gegensatz zur Verehrung des Individuums im 19. Jahrhundert wollten wir unsere Jugend und unsere besten Eigenschaften in die Gemeinschaft einbringen; wir wollten stürmen, aber gemeinsam. Wir gingen so weit, von dem Kollektiv als einem Wesen zu sprechen, das Berge versetzen könne. Ich weiß nicht, wie weit, wie direkt wir an einen Gott glaubten. Er hat ja viele Namen, aber wir verstanden uns ihm gegenüber nur als gesammelte Persönlichkeiten, als Gemeinschaft. Wir bekämpften alte »verkalkte« Gemeinschaften, die Sippe, das Vaterland, die gott-losen Religionen, wußten aber, wie unmöglich es für den Menschen ist, allein zu sein, ohne Gemeinschaft und deren Schutz zu leben.

Inzwischen hat sich viel ereignet, und die Zwangskollektivierung hat uns von allen Seiten überrannt. Aber nach der Atempause der letzten 20 Jahre sehe ich doch, wie sehr die Zeit in unserem Sinne gereift ist: Was damals noch reine Utopie schien, scheint heute nahe Wirklichkeit und anerkannte Notwendigkeit zu werden.

Gemeinschaft ist nicht Gleichschaltung, sondern maximale Entwicklung des einzelnen in einem Rahmen, der begrenzt und sammelt; wenn dieser Rahmen immer wieder zu eng wird, so muß er vergrößert oder zerbrochen werden. Das ist immer noch besser, als wenn er Hemmnis ist oder zur Verkalkung führt. Der gesetzte Rahmen aber war für uns ein Menschengesetz; wir bemühten uns, ihn auszufüllen, zusammen mit unseren Genossen: Wie sie auch sein mochten, wie sie auch »zufällig« zu uns gekommen waren, wir wollten keinen zurücklassen, der guten Willens war.

Knapp zehn Jahre trennten uns noch von der nationalsozialistischen Katastrophe. Wir sahen sie kommen und lebten unter dem Druck der Zeit, wobei wir sie eigentlich weniger für uns als Juden fürchteten, sondern für uns als Deutsche. Zehn Jahre sind, geschichtlich gesehen, eine lächerlich kurze Zeit, aber ein Jahr hat viele Tage und Zeit ist ein relativer Begriff. In der Jugend ist ein Jahr eine sehr lange Zeit, wie für jeden aktiven Menschen, der seinen Tag zu nutzen weiß, oder ihn nutzen muß. Wir wurden von der Zeit sehr bedrängt, und zwar in jedem Sinn. Es war abzusehen, daß die »Zeitwende« nahe war, und es gab vielerlei, was an uns herangetragen wurde. Ich fand neulich eine Bücherliste. Es waren etwa zehn Seiten, zusammengestellt aus unseren damaligen Bibliotheken, für den gegenseitigen Austausch bestimmt, alles Bücher, die uns wichtig schienen. Dazu kamen die vielen Zeitschriften und Zeitungen, von den ›Jungen Menschen‹, der Zeitschrift von Walter Hammer und Erich Lüth, der ›Weltbühne‹, dem ›Tagebuch‹ bis zur ›Fackel‹ von Karl Kraus und zu Pfemferts ›Aktion‹. Ich kann gar nicht alle sozialistischen und pädagogischen Zeitschriften nennen, die wir lasen; es waren zu viele.

Um ein Buch oder eine Zeitschrift richtig zu lesen, muß man wohl ein sehr kühler Mensch sein oder Germanist. Wir lasen unsere Gedanken hinein und heraus, lasen nicht unkritisch und lasen auch, was gegen unsere Gedankengänge sprach. Aber wir nahmen das heraus, was uns in unsere Richtung weiterführte. So verstanden und mißverstanden wir vieles zu unserem Besten. Es ist mir heute oft unmöglich, wenn ich ein Buch wieder in die Hand bekomme, unseren damaligen Enthusiasmus zu verstehen. Ich finde die Stichwörter nicht, die uns anregten. Zwischen den Zeilen ist mir eine Welt verlorengegangen: Aber ich fürchte, es geht mir noch heute so, und ich werde wohl nie zu einem objektiven Urteil über ein Buch kommen.

Um an einem Beispiel zu zeigen, wie unsere Gedanken und Meinungen sich bildeten, nehme ich Rosa Luxemburg. Sie war einer unserer Helden. Wir hatten ihre Schriften gelesen, besonders ihre Kritik an Lenin und seiner Taktik. Wir spürten, daß sie im Recht war, doch ihre Meinung wurde überschattet von dem Erfolg Lenins, noch mehr von dem Mißerfolg der Revolution in Deutschland. Unser Blickfeld war noch zu eng, um spätere Konsequenzen zu sehen. Dann kamen die Briefe von Rosa aus dem Gefängnis, die wir liebten, aber es war ein Schock für uns, die Gefühlswelt des Jugendstils zu finden. Natürlich zogen wir in Betracht, daß es Briefe aus dem Gefängnis waren, aber für uns blieben es sentimentale Ergüsse, die nicht zu unserer

Heldin paßten. Wir hatten ihr ein anderes Leben vorgeschrieben. Wir hatten in unseren Gedanken auch ihr Privatleben stilisiert. Natürlich gab auch die Auswahl der Briefe, wie ich heute weiß, kein Bild ihrer Persönlichkeit, aber in der damaligen Zeit paßten sie uns so gar nicht ins Bild eines Revolutionärs. So ist das: Man sieht Menschen und Bücher durch den Filter der jeweiligen Gedanken und Forderungen, die man an die Umwelt stellt.

Wir wanderten durch die Probleme der Welt, gaben unseren Gesprächen immer wieder neue Perspektiven. Wir versuchten, offen zu bleiben. Wir nannten es ein königliches Gespräch, wenn es uns, was selten vorkam, gelang, in einem konzentrierten Gespräch über unseren eigenen Schatten zu springen, uns ganz von den gegenseitigen Argumenten tragen zu lassen, einen neuen Gedanken zu stützen, auszubauen und in unser Weltbild aufzunehmen. Weil es so selten passierte, saß dann die ganze Gruppe atemlos dabei, hörte den drei bis vier Diskutierenden zu, scheute sich zu unterbrechen, und es war das große Glück, ein weiterführendes Wort, auf das alle zu warten schienen, gefunden zu haben. Es war für uns ein Rausch, stärker als alle Narkotika. Wenn ich dann den Schlußstrich zog, weil die Spannung nachzulassen schien, und wir nach Hause zogen, waren wir glückliche Menschen. Es geschah selten, daß wir solche Stunden hatten, das meiste wurde mühsam erackert, aber wir brauchten diese Glücksmomente, sie knüpften das Band der Gemeinschaft fester, das sich immer wieder zu lockern, im täglichen Leben zu verschleißen drohte.

Es ist gut, die Zukunft nicht zu kennen. Die Zukunft der Kinder, über die ich schreibe, ist die Gegenwart von heute. Wühle ich in alten Bildern, finde ich noch einige Gruppenaufnahmen aus damaligen Zeiten. Mich erstaunen die »glatten Gesichter«. Ist es möglich, in diesen Gesichtern das zu lesen, was wir dachten, womit wir uns beschäftigten? Das Schicksal, das Alter, hat noch keine Spuren hinterlassen, kein Gedanke zeichnet sich ab. Ich versuche, die Kindergesichter zu deuten. Ich versuche in den Gesichtern der Erwachsenen nachzuvollziehen, warum sie so und nicht anders geworden sind. Natürlich muß ich scheitern. Ich bin schon wieder dabei, etwas darin zu sehen, was ich erst heute wissen kann. Ich weiß wenig, was in den Köpfen in all den Jahren vorgegangen ist, was der Körper diktiert hat, was die Außenwelt veranlaßt hat. Es ist ein vergebliches Bemühen. Die alten Bilder geben ihr Geheimnis nicht her. Es sind Versteinerungen. Da gehe ich lieber auf die Straße und begegne den jungen »glatten Gesichtern«. Ein Zucken um den Mund, ein Lächeln in den Augen, ein angespanntes Sehen, ein vorgebogener Hals sagt mir mehr. Ich sehe wieder das Spiegelbild vor mir. Gedanken und Begegnungen prägen erst langsam das Gesicht, aber die Form ist geblieben. Unter den Runzeln der Alten schimmert noch immer unverwechselbar das »glatte Gesicht« der Jungen. Ich kann ihm trauen. Und wenn ich die Linien der Gedanken nicht sehen kann, liegt es nur an meinen unscharfen Augen.

Mit der Zeit schienen uns die Auseinandersetzungen mit dem deutsch-jüdischen Wanderbund unvermeidlich. Wir zweifelten an den Grundlagen. Beiden Begriffen, Auseinandersetzung und Grundlagen, maßen wir damals entscheidende Bedeutung bei. Wenn man sich mit jemand auseinandersetzt, muß man sich zuvor mit ihm zusammengesetzt haben, mit seinen Freunden und mit seinen Gegnern. Die berühmten Grundlagen von Chamberlain waren für uns ein harter Felsbrocken, der uns vor die, nein, auf die Füße geworfen war. Schoben wir ihn beiseite, so zeigten sich andere Grundlagen, auf denen wir aufbauen sollten; man brauchte nur eine davon zu akzeptieren, und schon entstand ein prächtiges theoretisches Gebäude. Es hielt ganz sicher bis zum nächsten Sturm. Es ist nicht leicht, vor dem Bau eines Hauses die Tragfähigkeit zu ermitteln. Der Königsberger Dom am Kneiphof, zum Beispiel, stand auf einem Pfahlrost, und alle Jahre wieder wurde errechnet, daß er versinken würde. Eine ganz überflüssige Rechnung, wie man weiß, denn erst Bomben und Granaten machten die Stadt Königsberg zu einem Schutthaufen und somit wiederum zu einer Grundlage. »Wer Gott, dem Allerhöchsten, traut, der hat auf keinen Sand gebaut.« Wir hatten es so oft bei den Morgenandachten in der Schule gesungen und freuten uns, daß sich wenigstens etwas bestätigte, wenn wir unser Zelt mit viel Mühe auf den Dünen der Nehrung aufgebaut hatten und es der Nachtwind davontrug. Später lernte ich, daß man ganz besonders gut auf Sand bauen konnte, wenn man ihn zu nutzen verstand. Es ist schon schwierig, oder, wie man heute sagt, »man tut sich schwer« mit den Grundlagen. Meistens tut man noch nicht einmal das. Man kratzt ein wenig auf dem Boden oder in der Geschichte und bietet eine Grundlage an. Nachdem wir nun endlich wissen, daß auch die Kontinente keine feste Grundlage haben, möchte ich sagen, daß sie immer dort ist, wo man aufhört zu suchen und einem die Stelle zum Bau geeignet erscheint. So, scheint es, tun es alle, und so hielten wir es auch.

Es wurde viel diskutiert und geschrieben in dem deutschjüdischen Wanderbund. Wir zweifelten, ob wir noch hineinpaßten. Der eine war nicht deutsch, wie es verlangt wurde, der andere nicht jüdisch genug. Es wurde so viel Kluges gesprochen und geschrieben, von der Verpflichtung zum deutschen Vaterland, zum Judentum, zur jüdischen Religion, zur jüdischen und deutschen Kultur. Hans Litten gab den Anstoß zu unserer Diskussion. Wir wollten den Bund offenhalten und nach dem kleinsten gemeinsamen Nenner suchen. Trotz Freundschaften und mancher Gemeinsamkeiten paßten wir in keinen der deutschen Wanderbünde. So versuchten wir es mit der sozialistischen Jugend, aber auch das ging nicht, denn wir hatten noch wenig Gemeinsames mit der Arbeiterjugend. Das bürgerliche Milieu war nicht so einfach abzuschütteln. Andererseits waren wir als Juden doch Außenseiter der Gesellschaft, und durch die Abweisung oder Absonderung, die wir erfahren mußten, hatten wir eine andere Entwicklung als die deutsche bürgerliche Jugend. Früher glaubte ich, für jede Gruppe bestünde eine fast mathematische Grundlage: Herkunft, Tradition, Vorurteile, die Bibliotheken der Eltern bestimmen einen jungen Menschen. Aber Empfindlichkeiten und Hellhörigkeiten sind in den verschiedenen gesellschaftlichen Voraussetzungen jeweils so verschieden, daß man sich doch immer zuerst zu denen hingezogen fühlt, die einen selbst bestätigen. Selbst die gemeinsame Schulzeit hebt das nicht auf, besonders wenn sie, wie es bei uns war, von oben her einer Assimilation im Wege steht. Wir fühlten uns zwar oft als Ausgestoßene, waren deshalb aber noch lange keine Proletarier. Das merkten wir, wenn wir mit der Arbeiterjugend zusammen waren. Wir wurden zwar freundlich aufgenommen, konnten schnell, viel zu schnell Führer werden, aber das gerade machte uns vorsichtig, denn in diesem Alter trennten auch hier die gemeinsamen Jugenderlebnisse, und wir konnten nur ungewachsenes Wissen vermitteln. Das Wissen der Arbeiterjugend mußte anders sein als das, was wir aus unseren Erfahrungen herauspfropfen konnten. Wir hofften, später mit ihnen zusammenzukommen, wenn wir uns selber gefunden hatten.

Andererseits bin ich immer wieder erstaunt darüber, wie deutsch auch die zionistische Jugend war. Die Blätter des »Blau-Weiß« – heute die Farben der Fahne Israels – spiegelten das Leben der deutschen Wanderbünde wider. Nur in Polen gab es Juden, die Proletarier waren; zwar standen sie der bürgerlich-zionistischen Bewegung fern, waren aber in sich wieder gespalten in zionistische und jüdisch-polnische Sozialisten.

Wir waren also doch etwas Besonderes, wenn wir es auch halb widerwillig erkannten. Dies alles wurde uns klar, als wir herauszufinden suchten, wie weit die Gemeinsamkeiten innerhalb unseres Bundes gingen. Es wurde eine lange und aufregende Diskussion, weil sich auch im deutsch-jüdischen Wanderbund verschiedene Richtungen herausschälten. Die Jugendbewegung in Deutschland kennt ähnliche Entwicklungen. Es ist mißlich, von rechts und links zu sprechen, aber kaum zu umgehen, weil man sich ja auch damals in diesen Begriffen verstand. Ich möchte auch keine polemische Leichenrede halten, noch nachträglich beweisen, daß wir recht hatten. Ich kann nur nicht unseren Standpunkt darlegen, ohne die zu erwähnen, mit denen wir uns auseinanderzusetzen hatten.

Da war zunächst der »Ring«, ausgehend von der Breslauer und anderen schlesischen Gruppen, unter der Führung von Ernst Wolf. In meiner Erinnerung hat er Ähnlichkeit mit Moshe Dayan, dem israelischen General, ein ganz unjüdischer Typ, eher der eines Landsknechts. Seine zur Schau getragene Unbekümmertheit und militant disziplinierte Wildheit zogen mich an und stießen mich ab. Als ich ihn 1926 kennenlernte, merkte ich, daß man auch Landsknechtslieder anders singen konnte. Für uns waren sie Fahnen der Revolution, für sie Lieder der Vernichtung und der Überheblichkeit. Wie der Name seines »Kreises« sagte, war er ein Verehrer Stefan Georges. Wir kannten und liebten die Gedichte im ›Siebenten Ring‹, doch auch hier stutzten wir, weil uns die Betonung nicht auf der Gemeinschaft, sondern auf dem Elitären lag. Wir hatten das immer beiseite geschoben. Der Ring legte besonderen Wert auf das »deutsch« in unserem Namen. Die Worte »edel« und »Bildung« waren hervorstechend in seinem Programm. Seine Gruppen hielten sich an die Regel der Pfadfinder: Ordnung und Sauberkeit in Gesinnung und Haltung. Wir empfanden das zwar als verlogen, aber es war auch wieder sehr anziehend, auf diese Art den Problemen zu begegnen. Pfadfindertugenden, frisch gewaschen, in Freiheit dressierte Jugend, haben auf den ersten Blick immer etwas sehr Anziehendes. Wir waren dagegen undisziplinierte Dreckspatzen. Bald merkten wir die Gefährlichkeit dieses frisierten Jugendlebens und blieben bei unserem Stil, wenigstens in unserem Kreis so ungebunden wie möglich zu sein. Das glatte blanke Gesicht, das man als Symbol der Jugend so liebt, täuscht. Das blanke Papier, das vor mir liegt, irrt sich. Meine Gedanken, meine Feder sind bereit, es zu entstellen. Die prangende Rose täuscht; die verhärteten Fasern in ihr deuten schon das Altern an. Wir leben und werden gelebt, mit und gegen unseren Willen. Es dauert einige Zeit, bis das Papier beschrieben ist; es dauert einige Zeit, bis das Erlebnis das Gesicht prägt; es dauert einige Zeit, bis die Rose zu welken beginnt. Zeit ist rückschauend kurz, rückschauend so kurz wie das Blühen und Verblühen einer Rose, wie die Unschuld des Papiers, das vor dem Gedanken liegt. Die Verehrung und Anbetung der Jugend ist so kurzsichtig wie die des Alters. Ein verwittertes Gesicht garantiert keine Weisheit, das glatte, blanke Gesicht, die leuchtenden Augen keine Frische und Reinheit. Die Mühle der Erlebnisse zermahlt alles. Selten hat man die Gelegenheit, ordnend zu helfen. Uns waren die jugendlichen ungezeichneten Götter Griechenlands ein Ärgernis. Wir waren mit ihnen aufgewachsen, sie hatten sich nicht verändert. Ein Lob den Barbaren, die sie köpften. Jugendkultur war für uns nicht der vergoldete Käfig, in den man uns sperren wollte.

Ich habe das Leben Ernst Wolfs nicht weiterverfolgt. Man verlor aus den Augen, was nicht in der Nähe war. Ich hörte, er habe Selbstmord begangen, als Hitler ihm den Boden unter den Füßen wegzog. Ich hoffe, das ist nicht wahr. Es wäre eine zu sehr an der Oberfläche liegende Moral, aber manchmal ist das Leben kitschiger als ein Roman. Es fällt mir schwer zu glauben, daß junge Menschen ihr Leben und ihren Tod von solchen Schicksalsschlägen bestimmen lassen.

Die Mitte des Bundes scharte sich um Julius Freund und später um Herrmann Gerson. Für uns waren beide in Jugendpflege steckengeblieben. Man suchte krampfhaft nach einem Selbstverständnis, sprach von Verpflichtungen, die Judentum und Deutschtum uns auferlegten. Julius Freund und Herrmann Gerson waren ihrem Typ nach Intellektuelle, aber die Probleme wurden eher zerredet als gelöst, denn für alles offen zu sein, hieß für uns nicht, keine Stellung zu nehmen. Immerhin hat ihre Führung den Bund noch lange zusammengehalten, nachdem wir schon aufgegeben hatten. Für uns war das kein Argument. Wir wollten das, was wir für richtig hielten, tun, dachten, daß, komme was wolle, eine Idee, zu Ende gedacht und danach gehandelt, mehr bleibenden Wert habe als vorsichtiges Lavieren.

Julius Freund, den ich in Hannover kennenlernte, war der Sohn eines Rabbiners. Er neigte zum talmudischen Disputieren, das hieß, eine Sache so lange hin und her zu kneten, bis sie in die Schachtel paßte, die er vorbereitet hatte. Herrmann Gerson lernte ich erst viel später besser verstehen. Er hatte mehr Standfestigkeit. Es ist schon schwierig, in der Mitte zu stehen und von beiden Seiten angegriffen zu werden. Aber bewahren war kein Kriterium unserer Jugend. Zugreifen, steigern bis zum Extrem, aus jeder Situation einen Balanceakt auf dem Drahtseil zu machen lag uns eher. – Heute scheint das sehr deutsch. Mein besonderes Talent bestand darin, die Strauchelnden aufzufangen, während Hans Litten es verstand, sie auf dem Drahtseil zu führen, bis es nicht mehr weiterging. Wir ergänzten uns. Man ist zäh, wenn alle Kräfte angespannt sind. Noch in Königsberg gründeten wir den dritten Kreis im Bund, den »Schwarzen Haufen«. Es klang schauderhaft in den Ohren der Erwachsenen, die Eltern kannten das Lied aus dem Bauernkrieg. ›Wir sind des Geyers schwarze Haufen.‹ Wir haben es so oft gebrüllt. Im Bauernkrieg traf sich unsere Romantik mit der sozialen Revolution. Wir lasen, was Friedrich Engels über den Bauernkrieg geschrieben hatte, lasen, was uns erreichbar war über Thomas Müntzer. Es war eine der wenigen auf deutschem Boden gewachsenen Revolutionen. Grund genug, dort wieder anzuknüpfen.

Das waren die letzten anderthalb Jahre, die ich in Königsberg verbrachte. Meine Schwester Edith, Hans Litten und andere aus der Gruppe waren zum Bundestag gefahren, um unsere Sache zu vertreten. Ich stand kurz vor der Gesellenprüfung. Um so mehr regte mich auf, was sie erzählten. Es war zwiespältig. Der Bundestag, immer ein großes Erlebnis, auch ohne jeden äußeren Glanz. Es genügte, daß so viele Gleichgesinnte ein paar Tage zusammen waren, alle kennenzulernen, die wir aus Briefen und Bundesblättern kannten. Hans kritisierte die Richtungslosigkeit des Bundes, das verschwommene Denken; er war nicht bereit, mit Schwung, Liedern, Freundschaft über irgendwelche Unklarheiten hinwegzugleiten. Natürlich gab es verschiedene Bestrebungen, aber die sollten nebeneinander bestehen, das müsse man anerkennen, jenen Freiraum für alle Gruppen, sich nach ihrer Auffassung zu entwickeln. Immer ausgehend von unserer Definition der Jugendbewegung, daß sie den Auftrag habe und fähig sein müsse, aus Verantwortung für sich und den Mitmenschen zu immer wieder neuen und zeitgemäßen Entscheidungen zu kommen, lehnten wir eine Vorausbestimmung der Ziele ab. Jeder einzelne, jede Gruppe sollte sich ihre Meinung, ihre Verantwortlichkeiten selber erarbeiten. Dazu war es erforderlich, den Bund davor zu bewahren, in irgendeiner Weise Jugendpflege zu betreiben, nach unserer Definition Jugend als »Material« für irgendwelche Parteikader zu betrachten, ganz gleich, ob sie nun religiöse, nationale oder sozialistische Ziele verfolgten. Dazu mußte die Basis breit und offen gehalten werden, und wir durften uns nicht scheuen, zuerst einmal über die Voraussetzungen unserer Existenz zu diskutieren, die durch Gewohnheit, Stand und Erziehung gegebenen Vorurteile aufzulösen. Wir waren nicht unrealistisch. Wir wußten, daß die Welt um uns herum bestand und wir in ihr lebten und zu jeder Anforderung eines Tages Stellung nehmen müßten, aber jeder sollte wissen, warum er das tat und unter welchem Aspekt er etwas annahm oder ablehnte. Es sollten nicht Meinungen übertragen, sondern erarbeitet, das Denken und die Verantwortung für die Entscheidung sollte keinem abgenommen werden, damit er immer aus eigener kritischer Sicht Entscheidungen fällen könnte.

1935 hatte ich im KZ Oranienburg Gelegenheit, diese Diskussion fortzusetzen. Ich war dort mit vielen mittleren Funktionären der SPD und KPD zusammen. Man war besonders betroffen über die vielen »Verräter« aus ihren Verbänden. Bestürzt waren wir alle über den reibungslosen Übergang vieler Mitglieder des Rot-Front-Kämpferbundes zur SA. Ich versuchte zu erklären, wie leicht Meinungen zu verändern sind, wenn es nicht gelingt, sie fest im Menschen zu verankern, und dies kann nur geschehen, wenn sie vorher die freie, selbst gesuchte Entscheidung gehabt haben und gewohnt sind, auch diese immer kritisch weiterzuentwickeln. Unter dem Schock der Ereignisse waren auch Funktionäre bereit, ihre Fehler zu bedenken. Inzwischen ist das längst wieder vergessen. Ich wunderte mich nicht, als ich nach 1950 junge Flüchtlinge aus der DDR sprach, die jahrelang Mitglied der FDJ und sogar Führer dort gewesen waren und hier sofort nach dem Übertritt in die Bundesrepublik eine Wendung um 180 Grad machten. So dünn war die sozialistische Ideologie in sie eingedrungen. Es genügt nicht, eine intellektuelle Überzeugung zu haben, es genügt auch nicht, aus der proletarischen Klasse zu stammen. Klassenbewußtsein ist ein Schlagwort geworden, und ich wage auch nicht, das Wort Erlebnis dafür zu setzen. Die Worte unserer Sprache haben sich so verteufelt abgenutzt. Kein Wunder, daß immer neue erfunden werden, die alsbald dasselbe Schicksal haben. Das soziale Verhalten muß zuerst ein Lebenselement in dem jungen Menschen werden, bevor eine Ideologie mehr wert ist als ein reines Hemd, das man anzieht. Die bürgerliche Gesellschaft ist ein großer Magnet, will einer nur den kleinen Finger erhaschen, so nimmt sie gleich die ganze Hand und noch mehr. Gegen die Gesellschaft erziehen heißt gegen den Wind spucken.

Wir sahen es so: Den jungen Menschen in sich reich zu machen, geistig unabhängig, so daß es ihm eine Lebensnotwendigkeit sein würde, sich selbst und die anderen kritisch zu sehen. Jeder muß leben und an irgendeiner Stelle einen Kompromiß machen, aber man muß wissen, wo er beginnt und wie weit man gehen kann, ohne sich und das, was man will, aufzugeben. Mein Vater pflegte das Sprichwort umzudrehen: Reichtum ist keine Schande, und Armut macht auch nicht glücklich. Das stimmte insofern, als nichts korrumpierender wirkt als lange Armut. Es gibt also kein Rezept, außer dem der Gewalt. Der Gewalt des Staates und der Gewalt der unentrinnbaren Armut. Wer etwas außer diesen Gegebenheiten unternehmen will, muß viele Rückschläge auf sich nehmen können für die wenigen Erfolge.

Immer schweife ich weit ab, aber allein der Versuch, diese Dinge zu klären, die wir damals unternahmen, würde Bücher füllen.

Ich muß also wieder zurückgehen zu unserer Diskussion über die Grundlagen des Bundes. Wir überraschten mit unserem Vorschlag der gemeinsamen Grundlage. »Wir sind jüdisch kraft unserer Abstammung, und wir sprechen deutsch« (Hans Litten fügte hinzu: und auch das nicht immer richtig). Es gab eine lange unfruchtbare Diskussion, weil keiner einsehen wollte, daß dies nur der gemeinsame Ausgangspunkt sei, von dem aus nun jeder nach seiner Weise weiterarbeiten könne. Einfache Wahrheiten sind immer besonders schwer anderen beizubringen. Es war unser letzter Versuch, innerhalb des Bundes zu arbeiten. Schwer begreiflich für alle, die etwas Tönendes, Herzbewegendes brauchten, um ein einigendes Band zu finden. Es schien ungeheuer, aus unserer jüdischen Abstammung zunächst keine weiteren Konsequenzen ziehen zu wollen, und was wir über unser Deutschsein sagten, war ohnehin eine Spitze gegen den uns besonders unbekömmlichen »Centralverein deutscher Staatsbürger jüdischen Glaubens«. Natürlich prüfte der Wanderbund nicht nach, ob jemand die deutsche Staatsbürgerschaft hatte, aber wir wandten uns von vornherein gegen jede Definition, welche die staatenlosen, polnischen und andere Ostjuden nicht eingeschlossen hätte. Einem Bekenntnis zur deutschen Kultur begegneten wir mit der Frage, was Kultur sei und ob sich auf Deutschland beschränke, was alle haben sollten. Von Nationalismus war schon nicht mehr die Rede, dafür war das Wort »dürftig« eines der wichtigsten Wörter zur Charakterisierung unserer These. Wir gaben das ohne weiteres zu, erklärten aber immer wieder die Sache mit dem gemeinsamen Nenner und daß es ja die Freiheit gäbe, darauf weiter aufzubauen. Viele Worte verschleierten den Inhalt der Diskussion. Wir wollten die Möglichkeit haben, Jugendbewegung, Kultur und Sozialismus frei zu definieren, und gerade da war das Mißtrauen der Gegner berechtigt. Man warf uns Anarchismus vor. Dagegen wollten wir uns gar nicht wehren, denn wir wußten ja auch nicht, wohin unser Weg führte. Man warf uns vor, daß wir den Bund kommunistisch unterwandern wollten – den Anlaß gab Siegfried Adler, der einen »radikalsozialistischen Kreis« gegründet hatte. Wir antworteten, daß man dieses Risiko in einem freien Bund genauso auf sich nehmen müsse wie eine zionistische Unterwanderung. Die Diskussion endete dann zwei Jahre später mit unserem Austritt aus dem Bund, aber das war eine rein formelle Sache. Wir lösten uns nur langsam, denn die gemeinsame Basis war wirklich da.

10

Wir waren kein Diskussionsklub, alles war mit dem Leben verflochten, und unfertig wie wir waren auch die Ergebnisse. Natürlich meinten wir oft, daß es gar nicht anders sein konnte, als wir es dachten. Wir konnten ja aus der Zeit, an die wir gebunden waren, gar nicht übersehen, was nur im Moment richtig war und was bleibend, und was uns auch noch später wichtig sein würde. Aber an nichts vorüberzugehen, ohne hinzusehen, möglichst nichts als ewig gegeben hinzunehmen, war schon wenigstens etwas, was unserer eigenen Entwicklung guttat.

Wir waren sowenig wie möglich in geschlossenen Räumen, selbst im Winter fanden wir schneefreie Plätze, wo wir beraten konnten. Wir waren nie der Stadt feindlich, aber zu unserer Freiheit gehörte die Luft, gehörten die Felder, der Wald und immer wieder das Wasser: Bäche, Flüsse, Seen und das Meer. Oft konzentrierter in geschlossenen Räumen, waren wir schweifender, konnten wir der Phantasie eher freien Lauf lassen auf Findlingsblöcken vor dem weiten Horizont oder bei Regengüssen in feuchten Heuschobern.

Individuelles Schicksal verliert an Bedeutung und ist leichter zu ertragen, wenn große Pläne vor einem liegen. Unsere eigenen Schwierigkeiten verloren an Gewicht gegenüber der Tragik, die aus aller Welt uns überstürzte. Wir hatten das Gefühl, gefeit zu sein gegen alles Unglück. Weit fort war ich von den Ängsten meiner Kindheit; auch meine Gesundheit hatte sich stabilisiert, ich gedieh, weil es mir möglich war, für andere nützlich zu sein.

Für Kummer hatte ich meine Gitarre und meine Lieder. Sie flogen mir zu. Ich mußte sie nicht lernen, man hörte die Melodien und Texte und spielte sie. Ich konnte später viele hundert Lieder. Die wenigsten habe ich aus Büchern gelernt. In meiner Erinnerung sang man überall: im Hause, in der Werkstatt und beim Wandern. Jetzt konnte ich den Mond ansingen und seinen Einfluß bannen. Wir konnten so sentimental sein, wie wir wollten und wie es uns guttat. Wir spotteten darüber und nannten es »Stimmunglutschen«, aber es entspannte uns, und das hatten wir nötig. Singen konnten wir alle, aber gutes und zivilisiertes Singen verachteten wir. Ich lernte mit meinen Liedern zu zaubern. Ich wäre gerne der Spielmann gewesen in seiner romantischen Verklärung, und David, der vor Saul singt und seine bösen Gedanken beschwört, war mein Vorbild.

Ich konnte mit meinen Liedern besänftigen, ich konnte den Gehemmten dazu bringen, daß er sprach, und mit den Wilden so lange toben, bis auch ein ruhiges Wort gehört werden konnte. Das hat so wenig mit Musik zu tun wie Sprechen mit Literatur. Für mich war es ein Schlüssel, der zu vielen Türen paßte, und ich benutzte ihn, ohne mir weitere Gedanken darüber zu machen. Mit wenigen Akkorden konnte ich alle Lieder begleiten, stundenlang beim Marschieren und Laufen und Tanzen, wir hatten neben deutschen Volkstänzen und jüdischen Horras Tänze für unsere Landsknechtslieder erfunden und tanzten nächtelang um das Lagerfeuer oder in der Sonne, wir spielten Theaterstücke, und Hans übte Bewegungs- und Schreichöre ein.

Es war ein Rausch, und wir brauchten ihn. Wie gefährlich und wie gut ist es, berauscht zu sein, entrückt von sich selbst, und wie klar und sauber konnten wir nachher wieder denken. Rausch ist gut, ist schlecht, je nach der Dosierung, kühles Denken ist gut und ist schlecht, je nach der Dosierung, aber wer denkt in der Jugend an Dosierung? Nur kaltherzig durfte man nicht sein, das war eine Sünde.

Hans war nie kaltherzig, er konnte berauscht sein vom Singen, Tanzen und Denken, er konnte kaltblütig sein im Denken und im Handeln. Zwiespältig wie wir waren und wie es auch in unserem Alter notwendig war, liebte Hans meine romantische Steigerung, trug aber viel dazu bei, uns das notwendige Wissen zu geben, das wir zu unserer Arbeit brauchten.

Hans Litten war größer als ich, damals noch schlank; wir nannten ihn unseren Apollo. Später wurde er massig, da war er der Bär. Der Kopf war rund, noch betont durch die runden Brillengläser, braunes Haar, das er lang trug. »Was soll das kurzgeschnittene Haar? Soldaten und Sklaven werden die Haare geschoren.« Ich wollte auch lange Haare tragen, aber ich hatte solch störrische Borsten, daß sie immer senkrecht zum Himmel standen, und so wichtig war es mir nun auch nicht, daß ich mich stundenlang damit beschäftigt hätte. Hans hatte braune Augen, die durch die Brille scharf und durchdringend wirkten. Sah man aber genau hin und kannte man ihn ohne Brille, so waren es die Augen eines Träumers, die mehr nach innen als nach außen sahen. Es ist nicht so einfach, dieses Gesicht und die Augen zu beschreiben. Zwar spiegeln sie die Energie der Person wider, aber es sind nicht die Augen eines Sehenden, sondern die eines Suchenden, unbestimmt auf die Umwelt gerichtet.

War ich das Kamel, so war er der Bär, und so gab es immer Augenblicke, wo unser Spruch zu Recht galt: Ein Bärchen ist vom Himmel gefallen. Es war nicht seine Kurzsichtigkeit, sondern seine Abgewandtheit von der ihn umgebenden Realität, die uns immer wieder in Erstaunen setzte und unserer Jugend gemäß sich nur in komischen Situationen zeigte. So daß er zum Beispiel nie erkennen konnte, wenn er einem Betrunkenen gegenüberstand, und versuchte, ihm vernünftiges Verhalten beizubringen. Er sah auch nicht reale Gefahren, denen er gegenüberstand, weil er alle vermeintlichen Gefahren und ihre Abwehr längst durchdacht hatte. Seine vollen, schön geschwungenen Lippen, sein rundes Kinn standen im Gegensatz zu seiner festen Nase und der breiten Stirn. Auch das Wort Gegensatz ist nicht richtig, denn der Mystiker und der Realist in ihm stritten nicht miteinander, sie ergänzten sich.

Er wußte früh, wie wenig Spielraum das Wissen uns gab, aber das verpflichtete ihn gerade, sich dort nicht zurückzuziehen, sondern zuzupacken, wo eine Möglichkeit bestand. Bis zum Extrem waghalsig und auch scheinbar blind für die Gefahren, wo er sich verpflichtet fühlte, und ebenso ängstlich in lächerlichen Situationen, die mir so einfach schienen.

Es war eine glückliche Zeit, gelockert durch den herannahenden Abschied. Der kleine Erfolg befriedigte mich. Wenn ich frühmorgens mit dem Fahrrad durch die noch stillen Geschäftsstraßen den Schloßberg hinuntersauste und dann auf dem schon belebten Fischmarkt am Pregel landete, wo die Fischer und Händler gerade dabei waren, ihre zappelnde Beute aus den Booten und Fischkästen auf die Verkaufstische zu bringen, warteten an der Hintertür zu Ladendorffs Geschäft oft schon Jungen oder Mädchen auf mich, und wir gingen dann durch den noch stillen, dumpf nach Stoffen und Pappen riechenden Laden in den dritten Stock, wo meine Werkstatt war. Wir hatte dann noch eineinhalb Stunden Zeit, bei der Arbeit zu schwatzen, denn es redete sich gut dabei, weil durch die Arbeit auch Zeit zum Überlegen gegeben war: Man stand nicht im Zwang, auf jede Frage sofort eine Antwort bereit zu haben.

Bei der Arbeit an den Federschränken hatte ich zum ersten Mal Gelegenheit, etwas nach meinen eigenen Entwürfen zu bauen und eine praktische Kombination zu erfinden. Es waren Schränke für Bettfedern, die bisher aus Säcken verkauft wurden. So konnte man den Schrank füllen und unten durch eine Klappe, ohne viel Staub zu machen, herausnehmen, was im Einzelhandel verkauft wurde. Es war auch das erste Mal, daß ich gezwungen war, alles von Hand zu arbeiten, nur die Bretter wurden mir gehobelt geliefert. Aber das störte mich nicht, obwohl ich mich beeilen mußte, weil ich ja das Geld, das ich dort verdiente, für meine Reise in die »Welt« brauchte. Andererseits hatte ich in den vielen Stunden Zeit, über meine Probleme nachzudenken. Ich bekam auch etwas Selbstbewußtsein, denn die Schränke – es war eine lange Wand – erwiesen sich als sehr brauchbar und stabil und waren noch zehn Jahre später, als das ganze Geschäft schon umgebaut war, unverändert in Betrieb. Wieder hatte mir der Zufall gezeigt, wo ich etwas machen konnte. Ich war wohl nie im üblichen Sinne ein guter Tischler, aber ich wußte mir zu helfen und konnte auf die Wünsche meiner Kunden eingehen und brauchbare Kombinationen fertigbringen.

Man muß mit seinen Unfähigkeiten leben, auch Fleiß und Beharrlichkeit heben sie nicht auf. Ich war nie sehr geschickt. Wie war ich dazu gekommen, Handwerker zu werden? Im Gefängnis, nach stundenlangen Verhören, brachte mich die Frage in Verwirrung: »Wie bist du eigentlich als Jude dazu gekommen, Tischler zu werden?« Ich platzte mit der Antwort heraus, froh, einmal eine Antwort geben zu können: »Weil ich es zum Kotzen fand, daß alle intellektuelle Berufe wählten.« Es stimmte sogar, wie die meisten Antworten, die man spontan gibt. Dazu kam meine schon in der Schule entdeckte Liebe für Holz als Arbeitsmaterial. Ich denke, auch eine Eignungsprüfung hätte mir keine Steine in den Weg gelegt, denn solche halben Begabungen hatte ich viele. Dennoch bin ich sicher nicht so sehr geeignet für ein Handwerk, die sogenannten »goldenen Hände« habe ich nicht. Ich weiß es heute noch nicht, für welchen Beruf ich geeignet gewesen wäre. In einer Gesellschaft, die alle Arbeiten gleich bewertet, wäre ich doch vielleicht Straßenfeger geworden. »Kleinen Kindern die Nase wischen«, sagte ich damals. Trotzdem: von heute her gesehen, bin ich mit meinem Beruf doch glücklich geworden. Man ist eben gezwungen, aus den Löchern, in die man fällt, Wohnungen zu machen, in denen man leben kann, und sollte zufrieden sein, wenn das gelingt.

Auch Hans Litten, der Kunstgeschichte studieren wollte, wäre mir heute als Museumsdirektor undenkbar, obwohl er sicherlich auch darin Außerordentliches geleistet hätte. Er wäre übrigens jederzeit dazu imstande gewesen, da er aus seiner Einsicht in die Wichtigkeit der Kunst für unser Leben sich auch da ein außerordentliches Wissen angeeignet hatte. Bei seiner universellen Begabung wären ihm alle geisteswissenschaftlichen Berufe offen gewesen. So finden sich in seinen Briefen aus dem KZ an seine Mutter lange Abhandlungen über Musik und gute Übersetzungen aus dem Mittelhochdeutschen. Noch im letzten Jahr seines Lebens hat er während einer monatelangen Dunkelhaft in Dachau seinen Gefährten Vorträge über Kunst gehalten und viele Stunden lang Gedichte von Rilke, Stefan George, von Shakespeare und Dante rezitiert. Ich komme natürlich an der Tatsache nicht vorbei, daß er später seine wichtigste Arbeit als Rechtsanwalt im Kampf gegen Hitler gefunden hat, die ihm allerdings zum Verderben wurde.

Beruf als Berufung oder Job, das machte uns viel Kopfzerbrechen. Jedenfalls waren wir schon so weit, uns nicht vielen Illusionen hinzugeben. Wir wußten, daß die meisten Berufe nur zum Überleben taugten. In einer Zeit, in der die Arbeitslosigkeit eine immer drohende Krankheit war, fanden wir nicht den Spielraum, den man heute hat. Befreiung von der finanziellen Abhängigkeit von den Eltern hieß, ein anderes Joch auf sich zu nehmen, das kaum weniger drückend war. Wer begabt war und wessen Eltern Geld genug hatten, konnte durch Studium die Berufsfrage eine Weile vor sich her schieben. Wir versuchten, unsere freiheitsdurstigen Freunde zu veranlassen, einen Beruf zu wählen, der sie zu ernähren versprach. Es mußte doch möglich sein, auch auf längere Zeit den Kopf über Wasser zu halten und auch gegen das eigene Interesse seine Situation kritisch zu sehen.

Tatsächlich machte auch ich mir viele Illusionen über meinen Beruf, die hauptsächlich vom Bauhaus und den modernen Architekten genährt wurden: Kinder, in glatten, kühlen, modernen Möbeln aufgewachsen, mußten doch einen besseren Start haben als wir. Leider hat es sich gezeigt, wie schnell sich der Reiz der Neuheit verbraucht, wie schnell sich Kühle in Kälte verwandelt. Lisbeth, meine älteste Schwester, die eine Woche mit der roten Mütze der Abiturienten in Königsberg spazierengehen konnte – ich war vermutlich noch stolzer darauf als sie, wenn ich neben oder hinter ihr ging –, studierte einige Semester und wurde dann Bibliothekarin. Meine drei anderen Schwestern hatten soziale Berufe. In dem Kreis, in dem ich lebte, lernten viele Mädchen soziale Berufe, denn trotz unserer revolutionären Einstellung konnten wir dem Elend nicht gleichgültig gegenüberstehen. Merkwürdig, daß nur selten einer von uns Jungen beruflich Fürsorger wurde. Das kam auch aus unserer noch sehr männlichen Vorstellung, daß wir in den oberen Rängen der Fürsorge tätig sein würden, und das hätte eine zu enge Bindung an den Staat bedeutet. Ich machte erst viel später in Berlin die Erfahrung, als ich bei einem älteren Freund wohnte, der Leiter des Jugendamts Prenzlauer Berg war, wie groß trotz aller Behinderungen die Arbeitsmöglichkeiten in einem solchen Amt waren.

Lehrer zu werden kam uns bei unserer Einstellung zur Schule sowieso nicht in den Sinn. Aber wie war es damals, als für mich die Welt noch in Ordnung war, als wir vor dem Ersten Weltkrieg noch nach Cranz fuhren, als die weißlackierten Kinderzimmer blitzten, als jeden Abend Helene uns ans Fenster holte, wenn die Lampenanzünder mit ihren langen Stangen von Gaslaterne zu Gaslaterne eilten, mit einem Haken die Ventile öffneten und dann mit einer kleinen Flamme am oberen Ende des Stockes – es war mir immer ein Rätsel, wo sie herkam – das Licht anzündeten. Auch ein ausgestorbener Beruf. War es ein Beruf oder ein Job? Was tut der Nachtwächter, was tut der Lampenanzünder am Tag? Waren es dieselben Männer, die die Lampen putzten, die die »Strümpfe« auswechselten? Ich weiß es nicht. Ich weiß nur, daß auch Herr Stoll, der Vater unserer Helene, der Rollkutscher, bei allen Flüchen stolz auf seinen Beruf war. Er war beinahe ein Reiter, erhaben über die Fußgänger und etwas viel Besseres als ein Lastträger. Er hätte sich degradiert gefühlt wie ein Autofahrer, wenn man ihm wegen seiner Trunkenheit nicht mehr erlaubt hätte zu fahren. War der Lampenanzünder auch stolz auf seinen Beruf, hatte auch er einen noch unter sich wie die Tischler, die auf die Maschinenarbeiter, die Maschinenarbeiter, die auf die Hilfsarbeiter herabblickten? Gutmütig natürlich, weil man sie ja brauchte.

Ich habe immer eine Leidenschaft für meinen Beruf gehabt, aber ich fand es auch gut und überhaupt nicht degradierend, als ich im KZ Oranienburg die Latrinen reinigen mußte. Es war schwer, die anderen Juden davon zu überzeugen, daß es gar keine demütigende Arbeit sei. Irgendwer mußte ja die Latrinen reinigen, irgendwie sind diese Grundarbeiten auch die wichtigsten Arbeiten. Irgendwie kann man ja auch seinen Ehrgeiz dareinsetzen, daß die Latrinen immer sauber sind, nicht stinken. Es ist doch wohl eine notwendige Arbeit für alle anderen. Und im KZ kam hinzu, daß man denselben Lohn, nämlich gar keinen, aber Essen und Schlafstelle bekam, wie die anderen.

Wieder zum Lampenanzünder. Noch bevor die freundlichen Gaslaternen endgültig verschwanden, verschwanden die Laternenanzünder. Der Fortschritt hatte sie von ihrer Arbeit entbunden. Was wurde aus ihnen? Ich habe damals noch nicht die Zeitung gelesen, sonst wüßte ich vielleicht den Trick, mit dem erreicht wurde, daß die Laternen magisch von selber hintereinander aufflammten. Es war nach 1925, schon in Berlin, als ich die ersten Neonlampen sah, nicht als Straßenbeleuchtung, sondern als Reklame, aber doch dadurch als Straßenbeleuchtung. Es wurde so strahlend hell am Bahnhof Zoo und am Kurfürstendamm, daß Rudolf Lustig – ein verrückter Maler, der Lohengrin mit Schwan malte und behauptete, durch magische Kräfte Polizisten zum Wackeln bringen zu können – ach lebte er doch noch und könnte es wirklich, wie überaus nützlich wäre es heute –, daß jener Rudolf Lustig, als ich ihn am Zoo traf, mir zornig entgegenschleuderte, die Menschheit würde blind werden. Die Menschen sind nicht erst durch Neonlicht blind geworden, sie sind leider weitgehend blind geblieben. Ich liebe das kalte Neonlicht, das so unnachsichtig ist, aber ich will es nicht überschätzen, auch bei dem warmen Gaslicht konnte man jeden Winkel sehen, wenn man sehen wollte, und man sieht ja auch nur dann mit den Augen, wenn man will oder kann.

Alles dies löst nicht die Frage, wie wir tatsächlich zu den Berufen standen. Waren es nur materielle Interessen, die uns die akademischen Berufe so attraktiv erscheinen ließen? Täuschten wir uns nicht selber, wenn wir immer dachten, daß man als Arzt, Richter, Rechtsanwalt, Architekt, Politiker mehr für die Menschen tun könnte als als Lampenanzünder und Latrinenreiniger? Auch wir mußten die Erfahrung machen, daß »guter Wille« allein nicht ausreichte und schon gar nicht ein Leben lang vorhielt. Die vielfache Selbsttäuschung, die erlahmende Selbstkritik waren nicht mit eingerechnet. Ist das Nest gebaut, wird es auch verteidigt, mit guten und mit schlechten Gründen.

Grausam ist es, die Nester zu zerstören, zu plündern; viele sterben daran, wenn sie aus dem Nest gefallen sind, aber für viele bedeutet es auch ein neues Leben. Es war einmal ein Rechtsanwalt in Königsberg, hoch gelobt; ich glaube, er war Spezialist für Seerecht. Ich kannte ihn mehr durch seinen hervorragenden Ruf als persönlich, denn er war gut zwanzig Jahre älter als ich. Dann fand ich ihn wieder im Hafen von Haifa, wo er einen winzigen Laden hatte mit Schiffsausrüstungen. Er war endlich ein glücklicher Mensch, und der Laden und der gedrungene Mann sahen so aus, als wären sie schon immer an dieser Stelle gewesen, in der engen Hafengasse, gegenüber dem Meer. Es endete – nun ja, wie jedes Leben endet, was kann man mehr erwarten.

Meine Freunde werden sagen, ich erzähle wieder Märchen. So ist das auch. Märchen sind Kurzfassungen eines Lebenslaufs. Darum erzähle ich immer Märchen, wenn ich von Menschenschicksalen erzähle. Ich kann allenfalls die Kulissen beschreiben, die Zeit, die Umstände, unter denen sich das Leben abspielte, aber dann reagiert jeder individuell, hat jeder seinen eigenen Dämon, seinen eigenen Engel. Das »warum« weiß ich nicht, nur das Ergebnis.

Es geht nicht alles so erfreulich aus wie bei jenem musikalischen Rechtsanwalt, der aus düsteren Gerichtssälen in einen Laden, vollgestopft mit Seilen aller Stärkegrade, Rettungsringen, Positionslampen, Segeln und Fahnentuch, Ankern und anderem Krimskrams, versetzt wurde und dort mit Griechen, Türken, Juden, Arabern, Engländern und sonstigem seefahrenden Volk verhandelte.

Meine Abneigung gegen den Kaufmannsberuf kam nicht nur aus unserer marxistischen Ablehnung des Kapitalismus. Sie ging viel tiefer unter die Haut als der Kampf gegen Industriekapital und Großgrundbesitz. Der nach unserer damaligen Ansicht »unproduktive« Handel war die größte Angriffsfläche, die die jüdische Minorität bot. Natürlich kannten wir alle einschlägigen Verteidigungsargumente, die von den jüdischen Organisationen verbreitet wurden. Daß den Juden erst in den letzten siebzig Jahren, und auch dann nur sehr beschränkt, andere Berufe offenstanden und daß es immer viele jüdische Ärzte und Gelehrte gegeben hatte, aber der Handelsjude, vom Hausierer bis zum Großbankier, war doch das bestimmende Bild vom Juden, das man nicht wegdiskutieren konnte. Dazu kam, daß dieses Bild nicht nur den Nationalsozialisten, sondern auch den Zionisten die Argumente für ihre Bewegungen lieferte. Aber auch in den Kreisen der aufstiegsgläubigen jüdischen Bürger unserer Stadt wurde leicht abfällig der jüdische Schneider oder Schuster bemerkt, wenn er nicht gleichzeitig zum Kaufmann aufstieg. Der Handwerker, der nicht zum Fabrikanten aufstieg, wurde beinahe als Schnorrer angesehen.

Aus der heutigen Sicht kam noch einiges andere hinzu. Die allgemeine Krise des Kleinbürgertums und die Krise des Liberalismus. Steht man in der Zeit, so nutzen einem die weiten Analysen wenig, und der Kaufmannsstand war völlig ungeeignet dazu, durch Romantisierung, wie man es mit dem Bauern und Handwerker machen konnte, gerechtfertigt zu werden. Der liberale Bürger, und ich meine hier nicht den Liberalismus als Wirtschaftstheorie, sondern den liberalen Bürger, der sich in den demokratischen Parteien sammelte und die Stütze der Weimarer Republik sein wollte, war völlig unglaubwürdig geworden, da es sich zeigte, daß er nur an seiner eigenen Freiheit interessiert war und nach wohltönenden Reden immer versagte, wenn es um die Freiheit des anderen ging.

So kam es, daß zwar einige unserer Freunde Kaufleute

wurden, aber mit schlechtem Gewissen. Das Positive bei diesem Beruf, die für die Wirtschaft notwendige Organisation, war damals für uns gar nicht sichtbar: Uns fehlte der Abstand.

Lilli, damals meine große Liebe und Kameradin – es gab wohl kaum einen Bund, wo die Gleichberechtigung von Jungen und Mädchen so problemlos praktiziert wurde –, begann ihre berufliche Tätigkeit im Mehlhandel; da sie außerordentliche organisatorische Fähigkeiten hatte, blieb sie nicht lange dabei. Sie wurde Sekretärin von Fritz Jessner, dem Intendanten des Neuen Schauspielhauses. Fritz Jessner war der Vetter von Leopold Jessner vom Berliner Staatstheater. Ihm war es zu verdanken, daß in Königsberg neue Theaterstücke oft vor Berlin aufgeführt wurden, was eigentlich doch sehr erstaunlich ist. Lilli war bald fähig, ihm die organisatorische Arbeit abzunehmen und ihm dadurch die Zeit für seine künstlerische Arbeit zu retten. Was sie schon als Kind bei uns praktizierte, Dinge möglich zu machen, die uns unerreichbar schienen, machte sie zu ihrem Beruf. Als sie 1933 vom Schauspielhaus weggehen mußte, weil es »arisiert« wurde – man hatte ihr angeboten zu bleiben, weil sie so unentbehrlich schien –, ging sie nach Berlin und organisierte dort den »jüdischen Kulturbund«, eine Art Volksbühne mit jüdischen Schauspielern und jüdischem Publikum. Später emigrierte sie nach Palästina und begann als Putzfrau in einem Krankenhaus der Kupat-Cholim, das ist die allgegenwärtige Krankenkasse in Israel. Bald war sie Wirtschaftsleiterin in einem Krankenhaus und später aller Krankenhäuser der Kupat-Cholim. Lilli – mit ihrem hellen Gesicht mit Sommersprossen und hellen Haaren; jeder sagte, daß wir gut zusammenpaßten. So war es auch, solange wir Kinder waren. Das Leben, das bei Hans manchmal unerträglich kompliziert war, wurde bei ihr wieder leicht. Sie wußte immer so einfache und scheinbar realistische Lösungen. Es war gut zu wissen, daß es auch andere Möglichkeiten gab, wenn wir auch die schwierigen Wege mit Hans gerne gingen. Als ich Königsberg verließ, hielten wir es für selbstverständlich, daß sie bald nachkommen würde. Wir trafen uns dann nach einem Jahr und machten mit Hans zusammen eine große Wanderung, von Helgoland bis nach Süddeutschland. Damals war schon klar, daß wir uns weit voneinander entfernt hatten. Sie wollte sich nicht von ihrer Mutter und ihrer Arbeit trennen, und mein Leben war so ungeordnet geworden. Ich hatte noch keinen Plan, mich irgendwo niederzulassen.

Königsberg war eine Grenzstadt, doch sagt der geographische Ort wenig über ihre Mentalität aus. Offen nach dem weiten Osten, und ohne eine natürliche Grenze, war Ostpreußen eine Insel, und während wir nach Norden und Osten die Nähe der Grenze eher als einen Vorteil ansahen, war die Grenze nach Süden, nach Polen, doch immer ein Ärgernis. Nach Danzig, nach dem »Reich«, mußte man durch Polen, und man spürte zu deutlich die Nadelspitzen, wenn die Pässe kontrolliert wurden oder wenn man, wie es später geschah, in einem plombierten Zug durch den Korridor fuhr. Selbst wir, die wir die Berechtigung der Grenzziehung nach 1918 anerkannten, konnten uns schwer damit abfinden. Vorurteile, durch lange Jahre in der Schule eingepaukt, wirken immer noch nach gegen alle vernünftigen Überlegungen. Dabei war Ostpreußen in meiner Erinnerung ein großes Land. Man stieß sich nicht an den Grenzen. Wenn die Welt heute enger zusammengerückt ist durch den modernen Verkehr, so war unser Land noch weit, und was Strategen als Mangel empfanden, war für uns ein beglückendes Gefühl, die Weite nach Osten, der Wind, die Wasser, die Vögel und gelegentlich auch die Menschen, die die Grenzen nicht achtend aus der unendlichen Ebene zu uns kamen.

Wenn ich heute darüber nachdenke, finde ich es beschämend, wie wenig wir von Polen Notiz nahmen. Da wir hauptsächlich die westlich, meist französisch orientierte Oberschicht sahen, blieben uns polnische Bauern und Arbeiter fast unbekannt. Wir glaubten, Polen verrate den großen Osten: Die Herrschaft Pilsudskis und seiner Obristen, der starke Nationalismus, die Intoleranz gegen die Minoritäten, auch gegen die Juden, schließlich die ständigen Auseinandersetzungen des Adels durch die Jahrhunderte und bis in die unmittelbare Gegenwart. Die geschlossene Grenze verhinderte auch bessere Information. Näher standen uns dagegen die Ostseeländer, Litauen, Lettland, Estland und Finnland. Sie waren uns ja wenigstens zum Teil offen. Jede Wanderung über die Kurische Nehrung war mit einer Grenzüberschreitung verbunden. Mit einem »Bädervisum« konnten wir bei Pillkoppen die Grenze überschreiten, waren im Ausland und waren doch in Deutschland, denn es hatte sich nichts geändert außer den Uniformen der wenigen Polizisten. Wir vaterlandslosen Gesellen, wie wir damals so oft beschimpft wurden, waren natürlich froh, dem Vaterland, dem wir ja laut Geburtsschein zugeordnet waren, für ein paar Tage entronnen zu sein.

Vaterland, Mutterland, Muttererde, Heimat, all diese Worte könnten so schön sein, wenn sie nicht dauernd mißbraucht würden. Wie hatten wir es in der Schule gelernt, das schöne Gedicht von dem Vaterland, das immer größer sein sollte? Wer bestimmt eigentlich, wo das Vaterland beginnt und wo es aufhört? Die Fischer, Bauern, Hoteliers in Nidden waren noch viel deutscher, viel nationalistischer, als sie es innerhalb der Reichsgrenzen gewesen wären. Jedenfalls die, mit denen wir sprechen konnten. Sie fühlten sich unterdrückt von den Litauern. Der Glanz des Deutschen Reichs war noch nicht verblichen. Deutschland, der geliebte, gefürchtete Wolf, der Reichsadler mit spitzen Krallen, bewehrten Klauen, wer wollte ihm nicht zugeordnet sein. Jeder glaubte, daß die Krallen, der böse Adlerblick, der scharfe Schnabel nicht ihm gälten. Die Faszination, die Deutschland immer noch ausstrahlte, war groß. Nicht nur für die ihrer Abstammung nach litauischen Fischer, auch für die vielen Juden in Polen, in Litauen, in Rußland, auf dem Balkan, war Deutschland ein Land der Sehnsucht, ein Magnet, und zwar nicht nur aus wirtschaftlichen Interessen. War erst einmal eine wirtschaftliche Grundlage halbwegs gesichert, so sog die nächste Generation deutsche Kultur ein wie ein trockener Schwamm. Ach Deutschland, das du mit Ordnung, Sicherheit, Kultur gelockt hast. Du hattest einen Januskopf, und wenn sich das Lamm unter den beschützenden Fittichen des Adlers niedergelassen hatte, wurde es zum Opferlamm. Das mußte schließlich auch der kurische Fischer lernen. Hoch gepriesen wird uns immer das Opfer, und jeder denkt, daß nicht gerade er dazu bestimmt ist.

Ich wollte über die Dünen der Nehrung schreiben, und ich stolperte schon am Beginn über die Steine, die ich damals kaum wahrnahm. Wenn wir von Cranz kommend hinter Sarkau den Wald hinter uns gelassen hatten und der trockene heiße Sand unsere Füße umspülte, vor uns viele Kilometer Wüste bis zum nächsten Ort, spürten wir die Freiheit der Düne selbst bei Regen und Wind, erst recht in der sommerlichen Hitze. Wir verlängerten den Weg, indem wir die sanften weiten Buchten ausschritten, vom Haff über die welligen Hügel zur See hinunterliefen, um zu baden, und dann wieder hinauf auf die Kamelsbuckel, von wo aus man Meer und Haff gleichzeitig übersehen konnte. Unter uns die braun-blaue, wie ein gehämmerter Schild ruhig liegende Wölbung des Haffs und auf der anderen Seite die See in einem helleren Blau mit den weißen Schaumkronen und der gelb-weiße Dünenstreifen mit den orangebraunen Wellen; ein Meer mit vom Wind geblasenen Rippen. Wir schämten uns unserer breiten Fußspuren, wie man sich scheut, in frisch gefallenen Schnee hineinzustapfen. Aber wir waren barfuß, und die Abdrücke der Zehenspitzen legitimierten auch uns als dazugehörig. An einem langen Tag konnte man diese Wüste durchwandern, oft ohne einen Menschen zu treffen, Bucht für Bucht und Buckel für Buk- kel, und voller Entzücken den Wechsel von Farben und

Licht im Spiel mit den Wolken verfolgen. Die starken Kontraste begeisterten uns ebenso wie das Gefühl, einmal der Natur ausgeliefert zu sein. Der schmale Weg für den Postwagen mit Krüppelkiefern, Disteln und hartem Strandhafer, der Hände und Füße zerschnitt, konnte diesen Eindruck nicht stören. Es war eine Freude, wenn der Sturm über den Dünen wütete, der Ordnung machte und unsere Spuren im Nu verwischte, wenn wir den Sand scharf im Gesicht spürten, wenn der Regen dazukam und neue dampfende Vorhänge über den Bergen webte. Nie hatten wir ein so starkes Selbstbewußtsein, als wenn wir durch diese Landschaft hindurchstapften. Urlaub von der Zivilisation, einmal für eine erträglich kurze Zeit der elementaren Natur ausgesetzt zu sein, das war unser Erlebnis.

So oft war ich gar nicht auf der Nehrung. Die Zahl der Finger an den Händen wird wohl reichen, aber jedesmal war es ein anderes Land. Das letzte Mal, als wir zwischen Weihnachten und Neujahr 1934 Abschied nehmen gingen, stapften wir durch neuen Schnee, die Wüste war vollkommen. Wir waren nur bis Rossitten gegangen, hatten dort übernachtet unter riesigen Federbetten. Am Morgen die Bemerkung der Wirtin, daß es ja wohl gut sei, daß Hitler gekommen war, er habe auch den Schieber Thomas Mann aus Nidden vertrieben. Wir antworteten nichts. Ich sehe noch heute das Gesicht vor mir. Es war das ovale Gesicht der litauischen Bauersfrau mit schmalem Mund, starker Nase, braunen Augen und glattem, braunem Haar. Ein Gesicht, das wir immer geliebt hatten. Der Rückweg glich schon mehr einer Flucht. Er schien endlos, der Schneematsch wollte unsere Füße nicht loslassen. Nachts, als wir in Sarkau waren, läuteten die Glocken, es knallte und johlte von allen Seiten, es war Silvester 1935, das Jahr, in dem wir Deutschland verließen. Wieder haben mir die schwarzen Wolken die Sicht versperrt. Von meiner letzten Reise, und es wird wohl die letzte bleiben, zu meiner ersten.

Das muß wohl 1919 gewesen sein, denn der Jugendbund

war gerade erst gegründet und meine Schwestern und ich durften nur mitgehen, weil der Rabbiner Dr. Vogelstein dabei war und mit sanftem Hinken uns den ganzen Weg begleitete. Es war Pfingsten, ein paar der jubelnden Frühlingstage, die uns beschert wurden. Ich erinnere mich an einen Abend in Rossitten, der einer italienischen Nacht glich, wie wir sie uns vorstellten. Sanfte Musik aus dem Kurhaus und ein unendlich lautes Quaken der Frösche aus dem Teich, es war der gedeckte Tisch für die Vogelscharen, die wir am Tag gesehen hatten. Auf der Mole im Hafen zu sitzen, glitzernde Sterne widerspiegelnde Lichter im Wasser, Geruch des Brackwassers, Schmatzen der leichten Wellen um die plumpen Haffkähne. Betäubender Duft der Nadelbäume, flanierende Menschen und immer wieder das Quaken der Frösche, das mich die Nacht nicht schlafen ließ. Es war die Wiederkehr meiner Jugend in Cranz. Ich konnte mich noch ganz den Eindrücken hingeben, kein Denken hinderte, ich war eins mit Frühling, Nacht und der Umgebung.

Später habe ich verzweifelt versucht, die Bilder dieses Erlebnisses wieder aufzufrischen. Ich sah einige schöne Nehrungshäuser, wie im Heimatmuseum, daneben preußische rote Ziegelsteinhäuser; Vögel und Frösche waren auch da, aber daneben – als Erinnerung an die Vogelwarte – die ausgestopften Tiere in der Schule und der Zeigestock des Lehrers. Der leichte tändelnde Sommerbetrieb mit Kurhaus – ich gehörte nicht mehr dazu. Wir setzten unsere Wanderung fort, bis wir wieder in der Wüste waren, und bauten unser Zelt in den Dünen oder am Strand vor Pillkoppen. Die Stille wurde nur unterbrochen von den klatschenden Wellen oder dem jagenden Wind.

Hinter dem kleinen Dorf Pillkoppen die Grenze. Es war Litauen, aber für uns Memelland. Wir pflegen in Deutschland verlorene Kriege nicht wahrzunehmen. Dafür gibt unsere Nationalhymne ein gutes Beispiel: »Von der Maas bis an die Memel, von der Etsch bis an den Belt.« So sangen wir es in der Schule, und wer das nicht mitsang und Bedenken äußerte, war schon immer ein Landesverräter und vaterlandsloser Geselle. Die Wanderdünen, vom Wind geblasen, kümmerten sich nicht um die Grenzen. Ob sie sich auch heute nicht darum kümmern, ob der Wind noch immer die Schwerarbeit leistet, den Sand zu Gebirgen zu türmen und Täler wieder freizulegen, in denen einst Dörfer gestanden hatten mit Häusern, Kirchen und Friedhöfen? Vielleicht sind heute dort Bunker und Raketenstellungen, gegen die der Wind nicht ankommt. Sicher wäre er auf die Dauer dieser neuen deutschen Tüchtigkeit unterlegen, und es würden heute dort Hotelkolosse, Bungalows, Schnellstraßen und Yachthäfen sein. Ob die Libisbucht noch ihren Namen hat, der Grabscher Haken, die Bullwicksche Bucht? Laß mich noch einmal die Namen nennen auf dieser hundert Kilometer langen Landbrücke zwischen Ostsee und Haff, die Namen der Orte, Flecken und Forsthäuser: Cranz, Sarkau, Rossitten, Pillkoppen, Nidden, Purvin, Preil, Perwelk, Schwarzort und überm Wasser Memel.

»Frei ledig zieh ich durch die Welt, hab Sorgen nie gekannt«, sangen wir, um übergangslos die Probleme zu diskutieren, die uns bedrückten. Dabei ist das Wort Problem schon viel zu abstrakt. Wir sprachen über unsere Kameradschaft untereinander, über die Solidarität mit den Arbeitern, über den bedrohlichen, heraufziehenden Faschismus, über die Stellung der Juden. Frei ledig sangen wir und schleppten Rucksack, Brotbeutel, Gitarre und Zelt mit uns, ein ganzes Schneckenhaus, ohne all das war eine Reise bei unserem mageren Verdienst oder Taschengeld gar nicht denkbar.

Auf einem Nehrungsdampfer machte ich einmal die Bekanntschaft eines Globetrotters. Ein nicht mehr junger Mann, der mir von Afrika und Asien erzählte, still und unauffällig dastand in bürgerlicher Kleidung mit einem kleinen Koffer in der Hand und viel exaktem Wissen. Was für einen Aufwand an Gewicht hatte ich betrieben für meine kleine Reise.

Was für die Juden Jerusalem, die Araber Mekka, die Germanen der Brocken oder vielleicht Bayreuth war, war für uns Nidden, das heilige Dorf zwischen Sandbergen, See und Haff – es kehrt noch heute wieder in meinen Träumen. Vielleicht kam man gerade bei Sonnenuntergang rechtzeitig an, wenn gegen den flammend farbigen Himmel die Fischerflotte auf Fang fuhr, ein Schiff hinter dem anderen, die sanft gebogene Linie der Bucht nachfindend und jedes Segel klar und scharf gegen die Bucht sichtbar, gegen den Horizont. Wir, die wir wie Heine über Sonnenuntergänge spotteten, waren von der Liebe zu dieser Landschaft überwältigt, dem einheitlichen Rhythmus, den der Wind bestimmte. Dieser Rhythmus und die klaren Farben waren es auch, die Thomas Mann und die Maler des Expressionismus auf die Nehrung brachten. Sie saßen in Rossitten, in Pillkoppen, unter der »Schwarzen Düne«, die das Dorf zu verschütten gedroht hatte und dann in mühevoller Arbeit mit den harten Grasbüscheln bepflanzt worden war, sie saßen auf der hohen Düne bei Nidden, die steil ins Haff hinunterfiel, und im Fischerhafen malten sie die plumpen Kähne mit den so schönen primitiven Holzwimpeln auf der Mastspitze. Ich habe einmal solch einen Wimpel gekauft, auf dem der Fischer all seinen Besitz dokumentiert, Häuser, Schuppen, Frauen und Kinder neben- und übereinander in einfacher Laubsägearbeit und dann bunt bemalt. Jedes Boot hatte seine eigene Flagge.

Doch nun zu den Expressionisten. Wir hätten sie nie bemerkt, wenn es nicht Hermann Blode gegeben hätte. Von der Dorfstraße aus war Hermann Blode ein Gasthaus wie alle anderen. Am Eingang der Dorfladen, dann kam der Gastraum, ziemlich dunkel, eine Schenke wie jede andere. Daß der Besitzer immer schon eine Liebe zur Kunst gehabt hatte, bewies ein großes Jägerbild, echt Öl, wie wir sagten. Dann aber kam man auf die Terrasse, die auf Pfählen schon im Haff stand, jeder Tisch mit einer kleinen Petroleumlampe mit buntem Schirm. Dort saß man am Abend und hatte das Haff vor sich und konnte herrliche Gerichte bestellen – wenn man Geld hatte. Bei uns reichte es immer nur zu einer Tasse Kaffee. Aber die Wände waren voll mit Bildern von Pechstein, Schmidt-Rottluff, Nolde und anderen Malern. Es war die köstlichste Ausstellung, die ich je gesehen habe. Es stimmte alles auch noch, als zu unserem Leidwesen die Petroleumlampen durch elektrische ersetzt wurden. Wie konnte solch ein Wunder geschehen? Nun, ich kann es nur erzählen, wie ich es damals wußte. Es war die Liebe, die dieses Wunder bewirkt hatte, warum sollte in diesem Zauberdorf nicht auch Liebe solch bunte Wunder bewirken? Die alten Blodes hatten ihr Marjellchen, ihre Tochter, auf die Schule in Königsberg geschickt, und dort hatte sie einen jungen Maler – Ernst Mollenhauer – kennen- und liebengelernt und geheiratet. Es müssen sehr aktive Menschen gewesen sein; sie brachten nicht nur ihre Malerfreunde nach Nidden, sondern hängten auch ihre Bilder dort auf, allen sichtbar, und verhalfen so der Kneipe und dem Kramladen Blodes zu Weltruhm. Als wir die Haffterrasse entdeckten, war ihr Ruhm schon nach Königsberg gedrungen. Jedesmal, wenn wir in Nidden waren, war unser erster Weg zu Blode, um die alten und neuen Bilder zu bewundern. In den Jahren zwischen 1925 und 1932 waren wir fast jedes Jahr dort. Damals waren wir sehr reich. Wir konnten eine Vierter-Klasse-Reise von Berlin nach Königsberg bezahlen und hatten sogar noch Geld übrig, einmal in einem billigeren Gasthaus Räucheraal zu essen. Und da man das »fette Zeuch« ohne Schaden nur mit verdünnendem Alkohol in riesigen Portionen essen konnte, so tranken wir Wodka dazu – ganz gegen unser Gewissen, denn wir waren Antialkoholiker, aber was tut man nicht alles aus Liebe zur Heimat? Wenn wir dann mit gut gefülltem Magen und leicht trunken die Dorfstraße hinuntergingen und zu dem Wald auf der Düne stiegen, wo unser Zelt stand, denn zu einem Zimmer in einer Pension langte es immer noch nicht, so sangen wir das Lied vom russischen Bauern, der sich immerfort noch ein Schnäpschen eingießt, von Walter Mehring, und endlich war die Welt auch für uns einmal rund und in Ordnung.

Unser Zelt konnten wir allein im Wald stehenlassen. Niemand hätte etwas daraus gestohlen. Einmal, ich war mit Hans Litten und Margot in Nidden, schickte ich die beiden ins Dorf, um Wasser und Essen zu holen. Ich war faul, und um wenigstens etwas zu tun, schälte ich Kartoffeln. Plötzlich ein Rütteln am Zelt, daß es beinahe umkippte. Mit einem Fluch sprang ich auf, weil ich sofort Margot im Verdacht hatte, eine Teufelei vorzuhaben, und stand einem riesengroßen Elch gegenüber, der ebenso überrascht wie ich in mein dummes Gesicht starrte und schließlich, sein bärtiges Haupt bedächtig schüttelnd, im Wald verschwand. Ich schüttelte auch den Kopf über mich. Da hat man doch so viel gesehen, ist durch echte weite Wüsten gefahren, kennt den Harz, die Mark Brandenburg, das blitzblaue Mittelmeer von den bizarren Felsen Mallorcas aus gesehen, die Spitzen der Alpen, Gletscher, frostkalte Stauseen, und dann geht einem doch nicht der Geruch dieses Dorfes verloren mit den mageren Kiefern, nicht der Geruch des schwelenden Holzes der kleinen Schiffswerft, der Eichenbohlen, die über Feuer für den Bauch eines Schiffes gebogen und mit einem Wasserstrahl wieder gelöscht wurden, dann wieder erhitzt und an einem Ende mit Steinen beschwert, bis sie der gewünschten Form entsprachen. Viele Stunden habe ich zugesehen, fasziniert von der Gewalt, die einem Holz angetan wird, bis es sich dazu bequemt, nützlich zu sein und zur Belohnung dann, umhüllt von Teer und Farbe, als stolzes Schiff sich vom Haff umplätschern zu lassen und den kurzwelligen Stürmen standzuhalten.

Es muß wohl schon Anfang der dreißiger Jahre gewesen sein, als ich mit Margot und Hans die so lange geplante Reise verwirklichen konnte, die ganze Nehrung entlang und über Memel und Litauen hinaus bis nach Lettland zu gehen. Nur in den Kriegen, im Ersten und Zweiten Weltkrieg, kamen damals arme Leute zu solchen Reisen. Margot und ich waren von Rossitten weitergegangen, noch einmal am Haff und den Sanddünen entlang bis Schwarzort und dann noch einen Tag bis zum Memeler Tief, bis wir an einem Sonnabend in Memel anlangten. Es war wohl ein Sonnabend, und nach sonnenheißen Tagen begann es leicht zu regnen. Wir wußten nicht viel in Memel anzufangen, es ist mir jedenfalls nichts im Gedächtnis geblieben. Wir kauften eine ›Vossische Zeitung‹ von ungeheurem Umfang, gaben am Bahnhof unsere Rucksäcke auf und gingen ins Kino. Danach, als wir unsere Sachen wieder holen wollten, war der Bahnhof geschlossen. Nach einigem Hin und Her gingen wir vor die Stadt, und im Schutz einer großen Mauer legten wir die Zeitung unter uns, wie es Landstreicher zu tun pflegen, und deckten uns mit den Mänteln zu und schliefen. Erst richtig durchfröstelt waren wir, als wir am Morgen zum nahen Tor kamen und Landes-Lepraanstalt lasen. Nun, uns brachte ein Kaffee am Bahnhof bald wieder auf die Beine. Hans Litten kam mit dem Zug, und wir begannen unsere einzige Reise ins Baltikum.

Hinter Memel endete Deutschland. Mit den Grenzen von 1918 endete dort auch radikal, was deutsche Kultur oder Zivilisation war. Es war unglaublich, daß man ein paar Schritte weiter tief in Rußland war. Steinerne Häuser, steinerne Herzen, sagten die Litauer, und es gab von nun an in den Dörfern nur noch Holzhäuser. Was auf der Nehrung noch museal wirkte, die schön geschnitzten Giebel und Dachfirste, die Strohdächer, wurde selbstverständlich, der Typ der Menschen hatte sich kaum gewandelt. Die Chaussee verwandelte sich in eine Sandpiste mit tief ausgefahrenen Radspuren, breit nebeneinander, und der Wald wurde nun wirklich zum Urwald. Alles, was wir an Ostpreußen liebten, war hier noch liebenswerter, noch ursprünglicher. Bald zogen wir es vor, durch eine Waldschneise zum Strand zu gehen. Die Straße verlief sowieso parallel zum Meer. Was für ein herrlicher Strand, viel breiter, als wir es gewohnt waren, die Buchten weiter ausschwingend, ohne Steilküste, weit und breit kein Mensch, nur einige Radspuren dicht am Meer. Da hatten die Wellen den feuchten Sand wie Asphalt geglättet und gehärtet. Gingen wir 20 oder 30 Kilometer, bis wir an der lettischen Grenze waren? Das war jedenfalls alles, was von Litauen ans Meer grenzte, und Litauen war doch einmal eine Weltmacht gewesen. Nachdem die Baltischen Staaten, einem nordischen Balkan gleich, zu handlichen Stücken zerschnitten worden waren, hatte es Wilna verloren und Memel als Zugang zum Meer bekommen, ohne den der neue Staat überhaupt nicht lebensfähig wäre. Wir saßen an dieser einsamen Grenze, ein Zaun quer durch den Wald bis zum Strand, und kramten zusammen, was wir aus Geschichtsunterricht, Reiseführern und Karten über das Baltikum wußten. Litauen, Kurland, Livland, Estland hießen einst die Ostsee-Länder bis zum Finnischen Meerbusen, an dem Petersburg, heute Leningrad, liegt. Jetzt hießen sie Litauen, Lettland, Estland und verdankten ihre Existenz dem Cordon-Sanitaire, dem Sicherheitsgürtel, der die Sowjetunion von der Ostsee absperren sollte. Hans hatte vorsorglich Reise- und Sprachführer mitgebracht, aus denen man erfuhr, daß man sich in Lettland nicht mehr deutsch verständigen könne, daß es in den Wäldern Kreuzottern und Wölfe gäbe; er hielt es nicht für ratsam, weiterzugehen. Wir konnten auch nicht weitergehen, da der Grenzposten unser Visum nicht anerkannte und sich erst zu einer Beratung mit seinem Vorgesetzten zurückgezogen hatte. Der Vorgesetzte kam aber erst am Abend zur Ablösung. So hatten wir Zeit, Lettisch zu lernen. Wir haben es natürlich nie geschafft. Ich weiß heute nur noch unvollkommen, daß Swiest Butter hieß, Oalas Eier, Kartöppeli Kartoffeln und Gulta Bett, und auch das mag falsch sein. Aber es klingt so gut.

Dann beschäftigten wir uns mit der Geschichte und wußten, daß es einmal ein riesiges litauisches Reich gegeben hatte, das in Personalunion mit Polen von der Ostsee bis zum Schwarzen Meer reichte. Es scheint, daß Gott gerecht ist und jedem Volk einmal seine Geschichtsstunde gewährt hat, worauf dann ewige Ansprüche angemeldet werden. Es ist kaum aufzuzählen, welche Völker alle Herrschaftsansprüche auf diesen Wald, in dem wir saßen, anmelden konnten: die Deutschen, weil einmal die Goten dort saßen, später die Hanse, dann die Ordensritter; die Schweden kamen und gingen, die Russen kamen. Die Herren wechselten wie auf den Atlanten die Farben. Blieb der Bauer immer derselbe in seinen armseligen Dörfern, hölzernen Häusern? Ist es anders geworden heute, wo das Land wieder der UdSSR zugeschlagen ist?

Am Abend bekamen wir Bescheid, daß wir ein neues Visum uns in Memel holen müßten. Es war ein schöner Weg für mich hin und zurück. Ich schaffte es in einem Tag, teilweise zu Fuß und teilweise von gutmütigen Bauern mitgenommen. Dann öffnete sich die Grenze, dieselbe See, derselbe Strand, der Wald noch dichter: und Hans hörte in der Nacht das Heulen der Wölfe. Am Abend suchten und fanden wir ein Dorf, denn wir brauchten Nahrungsmittel. Hans blieb am Rande des Dorfes sitzen und studierte sein Wörterbuch. Wir anderen gingen hinein und versuchten uns verständlich zu machen. Es gelang nicht gleich, dann aber holte man ein kleines Judenmädchen hinzu, sie konnte Jiddisch, freute sich und dolmetschte vortrefflich. Wir wurden in eines der ansehnlichsten Häuser gebeten, wo wir in der guten Stube unter dem Bild des Zaren Nikolaus Platz nehmen mußten. Tee, Brot und Butter wurden gebracht, und da wahrscheinlich nur selten Gäste im Dorf waren, mußten wir erzählen, woher und wohin und warum wir gekommen seien. Lange noch saßen wir stumm beisammen, während man beriet, wie wir am besten nach Liepaja (Libau) kommen würden. Erst nach langem Verhandeln durften wir wenige Pfennige für unsere Vorräte bezahlen. Es war schon Nacht, als wir aus dem Dorf hinaus waren und unser Zelt in einer Lichtung des Waldes aufschlugen und sicherheitshalber ein Feuer machten; man konnte ja nicht wissen, vielleicht gab es doch Wölfe. Viel mehr ist von der Reise eigentlich nicht zu berichten. Ich besinne mich auf Libau als eine helle Hafenstadt, eher schwedisch im Vergleich zu Memel. Wir wollten eigentlich nach Riga, aber Geld und Zeit langten nicht. Uns ist das namenlose Dorf in Erinnerung geblieben und wieder ein Zweifel an uns, die wir die gutartige Armut der anderen so liebten.

Als ich schrieb, Königsberg sei eine Grenzstadt, wollte ich ganz andere Dinge erklären, zu meinen eigenen Grenzen kommen, mich abgrenzen. Statt dessen habe ich beinahe auf jeder Seite über Grenzüberschreitungen geschrieben, über die Lust, außerhalb der Grenzen zu sein und die Grenzen hinter sich zu lassen. Die Grenzüberschreitungen, die wir lieben, und die Grenzen, in die wir gebannt sind: meine Grenzen. Dabei bedürfte es komplizierter Untersuchungen, wie sich etwas, was ich bei mir zu übersehen glaube, bei meinem Nächsten abspielt, geschweige denn bei einem, der zwei Jahrzehnte später geboren ist als ich. Diese Grenzen sollten das Thema meiner Überlegungen werden. Geboren als Deutscher, als Jude, als Bürger und als Ostpreuße. Man kann von Ostpreußen fortgehen, man konnte, wenn man Glück hatte, von Deutschland rechtzeitig fortgehen, man kann sich weit von der materiellen Grundlage eines Bürgers entfernen, man kann verleugnen, daß man Jude ist, man kann auch alles andere verleugnen und das Jüdische in den Mittelpunkt seines Lebens stellen. Man hat einige Freiheit für Grenzüberschreitungen. Gott sei Dank ist man nicht festgenagelt in dem Kreis, in den man hineingeboren ist. Es kann sogar tödlich sein, in diesen Gegebenheiten zu verharren. Sobald die in der Familie überlieferten und praktizierten Meinungen nicht mehr bindend sind, beginnt die nächste Umwelt wirksam zu werden. Bei meinen Eltern war die Zuordnung des Judentums zur deutschen Staatsbürgerschaft ein Dogma. Als wir begannen, weiter zu bohren, bekamen wir gereizte Antworten. Man war deutsch, das war eine Tatsache, man sprach deutsch, man zahlte Steuern, man wählte, man nahm Anteil an der Politik, man hatte in der Familie meiner Mutter über mehrere Generationen deutsche Schulen besucht; von der Familie meines Vaters weiß ich kaum etwas, eigentlich nur, daß mein Vater im Altstädtischen Gymnasium zur Schule gegangen war. Es war ja auch eine Tatsache, daß man mit dem »Wohl und Wehe« seiner Mitbürger verbunden war (ein Standard-Argument meines Vaters). Religion ist Privatsache, man war so jüdisch wie andere protestantisch, katholisch, sektiererisch. Wir waren duldsam anderen Religionen gegenüber, und die anderen sollten es auch sein. Das waren Glaubenssätze, die man nicht diskutierte, ohne auf die schiefe Ebene zu kommen. Wo käme man hin, wenn man das nicht mehr anerkannte. Ja, wo kam man hin? Ganz so heil, wie es uns Kindern schien, war die »heile Welt« meiner Eltern aber auch nicht.

Ich glaube nicht, daß es für Juden auch in Deutschland je die heile Welt wirklich gegeben hat. Das kam schon in der Bewegungsbeschränkung zum Ausdruck, die mein Vater sich auferlegte und die er von uns verlangte. »Nicht auffallen«, sich möglichst wenig von den anderen unterscheiden, und Juden waren füreinander haftbar. Wenn ein Jude sich schlecht benahm, kompromittierte er die ganze Gemeinschaft. Das ist immer so bei Minoritäten. Geschieht etwas, etwa ein Verbrechen, so ist es, wenn der Täter ein Deutscher war, ein Herr Müller, war es ein Jude, waren es *die* Juden, *die* Zigeuner, *die* Homosexuellen, heute sind es *die* Gastarbeiter. Bei meinem Vater war es der Dreyfus-Prozeß 1894, der ihn aus seinen Träumen von der Gleichheit mit den Deutschen aufschreckte. Dreyfus war dann plötzlich nicht ein französischer Offizier, sondern ein Jude, und als sich schließlich herausstellte, daß es der deutsche Geheimdienst war, der das angezettelt hatte, waren es eben Patrioten, die durch einen Juden kompromittiert wurden. Man konnte es drehen, wie man wollte, die Juden waren schuldig. Dann, viel schlimmer, gab es in Ungarn und in Polen Ritualmordprozesse, eine ganz unsinnige Anschuldigung, wenn man weiß, wie streng Juden der Genuß von Blut verboten ist. Juden wurden verhaftet und vor Gericht gestellt, weil sie angeblich ein Christenkind geschlachtet und das Blut in Mazzen verbacken hatten. Und obwohl sie dann vor Gericht endlich freigesprochen wurden, war das Gerücht vom Christenblut trinkenden Juden schon ins Volk gedrungen und immer wieder von antisemitischen Schriften und Flugblättern aufgenommen worden. Es genügte ein kleiner Trick, um das endgültige Ergebnis, den Freispruch, die Absurdität des Vorwurfs in Frage zu stellen. Doch immer wieder tauchten Ritualmordanschuldigungen auf, sobald ein Mord ungeklärt blieb, so 1900 in Konitz, im früheren Westpreußen, wo meine Schwiegermutter, damals gerade elf Jahre alt, lebte. Diese Anschuldigung vergiftete das Verhältnis zu den Mitbürgern. Der alten Dame war es noch frisch im Gedächtnis, daß sie von einem gleichaltrigen Mädchen auf der Straße angerempelt wurde: »Die Juden schlachten Christenkinder, und dein Vater auch.« Die Folge war, daß die Kinder nicht mehr abends auf der Straße spielen durften. Solche und ähnliche Erlebnisse wird auch mein Vater gehabt haben. Hinzu kamen noch die Pogrome in Rußland am Ende des 19. Jahrhunderts, und schließlich durften Juden selbst mit deutschem Paß nur mit einer Spezialerlaubnis ins zaristische Rußland einreisen. Die erste große Fluchtwelle der Juden nach Amerika begann, und gleichzeitig kam der Gedanke auf, einen Judenstaat zu gründen, wo man ohne Anfeindung leben können würde. Die Unterstützung dieser Idee bei den emanzipierten Juden in Österreich, Deutschland, Frankreich, England war rein karitativ und mit dem Hintergedanken, die ostjüdische Flutwelle von Westeuropa abzulenken, weil sie den mühsam erreichten Status der Juden in diesen Staaten zu gefährden drohte.

Dabei war auch die Gleichberechtigung und Sicherheit

der Juden in Deutschland nur eine dünne Decke, unter der es doch erheblich kalt sein mußte. Zu Hause wurde über diese Dinge selten gesprochen. Vielleicht erzählte mein Vater einiges aus seiner eigenen Erfahrung bei der Pessachtafel, wenn von den Verfolgungen die Rede war, denen die Juden bei ihrer langen Wanderung ausgesetzt waren.

Die Erfahrungen der vorhergehenden Generationen sind für die folgenden schon Geschichte. Abstrakt und nicht mehr erlebt. All das lag für uns so weit zurück wie Hexenprozesse im Mittelalter, und wir ahnten noch nicht, daß auch Hexenprozesse Gegenwart waren. Wir wußten mehr, was die Juden mit den Deutschen verband; wir wußten vom gemeinsamen Freiheitskampf, von gemeinsamer Wirtschaft, gemeinsamer Schule und Literatur. Was kümmerte uns, daß die Rechte der Juden als Staatsbürger erst fünfzig Jahre alt waren. Juden hatte es schon seit mehr als tausend Jahren in Deutschland gegeben, und nicht nur Juden hatten in Deutschland mindere Rechte gehabt, auch die Arbeiter waren erst nach 1918 halbwegs als mündig anerkannt. Die Leiden der Juden in ihrer langen Geschichte, die Geschichte der Juden nach ihrer Auswanderung aus Palästina, wurde uns nur als Leidens*geschichte* gelehrt, aber man hatte überlebt, was man von anderen Völkern nicht sagen konnte. Sie hatten überlebt trotz ihrer Ausnahmestellung und wegen ihrer Ausnahmestellung. Geschichtsunterricht verhärtet ungemein. Überall wird ausgerottet von Kriegen und von Seuchen, wer nicht ausgerottet wird, stirbt auch so. Immer sind es andere Menschen, die fünfzig Jahre später Geschichte machen unter denselben Namen wie ihre Eltern oder unter anderen. Wir lernen es in der Schule als Beispiel: Wenn es nicht geglückt ist, versinkt es in Vergessenheit oder in ein Reservoir, das in irgendeiner Sternstunde eines Volkes doch wieder ausgeschöpft werden kann.

Es gehört wohl zur abendländischen Mentalität, daß dem Fortleben nach dem Tode ein Beim-Namen-gerufen-Sein vorausgehen muß, schon dokumentiert durch die langen

Geschlechterfolgen in der Bibel. Aber ich möchte nicht nur die Geschichte der Juden kennen, sondern auch die Geschichte dieses namenlosen Dorfes, das wir in Lettland besuchten. Ich möchte die Lastesel der Geschichte kennen, die Bauern, aus deren armseligem Leben das Gold geprägt wurde, mit dem Pyramiden und Dome, die Zwingburgen und Königsschlösser gebaut wurden. Ich muß das Menschenreservoir kennenlernen – dieses verachtende Wort –, wo die arbeitenden Weiber die Kinder zur Welt brachten, die wieder Feldknechte, Kriegsknechte, Bergwerksknechte und Lastträger wurden. Und versiegte einmal das Reservoir, wurde ein Dorf ausgerottet vom Krieg, von der Pest, von Mißernten, so wurde es neu besetzt, und der Kreislauf begann von neuem. Sie sind wirklich tragische Gestalten der Geschichte, aber Tragik ist so langweilig, so eintönig, daß sie absolut unhistorisch wird.

Tragik – die Worte schlüpfen mir durch die Finger –, ein fester Kern, um den es eine weite Gallertmasse gibt. Zur Tragödie gehört das Bewußtsein, der Vergleich, das Aufbegehren gegen das Schicksal, der Kampf mit ihm. Gewohnheit tötet, Akzeptieren des Schicksals wird eine andere Wertung erzeugen, keine Vergleichsmöglichkeiten zulassen. Was uns als Tragik erscheint, mag akzeptiertes Leben in allen Höhen und Tiefen sein, das wir gar nicht nachempfinden können. Uns berührt der Höllensturz auf alten Bildern mehr als die abgekämpften, gerade noch lächelnden Heiligen. Ich weiß schon, warum ich in tiefster Seele erschrak, als ich im Lateinbuch den Satz übersetzen sollte, daß die Einwohner in die Sklaverei verkauft wurden, und mir vor dem Bild, das ich sah, das Wort im Halse stekkenblieb. Sah ich damals darin schon das Bild von der Massenzelle im Polizeiwagen, mit dem ich ins Konzentrationslager gebracht wurde?

Stufen des Schreckens, des Höllensturzes gibt es: Krieg, Besetzung, Brand, Krankheit. Aber wir vermögen noch mit der Hoffnung in der Kehle zur Exekution zu gehen. Die

Griechen, die die Tragödie erfanden, kannten ihre Heloten, denen sie das Menschenrecht verweigerten; sie fürchteten das blinde Schicksal, das es auch ihnen verweigern konnte. Der Mensch ist so gebaut, daß auch das Leben in für uns unvorstellbaren Situationen noch lebenswert sein kann, auf dem Grunde der Bitternis schmeckt man den süßen Tropfen am stärksten. Auch in der Hölle gibt es nicht nur Heulen und Zähneklappern. Ich, der ich nur an dem bitteren Becher nippen mußte, muß alle Kraft zusammennehmen, um todbringende Worte in den Zeitungen herunterzuwürgen, hinzusehen, wenn im Fernsehen Männer und Frauen zu Verhören geschleppt werden. Und ich habe erlebt, wie wir im KZ zwischen zwei Prügelszenen saßen und Kaffee tranken, den jemand organisiert hatte. In der Erinnerung tauchen auch Momente beglückender Kameradschaft auf.

Der Bauer und sein Gesinde, denn es gibt auch da immer noch einen, der darunter steht. Der leibeigene Bauer, der noch bis ins 19. Jahrhundert dahinlebte, deshalb faszinierte uns die Engelssche Schrift vom Bauernkrieg, sie waren der an die Erde gebundene Gegenpol der vom eigenen Land verstoßenen Juden, die Unterprivilegierten durften sich noch um den letzten Groschen totschlagen, werden gegeneinander eingesetzt zur Erhaltung der Ordnung.

Es gibt noch ein Volk ohne Land. Es traf mich eines Tages hart, als mir jemand entgegenschrie: »Juden und Zigeuner.« Warum traf es mich, wo ich doch voller Romantik war und das Zigeunerleben besang. Gewiß, der Unterschied ist groß. Die Juden wollten immer seßhaft sein, die Zigeuner gerade nicht. Aber vor allem war es der Hochmut; so vorurteilslos ist niemand, daß er sich nicht getroffen fühlte, wenn er mit anderen Outcasts auf eine Stufe gestellt wird. Der Neger, der Jude, der Zigeuner, jeder hat seine Ehre, die darin besteht, daß es immer noch andere gibt, die er verachten kann. Das ist Balsam für Wunden.

Immerhin möchte ich einschränkend sagen, daß Bauern nicht überall und zu jeder Zeit bis aufs Blut ausgebeutet wurden, daß es Staaten und Gegenden gab, wo Juden Hunderte von Jahren ohne Verfolgung in Ruhe und Würde lebten, und es selbst Plätze gab, wo Zigeuner geachtet wurden. Der geschichtliche Überblick verfälscht alles durch sein Zeitraffermoment; wenn man über unsere Zeit nach 200 Jahren schreiben wird, so wird man sich kaum vorstellen können, daß wir noch Zeit hatten, Atem zu schöpfen.

Dies alles mußte geschrieben werden, um wenigstens in Ansätzen zu schildern, welche Überlegungen wir angestellt hatten, als wir dem organisierten Zionismus gegenübertraten; alles ist nur angedeutet und darum viel angreifbarer, als wenn es ausführlicher geschrieben wäre, aber es soll auch so bleiben. Merkwürdig, gerade wenn ich von jüdischen Dingen schreibe, tauchen immer die Fischköpfe von Sorgenau auf. Sie stoßen mit ihren dicken Köpfen durch den Blasentang, schielen mich mit den glasigen Augen vorwurfsvoll an und reden japsend im Chor dabei, jeder etwas anderes. Ich möchte ihre Einwände fortwischen, weil sie mir so gar nicht ins Konzept passen; aber sie bleiben hartnäckig, fast unbeweglich im Wasser stehen. Nur die glotzenden Augen und die japsenden Mäuler sehen mich fordernd an. Fische sind doch stumm, und was haben die Sorgenauer Fische mit meinen Überlegungen zu tun? Seltsam, wie beredt diese Stummen sind. »Du wirst den Juden nicht gerecht.« – »Du bist auch befangen.« – »Du bist ein Antisemit.« – »Was soll der Vergleich mit den Bauern.« Ich kann nicht so schnell schreiben, wie sie mir die Vorwürfe entgegenschleudern, geschweige denn so schnell antworten. Ich schreibe ja auch nicht für Fische, die alles besser wissen, ich weiß es ja, daß zu jedem Satz ein Kommentar gegeben werden müßte. Aber die Bücher sind längst geschrieben, für und wider, sie heben sich auf. Wo käme ich hin, wollte ich ihnen folgen. Aber sie fordern weiter Erklärungen: »Gib Antwort, wenigstens soweit du es damals wußtest, und sag, was du heute weißt, und höre nicht auf, etwas zu sagen, weil es dir deine Sätze zerstört!« Hört schon auf mit eurem Pfeifen! Ich werde einiges nachtragen, aber wer kann alle Fragen beantworten. Schreibt selber, ihr werdet entdecken, wie beschränkt die Möglichkeiten sind, Gedanken wiederzugeben.

Warum ich die Bauern wählte? Weil ich meine, daß das unartikulierte Dasein und Elend genausoviel wiegt wie das überlieferte, weil ich immer noch davon überzeugt bin, daß die größten Erfindungen die Zähmung der Haustiere, die Auslese der Getreidesorten, die Züchtung der Obstbäume waren. Wir sehen immer den ausgegrabenen Goldschmuck, die spektakulären Bauten, nicht die Furchen, die Gärten, die Lehmhütten, in denen die Grundlagen geschaffen wurden für die Städte.

Die Juden. Ich versuche nicht, ihre Leiden herunterzuspielen, ihre Verdienste zu schmälern, wie könnte ich es, da ich doch einer der Ihren bin; ich versuche sie nur aus dem großen Achselzucken herauszunehmen. Tote, Verstümmelte, Verfolgte zählen nur für den, der sich mit ihnen identifizieren kann. Für die anderen sind sie nur eine Zahl der früher sterbenden unter allen sterbenden Menschen. Sie sind eben auch nicht die einzigen. Die Millionen, die unter Hitler vernichtet wurden: Wenn sie das Opfer gewesen wären, das die Welt aufgerüttelt hätte, aber es scheint so, daß sie nur ein Teil der großen Bereinigung gewesen sind, ein Versuch, die vielen unbequemen Minoritäten unter Vorwänden zu vernichten, aber vorher und nachher wurde und wird diese Praxis geübt, und so wird es weitergehen wie eine Seuche, solange man nicht gelernt hat, sich mit den Mitmenschen auf der kleinen Erde einzurichten.

Das Blut der Märtyrer ist gerade gut genug für die Fahnen, um zu neuen Morden aufzurufen. Man fange bei sich selbst an, und das versuche ich ja gerade. Wie erträgst du deinen Mitmenschen? Wie den Fremden, wie weit ist dir der Geruch des Fremden gerade noch erträglich, wann beginnt er dir peinlich zu werden, wenn er dir nahe ist? Wann beginnst du ihn zu hassen, wenn er dich behindert?

Miteinander zu leben ist eine Übung, mit der nicht früh genug begonnen werden kann. Was verlangst du von Völkern, was du selbst nicht kannst. Es ist billig, sich über andere zu entrüsten und die eigene Rüstung fester zu schnallen. Es ist auch billig, Pessimist zu werden und zu resignieren, denn du weißt es ja, dein Lebensrecht ist mit dem der anderen gekoppelt, was du dem anderen abstreitest, wird er morgen dir abstreiten. Die Fische mit den kalten Augen sind schuld daran, daß ich anfange, zu moralisieren, statt zu beschreiben.

Die Fische zwingen aber auch, sich selbst zu beobachten und daraus Schlüsse zu ziehen, um die unverständlichen Regungen der anderen zu verstehen. »Das deutsche Volk, einig in seinen Stämmen.« Ein Satz, der mir vielleicht verstümmelt aus der Schulzeit in Erinnerung geblieben ist. Die Einigkeit ist, wie wir wissen, weniger eine Feststellung als ein Wunsch. Wie sahen wir es? Wir waren zunächst einmal Preußen und identifizierten Deutschland mit Preußen. Natürlich wußten wir von den süddeutschen Staaten und dem Staatenbund, aber Preußen schien uns bestimmend zu sein. Bayern war für uns Wirklichkeit zur Zeit der Räterepublik. Dann versank es, sein Bild wurde bestimmt von Bergen, Lederhosen, Gamsbart am Hut, bestenfalls Romantik und drohender Reaktion. Schwaben war für uns ein völlig romantisches Land, etwa so, wie Amerikaner Europa sehen, mit ziemlich unverständlicher Sprache, die vorgab, die deutsche Ursprache zu sein und gleichzeitig Heimat vieler für uns hoffnungslos veralteter Dichter. Historischer Boden, historische Bauten, und die Landschaft ist lieblich, wie in dem Lied ›O Täler weit, o Höhen‹, und lieblich war wohl in unserer Denkungsart mehr ein Schimpfwort. Ich hätte es längst vergessen, wenn ich nicht – seit ich in Schwaben lebe – das Umgekehrte hören würde. »Hinter der Mainlinie beginnt die russische Steppe.« – »Nazis, die gab es doch wohl hauptsächlich im Norden und Osten.« – »Die da oben von der Nordsee sind ja reichlich dekadent, wir haben mehr Verwandtschaft mit den Schweizern und Franzosen als mit denen.« Wenn man dem Volk aufs Maul sieht, wundert man sich, daß es heute nur zwei Deutschland gibt. Nun, ich will mich nicht mit den deutschen Stämmen befassen, die ja noch das Glück haben, einigermaßen feste, angestammte Wohnsitze zu haben.

Bei den Juden waren es dieselben Unterschiede, und keine Verfolgung hatte sie aufgehoben. Französische, englische, holländische, Hamburger Juden waren stolz darauf, Nachkommen der aus Spanien vertriebenen Juden zu sein. Sie beriefen sich auf die große Zeit der Juden in Spanien, ihre Dichter und Gelehrten, sie hatten auch in der Synagoge einen anderen hebräischen Dialekt, den richtigen, wie man annimmt, der auch heute die Staatssprache Israels ist, und sie empfanden die Ostjuden als ziemlich niveaulos. Diese Sephardim waren nach der Vertreibung aus Spanien nach Westeuropa, rings ums Mittelmeer und bis nach Bulgarien gewandert. Die vielen Stämme der Juden, die von den arabischen Ländern bis weit über den Indischen Ozean gewandert waren, kannte ich damals fast nur aus Sagen und den mir nicht sehr interessanten Geschichtsbüchern. Die Aschkenasim, die deutschen Juden, die zum kleineren Teil immer in Deutschland geblieben oder nach den Verfolgungen in der Zeit der Kreuzzüge weiter nach Osten gewandert waren und wieder in viele Gruppen zerfielen, sprachen deutsch, jiddisch gemischt mit Worten der jeweiligen Landessprache, und hatten sich in einem gewissen Maße in den jeweiligen Ländern assimiliert. Am deutlichsten seit dem 18. Jahrhundert in Deutschland und Österreich-Ungarn, aber ebenso in Litauen, Polen und Rußland. Es gab in allen Ländern die »Frommen«, die noch die mittelalterliche Tracht, Kaftan und runden Hut oder Käppchen trugen, und die Assimilierten, die wie die Bürger ihres Landes angezogen waren. In all diesen Ländern gab es viele Juden, die revolutionär gegen die orthodoxe Gemeinschaft der Juden und gegen die feudale Struktur des Staates standen. Sie waren es, mit denen wir uns solidarisch fühlten, sie waren es, die sich etwa so sahen wie ein sozialistischer Arbeiter, der in Schwaben oder Bayern geboren war und in Berlin arbeitete. Warum sollte er die Tatsache, daß er kein Preuße war, verleugnen, er hatte dennoch mehr Gemeinsames mit den Berliner Arbeitern und Genossen als mit den Honoratioren und Reaktionären seiner Heimat.

Bei den jüdischen Intellektuellen und Arbeitern gab es darüber hinaus noch eine Spaltung. Die Beschränkungen und Verfolgungen waren immer gegenwärtig, und es wurde ein jüdischer Nationalismus entwickelt, der durch den Zionismus Form und Ziel bekam.

Jetzt melden sich wieder die Fische: »Geh nicht so schnell vorwärts, sag, warum du die Stämme, die deutschen und jüdischen, überhaupt noch einmal so ausgebreitet hast?« Es ist heute schwer, begreiflich zu machen, wie absurd wir jeden Partikularismus, jeden Nationalismus fanden. Einerseits waren wir fasziniert von der Idee, daß wir in einer Übergangszeit lebten, in einer Zeit, die durch Weltrevolution oder friedliche Übereinkunft die Staaten aufheben würde, andererseits waren auch wir sehr befangen in unseren eigenen Vorstellungen, die wir als Maßstab ansahen. Die scheinbare Bindungslosigkeit an Stammesgemeinschaften ließ uns die Vielfalt der Völker unterschätzen. Wir, die wir Wert darauf legten, die hochdeutsche Schriftsprache zu sprechen, natürlich stark in ostpreußischem Dialekt, empfanden Mundarten als romantische Anhängsel, hinter denen sich reaktionäre Neigungen verbargen. Wir hatten noch keine Freude an einem aus vielen Blumen zusammengesetzten Strauß, und ich habe auch gegen uns den Verdacht, daß wir die Menschen nach unserem Ebenbilde formen wollten. Wir lebten ja noch in dem Glauben an die internationale Solidarität der Arbeiter und den Beginn der internationalen Bewußtseinsbildung der Schriftsteller, der Kunst. Wir wußten von den sich um keine Landesgrenzen kümmernden Konzernen und waren bereit, trotz vieler

Rückschläge an das Interesse an einer internationalen Zusammenarbeit zu glauben. Was wir unterschätzten, war der Sprengstoff der nationalen und völkischen Individualitäten, der bei wirklicher oder eingebildeter Vernachlässigung jederzeit zur Explosion gebracht werden konnte. Heute, wo wir viel mehr darüber wissen, ist man genauso hilflos dagegen wie zu unserer Zeit. Wo sich Angst mit Überheblichkeit, materielle Interessen, ob berechtigt oder unberechtigt, Aufstand gegen Unterdrückung und Abwehr gegen die berechtigten Interessen anderer Volksgruppen mit dem Urgeruch der gleichen Rasse mischen, löst sich jede Vernunft in Dampf auf wie ein Wasserstrahl im Vulkan. Wo Vorurteile demokratische Freiheiten überrennen und zum Spielball für Diktaturen werden, ist noch kein Heilkraut gewachsen. So wie sich die menschliche Psyche immer wieder jeder Zügelung entzieht, wie wir Tornados und Sturmfluten nicht bändigen können, sind auch die Explosionen plötzlich ausbrechender nationaler Krankheiten noch immer nicht heilbar. Im nachhinein gibt es genügend rationale Gründe, die zwar sicher mitbestimmend sind, aber wenig Anhaltspunkte für vorbeugende Behandlung bieten.

Also Resignation? Wir lebten in einer Welt der »vollendeten Tatsachen«. Es nützt gar nichts, es besser gewußt, gesehen zu haben, wo die Entwicklung hinführen würde. Es bliebe unfruchtbare Rechthaberei. Was hilft die Erkenntnis, daß die Fehlentwicklung Deutschlands schon vier Jahrzehnte vor Hitler eingesetzt hat, wenn man nicht auch weiß, daß nur hinterher das alles so übersichtlich ist, daß es zu jeder Zeit Ansatzpunkte gegeben hat, dies Geschehen in andere Bahnen zu lenken. Wir sollten dem Trend mißtrauen, ob er zum Guten oder Bösen führt. Auch »vollendete Tatsachen« sterben ab; sie sterben, wie Epidemien sterben und zum Sterben bringen, wie Kriege, wie Diktaturen. Eine Idee stirbt nicht, sie kann auch nicht verbrannt oder ausgerottet werden. Vieles, was wir damals gedacht und eigentlich ja auch übernommen haben, ist plötzlich wieder aktuell geworden. Und ein kleiner Teil unserer Hoffnungen ging in Erfüllung. Dafür haben sich die »vollendeten Tatsachen« als sehr wenig realistisch und haltbar erwiesen. Utopien erscheinen als Vorausgedachtes. Die Wirklichkeit hat sie eingeholt, weil Menschen da waren, die es auf sich nehmen, ein halbes Jahrhundert verlacht zu werden.

Die Fische toben schon wieder. Sie sollten sich an die Regel halten, kühl wie ein Fisch zu sein und stumm. Ihr Vorwurf ist schon schlimm genug. Es handelt sich nicht um recht haben. Es handelt sich auch nicht darum, daß der, der überlebt, leicht reden kann. Es gibt so viele Möglichkeiten, die in bestimmten Situationen gangbar scheinen. Wer recht hat, weiß man nachher, aber dieses Nachher kann sehr spät sein. Zur Situation der Juden noch zwei Sätze. Der eine ist aus der Bibel (Buch Esther) von Haman, wie er, der die Juden in Babylon vernichten will, es sieht.

»Es ist ein Volk zerstreut und teilt sich unter allen Völkern deines Königsreichs, und ihr Gesetz ist anders denn aller Völker und tun nicht nach des Königs Gesetzen, und es ziemt dem König nicht, sie also zu lassen.« Das ist der klassische Satz gegen alle Minoritäten, und die Argumente sind bis heute nicht sehr verschieden. Der andere Satz ist der eines russischen Juden, den ich mir vor einiger Zeit gemerkt habe: »Wir haben immer inmitten unserer ärgsten Feinde gelebt. In unserer Geschichte hat es immer Juden gegeben, die bereit waren, ihr eigenes Volk anzugreifen, und dann tief bestürzt waren, wenn sie selber zu Opfern wurden.« Dieser Satz ist vielleicht in derselben Form auch schon in Babylon gesprochen worden. Trotzdem ist nur ein Teil nach Palästina zurückgegangen, und die in Babylon Gebliebenen haben dort lange sicherer gelebt als im »Heiligen Lande«. Sicherer und auch nicht ohne Nutzen für die Völker, mit denen sie lebten. Man konnte damals nicht die Völkerstämme in Landesgrenzen pferchen und kann es heute auch nicht, ohne wieder anderen unrecht zu tun und neue Minoritäten zu schaffen.

Anfang der zwanziger Jahre traten die zionistischen Gruppen in Königsberg stark an die Öffentlichkeit. Es kam zu gemeinsamen Versammlungen und heftigen Auseinandersetzungen, die uns oft in Verlegenheit brachten, aber auch zu klärenden Überlegungen zwangen. Wenn wir uns zu einem jüdischen Jugendbund zusammengeschlossen hatten, der sich nicht auf die Religionsgemeinschaft gründete, schien es logisch, daß wir dem jüdischen Volk angehörten und folglich Zionisten sein mußten. Uns wiederum lag nichts ferner als das. Die Probleme der deutschen Jugendbewegung, des Sozialismus, der deutschen Kultur lagen uns näher, aber wir mußten bald einsehen, daß der Zionismus nicht so leicht von der Hand zu weisen war wie für unsere Eltern. Wir spürten eine selbstverständliche Solidarität mit den Juden, die aus vielen zwingenden Gründen nach Deutschland gekommen waren. In Königsberg studierten viele litauische Studenten, die sowohl in der sozialistischen als auch in der zionistischen Bewegung aktiv waren, mit ihnen fühlten wir uns am meisten verwandt. Sie waren aufgeschlossen und skeptisch. Diesen Ruf haben auch ihre jiddischen Geschichten und Witze. Durch sie lernte ich zionistischen Sozialismus kennen, der mich beeindruckte, aber nicht überzeugte. Nochmals zurückdenkend, wurde das ganze Judenproblem ganz gegen unseren Willen an uns herangetragen. Natürlich war der von den Zionisten propagierte Neuanfang in Palästina für uns sehr verlockend. Der Pioniergeist entsprach der Idee der Jugendbewegung. Aber gleichzeitig schien die Koppelung von Religion und Nationalismus im »Heiligen Land« absurd. Wir waren viel zu sehr mit den Problemen in Deutschland, in der Sowjetunion, in Europa beschäftigt, als daß wir auf den Gedanken kommen konnten, in irgendeiner Ecke einen neuen Nationalstaat zu gründen. Die Schwierigkeiten mit den Arabern kündigten sich bereits an, und überhaupt wollten wir ja gerade dafür arbeiten, den Nationalismus einzudämmen. Wie konnten wir unter solchen Umständen eine neue Nation gründen? Hinzu kam, daß der Antisemitismus mit der allgemeinen Reaktion gekoppelt war. Die als Juden beschimpften Rosa Luxemburg, Karl Liebknecht und Trotzki waren Freiheitskämpfer, die eine Welt schaffen wollten, in der die Frage der Abstammung belanglos werden sollte.

Wir waren stolz darauf, daß so viele Juden sich an diesem Freiheitskampf beteiligten. Natürlich betrachteten wir auch diesen Stolz mit Mißtrauen, denn sie waren eben nur ein kleiner Teil der Männer und Frauen, die sich für eine Umformung der Welt einsetzten. Wir konnten uns diesen Diskussionen nicht entziehen, denn es waren ja Menschen, die uns nahestanden, aber sie hatten eben die falsche Konsequenz aus der Lage der Juden in der Welt gezogen. Wenn wir uns nach heißen Debatten spät trennten, sagten uns die Freunde vom zionistischen Wanderbund: »Auf Wiedersehen an der Pumpe in Ejn-Charoth.« Ja, dachten wir damals, wir können uns ja auch einmal in Ejn-Charoth treffen. – Es war ein Dorf, das gerade gegründet worden war. Sonst aber war für uns Palästina ferner als der Südpol.

11

Meine lang ersehnte Abreise von Königsberg fand dann im Mai 1925 statt. Ich habe keine Erinnerung daran. Ich weiß auch nicht, ob ich mich habe entschließen können, einen Koffer zu packen. Ich glaube, ich bin nur mit einem, allerdings sehr schweren Rucksack, Brotbeutel, der unvermeidlichen Gitarre in die Welt hinausgefahren. Habe ich schon immer Abreisen gehaßt? Natürlich meine ich nicht das Fortfahren, das tat ich immer gern, eine billige Flucht in ein Stückchen neues Leben, sondern ich meine die Zeremonie auf dem Bahnhof. Hat man erst den Zug bestiegen und sieht vom Coupéfenster herunter, so schämt man sich höchstens, auf die Lieben herabzusehen, sie zurückzulassen, und ärgert sich, daß sie noch immer versuchen, einen zu halten, festzubinden. Man selbst ist schon Stückgut der Bahn, hat alle Fäden zerschnitten, selbst der Liebsten hat man auf dem Weg schon alles zugeflüstert, es ist schon entwertet, wenn man es wiederholt, man ist schon allen neuen Dingen – guten und schlechten – zugewandt. Dasselbe fade Gefühl habe ich, stehe ich auf dem Bahnsteig und der andere ist im Zug. Es ist selbst bei großer Liebe wie bei einer Beerdigung, man ist schon traurig, aber was soll das. Ein Ende muß ein Ende sein, und fünf oder zehn Minuten ein Ende hinauszuzögern ist ungut. Ich weiß, wie wir als Kinder noch schnell einen Wettlauf mit dem Zug machten, wer am längsten noch den Winkenden sehen konnte, das war ein fröhlicher Sport. Waren vielleicht doch die Gruppe oder in jedem Fall Hans, Lilli, meine Schwestern am Bahnhof und haben zur Belustigung des übrigen Publikums einen Lauf bis zum Ende des Bahnsteigs unternommen? Ich weiß es nicht mehr. Ich weiß nur von den großen Vorbereitungen für die Reise. Ich sehe noch die geheimnisvollen Pakete, die von einem Reformhaus oder Wandervogelbekleidungshaus bei uns eintrafen. Ich war ja recht wohlhabend geworden mit dem bei Ladendorff verdienten Geld. Wer weiß heute noch, was Haferlschuhe sind. Schwer und nahezu unverwüstlich waren sie, natürlich braune Manchesterhosen, kurze, möglichst noch kürzere, einen Lodenmantel, die Windjacke und grüne Jägerhemden, wobei ich nicht mehr weiß, ob Jäger für den Beruf oder die Firma stand. Die dunkelgrünen Hemden wurden ein Warenzeichen für mich. Noch 1932 in Barcelona auf unserer ersten großen Auslandsreise sprach mich ein Mann auf der Straße an, der mich an dem grünen Hemd wiedererkannt hatte.

Noch im KZ erwiesen sich die grünen Hemden als praktisch; während die Herren mit Krawatten, weißem Hemd und gebügelter Hose nach zwei Tagen, die sie auf der Erde gelegen hatten, aussahen wie Strauchdiebe und entsprechend behandelt wurden, machte es meiner Kleidung gar nichts aus. Sie war das Liegen im Wald und Heu gewohnt.

Schmutzabstoßend und pflegeleicht würde man heute sagen. Ich habe so viele Lächerlichkeiten der Jugendbewegung ausgelassen, weil nicht mehr in Mode stehende Sitten immer befremdend wirken, weit über das Maß hinaus, das ihrer Bedeutung entspricht. Man sehe sich nur Jugendfotografien berühmter Männer an. Aber über unsere prüde Eitelkeit muß ich ja doch noch etwas sagen. Wie bringt man seine Individualität zur Geltung? Das einfachste ist es wohl, sich individuell zu kleiden. Das war für uns zu einfach, und wir hatten – meine ich – auch recht damit, denn die jeweilige Mode ist eine Art Uniform. Man merkt es erst ein paar Jahre später, wenn die Neuheit verblichen ist. So waren wir gleich für eine antigesellschaftliche Uniform und verließen uns auf die unbedeckten Körperteile, die um so stärker unsere Eigenart hervortreten ließen. Wir wollten es damals nicht wissen, daß unsere Eitelkeit der Schlichtheit der des Pomps ähnlich war. Wir hatten natürlich viele praktische Begründungen, und einige waren auch richtig.

200 RM in der Tasche schienen mir genug, durch die Welt zu kommen. Wie wichtig Geld war, lernte ich erst genauer, als ich Kinder zu versorgen hatte. Es ist schon gut, bedürfnislos zu sein. Es gibt die Freiheit, das zu tun, was man will, ohne Rücksicht auf den Geldbeutel. Es ist aber auch sehr hinderlich am Fortkommen; es hätte schon ein Wunder geschehen müssen, wenn ich »zu Geld« kommen sollte, und solche Wunder geschehen eben nicht, geschahen auch dann nicht, als ich begann, die ewige Geldnot als bedrückend zu empfinden. »Wer das Geld mißachtet, muß ihm um so mehr nachlaufen«, sagte mein Vater. Er hatte schon recht, aber das war nicht nur mein Problem. Andere, die es ernster nahmen und ihm mehr nachliefen, hatten auch kein Geld und weniger vom Leben. Ich glaube, es war schon so. Wenn ich auch damals sehr zum Dramatisieren neigte, es war kein schwerer Abschied. Königsberg war für mich zum Gefängnis geworden, und leise hoffte ich ja auch wie jeder Junge, daß die Welt auf mich warte.

Was war auch Königsberg für ein Dorf gegen Berlin. Dieses Meer von einer Stadt. Ich konnte es in den ersten Tagen nicht fassen, mich faszinierten weniger die Häuser, die Prunkbauten, als der Verkehr, das Drüber und Drunter von Straßen und Bahnen, so daß ich nicht mehr wußte, wo ich wieder auf der Erde war. Berlin war selbst Landschaft mit Kanälen, Straßen, endlosen Schluchten zwischen Häusern, den Schächten der Untergrundbahn, den Dämmen, den eisernen Rippen der Hochbahn. Die Brutalität der Stadt als Abbild des Wirtschaftssystems mit den Gettos der Reichen, der Armen, der Banken, der Kaufhäuser, der Theater und Kinos, und jedes Stadtviertel spielte seine Rolle auch auf der Straße. So viel Verkehr, und doch scheinen die Menschen in ihre Wohnstätten gebannt zu sein. Es gibt kaum Übergänge. Ich traf auf dem Wedding Leute, die noch nie »Unter den Linden« oder in der Friedrichstraße gewesen waren. Was sollten sie dort? Nur ihr eigener Stadtteil bot ihnen Schutz.

Es ist das beste, sich der Stadt ganz auszuliefern, ohne Führer, ohne Freunde, ohne Behausung. Neue Augen hat man, geht auf Luft, sieht jeden Winkel, sieht das Leben in den Menschenspeichern, riecht den fremden Geruch der Menschen, den fauligen Gestank der Obst- und Fleischabfälle auf den Märkten, den frischen Wind, bevor sich die Stadt wieder zu einem neuen Kreislauf erhebt.

Wunderbar, durch diesen Dschungel wie ein fremdes Tier zu streifen, durch Ehrenhöfe, Friedhöfe, Hinterhöfe, zwischen Menschen, die mich nicht kennen, im nächsten Augenblick vergessen, selbst nur Schatten sind, hellwach Tag und Nacht überall anwesend zu sein, wenn am Morgen die Kolonnen den Fabriken, später den Büros zustreben, wenn die Herren sich in die Banken begeben, wenn die Frauen mit Einkaufstaschen sich schleppen, wenn die Kinder tänzelnd wie Füllen aus der Schule laufen, die kurze Stille am Mittag, dann der Trubel des Nachmittags, bis das Licht langsam erlischt und die Lampen ihre Kreise ziehen, die

Reklame schrill und bunt wirbt, wenn die Kinos enden und wenn sich die Stadt zur kurzen Ruhe völlig verödet hat.

Ich blieb drei Wochen in Berlin, wohnte bei einem älteren Freund, der mich nicht fragte, wenn ich tagelang nicht zu sehen war, aber immer etwas zu essen hatte, wenn ich von meinen Streifzügen zurückkehrte. Vieles veränderte mich, eine neue Freiheit war gewonnen, ich fühlte mich zum Bersten voll mit Erlebnissen, ich mußte sie verarbeiten und mit meinen bisherigen Erfahrungen zusammenbringen. Es war ein Stoß gegen die Sammlung, die ich in der freundlichen Abgeschiedenheit Ostpreußens erfahren hatte. Schwer war es, wieder ein Gleichgewicht zu erlangen. Dabei mußte ich im Gleichgewicht sein, wenn ich die Arbeit leisten wollte, die ich mir vorgenommen hatte. Ich wollte unsere Ideen von Jugendbewegung in den Gruppen des Bundes propagieren. Es war eine lange Korrespondenz vorausgegangen, und Hans Litten hatte immer auf mich verwiesen, wenn er – der schon oft im »Reich« war – mit Gruppen gesprochen hatte. Seine Schuld war es, daß ich wie ein Wundertier erwartet wurde, und das ging mir erst auf, als ich in Berlin die Einladungen von Gruppen aus allen Teilen Deutschlands bekam. Ich vermied die Berliner Gruppe und nahm statt dessen an Demonstrationen teil, war in Versammlungen der linkssozialistischen und kommunistischen Partei und begann dann meine mir sehr unheimliche Reise nach Hannover, Minden, Essen, Frankfurt, Heidelberg, Köln, Freiburg, München, Nürnberg und weiter kreuz und quer durch das Land. Ich war wieder gezwungen, Erwartungen zu erfüllen, die andere in mich gesetzt hatten, wozu ich mich im Augenblick gar nicht in der Lage sah. Was hatte ich schon zu sagen, was nicht auch alle anderen wußten. Ich war von unseren Ansichten überzeugt, aber nicht gerade von mir. Aber was half es mir. Ich hatte eingewilligt, der Führer des Bundes zu sein, wenn auch schon damals mit der Einschränkung, bis jemand Besseres dasein würde. Führer, dieses heute so anrüchig gewordene

Wort, ich würde es gerne tauschen für »Vorsitzender«, aber man saß damals nicht vor und alle Bezeichnungen entwerten sich mit der Zeit, und dann muß man wieder neue suchen, um dasselbe auszudrücken. 1925 war ein Artikel von Hans Litten unter dem Titel ›Jugend und Politik‹ in dem Bundesblatt erschienen, der unsere Forderungen präzisierte: Es genüge nicht, daß die Jugendbewegung sich mit der Reinheit ihrer Seele beschäftige. Das Wandern dürfe nicht zu rückschauender Romantik führen; man dürfe nicht damit zufrieden sein, sich von der Gesellschaft abzuschließen, sondern unsere Verantwortung führe unmittelbar in die Gegenwart und zur Beschäftigung mit Politik. Wenn wir die uns umgebende Gesellschaft ablehnen, dürfen wir uns nicht in die Winkel zurückziehen, in Ästhetik und Beschaulichkeit, sondern müssen mitten in der Gesellschaft stehen, sie angreifen mit allen Mitteln, die sich uns bieten. In keinerlei Gegensatz dazu stand die Forderung, sich mit Kunst zu beschäftigen, mit der Kunst der Gegenwart und der Vergangenheit, wir sollten sie nicht als ästhetisches Problem, nicht als Kunstproblem betrachten, sondern sie in unser Leben einbeziehen als Verbreiterung unserer Existenz, unseres Lebensgefühls. Gleich weit entfernt davon, Kunst als Ersatzreligion zu sehen oder Künstler zu Ingenieuren der Seele zu degradieren, sollten wir uns intensiv mit Kunst beschäftigen, um neue Erkenntnisse zu gewinnen. Dazu kam die noch umfassendere Diskussion über Bildung. Es mußte klargestellt werden, daß es nicht um Berufsausbildung ging, auch nicht um die Erfüllung der Normen, die das Bildungsbürgertum von uns verlangte, sondern um reales Wissen, das wir für bessere Einsichten in die Realität brauchten. Trotzdem oder gerade weil wir uns, wie man heute sagen würde, in einem Lernprozeß befanden, durften wir die aktive Arbeit an Problemen der Gegenwart nicht vernachlässigen. Dies waren also die Dinge, die mit jeder Gruppe und mit jedem einzelnen ihrer Mitglieder durchdiskutiert werden mußten. Die Schwierigkeit war, verständlich zu machen, daß es auf die breite Basis ankam und daß nicht das eine um des anderen willen vernachlässigt werden durfte.

Erstaunlich, was man sich in der Jugend auflädt oder aufladen läßt. Ich kann nur erzählen und von den merkwürdigen Wegen berichten, die ich ging, ohne sie rechtfertigen zu wollen oder gar als Vorbild hinzustellen. Ich weiß auch nicht, was ich mir dabei gedacht habe. Ich weiß nur von meinen Zweifeln an mir selbst, wie ich tagelang mit selbstquälerischen Gedanken durch die Landschaft ging, unfähig, mit irgendeinem Menschen zu sprechen. Das intensive Erleben der Stadtlandschaft in Berlin war einer blinden, tauben Depression gewichen. Unvorstellbar, vor eine Gruppe zu treten und irgend etwas zu sagen. Jetzt merkte ich, wie sehr ich von der Familie, den Freunden abhängig war; allmählich aber wich die schwarze Stimmung. Ich vermied weiter, viel mit anderen Menschen zu tun zu haben, schlief in Büschen an der Straße, oder – wenn es regnete – unter Bäumen in Wäldern, die nachts mit hundert merkwürdigen Geräuschen so laut waren. Ich trug ja mein Haus auf dem Rücken und brauchte wenig, konnte, wenn sich die Gelegenheit bot, wie ein Kamel auf Vorrat essen und dann tagelang von Brot leben und von dem, was ich auf Feldern und in den Wäldern fand. Zwei Wochen ging ich mit zwei Landstreichern zusammen, für die ich ein bequemer Ernährer wurde. Ich brauchte mich nur irgendwo mit der Gitarre aufzustellen und zu singen, und die beiden sammelten Geld und Lebensmittel ein. Dafür hatten sie schöne Geschichten auf Lager, über ihr Leben und die verschiedensten Möglichkeiten, zu übernachten und zu überwintern. Doch mit der Zeit wurde es mir zuwider, ich war ja doch nicht ausgezogen, um zwei nette Strolche zu füttern. So nahm ich nachts meine Siebensachen und schlug mich in die Büsche. Damals machte ich mir nicht viel Gedanken über meine Situation und wie das weitergehen sollte. Immerhin stand ich eines Morgens in Bielefeld an der

Straße, als, wie mir schien, unendliche Massen von Arbeitern den Singer-Nähmaschinen-Werken zustrebten, zu Fuß, mit Straßenbahnen und mit dem Fahrrad. Ich hatte sehr zwiespältige Gefühle, als es nach 7 Uhr plötzlich menschenleer wurde. Es war nicht nur das frohe Gefühl, jetzt nicht acht Stunden arbeiten zu müssen, ich fühlte mich auch ausgestoßen, überflüssig. Ich wurde mir klar darüber, daß mein Abseitsstehen nur vorübergehend sein durfte, aber als ich dann anfing, mit Gruppen zu arbeiten, nützte mir der Abstand, den ich gewonnen hatte. Natürlich hatte ich schon von östlicher Weisheit gehört, von Buddhismus und Fakiren, aber es war nicht in mich eingedrungen. Ich war nur froh, einen Weg gefunden zu haben, der mich etwas steigerte, ich war sehr hellhörig geworden, und es entgingen mir die falschen Töne nicht, wenn ich und andere sprachen. Ich konnte Strohfeuer von anhaltender Begeisterung unterscheiden, und so war es mir möglich, die richtigen Leute zu finden, um meinen Kreis neu aufzubauen. Ich hatte eine große Freude daran, Menschen zu entdecken und sie in meine Nähe zu ziehen, natürlich hatte ich nicht den berühmten unfehlbaren Instinkt, aber gerade den Unscheinbaren zu entdecken und herauszuheben war mir manchmal möglich. Dazu muß ich sagen, daß alle Arbeit mit Menschen so schwierig ist, weil Erfolge sich erst nach Jahren zeigen; wenn ich nicht die Leichtigkeit und Unbekümmertheit der Jugend gehabt hätte, wäre ich noch öfter verzweifelt gewesen und hätte aufgegeben. Denn ging ich von einer Gruppe fort, hatte ich den Eindruck, daß es ein Fehlschlag gewesen sei, daß ich keine überzeugenden Worte gefunden hätte, und erst viel später erfuhr ich von meinem Erfolg. Da hatte ich viel von meinem Handwerk gelernt, daß es unmöglich ist, nicht zu beenden, was begonnen war. Es gelang mir auch ab und zu, in einer Stadt Arbeit zu finden, dann konnte ich ein paar Wochen bei einer Gruppe bleiben, mehr ausrichten und, was ja auch wichtig war, meine Reisekasse auffrischen. Für die Eltern meiner

Freunde war ich der »Rattenfänger von Hameln« mit der Gitarre. Natürlich war die Gitarre immer dabei und half mir, die Scheu zu überwinden, und ein Fest ist zunächst ein bleibenderer Eindruck als eine Diskussion. Ich mußte ja versuchen, in kurzer Zeit eine Grundlage für einen dauernden Kontakt zu schaffen. Heute würde ich gar nicht mehr den Mut aufbringen, so drastisch in Menschenleben einzugreifen, würde mich scheuen, die Verantwortung zu übernehmen. Möglich, daß ich auch meine Rolle von damals überschätze, denn man kann höchstens einen Anstoß geben; die weitere Entscheidung liegt bei jedem einzelnen.

An dieser Stelle interessiert mich hauptsächlich meine Loslösung von Königsberg. Ich kann sie aber nicht schildern, ohne über meine Aktivität zu sprechen. Wenn ich aber auch sehr labil war, konnte ich meine Kräfte übersteigern und dann sehr überzeugend sein. Und, was noch gefährlicher war, ich konnte zaubern. Nicht nur mit der Gitarre. Ich habe es einige Male vorgeführt, daß ich Leute herbeiholen konnte, wenn ich intensiv genug an sie dachte; konnte auch fühlen, wenn mich jemand brauchte. Jedenfalls bin ich froh darüber, daß ich damals der Versuchung widerstand, mir aus diesen Begabungen ein Haus zu bauen, sondern, soweit es in dem Alter möglich war, mit den Füßen auf der Erde zu bleiben.

Es war kurz vor Weihnachten 1927 – ich war schon eine Weile wieder in Berlin –, als ich sehr unruhig wurde und nach Hause fahren wollte. Die Verbindung zu meinen Eltern war nicht abgerissen, aber da sie über mein unstetes Dasein natürlich nicht sehr glücklich waren, hatte ich mir mit Hilfe meiner Schwestern und einiger Freunde eine Scheinexistenz aufgebaut. Ich wohnte und arbeitete für sie an einem festen Ort, und von dort wurden Briefe und Karten abgeschickt, die mit einem wirklichen Leben nichts zu tun hatten. Ich hatte dabei gar kein schlechtes Gewissen. Ich wollte ja nur vermeiden, daß die Eltern sich unnötige Sorgen machten. Ich konnte so nicht leben, wie sie es gerne gesehen hätten, und es war auch unmöglich, ihnen meine Wünsche zu erklären. So war es mir selber überraschend, daß es mich nach Königsberg zog. Hans und Margot brachten das Geld für die Reise zusammen. Es ging alles so schnell, daß ich die Familie von meiner Ankunft nicht benachrichtigt hatte. Ich fuhr die Nacht hindurch und versuchte, mir zwischen Wachen und Schlafen darüber klarzuwerden, was ich eigentlich in Königsberg wollte, etwas verärgert über meine überstürzte Abreise. Dann begann mein Herz doch schneller zu schlagen, als der Zug in Dirschau über die lange Weichselbrücke donnerte. Ich brauchte nicht aus dem Fenster zu sehen, die Namen der ausgerufenen Stationen und der kleineren Orte, an denen der Zug nicht hielt, wußte ich auswendig und sah auch die Landschaft im Dunkeln. Marienburg, ich wäre gerne ausgestiegen und hätte die Burg besucht, den kleinen Rempter mit der Säule in der Mitte, der schlanke Schaft, der mit seiner gotischen Krone und seinen Ranken und seinem Blattwerk den ganzen Saal stützte. Ich konnte mich nie von diesem Raum trennen. Dann kam Elbing mit der Schichau-Werft. Ich war oft dort, in der kleinen Industriestadt, wo der Vater eines Freundes von mir eine Pinselfabrik hatte. Dann kam der große Bogen nach Schlobitten. Er war immer ein Ärgernis gewesen, weil er extra für den Großmagnaten, den Grafen Dohna-Schlobitten, gebaut worden war. Er war ein Freund des Kaisers und brauchte einen Bahnanschluß. Der Kaiser war schon gegangen, und der Graf ist auch gegangen, aber ich denke, die Bahnlinie wird immer noch den Bogen fahren. Es sind die haltbarsten Denkmäler, die man sich setzen kann. Endlich Braunsberg, die letzte Station des D-Zuges vor Königsberg. Von dort an kannte ich jedes Gehöft, jede rote Ziegelei, ich stand am Fenster, als wir an Heiligenbeil und Groß-Hoppenbruch vorbeifuhren, wo der alte Schulmeister mit seinen Bienenstöcken und dem weißen Schafskäse wohnte. Dann die Ecke bei Wolitta, wo das Frische Haff zu sehen war. Es ist doch seltsam, wie das Herz schlägt, wenn man der Heimat näher kommt. Man kennt schon jeden Baum, jeden Pfad, Ponarth mit neuen Fabriken, Gärtnereien und der Brauerei. Jetzt schnell alles zusammenpacken, und dann stand ich alleine auf dem Bahnhof in Königsberg. Noch einmal Straße Am Schloß Nr. 2. Es hatte sich nichts geändert. Es war noch früh, und ich pfiff, anstatt zu klingeln, um die Eltern nicht zu erschrecken. Hanna, meine jüngste Schwester, sah zum Fenster heraus, juchzte und kam herunter, um mir die Türe zu öffnen. Dann saßen wir zusammen beim Frühstück. Meine Mutter war unverändert. Sie konnte sich nicht darüber beruhigen, daß ich so plötzlich erschienen war. Mein Vater war alt geworden. Ich war erschrocken, denn für mich hatte er sich in den Jahren bisher kaum verändert. Er war sehr milde, hatte mich erwartet, wir sprachen wenig miteinander, ich habe wohl viel erzählt. Er ließ mich gewähren. Nach all den Jahren, in denen wir immer wieder gestritten hatten, waren wir friedlich miteinander. Ich war nur eine Woche da, besuchte die Verwandten und Freunde, es war noch alles beieinander, nur ich war nicht ganz da. Ich wußte plötzlich nicht mehr, warum ich gekommen war. Wußte es erst wieder auf dem Bahnhof, als mein Vater mich allein begleitete. Wir nahmen ruhig Abschied wie immer, aber plötzlich sah ich Tränen in seinen Augen. »Gut, daß du noch gekommen bist.« Ich murmelte, was man so sagt, und versprach, im Sommer wiederzukommen.

Ich fuhr schon zwei Monate später denselben Weg. Diesmal in Begleitung meiner Schwester Edith. Ein Telegramm von Onkel Felix hatte uns gerufen. Vater hatte einen Schlaganfall erlitten, er war ohne Bewußtsein. Es war in der Nacht geschehen, meine Mutter fand ihn am Morgen schlafend, als er gegen Mittag nicht aufwachte, war sie beunruhigt und holte den Arzt. Sie hatte nur bemerkt, daß er so seltsam schnarchte. Als wir ankamen, lag er ziemlich ruhig in seinem Bett in dem Schlafzimmer mit dem gelblichen Satin-Mahagoni. Fünf Tage dauerte der Todeskampf, allmählich wurde er viel unruhiger, öffnete die Augen und begann

Laute auszustoßen. Ich versuchte vergebens, seinen Blick auf mich zu lenken, ich nahm ihn in den Arm und versuchte mit ihm zu reden. Er warf sich im Bett, als versuche er, einen Traum abzuschütteln, aber es gelang nicht, auch nur ein Zeichen zu bekommen, daß er mich verstehe. Meine Mutter hatte sich zurückgezogen. Wir hatten sie in unserem Kinderzimmer einquartiert. Der Arzt war durch die langen Jahre, in denen er uns behandelte, ein Freund des Hauses geworden; auch uns Kinder kannte er schon lange. Lisbeth und ich nahmen uns ein Herz und fragten ihn, wie es weitergehen würde. Er machte uns nicht viel Hoffnung; wenn Vater weiterleben würde, wäre er gelähmt, und er glaube nicht, daß er wieder zu sich kommen könne. Was mich so erschütterte, war, wie schnell es ging, aus einem Menschen ein Stück sich gerade noch bewegendes Fleisch zu machen. Das war also der Untergang, eine andere Version der Erniedrigung. Hier hatte die Natur zugeschlagen, nicht der Mensch. Mein Vater, der sich immer so sehr an seine Würde geklammert hatte – ich war kühl genug, um zu sehen, was für ein Glück es war, daß es ihn ohne Anmeldung in der Nacht getroffen hatte. Was für ein Glück er hatte, 72 Jahre alt zu werden, ohne mehr Krankheiten als seinen Ischias, der mit Kartoffelumschlägen und mit Moorbädern jedes Jahr einmal in Bad Polzin in Schach gehalten wurde. Nun hatte es ihn getroffen. War er es noch mit den weit aufgerissenen Augen, die verständnislos starrten, sein Kopf, der hin und her geworfen wurde, und dem Mund, der sich bewegte, ohne einen Laut zu formen, einer, der noch unbewußt gegen den Todestraum anrannte? Am nächsten Tag, als seine Bewegungen zeitweise noch heftiger wurden, nahmen wir noch einmal unseren Mut zusammen und fragten den Arzt, ob er nicht ein Ende machen könne; er wäre doch viele Jahre sein Freund gewesen, und uns schien, daß er jetzt seine Hilfe am dringendsten brauche. Der Arzt sagte, was er dazu zu sagen hatte, gab ihm aber doch eine Beruhigungsspritze. Eine halbe Stunde danach starb mein Vater.

Es fällt mir auf, daß ich noch heute das Wort Vater nicht ohne das besitzanzeigende Fürwort »mein« benutzen kann. So weit ich mich entfernt hatte, ich war noch sein Sohn, besonders in jenen Tagen, da ich das einzige Mal mich um ihn sorgte. Mein Verhältnis zu ihm war immer stürmisch gewesen, voller Angst und voller Widerspruch, und vielleicht weiß ich gerade deshalb mehr über ihn zu sagen als über meine Mutter, die sich mir kaum je in den Weg stellte, die ich zärtlich liebte, die man schlimmstenfalls lächelnd beiseite schieben konnte. Er war der Stein, an dem ich mich wund stieß und der mich vorantrieb, wenn auch in eine ganz andere Richtung, als er wollte.

Ist der Tod eine Tragödie, so ist die Beerdigung mit allem, was da herum geschieht, ein Satyrspiel. Für mich war sie schwer durchzustehen. Es ist auch immer der Versuch, das verlorene Schaf in die Gemeinde zurückzuziehen. Es begann damit, daß Lisbeth und ich einen Besuch beim Rabbiner machen mußten, um ihm die Daten für die Beerdigung zu geben. Zufällig war es jener, mit dem wir schon vor Jahren Konflikte gehabt hatten und der in der Synagoge gegen mich gepredigt hatte. Ich wußte, daß er so unversöhnlich war wie ich und es hinter salbungsvollen Reden verbergen würde. Dann die Kondolationen, die man über sich ergehen ließ. Ich wußte, sie waren ehrlich gemeint, denn mein Vater hatte keine Feinde. Aber ich hatte nur noch mit wenigen etwas zu tun. Es war ein eiskalter Februartag, und wir waren froh, daß Mutter krank zu Hause im Bett wohl aufgehoben war. Wir fünf Kinder waren in der Leichenhalle, in deren Mitte der Sarg stand, an der rechten Seite aufgereiht, ich stand neben Edith, damals noch immer meine Lieblingsschwester, der ich im Alter und in der Gesinnung am nächsten war.

Wir waren alle schon sehr erwachsen; bis auf Hanna, die Jüngste, hatten wir einen Beruf. Lisbeth war an der Stadtbücherei. Sie verdiente gut, und ihr ist es wohl zu verdanken, daß für meine Mutter einstweilen alles ruhig weiterging. Edith war Säuglingsschwester geworden, blieb dann aber zu Hause und löste das Geschäft auf. Rosa war Fürsorgerin. Sie ging bald darauf ins Ruhrgebiet, wo sie mit ihrem Siegfried Adler zusammenlebte. Hanna wurde auch Sozialarbeiterin und blieb einstweilen zu Hause, bis meine Mutter 1933 nach Berlin zog. Uns gegenüber stand die Familie Ladendorff mit ihren drei Kindern und die Kinder von Leopold Fürst, die bis auf den Jüngsten, Walter, alle verheiratet waren. Ich hatte sie lange nicht gesehen. Otto, der schon den Ersten Weltkrieg mitgemacht hatte und schwer verwundet war, hatte seine Krankenschwester geheiratet, eine sehr schöne Frau, die wir Kinder sehr mochten, gerade weil die Heirat einen Familienskandal ausgelöst hatte. Sie ließ sich 1933 von Otto scheiden. Er hatte es ihr angeboten, um sie nicht zu belasten. Dann stand dort Kurt, der Frauenarzt, der auch so aussah und immer zynische Arztwitze erzählte, mit seiner Frau. Else, die schöne Tochter, mit ihrem Mann, sie hatten zwei Kinder. Ich mußte an die Hochzeit denken, die mich als Kind so beeindruckt hatte. Das war 1912 gewesen. Horst Ladendorff mit seiner Mutter. Er war Schauspieler geworden. Ich lernte ihn aber erst in Palästina besser kennen. Die alte gebückte Frau mir gegenüber war die Tante Sophie mit dem schönen dichten weißen Haar, weshalb meine Mutter sie eine schöne Frau nannte. Neben ihr ihre Tochter Erna, die wir Kinder das »Menubelchen« nannten (Menuval, auf hebräisch das Scheusal) und die trotz aller Bemühungen keinen Mann fand. Hinten standen zuerst die beiden heftig weinenden alten Fräulein aus dem Geschäft meines Vaters. Sie hatten wohl auch am meisten verloren, ihren Freund, ihren Arbeitgeber und ihre Stellung. So viele bekannte Gesichter aus dem Geschäft von Onkel Felix und von den Bekannten meiner Eltern, wir hatten nachher Mühe, sie alle meiner Mutter aufzuzählen. Denn bei solch einer Veranstaltung durfte ja keiner fehlen. Mein Vater mochte solche Veranstaltungen sowenig wie ich, aber er konnte sich ihr jetzt nicht mehr entziehen. Sein Sarg war bedeckt mit Blumen und Kränzen. Davor stand ein Podium, von dem aus der Oberrabbiner seine Rede hielt. Ich hatte schon vorher meine Schwestern gewarnt, daß er sicherlich die Gelegenheit benutzen würde, bei der ihm keiner widersprechen konnte, uns seine Meinung zu sagen. So hatte er wenigstens ein Thema, über das er sprechen konnte, und war auch noch konform mit der ganzen Familie. Er wandte sich auch sogleich an die Trauergemeinde und die »lieben Kinder«: »Euer Vater war ein Mann des Friedens«, und er brauchte dann eine ganze Weile, uns auseinanderzusetzen, daß wir in uns gehen sollten und unseren Frieden mit der Gemeinde und der Gesellschaft machen. Edith hielt mich fest am Arm und kniff mich, weil sie fürchtete, daß ich fortgehen oder lachen würde. So blieb ich und machte auch das der Situation entsprechende Gesicht. Die letzte Ehre erweisen, das tut man, indem die Familie den Sarg selbst zum Grab trägt. Es war ein weiter Weg zu dem neuen Gelände des Friedhofs, das an die Pferderennbahn grenzte. Wir gingen durch die Jahresringe der Familie, vorbei an den Gräbern der Eltern und früh verstorbenen Brüder meines Vaters, mit alten Bäumen bestanden, an den Gräbern der Eltern meiner Mutter; jede Straße hatte für uns von früher her den Namen eines Toten. Bei klirrendem Frost war auch dieser Teil, der sonst die Gräber hinter grünen Bäumen und Büschen verbarg, ein Totenacker, hatte nichts Friedliches, aufgereihter Vorwurf der Generationen, die immer noch ihre Forderungen an uns stellen, die Worte des Rabbiners hatten mich wieder eingeholt. Der neue Teil, ganz öde, mit den kümmerlichen Hügeln, durch den Zaun sah man die Trabrennbahn, ich hatte ein ungutes Gefühl, die »sterblichen Reste« meines Vaters dort abzuladen. Die Kälte half mir, es war nur noch eine kurze Zeremonie, »denn Erde bist du und zu Erde sollst du wieder werden«.

Wir begannen das Leben wieder, als wir zu Hause waren. Es gab so viel zu tun, die Mutter zu trösten und alle zu nennen, die dabeigewesen waren, die Wohnung neu zu ordnen für die verkleinerte Familie. Endlich kamen wir auch dazu, uns zu freuen, daß wir Geschwister wieder einmal alle zusammen waren. Es war das letzte Mal, aber das wußten wir damals noch nicht.

Ich kehrte zu meinen Freunden nach Berlin zurück. Das Wort »lossprechen« hat eine vielfache Bedeutung: Wenn man seine Lehrjahre hinter sich hat und die Gesellenprüfung ist bestanden, wird man losgesprochen. So fühlte ich mich: Der Tod meines Vaters hatte nichts an meinem Leben verändert, aber ich war losgesprochen worden.

Talisman Scheherezade
Die schwierigen zwanziger Jahre

›Talisman Scheherezade‹ heißt das zweite Buch.

Was hat eigentlich die Araberin Scheherezade mit den »schwierigen zwanziger Jahren« zu tun? Ich begegnete ihr zufällig im Gefängnis, das heißt einer ihrer Erzählungen, und sie sprach mir Mut zu. Bis dahin kannte ich die Geschichten aus 1001 Nacht auch nur als Räubermärchen. Später, als ich einmal lange krank war, las ich alle sechs Bände ihrer Erzählungen und fand eine Welt voller Reichtum und Weisheit und viel Geschichte des arabischen Mittelalters, alles Dinge, von denen ich vorher kaum etwas gewußt hatte. Ganz laienhaft habe ich mich dann etwas intensiver mit der arabischen Geschichte beschäftigt und stieß dabei auf die folgende Episode:

Der berühmte Sultan Saladdin und der Stauferkaiser Friedrich II. waren Zeitgenossen. Es war die Zeit der Kreuzzüge, die zwei Jahrhunderte lang maßlos blutig hin und her wogten. Ob Kaiser oder Ritter – jeder mußte an einem Kreuzzug teilgenommen haben, wenn er sich als guter Christ beweisen wollte. So auch Friedrich II. Er traf jedoch im Orient nicht auf die verfluchten Heiden, sondern auf gebildete Menschen, die ihm sympathischer schienen als seine abendländischen Christen. Es wurde der einzige Kreuzzug, der ganz ohne Blutvergießen vonstatten ging. Friedrich schloß Verträge, besuchte Jerusalem, stellte die Glaubensfreiheit vertraglich sicher und hinterließ eine breite Spur von Freunden.

Warum ich das erzähle? Als Beispiel dafür, daß jede noch so verworrene Situation auch unblutig gelöst werden kann.

Max Fürst

I

Gehen durch Berlin. Es ist Frühling, kurz vor Pfingsten. Am Morgen schmeckt die Luft noch nach Rauch, wie sie es früher tat. Nicht verdorbene, nur gewürzte Luft. Ich gehe durch Berlin, West und Ost, überall habe ich Freunde, jede Straße, jede Ecke ist voller Erinnerungen, und zwischen den Neubauten finde ich immer wieder ein Haus, das ich kenne. Im Tiergarten sind die Bäume wieder gewachsen, wie elend sah er aus, wie klein, als ich ihn 1950 sah. Dafür war eine neue Generation herangewachsen: Ich ging durch die zertrümmerte Stadt mit alten Freunden, mit neuen Freunden, Kindern mit eifrigen Gesichtern, die mich ausforschten, wie das ist, Jude zu sein, wie das 1933 war und wie in Palästina. Ich hatte so viel zu beantworten, daß ich kaum Fragen stellen konnte: wie es im Bombenhagel war oder als die Russen kamen. Es waren aufregende Tage und Nächte; war ich der wiedergekehrte Sohn der Stadt, eine erste Taube mit einem Ölblatt im Schnabel nach der Sintflut? Zwanzig Jahre später gehe ich wieder sinnend durch die Stadt, das Laub der Bäume ist noch hellgrün. Manchmal entdecke ich zwischen Prachtbauten noch die alten Straßennamen, die mich aufschrecken lassen. Da war doch, da wohnte doch ...

Zum Beispiel Dr. Buchtal, der junge Augenarzt, dessen Wohnung wir eingerichtet hatten. Es wird 1931 gewesen sein, und lange hat er nicht darin gewohnt, 1933 ist er nach Kopenhagen gegangen, die Verbindung brach ab, wie bei so vielen. Ich hätte ihn vergessen, wenn nicht Adam aufgetaucht wäre, der Militärflüchtling aus Jugoslawien, den ich 1929 auf einer Bank im Park fand, ein arbeitsloser Tischler ohne Arbeitserlaubnis, der damals für kurze Zeit Mitinhaber meiner Werkstatt wurde. Lauter Geschichten, die ich noch erzählen muß. Er kam von Oslo, als wir uns in Stuttgart Ende der sechziger Jahre wiedersahen, und erzählte mir in der ersten Minute von Dr. Buchtal, der in Kopenhagen Professor sei und noch in meinen Möbeln wohne. »Du hast immer gesagt, daß er Professor werden würde.« Habe ich das gesagt? Ich verliere Menschen und finde sie wieder. Einige wenigstens, und von ihnen erfahre ich viel, auch über mich. Du hast damals gesagt, getan – ich lebe viel zu schnell, um alles zu wissen, was ich gesagt und getan habe.

Über Buchtal, in einer Dachkammer, lebte damals der Maler Malipiero, der so arm war, daß er gelegentlich die Milch stahl, die der Milchmann morgens vor die Wohnungstüren stellte. Einen Schrank bezahlte er mir mit einem Bild, auf dem eine Hexe zu sehen war, die Ähnlichkeit mit ihm hatte. Ich schleppte es lange auf meiner Flucht, auf meinen vielen Umzügen mit mir herum, irgendwann ist es dann verlorengegangen.

Wie mag es Lehrern ergehen, die Generation auf Generation die Bürger ihrer Stadt kennen? Werden da aus Kindern Freunde? Selten wohl. Die »Kinder«, die ich 1920 in meinen Jugendgruppen hatte, waren – und ich bin immer wieder erstaunt darüber – nur zwei bis vier Jahre jünger als ich; und die »Kinder«, die ich in Berlin nach 1925 kennenlernte, waren gleichaltrig. Und deren Kinder sind bereits erwachsene Freunde und haben wiederum Kinder. Die, die in Israel geboren wurden, als ich dort landete, waren bereits Soldaten in den Kriegen. Sie sind weniger erschreckt als ihre Eltern und haben den Nationalismus zum Teil schon wieder überwunden; sie sehen im Staat wie ich ein Übel, ein noch notwendiges, ein menschenfressendes, dem man sich schwer entziehen kann. Auch die Kinder, die mir 1950 in Berlin entgegenkamen, haben schon längst wieder Kinder. Es ist wohl das größte Glück, Freunde in allen Generationen zu haben. Der Mensch hat nur zwei Augen und sieht nur Ausschnitte der Welt, ich erlaube mir manchmal, auch in Ausschnitten zu denken, um mich über die Zeit zu trösten. Der Mensch ist doch ein Phönix, er wird verbrannt und geschändet; aber dann steht plötzlich wieder ein Kind vor mir, das einem anderen Kinde gleicht, welches ich in meiner Jugend liebte; es fällt mir schwer, es nicht mit seinem »richtigen« Namen anzureden, dem Namen eines lange Erloschenen, dessen Seele, dessen Aussehen es geerbt hat. Jetzt im Alter zittern mir die Hände, wenn ich es umarme, und gelegentlich erzähle ich ihm die Geschichte seiner Ahnen, nicht zu viel, um es nicht festzulegen; aber, nicht wahr, ein Kind muß doch wissen, daß es mehr Eltern hat als die, die es kennt. Dürfen wir uns erhoffen, daß aus »unseren Knochen« nicht »unsere Rächer«, wie man früher sagte, sondern aus unseren Gedanken und Seelen die Vollender unserer Werke wachsen werden?

Ich steige aus der nagelneuen Untergrundbahn, die Linie gab es noch nicht zu der Zeit, von der ich erzählen will. Auch den Namen Bundesallee gab es nicht und nicht die großmächtigen Geschäftshäuser, wenn die Straße mit ihren Gründerzeithäusern auch schon immer etwas Anmaßendes hatte. Damals hieß sie Kaiserallee, und sie war es geblieben in der noch so kaisertreuen Weimarer Republik. Damals hätten sie umbenannt werden müssen, alle die Straßen mit den kaisertreuen Namen, ebenso wie die Beamten hätten sie ausgetauscht werden müssen. Heute sind eine Kaiserallee oder ein Kaiserdamm schon kein Streitobjekt mehr, nur noch sterile Traditionsnamen, die keinerlei politische Wirkung mehr haben. Nun, Umbenennungen von Straßen scheinen das Bewußtsein doch sehr wenig zu verändern. Ich suchte am Bahnhof Friedrichstraße in Ost-Berlin den Ernst-Thälmann-Platz, fragte sechs Passanten, aber keiner wußte Bescheid. Ein Straßenbahnschaffner riet mir, mit der U-Bahn zu fahren, und nach einigen Irrfahrten landete ich wieder am Rande der Friedrichstraße: Thälmann-Platz hieß jetzt, was ehemals die Wilhelmstraße war, und das Haus, das ich suchte, war einmal Goebbels' Hauptquartier gewesen. 1926 ärgerte uns das kaiserlich benannte Berlin, heute gehe ich mit liebevollen Gedanken durch die Stadt.

Ich gehe durch die Güntzelstraße und komme irgendwie zum Nikolsburger Platz. Ich bin ganz erschrocken: Da steht sie noch, die alte Schule, vor der ich so oft wartete, um Margot abzuholen. Ich störe ein blutjunges Liebespaar aus seinen Träumen, das eng umschlungen an mir vorbeigeht. Nein, die Schule ist kein Mädchengymnasium mehr, sie ist eine Gemeinschaftsschule geworden. Irgendwo habe ich hier gestanden und auf sie gewartet, und ich sehe sie wieder vor der Kulisse des Backsteinbaus, allein unter den vielen Mädchen, dünn und unscheinbar, mit ihrem für den mageren Körper viel zu großen Kopf, den halblangen Haaren und den dunklen und, wie mir schien, immer traurigen Augen. Sie kommt auf mich zu, wir gehen nebeneinander, bis ich in sicherer Entfernung von den Schülern den Arm um ihre Schultern legen kann. In die Zärtlichkeit, die ich für sie empfand, mischte sich noch die Verantwortung, die ich übernommen hatte, für sie und für die Kinder, die ich auf einen anderen Weg bringen wollte, als ihre Eltern es vorgesehen hatten. Ich hätte es leichter gehabt, wenn ich gewußt hätte, was in diesem Kopf vor sich ging. Die Schweigsamen sind die Schwierigen, und sie war sehr schweigsam. Die Sprache verbirgt die Gedanken, aber man kann versuchen zu glauben, was sie sagt. Margot war in vielen Dingen erwachsen wie eine Zwanzigjährige, in anderen noch ein Kind. Zwanzigjährig bedeutet, daß ich sie als gleichaltrig empfand, aber das ist kein Maßstab, weil ich mein Leben lang nie so recht mit Altersunterschieden zurechtgekommen bin. Ich rede zwar immer von »Kindern«, aber wenn ich mit diesen Kindern rede, nützt mir mein Alter wenig dabei. Meine Erfahrung wird ausgeglichen durch die neuen Eindrücke, die mir durch Jüngere vermittelt werden. Im Begreifen der Gegenwart sind sie mir überlegen, und ich weiß, daß ich immer mehr lerne, als ich ihnen geben kann.

Margot war damals 14 Jahre alt, aber ich habe das nie empfunden. Ihr Urteil war selbständig und immer bedenkenswürdig. Und was mich reizte, war gerade die Diskrepanz zwischen der Vierzehnjährigen und der Zwanzigjährigen, die in einem Körper vereinigt waren und die sie auch manchmal hilflos machte. Ich versuchte sie zu ergründen und wußte noch nicht, daß ich dafür noch viel Zeit haben würde.

Wenn ich heute über die 14jährige Margot nachdenke, so war sie etwas Besonderes. Wenn ich dagegen an meine Tochter denke oder an meine Enkelkinder, die auch schon über 14 Jahre alt sind, so kann ich das Entsetzen ihrer Eltern verstehen. Damals verstand ich deren Erziehungsversuche nur als eine unstatthafte Einmischung in die Entwicklung eines freien, fertigen Menschen. Hinzu kam, daß wir in Berlin viele Mädchen, natürlich auch Jungen, im Alter von 14 bis 17 Jahren in der Gruppe hatten und daß viele Eltern der Mädchen fürchteten, ich hätte ein Verhältnis mit ihnen. Wir waren eher erstaunt als etwa beleidigt über die Zumutung, denn Zeitereignisse und Probleme des Bundes beschäftigten uns mehr als die »sexuelle Frage«. Aber wie das besorgten Eltern klarmachen? Sie hörten nun die Kinder vom Bund und den Führern erzählen, wußten, daß wir Jungen und Mädchen zusammen wanderten, übernachteten und nackt badeten, und erst wenn ich zu ihnen gerufen wurde und mich rechtfertigen sollte, kam ich auf die Idee, daß Mädchen nicht nur als Genossinnen anzusehen seien. Dazu kamen die für uns beschämenden Abhängigkeiten. Heute sehe ich beide Seiten, bin aber dadurch nicht etwa klüger geworden. Heute kann ich die Angst der Eltern verstehen, die nicht wußten, wo das, was wir trieben, hinführen sollte, die Angst, die Verantwortung genannt wurde. Die Familienprobleme sind ja bis heute dieselben geblieben, wenn ein Kind sich von der Familie löst, wenn es beginnt, ein selbständiger Mensch zu werden, wenn es beginnt, die Zeit, die neuen Ideen gegen die Eltern auszuspielen. Wir empfanden es eigentlich eher als unangenehm, wenn Eltern nicht kämpften, wenn sie keinen Widerstand entgegensetzten, das machte es den Jungen schwerer, ihre eigene Persönlichkeit zu entwickeln, aber auch dafür gab und gibt es keine Regel.

Ich entsinne mich genau an einige Situationen und Aussprüche der Eltern, an Diskussionen mit ihnen auf Elternabenden und zu Hause. Ich wurde immer geholt, wenn die Zustände daheim unerträglich wurden. Ein langes Gespräch mit einer sehr fortschrittlichen Mutter, die erzählte, daß es sie immer gefreut habe, wenn die Kinder von Wanderungen zurückgekommen seien und man den Dreck abgewaschen habe. Aber was sollte sie tun mit dem seelischen Dreck, mit dem wir die Kinder belasteten? Da stockte unsere Unterhaltung, weil ich dazu nichts sagen konnte und nur eine summarische Antwort auf meine Frage bekam, was seelischer Dreck denn sei. Waren es Dramen und Gedichte von Brecht, waren es Bilder von George Grosz, waren es Bücher über sexuelle Aufklärung, war es Beschäftigung mit Politik? Oder waren es die Kinder aus proletarischem Milieu, die langsam auch in unsere Gruppen kamen? Je genauer meine Fragen, desto ungenauer die Antworten.

Ihr fragt, wann ich Margot zu lieben begann, mehr als die anderen Genossen. Liebe ist ein so zweifelhaftes Wort wie Freiheit und ähnliche Begriffe, die jeder im Munde führt und unter denen jeder etwas anderes versteht. Ich liebte, wenn man darunter die plötzliche Aufwallung versteht, ganz andere Mädchen, die Schönen, Strahlenden, die man sofort begehrt, wenn man sie ansieht. Liebe auf den ersten Blick ist sehr zweifelhaft, aber darüber machte ich mir damals keine Gedanken. Vom Beginn unserer Liebe, wenn man es so nennen will, zu erzählen, ist nicht ganz einfach, und ich muß erst sehr viel mehr von unserer Gruppe und Berlin sprechen.

Den großen Krach, bei dem ich dann auch die Eltern von Margot und ihre Wohnung kennenlernte, gab es, als wir für die Gruppe ein Heim in der Mulakstraße genommen hatten. Es gab viele Gründe für den Aufstand der Eltern, darauf werde ich später zurückkommen. Nur soviel: Margot und einige andere Freunde waren von zu Haus fortgegangen, und wir hatten damit das Gegenteil dessen erreicht, was geplant war: Die Eltern einigten sich untereinander, um gemeinsam gegen uns vorzugehen. Da die Maßnahmen von Eltern und Schule gerade den jüngeren Mitgliedern der Gruppe gefährlich werden konnten, hatten wir beschlossen nachzugeben. Ich ging zu den Eltern, beschwichtigte, wo ich konnte, und brachte die »verlorenen« Söhne und Töchter zurück. Das wäre alles längst vergessen, wenn es für mich nicht ein so seltsamer Weg gewesen wäre, der Beginn der Liebe, wenn man will. Margots Vater hatte zu der Zeit geschäftliche Rückschläge hinnehmen müssen, so daß ein Mieter für ein Zimmer in der großen Wohnung gesucht wurde. Wir warteten eine geschlagene Stunde im Kinderzimmer, in unerträglicher Spannung. Margot hatte ihr verbocktes Kindergesicht aufgesetzt, das ich noch nicht kannte. Ich weiß nicht, warum, aber ich begann mit ihr nicht von ihren Problemen oder denen des Bundes zu sprechen, sondern vom Bauhaus, vom modernen Bauen, von Feininger, Klee, über das, was mich in dieser Zeit sehr beschäftigte. Das Bauhaus war ja damals eine der großen Hoffnungen, eng verknüpft mit dem »Umbau« der Menschen und mit unseren eigenen Ansichten, als wir schon wußten, daß die Ideale der Jugendbewegung ranzig geworden waren und wir nach neuen Wegen suchten, nicht nach rückwärts gewandt, sondern in *unserer* Zeit. Ich geriet in Begeisterung, Margots Gesicht entkrampfte sich, und wir waren uns einig darüber, wie wenig unsere eigene Misere wog gegen die großen Erwartungen, die die Zeit mit sich brachte. So waren wir einigermaßen gefaßt, als wir vor den »Richterstuhl« des Vaters geholt wurden. Der Vater fühlte sich offensichtlich nicht wohl in der Rolle, die ihm da aufgedrängt worden war, denn er war besonders herb und kehrte die Autorität heraus. Es wurde das übliche Gespräch zwischen Menschen, die sich nicht verstehen und nur ihre

Rolle spielen. Ob ich wüßte, daß Margot erst 14 Jahre alt sei. Ich zuckte die Achseln und versuchte so freundlich wie möglich zu sagen, daß sich das schnell bessern würde. Dann kam das, was bis heute jeder Vater in einer solchen Situation sagt: »Ich will aus meinem Kind einen anständigen Menschen machen«, und als es darauf weder eine Antwort noch eine politische Rede gab, fuhr er fort: »Ich werde es mit allen Mitteln durchsetzen.« Margot schwieg, und irgendwann sah ich eine große Träne auf ihrem Gesicht. Ich ging. Über das Heim in der Mulakstraße war kaum gesprochen worden, er sagte nur, es sei kriminell, Kinder in diese Gegend zu bringen. Ich dachte anders darüber, fand es aber überflüssig, in dieser Situation sozialpädagogische Vorträge zu halten. Mir tat nur leid, daß ich Margot dort lassen mußte.

Die Mulakstraße und Umgebung war eines der berüchtigtsten Viertel von Berlin. Früher nannte man es das Scheunenviertel. Als ich 1927 nach Berlin kam, mietete ich ein Zimmer in der Münzstraße, Ecke Kaiser-Wilhelm-Straße. (Als ich wiederkam, hieß sie Karl-Liebknecht-Straße.) Sie führte zum Bülowplatz (heute Rosa-Luxemburg-Platz). Diese Gegend, Rückerstraße, Alte Schönhauser Straße, Linienstraße, Gipsstraße, Auguststraße, Rosenthaler Platz, Schönhauser Tor, Artilleriestraße und Grenadierstraße, bildete das Zentrum des damaligen Judenviertels. Es war einmal eine gutbürgerliche Gegend gewesen, um die Jahrhundertwende, wie man bei Fontane nachlesen kann. Zu meiner Zeit waren die wohlhabenden Bürger, auch die Juden unter ihnen, schon längst in den Berliner Westen gezogen. Geblieben waren die ärmeren Geschäftsleute und Juden, die noch nicht lange in Berlin seßhaft waren. Es war eine Gegend der kleinen Leute und eine sehr volkreiche dazu. Immer waren die Straßen, auf die viele kleine und kleinste Lädchen hinauswucherten, voller Leute, die zur Arbeit gingen oder von ihr kamen, immer standen Huren herum, die aber wie alle anderen zum Straßenbild gehörten und an denen keiner

Anstoß nahm. Es gab auch Warenhäuser: Tietz und Wertheim, große Fabrikhäuser, Textilbetriebe und En-gros-Geschäfte, da war die Volksbühne auf dem Bülowplatz und gegenüber das Karl-Liebknecht-Haus, die Zentrale der Kommunistischen Partei, daneben das große Kino Babylon und dann die vielen kleinen Cafés, zum Beispiel das Rosencafé am Rosenthaler Platz. Die meisten Häuser waren in der Gründerzeit gebaut. Vorne an der Straße standen noch einigermaßen herrschaftliche Häuser, dahinter kam meistens der Hof und das zweite und dritte Hinterhaus, Stapelplätze für Menschen. Jeder ältere Berliner wird mich endlos ergänzen können. Ich liebte diese Gegend, das Zentrum des alten Berlin, wo ich zwischen 1927 und 1935 wohnte. Anfangs in der Münzstraße. Der Eingang war eingekeilt zwischen einer Kneipe und dem großen Eckgeschäft an der Kaiser-Wilhelm-Straße, Adam's Zigarrenfabriken, das einem Verwandten von Margots Familie gehörte. Frau Krause hatte mir in ihrer gerade noch bürgerlichen Wohnung das Mädchenzimmer vermietet, einen Raum – durch eine das Badezimmer teilende Decke gebildet –, wie ihn viele Berliner Wohnungen hatten. Durch die Tür neben dem Badezimmer gelangte man über eine schmale, steile Holztreppe in mein Appartement. Es war gerade Platz für ein Bett, welches durch ein Gitter gesichert war, damit man nicht im Schlaf auf die Treppe hinunterfallen konnte. Ein Tisch, ein schmaler Schrank, eine Waschschüssel und ein Hocker vollendeten die Einrichtung, und dazu hatte ich eine breite Fensterbank vor einem halbhohen Fenster, eine Petroleumlampe und einen Spirituskocher zur Verfügung. Elektrisches Licht legte ich erst hinein, als Margot nach mir dort einzog. Von der Fensterbank aus hielt ich brieflich die Verbindung zu den Gruppen des ganzen Bundes aufrecht. Ich schrieb Artikel für unsere Zeitung, von der nicht ein Exemplar erhalten zu sein scheint, und hatte Besprechungen mit Freunden und Feinden unserer Gruppe. Wenn mir der Kopf rauchte und ich das Gefühl hatte, leergepumpt zu sein und mich nur noch zu wiederholen, befolgte ich ein unfehlbares Rezept. Ein paar Häuser weiter, vielleicht auch im Nebenhaus, gab es ein »Floh«-Kino. Eintritt jederzeit. Man ging während der Vorstellung hinein, sah sich das Ende des Films an und vielleicht noch ein Stück des Anfangs, es kostete nur wenige Pfennige Eintritt. Es waren immer Leute drin, die meisten schliefen allerdings und schnarchten laut, besonders bei schlechtem Wetter, und im Winter war es voll von Arbeitslosen und Pennern, für die es der billigste Aufenthaltsraum war. Sie interessierten sich kaum für die Wochenschauen und Filme, mehr für die nicht sehr bequemen Sitze und dafür, daß der immer lauernde »Rausschmeißer« bei dem doch stets wechselnden Publikum nicht herausfand, wer schon den ganzen Tag dort saß. Man mußte, wenn man bei besonders lauten Stellen aufwachte, torkelnd den Platz wechseln, dann war man sicher, auch wenn es zwischen den Filmen kurz hell wurde. Für mich brachte die dumpfe Luft eine Aufhellung meines Kopfes. Abgelenkt von den Vorgängen im Film, Vorgängen, die mich einmal nichts angingen, wurde ich wieder hellwach für die Sorgen meiner Freunde. Gegenüber, ich weiß nicht mehr, ob es noch die Münzstraße oder schon die Memhardtstraße war – Berliner Straßen wechselten immer unvermutet ihren Namen –, war ein Freßlokal. Es gab in Berlin nicht nur das berühmte Aschinger, wo man sich an Kartoffelsalat und den auf den Tischen stehenden Brötchen satt essen konnte, sondern auch das »Krokodil«. Da ich damals fast immer arbeitslos war, mit gutem Gewissen, weil so viele es waren, und mit schlechtem, weil ich nie Geld hatte und ab und zu von meinen Freunden Geld annehmen mußte – ich brauchte es für Briefmarken und Stadt- und U-Bahn-Fahrten –, wurde das »Krokodil« mein Ernährer. Da man ja auch nicht immer von Brot und Margarine leben konnte, aß ich dort die berühmte Erbsensuppe mit Speck, die, brockte man noch ein Brötchen hinein, für 10 bis 15 Pfennige ein ganz gutes Essen abgab. Es war ein schönes Lokal, in dem man eine

Menge Leute traf: Arbeiter von der nahen Markthalle, Arbeitslose und Eilige, die einen Schnellimbiß brauchten. Über der Theke hing ein großes ausgestopftes Krokodil. Erbsensuppe mit Speck: ich hatte eigentlich ein schlechtes Gewissen, weil ich Vegetarier war. Nach dem Besuch eines Schlachthofs, mit meiner Gruppe, war ich so erschüttert, daß ich beschloß, kein Fleisch mehr zu essen. Ich wollte auch nicht von einem Gewerbe profitieren, dessen Ausübung ich strikt abgelehnt hätte. Ich hielt mich daran, bis 1933 die ganze Moral zum Teufel ging. Doch zurück zum »Krokodil«. Es war wenig Speck in der Suppe, und mich tröstete das Lied

»Wie hat es Gott so schön gemacht,
daß er das Krokodil erschafft,
das Krokodil frißt nur den Speck
und nimmt uns nicht die Erbsen weg.«

Das »Krokodil« wurde für mich und meine Freunde immer wichtiger.

Die Kellnerinnen fanden mit der Zeit, daß eine Erbsensuppe nicht genug wäre für einen Mann, und brachten mir und schließlich auch jedem Freund, der mich begleitete, Kartoffel- und andere Salate. Das ging über mehrere Jahre. Wenn ich bezahlen wollte oder mußte, weil die Aufsicht in der Nähe war, gab ich an der Kasse eine Mark und bekam in Wechselgeld die gleiche Summe wieder zurück. Irgendwann, schon vor 1933, ist das »Krokodil« gestorben. Ich weiß nicht, wie lange ein solches Tier lebt, und ich hoffe nur, daß mich oder die Gutherzigkeit der Kellnerinnen keine Schuld an dem Ende traf.

Ihr denkt, ich schweife weit vom Thema ab, das tue ich aber »mit nichten«, wie unsere Freundin Ingegert aus Schweden sagen würde, denn sie ist Germanistin und wendet gerne Wort- und Satzbildungen aus ihrer Grammatik an. Mit ihr ging ich vor ein paar Jahren vom Alexanderplatz aus in *mein* Viertel. Der neue Alexanderplatz war noch nicht fertig gebaut, und alle Umleitungsschilder standen verkehrt herum. Sicher hatte das irgendein Lausbub getan, und keiner hatte es korrigiert. So suchten wir lange, bis wir den richtigen Weg fanden, da auch die Straßenschilder nicht mehr oder nicht wieder angebracht waren. Nur nach der Stadtbahn, die unverrückbar in ihren Gleisen lief, konnte ich mich orientieren. Ich zeigte Ingegert die Häuser oder die Stümpfe der Häuser, in denen ich und meine Freunde gewohnt hatten, und zu jedem Haus, zu jeder Straße fiel mir eine Geschichte ein. Oh, wie liegt so einsam öde die Stadt, die einst so volkreich war, jammert Jeremias nach der Zerstörung Jerusalems. Wir gingen durch eine öde Stadt, in der kaum ein Mensch zu sehen war. Zerschlagene Fensterscheiben, zerbombte Häuser, noch mehr Putz war abgeblättert. Ab und zu dokumentierte sich noch das alte Getto mit dem Wort »Koscher« über einem Laden, vielleicht war es in der Nazizeit übermalt gewesen, aber der gerechte Regen hatte es wieder herausgewaschen. Waren die Häuser so schlimm gewesen, damals, als ich hier wohnte? Man hätte Jeremias trösten können, Jerusalem ist noch mehrmals wiederaufgebaut worden, immer wieder haben fröhliche Kinder in den Straßen gespielt, haben eilige Händler die Straßen durchschritten, haben neue Bewohner, zurückgekehrte und zugewanderte, in den Häusern gelebt, gelacht, geweint, gegessen, gehungert.

Hier in Berlin heißt es Stadtsanierung, und man kann wohl keinen tadeln, der die alten Baracken abreißt und neue Straßen, neue Häuser baut. Ich machte die alte Stadt für Ingegert noch einmal lebendig, und so will ich es auch für euch tun.

Mein Zimmer in der Münzstraße hatte viele Vorteile, der größte war, daß es so direkt im Herzen der Stadt lag. Ein paar Schritte, und ich war in der Dircksenstraße und am Bahnhof Alexanderplatz. Mehr noch als die U-Bahn waren die Stadtbahn und die Ringbahn die Hauptverkehrsadern.

Am Nachmittag, wenn das Wetter schlecht war und wir keinen Raum für unsere Heimabende hatten, gab es genug Platz in einigen Abteilen der Ringbahn, um unsere weltverändernden Gespräche zu führen. Man fuhr dann stundenlang um Berlin herum, bis die brave Bahn auch noch jeden nach Hause brachte.

Hinter dem Bahnhof Alexanderplatz heißt heute eine Straße Hans-Litten-Straße, und ein Schild erinnert an seine Taten und sein Sterben. Mir fallen sofort noch viele andere Freunde aus meiner Jugend ein, nach denen man Straßen nennen könnte, und mit der Zeit werde ich deren Geschichte (und die von Hans Litten) erzählen. Vielleicht gibt es schon eine Rudi-Arndt-Straße, er wäre dessen gewiß würdig. Oder eine Felix-Hohl-Straße, eine Siegfried-Adler-Straße, eine Hilda-Monte-Straße, nach Margots jüngerer Schwester, vielleicht auch eine nach Karl Lehrburger, der in Fürth in den ersten Tagen des Naziregimes totgeprügelt wurde. Ich könnte die Liste seitenweise fortsetzen. Vielleicht gibt es auch schon eine Hannchen-Gerbeit-Straße.

Hannchen war eine schmale Person, was ich immer bedauerte, wenn ich in der Emigration daran dachte, daß sich beim Jüngsten Gericht wohl viele Deutsche gern hinter ihr versteckt hätten, wenn sie für die Deutschen aussagte. Hinter der Litten-Straße, als sie noch anders hieß, Gerichtsstraße, glaube ich, lagen die Markthallen. Ich würde gerne einfach »die Hallen« sagen, wie es die Pariser tun, ein Hauch davon war sicher da, besonders morgens um 5 Uhr, wenn die Lastwagen mit Fleisch und Gemüse abgeladen wurden und die Markthelfer im Winter sich warm schlugen und uns nachriefen: »Halt se fest, sonst rennt se weg«, wenn wir eng umschlungen zum Bahnhof gingen. Warum waren wir so früh unterwegs? Wir mußten so früh aus dem Haus, damit unsere Zimmerwirtin nicht merkte, was in Margots Zimmer vorging. Man sieht, es war gar nichts Besonderes, ein Liebespaar, wie es tausendmal vorkommt. Warum ich davon erzähle? Weil es so wichtig für mich war. Ich habe in der letzten Zeit viele Biographien gelesen, und bei den meisten ist die Frau kaum erwähnt. Ein paar Blumen, eine Widmung, eine hastige Aufzählung der Daten, ansonsten ist die Frau kaum wichtig für die Lebensdaten des Mannes. Bei mir ist es anders. »Mädchenjunge«, hatte mein Vater gesagt. Ich bin mit vier Schwestern aufgewachsen und daran gewöhnt, daß neben meinen Freunden die Mädchen gleichberechtigt existierten, und so wie ich langweilige Männer mied, so mied ich auch langweilige Frauen. Ich bin mein Leben lang kein heman gewesen. His ever loving wife, nannte Damon Runyon etwas verächtlich die Ehefrauen in seinen New Yorker Gangstergeschichten. Der Spott verbirgt die Angst vor der Bindung, die Furcht vor der Fesselung. Die Angst, nicht mehr Mann zu sein durch eine Ehe, nicht mehr freies Tier in der Wildnis, als erlege nicht auch jede andere Form des Zusammenlebens Bindungen auf, ungeahnte, unerforschte, und produziere neue Prüfungen und Ängste.

Schwer, seine Freiheit zu behaupten, ohne andere zu unterdrücken. Solange es keine neue Gesellschaft gibt, die eigene Formen des Zusammenlebens entwickelt, sollte man nicht das Dschungelrecht propagieren, wo nur der Stärkere das Sagen hat. Doch keine Theorie. Ich werde lieber einiges von dem erzählen, was ich gesehen habe.

Wollte man von der Münzstraße zur U-Bahn gehen, so ging man die Kaiser-Wilhelm-Straße entlang zum Bülowplatz, zuvor zur Haltestelle der Straßenbahn oder des Omnibusses, um eine Umsteigefahrkarte zu finden. Wir waren gegen Verschwendung und fanden immer auf der Straße oder in Papierkörben nicht voll ausgenutzte Fahrscheine. Es war zwar verboten, belastete aber unser Gewissen wenig. Es war eine Wissenschaft, herauszufinden, in welcher Richtung man mit einem gefundenen Fahrschein fahren konnte. Am Bülowplatz habe ich auch einmal gewohnt, ebenso in der nahen Alten Schönhauser Straße. Zuerst war ich ein Herumtreiber, dann ein Herumgetriebener. Von der

Schönhauser Straße ging man in die Mulakstraße, von der ich erzählen wollte, weil es ihretwegen den großen Krach mit Margots Eltern gab. Die »Mulakei« oder der »Ochsenkopf« an der Ecke Rückerstraße war ein altes Gebäude mit drei großen Hinterhäusern. Ich weiß nicht, ob es wahr ist, was man mir damals erzählte, aber es könnte schon wahr sein, daß es zur Zeit des Alten Fritzen eine Kaserne war, später ein Arbeitshaus, in das man Herumtreiber einsperrte. Aus dieser Zeit stammt der Name Ochsenkopf. Als es Arbeitshäuser nicht mehr gab oder es dafür nicht mehr zu gebrauchen war, wurde es an arme Leute vermietet. Da wohnten dann Juden, Zigeuner, Huren und meine Freundin Hannchen. Im Hof befanden sich eine Schmiede und die Toiletten (ein viel zu feines Wort für diese Örtlichkeiten). Hannchen ließ ihre Kinder nie dorthin gehen, sie trug lieber selber allen Unrat hinunter. Es gab immerhin Wasser in der Küche und elektrisches Licht, aber auch viele Küchenschaben und Wanzen, gegen die Hannchen einen vergeblichen Kampf führte. Nicht nur der Ochsenkopf war verseucht. Ich habe in der ganzen Gegend keine Wohnung gekannt, in der nicht ein immerwährender Krieg gegen Wanzen geführt wurde. Als wir später eine Neubauwohnung hinter der Volksbühne bezogen, waren sie gleich mit eingebaut. Man hatte verwanzte alte Ziegel von einem abgebrochenen Haus benutzt. Wenn wir bei uns geräuchert hatten, kamen sie an den Zentralheizungsrohren wieder heraufgekrochen. Heute nimmt man eine Sprühdose, wenn zwei Fliegen in der Wohnung sind, und regt sich auf über Umweltvergiftung. Ich weiß noch, welches Glück es war, als nach dem Krieg das erste DDT auf den Markt kam und damit der Krieg gegen das Ungeziefer gewonnen werden konnte.

1926 arbeitete ich in Stettin in einer Tischlerei. Die Gruppe hatte mich von Hannover dorthin geholt und mir eine Stellung besorgt. Jeden zweiten Sonnabendnachmittag fuhr ich nach Berlin. Dort lernte ich Hannchen kennen. Ein Junge, der aus Hannover von seinen Eltern weggelaufen war, Heinz Rosenthal, wohnte bei ihr. Sein Vater wollte ihn zwingen, wie er selber Schneider zu werden, er dagegen wollte Tänzer sein. Er lernte bei Laban, zu dessen Tanzgruppe er später gehörte, nannte sich dann Heinz Rosen und wurde nach dem Krieg Direktor des Balletts der Münchner Oper. Für uns waren die fortgelaufenen Jungen und Mädchen, die sich in Berlin sammelten, eine zusätzliche Belastung zu der Gruppenarbeit. Arbeit zu finden war kaum möglich, nur ganz wenige von uns verdienten Geld. Oft habe ich die Kinder zurückbringen und mit den Eltern versöhnen müssen, wenn sie in Gefahr gerieten, zu verkommen.

Bei Hannchen gab es in den engen Zimmern Platz für jeden. Mobiliar war kaum vorhanden. Hocker aus Eierkisten, irgendwo ein alter Schrank, Kommode, Tisch und Strohsäcke, die am Tag gestapelt wurden. Meine erste Arbeit in der Wohnung bestand darin, mit Hilfe von Freunden die Wände und die Dielenritzen auszukitten und alles mit Ölfarbe zu streichen. Es wird sicher nicht sehr schön ausgesehen haben, war aber sehr praktisch, weil dadurch die Wohnung sauberzuhalten war. Die größte Schwierigkeit machte es, die Decke zu streichen, weil große Stücke herunterfielen, wenn man sie nur anrührte. Zwei Nächte gipste und strich ich und sang dabei. Eine weiße Decke hat Gott lieb, eine weiße Decke hat Gottlieb usw. Schön blöd, meinte Lotte, Hannchens älteste Tochter, 14 Jahre alt. »Blöde Gans«, sagte ich, »hilf mir saubermachen.«

Hannchen hatte fünf Kinder. Nach der robusten Lotte kam Grete, zwei Jahre jünger, die in einer Berliner Art schön war, dann kamen die beiden Jungen: Vertuemo und Sajero, 9 und 7 Jahre, und zuletzt Tamen, ein elfenhaftes blondes Kind von 3 Jahren. Hannchen, die Kinder und dazu fast immer Gäste bevölkerten die zwei Zimmer. Es hätte sehr schwierig sein können, war es aber nicht. Wenn wir am Abend zusammensaßen und diskutierten, lief das kleine Kind zwischen uns herum, legte sich in eine Ecke und schlief, wachte auf und spielte und schlief in den Armen irgendeines Erwachsenen wieder ein. Ich hatte gedacht, etwas von Kindern zu verstehen, und versuchte meine Vorstellung von Ordnung durchzusetzen, gab es aber auf, als ich sah, daß es auch ganz anders ging. Obwohl nie genug zu essen da war, gediehen die Kinder. Hannchen konnte sogar von dem, was sie nicht hatte, viele, die noch weniger hatten, mitfüttern. Damit die Kinder Obst hatten, holte sie vom Markt verfaulte Äpfel, schnitt sie sorgfältig aus und erklärte, überreifes Obst sei das gesündeste.

Hannchen, wie schildere ich sie? In ihren abgetragenen Kleidern und Schuhen, mit den verarbeiteten Händen, dem mageren Gesicht, eine unter vielen Arbeiterfrauen, mit magerem zähen Körper, immer zuviel arbeitend und schlecht ernährt. Mit blondem Haar und ganz hellen blauen Augen über den vorstehenden slawischen Backenknochen verlief das Gesicht fast scharf zum Kinn. Stand man ihr gegenüber, sah man zuerst die Augen, die das Gesicht beherrschten und Energie und Hinwendung, für die es kaum ein Hindernis gab, spüren ließen. Als ich sie besser kannte, sah ich sie oft mit verträumten Kinderaugen und leicht geröteten Wangen, dann waren ihre Bewegungen gerundet und ihr Schritt wurde leicht. Von ihrer Vergangenheit wußte ich noch wenig, nur so viel, daß sie ihre Lichterfelder Wohnung aufgegeben hatte, um in eine Kommune in der Mulakstraße zu ziehen. Dr. Goldberg, Kopf der Kommune und ein Tyrann, wollte nach Haiti, um dort seine Ideen zu verwirklichen. Sie kamen aber einstweilen nur bis Südfrankreich, wo Hannchen fluchtartig die Kommune verließ und bettelarm mit den fünf Kindern nach der Mulakstraße zurückkehrte.

Als ich 1927 endgültig nach Berlin kam und schon in der Münzstraße wohnte, wollte Hannchen plötzlich aufs Land ziehen, weil »die Kinder in der Stadt verkommen«. Wir wollten die Wohnung als Heim übernehmen, nicht zuletzt deswegen, um ihr die Möglichkeit zur Rückkehr offenzuhalten. Ich war gegen eine Flucht aus der Stadt und fand auch, daß die Kinder auf dem Land zwar frische Luft, aber sonst nichts vorfinden würden, doch an ihren Entschlüssen war selten etwas zu ändern. Sie zog auf den Darß, eine Halbinsel zwischen der Ostsee und dem Haff. Ich besuchte sie einmal mit dem Rad in dieser wunderbaren Gegend, wo es wie in meiner ostpreußischen Heimat aussah, aber die Leute, bei denen sie wohnte und arbeitete, waren – wie man es heute nennen würde – »freischwebende Idealisten«, die zwar eine Kommune bildeten, aber langsam alt und pedantisch geworden waren.

Für mich war zunächst alles neu und verwirrend. Hannchen, das Haus und die Leute, die ich dort kennenlernte. Ich hatte in Hannover bei einer Arbeiterfamilie gewohnt: Mann und Frau und die Kollegen, die wie er bei Continental arbeiteten und die ich mit der Zeit auch kennenlernte, lebten in einem bescheidenen Wohlstand und, wie man so sagt, in geordneten Verhältnissen, die sich nicht so sehr von dem bürgerlichen Leben unterschieden, aus dem ich gekommen war. »Lumpenproletariat« hätte Herr Voges das alles genannt. Ein böses Wort, das alle sozialistischen Parteien für die nicht »Erfaßbaren« hatten, denen man mißtraute, die gut waren, wenn man sie zu Aktionen mobilisieren, und Verräter, wenn man ihnen die Taktik nicht verständlich machen konnte und sie dahin liefen, wo sie sich für sich selber etwas versprachen. Solche lernte ich auch in der Mulakstraße kennen. Arbeitslose, die ausgesteuert waren, das Arbeitsamt zahlte ja nur für einige Monate Unterstützung. Selbst in den besseren Zeiten vor der großen Arbeitslosigkeit gab es genug Arbeitslose, Ausgesteuerte, die Reservearmee der Arbeiter, ohne die die Wirtschaft nicht auszukommen glaubte, die Gelegenheitsarbeiter und die, die allmählich kriminell wurden und sich hart am Rande bewegten. Wir wollten, daß unsere Freunde dort waren, in diesem anderen Berlin, wo nichts war von dem Glanz des Kurfürstendamms, der Linden, der westlichen, vorwiegend bürgerlichen Stadtteile und Vororte, aber auch nicht in den

Arbeiterstädten wie dem Wedding oder in den Vororten, in denen Arbeiter und kleine Leute ihre Häuschen hatten. Bei uns war alles gemischt. Wie die großen Ausfallstraßen hier zusammenliefen, die Prenzlauer-, die Schönhauser-, die Frankfurter Allee, so kamen hier auch die Menschen zusammen. Stadtbahn und U-Bahn spien ruckartig immer neue aus allen Stadtteilen aus, über alle wachte das rote Rathaus, ein preußischer Ziegelbau, und das Polizeipräsidium, der rote Alex, mit der Bereitschaftspolizei, Sipo genannt. Wenn die Polizeisirenen heulten, handelte es sich nur selten um einen Unfall wie heute, sondern um die Unruhe, die ewige Unruhe, die bekämpft wurde. Dafür sorgte das Karl-Liebknecht-Haus, schon damals mit roten Transparenten und Parolen behängt, bei aller Kritik immer noch das Zentrum der Revolution und einiger Hoffnung, wo sich die Arbeiter und das ungenannte Volk zu Demonstrationen sammelten, vor dem immer Leute standen und diskutierten. Es war für alle Bedürfnisse gesorgt. Gleich daneben für die geistigen, die Volksbühne, wo wir (1927) mit ›Gewitter über Gotland‹ unsere erste Piscator-Inszenierung sahen, später sahen wir dort Peter Martin Lampels ›Revolte im Erziehungshaus‹ und, 1929, die Uraufführung der ›Unüberwindlichen‹ von Karl Kraus, die auf Betreiben der österreichischen Gesandtschaft kurze Zeit darauf vom Spielplan abgesetzt wurde. Ein paar Monate später, Anfang 1930, wurde an der Versuchsbühne des Theaters am Schiffbauerdamm der Epilog zu ›Die letzten Tage der Menschheit‹, ›Die letzte Nacht‹, gespielt. Unweit vom Bülowplatz die Markthalle, Aschinger, das »Krokodil«, »Mokka Efti«, das Rosencafé, nicht zu vergessen die Kneipen an jeder Ekke und die Mädchen auf der Straße. Es gab wenig Unmoral, die fand in anderen Gegenden statt. Hier war alles zugeschnitten auf kleine Leute, eilige, auch die Läden und die Warenhäuser. Die Eltern hatten natürlich unrecht, denn die Gegend war sicherer, als es heute die schönsten neuen Straßen einer Großstadt sind.

2

Jeder spricht heute von Umwelt. Mir »obliegt« es, wie Ingegert aus ihrem Wörterbuch zitiert, von der Umwelt zu sprechen, in der ich und meine Freunde in den zwanziger Jahren lebten. Ich würde gerne von der »globalen« Umwelt sprechen, aber nachdem ich gelernt habe, daß es wirklich nur schlicht erdumfassend heißt, lasse ich es. Ich will mir nicht zu viel vornehmen, auch wenn das Wort sehr schmückend ist. Politiker gebrauchen es gerne, kennzeichnen damit die Bedeutung ihres Tuns. Soziologen haben noch viel schönere Worte, aber ich will nicht verwirren, sondern klären. Das war ein Wort, das man in den zwanziger Jahren viel benutzte. Dauernd wurde etwas »geklärt«. Wenn es nach dem Begriff gegangen wäre, hätte unsere Situation klar sein müssen; sie war es aber nicht. Mir wird das auch nicht gelingen, aber wenigstens will ich wie Döblin vom »Vordermann, vom Hintermann, vom rechten, linken Nebenmann« erzählen. Von ihnen will ich schreiben, und da werde ich schon genug zu tun haben, mich durch das Gestrüpp hindurchzuschlagen.

Mit zwanzig Jahren kam ich das erste Mal aus Ostpreußen heraus. Meinem Vater war es nur mühsam gelungen, seine fünf Kinder durchzubringen und ihnen eine, wie man damals sagte, »angemessene Schulbildung« zukommen zu lassen. Das kleine Herrenartikelgeschäft konnte die Schläge, die ihm der Erste Weltkrieg und die Inflation versetzt hatten, nur mühsam überstehen. Hinzu kam, daß ich wirklich kein Musterknabe war, vor allem nicht in der Schule. »Es ist alles vergebens, was ich für dich aufwende«, sagte mein Vater oft. Meine vier Schwestern machten ihm weniger Sorgen. Als ich dann Tischlerei lernte und in die Jugendbewegung kam, wurde ich selbstbewußter und aufgeschlossener, aber wohl auch nicht zur Freude meines Vaters.

Ich weiß nicht, wieviel Sorgen sich meine Eltern um mich gemacht haben. In dem großen Haushalt waren die Sorgen wie das Essen erst immer durch fünf dividiert, wenn man nur an die Kinder denkt. Gleichviel, meine älteren Schwestern waren schon in der großen Welt, in Berlin und dem Westen Deutschlands gewesen. Ich konnte mich gar nicht benachteiligt fühlen, denn in den dreieinhalb Jahren meiner Lehrzeit hatte ich nur drei bis fünf Tage Jahresurlaub, und das reichte nicht zu einer langen Reise, wenn man berücksichtigt, daß die Eisenbahn allein von Königsberg nach Berlin schon acht Stunden brauchte.

Damals hatte ich in den letzten Tagen des Jahres die Gesellenprüfung bestanden, danach einige Monate lang etwas Geld verdient und fuhr nun mit 200 RM in der Tasche in die Welt hinaus. Wie heißt es doch so schön bei Schiller: »In den Ozean schifft mit tausend Masten der Jüngling, still, auf gerettetem Boot treibt in den Hafen der Greis.« Der erste Teil stimmt wohl, aber die Heimkehr fand so nicht statt. Als ich mit 100 DM nach Deutschland heimkehrte, gab es Ostpreußen nur noch in Proklamationen, und die vernichtete Stadt Königsberg hieß Kaliningrad. Immerhin stimmt der Satz insofern doch, als ich nur mit dem halben Betrag meines Aufbruchs aus Königsberg zurückkehrte und wahrscheinlich auch mit den halben Erwartungen, die ich aber nun zäh verteidige. Und was das Alter betrifft, die üblicherweise geforderte Resignation hat nicht stattgefunden. Meine Haut und meine Seele, wenn es so etwas gibt, sind gegerbt von vielen Säuren. Aber ich mache mich auch nie lustig über die Illusionen und die darauf folgenden Frustrationen der Jugend, weder über meine eigenen noch über die der heutigen Jugend. Es wird vieles bewegt dadurch, und die Jungen sind das Thermometer der Zeit, mehr als die Alten, die sich hinter ihrem gegerbten Fell verschanzen.

Als ich mit tausend Hoffnungen im Zug vierter Klasse nach Berlin saß, was habe ich da wohl gedacht? An die Freiheit, die jetzt für mich anbrach? Fort von der Enge Königsbergs, des Elternhauses, der Gruppe, in der ich lebte? Ich trug wohl alles mit, auch die Angst vor der Schutzlosigkeit. Ich war nie der Mutigste. Zudem hatte ich auch einige Aufgaben mitgenommen. Unsere Gruppe war dabei, sich von dem jüdischen Wanderbund, dem wir bis dahin angehört hatten, zu lösen. Die Gruppe hatte unter der ideologischen Führung Hans Littens Thesen ausgearbeitet, um mit der Jugendbewegung ernst zu machen, um Konsequenzen zu ziehen aus dem, was wir gelernt hatten. Ich sollte Freunde in den Gruppen des Reiches werben. Ich stocke, wenn ich so einfach das Wort »Reich« hinschreibe. Ob das noch einer von den Jüngeren versteht? (Heim ins Reich, die Hitlerformel ist ja wohl bekannt.) Für uns in Ostpreußen war das Reich weit, reich an Industrie, reich an Bodenschätzen, reich an deutscher Historie. Ich sollte das alles zum ersten Mal sehen, andere Menschen mit anderem Dialekt und anderer Mentalität. Das wußte ich bisher nur von den gelegentlich auftauchenden Freunden. Würde ich es schaffen?

Mein Freund Hans Litten war in Ostpreußen geblieben und für ein Jahr nach Zinten verbannt, einer kleinen Kreisstadt in der Provinz. Erst danach würden wir für längere Zeit in Berlin zusammenarbeiten können. In der Rückschau waren wir wohl ein sehr ungleiches Paar. Er mit glänzenden Begabungen, einer universalen Bildung, zwei Jahre älter als ich, mit einer Neigung zum Mystizismus; und ich, ein Tischler, der zwar nach der Schule unter seinem und anderer Freunde Einfluß einiges Wissen ergattert hatte. Meine Stärke lag in meinem Realismus, trotz meines jugendlichen Ungestüms, dem Gefühl für das Mögliche und meiner Leidenschaft für Menschen, die sich mir gerne anschlossen, wie eben auch Hans Litten. Unsere Gegensätze darf man natürlich nicht schematisieren, denn Hans Litten konnte auch mit Menschen umgehen, war auch Realist, und ich dagegen konnte auch ab und zu denken. Hinzu kam, daß man den gemeinsam erarbeiteten Thesen am Ende kaum mehr ansah, von wem sie im einzelnen stammten, so oft war alles besprochen, formuliert und wieder verworfen worden. Die letzte Arbeit der Gruppe endete mit einem Fazit, das Hans Litten unter dem Titel ›Jugend und Politik‹ in den Bundesblättern veröffentlichte. Darin wurde begründet, warum wir uns aus dem Abseits der Jugendbewegung lösen wollten, wurde versucht, die Grenzen der Lebensreform zu zeigen, die Welt nicht mit schönen Gefühlen zu sehen, sondern sich zu informieren, fort von dem »Schönen und Guten«, von der Unbestimmtheit, um zu wissen, was in der Welt vor sich geht, und Stellung dazu zu nehmen, keine Flucht aus der Welt, aus Angst, sich zu beschmutzen, in Berufe, die scheinbar nicht mit der normalen Wirtschaft zu tun haben, wie Kunstgewerbe, Buchhandel, Pädagogik, Sozialarbeit. Wir waren nicht gegen diese Berufe, sondern wollten uns klar darüber werden, worauf man sich da einläßt. Wir wollten nicht die Forderungen der Jugendbewegung aufheben, sondern darauf hinweisen, wo die Grenzen des »guten Menschen« liegen. Es wurde gefordert, sich in den Parteien zu informieren, und wo es ging, mitzuarbeiten, sich einzugliedern. Ohne es auszusprechen und ohne es zu wissen, bereiteten wir uns auf das Leben vor, in das ja jeder hineinwachsen würde. Das war nicht ohne realen Bezug. Die Klagen über die Älteren in der Jugendbewegung, die, wenn sie ins Berufsleben eingegliedert waren, die guten Vorsätze vergaßen, von den bürgerlichen Realitäten überrannt wurden und höchstens noch wohlwollend auf jugendliche Idealisten herabsahen, beunruhigten uns. Der Übergang ins Berufsleben ist ja immer noch die Klippe, an der der jugendliche Idealismus bei den meisten scheitert. Wir nannten das den unfundierten Idealismus. Andererseits ist der Berufsidealist auch eine große Gefahr: Er wählt einen Beruf, von dem er glaubt, durch ihn lasse sich der Idealismus in die Tat umsetzen, wird Fürsorger, Heimleiter, Jugendführer und mißt und beurteilt dann in der Praxis die ihm anvertrauten Menschen an seinen vielleicht schon verwischten Idealen. Es gab natürlich in beiden Kategorien Ausnahmen, aber es waren gerade so viele, daß sie die Regel bestätigten. Ich weiß nicht, ob die heute in China geforderte permanente Kulturrevolution zu einem vernünftigen Ziel führt. Sicher ist aber, daß eigentlich jeder Mensch, der in der Öffentlichkeit arbeitet, einer immerwährenden Kulturrevolution unterworfen werden sollte. So etwas hatten wir damals jedenfalls im Sinn.

Die Umwelt war es, die ich wohl auch bedachte, die politische Umwelt. Wenn ich heute nachlese, was es in Deutschland und den uns damals interessierenden Staaten so gab, dann fällt mir auch wieder ein, was wir in jener Zeit darüber dachten. Der Begriff Faschismus existierte schon, seit Mussolini in Italien die Macht erobert hatte. In Ungarn herrschte Horty als Reichsverweser, und ich entsinne mich an die ersten Berichte eines Ungarnflüchtlings, der erzählte, wie man seine Freundin in seiner Gegenwart geschlagen und vergewaltigt hatte, um von ihm Aussagen zu erpressen. Wir konnten es kaum glauben, wir wollten nicht glauben, daß es so etwas geben könne. Dabei wußten wir ja von den Morden an Rosa Luxemburg und Karl Liebknecht, von den Erschießungen der Arbeiter während des Aufstands in Berlin, in Hamburg, in Mitteldeutschland und in München, aber es ist wohl immer so, daß uns das Grauen erst unter die Haut kriecht, wenn das Unglück in nächster Nähe geschieht und man es auf sich selbst beziehen kann.

Derweilen wird der Zug wohl über die große Brücke gedonnert sein; wir sahen die Zöllner durch den Gang hasten und die Abteile für die Durchfahrt durch Polen verriegeln. Wer hätte diese so geringe Behinderung ohne Ärger hinnehmen können, von Deutschland nach Deutschland im plombierten Zug zu fahren? Daran konnten auch alle politischen Einsichten nichts ändern. Schließlich war man wieder in Deutschland, in der kaiserlich-weimarischen Republik. Wo die Republik schon mit dem Rücken an der Wand um ihre Existenz kämpfte, sabotiert von den vielen aus der Kaiserzeit übriggebliebenen Beamten, bis in die

Spitzen der Regierung hinein, wo eine Regierung schon darüber gestürzt war, weil sie wenigstens für die Handelsflotte die schwarz-weiß-rote Fahne retten wollte, wo täglich die Fahne schwarz-rot-gold öffentlich beschimpft wurde, wo man immer das Gefühl hatte, daß selbst die Sozialdemokraten ein schlechtes Gewissen hatten, daß es in Deutschland nicht mehr kaiserlich-deutsch zuging. Wo es später zwar eine Fürstenabfindung, aber kaum eine Entschädigung für die Opfer der Inflation gab.

Da war nun gerade eine Inflation zu Ende gegangen, aber diese Enteignung, die in der allgemeinen Meinung zu Lasten der Republik ging, hatte eine Welle von Haß bei den Enteigneten, bei den kleinen Sparern und Rentnern hinterlassen, die geschickt von den reaktionären Kräften gegen die Arbeiter ausgenutzt wurde. Der Ruhrkampf war beendet, hatte aber eine neue Welle von Nationalismus erzeugt. Der Kampf gegen die »Kriegsschuldlüge« schlug Wellen, als ob es nach einem eindeutig verlorenen Krieg nicht ganz gleich gewesen wäre, was mehr oder weniger am Ausbruch des Krieges schuld hatte. Man tat ja auch nach dem Zweiten Weltkrieg, als könne man durch Wahrung der Rechtsstandpunkte die Folgen eines Krieges auslöschen. Noch 1925 waren mir die Reden in der Schule und die Proklamationen für die gnadenlosen Annexionen nach dem Sieg zu genau im Ohr, als daß ich an die Redlichkeit derer glauben konnte, die von anderen Staaten das verlangten, was sie selber nie gegeben hätten: Recht und Milde. Viel weniger beachtet wurde der Hitler-Putsch in München. Das Regime Kahrs war so reaktionär, daß uns die Vorgänge dort eher als eine interne bayerische Auseinandersetzung erschienen, und wir sahen nur wieder, wie das Gesetz zum Schutz der Republik, nach der Ermordung Rathenaus gegen die rechten Radikalen erlassen, stets in übergroßer Strenge gegen erbitterte und rebellierende Arbeiter angewandt wurde und kaum je gegen rechte Putschisten. Hitler lebte, so sagten wir damals, von den durch Krieg und Inflation deklassierten Kleinbürgern und deren am Aufstieg verhinderten Kindern. Diese Verschiebungen innerhalb der vor 1914 so fest gefügten Klassen machten allen Parteien zu schaffen. Den Kommunisten, weil eben ein Teil der etablierten Arbeiter schon viel mehr zu verlieren hatte als seine Ketten, und die ihren Status keineswegs einem Ideal opfern wollten; den Sozialdemokraten (die schon damals gern eine Volkspartei werden wollten), unter deren Mitgliedern so viele, welche realiter den Status von Arbeitern hatten, nicht sahen, wer ihre Interessen vertrat. Hinzu kam die große Menge derer, die »ehemals bessere Tage gesehen hatten« und nun glaubten, durch Wiederherstellung des kaiserlich-autoritären Staates ihre Privilegien zurückgewinnen zu können. Hitler war nur die Spitze des Eisberges, der die Republik einfrieren ließ. Soviel wußten wir damals auch schon. Immerhin gab es damals einige Entspannung auf wirtschaftlichem Gebiet, es wurde Zerstörtes und Verfallenes aufgebaut, es gab weniger Arbeitslose, und das Geld, das man verdiente, zerrann nicht sofort zwischen den Fingern. Parallel dazu die außenpolitische Entspannung, verknüpft mit dem Namen Stresemann. Ich entsinne mich an das, was mein Vater sagte, als der Vorsitzende der Nationalliberalen Volkspartei Reichskanzler und Außenminister wurde. Mein Vater begrüßte es trotz meines Einwands, er und seine Parteigenossen hätten nationalistische Reden im Reichstag gehalten. »Er ist ein sehr ehrgeiziger Mann, und er wird klug genug sein, wenn er im Amt ist, die Realitäten zu sehen und danach seine Politik auszurichten.«

Gedanken gehen schnell, und ehe ich die Stadtgrenze von Berlin erreichte, waren die meinen wohl häufiger und länger zur Sowjetunion gewandert, als ich es hier notieren kann. Sie war unsere große Hoffnung – trotz aller Einwände, die wir aufgrund vieler und direkter Nachrichten aus der Sowjetunion hatten. Zwar gab es in Ostpreußen keine gemeinsame Grenze mit ihr, aber wir erfuhren viel von Flüchtlingen, Emissäre gingen hinüber und herüber. Das übrige entnahmen wir den Zeitungen von rechts bis links. Lenin war tot, und die Kämpfe um die Nachfolge waren entbrannt. Das wirkte weit in die KPD hinein: Die Zentralkomitees wechselten, es gab ewige Diskussionen, an denen wir alle beteiligt waren, ob wir nun Mitglieder der Partei waren oder nicht. Dann kam man in den Sog von Berlin. Die große Stadt lag breit und unbekannt vor mir. Wie ein Vampir griff sie in die Felder, die spärlichen und dadurch so rührenden Wälder hinein, wie ein Vampir zog sie die Menschen aus den Provinzen an. Immer, wenn man einen »echten« Berliner traf, kam er aus Schlesien, Ostpreußen, Pommern, Mecklenburg, seltener damals vielleicht aus Sachsen, noch seltener aus Süddeutschland. Ich wunderte mich nicht darüber, denn für uns, die wir ach so international gesinnt waren, war Deutschland zunächst einmal Preußen, die anderen Länder kamen ja erst 1870 dazu. »Ich bin ein Preuße, kennt ihr meine Farben? ... Daß für die Freiheit meine Väter starben.« So hatten wir es in der Schule gelernt, das saß auch bei mir noch fest drin. Hätte man mit mir diskutiert, hätte ich es natürlich geleugnet, aber in jedem unbewachten Augenblick war es wieder da: Berlin war die preußische Hauptstadt, aber auch die Hauptstadt Deutschlands. Preußen war das größte und natürlich fortschrittlichste und bedeutendste Land, außerdem der Hort des Protestantismus gegenüber den rückständigen Katholiken. Für mich als Jude galt die Formel: Protestantismus gleich liberales Judentum, in dem ich aufgewachsen war, und Katholizismus gleich Aberglaube, Verehrung von Heiligenbildern, eine vergangene Herrlichkeit mit sehr dunklem Hintergrund. Ein Rest des Mittelalters, das sich festgesetzt und verkrustet hatte, auf jeden Fall exotisch. Das war eine der Ebenen, auf denen ich dachte, auf anderen sah es ganz anders aus.

Was es mit den Ebenen auf sich hatte, lernte ich zu meiner Verblüffung noch auf andere Weise in Berlin. Anfangs wußte ich nie, wann ich die Füße auf dem Boden hatte: Stadtbahn, Hochbahn, Untergrundbahn, Viadukte, die Straßen liefen wie meine Gedanken kreuz und quer, ein verwirrendes Bild. Es dauerte eine lange Zeit, bis ich mich zurechtfand. Immerhin findet man sich eines Tages mit der Außenwelt durch, mit der Innenwelt ist das viel schwieriger. Wenn ich schreibe, will ich ja an Vergangenes denken, aber wer weiß, wie sich das auch sonst in mein Denken einmischt. Manchmal ertappe ich mich dabei, aber wer ist davor sicher, daß sich nicht immer gelernte Vorurteile einmischen. Das Schlimme ist, daß die Erinnerung lückenhaft ist, daß sie sich mit späteren Erlebnissen, späteren Vorurteilen mischt. Vielleicht können Wissenschaftler chemisch rein denken.

Solange ich noch in der Abgeschlossenheit des Abteils sitze, solange ich mich noch nicht in den »Trubel der Großstadt« gestürzt habe, ist es mir vielleicht erlaubt, noch ein paar erklärende Gedankengänge hinzuzufügen. Ich bewundere die Memoirenschreiber. Haben sie ein so ungeheures Gedächtnis, daß sie alles so genau wissen, haben sie immer Tagebuch geführt, oder besitzen sie einen Zettelkasten, der sie mit Akkuratesse informiert? Ich habe nichts dergleichen. Ich schreibe, was mir einfällt. Ich schmecke den Geruch der Straße, sehe das Bild genau vor mir, wie damals der Bahnhof aussah, ich sehe die Mädchen und Männer, die suchend an der Normaluhr vor dem Bahnhof standen und aufeinander warteten, ich sehe es noch vor mir, wie mühsam er oder sie ihre Unruhe verbargen, wenn er oder sie zu spät kam, und den Ruck, der durch den ganzen Körper ging, wenn er oder sie in dem Getümmel sichtbar wurde, das Aufatmen und die Beherrschung, mit der man sich begrüßte, ich lese von den Lippen das entschuldigende, das beschwichtigende Gemurmel. Ich sehe auch Arthur Gottschalk winkend auf dem Bahnsteig stehen, als ich aufgeregt meine Siebensachen zusammenraffte und die Wagenstufen hinunterstolperte.

Arthur Gottschalk war älter als ich, Jurist, ich weiß nicht, ob er damals schon Leiter des Jugendamtes des Bezirks

Prenzlauer Berg war. Es war der Sohn eines Freundes meines Vaters und hatte uns ein Jahr zuvor in Königsberg besucht. Wir hatten Freundschaft geschlossen, die kühle, doch innige Freundschaft, die ein jüngerer für einen ein paar Jahre älteren Mann empfindet, von dem er weiß, daß er ihm ein zuverlässiger Kamerad sein möchte, und doch mit der Beimischung eines wachen, leichten Mißtrauens, weil man nie so ganz sicher ist.

Es war etwas Besonderes dabei, daß Arthur Gottschalk sozusagen eine Erbschaft meines Vaters war. Mein Vater hatte keine Freunde, ich wüßte jedenfalls von keinem. Für mich war mein Vater eingeordnet unter die Rubrik Bürger, so selbstverständlich wie ein altes Haus, aber wie ein altes Haus hatte er viele geheime Kammern, in die ich nie hineinsehen konnte; jetzt hätte ich gerne mehr von ihm gewußt. Hatte er tatsächlich keine Freunde, lebte er wirklich nur im Bannkreis der Familie? Was hatte er vorher gemacht? Da er erst mit 45 Jahren geheiratet hatte, mußte es doch vorher ein ganzes Leben gegeben haben. Heute lebt keiner mehr, der mir etwas darüber sagen könnte. So ist der alte Dr. Gottschalk für mich der einzige Freund meines Vaters geblieben. Er war Apotheker, was mein Vater sein Leben lang sein wollte und was gut zu ihm gepaßt hätte. Seine Eltern hatten nicht das Geld für die Ausbildung investieren wollen, weil, wie meine Tante mir einmal erzählte, mein Vater ein schwächliches Kind war. War es wirklich so? Mir ist der Gedankengang so unverständlich, wie wahrscheinlich auch den nächsten Generationen die unsrigen unverständlich sein werden.

Drei Wochen Berlin, ein längerer Aufenthalt war nicht möglich, da ich schon eine Verabredung in Halle getroffen hatte. Hans Litten hatte, da er es als sicher annahm, daß ich alles beiseite lassen und nur herumstreunen würde, genaue Termine in verschiedenen Städten für mich ausgemacht; die Leine war aber lang genug, daß ich auch auf meine Kosten kam. So nutzte ich die Zeit, lief Tag und Nacht durch

Berlin, kam erst um 3 Uhr morgens in Arthur Gottschalks Wohnung zurück und ging um 6 Uhr wieder aus dem Haus. So kann man Tage verdoppeln. Ich erlebte die Stadt in all ihren Phasen, vom morgendlichen Strom der Arbeiter in die Fabriken bis zur Stille, die doch einmal eintrat und nur von anderen, meist trunkenen Nachtbummlern unterbrochen wurde. Geblieben sind in der Erinnerung zwei ganz konträre Erlebnisse. Einmal ging ich mit Arthur zu einer Kundgebung der KP in einem riesigen Saal. Es war nicht die erste politische Versammlung, die ich besuchte, aber eine, die mich nachhaltig beeindruckte. Es sprach Ruth Fischer, damals fast auf dem Höhepunkt ihrer Macht in der Partei. Sie war so überzeugend, weil Gestalt, Stimme und der Inhalt der Rede übereinstimmten. Kein leerer Aufruf mit Parolen am Ende, sondern immer wieder Argumente, die das Publikum still werden ließen. Sie war die eindrucksvollste Rednerin jener Zeit und eine faszinierende Erscheinung. Wenn sie im Reichstag sprach, füllte sich der Saal, die Abgeordneten aller Parteien hörten ihr zu. Sie und ihre beiden bekannten Brüder, der Komponist Hanns Eisler und der Propagandist Gerhart Eisler, stammten aus Wien und sind eine Saga. Die drei so sehr verschiedenen Typen haben viele Spuren in unserer Zeit hinterlassen, jeder in seiner Art. Als Ruth Fischer in der KP wegen linker Abweichungen in Ungnade fiel und als Trotzkistin in Verruf kam, arbeitete sie in einem Berliner Bezirksamt als Fürsorgerin. Wir haben immer wieder von ihr gehört, zuletzt 1933 in Berlin, als eine SA-Horde sie mit Peitschen im Bezirksamt suchte und zu unserer Erleichterung nicht fand, weil sie im letzten Augenblick nach Frankreich entkommen war. Sie wurde von der KP und auch von meinen Freunden viel verleumdet und hat tatsächlich später in Amerika in einem spektakulären Kommunistenprozeß gegen ihre beiden Brüder ausgesagt. Aber eines Tages, wenn es auch der KP einmal möglich sein wird, die Geschichte der linken Arbeiterbewegung objektiv zu schreiben, wird sie ihren richtigen Platz schon finden.

Mein zweites großes Erlebnis in Berlin war ganz anderer Art. Es war der ständige Rummelplatz, der Lunapark in Halensee, ein Super-Kurfürstendamm. Ich Kleinstädter aus Königsberg, gewohnt an trübe Gaslaternen in den Straßen, war natürlich angetan von dem bunten Lichterglanz und dem riesigen Feuerwerk. Das war das Berlin, wie Walter Mehring es in seinen Gedichten geschildert hatte. Eine Attraktion ist mir besonders im Gedächtnis geblieben. Ich erlebte das zum ersten Mal und will nicht entscheiden, ob ich mehr angezogen oder abgestoßen wurde. Es war ein kleiner See, auf der einen Seite ein Gerüst, auf dem ein Mädchen saß, auf der anderen Seite verkaufte ein Mann Bälle: Traf man einen bestimmten Punkt, fiel das Mädchen ins Wasser, kletterte pudelnaß wieder hinauf und machte aufreizende Gebärden, denn das gehörte zum Spiel. Das ging eine ganze Weile so, mit Vorbeiwerfen und gelegentlichen Treffern, dann wurde es plötzlich seltsam still, auch das Mädchen sah betroffen aus. Ein Mann hatte viele Bälle gekauft, und jeder Ball war ein Treffer. Sobald das Mädchen oben war, wurde es wieder ins Wasser geschickt. Zuerst versuchte es noch zu lachen, dann war es eher ein Bitten um Gnade, zuletzt rannen die Tränen, und der Mann mit steinernem Gesicht schleuderte Ball auf Ball. Er hatte die Bälle und das Mädchen gekauft. Die Menge, die sich an dem Teich angesammelt hatte, schmatzte vor Befriedigung, ich stand dazwischen, abgestoßen, und konnte doch nicht fortgehen, bis das Spiel endete. Lernt man sich so kennen?

Soll ich noch erzählen, daß ich im Kronprinzenpalais war, in dem Museum, in dem unsere, die zeitgenössischen Bilder hingen? Heute, nach dem Wiederaufbau neben der Oper Unter den Linden, ist es das Operncafé. Damals war es ein Fanal. Die Bilder und Plastiken betrafen unmittelbar unser Leben, sie waren das Blut in unseren Adern, das uns drängte, bedrängte. Darum war ich auch später mit allen Freunden immer wieder dort, mit Margot in den ersten Tagen unserer Liebe, vielleicht, weil ich dort besser als mit

Worten zeigen konnte, wer ich war. Dennoch *sieht* man ja zu jeder Zeit immer andere Bilder. Ich sah damals von Hekkel die Madonna auf der Segelleinwand, ein blaues Bild, die Kniende von Lehmbruck, Plastiken von Archipenko, Graphiken von Munch, Bilder von Picasso.

Nach drei Wochen verließ ich Berlin, ich war vollgesogen wie ein Schwamm, sollte aber die Gruppen in anderen Städten besuchen, und der Bundestag stand bevor.

3

Mitteldeutschland, woran denkt man da? Heute zuerst an die DDR, wohin es geographisch zum größten Teil gehört, man denkt daran, wie schwierig es immer noch ist, dort hinzukommen, daß man leichter in die Schweiz oder nach Frankreich fahren kann. Vor einigen Jahren sagte man in Rundfunk und Fernsehen »Mitteldeutschland«, wenn man das Schimpfwort »Ostzone« nicht benutzen, andererseits aber DDR nicht sagen mochte, weil es der verpönten Anerkennung gleichgekommen wäre. Es traf nicht genau, aber jeder wußte, was gemeint war, jeder in Süd- und Westdeutschland. Heute, von Schwaben aus gesehen, kann ich wieder nur zitieren, was mir ein Schwabe einmal sagte: Dahinter fängt doch gleich die russische Steppe an. Für uns damals, die wir aus Ostpreußen kamen, war das kein Schimpfwort, im Gegenteil. Wir dachten gerne daran, daß sich die norddeutsche Ebene bis zum Ural fortsetzte und daß die vielen Völker der weiten Ebene dadurch auch viel Gemeinsames haben. Von Ostpreußen aus war Mitteldeutschland, waren die Mittelgebirge der große Riegel, an dem sich in der Eiszeit die Gletscher, die Eisflut brachen, die die Ebene so glatt geschliffen, die Seenketten hinterlassen und die großen Findlingsblöcke auf die zermahlene Erde gelegt hatten. So ungefähr hatte ich es in der Schule gelernt. Da schob sich Gletscherplatte über Gletscherplatte, hob die Ostsee aus oder drückte sie ein, walzte das Land glatt, schob kleine Hügel fort, baut neue auf. Wenn ich heute darüber nachdenke, was ich über Mitteldeutschland dachte, was ich vorher wußte, was ich sehen wollte, dann schieben sich auch aus allen Zeiten meiner Jugend Gedanken wie Blöcke übereinander, schleifen sich ab, tauen, mischen sich, und das zunächst unvereinbar Scheinende ordnet sich ein.

Fangen wir damit an, was ich aus dem Lesebuch gelernt hatte: Der arme Bauer, Schnitzer, Bergmann, war immer in den Mittelgebirgen angesiedelt. Die Familie mußte in den Wald gehen, ins Gebirge, weil sie im Dorf kein Auskommen mehr fand. Die Kinder, die in den Wald geschickt wurden, die deutschen Märchen, alles war fern von uns, von Ostpreußen, entstanden. So waren zunächst für mich das Erzgebirge, der Thüringer Wald und der Harz Märchenlandschaften: Der ostpreußische Bauer war nicht oft in der Literatur zu finden. Wenn er vorkam, dann im Gesinde der Gutsbesitzer. Erst bei Sudermann in den ›Litauischen Geschichten‹ wurde der Bauer für die Literatur entdeckt, später bei Alfred Brust. Aber es waren dann, der Wahrheit entsprechend, keine deutschen Bauern, und die Geschichten hätten auch viel weiter östlich spielen können. So war ich vorbereitet und entdeckte Mitteldeutschland zunächst einmal als Schauplatz der geliebten Märchen.

Geschichte war in der Schule das Fach gewesen, das mich immer interessierte, schon weil es so viel Stoff zum Weiterdenken gab. So wußte ich auch etwas von den Völkerverschiebungen. Ich wußte von dem »Sachsenschlächter« Karl dem Großen, der dieses Gebiet im Namen des fränkisch-römisch deutschen Reiches eroberte, wie sich unter den Ottonen der Schwerpunkt des Reiches in diese neuen Kolonialgebiete verlagerte, wie dann die Ottonen das Reich auf Kosten der Wenden, Serben und Slawen nach Norden ausweiteten und Burgen und Kathedralen sowohl zur Verbreitung des Christentums als auch der Macht dienten. Also knapp tausend Jahre Herrschaft der Deutschen in dieser Gegend. Was bedeutet das gegen die Ansprüche, die die Juden nach 2000 Jahren auf Palästina geltend machen? Das hat uns damals nicht bekümmert, nach dem Ersten Weltkrieg war es noch nicht klar, daß wir uns wieder mitten in einer Völkerwanderung befanden, und deutscher Besitz wurde noch mit gutem Gewissen und jahrhundertealtem Kulturanspruch verteidigt, zumal Kathedralen, Schlösser und Städte, Maschinengewehre und Bomber noch unangefochtene Argumente waren. Wir hatten es uns damals so leicht gedacht: Die Liquidierung der Gegensätze zwischen den Völkern und Rassen müßte möglich sein. Gebannt blickten wir in unseren Karl Marx, dort gab es nur die Klassengegensätze, kompliziert, aber doch überschaubar; was jedoch abgesehen von den in ihrer Bedeutung klar erkannten wirtschaftlichen Interessen noch an Ressentiment in den Menschen schlummerte, hatten wir noch nicht entdeckt. So war für uns die Ausdehnung der Deutschen auf Kosten der Slawen einfach ein geschichtlicher Prozeß, und wir konnten ohne Befangenheit die Großartigkeit der Dome und Burgen bewundern. Die mitteldeutschen Kathedralen waren für uns Pilgerstationen geworden, die wir auch später von Berlin aus immer wieder aufsuchten. Für mich, der ich norddeutsche Backsteingotik kannte, wurden sie zu einem tiefen Erlebnis. Die geheimnisvolle Mischung von gotischer und romanischer Baukunst, die Übergänge, die Impulse, die von der französischen Gotik aufgenommen wurden, dann wieder spezifisch deutsch oder besser der Landschaft angepaßt, wurden von uns erforscht und bewundert, vor allem der Naumburger Dom und seine Stifterfiguren, die eine große Rolle in der Jugendbewegung spielten. Die Uta neben dem saturierten Ekkehard, dem Krieger, Besitzer, Beschützer, dem schon etwas weicheren Sohn der Eroberer, die Uta also, die sich scheu mit dem Mantelkragen gegen ihn abgrenzte, das sinnende, beinahe intellektuelle Gesicht einer Frau, die zwischen Barbaren lebt, fremd und verschlossen auch gegenüber den anderen Frauen, und wenn es ein Porträt war, so das einer Fremden in einer sonst familiären Umgebung. Ich weiß nicht, aus welchen Gründen sie später zur Schutzheiligen der Nationalsozialisten wurde. Man hat wohl nicht so genau hingesehen und Krone und Mantel mehr als den Ausdruck bemerkt, und so wie ich konnte man natürlich alles Gewünschte hineindeuten. So ist es gekommen, daß Uta ein deutscher Lieblingsname geworden ist. Bin ich vielleicht der letzte, dem das Urbild sofort vor Augen steht, wenn eine dicke Frau mit drei Kindern Uta gerufen wird, oder der von vielen kriminellen Utas lesend sich freut, wenn von einer revolutionären Uta die Rede ist? Ich habe auch immer Schwierigkeiten mit den biblischen Namen, vielleicht ist es einfach dumm, aber ich kann es nicht verhindern, durch die Namen an die Urbilder erinnert zu werden. Über der Uta von Naumburg kommen die anderen Stifterfiguren zu kurz, aber es würde zu weit führen, ausführlich über sie zu schreiben. Jeder Dom trug etwas zu unseren Denkmodellen bei. Der Magdeburger Dom durch das berühmte Magdeburger Lächeln der klugen wie der törichten Jungfrauen. Wir lebten in diesen Bauten, und sie waren in uns lebendig. Die Treppen des Erfurter Doms rufen eine ganz schwache Erinnerung an eine Ecke der Jugendbewegung, ihren Hang zur Mystik wach. Auf den Treppen des Doms hatte die Neue Schar getanzt, es waren die Jahre nach dem Krieg, als es viele derartige Kommunen gab. Muck Lamberty hieß der Führer, der eine Zeitlang eine große Rolle in Thüringen spielte. Die Muck-Lamberty-Leute lebten vom Verkauf von Leuchtern, die sie drehten, und von der Aufführung von Mysterienspielen. Unauslöschlich eingeprägt hat sich mir ein Bericht, wie sie in Erfurt einzogen, von den Bürgern empfangen wurden und vor der Kirche auf der Treppe spielten. Auch die Mysterienspiele von Haas-Berckow drangen bis zu uns durch und paßten zu der Atmosphäre jener Tage, der Stimmung von Weltuntergang und Aufbruch in eine neue Welt. Merkwürdig, aber auch erklärlich, der Rückgriff auf das Mittelalter. Aber die Rückgriffe müssen nicht zu ernst genommen werden, sie führten zumindest bei uns schnell in die Gegenwart zurück. Nicht zu unterschätzen ist die Wechselwirkung dieser Bewegungen mit den neuen Tänzen von Laban, Mary Wigman bis zu Valeska Gert.

Dieses Land, durch das ich damals ging, war ein Land der Märchen, der Kathedralen, der Mystik. Und auf der anderen Seite: das industrialisierte Sachsen, Leuna, die ersten riesigen chemischen Werke, die sozialistisch-kommunistischen Regierungen, die von der ersten Stresemann-Regierung durch »Reichsexekution« abgesetzt und durch einen Reichskommissar ersetzt wurden. Mir ist das gut in Erinnerung, weil es ein so offensichtlicher Verfassungsbruch war. Man trug auch damals die Reichsverfassung nicht immer unter dem Arm, wenn es gegen linke verfassungsmäßig gewählte Regierungen ging; und während der – rechte – Kapp-Putsch für die Beteiligten kaum Folgen hatte, mußten die Arbeiter, die am mitteldeutschen Aufstand beteiligt waren, zehn Jahre und mehr ins Zuchthaus. Viel später werde ich noch berichten, mit welcher Mühe Hans Litten für ihren Status als politische Gefangene und dadurch für ihre Amnestierung kämpfte.

Man sieht, wir setzten uns viel Widersprüchlichem aus, aber man nährt sich von den Früchten des Landes, und wenn man aufgeschlossen ist, steht einem der breite Bogen dessen zur Verfügung, was gedacht und erlebt wird. Wir waren stabil genug, es in unser Denken einzubauen und anzuwenden. Dennoch taten mir nach Berlin die Wochen gut, in denen ich allein durch das Land streifte, unerreichbar auch für meine Freunde. Ich war später nie mehr so, vielleicht sage ich doch das sonst so viel geschmähte und mißbrauchte Wort: naturverbunden. Ich brauchte zu meiner Festigung das Alleinsein und die Sehnsucht nach Menschen. Ich schlief auch im Regen selten unter einem Dach, fand oft einen Heuschober, öfter Wälder und erlebte die vielen Geister, die laut durch die stille Nacht polterten. Es war nicht das Sehen, was mich veränderte, ich meine das Sehen mit den Augen, das Neue, das Gebirge, die eigenartige Landschaft; es war die Verpuppung in sich selbst. Man braucht nicht nach Indien zu gehen, um neue Kräfte zu gewinnen. Es genügt, eine kurze Zeit sich abzuschließen und außerhalb seiner Gewohnheit zu leben, um sich zu verändern. Aus dem engen Charakter, in dem man sich gebunden glaubt, auszubrechen, bedarf es wenig. Er ist ein Prokrustesbett, an das man durch mancherlei Umstände, durch Erziehung, durch Angst hineingeschliffen ist. Mir wurde in dieser Einsamkeit vieles klar, was ich über mich bis dahin nicht wußte, und ich lernte auch, mit mir umzugehen und mich einzusetzen. Oft habe ich später mit Hans Litten und den anderen Freunden darüber gesprochen. Es war eine gefährliche Erkenntnis und widersprach vielen Theorien, aber die Praxis sprach für mich. Jeder hat wohl sein System, mit Menschen zu arbeiten. Ein wenig Askese, gerade so viel, um sich zu begreifen und in den Griff zu bekommen, nicht so viel, daß man sich versteift und dadurch hochmütig wird. Mir halfen die gelegentlichen Zufallsbekanntschaften auf der Landstraße, wochenlanges Zusammensein mit Landstreichern, das Angewiesensein auf Bauern und fremde Menschen immer wieder auf die Beine. Mir half auch, was ich schon lange vorher über östliche Wanderer gelesen hatte – und was von Alfred Brust in seinem Roman ›Die verlorene Erde‹ aufgegriffen worden war: die Legenden von seltsamen Heiligen, die durch das große Land gingen und ohne Ambition in kleinen Dingen Gutes taten, gleichmütig sich über Spott, Undank und Verfolgung hinwegsetzten. Ich schreibe das ungern nieder, weil es so viele Gelegenheiten zu Mißverständnissen bietet. Man muß es auf den kleinsten Nenner bringen, als eine Periode der Selbsterziehung eines Zwanzigjährigen. Hierhin gehört auch, daß mir in jenem Sommer die Augen für das Barock aufgingen. Bisher hatte ich es eher als abstoßend und kitschig empfunden, so sehr war ich an die gespannten Formen der Gotik gebunden; nun trafen Hans Litten und ich uns in München und entdeckten in der Asam-Kirche das Ausgreifende, Himmelstürmende des Barocks, und wie alles, was wir in dieser Zeit erfaßten, ging es in uns ein und baute Vorurteile ab, die wir uns auferlegt hatten. Wir waren wohl sehr ungerecht mit dem, was wir beiseite schoben, was wir nicht gebrauchen konnten, aber desto frischer und nachhaltiger wirkte auf uns, was wir annahmen.

Solche Eindrücke waren ja keineswegs so punktuell, wie sie in der Niederschrift erscheinen mögen. Hätte ich Tagebuch geführt, wäre das Bild wohl gefüllter.

Im Rückblick versuche ich heraufzuholen, was zu der großen Steigerung führte, die meine Arbeit in den Gruppen möglich machte. Ich habe von mir in jener Zeit eine unklare Vorstellung, und nur nachträglich, aus den Berichten der Leute, mit denen ich zu tun hatte und auf die ich einen lang dauernden Eindruck gemacht habe, kann ich folgern, daß ich mich damals weit über das hinaus gesteigert hatte, was ich vorher und nachher war. Das kam mir bei dem Aufbau meiner Gruppe zustatten. Wenn ich mir heute überlege, mit welchem fanatischen Ernst, der alles andere dahinter zurückdrängte, ich das betrieb, muß ich lächeln, aber es ist das Lächeln des Alters, das erhaben scheint über die Ausschließlichkeit, mit der jede neue Idee, jede Kunstrichtung, jede neue politische Richtung, jede Generation sich manifestiert. Es ist kein Lächeln der Weisheit, denn was sollte das. Wie kann man weise sein, gleichmütig in einer uns alle immer bedrohenden Welt? Auch die Weisheit und ihr Segen sind schon längst gestorben.

Das Lächeln über den fanatischen Ernst vergeht mir auch, wenn ich mich daran erinnere, welche Richtung mein Leben und das Leben anderer dadurch genommen hat. Ich war mir wahrscheinlich schon damals bewußt, wie sehr ich in das Leben anderer eingriff, auch wenn ich natürlich nicht alle Folgen übersehen konnte. Zeitweise hat es mich sehr bedrückt, wenn ich vom Schicksal meiner Freunde hörte, dann fühlte ich mich schuldig, sie auf diesen Weg gebracht zu haben. Aber das ist auch Anmaßung, denn in jener Zeit gab es viele wie mich, und wenn ich auch für manchen den Anstoß zum Handeln gab, so war ich nur eine kleine Figur in der Zeit, die uns erzog; wäre das, was ich sagte, nicht von allen Seiten bestätigt worden, dann wäre nichts geschehen und alles ein Jugendtraum geblieben.

Ich habe viele Erinnerungen an diese Zeit der Wanderung. Ich war durch das Wesergebirge gegangen und hatte am Nachmittag eine Verabredung mit einer Gruppe in Minden in Westfalen. Ich verbrachte die Nacht auf einer Wiese an der Weser, nahe der Stelle, wo der Mittellandkanal über den Fluß führte. Es war ein einzigartiges Schauspiel für mich, wie die Schiffe in einer Art Badewanne hinüberschwammen. Ich glaube, meine große Liebe für das Wasser ist wohl noch eine Erbschaft aus der Zeit, als meine Vorväter in der Wüste wanderten. Am Morgen – es war ein regnerischer Tag – badete ich in der Weser, man konnte damals noch in jedem Fluß baden, und war später pünktlich an der verabredeten Stelle. Sonnenverbrannt, ausgehungert und naß stand ich plötzlich zwischen weiß gekleideten Mädchen und gestriegelten Jungen. Ich kam mir vor wie ein Wüstenprediger am falschen Platz. Zwischen Eitelkeit und Mißtrauen schwankend, begann ich den Heimabend mit Liedern für die Kleinen. Lieder und Volkstänze durchbrachen die anfängliche Fremdheit, und als ich dann später mit den Älteren arbeitete, erkannte ich bald, daß es überall dieselben Probleme gab: die Enge der Kleinstadt, das Unverständnis der Eltern, die Schule und die Umgebung. Für die Freunde war es ein Trost, nicht isoliert zu sein, und alle Anregungen, die ich geben konnte, wurden durstig aufgenommen. So ging es zwei Tage. Ich hatte mit jedem einzelnen und mit der Gruppe so lange gesprochen, bis sich Methoden herauskristallisieren ließen, wie man weiterarbeiten konnte; dann zog ich weiter, aber wir blieben in Verbindung. Hinzu kam, daß es in dieser Gegend nicht so schwierig war, sich mit anderen Gruppen zu treffen. Ohne zu wissen, praktizierte ich das, was man heute Gruppentherapie nennen würde. Es hilft immer, wenn man von den eigenen Problemen zu denen der anderen kommt. So wurde das, was ich Jugendbewegung nannte, vor allem zu einer Instanz, wo ohne Einmischung der Erwachsenen die eigenen Schwierigkeiten besprochen und neue Wege ausprobiert werden konnten. Wir hatten eine eigene Bibliothek zusammengestellt, widersprüchliche Bücher, die ausgeliehen werden konnten, einzeln und an Heimabenden gelesen und diskutiert wurden. In allen Gruppen wurden Mappen mit Zeitungsausschnitten angelegt über Politik, Schulreform, Kunst, die mit Kommentaren und Meinungsäußerungen versehen wurden. Immer war ich auf der Suche nach neuen Leuten und fand sie oft unbeachtet in den Gruppen. Es waren meist die Stillen, denen ich Mut machte, mitzureden, und viele von ihnen sind meine Freunde geblieben bis jetzt.

Wir waren damals ein eigener Kreis in dem deutsch-jüdischen Wanderbund, der im Gegensatz zu den zionistischen Bünden entstanden war. Es zeigte sich jedoch, daß die Herkunft als gemeinsamer Nenner nicht weit trug, und nur die Randgruppen entwickelten eigene Auffassungen, die ihnen ein spezifisches Gesicht gaben. Die Mitte schien uns eher in den überlebten Ideen der deutschen Jugendbewegung steckengeblieben zu sein. Eine große Rolle spielte die Verpflichtung zum Deutschtum und zur jüdischen Religion. Wir versuchten jahrelang zu klären, was es mit dieser Verpflichtung auf sich hatte, denn schon gab es in unserem Kreis viele Ostjuden, und das Wort »Deutschtum« war uns mehr als verdächtig.

Uns, den Juden, die wir eine so lange Zeit in Europa und in Deutschland wohnten, die von Deutschland nach Polen Vertriebenen und von Polen wieder nach Deutschland, uns fiel es schwer, einen Standpunkt zu finden. Wir hatten zumeist eine übertriebene Liebe für alles Deutsche, blieben ihr gegenüber doch ebenso kritisch wie unserer Einsamkeit in Deutschland. Zu kurz und hektisch war unsere Teilnahme am deutschen kulturellen und politischen Leben, die in den zwanziger Jahren ebenso anerkannt wie bestritten wurde. Die Unsicherheit hatte uns dünnhäutig gemacht. Wenn wir uns auch nicht als ein selbständiges Volk ansahen, so hatten wir doch durch unseren tausendjährigen Minoritätenstatus eine Verbundenheit mit allen Juden der Welt. Wir konnten nicht mehr wie unsere Eltern die endgültige Assimilation an das Deutschtum für gegeben nehmen, sondern mußten diese Frage bei jedem Heimabend, bei jeder Diskussion kritisch durchleuchten. Da kam man zum Beispiel in eine Kleinstadt, es konnte Eschwege gewesen sein, zu einer Gruppe, in der alle Plaut hießen, wohl von einer vor langer Zeit dort angesiedelten Familie abstammend. Die Kinder waren von den übrigen Bewohnern des Ortes nicht zu unterscheiden, kratzte man jedoch an dem Firnis, so waren es die gleichen Probleme wie im Berliner Getto, die sie bewegten. Sie waren heimatverbunden, oder besser gesagt, sie liebten ihre Heimat, wie jeder, der in ihr groß geworden ist, und hätten gerne keine Probleme mit ihren Mitbürgern gehabt. Aber es gab sie doch an jeder Ecke, und es zeigte sich, wieviel die Kleinstadt Eschwege trotz der mittelalterlichen Häuser und Brunnen mit der ganzen Welt zu tun hatte. Ebenso lagen die Probleme mit der Verpflichtung zum Judentum. Die Religion war schon längst nicht mehr das Bindende der deutschen Juden. Wirklich Orthodoxe gab es wohl wenige im Bunde, und die hielten sich meist abseits in ihren Kreisen. Wohl aber gab es die vielen Schattierungen der Liberalen, und für die meisten war Religion, was man in der Jugend gelernt hatte, was Eltern, Großeltern noch ausübten, von dem man aber selber nur selten Gebrauch machte. Es gab Gruppen, die wenigstens eine Zeitlang am Sabbat und an den Feiertagen in die Synagoge gingen und die Feste feierten, aber für viele war es nur noch eine Pflichtübung. Wir, die wir radikal waren und, wenn schon radikale Lösungen nicht möglich waren, wenigstens auf radikale Klärung der Situation drangen, konnten religiöse Bindung nicht als Kriterium für die Zugehörigkeit zum Bund akzeptieren. Es erschien uns unlogisch, aber vielleicht trug gerade dieser Umstand zu seinem Fortbestehen bei. Jedenfalls gelang es Hermann Gerson, der an der Spitze des Bundes stand, ihn bis 1933 am Leben zu erhalten. Dann fand er sich mit den Tatsachen ab, und als die große Auswanderung begann, gründete er in Palästina mit seinen Leuten den Kibbuz Hasorea, der inzwischen zu einem großen und blühenden Gemeinwesen geworden ist. Hermann alias Menachem Gerson war jahrelang Leiter des Erziehungswesens der linken Kibbuzgruppen. Nachträglich verschmelzen die Differenzen, doch waren sie einst lebenswichtig. 1927 war es noch ein Schock für uns, aus dem Bund ausgeschlossen zu werden, später trennten sich unsere Wege immer deutlicher. Und als wir uns in Palästina wiedertrafen, grüßten wir uns freundlich und von ferne.

Der rechte Flügel des Bundes – um bei den landläufigen Begriffen rechts und links zu bleiben, die nie stimmen, aber handlich sind – sammelte sich im »Ring«. Der Name zeigt schon an, daß Stefan George die Leitfigur seiner Ideologie war. Die jüdische Herkunft spielte sichtbar gar keine Rolle, aber sie war als ungebetener Gast immer dabei. Jede Gruppierung des Bundes trug deutliche Züge seiner Führer. Der Führer des Rings war Ernst Wolf. Er stammte aus Wiesbaden und studierte Jura in verschiedenen Städten, unter anderem in Breslau. Ich lernte ihn erst später auf dem Bundestag kennen und war sofort fasziniert von ihm. In meiner Erinnerung war er groß, blond bis rötlich, mit sehr weißer Haut, er wirkte sehr männlich und war immer flankiert von einigen sehr sportlichen Jungen. Heute würde ich sagen, er hatte eine Bodyguard. Brecht würde sagen: ein Mann, wie ein Mann sein soll. Er hatte etwas Gewalttätiges an sich, etwas, was man in der Art bei Juden damals selten fand.

Wenn ich Mosche Dajan sehe, muß ich an ihn denken. Es klingt böse, ist aber nicht so gemeint, wenn ich sage, daß mit diesem Kreis etwas von der Hitlerjugend vorweggenommen war. Alles war sauber und ordentlich, mit Fähnlein und Trompeten, vor allem die Gesinnung, und auch für die Eltern war es eine Freude und ein Stolz, auf diese Jugend herabzusehen. Ich hatte immer das Gefühl, sie könnten selbst dann nicht dreckig werden, wenn sie in einen Sumpf gerieten. Ich war neidisch, wenn ich an unsere Gruppen dachte, an die Probleme, die ständig auftauchten, an die Aufsässigkeit und Unordnung. Schade nur, daß die bewunderten Tugenden den Anforderungen der Gegenwart nicht standhielten. Ich merkte es weniger, wenn ich die Gruppen am Bundestag aufmarschieren sah, aber wenn ich sie zu Hause besuchte, dann war die Tünche schnell weg, und dieselben Probleme und Sorgen traten hervor. Der Ring hat sich nicht sehr lange gehalten, er löste sich mit dem Ausscheiden Ernst Wolfs auf. Ernst Wolf selbst ist zu Beginn der Nazizeit umgekommen. Ich hörte zuerst, er habe Selbstmord begangen, aber später hieß es, es sei ein Autounfall gewesen. Jemand, der ihn besser kannte als ich, hielt die Möglichkeit offen, daß es ein Selbstmord mit dem Auto war. Das ist gut möglich, denn sein bürgerliches Deutschtum ließ ihm nicht sehr viele Wege offen. Ernst Wolf charakterisierte 1926 den Gegensatz zwischen uns und dem Ring in einer Polemik folgendermaßen:

»Der Schwarze Haufen hält das immer wiederholte Erregen, Revolutionieren, Entwurzeln des Einzelnen für die eigentliche Leistung einer Jugendbewegung und rechnet darauf, daß nach einer solchen Jugendzeit ein sozialistisch äußerst tätiges Mannesalter folgen müsse. Wer unsere Jugend kennt, weiß aber, daß sie kein echtes Geschlecht der äußerlichen Revolution, der Preisgabe an chaotische Gefahren ist, sondern in der Sehnsucht nach Festigkeit, Klarheit, Inhalt einer endlich *sicheren, freien* Lebensführung aufgeht. Wegen ihrer Schwäche ist es leicht, sie mit allgemeinen

Problemen zu schrankenlosen Begriffen zu verpflichten; not täte ihr aber, zuerst den Weg zur inneren Seßhaftigkeit, Heimatverwurzelung, Sicherheit und Freiheit zu vollenden, den unsere Vorväter in Deutschland begonnen haben; denn er ist noch nicht vollendet. Dienst am Einzelnen, langsame ernste Bildung der eigenen jungen Menschen ist die Arbeitsaufgabe einer deutschjüdischen Jugendbewegung dafür, daß sie schon jetzt in ihrem Jugendreiche in der ganzen Freiheit und Selbstsicherheit leben darf, um die von der Gesamtheit noch mühselig gerungen wird; sie ist zugleich die dem Jugendalter aus dem menschlichen Bildungsalter gemäße Arbeit.«

Er hat die Gegensätze sehr treffend geschildert. Nur wollten wir nicht so sehr verunsichern als zeigen, wo die Unsicherheiten lagen. Wir nannten uns der Schwarze Haufen. In dem Namen steckte einige Sozialromantik, aber es war auch die sehr jugendgemäße Anknüpfung an eine der wenigen revolutionären Bewegungen, die es in Deutschland gegeben hatte. Der Schwarze Haufen ging aus der Königsberger Gruppe hervor, sein Anreger und Führer war Hans Litten. Er stammte aus einer Professorenfamilie, sein Vater, ein konservativer Jurist, war zeitweise Rektor der Königsberger Universität. Die Mutter war eine so begeisterte und vielfach gebildete Kunstwissenschaftlerin, wie sie unter Frauen zu finden waren, die am Ende des 19. Jahrhunderts die Möglichkeit hatten, zu studieren. Sie kam aus einer schwäbischen Pastoren- und Professorenfamilie. Zwar war Vater Litten sehr autoritär, aber der Einfluß der Mutter auf die Kinder war der weitaus intensivere, sie hatte auch dann Verständnis für die Ideen ihres Sohnes Hans, wenn sie ihr unbequem waren.

Hans war ebenso sensibel wie scharf denkend. Er war christlich getauft, hatte aber schon in der Schule Hebräisch gelernt, und zwar nach dem Lehrplan für Theologen, und sich im Abitur in diesem Fach prüfen lassen, konnte also weit mehr als wir, die wir darin nur nebenbei in der Religionsstunde unterrichtet worden waren. Sein Interesse für das Judentum war sicher zunächst eine Reaktion auf seinen Vater, der sich aus Gründen der Karriere hatte taufen lassen; aber der Anlaß ist selten wichtig. Sein Weg war ihm mehr durch seinen Charakter als durch äußere Umstände vorgeschrieben. Er wollte Jude sein, wie er später Anwalt der Arbeiter wurde, auf der Seite der Unterdrückten stand. Er neigte zum Mystizismus, und ehe ich ihn kannte, soll er spiritistische Sitzungen abgehalten haben. Mir hat er nie etwas davon erzählt, seit wir zusammenarbeiteten, hatten wir andere Sorgen. Er war ein großer Anreger, der einem beibrachte, daß Denken Spaß machte, es gab bald nichts mehr, das wir einfach hinnahmen. So gerieten wir auch in den Gegensatz zu dem Wanderbund. Er war unbestritten der Kopf unserer Bewegung, und wenn ich an der Spitze stand, so deshalb, weil ich weniger schroff war und leichter auf Menschen eingehen konnte. Ich merkte auf meiner Reise, wie zündend unsere Ideen von der revolutionären Jugendbewegung waren; unsere jahrelange Arbeit in der Königsberger Gruppe hatte sich gelohnt. Oft bemerkte ich das Aufatmen, wenn ich nicht in verschwommenen Begriffen redete, sondern von der Gegenwart ausgehend über unsere Ideen und die möglichen Wege ihrer Verwirklichung sprach.

Man wird sich wundern und vielleicht ungeduldig werden, wenn ich statt meiner langen Wanderung diesen so schnell vergangenen Bund schildere. Eine Jugendbewegung ist wie ein Phönix, sie muß sich schnell verbrennen, damit an anderer Stelle neue Gruppen mit neuen Ideen entstehen können. Eine Jugendgemeinschaft muß intensiv sein, auch wenn sie dadurch gesprengt wird, sie darf sich nicht zu sehr auf Tradition berufen. Rückblickend sehe ich deutlicher als damals, wie sehr die drei »Führer« ihre Gruppen repräsentiert haben. Hermann Gerson habe ich damals weit unterschätzt. Mir schien er ein angehender Gelehrter zu sein, und ich wußte, daß er mit Martin Buber im Briefwechsel stand; seine pädagogischen Aktivitäten fand ich jedenfalls nicht zeitgemäß. Er hat aber das solideste Werk geschaffen, wie kritisch ich auch dazu stehe. Ernst Wolf, der Blendende, Verblendete, führte in eine Sackgasse, in der er selbst umkam, und über Hans Litten und mich mag man selber urteilen. Ich habe noch viel zu berichten.

»Der Wanderer zwischen beiden Welten«, so dachte ich von mir ein wenig eitel, ein wenig romantisch. Es war der Titel eines Buches von Walter Flex. Den Inhalt habe ich lang vergessen, vielleicht schon damals nicht mehr gewußt. Die Verzauberung der Märchen, die ich so gerne las, hatte mich eingeholt. Wald, Berge, Quellen, Felder: ein guter Geist hatte mich der Welt entrückt, ein guter Geist, der mich nicht in die Wüste geschickt hatte, sondern in der Nähe der Menschen ließ. Wer sich verzaubern läßt, kann auch selbst zaubern, er wird nie Not leiden oder sie kaum bemerken. Es wird nicht Manna regnen, wie bei meinen Vorfahren in der Wüste, aber es kann passieren, daß er in einem Dorf an einer Ecke steht und singt und einige Leute herumstehen und etwas zu essen bringen, oder der Pfarrer des Dorfes kommt und bittet zu Tisch. Daß man eine Nacht in Gesprächen verbringt, aufnimmt, was man gehört hat und es Tage später in seiner Art weitergibt; daß man im Wirtshaus sitzt und zuhört, unbeachtet wie unter einer Tarnkappe, und dann wieder vor Jungen und Mädchen spricht und von der eigenen Überzeugungskraft hingerissen wird. Der Zauber bewirkt, daß keine falschen Töne kommen, er macht die Menschen durchsichtig, so daß man die Sorgen und Schwächen sehen kann, bevor sie ausgesprochen sind. Das müßte ja eines Tages aufhören; und wenn ich ein moderner Mensch wäre, müßte ich jetzt etwas von Frustration murmeln, von verseuchter Landschaft, von noch verseuchteren Menschen, oder, in meiner Sprache, ich müßte jeden Katzenjammer, den ich hatte, ausbreiten. Es endete aber ganz anders: Als ich eines Tages um 7 Uhr morgens vor der Singer-Fabrik stand und diese die letzten eiligen Nachzügler geschluckt hatte, die eben noch so belebte Straße still und leer war, war ich plötzlich neidisch. Ich wollte eingegliedert sein in den Arbeitsprozeß und fand, daß ich kein Talent hatte, um als Naturheiliger durch die Welt zu gehen und ewige Weisheiten zu verkünden. Da ging ich zu Siegfried Adler nach Ahlen, einer kleinen Fabrikstadt in Westfalen, am Rande des Ruhrgebiets, der mir Arbeit in einer Bautischlerei besorgte, die gerade noch ein paar Hände brauchte.

Siegfried Adler war ein Mensch, der immer vorgab, beide Beine auf dem Boden zu haben, er war ein Materialist seiner Ideologie nach, in Wirklichkeit ein Idealist. Wäre er ein wirklicher Materialist gewesen, so wäre er wohl bald Fabrikdirektor geworden. Das Zeug dazu hatte er. Ich hatte ihn in Königsberg kennengelernt, er war der Freund meiner Schwester. Er stammte aus Fürth, war Schuster von Beruf und hatte in Königsberg eine Stelle als Werkmeister. Er war zwar nur ein bis zwei Jahre älter als ich, wirkte aber viel erwachsener wegen seiner gefestigten Weltanschauung und Erfahrung im Beruf. Er war gedrungen, hatte ein rundes, dickes Gesicht und lustige, listige Augen, immer bereit, belehrend zu wirken. In den anhaltenden Diskussionen mit ihm lernten wir, was Marxismus ist. Für alles, was mit Kunst zusammenhing, hatte er kein Interesse, und für die Erlebnisse, die ich auf meiner Wanderung erfahren hatte, hatte er nur ein spöttisches Achselzucken. Dennoch fühlte er sich in unserem Bund wohl. Er warb für seine politische Richtung, gründete einen Radikalsozialistischen Kreis und war ein gutes Gegengewicht zu meiner auswuchernden Schwärmerei. So waren es fruchtbare Wochen, die ich in Ahlen verbrachte. Wir arbeiteten viel in den Gruppen der Städte des Ruhrgebiets. Von Ahlen aus war alles so leicht zu erreichen. Ich besuchte mit ihm viele Versammlungen der verschiedenen Parteien und der Gewerkschaft, was mir sehr gut tat. Den Zauber meiner Einsamkeit vergaß ich nicht, es gibt Dinge, die unverlierbar sind. Man braucht sie nicht zu pflegen und zu beachten. Ich blieb nicht lange in Ahlen, aber dort erwarb ich mir noch einen Freund, Leo Rosenthal. Er stammte aus Hamm, ein stiller, bescheidener Junge und Führer der kleinen Ortsgruppe. Er war in dieser Zeit viel mit uns zusammen und blieb einer der zuverlässigsten Menschen, die wir hatten. Später, in Berlin, sah ich ihn öfter, er war Kommunist geworden und leitete die Buchhandlung im Karl-Liebknecht-Haus. So wie ich bei den meisten meiner Freunde wenig von ihrem Entwicklungsgang wußte – ich antwortete auf Fragen, aber stellte selten welche –, so wußte ich auch nicht, daß er Buchhandel gelernt hatte und eine Zeitlang in Stuttgart lebte. Als HAP Grieshaber sechzig Jahre alt wurde, erinnerte sich ein alter Freund an ihn und schickte ein Bild, auf dem der ganz junge Grieshaber, jener Freund und Leo Rosenthal bei einer Agitprop-Veranstaltung zu sehen waren. Dadurch erst erfuhr ich mehr über ihn, so wie ich erst später von seinem Tod in der Sowjetunion hörte. Die Zahl meiner Freunde aus jener Zeit ist groß, aber ich weiß kaum Näheres über diese Menschen, mit denen ich doch monatelang zusammen war.

So ging es mir auch mit Walter Fisch. Er kam aus Heidelberg, einer Stadt, die ich nie sehr gerne mochte. Das Ruhrgebiet fand ich abenteuerlicher als Berge und Hügel, und selbst eine mir so ausgesprochen nahegehende Landschaft wie die Lüneburger Heide, die ich im nächsten Jahr mit Hans Litten durchwanderte, machte keinen nachhaltigen Eindruck auf mich. Ich sah zu viele alte Städtchen und Dörfer, Fachwerkhäuser, Burgen und barocke Bürgerhäuser, irgendwann ist der Sättigungspunkt erreicht. Man zwingt sich, dem Zeigenden gegenüber Interesse aufzubringen, aber es bleibt in der oberen Schicht des Erlebens stecken: mit mir hatte es nichts mehr zu tun. Dafür erregte mich die moderne Architektur. Ich machte weite Wege, um einzelne Bauten zu sehen. So das Chilehaus in Hamburg, das mich damals überwältigte und mir immer in Erinnerung blieb, oder der Stuttgarter Bahnhof, für mich der erste nicht nach dem Schema der Victoria-Station gebaute Bahnhof, und das Corbusier-Haus bei der Bauausstellung auf dem Stuttgarter Killesberg. Heute klingt das überholt, aber damals hatte es viel mit uns und unserem Lebensstil zu tun.

Doch zurück zu Walter Fisch, Leo Rosenthal und Siegfried Adler. Walter Fisch lernte ich auf einer Wanderung mit einer Gruppe des Rings kennen. Ich weiß noch, wie wir in einem engen Hohlweg die Gruppe längst verloren hatten und, jeder an eine Seite des Abhangs gelehnt, Gespräche führten. Natürlich weiß ich nichts mehr über den Inhalt der Gespräche, wohl aber, daß mir vom langen Stehen die Beine einschliefen und ich dennoch nicht wagte, meine Stellung zu verändern, um dieses entscheidende Gespräch nicht zu unterbrechen. Walter Fisch schloß sich uns daraufhin an und kam wohl auch mit Siegfried und Leo in Verbindung. Er wurde wie sie Kommunist. Eine Zeitlang lebte er in Berlin und war mit Lotte, Hannchens ältester Tochter, befreundet.

Walter Fisch? Er war einige Zeit während des tausendjährigen Reichs in der Schweiz und zuvor, wie wir alle, in einem Gefängnis oder KZ. Dann ist er tatsächlich gleich nach 1945 zurückgekehrt und saß, zusammen mit Reimann, als Kommunist in einem bundesdeutschen Parlament. Später, nach dem Verbot der Kommunistischen Partei, steckte man ihn wieder ins Gefängnis. Ich erinnere mich, daß man einige Hemmungen hatte, weil er Widerstandskämpfer und Jude war; es wurde in seinem Prozeß erwähnt. Nach seiner Entlassung lebte er in Frankfurt und starb auch dort. Schon als ich ihn kennenlernte, hatte er keinen sehr widerstandsfähigen Körper. Hätte ich ihn damals in Ruhe gelassen, hätte er ein anderes Schicksal gehabt, ob ein besseres – wer weiß das. Man spielt Schicksal an jedem Tag, den man lebt.

Siegfried Adler blieb auch nicht lange in Ahlen. War es die Wirtschaftskrise, die ihn vertrieb, oder war es der Ruf seiner Partei? Er wurde jedenfalls Redakteur am kommunistischen ›Ruhr-Echo‹. Meine Schwester folgte ihm dorthin, und sie arbeiteten zusammen. Noch vor 1933 erhielt er als Redakteur eine Gefängnisstrafe, damit war man in der vorfaschistischen, halbfaschistischen Zeit sehr schnell bei der Hand. Gleich nach der Machtergreifung kam er ins KZ nach Esterwegen. Er war einer der ersten Moorsoldaten. Ich sah ihn erst wieder, als er 1935 entlassen wurde. Er arbeitete in Berlin wieder als Flickschuster und meine Schwester Rosa im Kinderheim meiner Schwester Edith. Auch meine gute Mutter wohnte schon in Berlin. Sie hatte immer ihre eigenen Sorgen, über die wir zu lächeln pflegten. Eines Tages mitten in den schlimmsten Sorgen, als Margot noch im Gefängnis war, Hans Litten im KZ geschlagen wurde und wir mit der Rettung vieler Gefährdeten beschäftigt waren, als meine Werkstatt im Sterben lag, weil meine Kunden auswanderten, als eine Hiobsbotschaft nach der anderen kam, und als ich mich ihr dann zuwandte, vertraute sie sich mir an: »Kannst du nicht Rosa und Siegfried sagen, daß sie endlich heiraten, sie leben doch schon so lange wie Mann und Frau zusammen?« Es fiel mir schwer, etwas Begütigendes zu sagen. Sie heirateten dann aber doch, vielleicht wegen des Kindes oder weil es nötig war für ihre Auswanderung nach Bolivien, wo ein Bruder von Siegfried ihnen ein Asyl angeboten hatte. 1950 kamen sie zurück und gingen in die DDR, aber davon wird später die Rede sein.

Dieses Buch fing so freundlich an mit dem Spaziergang durch Berlin, und es sollte stracks zu meiner Liebesgeschichte führen. Aber weil ich nicht wie ein Romanheld vom Himmel fallen wollte, der nach unerklärlichen Gesetzen handeln muß, wollte ich erklären, wie es mir in den Jahren 1925–1926 erging. Nun schreibe ich Seite um Seite von Wiesen und Wäldern, Bergen und Städten, die scheinbar gar nichts mit der Liebesgeschichte zu tun haben, verwirre mich immer mehr in diese zwei Jahre, und es ist noch kein Ende abzusehen. Was haben denn all diese Menschen mit mir zu tun, was haben dieser Wanderbund und seine Probleme damit zu tun?

Mir geht es wie der Scheherezade, die 1001 Nächte um ihr Leben erzählte, eine Geschichte in die andere schachtelte und sich nie wiederholen, nie langweilig werden durfte, sonst hätte der Kalif seine Henker geholt und gesagt: »Schafft mir dies langweilige schwatzhafte Frauenzimmer vom Hals.« Die Henker hätten sie aus seinem Bett gerissen, den schönen Kopf abgeschlagen, und sie wäre nie dazu gekommen, am Ende noch zu zeigen, daß sie in den Pausen ihrer Erzählungen drei schöne Knaben geboren hatte. Sie verstand es, mußte es verstehen, immer wieder etwas Neues zu erfinden, weil es ja um ihr Leben ging. Anfangs mit zagendem Herzen, in einem Anfall von Mut und Selbstüberschätzung, hatte sie es auf sich genommen, die Stadt von dem frauenmordenden Beleidigten zu retten, aber mit der Zeit bekam sie immer mehr die Oberhand, sie hatte begonnen, ein leeres Leben mit ihren Erzählungen zu füllen, und sie erfüllte es mit der Zuversicht, daß das Leben lebenswert sei, und lange, ehe sie ans Ende kam, wußte sie schon, wie ihr Leben fürderhin verlaufen würde. Erzähle ich nicht auch um meinen Kopf, setze ich nicht den Himmel und die Erde in Bewegung, um zu beweisen, daß ich gelebt habe, erzähle ich nicht vor einem Richterstuhl, und muß ich da nicht alle Einzelheiten hervorsuchen, um zu zeigen, warum ich ein Recht habe, zu leben und vielleicht auch glücklich zu sein?

Da kann ich mich nicht hinstellen und sagen: Hier bin ich. Das konnte man vor Gott in der Bibel, der angeblich alles wußte, die Vergangenheit und die Zukunft. Ich dagegen muß jeden Baum schildern, unter dem ich ruhte, jedes Bett, in dem ich schlief, jeden Menschen, dem ich begegnete, auf den ich Einfluß zu nehmen suchte und der mich doch mehr bestimmte als ich ihn. So gilt denn, was ich erzähle, auch nur als *meine* Darstellung. Keiner dieser Menschen gehörte mir, und ich schildere nur die kurze Zeit, wo sich unsere Wege kreuzten, und die mageren Tatsachen, die sich daraus ergaben. Jeder hat sein eigenes Leben und seinen eigenen Tod, und ich komme in ihrem Leben nur so sporadisch vor wie sie in meinem. Die Scheherezade und ihre Märchen aus den 1001 Nächten sind große Tröster in extremen Situationen. Dann spürt man die Hand Gottes direkt über sich. Ich, der ich nicht gläubig bin und doch glaube, sage es, es ist die Hand eines Gottes, der nicht gerecht ist nach menschlichen Maßstäben, der auswählt, wer leiden, wer sterben muß, wer überleben darf, nicht nach Verdienst und doch nach irgendwelchen Maßstäben, der den zu unterstützen scheint, der sich nicht ergibt, der nicht zu brechen ist, eine ganz ungerechte Hand Gottes, an die man sich klammern kann. Ich erlebte es in der Zelle des Gestapo-Gefängnisses in Berlin im Columbiahaus, wo wir geschunden, geprügelt, verspottet und zu Verhören geschleppt wurden. Damals, als über Weihnachten und Neujahr eine Pause eintrat, weil die Henker Urlaub machten, waren wir am Ende unserer Nerven durch die Stille. Es ist dann plötzlich noch unerträglicher, auf die nächste Welle der Peinigungen zu warten, als geschlagen zu werden. Damals begann ich zu erzählen, um die Zeit zu überbrücken. Tagelang erzählte ich von mir, von meinen Freunden, schachtelte Geschichten zusammen, die ich erlebt hatte und aus Büchern wußte, immer wieder Geschichten, wie schwer das Leben ist und wie es manchmal doch möglich ist, es zu überlisten. Damals erzählte ich mehr als heute um meinen, um unseren Kopf. Die Nerven behalten und die Hoffnung nicht ganz entgleiten lassen. Hinzu kam die Schwierigkeit, nicht zu erzählen, was einen von uns belasten könnte, denn keiner wußte, wie er oder die anderen bei Verhören sich verhalten würden. Heute erzähle ich ruhiger, werde aber täglich daran erinnert, daß der Boden, auf dem ich sitze, vulkanisch ist. Heute ist er noch angenehm warm. Wer weiß, wann er wieder glühend wird. Jeder, der von KZ, Gefangenschaft oder einem anderen Erdbeben betroffen war, weiß, wie hoffnungslos es ist, mit der Erinnerung fertig zu werden. Ich denke oft, laß sie schlafen, die Hunde, die Welt hat sich geändert. Aber wenn ich dann das Gesicht eines Betroffenen in einem Buch, einer Zeitung, im Fernsehen sehe, dann bellen sie wieder nächtelang und jagen mich durch meine Träume. Doch es ist gut so. Denn so bleibt, da das Leiden nicht ausstirbt, der Zwang, mitzuleiden, erhalten.

4

Wisse, glücklicher König, begann Scheherezade jeden Abend, unermüdlich um ihr Leben kämpfend, ihre spannende Erzählung. Sie hatte einen, wie mir scheint, guten und aufmerksamen Zuhörer, sie konnte eine Geschichte über Wochen hinziehen, viele Namen nennen, sie durch neue, eingeschachtelte Schilderungen ruhen lassen, wieder hervorholen und ihren Schicksalsbericht fortführen. Werde ich das Glück haben, auch so kluge und aufmerksame Zuhörer zu gewinnen, die sich später noch der einmal genannten Namen erinnern, wenn ich auf sie zurückkomme?

Im Herbst 1925 ließ ich mich in Hannover nieder. Wie immer wirkten bei dieser Entscheidung verschiedene Zufälle mit. Der Bundestag der »Kameraden« hatte in Niedersachsen am Steinhuder Meer stattgefunden, der Bundesleiter in jenem Jahr war Julius Freund aus Hannover. Er konnte mich brauchen, weil ihm in seiner Funktion nicht mehr viel Zeit für die Gruppe blieb, und ich wollte in seiner Nähe bleiben, weil ich mir davon Vorteile für unsere Stellung im Bund versprach.

Hannover: Neulich fuhr ich wieder mit der Eisenbahn in die Stadt. Eine Eisenbahnstrecke scheint mir das einzig Stabile in dieser sich ständig verändernden Welt zu sein. Von oben gesehen erkannte ich noch den Bahnhofsplatz wieder, mit dem Postgebäude auf der einen Seite und der Bahnhofstraße, die gerade auf den Haupteingang zuläuft. Habe ich das Bronzedenkmal von Ernst August nicht gesehen, Ernst August, auf seinem Pferde reitend, das Grenadier hieß, wie wir aus den lustigen Husarenliedern erfuhren? Wo ist das berühmte Café Kröpcke geblieben, das zwischen zwei Straßenmündungen lag? Wer will auch noch zwischen den beiden von Autos verpesteten Straßen sitzen und gemütlich Kaffee trinken, wie die gute Gesellschaft es in den zwanziger Jahren tat? Welches Liebespaar könnte sich dort verabreden, wo es doch keinen Parkplatz gibt? Ist Hannover dieselbe Stadt geblieben oder eine ganz andere geworden? Vielleicht geht es mir wie mit Freunden, die ich nach vielen Jahren wiedersehe. Diese würdige Dame will das wilde Mädchen gewesen sein, das ich vor x Jahren anbetete? Wie komisch ist dieser dickliche Mann, der mich an gemeinsame Jugendstreiche erinnert. Ich suche in den Gesichtern nach den Jugendträumen wie in den Straßen der Stadt nach Bauten, an die ich mich erinnere. Was war das für eine Stadt, damals, als ich ziemlich hungrig durch ihre Straßen streifte? Stadt ist nicht gleich Stadt, Heimat nicht gleich Heimat, die spezifischen Gewichte sind verschieden, die sich in die Seele senken.

Ich merkte es, als ich Briefe über mein erstes Buch bekam. Da meinte man, Königsberg müsse doch wohl eine besondere Stadt gewesen sein, weil alle ehemaligen Königsberger so an ihr hängen. Ich hatte das nie angenommen und dachte vielmehr, daß ich ja nur schrecklich ungerecht über fremde Städte schreiben könne, eigentlich überhaupt nicht schreiben dürfe; es gibt auch viele, die sich der Stadt schämen, in der sie geboren sind, und gar nicht gerne an sie zurückdenken. Für mich ist Königsberg der Maßstab für andere Städte vergleichbarer Größe, und so urteile ich auch über Hannover herzlich ungerecht. Sie schien mir ein Emporkömmling, ein Neureicher zu sein, nicht zusammengewachsen. Da war die Altstadt an der Leine – wir nannten sie damals die Haarmann-Stadt, weil dieser Mann, den man Massenmörder nannte, die nicht brauchbaren Teile der von ihm geschlachteten jungen Männer in die Leine warf. Es war ein düsteres Viertel und paßte gar nicht in den anderen Teil, die Prunkstadt mit den schönen breiten Straßen, dem Rathaus, das von steinernen Löwen bewacht wurde und an dessen Fassade alles klebte, was sonst einzeln die Eingänge der Bürgerhäuser zierte; die balkonstemmenden Jungfrauen und Herkulesse, die mit der Erdkugel jonglieren. Eine große Konzerthalle gab es und eben das Café Kröpcke am Anfang der Georgstraße, von den Hannoveranern »Schorsengasse« genannt, mit anderen Eigentümlichkeiten in Sprache und Gebärden eine Erinnerung an die über hundert Jahre, in denen Hannover in Personalunion mit Großbritannien regiert wurde.

Am Ende der Schorsengasse, am Steinplatz, wohnte eine Tante von mir, die so fein war, daß sie, wie ich damals sagte, sich selber mit Sie anredete. Dabei war sie sehr gütig und liberal, und die fortschrittliche und wohlhabende Gesellschaft verkehrte bei ihr, unter anderen der Göttinger Neukantianer Professor Leonard Nelson, den sie wie einen Heiligen verehrte und um dessentwillen ich mich schließlich endgültig mit ihr entzweite. Es war ein großes, vornehmes Haus, in dem sie wohnte, mit einem Fahrstuhl, der in einem Gitterkäfig lief, so wie man sie heute noch in alten Filmen oder den Berliner Häusern findet, die den Untergang überstanden haben. Nicht weit davon waren das Gewerkschaftshaus und ein großes Zeitungsgebäude, und von dort ab geriet man bald in endlose Vorstadtstraßen.

Ich wohnte in der Vahrenwalder Straße, ein weiter Weg, wenn ich nachts vom Stadtzentrum nach Hause ging. Man ging lange an der Continental-Gummi-Fabrik entlang, und fast alle, die in dieser Straße wohnten, waren Arbeiter der Fabrik. So auch mein Wirt, Herr Voges. Er war Vorwärmer, ein gut bezahlter Spezialberuf in der Gummiverarbeitung, und er war ein guter Sozialdemokrat und schüttelte milde den Kopf über meine jugendlichen Ideen. Ich hatte ein schönes, helles, billiges Zimmer, und Frau Voges, etwa 40 Jahre alt, freundlich und rundlich, glaubte an die Gewerkschaften und die Biochemiker. Sie hatte nur den einen Kummer, daß ihre lange Ehe bisher kinderlos geblieben war. Da sie freundlich zu mir war und ich mir in der Küche Essen machen durfte, tröstete ich sie und sagte, ich könne zaubern, und sie würde ein Kind bekommen. Sie glaubte mir nicht, und als sie immer dicker wurde, ging sie wieder zum Biochemiker, der ihr Pillen und Diät verschrieb, und als sie trotzdem weiter an Gewicht und Umfang zunahm, diagnostizierte er Wassersucht und zapfte ihr Wasser ab. Ich war damals wohl reichlich unerfahren und glaubte auch nicht so recht an meinen Zauber, so dauerte es lang, bis sie zum Frauenarzt ging, der sie aufklärte. Ich hatte eben die Fähigkeit, jemandem ein Kind in den Bauch reden zu können, wie man in Berlin sagt. Außerdem war ich naiv, obwohl wir in den Gruppen über die »sexuelle Frage« redeten, sehr freie Auffassungen hatten und jeden aufklärten, ob er es wollte oder nicht. Ich hatte auch gar nichts von meinem Zauber, denn als das Kind dank der Diät des Biochemikers leicht geboren war, mußte ich das Zimmer räumen, und das war wohl mit ein Grund, daß ich ein Jahr später nach Stettin ging.

Ich verstehe gar nicht, warum ich über Hannover so aggressiv schreibe. Es ist doch eine Stadt mit vielen Parks und Seen, Schlössern und alten Kirchen. Vielleicht, weil mir die Menschen so steif und arrogant vorkamen, weil ich stärker als in Berlin die strikte Trennung zwischen reich und arm, zwischen Luxus und Verkommenheit empfand. Auch die Sprache erschien mir gespreizt. Der Satz: Die Hannoveraner sprechen das reinste (sprich: ranste) Deutsch (sprich: Dötsch) war für mich unglaubwürdig, ich hatte wohl noch wenig Humor. So suchte ich einmal stundenlang die »Alenriede«, einen Park, der in einen Wald und ein Villenviertel überging, in dem auch »unser« Hindenburg sein Haus hatte, bis ich endlich feststellte, daß es Eilenriede hieß. Außerdem geriet ich wirtschaftlich in einige Bedrängnis. Es ist doch etwas anderes, wenn man kein Geld hat und zu Hause oder bei Freunden wohnt, oder ob man auf sich selbst gestellt ist. Es gab in dieser Zeit weniger Arbeitslose, aber ich konnte keine Stellung in einer Tischlerei finden, und so besorgte mir mein Freund Hannes Israel Arbeit als Hilfsarbeiter in einer Papier-Großhandlung.

Es war für mich der erste »Job«, das heißt eine Arbeit, die, ziemlich stumpfsinnig, nicht den Einsatz der ganzen Person erforderte; mir war das lieb, denn ich konnte dabei meinen Gedanken nachhängen und weiter denken, was mich den Tag über beschäftigte. Ich habe seither oft solch eine Arbeit gesucht. Es war keine leichte Arbeit, Papierpakete hin- und herzutragen, zu schneiden und zu verpacken, aber gerade das gefiel mir. Über die Verteilung und Auswechselbarkeit der Arbeit, über die Vor- und Nachteile wird noch viel zu sagen sein. Jeder, der seine Heimat verlassen mußte und der anfangs unterzugehen meinte, weil sein bisheriger Lebensstandard verloren war, wird mir bestätigen, daß er nach Überwindung der Phase des Selbstmitleids merkte, daß ihm ein neuer Lebensanfang gegeben war, und man kann gar nicht oft genug das Leben neu anfangen müssen. Wie gut wäre es, sich nicht erst dem Zwang zu beugen, sondern aus freien Stücken solche Beweglichkeit zu suchen. Ich habe diese Stellung nach einiger Zeit verloren, weil ich für den Bund wieder verschiedene Reisen durch das ganze Land machen mußte. Zum Essen und für sonstige Bedürfnisse hatte ich 2,50 RM in der Woche, genug für 10 Pfund Kartoffeln, 1 Paket Margarine und 1 Brot. Mit Hilfe von Frau Voges machte ich daraus verschiedene Gerichte, und so habe ich nicht eigentlich Hunger gelitten. Dazu war ich auch viel zu tätig, und da ich neben meiner Arbeit viel mit der Arbeiterjugend zu tun hatte, der es in der Regel nicht besserging, fiel es mir kaum auf. Ein Problem waren die vielen Briefmarken, die ich für meine ausgedehnte Korrespondenz brauchte. Für Kino, Theater und Konzerte hatte ich irgendwie immer Geld. Ich sparte das am Fahrgeld für Straßenbahnen ein, und das ging wieder auf Kosten des Schlafs. Da war es schon besser, wenn ich arbeitslos war, denn wegen der Arbeit und der vielen Aktionen kam ich selten zu mehr als vier Stunden Schlaf. In der Jugend verträgt man ja sehr viel, und ich war so erfüllt vom Leben, daß ich gar nicht dazu kam, mich zu beklagen. Wenn ich denke, was ich heute so alles brauche, um arbeitsfähig zu bleiben, bin ich wohl aus meiner damaligen Sicht ein echter Bourgeois geworden. Damals war ich zufrieden, endlich dazuzugehören, heute würde man sagen, »in« zu sein, nämlich in der Masse derer, die nichts haben.

So erlebte ich also Hannover zwischen Hindenburg und Haarmann. Sicher gab es dazwischen anderes, Schwitters und seinen Kreis; Mary Wigman, die große Tänzerin, deren Eltern noch Wiechmann hießen und ein Fahrradgeschäft betrieben; Hindenburg und Haarmann, der einen unweigerlich an Theodor Lessing erinnert, einen vergessenen Winkelried jener Zeit, der immer alle Lanzen auf sich zog. Nicht Tucholsky oder Ossietzky waren es, für die der Begriff »jüdische Intelligenzbestie« geprägt wurde, sondern Theodor Lessing. Einer, der Polemik betrieb auf dem Hochseil ohne Netz und sich alle zu Feinden machte; von Thomas Mann über Helmut v. Gerlach bis zum Hugenbergschen ›Lokal-Anzeiger‹ war man sich über ihn einig. Sicher hatte er eine böse Schnauze und griff oft daneben, aber in vielen Dingen hat er so recht gehabt, daß man ihn noch heute zitieren kann. Wie konnte dieser Unglücksmensch nach der Hindenburg-Wahl (1925), noch dazu in einer Auslandszeitung, im ›Prager Tageblatt‹, einer liberalen deutschsprachigen Zeitung, über Hindenburg schreiben: Besser ein Zero als ein Nero, leider zeige jedoch die Geschichte, daß hinter einem Zero immer ein künftiger Nero verborgen steht ... Er wurde durch diesen Artikel nicht nur seine Dozentur an der Technischen Hochschule in Hannover los, nachdem die damals in ihrer Mehrheit reaktionären Studenten in seinen Vorlesungen randalierten und er weder bei den Kollegen noch bei den vorgesetzten Behörden Unterstützung fand, schon gar nicht beim Oberpräsidenten der Provinz Hannover – Noske war es zu jener Zeit, der ehemalige Reichswehrminister der Republik, ein ganz rechter Sozialdemokrat, der die Arbeiteraufstände mit Regierungstruppen niedergeschlagen hatte.

Mir war Theodor Lessing schon lange vorher ein Begriff durch seine Artikel über den Haarmann-Prozeß. Er erregte Stürme der Entrüstung, als er gegen das »gesunde Volksempfinden«, dem auch das Gericht huldigte, schrieb und auf die Begleitumstände hinwies, die niemand wissen wollte: auf die verrottete Altstadt und darauf, daß Haarmann jahrelang seine grausigen Taten begehen konnte, weil er als Polizeispitzel geschützt war; schließlich wagte Lessing auch noch einen Vergleich mit den Massenmorden, zu denen die Menschen im Krieg angehalten werden – eine viel zu frühe Einsicht, die erst nach dem Zweiten Weltkrieg und den Vietnamkriegen für größere Teile der Bevölkerung nachvollziehbar wurde. Schnell folgerten die nationalen und antisemitischen Schreiber, daß er auch einen General für einen Massenmörder halten könne. Geschrieben hat er es nie; was er gedacht hat, weiß ich nicht. Wir jedenfalls dachten es, besonders nach Hindenburgs Erklärung, der Krieg sei ihm wie ein Stahlbad bekommen.

Man soll nicht sagen, daß wir als Juden in einer Ausnahmesituation standen, da waren die vielen jungen Arbeiter, die ich damals hörte, die ebenso dachten wie wir. Nur war es eben die schweigende, oder besser: die stumm gemachte Menge. Bezeichnend ist, daß Theodor Lessing bis 1933 unangefochten an der von ihm begründeten Volkshochschule in Hannover lehren konnte. Es gab genügend Leute, die ihn hören wollten. Nicht hören wollten dies die konformistischen sozialdemokratischen Führer, die immer an die Vernunft der Herrschenden glaubten und hofften, mit Wohlverhalten wenigstens einige Reformen durchsetzen zu können. Nicht hören wollten diesen scharfen Ton auch die Liberalen aller Richtungen, und das war es wohl auch, womit sie sich unsere Verachtung zuzogen. Lessing verstieß dauernd gegen die Tabus seiner Zeit. Ist es heute anders? Es wird so viel von heißen Eisen geredet, und meistens ist es dann kalter Kaffee; wenn jemand wirklich gegen Tabus verstößt, ist es heute noch wie gestern, Heinemann, Böll und andere können ein Lied davon singen.

Theodor Lessing ist nicht nur ermordet worden, er wird noch immer weitgehend totgeschwiegen, und ich, der ich ihn nur wenige Male in Hannover in Versammlungen gesehen habe, hätte ihn auch vergessen, wenn ... ja, wenn ich nicht kürzlich durch die Memoiren der alten Katja Mann wieder auf ihn gestoßen wäre. Da ist eine Stelle, welche einen so konzentrierten Haß verrät, daß ich, neugierig wie ich bin, suchen mußte, was sich dahinter verbarg. Auch unser Mißtrauen gegen bestimmte, die Weimarer Republik repräsentierende etablierte Intellektuelle, Dichter und Schriftsteller, die 1914 für den Krieg gewesen waren und später nicht daran erinnert werden mochten – oder auch stolz darauf waren, einmal »volksnahe« gewesen zu sein –, gehörte zu jener Zeit. Da war Gerhart Hauptmann, der sein Goethe-Image pflegte, Alfred Kerr, der je nach Laune Pazifist war oder Kriegsgedichte schrieb, und Thomas Mann, der hanseatische Großbürger. Es muß ja wohl auch seinen Grund gehabt haben, daß Bertolt Brecht noch in der Emigration sich so böse über ihn geäußert hat.

Was ich fand, liegt sehr lange zurück. Im Jahre 1910 schrieb Theodor Lessing eine Satire über das Buch eines Kritikers. Ob die Satire gut oder schlecht war, ist hier nicht wichtig, wahrscheinlich war sie einfach frech. Einer der Betroffenen, Thomas Mann, antwortete darauf, und die Antwort ist aufschlußreich:

»Wer im Glashaus sitzt, lehrt das Sprichwort, sollte nicht mit Steinen werfen; und wer sich als Schreckbeispiel schlechter jüdischer Rasse durchs Leben duckt, verrät mehr als Unweisheit, verrät schmutzige Selbstverachtung, wenn er sich für Pasquille (d. i. eine Schmähschrift; Anm. d. A.) bezahlen läßt, deren drittes Wort mauscheln lautet ...«

Ich würde auch einen Menschen über den Tod hinaus hassen, wenn ich so etwas über ihn geschrieben hätte.

Zu dieser Polemik schrieb H. v. Gerlach in der ›Welt am Montag‹:

»Wenn das nicht so viel heißt, als Wanzen mit Kanonen ausrotten zu wollen, müßte uns der Sinn für Distanz völlig abhanden gekommen sein! ... Treffen wir auf Marodeure, werden wir nicht erst ein umständliches Ehrengericht einsetzen, sondern sie niederknallen, wie es der Krieg verlangt!«

Es tut mir oft leid, daß es heute so wenig Polemik der Schriftsteller untereinander gibt und man von ihnen auch schon als von der Krähe reden kann, die der andern kein Auge aushackt, aber wer könnte heute noch von guter oder schlechter jüdischer oder deutscher Rasse schreiben, wer könnte nach Hitler von Menschen reden, die wie Wanzen vernichtet werden müssen? Man redet nicht mehr davon, jedenfalls die Schriftsteller nicht. Ich, der ich Bertolt Brecht so sehr liebe, auch die ›Dreigroschenoper‹, zucke noch immer zusammen, wenn ich das Lied von der Seeräuber-Jenny höre und daran denken muß, wie deutsche Schiffe im spanischen Bürgerkrieg als Vergeltungsmaßnahme eine spanische Hafenstadt in Grund und Boden schossen. Wir alle reden und singen sehr leichtfertig und erschaudern, wenn die Metaphorik von der Realität eingeholt wird.

Der Pazifist Theodor Lessing wurde, nachdem er sich noch rechtzeitig in die Tschechoslowakei retten konnte, in Marienbad in seinem Arbeitszimmer von den Nazis erschossen. Dies als ein kleiner Stein zu seinem Gedenken.

Neben der Arbeit in der Gruppe und der umfangreichen Korrespondenz wurde ich auch noch auf andere Weise in die politischen Ereignisse hineingezogen. Uns erregte das Gesetz über die Millionenabfindung der deutschen Fürsten. Nach der Enteignung der Arbeiter, der kleinen Sparer, des Mittelstandes durch die Inflation war es ein Hohn auf alles soziale Beginnen, daß wieder denen gegeben werden sollte, die immer noch reich und mächtig und Todfeinde der Republik waren.

Die Hohenzollern und die übrigen Fürstenhäuser hatten zwar, als der Krieg verloren war, resigniert, aber es gab in der Weimarer Verfassung kein Gesetz, das regelte, was mit ihrem Eigentum zu geschehen habe. Da Schlösser und Groß-Grundbesitz von der Feudalzeit her zwar aus Staatsmitteln gebaut und unterhalten, aber als fürstliches Eigentum betrachtet wurden, wäre ein Gesetz nötig gewesen, um Privateigentum der Fürstenhäuser und Staatseigentum gegeneinander abzugrenzen. Nachdem die ehemaligen Herrscher merkten, daß sie in Deutschland anders als ihre Kollegen nach der französischen oder der russischen Revolution nicht gefährdet waren, begannen sie ihr »Eigentum« bei den Gerichten einzuklagen. Und da die gesamte kaiserlich gesinnte Beamtenschaft mit ihrer Gesinnung von der Republik übernommen worden war, so waren auch die Richter nur allzu bereit, dem Adel allen Besitz, den er beanspruchte, zuzusprechen. Nun, da die Inflation vorüber war und der Wirtschaft mit Dollaranleihen auf die Beine geholfen wurde, sollten, wenn schon nicht die Armen, so doch die Fürsten zu ihrem »Recht« kommen. Wieder zeigte es sich, daß in Deutschland keine Revolution stattgefunden hatte, daß zwar unter dem Druck der Sieger der Kaiser, die Könige und Fürsten abgesetzt wurden, der Staatsapparat hiervon aber kaum berührt wurde. Die Arbeiteraufstände nach dem Krieg waren niedergeschlagen, und nach der Ermordung der Führer gab es kaum noch einen, der an einen deutschen Sozialismus glaubte. Einerseits wurde immer wieder das Schreckgespenst der Bolschewiki an die Wand gemalt, andererseits lag ein deutscher Sozialismus auch nicht im Interesse der siegreichen Alliierten, die nur unwillig eine Regierung mit Sozialdemokraten unterstützten; in der Tat waren sie den reaktionären Kräften weit eher zugetan und trugen so ihr Teil dazu bei, daß es in Deutschland zum Faschismus kam.

Übrigens, nicht nur das Bürgertum, sondern auch die Arbeiterschaft bewahrte sich ein recht rosiges Bild von der Zeit vor 1914. Immer sind es die Fleischtöpfe Ägyptens, die nachträglich eine übermäßige Bedeutung bekommen – die Bibel zeigt ja an manchen Stellen Verhaltensmuster, die sich zu allen Zeiten wiederholen. So steht vor dem neuen Anfang die Wüstenwanderung, die so lange dauert, bis die an die Fleischtöpfe Ägyptens glaubende Generation ausgestorben ist.

Die Volksabstimmung mit dem Ziel, die Enteignung der Fürsten durchzusetzen, hatte für uns, die Jugend, noch eine andere Bedeutung: Es war eine Aktion, die das gesamte sozialistische Lager einte. Dem gemeinsamen Aufruf von Sozialdemokraten, USPD und KPD schlossen sich viele an und warben wie wir von Haus zu Haus und in zahlreichen Versammlungen für die gute Sache. Der Erfolg blieb nicht aus. Es wurden 4 ½ Millionen Stimmen gezählt, ebensoviel wie die Wahl Hindenburgs zum Reichspräsidenten im Jahr zuvor erbracht hatte. Wenn das Volksbegehren dennoch scheiterte, so lag es an den Gesetzen, welche einem positiven Ausgang eines Volksbegehrens von vornherein keine Chance gaben.

Mich faszinierten die großen politischen Versammlungen, und wir verfolgten aufmerksam die Entwicklungen in den Parteien. Aber nicht darüber will ich schreiben, es gibt da Berufenere. Ich möchte lieber erzählen, was es an kleineren Bewegungen gab, einige Randgruppen heraufholen, die auch nicht ohne Bedeutung waren.

Professor Leonard Nelson, den ich bei meiner Tante traf, habe ich bereits erwähnt. Er gründete den Internationalen Sozialistischen Kampfbund, ISK genannt. Die Organisation ist wohl der Jugendbewegung zuzuordnen, denn eine Partei ist sie nie geworden; tatsächlich ging sie auch von dem Prinzip der Jugendbewegung aus, wonach der Erziehung ein vorrangiger Platz einzuräumen sei. Wenn es für rabiate Volkserziehung der Wüstenwanderung keine Grundlage gibt, so bleibt es bei der individuellen Erziehung, und da hatte der ISK einige Erfolge aufzuweisen. Nelson war Neukantianer, kämpfte für den Sozialismus, aber gegen den Marxismus, und Hegel war für ihn der Teufel, der das deutsche Volk verdorben hatte. Ich habe ihn öfter gehört und habe seine theoretischen Auseinandersetzungen nicht verstanden, was kein Wunder war, denn dazu hätte ich erst jahrelang studieren müssen. In seinem Bund waren gute Leute, wenig Arbeiter, meistens Intellektuelle, aus verschiedenen Ländern, vor allem Engländer und Franzosen und zahlreiche Inder. Zum großen Teil waren es Studenten, und es war aufschlußreich, Gedanken von Leuten aus fremden Ländern zu hören. Nelson war sehr autoritär, hatte aber begabte und kluge Leute um sich versammelt. Bei den Diskussionen war er sehr rabulistisch, und ich junger Hund wagte ihm oft zu widersprechen. In der praktischen Politik aber war er zuverlässig, vernünftig, die Erziehung seiner Leute orientierte er an spartanischen Modellen. Er wollte möglichst ihr ganzes Leben bestimmen und dirigieren, und an diesem Punkt gerieten wir aneinander. Trotz meiner Jugend war ich toleranter. Nicht rauchen und nicht trinken waren ja auch unsere Forderungen, aber er wollte möglichst noch die Wahl des Ehepartners entscheiden. Damals nannte Minna Specht sich bescheiden seine Sekretärin, und sie war ihm extrem ergeben; sie war es, die die eigentliche Arbeit tat. Minna Specht stammte aus Bremen und war die Tochter eines Gastwirts, sie war auch mindestens 15 Jahre älter als ich und Lehrerin von Beruf. Der ISK war damals gerade bei der Volksabstimmung über die Fürstenenteignung sehr aktiv, und es war eine kurze Periode der Einigkeit, wo alle linken Parteien darüber hinwegsahen, wenn man nicht »rechtgläubig« war. Mich interessierte der ISK besonders, weil er einen nicht-marxistischen Sozialismus vertrat, aber nach einiger Zeit stieß mich das Sektiererische an ihm ab. Es gab einen Führerkult, den ich nicht mitmachen konnte. Der endgültige Anlaß zum Bruch war läppisch: Ich kam eines

Tages zu meiner Tante, bei der Nelson immer wohnte, und als ich eintreten wollte, flatterte Minna Specht aufgeregt um mich herum. Im Zimmer saß Leonard Nelson bei einem Glas Wein und einer dicken Zigarre. Minna sagte beschwichtigend: »Der Führer darf«, was mich zu einer Rede darüber veranlaßte, daß ein Führer die Pflicht habe, mit sich doppelt so streng zu sein usw. Nun hätte Professor Nelson den Jahren nach mein Vater sein können, und wie meine Tante sagte, meine Vorhaltungen waren wirklich sehr taktlos, aber mich hatte der Anspruch schon lange gereizt. Autoritär war ja damals noch keineswegs ein Schimpfwort, ebenso wie es noch möglich war, sich als »Führer« eines Bundes zu bezeichnen; wir hatten jedoch gerade begonnen, uns über das elitäre Getue des Stefan-George-Kreises lustig zu machen, und damals machte auch ein Wort von Karl Radek die Runde, dem ehemaligen sowjetischen Volkskommissar, der auf den Vorwurf, er lebe in einem hungernden sozialistischen Land wie ein Bourgeois, geantwortet hatte, er trage dreimal soviel Verantwortung wie ein Arbeiter und habe daher auch dreifachen Anspruch auf die Güter des Lebens. Zögernd begannen wir, die »neue Klasse« zu diskutieren, die sich in der Sowjetunion bildete. Dies alles führte wohl dazu, daß ich so heftig reagierte, was zum Teil natürlich auch meiner Unsicherheit zuzuschreiben war, jedenfalls schämte ich mich danach. Nelson aber war beleidigt, nicht so Minna Specht. Sie gründete 1930 eine Schule des ISK, die Walkemühle. Als Hitler kam, ging sie mit dieser Schule nach Dänemark und bei Kriegsbeginn nach England in die Emigration. Als ich 1950 aus Israel zurückkehrte, traf ich sie wieder als Direktorin der Odenwaldschule, außerdem war sie die erste Vertreterin der Bundesrepublik in der UNESCO. Sie war inzwischen längst im pensionsfähigen Alter. Über unsere Gegensätze war die Zeit hinweggegangen, und sie bot mir an, die Tischlerei und Lehrlingswerkstätte in der Odenwaldschule zu übernehmen.

Tatsächlich ist aus dem Kreis um Nelson eine Anzahl

ausgezeichneter Leute hervorgegangen, manche von ihnen sind nach dem Krieg an führender Stelle in der SPD wieder aufgetaucht. Es war eine kleine Gruppe, deren Anteil am aktiven Widerstand gegen das Dritte Reich im umgekehrten Verhältnis zu ihrer Zahl stand, abgesehen von den vielen, die selbstlos und konsequent in der Sozialarbeit standen. Zu den Widerstandskämpfern aus den Reihen des ISK gehörte auch Hilda Monte, die Schwester von Margot, deren Schicksal ich später erzählen werde, und in dieser Wirksamkeit liegt die eigentliche Bedeutung des Bundes, unabhängig davon, ob man seine Theorien für richtig hält oder nicht. Dasselbe gilt natürlich auch für unseren Bund, aber das konnte ich damals noch nicht übersehen.

Ich kann hier nicht die Schriften Nelsons aufzählen oder daraus zitieren, was wir kannten und diskutierten und was mindestens zu einem Teil widerspiegelte, was auch uns bedrückte. So hat er viel über die Schule geschrieben, stand auch in Verbindung mit dem großen Schulreformer Gustav Wyneken, ja, er war sogar in der Sowjetunion und hat mit Lunatscharskij diskutiert. Er schrieb nicht nur über die Notwendigkeit, die Jugend zu politisieren, sondern gründete auch eine nach seinen Thesen ausgerichtete Gruppe, aus der später der ISK hervorging. Sein Buch ›Demokratie und Führerschaft‹, lebhaft diskutiert, stieß auf unsere eigenen Zweifel an der vor unseren Augen praktizierten Demokratie, an den Wahlmechanismen, die kaum vernünftige Lösungen förderten, sondern in hohem Maße reaktionäre Tendenzen verstärkten, den Anhängern vom »Kaiser und Reich« dienten und die wirtschaftliche Übermacht der Besitzenden sicherten. Wie sonst hätte es geschehen können, daß der erzkonservative Hindenburg zum Staatsoberhaupt gewählt wurde, einer, der nicht das mindeste Interesse an dem arbeitenden Volk hatte, um so mehr jedoch an der Wiederherstellung des alten Reiches mit der Machtfülle der Junker und Fabrikherren. Sicher war Hindenburg an sich harmlos und uninformiert, aber hinter ihm verbargen sich schon damals die Papens und der Herrenklub, der dann Hitler die Machtergreifung erleichterte.

Wir haben uns damals sehr widerwillig an Wahlen beteiligt. Unser Votum galt nicht einer Partei – es war uns keine recht –, sondern war ausschließlich gegen die immer stärker anschwellende Flut reaktionärer und faschistischer Kräfte gerichtet.

Demokratie und Führerschaft war auch eines der Probleme der Jugendbewegung. Der Führer, zu dem man Vertrauen haben konnte, der aber auch kontrolliert sein sollte. Zu leicht verfällt man in die Arroganz der Macht, und gerade eine Episode in Nelsons eigener Bewegung zeigte die Gefahr. Warum begegne ich jetzt rückblickend überall den Vorbildern des hypokritischen Führerdenkens der Nationalsozialisten? Die Episode ist mir so stark in Erinnerung geblieben, weil sie für mich selbst eine Warnung war. Bei einer Diskussion im weiteren Kreise des ISK widersprach ein kluger Junge Nelson heftig, und für uns widerlegte er ihn. Für mich unverständlich, wurde er aus dem Bund ausgeschlossen. Damit hatte es aber noch nicht sein Bewenden, denn man bemühte sich um die Versöhnung zwischen den beiden, weil der Junge ein sehr aktives und begeistertes Mitglied des Bundes war. Das Verdikt war für mich niederschmetternd. Keine Diskussion, keine Klärung der Gegensätze, sondern: »Der Führer hat dir verziehen.«

Weihnachten (1926) kam Hans Litten mit riesigen Freßpaketen, Würsten und Schinken. Freunde hatten ihn alarmiert, sie fanden, daß ich am Verhungern sein müsse. Hans kam aus Zinten, wo er sein Praktikum als Referendar absolvierte. Zinten, eine kleine Provinzstadt im katholischen ostpreußisch-ermländischen Dreieck, war ein armseliges Nest und für uns Königsberger Großstädter einer der Orte, die allen Spott auf sich zogen. Es gab meines Wissens in Ostpreußen nur zwei derartige Städte, die andere war Tapiau, südöstlich von Königsberg. Wenn wir Kinder etwas haben wollten, bekamen wir zu hören: »Bettler kommen aus Tapiau« – oder eben aus Zinten. Kündigte einer in Königsberg eine Auslandsreise an, so blieb offen, ob nicht Zinten das Ziel war, außerdem gab es den Kindervers: »Johann, spann an, zwei Katzen voran, zwei Ziegen nach hinten, wir fahren nach Zinten.«

Hans kam also mit Wurstpaketen aus dem »Ausland«. Nun war ich inzwischen Vegetarier geworden, meinen gemurmelten Protest schob er jedoch beiseite. Kurze Zeit später, als ich ihm alles erklärt und ihn überzeugt hatte, warf er es mir immer wieder vor, daß ich meine richtigen Überzeugungen um seinetwillen über den Haufen geworfen hatte. So war es immer: er in jedem Falle konsequent, während ich seit jeher den Charakterschaden habe, daß ich einsichtig bin, und deshalb fehlt mir jede Anlage zur Größe.

Wir planten anderthalb Jahre im voraus unseren gemeinsamen Aufenthalt in Berlin, wo er sein Staatsexamen machen wollte.

1926, ein Jahr wie andere, ich hatte es lange vergessen, andere Jahre schienen mir bedeutsamer für mein Leben zu sein. Nun, da ich von ihm spreche, ist es, als ob einem Wildbach die Schleusen geöffnet werden, und es stürzen die Erinnerungen wie Fluten über mich hinweg. Sonnentage, Regentage, Novembertrübe, Frost, Schneematsch in den Straßen und wieder Frühling, wie lang damals ein Jahr war. Politische Arbeit, Arbeit in meinen Gruppen, Geld verdienen und wandern, fast immer begleitet von Liedern und meiner Gitarre: alles lag dicht beieinander. Unglaublich, wie andere von ihrem Leben erzählen können – lebten sie wirklich in solch einer Ordnung? Ich nie! Einmal gab es eine Feier zu Ehren von Rosa Luxemburg und Karl Liebknecht, der Saal voller Jugend, Ernst Busch sollte aus Berlin kommen und seine Lieder singen. Ich weiß nicht, warum er nicht kam, jedenfalls wurde ich plötzlich mit meiner Gitarre auf die Bühne geschoben: »Sing!« Ich sang und spielte die russischen Kampflieder von den unsterblichen Opfern, und alle sangen mit, und meine Gitarre siegte über den vollen Saal auch ohne Mikrophon.

Andere Tage in der Lüneburger Heide, zehn Tage mit Hans Litten zwischen Birken, Tannen, Wacholderbüschen, und das Heidekraut war ein vorzügliches Polster in der Nacht; wir sprachen über Politik und sangen die Löns-Lieder von den Wolken, von den Birken und von der Liebe und immer wieder unsere wehmütigen ostpreußisch-litauischen Lieder, die große Ruhe der Landschaft gesellte sich zu unserer Unruhe, beschwichtigte sie nicht, sondern half klären, was man tun und nicht tun sollte. Die Gruppe in Hannover war nun in sich sicher und stabil geworden, es waren etwa 50 bis 60 Jungen und Mädchen, und ich habe nur wenige Namen im Kopf behalten. Da war der kleine Heinz Rosen(thal), von dem ich schon schrieb, daß er später Tänzer wurde, grundhäßlich, ein wenig negroid, mit einem Gesicht wie der amerikanische Schauspieler Robinson, der die sentimentalen Verbrecherkönige spielte. Er konnte seine Arme und Beine exzentrisch verdrehen; man muß aus seinen Unzulänglichkeiten sich ein Haus bauen können, und er tat es schließlich.

Da war Hannes Israel, der immer irgendwie für mich sorgte, ein Fels in unserer unruhigen Jugend, schon im Beruf; als Kaufmann; ich habe schon lange nichts von ihm gehört, aber sein großflächiges, gutes Gesicht sehe ich noch vor mir. Und Fritz Sauer, der erst langsam zu uns kam, er war damals religiös, später Marxist, mit derselben Inbrunst. Von ihm sagte ich einmal, man müßte ein talmudistischer Jude sein, dann ist es leicht, von der Auslegung des Talmuds zur Auslegung von Karl Marx herüberzuwechseln. Langsam gewöhnte ich den gehemmten, schüchternen Jungen daran, an unseren wilden Diskussionen teilzunehmen, indem ich plötzlich Ruhe schaffte und bedeutete, daß einer stumm dasäße und doch so viel zu sagen habe. Es lohnte sich, ihn geholt zu haben, und als ich fortging, übernahm er die Gruppe. Er hat ein trauriges Schicksal gehabt, und ich denke immer an ihn, wenn ich das Heine-Lied vom Reif in der Frühlingsnacht singe, wohl auch, weil er eine Freundin von uns liebte und heiratete; mit der jungen Liebe schwand er aus meinem Gesichtskreis, und alles weitere weiß ich nur aus Berichten dritter.

In jener Zeit lernte ich auch Rudi Arndt kennen, er war wohl gerade sechzehn Jahre alt, Berliner, genauer gesagt aus Hermsdorf, einem Vorort Berlins; er war von der Schule und seinem despotischen Vater fortgelaufen und wollte Landarbeiter werden, auch, weil er damals zum Zionismus neigte. Rudi war ein schöner Junge, mit seinem Beduinengesicht sah er aus wie ein Held aus dem Märchen. Im Jahr darauf war er wieder in Berlin, inzwischen radikaler Sozialist geworden und Leiter unserer Berliner Gruppen. Seine Mutter war früh gestorben, sein Vater, Direktor der jüdischen Mittelschule, arrogant und verbohrt, wie nur irgendein Schulmeister sein kann. Er hielt es für ein Verbrechen, Zionist oder Kommunist zu sein, und war auch in der Schule für sein parteiisches Verhalten den Kindern gegenüber berüchtigt. Ein unangenehmer Mann, ich habe ihn nur einmal gesehen, als ich zu ihm gegangen war, um zwischen ihm und seinem Sohn zu vermitteln. Ich mißtraute immer den Berichten der Kinder und hoffte, zwischen ihnen und den Eltern vermitteln zu können. Diesmal gelang mir gar nichts, ich war in zehn Minuten wieder auf der Straße mit dem Verdikt: »Der Junge soll zuerst einmal parieren, sonst hat er nichts von mir zu erwarten.« Rudi schloß sich sehr eng an mich an, wenn ich nachrechne, war es eine kurze Zeit, zwei Jahre, aber zwei intensiv gelebte Jahre sind sehr viel. Wir waren sehr verschieden, aber eines hatten wir gemeinsam: viele Lieder und die Liebe zur Gitarre. Wir gingen einmal eine Woche lang zusammen durchs Erzgebirge und spielten und sangen an die 400 Lieder. Inzwischen habe ich viele davon vergessen, aber nicht das Lied, das er mir beibrachte; es endete: »Ich habe eine Mär vernommen/ es wird der Friede kommen.« Er hat es nicht erlebt.

Ich spreche immer von meinen Freunden, damals hätte ich von meinen Kameraden gesprochen, aber das Wort ist mir vergällt durch den heftigen Gebrauch beim Militär, schon damals benutzte ich es nur zögernd, man konnte gerade noch über seinen militärischen Inhalt, auch über »Schulkameraden« hinwegsehen. Das Wort Genosse, das wir noch viel verwandten, war nicht weniger festgelegt, hier nun auf den Kreis der Leute, die in Gewerkschaft, Betrieb und Partei zusammenarbeiteten; er reicht einfach nicht weit genug. So reich eine Sprache auch ist, es fehlen immer noch Worte, die differenzieren, und so hat jedes Wort auch eine schillernde Bedeutung. Ich komme schon gar in Schwierigkeiten, wenn ich von meinen Freundinnen zu erzählen habe. Du ziehst schon wieder die Augenbrauen hoch, wenn ich nur das Wort nenne, aber ich muß dich enttäuschen. Beziehungen junger Menschen untereinander sind immer erotisch, und ohne daß man Körper und Seele einsetzt, wird man wohl nie etwas zustande bringen, aber das, was wir erreichen wollten, endete eben nicht im Bett. Zu der notwendigen pädagogischen Spannung, die wir annahmen, gehörte nicht notwendig die sexuelle Erfüllung. Es war ein Auf-einen-Weg-Bringen, die Verantwortung zu übernehmen für sich, für den Nächsten in der Gruppe, und daraus ergab sich schon eine weite Verantwortung für die Dinge, die auf der Welt geschahen. Die Augen offenhalten und eingreifen, wo es nötig ist und soweit man es kann. Es ist ein weites Feld von der sozialen Verantwortung bis zur politischen Arbeit. Auf-den-Weg-Bringen heißt in diesem Alter schon gar nicht, den Weg festzulegen, eher im Gegenteil den Weg offenzuhalten und die Möglichkeit, zu zeigen, kritisch zu prüfen, was unter gegebenen Umständen zu tun ist und wie man sich selbst am besten einsetzen kann. Von den gleichen Voraussetzungen ausgehend, trennten sich später unsere Wege, gingen weit auseinander. Ich habe das nie bedauert und bin im Gegenteil stolz darauf. An den vielen Lebensläufen, die ich erzähle, so traurig manche von ihnen sind, wird sich zeigen, daß vieles auf die gemeinsame Jugend zurückgeht.

Ich brauche das nicht, um mich bestätigt zu fühlen, ich habe ein eigenes erfülltes Leben hinter mir, aber was wäre ich ohne diese Freunde. Der Kummer, die Freude, die heftigen Kämpfe, die wir miteinander hatten, haben an mir gearbeitet. So wie ich ihre Fehler und Schwächen zu wissen glaubte, kennen sie die meinigen und haben sich nie gescheut, sie mir vorzuhalten. Mit Rudi Arndt hatte ich ein besonders enges Verhältnis. Schon wegen seiner traurigen, absurden Familienverhältnisse brauchte er Verständnis und Hilfe, bis er darüber hinausgewachsen war. Er war wie mein jüngerer Bruder, hitziger, politisch aktiver als ich, und es war vorauszusehen, daß er sich rasch von mir lösen würde. Was machte das? Es galt einen Menschen aufzubauen, wie man einen guten Athleten aufbaut, denn um das, was wir vorhatten, zu bewältigen, brauchte es schon einen Athleten. Wieviel mehr als Nahrung und Wissen braucht ein Mensch? Die langen Diskussionen, das lange freundliche Schweigen zwischen uns, die gemeinsame Arbeit in den Gruppen, das Erkennen der Schwierigkeiten der andern, Analysen der politischen Situation und historischer Ereignisse – all dieses verbreiterte und stützte die Basis. Wir sprachen viel über Kunst und schöpferische Arbeit. Beisammensein und Alleinsein, die aufmerksame Beobachtung bis zur Entscheidung, ob man helfend eingreifen oder geduldig abwarten solle. Es dauert immer eine Weile, bis ein Mensch auf eigenen Füßen stehen kann. Dann der leidvolle Prozeß der Ablösung, den man dulden muß, auch wenn sich alles in einem dagegen sträubt, diese Notwendigkeit einzusehen. Es war für mich eine fruchtbare, aber auch eine furchtbare Zeit. Mit sehr vielen Menschen habe ich diese Spannungen durchlebt, doch mit keinem so intensiv wie mit Rudi. Sein Ende habe ich mir auch nur berichten lassen können; in dem Buch ›Kennzeichen J‹ ist ihm ein besonderes Kapitel gewidmet: Buchenwald, Bericht über Kampf und Tod des

jüdischen Kommunisten Rudi Arndt. Danach hatte Rudi nach einem Intermezzo als Landarbeiter – seine Antwort auf das väterliche Verbot, Lehrer zu werden – eine Lehre als Schriftsetzer begonnen. Der Achtzehnjährige trat in die Rote Jungfront ein und wurde bald zu ihrem Leiter im Bezirk Berlin-Mitte. Wenige Tage nach der Gesellenprüfung wurde er zum ersten Mal verhaftet, weil er unter den Angehörigen eines Kavallerieregiments revolutionäre Propaganda betrieben hatte, und zu einundeinhalb Jahren Festungshaft verurteilt. Im Herbst 1933 wurde er erneut verhaftet und bekam – diesmal bereits vom Naziregime – drei Jahre Zuchthaus. Wie viele wurde er nach Ablauf der Frist nicht freigelassen, sondern ging den Golgathaweg über Dachau, Sachsenhausen nach Buchenwald. Weiter heißt es in dem Bericht: Er hat in diesen Lagern genau das getan, was er schon vorher getan hatte: er erzog junge Menschen und half ihnen unter Einsatz seines eigenen Lebens...
In Dachau nahm sich Rudi Arndt der jungen österreichischen Juden an, die im Frühjahr 1938 so zahlreich ins Lager kamen, eine Menge von eingeschüchterten, terrorisierten, oft eigenbrötlerischen Jugendlichen. Er war es, der sie zu einem Kollektiv junger, furchtloser Kämpfer schmiedete. Keiner der Überlebenden vergaß die seltenen Stunden, wenn nach erschöpfender, fürchterlicher Arbeit unter Schlägen und Tritten Rudi Arndt zu ihnen gesprochen, sie aufgerichtet hatte. In Buchenwald wurde Rudi Arndt, nachdem er kurze Zeit in einem Baukommando gearbeitet hatte, nach der Einrichtung eines besonderen Reviers für Juden der Kapo dieses Reviers. Hier hat er Hunderten von Juden das Leben gerettet. Einmal, indem er mit Hilfe der nichtjüdischen Genossen Medikamente aus dem Hauptkrankenbau herbeischaffte, aber auch, weil er es unter ständiger Lebensgefahr wagte, ungezählte Kameraden vor den SS-Ärzten versteckt zu halten. Nach der Auflösung des Reviers wurde er Blockältester des Blocks 22. Die kommunistische

Zelle, die er dort organisierte, hielt unter seiner Leitung regelmäßige geheime Sitzungen ab. Zu Anfang des Krieges pferchten die Faschisten zahllose polnische Juden im sogenannten »Kleinen Lager« in Buchenwald zusammen, um sie dort langsam auszuhungern ... Rudi verstand es, für diese Kameraden eine ständige Zusatzverpflegung zu organisieren. Es war die Tat, die Rudi Arndts Ermordung nach sich zog. Denn um den Gefangenen vom »Kleinen Lager« zu helfen, mußte er vorher einer Gruppe von kriminellen Spekulanten unter den Häftlingen, die sich an der Gefangenennahrung bereicherte, das Handwerk legen.

Das vergaben ihm die Verbrecher, die mit der SS zusammenarbeiteten, niemals. Rudi Arndts Unerschrockenheit bewährte sich bis zum letzten Augenblick. Als die Nazis gegen Ende des Jahres 1939 nach dem sogenannten Attentat im Bürgerbräukeller unter den jüdischen Häftlingen furchtbar wüteten und gleichzeitig jede Revierbehandlung der Juden untersagten, richtete Rudi Arndt in dem ihm unterstellten Block einen Revierdienst ein und pflegte selber die Schwerverwundeten, die zu ihm gebracht wurden.

Rudi machte die größten Anstrengungen, um gegen die Degradierung des Menschlichen durch die Nazis alles das aufzubieten, worin sich dieses Menschliche wahrhaft manifestiert. Darum ermutigte er begabte Kameraden, Gedichte und Lieder zu schreiben, darum brachte er schließlich auch die Bildung eines Streichquartetts zustande, das aus Häftlingen bestand und vor Häftlingen Mozart, Haydn und Beethoven spielte ... Der 3. Mai 1940 war der Tag, an dem die Banditen, die sich gegen Rudi Arndt verschworen hatten, ihn zur Strecke brachten. Er wurde früh am Morgen ans Tor gerufen, wo der Hauptsturmführer Schobert ihm entgegenschrie ...: »Da kommt der König der Juden!« Man formulierte die Vorwürfe gegen Rudi Arndt: er organisiere die Juden, besorge ihnen gute Kommandos. Die SS peitschte ihn aus. Er war als Blockältester abgesetzt. Man schickte ihn sofort in den Steinbruch ...

Die SS wollte ihn jagen lassen, aber kein Häftling gab sich dazu her. Rudi Arndt wußte, daß er verloren war. Sein Geist war ungebrochen, aber er wollte seinen geschwächten Leib nicht zur Hergabe seines Geheimnisses pressen lassen ... Gegen drei Uhr nachmittags ging er ruhig über die Postenkette, ohne auf die Halterufe der SS-Leute zu achten. Beim zweiten Schuß fiel er.

Jedem, der sich mit politischen Dingen befaßt, wird klar sein, daß diese Würdigung in der DDR publiziert wurde (1966). Über Rudi Arndt gibt es dort viele Zeugnisse, Briefe von Häftlingen, die ihn getroffen haben, und von anderen Leuten, die ihn kannten. Man hat dort überhaupt eine andere Einstellung zu den Kämpfern gegen den Faschismus. Als mein Schwager, Siegfried Adler, starb, übernahm es eine Schulklasse, eine Dokumentation über sein Leben zu schreiben. Natürlich wird man sagen, das sei einseitig, dort würden nur die Helden gefeiert, die genehm sind, die nicht überlebten und dann gegen den Stachel löckten, gegen den stalinistischen und andere, es gibt deren genügend. Aber ich finde in den Dokumentationen viele Freunde wieder, die nicht der Partei angehörten. Ist es denn in der Bundesrepublik und in den westlichen Ländern anders? Hier suche ich vergebens nach einem Wort über Rudi Arndt, man kann ihm auch hier nicht verzeihen, daß er den falschen Glauben hatte, obwohl er im KZ gerade hauptsächlich mit den jüdischen Jugendlichen arbeitete, ihnen half und sie aufrichtete. Auch in Israel wird er nicht gefeiert, weil er zwar viel für Juden tat, aber nie dazu zu bekehren war, daß der Hitlerfaschismus nur das jüdische Volk schlug. Er hat ihn wohl bis zu seinem Lebensende als eine deutsche, eine europäische Katastrophe gesehen.

Heldenverehrung ist eine schwierige Sache. Ich schreibe über meine Freunde, von einer Jugend, die bewußt gegen diese sich anbahnende Katastrophe antrat, die erfüllt war von dem Gedanken, daß sie nur abgewendet werden könne, wenn sich jeder mit sich selbst und seinem Leben einsetzt, und die für ihre Überzeugung mit einem hohen Prozentsatz an Opfern bezahlt hat; aber das hitlerische KZ ist nicht die einzige Falle, in der sie umkamen. Ich werde da noch viel zu schreiben haben, und Objektivität ist das wenigste, was gefragt ist. Was wäre aus Rudi Arndt geworden, wäre er den Nazihäschern entkommen, ein so vielseitig begabter, offener und radikaler Mensch, aus wie vielen anderen Fallen hätte er entweichen müssen, um mein Lebensalter zu erreichen, wie viele Kompromisse mit dem Teufel hätte er schließen müssen?

Ich weiß und vergesse keinen Augenblick die vielen Opfer jener Zeit, nicht nur die Opfer, die massenweise in Auschwitz und anderen Lagern vernichtet wurden, nicht die Opfer der wahnwitzigen Kriege, von denen man heute in einem Kapitel schreiben kann, wie sie hätten vermieden werden können.

Heldenverehrung. Ich sehe die Kriegerdenkmäler, die heute gepflegten Massengräber, die Gedenksteine und die Gedenktafeln in Kirchen, in Synagogen, in Gedenkhallen, die zahlreichen stilisierten Ehrenhöfe. Ob schön oder häßlich, gefragt sind sie nur, wenn sie den Lebenden etwas zurufen. Die Toten rufen nicht, sie sind nur Objekte. Die Heldendenkmäler von 1914 bis 1918 riefen fast ausnahmslos zur Revanche, sie riefen nach dem Zweiten Weltkrieg. Die Heldengräber des Zweiten Weltkrieges sollen gegen Krieg und Massenwahnsinn aufrufen. Tun sie es? Ich bin ein gebranntes Kind und mißtrauisch. Ich höre auch die Untertöne von dieser großen Zeit. Von der großen Zeit, in der die Widerstandskämpfer starben; ihnen gebühren die Denkmäler des schlechten Gewissens. Stuttgart ist eine Stadt mit praktisch veranlagten Bürgern: vier Steinwürfel für die Opfer des Faschismus. Sie stehen sehr diskret an einer Ecke, wenn man nicht weiß, worum es sich handelt, sieht man sie nicht. Tag und Nacht pissen die Hunde daran und manchmal die Menschen. Die Stadt hat ihre Pflicht getan, ein wenig so, wie man es früher tat, als man die

Gräber mit schweren Steinen belegte, damit die Toten nicht zurückkehren können.

Man könnte sich denken, daß solche Mahnmale als Hindernisse gebaut würden, damit man täglich daran erinnert werde. Die Stadt Dürers, der Meistersinger und anderer Aktivitäten hat dies getan, natürlich nicht mit einem Mahnmal für Antifaschisten, sondern einem gegen die Berliner Mauer. Man kann da nur resigniert sagen, daß das Hemd immer näher bleibt als der Rock.

Schreibe ich über Theodor Lessing und Leonard Nelson, so muß ich sofort an Kurt Hiller denken, den ich erst später näher kennenlernte. Bei allen Verschiedenheiten hatten die drei eines gemeinsam: ihre Abneigung und, je nach Temperament, sogar ihren Haß gegen den Marxismus. Ich kann ihre Philosophien nicht beurteilen, sie hatten alle immer recht, wenn man sie hörte. Ihre scharfsinnigen Polemiken – es war ein Genuß, ihnen zuzuhören. Da sie nicht an eine Parteidoktrin gebunden waren, konnten sie mit Begriffen der Ethik und Logik frei hantieren, als ob dadurch die Welt verändert würde. Wie kam Marx eigentlich dazu, die realistische Bewegung des 19. und 20. Jahrhunderts zu entfachen? Immer widerlegt, seine Anhänger in große und kleine Fraktionen gespalten, immer neu ausgelegt und den neuen Formen der Gesellschaft angepaßt, hat er mit seiner materialistischen Weltanschauung, die von dem größten Idealismus getragen wurde, die Welt verändert.

Kamen wir aus den Diskussionen heiß geredet nach Hause, so wußten wir, daß nur er, der Redner des Abends, recht hatte. Wer konnte einer Logik widerstehen, welche die andern bestenfalls als Irrende oder falsche Propheten, als Betrüger und Taschenspieler gelten ließ. Griff er dann die taktischen Fehler auf, die von der sozialdemokratischen, der kommunistischen Partei oder der Sowjetunion begangen wurden, so konnte man zustimmen oder diskutieren; stimmte man der Folgerung, es handle sich um system-immanente Mängel, nicht zu, so war es wirkungslos, auf marxistische Theoretiker hinzuweisen, die sich ebenfalls angriffen und sich um ihre Beseitigung bemühten. Es ging einem wie bei einer Freidenkerversammlung, in der mit großem Enthusiasmus die Fehler der Kirchen gegeißelt wurden, die Unstimmigkeiten zwischen Anspruch und Wirklichkeit. Sicher, man braucht keinen Gott, man braucht keine Bibel, um als guter Mensch zu leben, und doch kann man nicht die Historie, die Geistesgeschichte Europas ausradieren, die entscheidend mitgeformt sind aus den richtigen und falschen Folgerungen, die man aus der Bibel zog. Drei Weltreligionen haben dieses Buch in ihr System einbezogen, es ausgelegt, vielleicht verfälscht, aber immer wieder zu ihrer Identifikation benutzt. Es gibt andere religiöse Grundlagen, und Tausende mehr sind denkbar, und es ist unerklärlich, warum ausgerechnet die Bibel diesen Welterfolg hat. Nun möchte ich nicht vom Marxismus als einer Religion sprechen, aber seine Verbreitung über alle Kontinente der Erde und der Auftrieb, den er überall den reformistischen und revolutionären Bewegungen gegeben hat, ist so groß, daß man von einem marxistischen Zeitalter sprechen muß.

Für uns, auf die eine verwirrende Vielfalt der Informationen eingebrochen war, war es wichtig, eine Grundlage zu bekommen, die Dinge ordnen zu können, die Proportionen zu erkennen und auch im politischen Leben nicht von der Hand in den Mund zu leben. Daher lernten wir eifrig die Lehren des Marxismus, lasen immer wieder das ›Kommunistische Manifest‹, das ›ABC des Kommunismus‹ von Bucharin, den ›Bauernkrieg‹ von Friedrich Engels, und, je nach Auffassungsfähigkeit, größere und kleinere Schriften von Marx, Engels, Lenin. Dazu kam, daß die Vielfalt dessen, was an Literatur durch Zeitungen und Zeitschriften, von der ›Weltbühne‹ bis zu Jugendbewegungsschriften, an Dichtung und Kunst uns wichtig schien, in sich widersprüchlich war; wir suchten es einzuordnen, was nicht immer gelang.

5

Es ist mir berichtet worden, glücklicher König, sagte Scheherezade. Was uns heute berichtet wird, ist viel schlimmer als das, was aus dem großen mittelalterlichen Reich der Araber zu berichten war. Die überlieferten Plagen: Krieg, Mord, Hunger, Gefangenschaft, Seuchen und Aberglauben, wüten wie eh und je unter der Menschheit. Warum lese ich eigentlich Märchen aus vergangenen Zeiten, statt mich mit der Gegenwart zu beschäftigen. Der ganze Tag gehört der Gegenwart, aber ein Teil der langen Nächte, in denen der Schlaf immer noch nicht reifen will, gehört der sanften Poesie der Vergangenheit. Scheherezade, die Liebe, spricht nicht nur von Gewalt, sie spricht von Dichtern, von Liebe, und sie spricht von der Auslieferung an ein Schicksal, aber auch von seiner Überwindung in immer neuen phantasievollen Auflösungen persönlicher Probleme. Man muß nur lesen können und vergleichen. Das, was wir von jedem verlangen, der Dichtung liest. Außer in Kinderbearbeitungen las ich das erste Mal im Gefängnis in diesem Buch der Bücher, besonders aufgeschlossen für die Gelassenheit, mit der man Schicksal hinnehmen muß, was blieb mir auch übrig in der Massenzelle im Berliner Polizeigefängnis; es war auch das einzige Buch weit und breit, das sich dorthin verirrt hatte. Heute lese ich es ganz anders, als wenn ich es nicht mehr nötig hätte, das Schicksal auf mich zu nehmen, das über mich verhängt ist. Heute sind mir die Araber viel näher gerückt. Sie sind nicht mehr unwirklich. Ich habe jahrelang zwischen ihnen gelebt, sie sind eine politische Realität geworden, für mich schon lange, noch ehe sie ihre Ölüberlegenheit ausspielten. Die Brocken der arabischen Sprache, die ich inzwischen gelernt habe, helfen mir, die Märchen und Erzählungen realer zu sehen, diese Ergänzungen der glanzvollen Geschichte des arabischen Mittelalters, das sich parallel zum europäischen Mittelalter entwickelt hatte, zwei Welten, die sich gegenseitig bekriegten und befruchteten. Das große Reich von Indien bis zur afrikanischen Atlantikküste, von Spanien bis zu den Wüsten Arabiens, geeint unter einem Herrscher, geteilt in sich bekriegende oder befreundete Königreiche mit Beduinen, Bauern, Handwerkern, Gelehrten, Dichtern, dauernd durchstreift von Kriegern und Kaufleuten. Christen, Juden und was man Heiden nannte, lebten lange Zeiten friedlicher miteinander, als es in Europa möglich war. In den Jahren, die ich im Vorderen Orient verbrachte, beobachtete ich das alles im Niedergang. Besonders die Frau scheint davon betroffen zu sein. In den unteren Ständen war sie nur Arbeitstier, aber war das in Europa, war es in Deutschland anders? Was mich in den Geschichten besonders interessierte, war die Stellung der Frau in jener Zeit – und es ist eine lange Epoche, in der diese Erzählungen spielen. Geht man davon aus, daß nach dem Koran die Frau keine Seele hat und also kaum ein Mensch ist, so entspricht die erzählte Wirklichkeit diesem Lehrsatz in keiner Weise. Tatsächlich bewegen die Frauen sich in jeder Situation mit einer Freiheit, von der die Verfechter der women's lib-Bewegung nur träumen mögen.

Keuschheit und Sexualität waren jede zu ihrer Zeit hoch gepriesen, und hingegeben haben sich nicht nur die Frauen, sondern auch die Männer; immer waren die Heldinnen den Helden ebenbürtig. »Motiviert« wurden sie nicht von Soziologen, sondern von Dichtern. Mich erstaunt im arabischen Märchen die moderne Vielfalt der Frauentypen, die ungezwungen nebeneinander agieren. Mich interessiert, was an ihnen gepriesen wurde. Lesen, Schreiben, den Koran und die Dichter zitieren und selber zu dichten gehörte zu ihrer Ausbildung, ob sie Frauen, Mädchen oder Sklavinnen waren; nicht etwa mit orientalischer Lüsternheit, sondern wach, spöttisch und listig waren sie imstande, die Männer zu überspielen, und wenn sie beschrieben wurden: wie die Weidengerte, wie der zunehmende Mond, wie der Vollmond, so waren es fast dieselben Vokabeln, mit denen die Schönheit der Jünglinge und Männer gepriesen wurde. So erschienen mir auch die Mädchen meiner Jugend. Geist und Mut waren die Eigenschaften, die sich für mich zur Schönheit verbanden, und so war ich, bin ich immer von schönen Frauen umgeben.

Ob in einer Religion die Frau keine Seele hat und wie Ziege und Kuh käuflich zu erwerben ist, ob sie als Jungfrau oder Mutter überhöht, und doch dem Mann untertan sein soll – dieser immerwährende Bürgerkrieg war schon da, bevor die großen Mittelmeerreligionen entstanden. Auch der Widerstand gegen die männliche Herrschaft war nicht auf die Regionen der Amazonen beschränkt, sondern spielte sich in jeder Sippe ab. Zu allen Zeiten haben Frauen es verstanden, die in ihrer natürlichen Unersetzlichkeit begründeten Chancen wahrzunehmen. Unterdrückte waren immer die Frauen der unterdrückten Schichten und freier und dominierender waren sie, wenn sie den Herrschenden angehörten. Liebe hob die Gegensätze auf, verkehrte die Abhängigkeiten ins Gegenteil. Ein ewiges Thema der Literatur. In der Literatur findet sich auch immer wieder der Vergleich mit dem Fohlen, dem Zügel angelegt werden. Die Zügel hießen Mutterschaft bei der Frau, sie hießen Broterwerb beim Mann. Wer hielt eigentlich die Zügel? Heute wissen wir, daß es auch ganz andere Gesellschaftsmodelle gab. Die Darstellung und die Konsequenzen sind zweifelhaft, lückenhaft, schon weil sie durch die verengte Brille der auf ein anderes Modell festgelegten Forscher gesehen werden. Denn auf ein Modell festgelegt sind wir alle durch unsere Erziehung, unsere Umgebung. Wie die Fliegen am Fliegenfänger können wir uns schwer von einer Seite lösen, und wenn wir es schaffen, dann haften wir an der anderen Seite um so fester.

Wer im Alter nicht einfach über die verderbte Welt und die noch verderbtere Jugend zetern will, wer verstehen möchte, wozu Entwicklungen gut sind, aber auch auf Distanz geht, um den Überblick nicht zu verlieren, hat es gar nicht so leicht, sich selbst und seine Motive zu schildern, aus denen heraus er vor 50 Jahren etwas tat oder nicht tat. Aus der heutigen Situation heraus klingt es für mich merkwürdig, daß ich 21 Jahre alt war und noch mit keinem Mädchen geschlafen hatte. Der Trend, und alles was ich lese und höre, macht mich nachdenklich. Fast ist es so, als müsse ich mich dafür entschuldigen. Dabei gibt es wenig, was man mit so starkem Mißtrauen betrachten muß wie solche Trends und die mit ihnen einhergehende Propaganda. Die Verschiebungen im sexuellen Verhalten sind nie so gewaltig, wie man es uns einreden möchte. Wenn ich an jene Zeit zurückdenke und mich besehe, so war ich wohl damals weniger verklemmt, als die meisten jungen Leute es heute sind. Sicher war das sexuelle Verhalten nicht das dringendste Problem, das ich hatte. Es wurde durch meine vielen Aufgaben, die ich mir gesetzt hatte, zurückgedrängt. Die Aufgaben, die körperlichen und geistigen, bestimmen bei vielen Menschen das sexuelle Verhalten. Wie ist es sonst zu erklären, daß man in China ohne Schaden für die Bevölkerung das Heiratsalter heraufsetzen konnte. Es scheint dort in gleichem Maße wie hier – nur umgekehrt – eine öffentliche Propaganda zu wirken. Nun kam bei mir noch hinzu, daß meine »große Liebe« in Königsberg geblieben war. Sie war die Idealfrau, die ich mir als Partnerin wünschte. Hell, tüchtig, sportlich und vieles andere, was ich in sie hineindichtete; obgleich ich mit ihr zusammen aufgewachsen war, wußte ich wenig von ihr, und wer weiß schon wirklich etwas über seinen Nebenmenschen und gar über eine Frau. Man glaubt, solange man liebt, das, was zu dem Bild paßt, das man sich zurechtgeschneidert hat. Ich glaube, in dem einen Jahr, das ich von Königsberg fort war, begann ihr Bild schon etwas zu verblassen; so untreu ist man seiner Idealfrau. Und zwei Jahre später kam ein Mädchen, das so gar nicht zu meinem Ideal von einer Frau paßte.

Ich hatte in dieser Zeit, besonders bei meinem Reisen zu den Gruppen in den verschiedensten Städten, viel mit Mädchen zu tun, und ohne daß ich erotisch auf sie wirkte, wäre ich wohl nicht so schnell in Kontakt mit ihnen gekommen. Doch wurden Gefühle sparsam gezeigt und nicht überstrapaziert, deshalb waren sie um so wirksamer. Es gibt da so vieles, was ich vergessen hatte oder, o heiliger Freud, verdrängt und woran ich erst viel später erinnert wurde. So mit einem Brief, der vor ein paar Jahren kam und den ich wörtlich zitiere:

Doch es gibt in meiner Erinnerung eine Szene, die eigentlich mein ganzes Leben in der Erotik bestimmte, obwohl es, äußerlich geurteilt, gar nicht danach aussah.
Wir waren auf Fahrt im Walde und spielten ›Pferd und Reiter‹. Sie waren mein Pferd und nicht wir gewannen, sondern die Gegenseite. Alles geschah nackt; und um mich über die »Niederlage« zu trösten, beugten Sie sich über mich und legten sich auf meinen Körper – es geschah mit einer solchen unpersönlichen Zartheit und Kraft, daß ich zum ersten Mal spürte, wie selbst eine »unpersönliche« sexuelle Geste zur Erotik werden kann. Natürlich haben Sie dieses kleine Zwischenspiel längst vergessen oder gar nicht wahrgenommen, Max.

Ich finde es sehr eindrucksvoll, was das Gedächtnis hier über die Jahrzehnte lebendig erhalten hat. Da erinnert sich eine Frau an eine Begegnung aus der Königsberger Zeit, als sie mit einer Gruppe eines sozialistischen Bundes irgendwo an der Samlandküste auf uns traf, die wir nackt badeten und spielten, und sich sogleich zu uns gesellte. Das Glück jenes Sommertages sei ihr noch heute gegenwärtig. Wann immer derartige Erinnerungen auftauchen, sind es Frauen, die sie präsentieren; Männer scheinen solche Erlebnisse leicht zu vergessen, wie auch ich es tat. Die dritte Geschichte unter den vielen, die ich hier erzählen könnte, spielt Jahre später, als Margot und ich schon eine eigene Wohnung in Berlin hinter der Volksbühne am Bülow-Platz hatten. Es war eine Engländerin und eine Kollegin von Margot, die damals als

Sekretärin bei der Aafa-Filmgesellschaft arbeitete. Sie hieß Iris Norman-Wright und hatte eigentlich sechs Vornamen, wie eine mecklenburgische Prinzessin, sagte sie immer. Sie war groß, rothaarig, sehr gescheit, sehr prüde, eben für uns eine Engländerin, wie sie im Buche stand. Sie liebte ihren King und das britische Empire und hielt es für liebenswert und verrückt, daß wir uns mit Politik beschäftigten. Sie blieb einmal über Nacht bei uns und sah am Morgen Margot nackt vor dem Spiegel sich die Haare kämmen. Es traf sie wie ein Blitz, sagte sie später. Diese große Freiheit änderte ihr ganzes Leben, sie wurde Sozialistin oder Kommunistin, ein weltoffener Mensch. Das scheint alles unlogisch zu sein, aber die Entwicklung eines Menschen läuft nicht nach logischen Prinzipien.

Welch ein Glück, daß wir den nackten Körper als Entdeckung erleben konnten. Heute bedürfte es sicherlich anderer Erlebnisse, um das Leben eines Menschen zu ändern.

Später, in Berlin, bin ich einmal mit Freunden in ein Terrain für freie Körperkultur gegangen. Da hatten sich schon die Akzente verschoben. Ich kam mir vor wie in einen Zoo eingesperrt. Man war sehr edel, und es sollte auch sehr gesund sein, sich nackt der Sonne und dem Wind auszusetzen, und es ist sehr angenehm beim Baden, nicht einen nassen Lumpen um sich herumhängen zu haben, aber es war uninteressant wie jede hygienische Maßnahme.

Wir hatten überhaupt viel Glück. Eines war, daß wir einen Hans Litten hatten, der dafür sorgte, daß aus »Körperkultur« keine Ideologie gemacht wurde, der uns zu neuen Entdeckungen in neuer und alter Kunst antrieb und es verstand, uns die Beschäftigung mit Kunst lebensnotwendig zu machen, der uns Denkanstöße in Politik, Philosophie und Pädagogik gab. Ideen, die gar nicht alle richtig waren und es auch nicht für sich beanspruchten, aber in vielen Diskussionen geklärt wurden, und ich wußte Diskussionen so zu leiten, daß die Teilnehmer eigene Entdeckungen machten. Oft glühten wir, weil wir noch nicht ausgesprochenen Dingen auf die Spur kamen, und es spielte keine Rolle, ob sie später, wenn man sich näher damit beschäftigte, revidiert werden mußten. Man hatte es sich zu eigen gemacht, sich angeeignet, und das gab Mut und Lebenskraft, die wir alle nötig hatten.

So ausgerüstet ging ich im Februar 1926 auf meine große Reise, die sich meinem Gedächtnis als die Reise des immerwährenden Frühlings eingeprägt hat. Heute würde man schlicht von einer Propaganda-Reise sprechen, aber das stimmt schon deswegen nicht, weil es gleichzeitig meine Wanderjahre waren und ich bestimmt genausoviel lernte, wie ich lehren konnte, und mich mit einer wahren Gier auf neue fremde Menschen stürzte; es gab und es gibt für mich wenig Interessanteres als Menschen, und wenn ich eines Tages dieses Interesse verloren habe, werde ich wirklich alt sein.

Meine Erinnerung trügt mich. Immer denke ich an den Winter, wenn ich an meine Zeit in Hannover denke, denn der Winter ist für arme Leute eine Plage und gar für einen armen Fremden. Winter hieß ein ungeheiztes Zimmer, mit den Wirten in der warmen Küche sitzen und am Küchentisch die Post erledigen. Wir haben lange Jahre vergessen, wieviel Schwierigkeiten ein Winter mit sich bringt, wenn man – wie es damals üblich war – nicht über wohlgeheizte Wohnungen verfügte. Es schneite noch in Hannover, als ich meine große Frühlingsreise Ende Februar antrat. In Köln blühten die Krokusse und die Schneeglöckchen. Habe ich Krokusse in Ostpreußen nie gesehen, oder gab es sie dort nicht? Es gibt immer Lücken im Gedächtnis, das doch so viel aufbewahrt. Ich wurde überrannt von der üppigen Vegetation im Westen. In Frankfurt blühten die Mandelbäume, dann geriet ich in einen wahren Frühlingsrausch, als ich über die Bergstraße wanderte. Wie fern war meine Heimat, ich schien weit im Süden zu sein, fremder und großartiger erschienen mir später auch nicht Südfrankreich, Spanien und Palästina. Weit und breit blühende Obstbäume!

Doch zuerst Köln. Mehr als der riesenhafte Dom beeindruckte mich die achteckige romanische St. Aposteln. In der Jugend gibt es wenig sowohl als auch, sie ist nicht tolerant und kämpferisch zugleich. So auch in der Kunst. Romanische Kirchen schienen mir gerade damals einfacher, Gott näher zu sein, die Gotik intellektueller. Ich war oft von Hannover nach Hildesheim gefahren. Die Hannoveraner nannten Hildesheim »im Pott« oder »Potthemsen«.

Ich war begeistert von der Michaeliskirche mit der flachen gemalten Holzdecke. Zwar fühlte man sich nicht wie von den gotischen Gewölben geradenwegs in den Himmel gezogen, dafür empfand man sie als menschlicher, gläubiger. Und dann dieses Oktogon, welches eine noch konzentriertere Meditation auslöste. Ich weiß nicht genau, wie ich zur Religion stand, es war wohl der Einfluß von Hans Litten, der zur Mystik neigte, daß ich solche Argumente gebrauchte. Ich kannte damals noch nicht die Vorbilder, den Dom zu Aachen, die Markuskirche in Venedig, die Grabeskirche, die Omarmoschee und die bescheidene Abessinische Kirche in Jerusalem, wo logischerweise das Heiligtum oder der Altar die Mitte einnimmt. Welch andere fremde Vorstellung von Gottesdienst ergibt sich aus der baulichen Konzeption gegenüber unserer Hallenkirche.

Ich gestehe, daß mehr als Kunst, Religion und die Arbeit in der Gruppe mir von Köln etwas anderes im Gedächtnis geblieben ist: die große Villa, beinahe ein Schloß, in der ich im Vorort Köln-Marienburg wohnte. Es war ein Mädchen, sie hieß Lilly Salm, bei dem ich zu Gast war. Was war dagegen die Jugendstilvilla meines Onkels in Königsberg mit der Galerie über der großen Halle. Ich habe erst einmal die Badezimmer gezählt: Es waren sechs. Und neun Toiletten! Das hat mir damals mehr imponiert als die alten Möbel, zwischen denen das Ehepaar Salm saß. Er hatte mit Schrott en gros sein Vermögen gemacht, ein kleiner Stinnes. Wenn ich an sein besorgtes Gesicht denke, meine ich, die gute Zeit muß schon vorüber gewesen ein. Dick und spießig saßen sie zwischen ihrem Reichtum. Und da war die rebellische schöne Tochter, die später Kommunistin wurde. Ich ernannte sie zu einem der Shakespeare-Mädchen. Shakespeare muß ein großer Liebender gewesen sein, wie hätte er sonst seine Frauen und Mädchen so vielfältig schildern können. Die Mädchen in der wunderbaren Zeit, wenn die Geschlechter noch nicht ganz geschieden sind, wenn sie halbe Jungen, herb und viel tapferer als Jungen, oft besinnungslos tapfer und dann wieder hinschwebend weiblich sind. Sieh, ich gerate ins Schwärmen, aber darf ich es nicht, wenn ich an Frühling und Mädchen denke?

Lilli Salm war eines dieser Shakespeare-Mädchen, und ich traf viele Typen, die er beschrieben hat. Ich benutzte Kunst in meiner Weise, sie sagt mehr über Menschen aus als die Wissenschaft. Auch die Jungen wurden mir leichter verständlich, als ich die weiblichen Komponenten in ihnen entdeckte. Die raffinierten Mischungen interessierten mich, der He-Mann und die Nur-Frau waren mir langweilig.

Meine nächste Station war Essen. Das Ruhrgebiet und seine Ausläufer waren mir schon bekannt, und ich hatte es eilig, in den unbekannten Süden zu kommen. In Essen war eine Gruppe, die schon lange mit uns zusammenarbeitete. Erich von der Walde, Rudi Levy, Walter Herz, Hanna Levy, ihre Schwester und ihr Bruder. Hannas Mädchengruppe – ich weiß nicht, ob sie damals noch bestand. Jedenfalls drangen wir darauf, mit getrennten Jungen- und Mädchengruppen aufzuhören, weil uns gemischte Gruppen fruchtbarer erschienen. Jeder dieser Namen, die ich nenne, bedeutet eine Geschichte, viele ein Drama. Wie war das eigentlich früher, als Juda erobert und die Menschen nach Babylon verschickt wurden? Damals blieben wohl noch Familien zusammen, da auch hauptsächlich die Elite und die Stadtbevölkerung verbannt wurden. Nach der Zerstörung des zweiten Tempels durch die römische Kriegsmaschine wurde gründlicher aufgeräumt. Was nicht niedergemacht wurde, kam als Kriegsbeute auf die Sklavenmärkte des römischen Reichs, das Galut, die große Zerstreuung der Juden, begann. Nur die Bauern, die Landarbeiter blieben, wer mochte ihnen wohl die Arbeit streitig machen. Sie sind zum Teil die Ahnen der heutigen Palästinenser. Vertreibung und Flucht durch eineinhalb Jahrtausende. Die Flucht der französischen und der am Rhein wohnenden Juden im 12. Jahrhundert vor den Kreuzritterhorden nach Polen und weiter nach Rußland. Die Vertreibung aus Spanien im 15. Jahrhundert nach Nordafrika, Italien, dem Balkan, nach England, Holland, Norddeutschland, auch schon mit den Spaniern nach Amerika. Dann im 19. Jahrhundert die unter dem Druck der Pogrome beginnende Rückwanderung nach Deutschland, aber hauptsächlich die Auswanderung nach Amerika. Die Ostpreußen wissen es ja heute, was Flucht und Vertreibung bedeutet und wieviel Opfer sie kosten, und dabei war diese Flucht immer noch komfortabel gemessen an dem, was sich früher abspielte.

Wir wußten das alles, aber wir glaubten nicht an Völkerschicksale, »bei uns ist das nicht möglich«, und wir wähnten die Zeit nahe, wo durch Reformation oder Revolution eine sozialistische Gesellschaft entstehen würde, in der jeder sicher leben könne.

Meine liebe Scheherezade erzählt viele Geschichten, in denen Familien, Liebende durch Krieg und Unglück und Vertreibung auseinandergerissen wurden und sich nach jahrelangem beharrlichem Suchen wieder zusammenfanden. Ein anscheinend ewiges Problem. Von denen, die auf der Strecke blieben, erzählt sie wenig, da ist auch nichts zu erzählen, solange Allah die Verantwortung für sie übernahm.

Wir sangen mit jugendlicher Brutalität damals Landsknechtslieder, besonders ein nicht sehr gutes wurde viel gesungen: »Wer fällt, der bleibet liegen, wer steht, der kann auch siegen, wer übrigbleibt, hat recht, und wer entflieht, ist schlecht.« Kürzer kann man es wohl kaum sagen.

Wenn ich heute meine Freunde suche, die ich 1926 für

unsere Gruppen anwarb und die nicht in deutschen KZs umgekommen sind, so brauche ich eine Karte von Sibirien und Tokio, Australien, Amerika, Südafrika, Israel, England, Holland und Schweden. Die große Zerstreuung, gezeigt am Beispiel einer winzigen Gruppe von Freunden: ich will auch ihr Schicksal erzählen, skizzenhaft, so viel, wie ich davon weiß. Die wenigen verblaßten Bilder aus jener Zeit zeigen noch ganz unausgeprägte Gesichter. Meine Erinnerung zeigt sie deutlicher, aber ich habe auch Jahre mit ihnen zusammengelebt. Heute scheint es mir eine kurze Zeit, und ich muß immer die Jahre zählen. Sieben Jahre bis 1933, da waren diese 15- bis 16jährigen Kinder schon erwachsen und ihre Gesichter waren schärfer gezeichnet, wenn auch noch der Schmelz der Jugend auf ihnen lag. Ich wohnte in Essen bei Hanna Levy, das heißt im Haus ihrer Eltern, und wiederum ist mir das Haus gut in Erinnerung geblieben, weil ich damals für enormen Reichtum hielt, was heute in bürgerlichen Kreisen zur Normalausstattung gehört. Es war ein modernes Haus, und ich bewunderte die ersten Schrankwände, das Badezimmer, das nicht wie bei uns zu Hause eine fensterlose graue Kammer war und in dem das heiße Wasser aus der Wand kam. Es gab Zentralheizung, und niemand mußte erst Holz sammeln, um den Badeofen anzuheizen. Hannas Vater war ein linker Anwalt, der in mehreren politischen Prozessen aufgetreten war. Hanna, nach Schweden emigriert, schreibt mir dazu:

Er war nicht nur Anwalt für viele Gewerkschaftler in arbeitsrechtlichen Fragen, sondern verteidigte vor Gericht viele Linke (einschließlich Kommunisten, wie Paul Levy) und gewann u.a. einmal einen Prozeß gegen Görings Essener ›National-Zeitung‹, was ihm die Nazis nie vergaßen. Er selbst war ein linker Sozialdemokrat, während der Zeit der Unruhen in den zwanziger Jahren sogar einmal kurz »Roter Polizeipräsident«. Er zeigte uns damals den zerschossenen Wasserturm, was mir als Kind tiefen Eindruck machte.

Er war Stadtverordneter und genoß einen guten Ruf in der Stadt, vor allem bei den Arbeitern. (Ich erinnere mich gut, daß ihn die Straßenbahnschaffner immer herzlich begrüßten.) Mit dem Spezialausweis der Stadt Essen durften wir im Kruppschen Park spazierengehn ... Meine Mutter war aktiv vor allem in der internationalen Friedensbewegung und hielt ein offenes Haus für Künstler, Schriftsteller und Intellektuelle aus aller Welt – jeden ersten Samstag traf sich dort ein interessanter Kreis, oft mit musikalischen und anderen künstlerischen Darbietungen, Diskussionen – mit guter Anregung und oft recht hohem Niveau.

Soweit die Tochter. Ich erinnere mich an die Geselligkeit des Hauses. Hanna spielte Geige. Es herrschte eine freie Atmosphäre, und ich konnte auch bei den Eltern meine Meinung sagen, ohne Schwierigkeiten für die Kinder befürchten zu müssen. Meistens war es ja nicht einfach, wenn meine Freunde mich bei sich zu Hause unterbrachten, ich vermied es nach Möglichkeit, weil jedes unbedachte Wort explosiv wirken konnte. Das Haus der Levys erschien mir damals als das glücklichste Haus, das ich kennenlernte. Hanna war, ich brauche es kaum zu sagen, ein schönes Mädchen, lebhaft, und sie strahlte eine große Ruhe aus; was sie besonders anziehend machte, war das Lächeln, das ständig auf ihren Lippen zu liegen schien. Wir nannten sie das Magdeburger Lächeln. Es gibt verschiedene berühmte Arten zu lächeln. Das Lächeln der Pharaonen, gottgleich überlegen, das Lächeln der Mona Lisa, verzwickt und undeutbar deutlich, und das Lächeln der klugen Jungfrauen an der Pforte des Magdeburger Doms, das so überzeugend gutartig und beinahe einladend ist. Es wurde in jener Zeit auch bei vielen Heiligenplastiken nachgeahmt. Hanna, das Magdeburger Lächeln, erzählte mir später, daß sie die ganze Nacht an meinem Bett gesessen habe und meinen Schlaf bewacht hätte. Kann man sich nicht noch heute darüber ärgern, daß ich das verschlafen habe, so verschläft man seine besten Gelegenheiten. Übrigens haben mir auch später oftmals nicht genutzte Gelegenheiten lebenslange Freundschaften eingebracht. Es gibt so viele Möglichkeiten, sich an Menschen zu erfreuen, und ich habe fast immer subtilere gesucht; sie neben mir wachsen zu sehen, ein wenig zu helfen, in ihr Leben mit einbezogen zu sein, war eine größere Freude für mich als ein gelegentlicher Beischlaf, der mich auch gefesselt hätte. Davon ging wahrscheinlich auch ein gut Teil meiner Wirkung aus, daß ich offen und auf die Zusammenarbeit bedacht war und darin meine Freude fand.

Es hatten sich damals viele Mädchen und Jungen in Essen eingefunden, die nicht nur etwa gleichaltrig waren, sondern auch in bestimmter Weise einander ähnlich, so wie eine Generation geprägt wird von ihrer Zeit.

Rudi Levy war später in Nelsons ISK, in dem viele meiner Freunde ihre politische Heimat fanden. Er lebt heute in Argentinien. Der Bruder Hanna Levys war im Gegensatz zu seinen beiden Schwestern dunkel. Er war etwas unbeholfen und philosophierte gerne. Sein Ausspruch: »Vom ethischen Standpunkt aus ist der Marxismus völlig zu verwerfen« trug ihm den Spitznamen »Ethos« ein, mit dem er dann so vollkommen identifiziert wurde, daß sein Vorname Robert nicht mehr benutzt wurde. Die jüngere Schwester Hannas landete sehr früh in dem Kibbuz Dahlia, einer der bemerkenswertesten Kommunen in Israel, aber über sie werde ich später berichten. Hanna selbst blieb uns in den Jahren bis 1933 am nächsten. Sie lebte mit Walter Herz zusammen. Beide hatten jahrelang in der Gruppe zusammengearbeitet, später studierten sie in Berlin und gehörten der Ruth-Fischer-Gruppe an, einer linken Splittergruppe der KPD. Kurz bevor wir ins KZ kamen, waren wir Trauzeugen bei ihrer Heirat. Als die beiden verhaftet wurden, waren wir schon emigriert. Hanna wurde zu drei, Walter zu fünfzehn Jahren Zuchthaus verurteilt. Hanna wurde 1939, unmittelbar vor Kriegsausbruch, entlassen und gezwungen, das Land sofort zu verlassen. Sie hat vergeblich versucht, ihre Mutter nach Schweden mitzunehmen. Diese war nach dem Tode des Vaters nach langer Krankheit, die wohl durch seine Haftzeit 1933 verschlimmert worden war, 1935 nach Berlin gezogen. Sie wollte Walter jedoch nicht allein lassen und versuchte bis zuletzt, ihn aus der Haft zu befreien. Stilles Heldentum – ich benutze das Wort so ungern – aber wie drückt man es anders aus, wenn jemand sehenden Auges den Tod in Kauf nimmt, um zu helfen. Eine Mutter unter vielen, die es taten. Als Walter gestorben war, umgebracht worden war, setzte Hanna Himmel und Hölle in Bewegung, um die Mutter herauszubekommen, aber es war alles vergebens, zu allen Schwierigkeiten kam noch das trostlose Argument, zuerst müßten die Jungen gerettet werden. Unsere Freundin Hannchen Gerbeit wollte sie verstecken, aber sie wollte niemanden belasten, und so fiel sie den Häschern in die Hände und wurde in die Gaskammer geschickt. Ich zitiere noch einen Passus aus Hanna Levys Bericht:

Ja, Walter und ich studierten Jura und Nationalökonomie ... unsere Verhaftung geschah 1936 im Zusammenhang mit einer kleinen trotzkistischen Gruppe, von der wir uns allerdings bereits längst zurückgezogen hatten, um die anderen Genossen nicht zu belasten (Du kanntest ja Walter und weißt noch, wie er aussah – 1,90 m lang mit Adlernase ...) ... wenn Du mehr fragen willst, nur: ich habe viele Namen vergessen (ich glaube, teilweise mit dem bewußten systematischen Training während meiner Untersuchungshaft, denn nur die vergessenen Namen kann man völlig sicher sein nie anzugeben, auch unter starkem Druck oder Tortur).

Wer hätte sich das 1926 in den glücklichen Frühlingstagen in Essen ausdenken können. Wir wußten viel von Leid und Elend, von Streiks und Aussperrung, vom Elend, das die Inflation verursacht hatte, von den Opfern der Aufstände und den Verhältnissen in den Gefängnissen. Nein, ungetrübt war unser Glück nicht, auch in den Gruppen gab es ja vieles, was Aufregung verursachte und was wir für Unglück hielten, aber gegenüber der nahen Zukunft waren es doch glückliche Tage.

Sommerliche Bundestage, ich kann in der Erinnerung nie die Daten auseinanderhalten, was da und was dort geschah. Das ist auch nicht so wichtig. Meine eigentliche Arbeit in den Gruppen sah ich darin, die sich in Jugendromantik verkrampfende Jugendbewegung aufzubrechen, zu zeigen, wie das »Gute und Schöne« oberflächlich und niedlich wurde, daß das gepflegte Gewissen Selbstbespiegelung geworden war, daß der offene treue freideutsche Blick Schminke war über den ganz anders laufenden Entwicklungen in einem Menschen. Mißtrauen zu säen, damit man wieder Vertrauen haben konnte, all das kam dann auf dem Bundestag zur Sprache. Hans Litten konnte besser die Hintergründe zeigen, als ich es je vermochte. Er hielt Arbeitsgemeinschaften über Kunst, zitierte nächtelang aus dem Kopf moderne und klassische Gedichte und Dramen, sprach über Schulreformen und ihre Grenzen und wurde ergänzt von Siegfried Adler mit seinen radikalen sozialistischen Arbeitsgemeinschaften. Hans organisierte Bewegungschöre, Kriech- und Schreichöre, und abgesehen davon, daß es Spaß machte, war es eine große Befreiung, sich in dieser Weise ausdrücken zu können. Heute würde man von einer Kulturrevolution sprechen. Wir hatten das bestimmte Gefühl, daß die Jugendbewegung auf ein anderes Gleis geschoben werden mußte, fort von der nichtssagenden Blauäugigkeit, von der gekünstelten Reinheit, von der Beschränkung auf Walter Flex, allenfalls Rilke und George, von zierlichen Volkstänzen und der romantischen Ablehnung der Stadt. Dabei wollten wir keineswegs das Kind mit dem Bade ausschütten und so behielten wir vieles bei, was ich auch heute noch für richtig halte. Jugendleben nach eigenen Gesetzen. Wenn wir auch stolz ablehnten, unser

Wandern und unseren Sport unter gesundheitlichen Gesichtspunkten zu sehen, so war beides doch gesund. Volkstänze tanzten wir auch, aber sie wurden zu wildem ekstatischem Ausleben. Ich kann es so gut verstehen, was die Beat-Generation zu ihren großen Festivals trieb. Dieses Gemeinschaftserlebnis fordert und fördert die Persönlichkeit, und es ist ein Jammer, wenn eine Jugend das verpaßt. Sehe ich alte Hefte der Kameraden des Bundes, aus dem wir auf diesem Bundestag ausgeschlossen wurden, oder auch die des »Blau-Weiß«, des zionistischen Wanderbunds, so unterschieden sie sich wenig von anderen Blättern der Jugendbewegung. Uns wurde vorgeworfen, daß wir die Jugendbewegung zerstörten. Das taten wir auch, aber es gibt immer ein fruchtbares Zerstören, das gleichzeitig die einzige Möglichkeit der Erhaltung ist, und wir waren überzeugt davon, die Jugendbewegung weiterzuführen und lebendig zu halten.

Meine Rolle bei den großen Diskussionen war gering. Außer Hans Litten gab es eine ganze Anzahl Leute bei uns, die unseren Standpunkt gut vertreten konnten. Ich war auch keineswegs der große Mann im Hintergrund, der die Fäden zog, das alles langweilte mich, und ich ließ es geschehen, weil es wohl sein mußte. Meine Stärke waren die Gespräche mit einzelnen, und so saß ich viele Stunden und ließ mir Sorgen und Nöte erzählen, ermutigte und gab Ratschläge. Ich muß das wohl schon damals recht gut gekonnt haben, mir wurde erst jetzt wieder berichtet, wie ich in Frankfurt mit einer Mädchengruppe gearbeitet hatte. »Wir waren furchtbar verklemmt, und du sprachst nach dem Heimabend einzeln mit jedem Mädchen, legtest wohl auch deinen Arm um ihre Schulter und gingst lange mit ihr auf und ab. Danach ging dann alles besser.« Frankfurt war übrigens für uns ein schwieriges Pflaster. Die Frankfurter Juden lebten in starken religiösen Bindungen. Ich hatte immer vermutet, daß es diese Art von Religiosität nur im Osten gab, aber in diesem selbstbewußten Zentrum der

Religion hatten es die Mädchen besonders schwer; es war eben auch dort in der Gruppe eine ganz andere Atmosphäre als in Essen.

Ich hatte in vielen Dingen gar kein Selbstbewußtsein. Verglichen mit Hans Litten und anderen Freunden war ich einfach dumm, aber andererseits konnte ich etwas, was ich zaubern nannte, und davon machte ich reichlich Gebrauch. Dazu gehört noch eine andere Geschichte, die ich hier einschieben muß. Sie fällt wahrscheinlich in dieselbe Zeit. Ich war mit Hans in Helgoland gewesen, in Hamburg und dann in der Lüneburger Heide mit ihm gewandert. Es war am Anfang der Sommerferien. Ich hatte plötzlich die Idee bekommen, es wäre richtig, wenn wir vor dem Bundestag noch einmal mit den Führern unserer Gruppen sprechen würden. Als Treffpunkt hatte ich, wohl weil es für nord- und süddeutsche Gruppen so ungefähr in der Mitte lag und nicht weit von dem Ort, an dem der Bundestag stattfinden sollte, Rothenburg ob der Tauber gewählt. Ich schrieb also an alle Gruppenführer und bat, auch die anderen zu benachrichtigen. Neben mir stand Hans Litten und zeterte über meine infam schlechte Organisation. Alle Gruppen würden schon unterwegs sein und ich würde niemanden erreichen. Ich schrieb ungerührt den Termin im Juli, und ich würde um 12 Uhr am Brunnen in der Stadt stehen und auf die Gruppen warten. Ich habe Hans sicher damit die ganze Reise verdorben. Er konnte sich nicht über meine Verrücktheit beruhigen, auch nicht, als ich ihn bei seinem Glauben an die Mystik packte und etwas vom Willen murmelte, der jeden Weg öffne. Ich weiß nicht mehr, ob die Briefe doch rechtzeitig angekommen waren, ein paar sicherlich, jedenfalls stand ich am vereinbarten Tage – bei mir ist das nicht so selbstverständlich, aber Hans hatte dafür gesorgt – mit meiner Gitarre am Brunnen und sang – und die Gruppen kamen, eine nach der anderen. Manche etwas verspätet und sehr eilig. Es war einer der Kraftakte, zu denen ich fähig war und die ich dann später mit tiefer

Depression bezahlte. Ich bezahlte es noch viel teurer, als ich es damals wußte, aber mein Vater pflegte zu sagen, nur was man teuer bezahlt, ist gut. Mit einer der Berliner Gruppen kam auch Margot und sah mich zum ersten Mal. Ich habe sie nicht bemerkt, wie sollte ich auch das unscheinbare Mädchen sehen, wo ich überwältigt glücklich all meine neuen und alten Freunde begrüßte.

Mit Margot hatte es unterwegs Schwierigkeiten gegeben, weil sie gegen eine Uniform war, die wir uns für unsere Gruppen ausgedacht hatten, einen einfachen schwarzen Kittel. Margot, die Individualistin, die sie immer gewesen und geblieben ist, rebellierte: Was soll eine Uniform? Die Antwort, wir wollten auch darin unsere gleiche Gesinnung ausdrücken, ließ sie nicht gelten, »man könne sich ja auch eine Konservenbüchse um den Hals hängen«. Diese Konservenbüchse blieb lange das geflügelte Wort im Bund. Sie kam dann doch mit der Gruppe im schwarzen Kittel auf den Marktplatz von Rothenburg, wo ich mit der Gitarre am Brunnen stand und sang.

Es ist mir berichtet worden (würde Scheherezade sagen), daß sie den Arm nach mir ausgestreckt und gesagt habe, »den nehm' ich«. So wurde ich gekapert, als ich mich in stärkster Position wähnte. Sie leugnete es natürlich, aber wer soll einer Frau trauen? Selbst die eigene wird, wenn sie klug ist, nie zugeben, daß sie ihren Mann erobert hat, sondern ihn veranlassen, sie zu erobern. Es gibt immer Zweifel an der Wahrheit meiner Geschichten, aber ich habe einen unverfänglichen nüchternen Zeugen, Fritz Bloch, und ich werde von ihm erzählen, wenn ich diese Abschweifung abschließe und meine Frühlingswanderung beende.

Sehen wir nun, sagte Scheherezade, wenn sie von ihrer Abschweifung zurückkehren wollte, was Abu Khalil geschah, als ihn der große Vogel in der Wüste fallen ließ. – Ich hatte das Glück, damals noch nicht in der Wüste zu stehen, sondern im freundlichsten Teil Deutschlands am damals noch reinlichen Neckar, nämlich in Neckargemünd. Dort arbeitete eine der Führerinnen unserer Frankfurter Gruppe in einem Heim für körperbehinderte Kinder. Ich baute mein kleines Zelt auf einer Wiese vor dem Haus auf, ganz nahe am Fluß, wenn ich mich recht erinnere, sang drei Tage lang am Tag für die Kinder und am Abend für die Pflegerinnen. Irma, das Mädchen, das dort arbeitete, lebt heute in Nowosibirsk. Wo habe ich diese Irma überall getroffen. In Hannover, wo sie Fritz Sauer kennenlernte, den sie später heiratete. Sie war es, die Hans alarmierte, daß ich am Verhungern sei. Sicher in Rothenburg, sicher in Berlin, wo sie mit Fritz zusammen einige Zeit vor 1933 lebte. Fritz und Irma spielten auf den Tagungen, die ich geschildert habe, eine große Rolle. Sie arbeiteten eng mit Hans Litten zusammen, später schlossen sie sich der KPD an; fast jeder, der aus unserem Kreis kam, stand weiterhin in politischer Arbeit, wenn auch in ganz verschiedenen Richtungen. Mit Fritz hatte ich in Berlin einige Diskussionen, und ungerecht, wie ich bin, drohte ich ihm einmal, ich werde über ihn schreiben: Vom gläubigen Juden zum gläubigen Kommunisten. Und auf seinen Protest hin, daß er nicht gläubig sei, sondern wissenschaftlich denke, verbesserte ich mich: Vom orthodoxen Talmudisten zum orthodoxen Marxisten. Wie es nun möglich ist, daß Fritz, nachdem er 1933 in die Sowjetunion gegangen ist, in einem Stalinistischen Arbeitslager starb, weiß ich nicht, aber ich kenne das Schicksal anderer, die glaubten, rechtgläubig zu sein, und als Ketzer vernichtet wurden. Ich hörte lange nichts von den beiden, bis mir eines Tages berichtet wurde, daß Irma mit ihrem Sohn, einem Wissenschaftler, und ihren Enkelkindern in Nowosibirsk lebe. Für mich ist Nowosibirsk so weit wie das Meer der Stürme auf dem Mond. Und wenn ich erzähle, woher ich das weiß, wird man denken, daß ich endgültig unter die Märchenerzähler gefallen sei. Ein Freund aus Schweden wollte nach Japan fahren. Weil er nicht gerne fliegt, fuhr er mit dem Sibirienexpreß quer durch die Sowjetunion. In Moskau stieg eine alte energische Dame ein, und da sie beide deutsch sprachen, kamen sie ins Gespräch. Zufällig fiel der Name Max Fürst, und da hatten sie Gesprächsstoff für die drei Tage, bis Irma in Nowosibirsk ausstieg. So ist mir berichtet worden, und es ist wieder ein Knoten in dem 1933 zerfetzten Netz verknüpft.

Es wäre nun wohl an der Zeit, den Bericht über die Reise des immerwährenden Frühlings zu beenden. So vieles wird auch noch aus späteren Jahren zu berichten sein. Aber bedenke, der Du das Buch bis hierher gelesen hast, es ist nicht nur für Dich geschrieben. Jeder Freund hat ein Stückchen von mir mitgenommen und mir ein Stückchen von sich gegeben. Nach dem jüdischen Gebot darf ein Toter nicht zerstückelt werden, er muß unbeschädigt Gott beim Jüngsten Gericht übergeben werden. So sammle ich in diesem Buch die Stücke wieder ein, die ich fortgegeben habe, und gebe zurück, was ich genommen habe.

Du mußt nach Stuttgart fahren, hatte man mir gesagt: der neue Bahnhof, die Weißenhofsiedlung mit Häusern von Le Corbusier, Taut und anderen. Ich besinne mich auf meine Begeisterung, aber nicht auf die einzelnen Bauten. Es war durch das Bauhaus eine Heilslehre in das Bauen gekommen, »gib den Menschen klare Bauten und moderne Grundrisse, und sie werden sich ändern«. Ich erinnere mich noch an die Klagen der Architekten, als die Bewohner ihren Muff in die Häuser hineingetragen hatten und ihre Ideen zerstörten. Man glaubt gerne an Heilslehren, aber die Menschen haben ein Beharrungsvermögen und verstehen es, sich mit ihren Rückständigkeiten in jeder Idee und schon gar in jedem Haus einzurichten. Zudem war es eine Selbstüberschätzung, wenn die schöpferischen Baumeister sich mit dem »Schöpfer« verglichen und einen neuen Lebensstil diktieren wollten.

Ich wohnte damals in Degerloch, das kleine Haus habe ich zufällig wiedergefunden, weil Margot dort in den fünfziger Jahren im Büro eines Flugzeugbauers arbeitete, einem ehemaligen Messerschmitt-Mann, der noch 1950 nach der Parole: Nie wieder Krieg! Brücken baute und einen heiligen Eid geschworen hatte, nie wieder Kriegsmaterial zu konstruieren. Es ist ein Glück, daß Gott, wenn man seinen Eid bricht, keineswegs übelnehmerisch ist und Konformismus mit Ruhm und Reichtum belohnt. Wer glaubt eigentlich wirklich noch an ein Fortleben nach dem Tode und an ein Jüngstes Gericht?

In jeder Gegend immer wieder eine andere Sprache. Wir meinten zu Hause deutsch zu sprechen, weil wir nicht ostpreußisches Platt sprachen, und merkten es nicht, daß man unserem Tonfall schon von weitem den breiten ostpreußischen Dialekt anmerkte. Ich habe ihn bis heute nicht verloren. Tucholsky windet sich bei der Vorstellung eines sächselnden Negers. Ich habe das in Kairo erlebt. Er hatte in Leipzig studiert und sprach deutsch in der Sprache Martin Luthers. Hebräisch mit sächsischem Dialekt habe ich oft gehört, natürlich auch mit ostpreußischem und schwäbischem Dialekt. Das macht die Sprache farbig, aber es ist schwer, den Sprechenden ernst zu nehmen. Das fällt mir schwer auch beim Schwäbischen. Da habe ich immer das Küken mit Eierschalen auf dem Rücken vor mir oder denke an plätschernde Brünnele. Ich ging durch Stuttgart natürlich mit einem Hänsle, und wenn wir zwischen blühenden Gärten die Stäffele zu seinem Häusle hinaufkletterten, zitierten wir wohl Rilke, »zu seiner hohen Stadt am Berge«. Wer hatte gedacht, daß ich je durch die kahlen Berge hinaufgehen würde zu dem irdischen, allzu irdischen Jerusalem. Heidelberg, Mannheim, Freiburg, Württembergs geliebter Herr hatte gesagt, daß es in seinem Land keine Städte gäbe. Nun, zu meiner Zeit gab es Städtchen genug und eines schöner als das andere. Aus Heidelberg ist mir nur noch der Name von Walter Fisch in Erinnerung. Walfisch nannten wir ihn. Fast jeder hatte einen Spitznamen, und meine Leidenschaft, für meine Freunde Extranamen zu finden, stammt wohl aus jener Zeit. Da war in Mannheim ein Junge, der Ärschle gerufen wurde. Das wäre wohl in Königsberg oder Berlin ein Grund für ein Duell gewesen. Dort war man stolz darauf.

Aber zunächst Heidelberg. Die Ruinen des Schlosses interessierten mich nicht, und überhaupt war mir der Ort durch seine Korpsstudenten verdächtig. Sie waren reaktionär und spielten in der Politik eine große und üble Rolle. Ich war in Heidelberg zum ersten und einzigen Mal in einer Universität und hörte einen berühmten Nationalökonomen, Professor Lederer. Dreimal war ich dort und lernte, daß auch ich das verstehen konnte, ohne Abitur, und daß das Studium keine Hexerei war. Das wiederum stabilisierte mein Selbstbewußtsein.

Ärschle hatte einen Bruder, Kurt, ein wilder, kluger Junge, Sportler, obwohl er nur einen Arm hatte; den anderen hatte er bei einem Sprung von der Bühne – bei uns hieß sie Lucht und war der Dachboden – in einen Heuhaufen verloren, in dem versteckt eine Heugabel lag. Daß er musikalisch war, erfuhr ich nur nebenbei, weil er mit seiner einen Hand, die mir übermäßig groß erschien, wilde Fantasien auf dem Klavier zu spielen pflegte. Ich traf ihn in Palästina als Dirigent und Lehrer in Ben Schemen wieder, dem ersten Kinderdorf, das es dort gab. Seit 1934 hatte man begonnen, Kinder zu retten, wenn es schon nicht möglich war, für die Eltern ein Visum zu bekommen. So gab es viele elternlose Kinder, und Ben Schemen war ein Muster für ähnliche Dörfer. (Hannah Arendt arbeitete in Frankreich in dieser Organisation.) Mit den Musikalischen hatten wir gelegentlich Schwierigkeiten, weil wir uns schwer vorstellen konnten, daß jemand irgend etwas anderes wichtiger nehmen könne als die Verbesserung der Welt durch Reformen und Revolution. Es war ja auch mehr als Weltverbesserung. Es handelte sich um ihre Rettung, und unser Gefühl trog uns nicht.

Ich mit meinem Brüllen, das ich Singen nannte, und meinen fünf Akkorden auf der Gitarre, war ja nicht sehr musikalisch, aber wir hörten doch viel moderne und auch alte Musik. Hans hatte bei seiner »Kulturrevolution« gelegentlich gegen die bürgerlichen Mädchen gewettert, die Tennis spielten und Klavierstunden hatten. Es gehörte sich wirklich damals für ein bürgerliches Mädchen, daß sie etwas Klavierspielen konnte. Diese musikalische Betätigung der Mädchen scheint in den Generationen nicht immer nur auf das Klavier fixiert gewesen zu sein. Meine Mutter zum Beispiel hatte Gesangsunterricht gehabt, und ich glaube, dem war es zuzuschreiben, daß sie mit einer unnatürlich hohen Stimme piepste, wenn sie singen wollte, aber meine Schwestern mußten sich alle auch auf dem Klavier versuchen, und so konnte ich Hans nur zustimmen, wenn er es eine Plage nannte, und ich konnte mir kaum jemanden vorstellen, der sie freiwillig auf sich nehmen würde. In Freiburg im Breisgau war das zu einem Problem geworden, und dem ist es zu verdanken, daß ich zu dem südlichsten Punkt meiner Frühlingsreise kam. Freiburg blieb lange Zeit meine Sehnsucht. Ich dachte: Freiburg sehen und sterben. Nach Neapel hatte ich gar kein Verlangen. Das Spitzentuch des Freiburger Münsters gegen den blauen Himmel und die herrlich dämonischen Wasserspeier, aber mehr als das begeisterte mich die gelöste Atmosphäre dort. Ich konnte mir nicht denken, wie man je traurig sein konnte in einer Stadt, in der in jedem Rinnstein die Bächle rannen. Überall hörte man ihr lustiges Geplätscher, und wenn auch bedächtige Straßenfeger den Staub hineinkehrten, sie trugen ihn so schnell fort, daß sie kaum getrübt wurden. Konnte man überhaupt Sorgen und Probleme haben in solch einer Stadt?

Mit geliehenem Fahrrad fuhr ich nach Breisach auf stillen Straßen durch das fast sommerliche Land, um am Rhein zu stehen, hinüberzusehen nach Frankreich, mich nach Straßburg zu wünschen, nach Colmar, um den Isenheimer Altar zu sehen. Kein Gedanke damals, solche Wünsche zu realisieren. Kein Geld für den Paß, keine Zeit für ein Visum. Ich habe wohl doch einige Disziplin gehabt, nicht auszubrechen und mich um die Probleme der Gruppe zu kümmern, selbst wenn mir manche auch lächerlich schienen.

Da war die Sache mit dem Klavierspielen. Ein Mädchen, sie hieß Lotte Mayer, ein dunkler Bubikopf, ein energisch kluges Gesicht, sollte aus der Gruppe ausgeschlossen werden, weil sie gegen die Verordnung von Hans Litten nicht mit dem Klavierspielen aufhören wollte. Herbert Hamburger, ein breiter alemannischer Typ, einer der Unbedingten, mit einem breiten süddeutschen Humor begabt, war streng, und ich sollte entscheiden. Ich kapitulierte natürlich sogleich vor einem ernsten Willen, auch Hans hätte wahrscheinlich sogleich gewußt, daß hier ernstes Bemühen war und nicht Absolvierung einer Konvention. Dieses Mädchen sah ich später wieder als Medizinstudentin und nach dem Krieg als Schriftstellerin. Sie hatte einen Deutschen geheiratet, der sie geschützt hatte, trotz aller Schwierigkeiten und Demütigungen, die sich im Dritten Reich aus dieser Verbindung ergaben. Die letzten Monate verbrachte sie in einem Kloster, bis sie befreit wurde (es ist Lotte Paepcke, und sie hat selbst darüber berichtet).

Ich müßte noch lange in Freiburg verweilen, doch ich fürchte schon jetzt, viel zu ausführlich gewesen zu sein. Aber ohne Fritz Bloch geschildert zu haben, den ich damals kennenlernte, kann ich nicht weiterreisen. Auf den ersten Blick würde man wohl immer erstaunt sein, Fritz Bloch, den wir alle Friblo nannten, manchmal auch den Dicken, in unseren Reihen zu finden; wenn ich auch hoffe, nicht den Eindruck erweckt zu haben, daß wir eine Versammlung finsterer Fanatiker waren, so war Friblo doch eine einzigartige Erscheinung.

Ich klassifizierte damals ziemlich primitiv unsere Leute. Es gab viele, für die der Bund ein Rettungsanker war, viele, die durch eigene Schwierigkeiten zu uns gekommen waren. Bei Friblo hätte man das gar nicht vermutet. Er war ein typischer Schwabe, ein Pykniker, einer, der dem guten Leben und Essen zugetan war. Später in Berlin arbeitete er als Elektroingenieur in fester Stellung bei der AEG. Daß er klug war und ein gewichtiges Wort mitzureden wußte, brauche ich nicht zu betonen, aber daß man immer zu ihm kommen konnte und etwas, oft etwas besonders Gutes zu essen fand, war etwas Besonderes. Er war einer der ruhenden Pole im Bund. Unzählige Male hat er mir, der ich mein Leben lang in Finanznöten steckte, ausgeholfen. Wegen seines respektablen Aussehens war er unser Trauzeuge, und er stiftete uns unser Hochzeitsessen, das aus einem Eisbecher im »Mokka Efti« bestand. Er war viele Jahre später, als er mit seiner Frau Friedel aus Allenstein in Haifa wohnte, der Trauzeuge bei der Hochzeit meiner Tochter. Das war 1950, als ich schon wieder in Deutschland lebte. Er war einer der Unerschütterlichen, dessen Lebenslauf auch nicht von äußerer Dramatik zu bestimmen war. Er siedelte von Berlin rechtzeitig nach Haifa über und war dann eben wieder Elektriker, in keiner Weise beleidigt oder deklassiert. In den düsteren Tagen im Krieg, als Hitler an allen Fronten siegte und wir nicht mehr die Ereignisse täglich durchkauen mochten, spielten wir Skat miteinander. Er lebte glücklich, bis – wie Scheherezade zu sagen pflegte – der Tod, der Allesbezwinger, auch unser Band zerriß.

Die Reise im Frühling. Ich habe sie nicht um ihrer selbst willen gemacht. Der Frühlingsputz der Gruppen und, wie ich dachte, der große Aufbruch war das Ziel, und nicht vom Frühling wollte ich schreiben, sondern von den Mädchen, die mir auf dieser Reise begegneten. Doch Geduld, ich werde nichts unterschlagen.

Von Freiburg aus fuhr ich in den Frühling zurück. In München, das erste zarte Grün gerade an den Bäumen, schlenderte ich durch die Stadt, durch Museen, Kirchen, Buchhandlungen, Parks unter der kundigen Führung meiner Freunde. Von fern her winkten die Alpen, aber dazu war keine Zeit. Der Fahrplan war nicht bestimmt von dem des Frühlings, sondern von meinen Verabredungen mit den Gruppen und meinen finanziellen Möglichkeiten, ob ich mit der Bahn fuhr oder zu Fuß ging. Es blieb meine größte Reise in jener Zeit. In Nürnberg hatte ich gerade den Beginn des Frühlings eingeholt. In der Meistersingerstadt trat mir wohl Wagner zu sehr auf die Füße. Ich war auch mehr in Fürth, der Zwillings- und Arbeiterstadt. Dort wurde ich etwas zurückgeholt aus meinem Frühlingsrausch.

Ich mußte manchmal kräftige Tritte bekommen, um in der Realität zu bleiben, gar zu gerne geriet ich ins Schwärmen, auch heute noch. Unter Karls Leitung bestand eine Gruppe, die ein proletarisches Gesicht trug, und entsprechend waren auch die Gruppenabende. Karl Lehrburger wurde in den ersten Wochen des Dritten Reichs ermordet, als man dort Juden auf eine Wiese trieb und sie zwang, Gras zu fressen.

Von Nürnberg nach Halle. Ich weiß nur, daß ich in den Anlagen am Schloß schlief, weil die Eltern von meiner aufrührerischen Tätigkeit wußten und die Jugendherbergen um 10 Uhr abends schlossen.

Dann Berlin und die lange Reise im Zug nach Königsberg. Meine Eltern hatten Silberhochzeit und ich wurde 21 Jahre alt. Es war der Anfang des Juni, und der Frühling in Ostpreußen hielt sich strikt daran, daß zu meinem Geburtstag die Kastanien blühten. So groß war Deutschland damals, daß man von Februar bis Juni im Frühling fahren konnte.

Es war eine Weltreise, wenn man – wie ich – zu Fuß ging oder allenfalls die Bummelzüge 4. Klasse benutzte. Das schnellste war schon der »beschleunigte Personenzug«, der mich von Berlin nach Königsberg brachte. Autostop war erst Jahre später möglich, weil es noch wenig Autos gab. Dafür traf man, wenn man früh genug auf den Beinen war, immer Milchwagen, die zur nächsten Stadt fuhren. Damals galt noch der Satz, daß ein Proletarier nur im Kriege reise. Was sollte ich schließlich auch im Ausland, wo es in Deutschland so viel zu tun und zu sehen gab? Wonach ich wirklich Sehnsucht hatte, war, an der Ostsee entlang nach Riga und Petersburg zu gehen (so sprach man noch oft von dem eben umbenannten Leningrad), und weiter nach Finnland. Das war mein großer Wunsch, der nie in Erfüllung gegangen ist. Damals war nicht daran zu denken. Ich bewunderte die Wandervogelgruppen, die durch die ganze Welt zogen, aber meine erste große Reise ins Ausland bis nach Spanien fand 1932 statt, kurz bevor alles zusammenbrach. Mich interessiert schon lange der Wechsel zwischen politisch interessierter und uninteressierter Jugend. Die Zeit, die die Jugend mit ihren Problemen erfaßt, ist anscheinend nicht vorauszusehen. Jedenfalls wechseln die Perioden nicht regelmäßig wie Ebbe und Flut, und die nachträglichen Erklärungen sind wenig überzeugend. Ich habe noch keine Zeit erlebt, die die Jugend nicht zur Aktivität hätte herausfordern müssen.

6

Gehen durch Berlin, wenn die Nebel sich heben und der Geschmack von Rauch in den noch leeren Straßen steht. Sich aus dem Haus schleichen, in dem die Freunde noch schlafen, die Tür leise öffnen und schließen und aufatmend durch die blühenden Vorstadtstraßen gehen, geduldig auf den Omnibus warten, der mit schweigenden Arbeitern gefüllt ist. Den Anflug eines schlechten Gewissens haben, weil ich bummle, während sie in die Fabriken müssen. Ein altes Zirkuspferd beginnt zu tanzen, wenn es Musik hört. Einem alten Mann schlägt das Gewissen, wenn er andere arbeiten sieht. Doch, wie immer, hört er bald auf andere Töne.

Die Nacht vorher waren meine Gedanken nicht in Berlin. Die Vorgeschichte hatte mich beschäftigt. Jede Geschichte hat eine Vorgeschichte, die weit über das individuelle Gedächtnis hinausreicht. Jede Geschichte, jede Biographie sollte bei Adam und Eva beginnen, damit auch das Schicksal, das sich in uns gesammelt hat, mitsprechen kann. Das

Schicksal, das wir dann in die Hand nehmen sollen, wollen und bis zu einem gewissen Grad auch können. Noch andere Überlegungen sind nötig, für die ich wieder meine Scheherezade brauche: Tausend und eine Nacht sind nur drei Jahre, allenfalls vier, wenn man ein paar Pausen einrechnet, die sich aus der Physis ergeben. Als die Scheherezade ihr tollkühnes Unternehmen startete, war sie wahrscheinlich 14, höchstens 15 Jahre alt. Das entspricht auch dem Alter, in dem ein Mädchen (oder ein Junge) zu einem besinnungslosen Opfer bereit ist, und wir wissen aus vielen Geschichten, daß die Ausbildung der Jungen und Mädchen dann beendet war. Die Glücklichen brauchten sich nicht 13 Jahre anöden zu lassen, bis die Gesellschaft sie als gleichwertig anerkannte. Das übrige lehrte das Leben. Tausend und eine Nacht, danach war Scheherezade 17 bis 18 Jahre, hatte drei Kinder geboren, einen kranken Mann geheilt und viele Bände mit ihren Erzählungen gefüllt. Ich weiß schon, was eine Rahmenerzählung ist, aber wenn man dem Volk aufs Maul sehen soll, wie Luther es fordert, so soll man Bücher auch einmal ernst nehmen. Wie sollte es sonst möglich sein, die hochgestellten Leute ernst zu nehmen, welche die Bibel – sei es die in Palästina oder die in London geschriebene – für sich und uns verbindlich erklären; und Ketzer werden noch immer verbrannt.

Vielleicht ist ein König auch ein Mensch, man darf das denken, seit wir nicht mehr an das »Gottesgnadentum« des Königs glauben und in einer Demokratie leben, in der das Volk ja der König sein soll. Aber es würde gar keinen Spaß machen, König zu sein, wenn es nicht auch arme Hunde, Sklaven gäbe, die wir uns, wenn wir eigene nicht genug haben, wie eh und je importieren und von denen es in fernen Ländern noch Millionen gibt, geduldige, leider auch rebellische. Wir Volkskönige haben trotz gelegentlicher Zufälle, Unfälle immerhin mehr Sicherheit, als sie ein König damals hatte. Er stand auf einem sehr unsicheren Postament und verlor mit dem Thron auch oft sein Leben.

Wir Volkskönige können zwar nicht in Diamanten wühlen, aber in unserem Eisschrank und der Kühltruhe. Wir haben zwar keine stolzen Gäule und Kamele, aber wir haben farbige Autos, und wir sind sehr aufgeklärt, was der arme Mann-König nicht war. Darum brauchen wir auch nicht Massenmörder zu werden, wenn wir einen unheilvollen Schock bekommen, sondern gehen zum Psychoanalytiker und morden nur in Gedanken. Hätte König Scherijar die vielen jungen Soziologen gehört oder gelesen, so wüßte er mehr über die Psyche der Frau, wüßte auch, daß sein Unglück von der Langweile der Frauen im Harem herrührte. Wir haben schon lange die Frauen in volkswirtschaftlich wichtige Arbeiten eingespannt, so daß sie kaum zur Besinnung kommen, wie wir Männer auch.

Ich habe mich gewundert, warum die doch so kluge Scheherezade ihrem König unter anderem auch Geschichten von den Listen der Frauen erzählt und auf welch mannigfaltige Weise sie ihre Männer betrügen. Das ist doch ein Wühlen in Wunden und für Scheherezade lebensgefährlich. Bei weiterem Nachdenken fiel mir ein, daß ich in schwierigen Fällen oft das gleiche tat: analoge Geschichten zu erzählen, sie unversehens ins Lächerliche zu ziehen und einige mögliche Lösungen einzuknüpfen. Das kann heilsam sein.

Es ist deprimierend, mit anzusehen, wie wir trotz der wissenschaftlichen Bemühungen noch immer vor den gleichen Problemen stehen wie vor 1000 Jahren und wie alle Versuche unserer Regenten, die Gedanken der Untergebenen in eine positive Richtung zu lenken, nach kurzer Frist scheitern.

Ende 1926 ging ich von Hannover nach Stettin. Als Preuße geboren und zu Ordnung und Strebsamkeit erzogen, empfand ich es doch als ein Manko, nicht in meinem Beruf zu arbeiten. So nahm ich die Gelegenheit wahr, als mir die Stettiner Gruppe, um mich dort zu halten, Arbeit in einer Fabrik verschaffte, die dem Vater eines der Jungen gehörte.

Es war eine Möbelfabrik, die verschiedene Schlafzimmermodelle in Serien zu sechs oder zwölf Stück herstellte, meistens in Eiche. Ich begann also Nachtschränke zu bauen, es war der unterste Rang für einen Anfänger. Zu 12 Schlafzimmern gehören 24 Nachtschränke, und wenn ich sie rings um meine Hobelbank herum aufgebaut hatte, war ich gegen die übrige Werkstatt abgeschlossen. Bis dahin war aber ein langer Weg, da damals noch viel Handarbeit gemacht wurde und es wenig Arbeitsteilung gab. Zuschneiden, absperren, Länge-Breite schneiden, verleimen, abrichten, furnieren, immer wieder Transport, auf Wagen und Schultern, zum Maschinenraum, zum Nuten und Dübeln, Türen anschlagen, Schubkästen einpassen – man kann die notwendigen Arbeitsgänge gar nicht im einzelnen aufzählen, bis endlich die Schränkchen wie frisch gebackene Brötchen mit stumpf und doch rosig schimmernder Haut um mich herumstanden. Anfangs hatte ich viele Schwierigkeiten. Es gibt auch in einer Fabrik eine Hicrarchie. Dem Neuen, Fremden, vielleicht vom Chef Protegierten wurde gezeigt, was Solidarität ist, indem man sie ihm verweigerte. Wenn die Schleifmaschine gerade immer besetzt ist, wenn man sie braucht – die vielen Handmaschinen, die es heute gibt, waren noch nicht erfunden –, heißt das bei 24 Schränken 48 Seitenstücke von zwei Seiten mit Schinder, Ziehklinge und Sandpapier zu putzen, nicht zu reden von Türen, Rückwänden und anderen Teilen. Das ging auf die Knochen und auf den Akkord. Kam man mit dem Akkordlohn unter den Tariflohn, wurde das fehlende Geld zwar ausgezahlt, man wurde aber entlassen. Bei der ersten Auszahlung war ich weit unter den Akkordsatz gefallen, das zweite Mal schaffte ich es mit Anstrengung bis zur Erschöpfung, nahe an den Tariflohn heranzukommen. Dann war ich integriert, hatte die notwendigen Hilfen und hielt mich knapp über dem vorgeschriebenen Lohn. Das genügte mir. Ich hatte keinen Ehrgeiz und auch sonst viel zu tun. Die Arbeit gefiel mir, sie war körperlich schwer, aber man konnte mit seinen

Gedanken irgendwo anders sein und nachdenken, was in der Gruppe oder in dem nahen Berlin geschehen sollte.

Die Stettiner Gruppe beschäftigte mich nicht allzusehr, aber es gab dort wie überall den einen oder anderen, von dem ich annahm, daß er dabeibleiben würde. Da war ein kleiner Junge, der hieß Fritz Lamm. Ein kleines Kerlchen damals, strahlende Augen und eine ordentlich große Nase, die Energie anzeigte. Ich treffe ihn heute ab und zu hier in Stuttgart und sehe seinen Namen unter vielen Aufrufen für vernünftige Dinge und für die Jungen, ein unentwegter Arbeiter für die Sache des Sozialismus, keiner der großen Würdenträger. Wenn ich in meiner galligen Stimmung bin, nenne ich ihn das Leitfossil. Wenn mich nämlich einer fragt, wie denn damals die jungen Sozialisten und die anderen Leute waren, dann schicke ich ihn zu ihm. Er ist noch heute so. Ein nüchterner, emsiger Arbeiter, der viel tat und den Mund nicht größer aufmachte, als es für die Sache nötig war.

Es war wieder Winter; im Vergleich mit Königsberg wurde es in Stettin nur selten sehr kalt, dagegen wurde der reichlich gefallene Schnee rasch zu Matsch. Königsberg lag dem Meer näher, und der Pregel war bei weitem nicht so gewaltig wie die Oder. Die Seen und die Nähe des großen Stettiner Haffs mögen das Klima beeinflußt haben.

Ich hatte ein Zimmer in einer großen Wohnung bei einer alten Dame, die einst bessere Zeiten gesehen hatte. Diese Zimmervermieterinnen waren die Qual aller jungen Leute, ich möchte nicht sagen Junggesellen. Dieses etwas veraltete Wort trifft nicht, was ich damals war. Ein Junggeselle ist älter und will vielleicht nicht heiraten. Ich wäre damals als Verheirateter noch viel verdächtiger gewesen. Diese Zimmervermieterinnen fühlten sich von der Polizei eingesetzt, über unsere Moral zu wachen, was insofern nicht ganz unberechtigt war, weil sie Schwierigkeiten mit dem Gesetz bekommen konnten, wenn Unmoralisches in ihrer Wohnung geschah. Das kam ihnen sehr entgegen, denn so konnten sie darüber wachen, daß der »Zimmerherr« auch nie Damenbesuch hatte und schon gar nicht nach 10 Uhr abends, wobei von der Annahme ausgegangen wurde, daß Unzucht das Tageslicht scheue. Zog man in eine solche Wohnung ein, so wurde man umgehend mit den Schädigungen und Enttäuschungen bekannt gemacht, die die Dame erlitten hatte: Inflationsgeschädigt oder Witwe, von ihrem lieben Mann oder den Kindern verlassen. Drückte man über solche Unbill pflichtgemäß sein Bedauern aus, war man gezwungen, diese Trauerhaltung während der ganzen Zeit, in der man dort wohnte, beizubehalten. Respekteinflößend war nur eine Überbezahlung der Wohnung und der Dienste, dann avancierte man zu einem »besseren Herrn«, dem einiges nachgesehen wurde. War man aber kein besserer Herr, wie ich damals, so wurde man nachdrücklich auf den Wert, sowohl den materiellen als auch den seelischen, der Gegenstände im Zimmer hingewiesen. Im Bett aus bestem Eichenholz hatte der Sohn jahrelang geschlafen, das merkte man auch daran, daß einen alle Federn einzeln stachen. Das gehäkelte Deckchen auf dem Tisch, der fleckenlos war und auf den man nie ein Glas Wasser stellen durfte, die schrecklichen Familienfotos und Bilder an den Wänden hatte man zu ehren, und der Vorschlag, sie abzuhängen, wurde mit Entrüstung abgelehnt. Das einzig Positive, das ich im Hinblick auf die Gardinen mitbrachte war, daß ich Nichtraucher war. Außerdem wurde ich streng gemahnt, mich in der Wohnung möglichst wenig bemerkbar zu machen und keine Freunde mit heraufzubringen. Das alles konnte gefordert werden, weil die Zimmer knapp waren und noch seltener in der Preislage, die ich bezahlen konnte. Ich glaube, diese Wirtin konnte mit mir zufrieden sein, wenn sie überhaupt dazu imstande war, denn ich mußte die Woche über um 6 Uhr aus dem Hause in die Fabrik gehen und kam meistens erst in der Nacht zurück. Am Sonnabend ging ich entweder mit der Gruppe auf Wanderung oder ich rannte, wenn die Fabrik um 2 Uhr geschlossen wurde und ich meinen Lohn kassiert hatte, zum Bahnhof, um den Eilzug nach Berlin zu kriegen. Dort wurde ich dann schon am Stettiner Bahnhof von Rudi Arndt abgeholt und mit den Schwierigkeiten der Gruppe überschüttet. Die Berliner Gruppe war in einer kritischen Phase und brauchte dringend meine Hilfe. Um drei Uhr morgens mit dem letzten Zug wieder zurück in Stettin überlegte ich, ob es sich noch lohne, ins Bett zu gehen. Ich hatte nämlich damit schlechte Erfahrungen gemacht. Wenn ich erst einmal schlief, stellte ich den Wecker im Schlaf ab und träumte minutiös alles, was ich hätte tun sollen: Vom Aufstehen, dem Weg zur Fabrik, dem Stempelkasten, in dem man seine Anwesenheit bestätigte – bis ich dann schließlich erwachte und fluchend alles in der Wirklichkeit nachholen mußte, was im Traum so leicht und zur rechten Zeit geschehen war. Eine nicht ganz so tragische Folge meiner Berlin-Besuche war, daß ich mit meinem gesamten Wochenlohn fortfuhr und immer ohne Geld zurückkehrte. Der Geldbedarf der Gruppe war groß, schon weil sich in Berlin die von zu Hause fortgelaufenen Kinder sammelten, und die Taschengelder aller Gruppenmitglieder waren gering. So gab es eine Woche lang trockenes Brot. Später war ich dann so klug, mir im vegetarischen Speisehaus ein Wochenabonnement zu nehmen. Dadurch wurde alles viel besser.

Dieses Speisehaus wurde übrigens nach den Regeln der Mazdaznan-Sekte geführt. Ich besinne mich auf die Traktate, nach denen es schädlich sein sollte, Obst und Gemüse gleichzeitig zu essen. Ich hätte das Ganze vergessen, wenn ich nicht in einem Bericht über Indien daran erinnert worden wäre, in dem über die Schwierigkeiten der Volksernährung gesprochen wurde. Zu meinem Erstaunen war nicht nur das Essen von Fleisch, besonders das Fleisch der Kühe, verboten, auch viele Obstsorten wurden als schädlich bezeichnet. Ich hielt Mazdaznan für eine indische Sekte und bin erst später belehrt worden, daß der Gründer der Sekte ein Europäer deutsch-russischer Herkunft war. Damals schwappte gerade eine indische Welle über Deutschland, nachdem Indien durch die Verleihung des Nobel-Preises an Rabindranath Tagore salonfähig geworden war und die indische Weisheit, leicht aufbereitet, selbst in die Jugendbewegung hineingetragen wurde. Die Innerlichkeit, der heilige starre Blick, der das Elend der Gegenwart nicht wahrnimmt, weil er ferne Wonnen fixiert, tritt immer in den Endzeiten einer Periode auf und verführt dazu, abgeklärte Weisheiten zu propagieren, statt die zeitgemäßen Probleme anzupacken. So jedenfalls sahen wir es damals und verfielen notwendigerweise oft in das andere Extrem, kurzatmig uns von der Tagespolitik treiben zu lassen. Es war wieder Hans Litten, der uns durch seine Philosophie und Kunstbetrachtung dazu anregte, größere Zeiträume zu sehen, ohne die Gegenwart zu ignorieren.

Wie wichtig all diese Vorschriften zur Lebensreform und auch diese Speisegesetze sind, zeigt sich erst heute, und es ist kein Zufall, daß man sich in der Gegenwart über die Medizin und Ernährungsvorsorge der früheren Kulturen ernsthaft Gedanken macht. Für uns waren alle diese Sekten unerträglich, weil jede von ihnen abgekapselt in ihrem jeweiligen System eine eigene Ideologie entwickelte. Diskussionen waren sehr unfruchtbar, denn der Weisheit letzter Schluß war immer, die Welt wäre eben gut, wenn alle Menschen nach ihrem System lebten. Vor solcher Unschuld blieb einem das Wort im Hals stecken. Der Hinweis nützte wenig, daß eine solche politische Abstinenz den reaktionären Kräften in Deutschland zugute käme.

Es ist mühsam, die Zeit durch sich zu schildern und sich selbst durch die Zeit, in der man lebt. Viele Situationen mußten erprobt, Angebote geprüft und vielleicht verworfen werden, manchmal, nachdem wir das für uns Brauchbare herausgefiltert hatten. Ich kannte so viele Vereine, die die Welt durch Lebensreform, durch Pädagogik ändern wollten, wie ich Splittergruppen der sozialistischen Parteien kannte. Es gab nicht eine, die nicht zeitweise richtige Argumente vorbrachte, und auch nicht eine, die nicht in extremen Situationen ins Abseits führte. Vieles zu wissen – und wann weiß man genug? – und sich nicht in der Aktivität hindern zu lassen, war besonders schwer.

Im allgemeinen war es für mich mehr eine theoretische Frage, was man essen durfte und was nicht, noch viele Jahre war es dringender, daß überhaupt etwas zu essen da war. So ging es wohl auch den meisten Arbeitern. Der Konsumzwang war noch kein Schlagwort, der Arbeiter war als Kunde noch nicht entdeckt, im Gegenteil, die öffentliche Propaganda schrieb ihm Bescheidenheit vor, und der Lohn reichte auch nur aus, um seine Arbeitskraft zu erhalten und Nachwuchs für die Arbeiterreservearmee zu produzieren. Das galt schon, wenn er Arbeit hatte; wie man bei langer Arbeitslosigkeit damit fertig wurde, machte noch nicht viel Kopfzerbrechen. Jedenfalls nicht der Industrie und den anderen Beherrschenden der Wirtschaft.

Im Frühling 1927 ging ich ganz nach Berlin, auch mit dem Risiko, wieder arbeitslos zu sein. Das Leben zwischen Stettin und Berlin wurde unerträglich und erschöpfte mich völlig. Das billige Zimmer über dem Bad in der Münzstraße war wohl die angenehmste Behausung, die ich je hatte. Dazu kam die Wirtin, Frau Krause, die einen leben ließ und ab und zu sogar ein paar freundliche Worte für mich hatte.

Die Stadt nahm mich auf. Keine andere Stadt ist mir nach Königsberg so Heimat geworden wie Berlin. Es stimmt sicher, daß sich auch Berlin aus vielen Dörfern zusammensetzte, die Urberliner bestanden darauf, und es gab wohl auch Berliner, die durch mehrere Generationen dort beheimatet waren, aber die meisten Leute, die ein penetrantes Berlinerisch sprachen, lebten noch gar nicht lange dort. Außerdem erlaubte einem das großzügige Verkehrsnetz, das so dazugehörte wie die Adern zum Körper, Bewohner der ganzen Stadt zu sein. Ich hatte in dieser großen Heimat mein Revier, wo mich die Mitbewohner diskret grüßten, anlächelten, sich nie aufdrängten und diesen komischen jungen Mann, der wie ein Urwaldmensch mit Jesuslatschen, kurzen Hosen und einem ausgewaschenen Kittel herumlief, nicht nur duldeten, sondern auch beschützten. Er gehörte zum Revier wie andere seltsame Tiere, und mir schien, daß die Berliner gerade die besonders liebten. Diese angenehme Großstadttoleranz! Man war aufgeschlossen, neugierig, aber nie aufdringlich, man war gewöhnt an immer neue Gesichter und freute sich doch stets über ein Wiedererkennen. So wurde ich, wie jeder andere, schnell zum Berliner, ein billiges und angenehmes Bekenntnis. Der »Schwarze Haufen«, so hieß der Bund, den wir gegründet hatten. Schon der Name war das Entsetzen der Eltern und der Spott unserer Gegner. Es war der Bauernkrieg, den wir immer wieder studierten und beschworen und in den Liedern verherrlichten. Der kraftvolle Aufstand mit materiellen Impulsen und moralischen, religiösen Begründungen: er war uns Vorbild und forderte zum Vergleich mit der Gegenwart. Wir spielten auch etwas mit Analogien: Hans Litten war Thomas Münzer, und Rudi Arndt war Florian Geyer, der Feldhauptmann. Damals konnten wir noch nicht wissen, wie wahr solche Vergleiche werden sollten. Hans Litten wurde nicht, wie Thomas Münzer, enthauptet, aber zu Tode geschunden wurde er auch, und Rudi Arndt wurde mehr als geviertelt, bis er erschossen wurde. Damals erschienen uns die hunderttausend Bauern, Frauen, Kinder und Männer, die nach dem verlorenen Aufstand zu Tode massakriert wurden, als unfaßbar hohe Zahl. So stellten wir uns in die Geschichte und wurden immer mehr ihr Objekt und ihr Opfer.

Die Berliner Gruppe war die radikalste. Wir übersetzten »radikal« mit »gründlich«. Sie zog immer mehr Freunde aus anderen Bünden und Städten auf sich, und sie war es auch, die an die Grenzen der Jugendbewegung stieß und nach zwei Jahren die Auflösung des Bundes erzwang.

In dieser Zeit war eine Gruppe des JWB (Jungjüdischer Wanderbund) zu uns gestoßen. Er gehörte dem sozialistischen Flügel der Zionistischen Bewegung an, im Gegensatz zum »Blau-Weiß«, der bürgerlichen Richtung. Während der westliche Teil der Zionistischen Bewegung unter dem Österreicher Herzl bürgerlich-liberal war, stützte sich der sozialistische Flügel auf die in Rußland und Polen schon lange existierenden jüdischen sozialistischen Gruppen. Mit einem Schlagwort: Die Juden in Polen verstanden sich als Minderheit; ein Teil der sehr aktiven jüdischen Sozialisten arbeitete mit der polnischen Arbeiterpartei zusammen, aus der zum Beispiel Rosa Luxemburg hervorging. Die anderen glaubten ihr sozialistisches Programm nur in einem jüdischen Staat verwirklichen zu können, und sie waren der Ausgangspunkt für die sozialistische Führungselite von Ben Gurion bis zu den radikal-sozialistischen Führern der heutigen Mapam-Partei in Israel.

Unsere Leute aus dem JWB hatten sich jedenfalls in langen Diskussionen, hauptsächlich unter dem Einfluß von Rudi Arndt, dazu durchgerungen, die Idee eines zionistischen Staates fallenzulassen; der Gedanke, einen jüdisch-sozialistischen Staat auf englischem Kolonialgebiet unter Zurückdrängung der Urbevölkerung zu gründen, schien uns abwegig.

Die beiden Gruppen in unserem Bund verleugneten ihre unterschiedliche Herkunft übrigens auch in der Zukunft nicht. Dies führte keineswegs zu Differenzen, sondern steigerte eher die Arbeitsintensität. Was den Unterschied ausmachte, ist nicht so leicht zu bestimmen. Es waren Nuancen, die aber wesentlich den Stil beeinflußten. Fast alle waren in Berlin geboren. Es war auch nicht entscheidend, wie lange die Eltern in Deutschland waren, ob sie erst »im Ersten Weltkrieg hergekommen« oder »altgediente Deutsche« waren, wie wir damals spöttisch sagten. Auch die Staatsbürgerschaft war zweifelhaft, da sich nach dem Krieg die Staatsgrenzen verschoben hatten. So war der Vater von Margot als Österreicher geboren und plötzlich nach dem Krieg Ungar, machte in Wien das Abitur und lebte seither im wesentlichen in Berlin; dennoch hatte er Schwierigkeiten, die deutsche Staatsbürgerschaft zu erhalten. So ähnlich ging es vielen, die in Westpreußen geboren waren oder in österreichischen Gebieten, die dann plötzlich zu Polen gehörten. Viel entscheidender war es, in welcher Gegend von Berlin man aufgewachsen war. Die Kinder unserer Gruppe stammten überwiegend aus dem Berliner Westen, und das war schon ein Bekenntnis, die anderen zum größten Teil aus dem alten Zentrum Berlins, der Gegend rund um das jüdische Getto. In unserer Gruppe waren auch Kinder armer Leute, in der anderen Gruppe waren mehrere, die zum jüdischen Proletariat gehörten oder von Handwerkern abstammten. Während für unsere Gruppe galt, wie es ab und zu hieß, daß sie »wohledel« war, ein Typ, der in der deutschen Jugendbewegung gezogen wurde, waren die anderen mehr städtisch und in einem jüdischen Milieu aufgewachsen, zum Teil auch in jüdische Schulen gegangen, hatten ganz andere Vorstufen der Entwicklung durchlaufen. Die unsaubere Realität war ihnen näher als die Welt, die wir für wünschenswert hielten.

Ausgerechnet diese Gruppe trug dazu bei, uns nun endlich aus dem jüdischen Getto herauszulösen. Natürlich hatten wir alle deutsche Freunde auf der Schule, der Universität und bei der Arbeit, aber jetzt begann der enge Kontakt mit den Gruppen der Arbeiterjugend. Sie brachten neue Ideen und neue Probleme mit, auch neue Schlagworte, und es war unsere Aufgabe, daraus Tatsachen zu machen. Erst heute habe ich begriffen, in welchen Schüben Generationen wachsen. Wir hatten nicht, wie wir annahmen, einen neuen Bund gegründet, sondern eine Arbeitsgemeinschaft der Generation, die der Jugendbewegung entwuchs. Daher stand auch immer die Frage vor uns, was kommt, wenn wir uns in irgendeiner Form in die Gesellschaft eingliedern wollen und müssen. Ich sprach von Generations-Schüben. Tatsächlich schieben sich ja Generationen mit ganz verschiedenen Jugend- und Grunderfahrungen in- und übereinander, und zur Erforschung der Mentalität und der Aufnahmefähigkeit einer Generation muß man diese Grunderlebnisse kennen.

Die Generation vor uns war schon im Ersten Weltkrieg an der Front gewesen. Sie war gespalten. Ein Teil hatte den Krieg als das große Gemeinschaftserlebnis erfahren, der andere Teil war voller Abscheu gegen das sinnlose Morden gewesen. Wir knüpften an ihre Erfahrungen an. Wir hatten schon bewußt die russische Revolution und ihre Folgen erlebt. Das Kriegsende mit den Hoffnungen und Enttäuschungen, die Inflation und die wachsende Überlegenheit der Rechten, die schwache Rolle, die die demokratischen und die sozialistischen Parteien dabei spielten. In engem Zusammenhang damit war auch unsere Stellung als Juden: Einerseits hatten wir die Hoffnung, diese Frage innerhalb der deutschen Gesellschaft zu lösen, andererseits planten wir den Rückzug aus dieser Gesellschaft.

Dieselben Erlebnisse schlagen sich erstaunlich verschieden nieder. Da spielt die Herkunft, bürgerlich oder proletarisch, eine große Rolle, und doch gibt es Gemeinsamkeiten, die ein Zusammenraufen erleichtern. Generation ist nicht gleichzusetzen mit dem Lebensjahr, sondern letztlich mit der Auswertung der Erlebnisse und Erfahrungen, die man weitergeben kann. Gerade die Einbeziehung Jüngerer, mit ganz anderen Erlebnissen, an denen der Wert der eigenen Erfahrungen gemessen wird, ist ungemein fruchtbar.

Trotz meines Enthusiasmus für Berlin und die Berliner Gruppen warf der Verschmelzungsprozeß für mich viele neue Probleme auf; die Radikalisierung ergab immer mehr Konflikte mit den Eltern. Wir waren berüchtigt in den Schulen, was häufig zu der Drohung führte, einzelne Schüler, zumal aus der jüdischen Schule, hinauszuwerfen. Es hagelte Verbote, mit uns zu verkehren. Ich besinne mich auf Heimabende, bei denen die Aufregung so groß war, daß eine Arbeit beinahe unmöglich wurde. Zuerst mußte sich jeder abreagieren und erzählen, wie er trotz elterlichen Verbots gekommen war. Man war an Wasserrohren aus dem

Fenster geklettert, aus der Schule gar nicht erst nach Hause gegangen, war mit Gewalt ausgebrochen. Margot, der man verboten hatte, nach 9 Uhr nach Hause zu kommen, hatte sich Nachschlüssel anfertigen lassen, was damals nun wirklich als kriminell betrachtet wurde. Jeder wollte erst seinen Trick loswerden. Wie schnell eine Hysterie ausbrechen kann, wissen wir ja auch heute, und es hatte sich mit der Zeit ergeben, daß die Eltern sich alle kannten und »Schritte« veranlassen wollten. Der größte Stein des Anstoßes war natürlich die »Hurengegend«, in der sich unser Heim befand, die Mulakstraße und der Ochsenkopf. Ständig mußte ich Beschwichtigungsversuche machen. Jedenfalls war mir die Gefahr langsam bewußt geworden, in die ich die Jüngeren brachte. Ich war keineswegs davon überzeugt, daß es ein Unglück wäre, wenn Bürgersöhne und -töchter Arbeiter würden. Ich wußte aber auch, wie schwer das auf die Dauer durchzuhalten war und mit welchem Gewicht die ideologischen und materiellen Gegebenheiten der Herkunft an jedem hängen. Der jugendliche Idealismus hat nicht den langen Atem, der für ein Leben ausreichte. Es erfordert schon ein Erdbeben, um die Vorurteile zu beseitigen. Damals las ich mit Staunen, wie Karl Liebknecht aus dem Gefängnis seinen Sohn ermahnte, fleißig in der Schule zu sein, um den Aufstieg nicht zu verpassen. Mich erschreckte, daß selbst ein so bedeutender Mann darauf Wert legte. Ich versuchte jedenfalls dafür zu wirken, daß die Jugendlichen ihre Ausbildungschancen nicht leichtsinnig wegwarfen, weil ich genug Beispiele von Menschen kannte, die mit großem Idealismus sich aus ihren Familien gelöst hatten, und dann später, als der Idealismus kein Brot gab, zu allem bereit waren, mit der zynischen Entschlossenheit verlorener Existenzen.

Zwei Jungen, die mit der JWB-Gruppe zu uns kamen, faszinierten mich besonders: Rubin Mittelmann und sein Freund Sammy Gläsel. Sie waren die Antitypen zu den assimilierten Kindern aus dem Berliner Westen. Rubin, er besaß noch einen polnischen Paß, was ich erst später erfuhr, war der Sohn eines Schneiders; die Ehe der Eltern war zerbrochen, und der Junge schien mir (und war es wohl auch) immer heimatlos. Wahrscheinlich war er schon in der Kommunistischen Jugend. Er war klug, sensibel und sentimental, wie ein richtiger Jude. Sein Freund, Sammy Gläsel, hatte keine bestimmten Konturen, ich erinnere mich nur, daß er immer arbeitslos war und gelegentlich brutal. Ich mißtraute ihm. Das einzig Stabile an ihm war seine Anhänglichkeit an seine Freunde. Er ist später in der Sowjetunion umgekommen. War er wirklich ein Verräter, wie später so viele aufrechte Kommunisten geschimpft wurden? Ich weiß es nicht. Fast jeder aus der Berliner Gruppe wäre würdig, der Held oder Antiheld eines Romans zu werden. Ungerecht wie ich bin, werde ich nur von einzelnen die Lebensläufe erwähnen können.

Durch Rubin lernten wir Hannchen kennen und die Mulakei, wie wir das Haus an der Ecke Mulak-Rückerstraße nannten. Rubin hatte dort ein Heim gefunden wie so viele, die um Hannchen herum lebten.

Nun bin ich eigentlich wieder am Anfang des Buches. Ich stellte es mir so leicht vor, als ich zu schreiben begann, aber dann fehlte mir die Perspektive und ich mußte große Umwege machen, um wieder hier zu landen. Lehre, damit du etwas lernst, und hilf, damit dir geholfen werde. Ich lernte bei allen, und mir wurde von allen geholfen, aber drei Personen ragten doch aus den vielen heraus, die mein weiteres Leben bestimmten. Jeder in seiner Art: Hans Litten, unser aller Anreger in politischen und kulturellen Dingen, Hannchen mit ihrer, ich kann hier wirklich nur das Wort »Hingabe« benützen, die mir beibrachte, wie man sich den Menschen gegenüber zu verhalten hat, und Margot, mit der ich lernte, wie man liebt und wie es erstaunlicherweise möglich ist, gemeinsam mit dem Leben fertig zu werden. Sie ist es, die mir geblieben ist, die beiden anderen leben in meinen Gedanken fort. Ich spreche oft mit ihnen, und sie sind immer noch Kriterien, an denen ich mich zu messen habe.

Der Krach mit den Eltern gab mir Gelegenheit, Margot besser kennenzulernen. Ich hatte sie schon oft gesehen, ohne sie sonderlich zu beachten. Sie war in der Gruppe von Gisela Peiper. Gisela ähnelte mit ihrem klugen, vollen Gesicht und ihren runden Brillengläsern einem bedächtigen Mönch. Ihr Vater, der einen koscheren Kolonialwarenladen besaß, sagte mir einmal vorwurfsvoll: »Meine Tochter Gisela war ein schönes und braves Mädchen.« Ich glaube, heute wäre er wieder zufrieden mit ihr, denn sie lehrt als Professorin in Amerika. Damals kam sie einmal zu mir und bat mich, mich um Margot Meisel zu kümmern, sie hätte Schwierigkeiten. Ich erinnere mich noch daran, was ich sagte: »Ich kann mit diesen intellektuellen Frauenzimmern nichts anfangen.« Dazu muß man wissen, wie ich zu der Zeit auf andere wirkte. In einer in England veröffentlichten Kritik meines Buches ›Gefilte Fisch‹ schreibt Alfons Rosenberg von meinem »rötlich sonnengebräunten Gesicht« und der »Freude, Gesundheit und Energie, die ich, stets von der Gitarre begleitet, ausstrahlte«. Es handelte sich also wohl um einen ziemlich primitiven Burschen, vielleicht eine Zierde für jede deutsche Jugendbewegung. Was dazu kam, stammte von Hans und schlug sich noch nicht in Gesicht und Haltung nieder. Alfons war übrigens kein Freund von uns, er war der Führer der konservativen Berliner Jugendgruppe, und ich habe ihm wohl so viel Ärger bereitet wie er uns. Aber warum sollte ich eigentlich auch Margot, dieses Kind, beachten? Es gab andere sehr liebenswerte Mädchen, mit denen ich arbeitete und die ich bewunderte. Da war Hertha Gottfeld, breitnackig, mit hoher Stirn, das weibliche Gegenstück zu Rudi Arndt, wild, sportlich, voller Tatkraft, immer bereit zu diskutieren. Sie gehörte zu den radikalsten in der Bewegung und landete früh, wie Rudi, in der Kommunistischen Partei. Ich weiß wenig über ihr weiteres Leben. Sie war einige Zeit in der Sowjetunion, dann hörte ich, daß sie unentwegt tüchtig in Ostberlin arbeitete. Da war Hilde Pächter, kühn, gescheit, hurtig, mit dem Gesicht eines edlen Windhundes, die später auch Kommunistin wurde, heiratete und nach der Ermordung ihres Mannes in einem Nazigefängnis mit ihrem Kind nach England entkommen konnte. Mach dem Krieg traf ich sie in London. Sie hatte sich wieder verheiratet und arbeitete in der Jugendfürsorge mit schwierigen Kindern. Meine Freunde in der DDR sprachen von ihr verächtlich als von einer Verräterin, weil sie als die Frau eines Helden in ihrem weiteren Leben die Ideen ihres Mannes nicht in dem Stand, wie sie damals waren, konserviert hatte. Beweglich, wie sie in ihren Gelenken war, war und ist sie auch geistig. So konnte sie in ihrer Jugendarbeit erfolgreich und jung bleiben. Hilde hatte einen älteren Bruder. Er war einer der marxistischen Dogmatiker wie Fritz Sauer oder mein Schwager Siegfried; auch er hat sich offensichtlich geändert, denn er ist inzwischen Professor in Amerika und hat ein sehr kritisches Buch über die UdSSR geschrieben. Es war ein Bündel begabter und hitziger junger Leute, die wir gesammelt hatten, aber es waren auch weniger begabte darunter, und auch die haben sich entwickelt. Da war eine Freundin von Margot, wir nannten sie spöttisch und liebevoll unser Seelchen, die aussah, als sei sie aus einem Wandervogel-Jugendstilbuch geschnitten; daß die beiden befreundet waren, kann ich nur aus den Gegensätzen erklären, die sich anziehen. Ich traf sie später wieder als Assistentin eines berühmten Kinderarztes an einer Spezialklinik in Israel, wo sie ihre große Geduld und Einfühlungsgabe dazu befähigen, neue Wege zur ambulanten Behandlung zum Beispiel spastischer oder mongoloider Kinder zu entwickeln.

Da war Rosa Hutterer, eine zarte ostjüdische Schönheit. Sie verschwand bald schon nach 1933 für lange Zeit im Gefängnis. Ich erinnere mich noch der Sorge, wie sie das überstehen würde, aber sie hat es überlebt und ist heute in der DDR die Frau eines unserer damaligen Freunde.

Da ich mich nun schon dazu habe verleiten lassen, wenigstens einige der Mädchen vorzustellen, noch ein Wort zu

Ilse Kroner, bevor ich von mir und Margot weitererzähle. Ilse, Ikro genannt, war nun gewiß keine Schönheit. Sie hatte rotes Haar und Sommersprossen, war groß, linkisch, etwas plump und mit einer Güte begabt, die ihre krasse Ideologie milderte. Sie war von allen Mädchen und wahrscheinlich auch Jungen die Klügste und Zuverlässigste. Es gab keine Arbeit, die sie nicht gewissenhaft ausführte. Lange Stunden hat sie uns geholfen, auf einem primitiven Abziehapparat unsere Mitteilungsblätter fertigzustellen, die wir möglichst jeden Monat herausgaben. Sie war auch noch lange, nachdem der Bund aufgelöst war, mit uns zusammen, und so wird ihr Name noch oft erscheinen.

Gruppenabende, Gespräche zu jeder Tages- und Nachtzeit, Briefe, Mitteilungsblätter schreiben und abziehen, Tagungen, Bundestage vorbereiten, ich weiß nicht, wann ich noch Zeit für meine Liebe finden sollte. Doch in jener Zeit paßte vieles in einen Tag hinein. Eines Tages traf ich Gisela Peiper mit Margot auf der Straße und beklagte mich über die Mengen von Briefen, die ich noch zu schreiben hätte. Gisela schlug vor, Margot solle mir helfen, sie habe Maul- und Klauenseuche und dürfe nicht in die Schule gehen. Sie hatte dann sehr lange Maul- und Klauenseuche. Ich habe nie etwas davon bemerkt, wußte nur, daß man das von Milch bekommen kann, die sie nie trinkt. Meine Briefe in dieser Zeit begannen: »Ich, Margot Meisel, bin Maxens Sekretärin.« Margot ging überhaupt sehr unwillig zur Schule, und wenn sie ging, nahm sie sich genügend Literatur mit, die sie halb verdeckt las; nahm man ihr ein Buch weg, so hatte sie gleich ein anderes bei der Hand. Eintragungen im Klassenbuch imponierten ihr nicht, sie wurden nach dem Motto behandelt: »Wenn er durchaus etwas schreiben will, so soll er.« Andererseits war sie wach genug, auf Fangfragen der Lehrerinnen und Lehrer zu antworten. Selten blieb sie die ganzen sechs Stunden in der Schule, sie hatte stets etwas Wichtigeres zu tun. Sie ging dann mit selbstverständlichem Gesicht den Lehreraufgang hinunter und grüßte die Entgegenkommenden höflich, nie hielt sie jemand auf. Schularbeiten machte sie allenfalls in den Minuten vor dem Stundenbeginn. So war sie zum Leidwesen ihrer Eltern nur eine mittelgute Schülerin, wo sie doch die beste hätte sein können. Dafür hatte sie ein gut Teil der damals modernen Literatur, zum Beispiel den ganzen ›Jean Christophe‹ von Romain Rolland verschlungen, die Lieblingslektüre der 14jährigen. Als ihre Eltern ihr vorhielten, daß sie, die das Schulgeld zahlten, auch das Recht hätten zu verlangen, daß sie sich Mühe gäbe, machte sie etwas, was schon damals in meinen Augen absurd war: Sie gab einem zurückgebliebenen Kind jeden Nachmittag Nachhilfestunden und verdiente sich damit das Schulgeld. Ich versuchte ihr klarzumachen, daß es unsinnig sei, sich so viel Arbeit mit dem Kind zu machen, wo sie mit einem Drittel der Zeit die beste Schülerin sein könnte. Aber da scheiterte ich auch. Schon damals hätte ich gewarnt sein sollen, aber ich war wohl schon verblendet.

Sehen wir nun – wie Scheherezade sagen würde, sie war ja ein großer Fachmann für die Liebe und erzählt Geschichten, die der unsrigen sehr ähnlich sind – sehen wir nun, wie sich die Sache mit dem großen Führer und seiner kleinen Schreiberin weiter entwickelte. Da erinnere ich mich zunächst an ein Setzei oder Spiegelei, das ich in meiner Bude über dem Badezimmer in der Wohnung in der Münzstraße für uns briet. Ich glaube, es muß ein Psychoanalytiker her, der die Bedeutung des Eis für den Beginn einer Liebe erklärt. Bei der Schweizer Autorin Gertrud Leutenegger finde ich den Satz: »Andächtig verfolgten wir, wie sich das Eigelb kräuselte.« Das gebratene Ei muß doch eine starke Symbolkraft in der Gemeinschaft der Liebenden haben. Jedenfalls beobachtete Margot mein Tun mit großer Spannung und sagte später, ihr sei dabei über viele Dinge ein Licht aufgegangen. Ich habe vergessen, worin das bestand, aber die Kraft einfacher Handlungen strahlt aus und stellt Gemeinsamkeit her. Auch ich habe mich, nachdem wir unser Mahl verzehrt hatten, geschämt, je meinen Ausspruch vom »intellektuellen Frauenzimmer« getan zu haben. So ganz verrückt ist das alles nicht, denn in der Bibel und in anderen Geschichten steht immer der Satz: »... und er (sie) bereitete ihr (ihm) das Mahl«, und das bedeutet, daß der andere aufgenommen ist. Das galt damals so wie heute. Wir gingen natürlich auch ins »Krokodil« und bekamen ohne Geld die Erbsensuppe, und die Mädchen waren zufrieden, daß ich endlich eine »Kleine« hatte; wahrscheinlich hatte man sich schon Sorgen um mich gemacht, weil ich meistens mit Jungen erschien oder mit Mädchen, die man nicht passend für mich fand.

Unsere eigentliche Heimat aber, die wir immer wieder aufsuchten, war das Kronprinzenpalais (heute heißt es »Operncafé«) neben der Staatsoper; da waren sie alle versammelt, die Maler und Bildhauer unserer Zeit: Picasso, Heckel, Pechstein, Feininger und Munch, Lehmbruck und Archipenko. Wir sahen die expressionistischen Bilder oft und eroberten sie uns, drangen langsam ein in ihre Welt. Meiner Natur nach hatte ich zuerst Zugang zu einem Bild von Heckel. Es war im Krieg gemalt und hervorstechend war die tiefe blaue Farbe. Es hieß ›Die Madonna auf der Segelleinwand‹. Da waren der Krieg und die leidende Mutter zu einem Ausdruck vereinigt, der mir sofort einging.

Ich nahm Margot in die Schule des Sehens. Ich zeigte ihr, der Berlinerin, Berlin. Wir sahen die Menschen, die Bauten, das Ineinanderfließen der Straßen. Wir gingen lange Wege vom Alexanderplatz zur Friedrichstraße, zur Leipziger Straße über den Potsdamer Platz die Potsdamer Straße entlang, bis wir in den Westen und zum Zoo kamen und schließlich zur Kaiserallee, wo Margot damals wohnte. Sie war erstaunlich belesen. In ihrer Gruppe hielt sie Vorträge über die sexuelle Frage und hatte dafür die einschlägige Literatur gründlich studiert. Ich dagegen, mißtrauisch gegen alles Wissen, das nur im Kopf blieb und nicht durch den ganzen Menschen ging, zeigte ihr die Stadt, wie man einen Wald sieht mit all den verschiedenen Bäumen, Büschen, Kräutern, Tieren, die man zu sehen bekam. Es waren herrliche Forschungsreisen und auch sehr lehrreiche und lustige.

Einer der uns liebsten Orte war die Passage von den Linden zur Friedrichstraße mit dem Bahnhofsglasdach und den vielen gar nicht in das damalige Berlin passenden kleinen Lädchen. Da gab es Andenken und Touristenkram, einen Optiker und einen Laden für Angelgerät. Daneben ein Buchladen, hauptsächlich mit Aufklärungsliteratur. Heute würde man ihn »Pornoladen« oder »Sex-Shop« nennen. Er war wohl auf die Provinzonkel eingestellt, wie wir die Touristen hochmütig nannten. Da lagen dicke Bücher mit tollen Umschlägen, ein Weib mit roten Fingerkrallen: ›Das grausame Weib‹, und Margot fing gleich an zu kratzen, auch ›Das Weib als Sklavin‹, wozu ich meine weisen Bemerkungen machte, schließlich der berühmte ›Hofmaler Hoffmann‹. In einem Schaufenster stand ein riesiges Porträt des alten Hindenburg mit Orden, Marschallstab und allem Glanz und Gloria Preußens, im anderen hingen bemerkenswerte Bilder: eines stellte viele Damen dar, die in einem arabischen Palais in einem Bassin badeten, daneben saß der Herr mit Spitzbart, dem schon sichtbar das Wasser im Munde zusammenlief. Wir nannten es ›Pascha wäscht seine Frauen‹. Das andere zeigte den Verkauf einer Sklavin, die halb enthüllt einem älteren Herrn zum Kauf angeboten wurde. Da piepste es plötzlich neben mir ganz spitz: »Schön breit, daß man gut darauf liegen kann.« Ich staunte nicht schlecht über diese freche Bemerkung und sah mir die Göre an, die so etwas sagte. Was ich neben mir sah, war wohl das Gegenteil der schönen Sklavin, die da angepriesen wurde. Noch zehn Jahre später, als sie zwei Kinder geboren hatte, nannten sie die arabischen Geschäftsfreunde meines Schwiegervaters verächtlich das »Fischchen«, und nur die Tatsache, daß sie schon einen Sohn geboren hatte, hob ihr Ansehen. Mir blieben jedenfalls noch viele Möglichkeiten, Entdeckungen zu machen.

Es blieb wohl ein dreiviertel Jahr bei dieser Freundschaft. Nun begegneten wir uns überall, machten auch Wanderungen zusammen, wenn es möglich war. Das ging so lange, bis die Eltern wieder eingriffen. Wie ich schon erzählte, wohnte Margot bei ihrer Großmutter. Die Mutter war nach der Affäre mit dem nachgemachten Schlüssel selbst in die Mulakei gegangen, um nachzusehen, wo ihre Tochter sich aufzuhalten pflegte, und hatte gerade Sammy Gläsel angetroffen, der sich dort auf einem Strohsack herumräkelte. »Es starrte vor Dreck«, hatte sie berichtet. Nachdem es mir einmal gelungen war, Margot mit den Eltern zu versöhnen, konnten sie wieder nicht miteinander auskommen, und so zog sie zu einer Großcousine, die mit der Großmutter die Wohnung teilte. Dort erwartete sie mehr Verständnis für sich. Die Gegensätze waren unüberbrückbar. Margot war dickköpfig wie ein Maulesel und bestand zunächst auf dem Recht ihrer eigenen Persönlichkeit und auf ihrer Verpflichtung, die Welt zu ändern. Ich sage das jetzt etwas spöttisch, wie es vielleicht nach beinahe fünfzig Jahren erlaubt ist. Aber es handelte sich – und viele Eltern haben es ja in diesen Jahren erlebt – in Wahrheit um einen Religionskrieg. Wenn die untergehende Welt gerettet werden muß, so ist das eine ernste Aufgabe, der man sich nicht mit der Begründung entziehen kann, daß zuerst Sitte und Anstand und die Zukunftschancen gewahrt werden müssen. Da auch die Bibel offenläßt, wann das Weltende naht und der Messias kommt, so hat jede Jugend berechtigten Glauben, daß er aus ihr kommen könnte. Und die Eltern und die Alten sind die Pharisäer und Wechsler, die aus dem Tempel geworfen werden müssen. Daß die Jugend auch Freude und Vergnügen daran hatte, sollten am wenigsten diejenigen ihr vorwerfen, die die Jugend gerne dazu zwingen, mit Hurra für verflossene Ideale in den Krieg zu ziehen.

Ähnlich wie bei Margot spielten sich die Zwischenfälle bei all unseren Freunden ab, und die Schwierigkeit war, daß Eltern und Kinder in ganz anderen Kategorien dachten und sprachen und beide Seiten sich wechselweise lächerlich fanden. Jedesmal, wenn irgendwelchen Eltern berichtet wurde, daß ich mehrmals mit ihrer Tochter gesehen worden sei, wurde ich hinbeordert, um zu versichern, daß ich nicht die Absicht hätte, sie zu »verführen«. So erschien auch Margot eines Sonnabendabends bei mir und bestellte mir von ihren Eltern, sie erwarteten mich am Sonntag um ½ 10 Uhr in ihrer Wohnung. Margot sollte eigentlich mit ihrer Gruppe auf Fahrt gehen, aber nun blieb sie die Nacht bei mir und ich »erkannte« sie, wie es in der Bibel steht. Ich erkannte auch, daß sie schön war, und wir spielten miteinander wie fröhliche Tiere. Das war der Ausdruck, den wir damals gebrauchten. Man könnte das natürlich viel schöner schildern, aber das überlasse ich der Scheherezade und den Dichtern. Jedenfalls war ich voller Glück und Übermut, als ich am nächsten Morgen um ½ 10 Uhr in der Landhausstraße im Berliner Westen ihrem Vater gegenübertrat. Ich bat keineswegs um die Hand der Tochter, sondern war selbstverständlich zu jeder Lüge bereit. Der Vater war etwas verlegen, wie es Väter in solchem Fall sind, und fragte mich, wie ich über die sexuelle Frage dächte. Ich fragte ziemlich frech, ob er wünsche aufgeklärt zu werden. Es gab Krach und einige unverbindliche Erklärungen, wie ich sie auch anderen Eltern gab, ich hatte durchaus Routine. Ein schlechtes Gewissen hatte ich nicht, warum auch. Margot war selbstverständlich zu mir übergegangen und gehörte mir. Es gab beinahe mehr Schwierigkeiten mit Hans Litten, der gerade nach Berlin gekommen war, um sein Assessor-Examen zu machen. Er konstatierte bei mir gelegentlich geistige Abwesenheit und schob sie mit Recht auf das Konto Margot.

Nun, da Hans endlich da war, wurden alle Dinge neu geregelt. Wir nahmen zwei Zimmer bei einer Frau Giessmann in der Auguststraße. Es waren ineinandergehende Zimmer, das hintere große für Hans Litten, das andere für mich. Frau Giessmann war ebenfalls eine Vermieter-Witwe mit einem ganz besonders schlimmen Schicksal. Sie hatte, als Tochter eines preußischen Obersten, einen jüdischen Bankier geheiratet, der nicht nur sein Geld verloren hatte, sondern auch noch gestorben war, bevor er neues verdienen konnte. Was Wunder, daß sie etwas gegen die Juden hatte. So mußte sie ihre große Wohnung parzellieren, um davon zu leben. Unter uns hatte eine Studentenverbindung ihre Räume, und dort ging es nicht gerade leise zu in der Nacht.

Die Auguststraße verband die Oranienburger mit der Rosenthaler Straße, nicht weit von der Gipsstraße, wo Ilse Kroner wohnte, und der Mulakstraße, wo unser Heim war. Allerdings lag sie in einer besseren Gegend mit bürgerlichen Häusern und großen Wohnungen, im ehemaligen Zentrum der Stadt. Im Krieg ist dieses Viertel, zu dem auch die große Synagoge in der Oranienburger Straße gehörte, sehr stark zerstört worden. Von der Synagoge blieben nur einige Trümmer und eine Steintafel übrig, auf der zu lesen ist, daß sie schon vorher in der berüchtigten Kristallnacht ausgebrannt wurde. Die Tage des gesamten Viertels sind gezählt, denn der Wiederaufbau hält sich nicht an die alten Pläne.

Bei Margot hatte sich auch einiges verändert. Die Mutter war mit der jüngeren Schwester Hilde für ein halbes Jahr in die Schweiz gezogen. Wir sagten damals, sie sollte wohl dem schlechten Einfluß der älteren Schwester entzogen werden, aber in Wirklichkeit war Hilde viel krank und brauchte Höhenluft. Da die Großmutter und die Tante das ungebärdige Kind auch nicht mehr haben wollten, vererbte ich Margot mein Zimmer über dem Bad in der Münzstraße.

Margots Mutter ging zu Frau Krause, der Wirtin, und empfahl ihr Kind ihrem Schutze, Margot sei zwar nicht in Gefahr, meinte sie, denn sie hätte »nur geistige Interessen« (derselbe Irrtum, dem auch ich erlegen war), aber Frau Krause sollte doch etwas auf sie achten. Das tat sie dann auch, weshalb sich Margot oft bei mir in der Auguststraße aufhielt. Dort gab es wieder andere Schwierigkeiten. Frau

Giessmann hatte ja nicht viel zu tun. Sie lag dauernd auf der Lauer. Sie hörte von ihrem Zimmer aus, wer ein und aus ging. So mußte ich Margot immer bis auf die Treppe tragen. Hans war auch nicht glücklich mit dem neuen Eindringling. Einmal hatte er sich darauf gefreut, mit mir alleine zu wohnen, zum anderen beanstandete er, daß mir dieses Mädchen zu viel Zeit wegnahm. »Es wäre mir lieber, Fräulein Meisel, wenn Sie Max nicht so oft stören würden« – so schilderte Margot später seine Einstellung zu ihr.

Ich war wahrscheinlich ziemlich passiv, wollte weder Hans noch Margot verlieren. Sie aber war eisern. Sie ließ sich durch keinerlei Hindernisse aufhalten. Merkwürdig, daß ich sie immer noch als ein schwaches, schutzbedürftiges Wesen betrachtete. Hans hielt etwas von Dramatik, und so teilte er mir eines Tages mit: »Es ist ein Unglück geschehen!! – Ich habe mich in Margot verliebt.« Hans pflegte sich immer in meine jeweiligen Freundinnen zu verlieben, was in diesem Fall sehr gut war, denn plötzlich begann eine großartige Zusammenarbeit zwischen uns dreien.

In ihrer ruhigen, selbstverständlichen Art hatte Margot ihre Angelegenheiten radikal gelöst. Sie war von der Schule abgegangen und arbeitete in einer Fabrik als ungelernte Arbeiterin. Sie stanzte Löcher in Hosenträger; sehr einträglich war die Arbeit nicht, zumal sie ab und zu ein Taxi nehmen mußte, um rechtzeitig zur Arbeit zu kommen. Sie hatte oft wenig Zeit auszuschlafen, da wir mit unserer Arbeit und den Diskussionen die Nacht zum Tage machten.

Es war gar nicht so einfach, als Minderjährige, wir sagten damals schon ironisch »Minderwertige«, eine Arbeit anzunehmen. Zunächst gab es ein großes Erstaunen, als sie auf dem Arbeitsamt erschien, und sie mußte erst einmal das »Kindchen«, mit dem man sie anredete, streng zurückweisen. Margot und die Ämter ist überhaupt ein Kapitel für sich. Da sie immer schon »die Fürstin« war, wie Hannchen sie später nannte, war ihr Auftreten auf Ämtern ein Stein des Anstoßes für alle Beamten. Sie hat nie gelernt, einzusehen, wozu man einen bürokratischen Apparat brauche, um einfache Dinge kompliziert zu machen und die persönliche Freiheit zu beschränken. Sie mußte ein Arbeitsbuch haben und brauchte dafür wieder einmal die Unterschrift ihres Vaters. Er gab die Unterschrift, wenn auch zögernd. Dann wieder zum Arbeitsamt. Daß ich an ihre Schwierigkeiten wenig Erinnerung habe, liegt daran, daß sie alles möglichst geräuschlos abwickelte, bis auf ihre empörten Erzählungen von den Ämtern, wo man sie eben nicht mit dem ihr gebührenden Respekt behandelt hatte.

Jeden Mittwoch, wenn Frau Giessmann die Wohnung saubermachte, zogen Hans und ich ins »Mokka Efti« am Alexanderplatz, wo wir uns den ganzen Tag bis in die Nacht hinein aufhielten. Wir schrieben unsere streitbaren Artikel über Politik, Leben und Kunst, und wer gerade Zeit hatte, kam dazu und arbeitete mit. Am Nachmittag traf auch Margot ein und blieb, bis wir nachts um zwei Uhr nach Hause gingen. »Die junge Margot mit Kaffee vergiften«, sagte eine Studiengenossin und Freundin von Hans Litten, das blieb hängen. Hans fand es unfair, längere Zeit im Café zu bleiben, ohne etwas zu bestellen, und da wir nicht so viel essen wollten, bestellte er einen Kaffee nach dem anderen.

Aus dem Fenster des Cafés sah man auf den Alexanderplatz, das Café selbst spiegelte das Leben in seinen Tageszeiten. Kam man früh hin, so waren noch die Markthelfer da, die nach ihrer Nachtarbeit das letzte Bier vor dem Schlafengehen tranken. Dann kamen Geschäftsleute und Ladenmädchen, die dort ihr Frühstück einnahmen, ihnen folgten die gewichtigen Geschäftemacher, die sich zu ihren Besprechungen dorthin zurückgezogen hatten, abgelöst von mancherlei Volk zum Schnellimbiß und Mittagessen. Es trat eine Ruhepause ein, bis sich am Nachmittag eine Musikkapelle aufbaute und dann einige Stunden lang eifrig Kaffee und Kuchen mit Schlagsahne verzehrt wurden. Nach dem Abendbrot wechselte das Publikum von neuem, junge Leute kamen mit ihren Freundinnen, dazu gab es Stammtische, bis gegen 11 Uhr die Kapelle einpackte. Nun begannen langsam die Huren und ihre Liebhaber das Lokal zu beherrschen. Es war ein dauerndes Kommen und Gehen. Nach 1 Uhr nachts waren außer uns nur noch die Mädchen da, die auf ihre Zuhälter warteten und mit ihnen abrechneten. Manchmal gab es Krach und auch Schlägereien, aber wir blieben immer unbehelligt. Im Gegenteil, die Mädchen wollten immer wissen, was wir da schrieben, und da Hans nie Aufklärungen unterlassen konnte, wenn jemand sie forderte, las er ihnen unsere philosophischen Artikel vor oder was wir gerade über Kunst oder Politik geschrieben hatten. Sie hörten dann sehr ernst zu und bedankten sich höflich.

Wir haben dort wirklich mit großer Ausdauer den ganzen Tag gearbeitet, und nie wären wir auf die Idee gekommen, in irgendeines der Literatencafés im Westen zu gehen. Hier waren wir unter den Leuten, die uns interessierten, und für die meisten unserer Gruppe erreichbar.

Hans sollte eigentlich seine Assessorarbeit schreiben. Er hatte einen Termin bekommen, zu dem sie fertig werden mußte. Er hatte Stapel juristischer Bücher aus der Bibliothek geholt, und vielleicht sah er auch manchmal hinein, wenn ich gerade fort war. War ich zu Hause, erklärte er mir beinahe täglich, daß er nie imstande sein würde, mit dieser Arbeit fertig zu werden, und daß die Juristerei überhaupt ein Blödsinn sei. Ich selbst hatte keine Arbeit gesucht, weil ich nicht wollte, daß er mit der Arbeit im Bund zu sehr belastet würde. Er arbeitete aber an allem anderen, nur nicht an seinem juristischen Zeug, und wenn ich einmal davon sprach, zog er sich in Depressionen zurück und war überhaupt nicht mehr ansprechbar. Wir nannten Hans den Bären. So hieß er schon zu Hause bei seiner Mutter. Eigentlich war er der Grizzly-Bär, der bekanntlich ein sehr gefährliches Tier sein kann. Anfangs bekamen wir dies zu spüren, später aber, als Prozeß-Verteidiger, kamen ihm diese Aggressivität und Standfestigkeit sehr zugute. Wir führten bald einen absolut tierischen Haushalt. War Hans der Bär, so war ich das Kamel, auf dessen Höcker man alle Sorgen abladen konnte, so jedenfalls behandelte man mich. Aber es passiert eben auch, daß ein Kamel störrisch wird, dann ist es durch nichts zu bewegen, aufzustehen und sich fortzubewegen, ja es kann sogar spucken wie ein Lama. Das ist sehr unangenehm.

Margot erwies sich als guter Tierbändiger. Sie konnte den Bären aus seinen Depressionen herausführen, was mir immer schwerer gelang, und für das Kamel hatte sie einige Zuckerstücke bei sich, mit denen sie es beschwichtigen konnte. Eines Tages fragte Hans Margot unvermittelt: »Bist du eigentlich ein Robbenbär?« – »Was soll ich nun schon wieder sein?« kam es schnippisch zurück. Von Christian Morgenstern gibt es einen schönen Text, wie sich das Galgenkind die Monatsnamen merkt. Lauter merkwürdige Tiere, und der November, in dem sie geboren war, war der »Robbenbär«, und damit war auch ihr Spitzname geboren, der ihr noch bis heute anhaftet.

Als der Termin für die Abgabe von Hansens Arbeit näher kam – ich glaube, es waren nur noch zwei Wochen Zeit –, machte ich einen großen Krach. Ich drohte, auszuziehen und ihn allein zu lassen. Hans war sehr böse und brachte alles vor, was sich so mit der Zeit gegen mich angesammelt hatte. Dann ging er in eine Schreibstube und diktierte in einigen Tagen die ganze Arbeit, ohne daß eine Verbesserung nötig war, direkt in die Schreibmaschine. Die Arbeit wurde mit »gut« bewertet. Es gab noch einmal ein großes Theater, bevor er zur mündlichen Prüfung ging, aber schließlich bestand er das Examen glänzend.

Es gab Dinge, wo die Übereinstimmung zwischen Hans und Margot größer war als mit mir. Zum Beispiel die Frage, was man essen solle. Hans und Margot stammten beide aus Familien, die verhältnismäßig wohlhabend waren, während bei uns zu Hause doch sehr gerechnet werden mußte. So tat mir jeder Groschen leid, den ich für Essen ausgab. Ich war damals keineswegs stabil, sondern wahrscheinlich ziemlich unterernährt, und alle Rippen standen weit heraus. Margot führte eine revolutionäre Neuerung in unserem Haushalt ein: Butter; wahrscheinlich im Einverständnis mit Hans, der gerne gut aß, wurde unsere Haushaltsführung aufwendiger. Ich konnte mich nur schwer damit abfinden, aber es bekam mir gut.

Liebe auf den ersten Blick: Ich habe es mehrmals beobachtet und fand es bezaubernd, wenn zwei Menschen sich ansahen und dann zusammenblieben, als wäre ihre Ehe wirklich im Himmel beschlossen. Bei mir lief das alles ganz anders. Ich bin immer noch schnell entflammt, wenn ich Menschen ansehe, die mir gefallen. Auf den ersten Blick habe ich mich wohl oft verliebt, aber mindestens beim vierten Blick begann ich zu zögern. Zwischen Margot und mir wuchs langsam ein Einverständnis, erst langsam hob sie sich aus den vielen Möglichkeiten, die das Leben bietet, als die einzige heraus, die von Dauer war. Es dauerte lange, bis uns bewußt wurde, daß wir einander nicht entbehren konnten.

Da wir jung waren und in unserer Zeit lebten, hielten wir lange an der Fiktion fest, daß eine Ehe unmöglich sei, schon gar eine ewige Liebe. So versicherten wir uns gegenseitig, daß wir darauf gefaßt sein müßten, eines Tages auseinanderzugehen. Jeder von beiden sagte es, aber keiner wußte die Gedanken des anderen, der ja hoffte, daß es gegen alle Vernunft anders laufen würde.

Zwei Jahre später; wir wohnten damals schon in der Schönhauser Straße. Es war an einem Nachmittag. Wahrscheinlich gingen wir nach der Arbeit nach Hause, die Straße war sehr belebt, als wir auf der gegenüberliegenden Seite des Warenhauses Wertheim plötzlich stehenblieben. Ich sagte ohne Vorbereitung: »Wir wollen doch aufhören, davon zu reden, wir werden nie auseinandergehen, wir werden zusammenbleiben.« Es war wohl die feierlichste Rede, die in unserer eigenen Sache je gehalten wurde. Margot sagte nichts, wir gingen weiter, ineinander umarmt, wie jedes Liebespaar es tut.

Einige Dinge in jener Zeit kamen unserem guten Zusammenleben zu Hilfe. Politisch waren Berlin und Deutschland damals schon ein Hexenkessel, auch im Bund gab es viele dramatische Auseinandersetzungen, intern und auch mit der Umwelt. Dazu kam das Zusammenwohnen mit Hans Litten, das wunderbar, aber nicht ohne dramatische Steigerungen ablief. So beschlossen wir, unser Zusammenleben nie zu dramatisieren, woran wir uns im wesentlichen auch gehalten haben. Natürlich sind Krisen unvermeidbar, und es kamen genug, um das Leben schmackhaft zu halten. Aber ich finde es geradezu lächerlich, wenn man heute versucht, das Eheleben nach Glück oder Unglück bis in alle Tiefen auszuleuchten. Die Wahrheit, die dann zu Tage kommt, ist meistens keine oder nur eine vorfabrizierte, eine modisch gefärbte. Das Elend der abendländischen Ehe ist schon erschreckend, und vielleicht wird sich eine neue Form des Zusammenlebens finden, aber da hilft kein Sexrummel und keine neu belebte »innere Wahrhaftigkeit« an der falschen Stelle, die nur Leere produziert. Es tut mir beinahe leid, daß ich da nur mit ganz unmodernen Ansichten aufwarten kann, mit der nie ermüdenden Wachsamkeit, die das Interesse des Partners berücksichtigt, der Geduld und der Entschlossenheit, nie zu resignieren.

Margots Arbeit an der Lederstanze dauerte nur ein halbes Jahr. Man wird nicht zur Proletarierin, wenn man in einer Fabrik arbeitet. Aber hauptsächlich störte sie die Weibergesellschaft, mit der sie tagsüber in einem Raum eingesperrt war, die Frauengespräche wurden ihr unerträglich. Sie fand dann eine Stelle als Lehrling in einem kleinen Verlag. Der sehr unsympathische Besitzer hatte die Wände mit Nacktfotos tapeziert. Als sie einmal fehlte, wollte er sie durchaus in ihrem Zimmer besuchen, um zu kontrollieren, ob sie auch wirklich krank sei. Margot schrieb dann einen Brief, in dem sie ihn scharf rügte. Dies sei kein Benehmen einer

Dame gegenüber. In der Antwort hieß es, daß »ein Lehrling in unseren Augen keine Dame sei«. Es gab einen weiteren Versuch, eine Lehrstelle beim berühmten Malik-Verlag. Ich habe sie dort einmal besucht und war sehr betroffen darüber, wie sie bemüht war, mit einer großen Schreibmaschine fertig zu werden. Wir waren kurz zuvor im Zirkus gewesen und hatten einen Pferdedressurakt gesehen, wo hinter den Pferden ein junges Kamel herlief, das sich furchtbar komisch und traurig bemühte, es den Pferden gleichzutun. Es wurde das Wort vom »kleinen bemühten Kamel« geprägt, denn genauso sah Margot in dem Büro aus. Diese Arbeit endete damit, daß Margot sich weigerte, in die Kommunistische Jugend einzutreten. In die Gewerkschaft ja, aber nicht in eine Partei, nur um einen Job zu behalten.

Ihr vierter Versuch war abenteuerlich, aber er brachte ihr einen Arbeitsplatz ein, den sie bis zur Geburt unserer Tochter 1930 behielt. Die Annonce einer Filmgesellschaft, welche eine Sekretärin für den Pressechef suchte, beantwortete sie kurz und knapp: »Ich interessiere mich für die angebotene Stellung und bitte höflich um Angabe von Einzelheiten.« Es war die Aafa-Film Aktiengesellschaft, die ihre Büros in der oberen Friedrichstraße, gleich hinter der Kochstraße, hatte. Sie brachte viele Schundfilme heraus und zählte Harry Liedtke und Maria Paudler zu ihren Stars. Der Personalchef, ein alter Herr, sehr gebildet und ein guter Geiger, der zudem über graphologische Kenntnisse verfügte, hatte sich diese sonderbare Bewerbung unter den vielen Angeboten herausgefischt, weil er die merkwürdige Person sehen wollte. Es gab dann viele Fragen. Das Alter: »Ich werde 16«, erklärte die knapp Fünfzehnjährige. Schreibmaschine – Stenographie – Registratur?: »Ich kann nichts davon, das sind ja alles auch keine Dinge, die man um ihrer selbst willen lernt. Am besten ist es, Sie machen mir eine Liste und ich verpflichte mich, das Nötige innerhalb eines Monats zu erlernen.« Der Personalchef schien sich der Meinung angeschlossen zu haben und holte den Pressechef, einen kleinen, schüchternen Mann, der nur nickte. Eine unerwartete Panne entstand am Morgen des Arbeitsbeginns. Sie trug zu jener Zeit im Winter ein Hängekleid aus sehr schönem dunkelblauem Samt mit einer Kordel: im Sommer dasselbe aus hellblauem Leinen; dazu Sandalen. Eine Filmgesellschaft war, man muß es bedenken, eine sehr vornehme Angelegenheit. Als sie also – es war Winter – in Samt anrückte, war der Pressechef doch erschrocken und fragte, ob dies wohl ihr »Sonntagskleidchen« sei. Margot machte auf der Stelle kehrt mit der Bemerkung: »Ich wußte nicht, daß Sie ein Mannequin suchen« und war zur Tür hinaus. »Aber Kindchen«, rief der alte Herr und begütigte sie. Die Geschichte ging durch die ganze Firma, und ihre Stellung war gefestigt.

Ich holte sie, so oft ich konnte, vom Büro ab, deshalb waren wir auch in dieser Gegend bekannt wie die bunten Hunde. Es gibt immer wieder die »Hochzeit des Jahres«, an der wir in Zeitung, Illustrierten und Fernsehen teilnehmen dürfen. Wir dagegen waren jahrelang das Liebespaar einer Region in Berlin. Als ich eines Tages in der Mulakstraße von einem Mädchen angesprochen wurde: »Na, Kleiner, hast du ganz die Lust verloren?« – war gleich eine andere zur Stelle und verwies sie streng: »Wie kannst du den ansprechen, das ist doch der von der Kleinen!« Und wenn Margot die Schönhauser Straße entlang nach Hause strebte, wurde ihr gesagt: »Du brauchst dich nicht zu beeilen, deiner ist hier eben vorbeigekommen, er ist in die oder jene Richtung gegangen.« Jahre später, als man Margot die Schwangerschaft schon ansah, ging ich einmal mit einem Mädchen »per Arm« – wie man so sagte – die Friedrichstraße hinunter. Mir folgte ein unwilliges Gemurmel, bis es losbrach. »Du bist auch so einer, erst machst du deinem Mädchen einen dicken Bauch und dann läufst du mit einer anderen herum!« Bald darauf holte ich Margot aus dem Büro und schlenderte mit ihr, nach allen Seiten grüßend, die Straße entlang. Da ging ein Aufatmen durch die Gegend, die Welt war wieder in Ordnung. Als wir dann endlich heirateten, hatte sich auch das herumgesprochen, und die Pißbuden-Besitzerin brachte uns ein Primeltöpfchen. Das ist doch nun wirklich mehr, als wenn man aus der Kirche tritt und unter den gekreuzten Säbeln der Studenten durchkriechen muß.

7

Sie (er) war frisch wie »ein nicht gezügeltes Fohlen«. So beschreibt Scheherezade an einigen Stellen junge Leute. Die Araber hatten von alters her eine besondere Einstellung zu Pferden und zur Pferdezucht, und mit großer Vorsicht versuchten sie ein Pferd zu zügeln, ohne es zu brechen und zu erniedrigen, ohne ihm das Feuer, das in ihm war, zu nehmen. Darf man den Erzählungen glauben, so gaben sie sich mit Menschen die gleiche Mühe.

Jedes Volk hat seine zarten und seine brutalen Seiten. Ich habe von einem gehört, wo es nicht erlaubt war, Kinder auch nur böse anzusehen, weil sie noch eine zarte, ungefestigte Seele haben. Hoffnungslos, dieses Volk auf der Landkarte zu suchen, sicher ist es längst gelungen, es zu vernichten oder zu nützlicheren Auffassungen zu bekehren.

Ich habe kaum ein Verhältnis zu Tieren, habe auch nicht das Bedürfnis, mit einem Tier in der Wohnung zu leben. Eher wäre ich bereit, jetzt noch ein Baby aufzuziehen als einen jungen Hund.

In Palästina mochte ich junge Esel, ich fand sie entzückend, doch wie schnell wurden sie zu alten Eseln. Ich sah junge Kamele, die sich elegant und anmutig bewegen, aber ich sah zu viele alte abgearbeitete und müde Kamele, als daß ich mich mehr als einen Augenblick an ihnen freuen konnte. So wurde ich immer wieder auf Menschen zurückgeworfen und hoffe, verhindern zu können, daß aus jungen Eseln und Kamelen zu schnell alte, müde und stumpfe Tiere werden.

Die Menschen sind schon deshalb so interessant, weil keiner dem andern gleicht, und ich wundere mich über Leute, die es wagen, pädagogische Prinzipien aufzustellen; wie leicht grenzen sie ein, wo sie umfassen sollten. Ich selbst habe irgendeine pädagogische Ader, was ich bei mir schon nicht unbedingt sympathisch, bei andern Leuten unerträglich finde. Ich kam mir natürlich gegenüber dem jungen Ding, das sich nachts mit einem Aufseufzer in meinen Arm legte und auf meiner Brust einschlief, als sei das der Ort, den sie sich als Paradies immer gewünscht hatte, vor wie Pygmalion, der sich das zu ihm passende Weib schuf. Pygmalion, der echte, griechische, hatte es natürlich leichter, weil der Stein, solange er noch nicht von der Göttin zum Leben erweckt war, keine Seele hatte. Genaues weiß man natürlich nicht, aber man weiß, daß der Pygmalion, welcher bei Shaw sich ein Mädchen nahm und sich ein Wcib nach seinem Willen formen wollte, auf weit größere Hindernisse stieß, weil viele Weichen schon vorher gestellt waren. Ich als Pygmalion war hoffnungslos verloren, denn das, was sich mir noch als Kind darstellte, war mir schon damals überlegen. Da aber die hochmütigen Männer immer wieder darauf bestehen, Pygmalion zu sein, hilft ihnen nur Gewalt – und auch die nicht lange. Von einem so gewalttätigen Pygmalion will ich erzählen und von den Folgen.

Er hieß Dr. Goldberg, war der Abstammung nach jüdisch, machte aber nicht viel Gebrauch davon. Wenn er einen Gott hatte, so hieß er Nietzsche oder Zarathustra, und sie waren für sein Leben bestimmend, entsprechend der damals gültigen Auslegung: die männliche Reaktion auf die im 19. Jahrhundert beginnende Frauenemanzipation. Das Weib auf seinen ihm zukommenden Platz verweisen. Schopenhauer, Weininger, Nietzsche, das geht weiter über Stefan George und – in anderer Form – bis zu Wedekind und dem jungen Bertolt Brecht. Entweder die Frau begnügte sich mit ihrer Rolle als duldende Mutter, oder: »Wenn du zum Weibe gehst, vergiß die Peitsche nicht.« So etwa dachte wohl der sehr potente Goldberg; sicher hatte er noch andere Seiten und auch anderes aus seinen Bibeln – Meyrink gehörte noch dazu – herausgelesen. Er hielt damals Vorträge über seine Ideen, aber auch über den § 218, außerdem half er den Frauen durch Abtreibungen. Es ist nicht ganz einfach, ihn auf einen Nenner zu bringen. Nach dem Kriege gründete er die »Goldberg-Kommune« oder die »Kommune I«, wie mir sein Sohn etwas sarkastisch sagte. Er traf auf Hannchen, sie wurde – eine Zeitlang – seine Lieblingsfrau.

Hannchen: nun tut es mir leid, daß ich nicht wie Scheherezade 5000 Seiten zur Verfügung habe, sondern ein knappes Zehntel, und dem Alter nach auch nicht mehr die Zeit, so viele Seiten zu schreiben.

Hannchen, wir sagten es schon damals, war ein Lehrstück unserer Zeit. In den Märchen der Scheherezade lebt ein Mensch hin als armer Schuster, als reicher Kaufmann oder als Königssohn. Alles geht seinen geordneten Gang, den die Gesellschaft vorgeschrieben hat. Dann plötzlich greift ein Dämon ein, ein Geisterkönig. In jedem Falle beginnt das Leben aus den vorgedachten Bahnen zu gleiten; im Märchen muß es wenigstens bei den Hauptfiguren glücklich enden, nach viel Wirrnissen mündet es dann wieder in die gesellschaftliche Bahn ein. Und sie lebten glücklich, bis der Tod ...

Hannchen war in Wanzleben bei Magdeburg geboren. Sie war die Tochter eines Kesselschmieds, der ein Säufer war. Das brauchte man in jener Zeit eigentlich kaum zu sagen, denn ein Mann mit einer derart schweren Arbeit in glühender Hitze war fast immer ein Trinker, und Frau und Kinder nahmen es hin, auch, daß er sie schlug, wenn er besoffen von der Arbeit kam. Es war die gute alte Zeit, und an wem sollte er sein Elend und seinen Ärger auslassen? Sie war das siebente Kind, ein später Nachkömmling. Die in

Metz im Elsaß mit Zahlmeistern bei der deutschen Besatzung verheirateten, viel älteren Schwestern nahmen das Kind schon sehr früh zu sich. Das erklärt, daß Hannchen gar keinen Dialekt sprach, später auch nicht berlinerisch. Sie sprach überhaupt ein reines Schriftdeutsch, ganz ungeziert, vermied alle Kraftausdrücke und benutzte nie Modeworte, wie wir es rings um sie taten. Die Schwestern wollten sie dann dort auch gut verheiraten, mit einem Offizier vielleicht, sie war damals sehr schön. Es scheiterte an ihrer Unerbittlichkeit, die wir später oft an ihr bewunderten. Als sie einmal verreist war, wurde ihr berichtet, daß ihr Verlobter mit einem anderen Mädchen Arm in Arm gesehen worden sei – am Bahnhof, nach der Rückkehr, gab sie ihm den Ring zurück. Aus! Danach wollte sie nicht mehr in der Garnisonstadt Metz bleiben. Das ganze Militär mit seinem Anspruch und dem Kasinoton war ihr anscheinend schon lange zuwider. Sie ging nach Berlin zu einer ihrer Schwestern, die ich unter dem Namen »Tante Lieschen« später kennenlernte. Tante Lieschen kam ganz selten in die Mulakstraße. Sie war eine gepflegte Beamtenfrau, mißbilligte das Leben von Hannchen sichtlich, half aber manchmal, wenn Hannchen sich in ganz verzweifelten Situationen befand. Tante Lieschens Mann war ein Zwölfender: Das war kein Hirsch, sondern ein Soldat, der sich brav und treu bei den Preußen zwölf Jahre lang hochgedient und zur Belohnung einen kleinen Beamtenposten mit Pensionsberechtigung bekommen hatte. So hätte nach dem Willen der Schwestern auch Hannchens Leben verlaufen sollen. Es sollte anders kommen. In Berlin arbeitete sie als ungelernte Schneiderin und lernte dabei den jungen Schneider Gustav Gerbeit kennen. Es ist mir berichtet worden, würde Scheherezade sagen, daß er sich besonders für ihre schönen Beine interessierte. Bekommt man wie ich Berichte von mehreren Seiten, so weichen sie oft stark voneinander ab, man müßte eigentlich mehrere Versionen eines Lebenslaufes geben. Ich lasse mir gerne helfen, nehme jedoch das meiste aus meiner

Erinnerung, es mag nun richtig oder falsch sein, paßt aber am besten zu dem Bild, das ich mir von der Person gemacht habe. Gustav war ein lustiger Mensch. Er ging zu Pferderennen und wettete, und Hannchen war in dieser Zeit recht elegant. Sie bewohnten eine eigene Wohnung, für die Tante Lieschen quasi als Aussteuer einige Ausstattungs- und Haushaltsgegenstände besorgt hatte, und betrieben so etwas, was man heute eine Boutique nennen würde. Das war 1912. Hannchen bekam bis 1914 zwei Mädchen: Lotte und Grete. Kurz nach Gretes Geburt mußte Gustav das Vaterland retten, er kam zur Marine und starb, wie es hieß, an Lungenentzündung. Hannchen sprach später über diese Periode ungern, sie empfand das alles als eine Fehlentwicklung. Gustav sei an einer gräßlichen Krankheit eingegangen, an Ruhr.

Für mich ist das alles deshalb so interessant, weil Hannchen ja auch eine brave Zimmervermieterin hätte werden können, ihrer Abkunft und Erziehung nach wäre dies ein gradliniger Weg gewesen. Für mich war das damals schon faszinierend. Ich hatte immer mit jungen Menschen zu tun, die sehr revolutionär waren, und ich hatte manche von ihnen in ruhige, bürgerliche Bahnen entweichen sehen. Hier lief einmal alles umgekehrt. Man muß bedenken, daß Hannchen sechzehn Jahre älter war als ich, sie war in dem Alter von Margots Mutter, und ihre älteste Tochter war auch nur wenig jünger als Margot. Dabei gehörte Hannchen ganz zu uns, und ich beriet sie und half ihr wie einer gleichaltrigen Kameradin.

Mit dem Tode von Gustav kam es zu dem entscheidenden Bruch in ihrem Leben. Sie wurde Kriegsgegnerin und linke Sozialistin, war in einer Parteizelle mit Rosa Luxemburg und demonstrierte mit Karl Liebknecht Unter den Linden und am Potsdamer Platz. Berittene Polizisten, noch mit Pickelhaube, trieben die Demonstranten auseinander, sie schlugen mit den blanken Reitersäbeln, aber mit der Fläche, auf die Menge ein. Einer sprengte hinter Hannchen her:

»Lauf, du Bestie«, schrie er, und die Narbe der Schlagwunde am Bein war noch immer zu sehen. Hannchen war zwar in der KP, aber Marxistin war sie wohl nie. Man kann auch nicht sagen, daß sie aus einem christlichen Impuls heraus Revolutionärin wurde. Ich ärgere mich immer, wenn so schnell von christlichem Impuls gesprochen wird. Menschenliebe, Gerechtigkeitssinn und Empörung über unsoziale Zustände sind jedermann zugänglich, er braucht dazu weder marxistische Wissenschaft noch religiöse Bindungen. Man kann durch die marxistische Wirtschaftslehre sozialen Impulsen eine effektive Richtung geben, indem realistische Ziele gesetzt werden, und man kann aus der Bergpredigt und aus der Bibel viele soziale Forderungen ableiten, aber was aus solchen Impulsen in die Wirklichkeit umgesetzt wird, bleibt eine persönliche Entscheidung.

Um bei Hannchen zu bleiben: Wo ist der Punkt zu sehen, wo sie sich ganz anders entwickelte als ihre Schwestern, die sicher sehr ehrenwerte Bürger waren, aber in deren Denken eben zunächst die Sicherung ihrer Existenz lag. Wenn meine Hannchen-Erzählung möglichst kein Stadium ihrer äußeren Existenz ausläßt, so doch deshalb, weil es darauf immer auch die leichtere, bürgerliche Antwort gegeben hätte. Es ist ja nicht nur das Problem Hannchen, das da aufgerollt wird, es war ja mehr oder weniger unser aller Problem.

Nach dem Krieg, als die Hoffnungen auf die Revolution zerstoben, als Rosa Luxemburg und Karl Liebknecht ermordet waren, als alles wieder wie früher lief, nur noch schlimmer, hat Hannchen wohl auch wie viele andere nach neuen Inhalten gesucht – und fand Goldberg. Da die *große* Änderung nicht möglich war, scherte sie aus der Gesellschaft aus. Den neuen Menschen, auf den es ihr ankam, sie wollte ihn in kleinem Kreise, in einer Kommune finden. Unerbittlich gegen sich selbst, aber auch gegenüber ihren Kindern, verbrannte sie die Schiffe hinter sich. Sie gab ihre Wohnung im guten Vorstadtviertel auf und zog mit Goldberg in die Mulakstraße, wo die Kommune mehrere Wohnungen hatte. Sie hat auch seither nie wieder als Schneiderin gearbeitet, obwohl sie sehr begabt dafür war. Sie sagte mir einmal: »Ich will nicht Kleider für reiche Leute schneidern, es gibt genug, die das tun.« Später, als ich sie kennenlernte, arbeitete sie als Reinemachefrau in Schulen. Es war eine miserabel bezahlte, schwere Arbeit, aber arbeiten konnte sie unermüdlich und ohne je darüber zu klagen.

Von Goldberg hatte sie zwei Söhne, die beide Esperantonamen erhielten: der Ältere hieß Vertuemo (der Tüchtige), 1921 geboren, der andere Sajero (der Weise), 1922. Merkwürdigerweise hat tatsächlich ein wenig von ihren Namen auf ihren Charakter übergegriffen. Vertuemo war und ist noch heute der Tüchtige, und Sajero ist, wenn vielleicht auch nicht der Weise, so doch der Besinnliche geworden. Das fünfte Kind, ein Mädchen, das nicht von Goldberg war, nannte Hannchen Tamen: dennoch, aber vielleicht besser mit »malgré tout« zu übersetzen. In jener Zeit hatte sie irre Kämpfe zu bestehen. Da sie in einem »unsittlichen Verhältnis« mit Goldberg lebte, wurden ihr die beiden älteren Mädchen vom Jugendamt fortgenommen und in ein Waisenhaus gesteckt. Der Krach hatte damit begonnen, daß sie sich weigerte, den Namen des Vaters ihrer Kinder zu nennen. Sie meinte, es sei ihre Angelegenheit und gehe den Staat nichts an. Hannchen kämpfte wie eine Löwin um ihre Kinder, und schließlich gelang es ihr, daß die beiden Mädchen auf dem Umweg über ihre Schwester, Tante Lieschen, wieder zu ihr zurückkehren konnten. Es war ein langer Weg, den ich hier in einem Satz beschreibe, und bei all dem Schweren, das sie durchgemacht hat, war es wohl das Schlimmste für sie. Bald nach der Geburt der jüngsten Tochter zog die Kommune aus Berlin fort, auch Goldberg hatte wieder Schwierigkeiten mit dem § 218 bekommen. Er wollte nach Haiti. Die Kommune kam aber nur bis zur französischen Riviera, wo ihre Mitglieder auf einem Grundstück in der Nähe eines Hotels arbeiteten. Dort verschärften sich die Konflikte zwischen Goldberg und Hannchen. Sie war überhaupt die einzige, die ihm Widerstand entgegenzusetzen wagte. Das Unternehmen muß auch ziemlich wahnsinnig gewesen sein, aber ich sage das mit Vorsicht, weil ich ja nur die negativen Seiten zu hören bekam. So wie mir berichtet wurde, mußten die zwölf- und dreizehnjährigen Mädchen lange Passagen aus dem ›Faust‹ und dem ›Zarathustra‹ auswendig lernen. Darin bestand nach den Berichten im wesentlichen der Unterricht, den sie bekamen – und warum sollte man eigentlich nicht bei Goethe und Nietzsche Deutsch lernen? Es wäre ja wenig dagegen einzuwenden, aber den Zwang, das ihnen unverständliche Zeug auswendig zu lernen, konnten die Kinder nur als Tortur empfinden. Lotte, die etwas musikalisch war, sollte stundenlang Geige üben. Den Mädchen wurden die Haare kurz geschnitten, dafür durften die Jungen und Männer das Haar lang tragen. Das klingt ziemlich absurd, aber so ist alles, was aus dem Zusammenhang gerissen ist. Die Haare gehören ja wohl zu den erotischsten Merkmalen, die der pervers nackte Mensch hat, und es ist erstaunlich, was man alles damit machen kann. Man kann glattrasiert gehen oder Bärte tragen, man kann sich den Kopf rasieren und die Haare auch als Mann lang wachsen lassen. Was aber können erst die Frauen mit ihrem Haar anstellen! Es lang und offen tragen, es kunstvoll zu Türmen auf dem Kopf garnieren, es mit Kalk und Kamelpisse stützen und vieles mehr. Hans Litten trug die Haare lang, weil, wie er sagte, nur Soldaten und Sklaven der Kopf kurz geschoren wurde. Die kurzen Haare als Zeichen der Unterdrückung – dazu gehört, daß ostjüdischen Frauen bei der Heirat das Haar abgeschnitten wurde wie Nonnen, ehe sie ihre Gelübde ablegen. Auch die arabischen Frauen dürfen ihre Haare nicht einem fremden Manne zeigen. Dabei empfand ich die kahlgeschorene Johanna in Dreyers Film als besonders anziehend. Die für die Frauenbefreiung Kämpfenden sollten mit kurzgeschnittenem Haar auftreten, dann sähe man ihre enthüllten Gesichter.

Es ist nicht überliefert worden, wie Goldberg es in dieser Hinsicht mit seinen Frauen hielt. Hannchen, die es ertragen konnte, daß er sie schlug – sie konnte sich ja wehren und tat es auch –, rebellierte, als er mit seinen Ideen auch die Kinder quälte, und den entscheidenden Stoß hat es gegeben, als er die Zwölf- und Dreizehnjährigen »praktisch« aufklären wollte. Goldberg war natürlich nicht einfach ein Wüstling, es war beinahe zu viel Ideologie bei allem, ja, man kann sagen, er trieb die Ideen Goethes, Nietzsches, des ganzen 19. Jahrhunderts auf die Spitze; in ihm steckte alles, was bald zum Nationalsozialismus führte, aber da er auch ein Rebell war gegen das, was er den Materialismus nannte, suchte er Auswege. Einige Jahre nach der Trennung von Hannchen landete er wirklich in Haiti. Dort ist er bei einem Streit von einem Eingeborenen erschlagen worden. Ich habe von ihm und seiner Gruppe nur sehr wenig Nachrichten erhalten; mich interessierte er damals auch nur im Zusammenhang mit Hannchen. Als Goldberg sie nicht fortgehen lassen wollte, floh sie mit ihren fünf Kindern. Das erst Mal mißlang ihre Flucht, sie wurde von Goldberg und seinen Mannen eingeholt und zurückgebracht. Das zweite Mal ging sie bei Nacht und Nebel im Nachthemd, ohne irgend etwas mitzunehmen; sie hatte eine Fahrkarte nach Paris, und von dort schickte sie das Deutsche Konsulat nach Berlin zurück. Ich bin ja leider auch ein Experte für Flucht, und wir sehen immer wieder Völker auf der Flucht, aber die Bilder sind flüchtig. Ein erschütternder Augenblick, und dann überlassen wir die Mütter, ihr jüngstes Kind auf dem Arm und die andern sich an ihr festhaltend, ihrem Schicksal und hoffen auf die Hilfsorganisationen.

Hannchen landete mit den Kindern in der Mulakstraße und begann unverdrossen, ein neues Leben aufzubauen. Ein halbes Jahr später lernte ich sie kennen. Nun soll nicht etwa der Eindruck entstehen, daß sie ein abgehärtetes, verhärtetes, mit Kernseife gewaschenes Wesen war, wie wir es allenthalben von standhaften, alt gewordenen Jugendbewegungsfrauen und Sektiererinnen gewöhnt waren. Man sah es ihr an, daß sie immer schwer arbeitete, aber sie hatte den Charme eines jungen Mädchens behalten, besser charakterisiert sie das veraltete Wort Liebreiz. Sie war eine zärtliche, aufmerksame Mutter, wenn es sich irgend machen ließ, und für jedermann da, und das »für jedermann« ist nicht so hingesagt, sondern sie half jedem einzelnen viel mehr, als wir imstande waren, ihr zu helfen. Hannchen war sicher voller Frömmigkeit, aber sie wäre in jeder Konfession eine Ketzerin gewesen. Von Goldberg her blieb ihre Verehrung für den ›Faust‹ und die Romane von Gustav Meyrink und die Schriften von Morgenstern. Ich kenne von den beiden Letztgenannten nur die satirischen Schriften, die mir immer noch etwas bedeuten. Den ›Golem‹ von Meyrink habe ich einmal gelesen und fand ihn schwülstig und eine Mystik verkündend, wie sie am Ende des 19. Jahrhunderts möglich war, die ernsthaften Schriften von Morgenstern dagegen habe ich gleich wieder fortgelegt. Ich weiß aber, wie viel Bücher vermögen, unabhängig von ihrer literarischen Qualität; da brauche ich gar nicht erst ›Onkel Toms Hütte‹ zu bemühen. Näher liegt mir schon der ›Demian‹ von Hesse, dem ich sehr viel verdanke. Tucholsky hat einmal von seinem Buch ›Rheinsberg‹ gesagt, daß Generationen danach geliebt haben, und ich weiß auch, daß das stimmt. Hans Litten war da viel strenger als ich. Er und Hannchen schätzten und bewunderten sich gegenseitig, aber sie vermieden es möglichst, ins Gespräch zu kommen, da wären sie nie miteinander ausgekommen. Ich lernte wieder einmal, meine Freunde zu lieben, auch wenn sie untereinander auf Distanz blieben.

Was jetzt noch fehlt, bevor ich mich wieder meinen anderen Freunden zuwenden kann, ist eine Personenbeschreibung, vielleicht für einen Steckbrief, denn es handelt sich ja wohl um ein radikales Element, wenn nicht gar um eine Anarchistin. Beruhigen kann ich den Leser insofern, als diese Person heute 86 Jahre alt wäre und schon lange tot ist, ebenso erschlagen übrigens wie ihr Freund Goldberg, denn es ist nicht nur gefährlich, extrem gewalttätig zu sein, sondern auch extrem friedfertig. Doch davon später. So spreche ich davon, wie sie 1927 war, und berücksichtige nicht die Veränderungen, die ihre Kinder später an ihr bemerkten. Obgleich sie schnell arbeitete, war sie nie in Eile, hatte eher gleitende Bewegungen; sie war nicht sehr groß, schlank, beinahe mager, mit dem schmalen, zum Kinn hin etwas spitzen Gesicht; das blonde Haar trug sie mit einem Scheitel in der Mitte zu einem Knoten geschlungen. War es einmal offen, wirkte sie sehr gelöst, beinahe verführerisch. Wenn ich an sie denke, sehe ich noch heute ein aufblühendes gutes Lächeln um den Mund und den starken, bezwingenden Blick der himmelblauen Augen vor mir. Daß sie sich ihrer bewußt war und sich auch einsetzen konnte, beweist eine Szene aus einer viel späteren Zeit. Als sie im Dritten Reich wieder einmal im Verdacht stand, Flüchtlinge versteckt zu haben, wurde sie von der Gestapo zum Verhör zitiert. Plötzlich fragte sie den Beamten: »Lesen Sie eigentlich auch manchmal die Bibel?« Sie sah ihn an, und er errötete: »Ja, ab und zu.« – »Dann haben Sie sicher auch gelesen...«, und sie zitierte das Entsprechende. Woraus hervorgeht, daß sie auch die Bibel kannte und wohl zu gebrauchen wußte. Der Mann war verwirrt, ließ sie gehen, im Protokoll notierend, sie wäre wohl verrückt. Etwas, das heute kaum mehr geschähe, wenn jemand die Bibel zur Rechtfertigung für sein illegales Tun zitierte.

Wo so viel Licht ist, müssen ja auch Schatten sein. Also muß ich wohl auch ihre schlechten Seiten aufzählen. Erstens war sie, und das geht aus allem hervor, was ich erzählt habe, naiv, und das ist in den Augen der heutigen Menschen ein großer Fehler, vor allem dann, wenn sich ein naiver Mensch nicht mit schönen Bilderchen begnügt, die er gegen jede Kunstrichtung malt, oder Bücher schreibt, was man ihm lächelnd zugesteht, sondern sich in die Politik einmischt. Da haben nur Fachleute das Sagen, Leute, die durch

Schule und Laufbahn wenigstens zu einem gewissen Konformismus erzogen sind. Naive Leute, die von ihrer Natur aus das tun, was ihnen recht scheint, sind immer gefährlich. Das ist etwas ganz anderes als das sogenannte »gesunde Volksempfinden«. Es ist sozusagen das Gegenteil.

Ein anderer Fehler machte mir mehr zu schaffen. Sie kannte den Begriff »Zeit« nicht. Ich will es an einem Beispiel erläutern: Als wir ihre Wohnung als Heim gemietet hatten, weil sie mit den Kindern aufs Land ziehen wollte, erbot ich mich, ihr beim Abtransport zu helfen. Da der Zug zum Darß über Stettin fuhr, hatten wir es nicht sehr weit, es gab damals noch den Stettiner Bahnhof mitten in der Stadt. Ein Weg von fünfzehn Minuten: Alte Schönhauser Straße, Rosenthaler Platz, Invalidenstraße, zu jener Zeit eine brodelnde belebte Gegend. Schon war man da. Der einzige passende Zug ging morgens um 6 Uhr. Wenn arme Leute reisen, haben sie immer sehr viel Gepäck, und ich hatte einen Handwagen besorgt, mit dem ich wohlgemut um 5.30 Uhr vor der Türe stand. Hannchen empfing mich mit sehr erstaunten Augen. Ihre Wäsche, die sie mitnehmen wollte, hing noch auf der Leine. Also verschoben wir die Reise gleich auf den nächsten Tag. Am zweiten Tag mußten noch ein paar Kleider gebügelt werden, und bis alles zusammengepackt war und wir am Bahnhof eintrafen, fuhr der Zug uns vor der Nase weg. Am dritten Tag blieb ich gleich über Nacht dort, so schaffte ich es, eine Viertelstunde vor Abfahrt des Zuges am Bahnhof zu sein.

Jeder, auch der reinste Tor, stilisiert sein Leben, und gerade gegenüber seinen Kindern sagt er einiges anders, als er in Stunden des Vertrauens sich Freunden gegenüber äußert. So gibt es auch in einem Leben, das so offen vor mir liegt wie das Hannchens, unklare Stellen. Ich habe schon erwähnt, daß Gustav nach Aussagen seiner Kinder an Lungenentzündung gestorben ist. Ich wußte, daß es Ruhr war, und das ist so, wie jeder Vaterlandsverteidiger an Kopf- und Herzschuß gestorben ist, nicht an einem Schuß, der ihm die Gedärme zerriß. Ich weiß von Hannchen, daß sie vor der Geburt der jüngsten Tochter an Krebs operiert worden war, was die Kinder nicht wissen. Daraus folgt nämlich auch einiges andere: Zum Beispiel Hannchens Einstellung zur Sexualität. Mich verblüffte sie einmal damit, daß sie immer nur mit einem Mann geschlafen haben wollte, um ein Kind von ihm zu haben. Dazu gehört auch die Äußerung Goldbergs: »Ich kenne eine Mutter von fünf Kindern, die keuscher ist als ein unberührtes Mädchen.« Das ist natürlich vieldeutig, und Keuschheit ist heute, so scheint mir, keine gefragte Tugend. Demgegenüber, es aber gewissermaßen bestätigend, steht, was sie viel später ihrer jüngsten Tochter sagte, als diese etwas vom Leben wissen wollte: »Sexualität ist nur wie Essen und Trinken, die Männer brauchen das eben.« Nun, muckerisch war Hannchen keineswegs, sie nahm lebhaften Anteil an unseren Liebesgeschichten. Es gibt also einige Widersprüche, und ich bin froh darüber, denn ich will ja keine Heiligenlegende erzählen.

Dennoch ist Hannchen als Gestalt in verschiedenen Formen in der Kunst zu finden. Wir identifizierten sie immer schon mit der Ballade von der Hanna Cash, und als wir sie in die Emigration nicht mitnehmen konnten, zitierten wir unseren Kindern die Verse von Brecht, um sie anschaulich zu machen, auch für uns, wenn das Leben manchmal unerträglich schwer war.

> »Kein Kleid war arm, wie das ihre war
> Und es gab keinen Sonntag für sie
> Keinen Ausflug zu dritt in die Kirschtortenbar
> Und keinen Weizenfladen im Kaar
> Und keine Mundharmonie.
> *Und war jeder Tag, wie alle sind*
> *Und gab's kein Sonnenlicht:*
> *Es hatte die Hanna Cash, mein Kind*
> *Die Sonn stets im Gesicht.«*

Später fanden wir auch in ›Happy End‹, das uns so entzückte und das von der Kerrschen Kritik kaputtgemacht worden war, und noch später, als ein gereifter Brecht daraus die ›Johanna der Schlachthöfe‹ gearbeitet hatte, das Abbild Hannchens. Auch Heinrich Böll hat in ›Gruppenbild mit Dame‹ seine Hauptfigur so dargestellt, als hätte er Hannchen gekannt. Wer aber ein Bildnis von Hannchen sehen will, der muß bei Paula Modersohn-Becker nachschauen. Da gibt es verschiedene Frauenbilder, die Hannchen zum Verwechseln ähnlich sind.

So, nach dieser Abschweifung aber zurück zu unserer Gruppe und dem Leben in der Wohnung in der Mulakstraße. Ich lasse Hannchen erst einmal mit den Kindern auf dem Darß, einer Halbinsel zwischen Ostsee und Haff, der mir lieb ist, weil er meiner ostpreußischen Heimat ähnelt.

8

Wisse, glücklicher König ... es ist die Formel, mit der Scheherezade ihren Geliebten, der jederzeit auch ihr Henker sein konnte, anredete. Jeden Abend kam sie wieder, um ihm die Geschichte weiterzuerzählen, die sie am vergangenen Morgen an der spannendsten Stelle unterbrochen hatte. Keine wachsende Intimität in den drei Jahren, in denen sie die ihm ausgelieferte Sklavin war. War sie die Sklavin oder war sie schon von Anfang an die Siegerin, die siegte, indem sie sich hingab, anschmiegsam, klug und dem Überlegenen überlegen, nie eine Geschichte beendend, weil das auch ihr Ende hätte sein können? Ist »Siegerin« überhaupt die rechte Bezeichnung für eine Frau oder nur eine primitiv männliche Vorstellung? Vielleicht doch nicht, sieht man ein Hannchen, eine Scheherezade vor sich als Personifizierungen von Brechts Bild, »daß das weiche Wasser in Bewegung mit der Zeit den härtesten Stein besiegt«. Aber wie kommt man dem andern bei, das sie auch sind: der großen Mutter. Sind sie nicht auch wie die gute Erde – doch schnell verwerfe ich das Bild von der Erde, der geduldigen, der aufgerissenen, der vergewaltigten Erde – zu viel Lammsgeduld wird da heraufbeschworen, die mit der Kühnheit dieser Gestalten nicht zusammenpassen will. Hatte Scheherezade gewonnen nach 1001 Nächten und drei Kindern, sank sie danach zurück in die dämmrige Unbestimmtheit eines Harems, oder wurde sie, wie viele Frauen in ihren Erzählungen, Mitregentin? Hatte Hannchen gesiegt, als sie mit den Kindern allein in der Mulakstraße saß, bettelarm, aber ihr Leben selbst bestimmend?

Ein Stein wird ins Wasser geworfen und zieht Kreise, eine seltsame Bewegung entsteht, Tiere werden aufgescheucht. Dann ist der See wieder glatt, scheinbar hat sich nichts verändert. So war es mit der Mulakstraße. Ich kam in eine Gegend voller Geheimnisse, die sich hinter belanglosen Häuserwänden verbergen, und wurde langsam zum Eingeweihten.

Hannchen gegenüber lebte eine fromme jüdische Familie. Hannchen war mit ihnen gut befreundet und half in manchen Dingen, zum Beispiel knipste sie am Schabbes und an den Feiertagen das Licht an und aus, was Juden verboten ist. Diese kamen gelegentlich herüber, wunderten sich über die seltsamen Leute, die bei Hannchen verkehrten, und manchmal brachten sie etwas zu essen mit. Als Hannchen ausgezogen war, ließ sie uns die Restbestände der Kommune zurück. Es waren Männer, die sich Goldberg angeschlossen hatten, aber den großen Schritt aus Deutschland hinaus nicht mitmachen wollten. Nun waren die zwei Zimmer plötzlich überschwemmt von einer wilden, ewig diskutierenden, singenden und lärmenden Horde junger Leute. Dazwischen saß Rudolf Lustig wie ein zurückgelassener Einrichtungsgegenstand. Das war er wirklich. Er saß auf einem Strohsack wie ein indischer Fakir und meditierte, während es um ihn brodelte und die Welt neu verteilt wurde. Er sei ein Freund von Max Pallenberg, dem großen Schauspieler, hatte er behauptet, und das hatte ihm anfangs etwas Achtung bei uns Respektlosen eingetragen. An einer Wand hing ein Bild, Lohengrin und sein Schwan; ein furchtbar schlecht realistisch gemalter weißer Schwan und ein Lohengrin, in blaue und gelbe, tropfenförmige Blätter gekleidet. Das Tier verdrehte den Hals und schien zu fragen, was es hier solle. Lustig war gar nicht lustig, eher trüb, bis auf die Augen, denen er einen starren, bohrenden Blick verlieh. Hans Litten schauderte es angesichts des Bildes, andere ließen es sich vom Künstler erklären und waren beeindruckt. Ich besinne mich noch auf das Wort »Symbolkraft«, die er seinen Figuren zuschrieb. Überhaupt verfügte er über überirdische Kräfte, die er durch Meditation verstärkte. Mir ging er auf die Nerven. Ich brachte ihm ab und zu etwas zu essen, weil ich nicht eine verhungerte Leiche bei mir haben wollte; er gab an, nichts zu brauchen, und ich hatte den Verdacht, daß er bei den Nachbarn schmarotzte. Ich benahm mich sicherlich ziemlich kaltschnäuzig ihm gegenüber, duldete ihn aber um Hannchens willen oder auch nur, weil er einfach da war.

Eines Tages überfiel mich ein Rudel aufgeregter Mädchen, darunter meine Schwester Rosa, die damals an einem Berliner Waisenhaus ihr Praktikum als Fürsorgerin absolvierte, mit der Neuigkeit, Rudolf Lustig sei imstande, einen Polizisten zum Wackeln zu bringen! Das wäre gewiß eine sehr lobenswerte Befähigung gewesen in einer Zeit, wo es bei Demonstrationen so oft zu Zusammenstößen mit der Polizei kam. Man stelle sich vor, daß Polizisten, statt auf uns einzuschlagen, plötzlich anfingen, auf der Straße zu torkeln, zu tanzen. Eine tolle Idee, eine Geheimwaffe! Die Geschichte fiel mir neulich wieder ein beim Anblick einer Gruppe Polizisten in Berlin, die mit Panzerschilden und Plastikhelmen wie Marsmenschen aussahen. Welch eine schöne Vorstellung, sie auf der Straße tanzen zu lassen. Ich glaube, jedem noch so finsteren Anarchisten wäre das Lachen gekommen und eine fröhliche Regelung hätte sich angebahnt. Ich, ein ungläubiger Thomas, sagte, was man sonst nur von Hertha Gottfeld hörte, wenn sie eine Diskussion beenden wollte, QUATSCH! Rosa glaubte sich ihrer Sache jedoch sicher zu sein. Also ging ich mit, als Rudolf Lustig den Verkehrspolizisten an der Ecke Münzstraße wackeln lassen wollte. Es mißlang vollkommen, wie immer, wenn Ungläubige dabei sind, und Rudolf nahm mir mein Lachen übel und war seither böse auf mich. Nun wurde es peinlich mit ihm. Bei unseren Gruppenabenden wurde er auf seinem Strohsack wie eine Puppe immer weiter nach hinten geschoben, aber seine bloße, wenn auch stumme Gegenwart wirkte sich auf uns als stetig wachsender Störfaktor aus. Gutes Zureden, er möge doch den Wohnort wechseln, schien an ihm abzuprallen, bis er eines Tages plötzlich mitten aus der Meditation erwachte, um mich lauthals zu beschimpfen. »Junger Dachs«, hörte ich noch, dann hatte ihn Lex, der bärenstark war, plötzlich auf den Arm genommen und vor die Tür gesetzt. Am nächsten Tag war auch sein Bild verschwunden. Ich habe ihn nie wiedergesehen. Es ist mir berichtet worden, daß Hannchen mit ihm in Verbindung blieb. Er ernährte sich damit, Lampenschirme zu bemalen. Als Rubin verhaftet wurde – aber ich greife da weit voraus ins Jahr 1934 –, ging Hannchen zu Rudolf Lustig, damit er durch seine Kräfte Rubin befreie. Es gelang ihr jedoch nicht, ihn aus seiner Meditation zu wecken. Verzweifelt ging sie nach Hause, aber Rubin wurde frei, und das war schon wirklich ein Wunder. Wer es bewirkt hat, weiß ich freilich nicht.

1927 lief in der Volksbühne ›Gewitter über Gotland‹ von Ehm Welk; es war die erste Piscator-Inszenierung, die wir sahen. Vielleicht hat sie bei mir aus diesem Grunde einen stärkeren, deutlicheren Eindruck hinterlassen als die späteren. Natürlich waren wir empfänglich für das anarchistische Revolutionsstück. Verzauberung und Entzauberung, wenn man aufgerüttelt sich in dem polierten Mahagonikasten des

Volksbühnenhauses fand; es entstand der Wunsch, Theater aus den Theaterbauten zu befreien. »Siegreich weht unser Banner, in den Tod, Tyrannei!«, das Lied wurde von uns adaptiert, und wir sangen es im Verein mit den Landsknechtsliedern, den Liedern aus dem Bauernkrieg und der Russischen Revolution oder den jiddischen Liedern der polnischen Arbeiterbewegung.

Das Seeräuberstück von Ehm Welk fordert natürlich dazu heraus, den Seeräuber unserer Gruppe zu schildern. Lex, ich sagte es schon, hatte Bärenkräfte, war Jurastudent und Meisterboxer der Berliner Universität. Eine Figur aus den amerikanischen Wildwestfilmen, mit scharfem Gesicht, einem zynischen Mund und erschreckend kalten grünen Augen. Originellerweise war er der Sohn eines Rabbiners und hieß Alexander Dienstfertig, ein Name, der ihm gewiß nicht sonderlich gefiel, in Palästina änderte er ihn später. Wenn er sich vorstellte, war es immer eine filmreife Szene. Der Name, ziemlich sanft gesprochen, jedoch mit einem gefährlichen Funkeln in den Augen – man mußte sich zusammennehmen, sich nicht zu ducken, weil man einen Kinnhaken erwartete. Dabei war er nicht etwa ein Angeber, der zu simplen Prügeleien neigte, aber hinter seinen sachlichen Argumenten, leicht zynisch vorgetragen, stand immer sichtbar der Wunsch, die Dinge gewaltsam auszutragen. Auf der anderen Seite staunte ich oft über seine Sanftmut und Hilfsbereitschaft, aber natürlich waren es seine wilden Taten, die ihn bei uns berühmt machten. Der Anekdoten sind viele, aber in Wahrheit haben ihn seine Intelligenz und Skepsis aus allen Fallen gezogen. Wenn an der Universität große Demonstrationen der Rechtsradikalen stattfanden, stand mitten im Getümmel Lex, und als er sich über einen »Juda-verrecke«-Schreier zu sehr ärgerte, drückte er ihm die Kehle zu, bis er schwieg und hinsank. Ein andermal schlug er einen mit dem Kopf durch das eiserne Staketgitter, welches die Universität umgab; die Stäbe gaben nach, und er war unter den Zuschauern, als die Feuerwehr jenen befreite. Ich habe auch noch die Sache mit der goldenen Bibel im Gedächtnis – es war wohl ein Goldeinband –, die Lex seinem Vater fortnahm und versetzte, als der Vater seinem kommunistischen Sohn das Geld für das Studium verweigerte. Jüdische Väter waren fast ausnahmslos sehr national gesinnt. Der Vater von Rudi Arndt lehnte es ab, für seinen Sohn eine Bitte um Begnadigung zu unterschreiben: »Wenn er ein Kommunist ist, hat er es verdient.« Rudi war 1930 wegen Wehrmachtszersetzung zu Gefängnis verurteilt worden. Er hatte vor einer Kaserne Flugblätter verteilt.

Eine andere Geschichte, die ich von Lex weiß, spielt viel später, als Verhaftungen an der Tagesordnung waren. Ein Freund, der seine Reaktion prüfen wollte, drückte ihm unversehens ein Eisen in den Rücken mit dem Ruf »Hände hoch!«. Sekunden später fand er sich blutend und Zähne spuckend im Rinnstein wieder. Lex war herumgewirbelt und hatte zugeschlagen. Als er den armen Witzbold aufhob, stotterte der: »Warum gleich so hart?« Lex, ruhig, belehrend: »Nur das hilft, merk es dir.« Seither kann ich nicht mehr an den Mut der Filmhelden glauben, die vor einem Revolver in die Knie gehen. Dabei war Lex ein Intellektueller, der zu argumentieren wußte, ein sehr typisches Produkt der deutsch-jüdischen Situation jener Tage. Er hat nach seiner Emigration nie wieder, auch nicht für eine Stunde, deutschen Boden betreten. (So verhalten sich die in ihrer Liebe zu Deutschland am tiefsten Getrottenen.) Er liebte und hielt sich Hunde. Mich lachte er aus, wenn ich ängstlich zurückwich: »Eine jüdische Urangst aus der Zeit, als die Juden noch mit Hunden von den Höfen gejagt wurden.« Mir war er anfangs mehr als unheimlich. Ich fürchte mich vor Tieren, die beißen können, genauso wie vor Menschen, von denen ich annehme, daß sie gern zuschlagen, fürchte Unberechenbarkeiten, von denen ich nicht weiß, wie ich ihnen begegnen soll. Allmählich lernte ich aber seine Großzügigkeit kennen, er hatte keine Verachtung für die Schwachen und Friedlichen, sondern war eine Art Nothelfer.

Auf einer Weihnachts-Tagung in Oberkitzmühle bei Frankfurt an der Oder hatte es einen Aufstand gegen mich in einer mir damals prinzipiell wichtigen Frage gegeben, es ist heute kaum wichtig, den Gegenstand zu nennen. Leicht hätte ich die Klippe umschiffen können, wollte es aber nicht, weil ich gelernt hatte, daß eine unausgetragene Unklarheit andere nach sich ziehen würde. Man stellte die Forderung, den Bund schon im Namen als sozialistischen Jugendbund auszuweisen. Es klingt harmlos genug, zumal die meisten der Älteren Sozialisten waren; tatsächlich war es aber der Dissens über diese Frage, der schließlich die Auflösung des Bundes erzwang. Dachte man sie nämlich genau zu Ende, so richtete sich diese Forderung gegen alles, wofür wir bis dahin gekämpft hatten. Wir waren überzeugt, daß niemandem, der dem Bund beitreten wollte, vor allem nicht den ganz Jungen, ein politisches Bekenntnis aufgezwungen werden dürfe – es mußte erarbeitet werden. Außerdem war uns der Begriff »sozialistisch« zu unverbindlich. Zu viele Parteien mit unterschiedlichen Prinzipien begannen ihn zu gebrauchen. Ging man einmal ins Detail, so fand man auf der Linken eine Vielzahl von Parteien und Gruppierungen, die das Epitheton »sozialistisch« für sich allein beanspruchten.

Unser Problem lag woanders. Wollten wir als Jugendbewegung weiter existieren, so mußte sie einen Raum bieten, in welchem sich jeder seine Anschauung selbst erarbeiten konnte, um dann seine Konsequenzen daraus zu ziehen. Wir, und ich spreche da für Hans Litten und mich, waren überzeugt, daß die Logik der Verhältnisse alle dazu bringen würde, aktive Sozialisten zu werden. Trotzdem, oder gerade deshalb, wollten wir nicht an den Anfang setzen, was uns als Ende einer langen Entwicklung vorschwebte, auch auf die Gefahr hin, daß mancher zu ganz anderen Resultaten kommen könnte. Nur wenn alle Möglichkeiten durchdacht würden, so glaubten wir, könne etwas entstehen, was über ein Lippenbekenntnis hinausginge und einen befähigte, sich voll für seine Überzeugung einzusetzen. Der fruchtbare Irrtum sollte nicht ausgeschlossen werden.

Unterschwellig – ich weiß nicht, inwieweit es bewußt geschah – suchten die der Kommunistischen Jugend nahestehenden Mitglieder der Berliner Gruppe den ganzen Bund in die Partei einzugliedern. (Gewiß sieht es keine Partei gerne, wenn ihre Mitglieder noch andere Bindungen haben.) Die Berliner Gruppe unterschied sich in wesentlichen Punkten von den Gruppen im Lande. Die Berliner waren fast alle radikale Sozialisten und begannen in der Kommunistischen Jugend mitzuarbeiten. Die neu entdeckte Ideologie war so stark, daß sie sich gar nicht vorstellen konnten, ein anderer könne ihr nicht zustimmen. Für mich wurde, was damals begann, zu einer lebenslänglichen Auseinandersetzung. Der Kampf gegen die Kurzsichtigkeit der Parteien, die mehr Wert auf Gehorsam legen als auf selbständiges Denken. Es war eine Diskussion, die ich auch im Konzentrationslager führte, als das große Erstaunen darüber kam, daß es den Nationalsozialisten gelungen war, bis weit in die Reihen der SPD und der KPD und des Roten Frontkämpferbundes vorzustoßen. Ideologische Überzeugungen können, wenn sie nicht fest im Charakter verankert sind, spielend leicht gewechselt werden. Das zeigt sich immer wieder.

Damals ging es für uns um die Existenz des Bundes. Wir hatten uns das eigene Grab gegraben, als wir unsere Leute aufforderten, in den Parteien mitzuarbeiten. Die Auflösung, die ein Jahr später folgte, war ein schmerzhafter Einschnitt, aber es war der richtige Augenblick gewesen: mit den Freunden blieben wir zusammen, und für die Jüngeren hatten wir den Raum freigegeben, wieder dort zu beginnen, wo wir aufgehört hatten.

Zurück nach Oberkitzmühle. Mehr als zwanzig Jungen und Mädchen der Berliner Gruppen, ein altes Bauernhaus mit Stroh zum Schlafen, draußen Schnee und Regen, also das beste Wetter zum Diskutieren. Dreimal wurde ich überstimmt, nur zwei waren für mich: Margot, die ich noch kaum kannte, und ihre Freundin. Ich ging fort und sagte, sie sollten sich einen anderen Führer suchen. Nach einer Stunde Beratung kamen sie zu dem Ergebnis, ich hätte zwar unrecht, aber sie brauchten mich noch und wollten daher nicht auf Konsequenzen aus dem Abstimmungsergebnis bestehen. Es war weit mehr, als ich nach den hitzigen Diskussionen erwartet hatte, aber nun verlangte ich, mit jedem einzelnen noch einmal zu sprechen. Das ging dann zwei Tage und Nächte hindurch, ohne zu schlafen. Am Abend des dritten Tages mußte ich früher als die andern zurück nach Berlin. Ich war völlig erschöpft, aber diese Tage sind mir in Erinnerung geblieben als mein größter Erfolg. Verlieren und doch zu siegen, gegen die geeinte Front der Besten, die wir hatten, und ohne jede Rückendeckung von Hans Litten. Es blieb der einzige Sieg dieser Art, und die Dramatik der Ereignisse grub sich mir ins Gedächtnis ein. Nachtblind, wie ich war, drohte der 5 km lange Weg zum Bahnhof durch Schneematsch bei Dunkelheit zu einer Katastrophe zu werden. Plötzlich stand Lex – er war mein härtester Gegner gewesen – neben mir und trug mich mehr, als er mich führte. Seither sind wir Freunde, die sich wohl nie einig werden, aber immer miteinander reden können. Während ich an diesem Buch arbeitete, ist Lex gestorben.

Wo gingen wir damals hin? In einer Zeit, in der reaktionäre Gewalttaten längst an der Tagesordnung waren, in der die besten Republikaner Attentaten zum Opfer fielen, war die Gegengewalt eher schwächlich. Ich möchte eben nicht, was Lex und andere taten, als Jungenstreiche abtun, denn seit wir gesehen haben, wie sich wenige Jahre später die ganze Linke und die Juden wie Opferlämmer in die Konzentrationslager und in den Tod abführen ließen, habe ich meine Einstellung zu Gewalt und Terror revidieren müssen. Nie wieder fliehen, nie wieder sich gewaltlos abführen lassen! Ich habe Selbstvorwürfe genug zu ertragen; es wird davon noch zu reden sein. Der deutsche Mann war von Jugend auf so weit diszipliniert, daß Gewalt und Mord nur auf höheren Befehl verübt wurden. Der Witz, wonach in der Revolution von 1918 der Rasen nicht betreten werden durfte, weil es verboten war, hatte durchaus einen wahren Kern. Ich kenne einen Mann, der von seiner Gruppe 1927 dazu ausersehen war, ein Attentat auf Hitler zu verüben. Als alles vorbereitet war, wurde die Aktion von der Kommunistischen Partei verboten, weil sie individuellen Terror ablehnte. Sie hatte die Staatsgesinnung und fürchtete sich nicht so sehr vor den Konsequenzen, als daß, wie man sie so nannte, »anarchistische Elemente«, das heißt vor allem Ungehorsame, in die Partei eingeschleust werden könnten. Mit eigenen Leuten war man viel weniger zimperlich, was wir aber erst später merkten, aber auch solche Aktionen entsprangen eben, wenn auch nicht der Staats-, so doch der Parteiräson. Widerstand – bis zu welcher Konsequenz darf er gehen – wer kann das sagen? Mir ist sicher jede Gewalt verhaßt, jede vermeidbare, aber wo ist die Grenze? Der Mann, der Hitler ermorden wollte, wirft sich noch heute vor, daß er sich davon abhalten ließ, und wer kann sagen, ob er recht hat.

Ich sollte an dieser Stelle sagen, warum so viele von uns in die Kommunistische Partei gingen. Viele Möglichkeiten blieben uns nicht. Wenn man, und das hielten wir für unsere Pflicht, die politische Entwicklung verfolgte, so zeigte sich zunächst die stetig schwindende Bedeutung der Deutschen Demokratischen Partei, an die man nach 1918 durchaus die Hoffnung geknüpft hatte, daß die Weimarer Republik zu einem demokratischen Staatswesen werden könnte. Demokratie setzt ja wohl Vertrauen in das Volk voraus, die bürgerliche Demokratie lebte aber aus der Vorstellung von der Dirigierbarkeit der Massen, und wenn in einer Krise diese Masse beginnt, ihr eigenes Gewicht zu entfalten, wird Demokratie zu einem Lippenbekenntnis, man hebt sie stückweise auf. Das gilt auch für die Sozialdemokraten. Erschreckt durch die Bolschewisten in Rußland, welche die Sozialdemokraten ausgeschaltet hatten, suchten sie ihr Heil ausschließlich im Anschluß an die bürgerlichen Parteien. So wurden sie mit ihrer Sozialpolitik zur Beruhigung der Massen gebraucht und geduldet, solange die bürgerliche Reaktion nach den Erschütterungen, die der verlorene Krieg mit sich brachte, an Boden verloren hatte; dann wurden sie beiseite geschoben und machten dies den reaktionären Kräften nicht einmal schwer, weil sie nie das Konzept eines deutschen Sozialismus entwickelt hatten, sondern den Gegensatz zu einer bürgerlichen Gesellschaft nur in der gefürchteten Russischen Revolution sahen. Natürlich gab es in der Sozialdemokratischen Partei auch Leute, die das erkannt hatten und ändern wollten, aber sie standen immer am Rande, waren einmal in der USPD organisiert, gaben nach einigen vergeblichen Versuchen, Einfluß zu gewinnen, die eigene Partei auf und schlossen sich wieder der SPD an. Um 1930 herum wurde eine weitere sozialdemokratische Partei gegründet, die SAP. Heute weiß man von ihr im wesentlichen, daß Willy Brandt in seiner Jugend zu ihr gehörte. Ich werde später erzählen, wie ich nach 1933 im KZ mit einigen Führern dieser Partei zusammengewesen bin.

Es wurde viel darüber nachgedacht und diskutiert, weshalb die SPD trotz allem immer die größte Arbeiterpartei blieb. In erster Linie war es wohl die über 50jährige Tradition, welche die SPD im Bewußtsein der Arbeiter als Vertreterin ihrer Interessen erscheinen ließ. Eine wichtige Rolle spielten außerdem die weitgehend sozialdemokratisch beeinflußten Gewerkschaften, die jede linke Abweichung in ihren Reihen bekämpften. Die deutschen Gewerkschaften sind ihrer Struktur nach überhaupt nur denkbar in einer kapitalistischen Gesellschaft, in der sie ein Gruppeninteresse vertreten, sie sind von der Anlage her eigentlich nicht auf eine politische Tätigkeit eingestellt. Wichtiger aber ist der Umstand, daß die These im ›Kommunistischen Manifest‹, wonach der Arbeiter nichts zu verlieren hat als seine Ketten, zumindest im Deutschland des beginnenden 20. Jahrhunderts nicht mehr voll gültig war. War der Wohlstand, den

Teile der Arbeiterschaft inzwischen erreicht hatten, auch eher bescheiden, so galt er um so mehr, und wenige waren bereit, ihn aufs Spiel zu setzen. Bleiben wir aber bei dem Bild der Ketten, so haben wir inzwischen gelernt, daß es überall Ketten gibt für die Menschen, einige sind leichter zu tragen, andere schwerer. Ich hörte einmal eine Rede des Vorsitzenden des Zentralkomitees der KPD, Thälmann, in der er darlegte, daß es bei der Verelendung der Massen keinen anderen Ausweg gäbe als die Revolution. Vielleicht stimmt das theoretisch, die Praxis hat jedoch ergeben, daß gerade verelendete Massen kaum ein Klassenbewußtsein entwickeln, sondern nach der Methode »Rette sich, wer kann« auch auf die faschistische Alternative hereinfallen können. Der klassenbewußte Arbeiter ist eine Gebetsformel wie der idealistische Mensch des 19. Jahrhunderts. Selten genug bewahrt ein aufgestiegener Arbeiter sein Klassenbewußtsein, ob er in der politischen Bürokratie aufsteigt oder in der Wirtschaftsführung der jeweiligen Systeme. Über diese Fragen waren wir uns schon damals klar, zumindest wurden sie diskutiert.

Was aber den so oft verspotteten »Neuen Menschen« betrifft, einen, der den Mitmenschen beachtet, auch wenn es keine Vorteile bringt, so fanden wir, daß dies nicht nur eine Frage der Moral war, sondern des Überlebens. Jeder zog andere Konsequenzen aus dieser Erkenntnis. Der Grund dafür, daß der kleine Kreis um Hans Litten zwar zu politischer Arbeit entschlossen war, sich aber keiner Partei anschloß, lag an der Inkonsequenz und Ineffektivität der Parteiführungen.

Sicher können Überlegungen taktischer Art es nötig machen, auf neue Herausforderungen mit neuen Antworten zu reagieren, auch wenn sie im Gegensatz zu früheren Richtlinien stehen. Ein Mindestmaß an Parteidemokratie muß aber die Unterrichtung der unteren Kader sichern. Wenn der Einsatz für eine Partei Leben und Freiheit so gefährdet, wie es die Arbeit in der KPD mit sich brachte, so müssen Absichten und Anordnungen der Partei für ihre

Mitglieder einsichtig und verständlich sein, damit Menschen nicht sinnlos verheizt werden. Das war später oft ein Thema der Diskussion zwischen Hans Litten und der »Roten Hilfe«, in deren Auftrag Hans Arbeiter verteidigte. Es gibt viele Beispiele für die schwankende Haltung der KP in diesen Jahren, eines davon sei zitiert.

Im Jahre 1921 vollzog sich in Mitteldeutschland, in Thüringen und Sachsen, der letzte Aufstand der Arbeiter, der letzte Versuch, die 1918 gescheiterte Revolution wiederaufzunehmen. Den Putschversuch von 1923 in Hamburg kann man kaum nennen, weil er in den Anfängen erstickt wurde. Der Mitteldeutsche Aufstand knüpft sich an den Namen Max Hölz, der schon an den Spartakuskämpfen teilgenommen hatte, zu Zuchthaus verurteilt und daraus befreit worden war und der seither untergetaucht lebte. An diesem Aufstand zeigte sich so recht die Führerlosigkeit der deutschen Arbeiterschaft zur Zeit der Weimarer Republik. Es war zu einigen Gewalttaten gekommen, und es wurden Gelder bei Banken und Postämtern beschlagnahmt, um den Aufstand zu finanzieren. Die Initiative lag zu Beginn bei der KAP, einer Gruppe links der KPD, die sich zu Rosa Luxemburg bekannte. Die rechtsstehende Führung der KPD unter Brandler unterstützte den Aufstand halbherzig, auch im Hinblick auf das Interesse der Sowjetunion, im Rahmen des Rapallo-Vertrages mit dem geschwächten und besiegten Deutschland zu freundschaftlichen Beziehungen zu kommen, nachdem die Hoffnung auf eine sie unterstützende Welt oder wenigstens eine Revolution in Deutschland endgültig geschwunden war. Der KPD kam der Aufstand in Mitteldeutschland zu der Zeit also ungelegen. Er wurde blutig niedergeschlagen, und viele junge Arbeiter starben oder wurden wegen schweren Bankraubs zu lebenslänglichen Zuchthausstrafen verurteilt. Das spielt in meiner Geschichte eine Rolle, weil sich Hans Litten in den Jahren 1929–1930 dieser Arbeiter annahm, die Anerkennung ihrer politischen Motive durchsetzte und schließlich ihre Freilassung bewirkte. Für uns – und da spreche ich nur für Hans Litten und mich und ganz wenige unserer Freunde – war der Mitteldeutsche Aufstand der Prüfstein unserer Einstellung zur KPD. Zunächst hatte sie den Aufstand unterstützt, während später Clara Zetkin, ein Mitglied des Zentralkomitees, vom »Räuberhauptmann Hölz« sprach. Nach einigen Jahren, als Hölz begnadigt wurde und sich der KPD angeschlossen hatte, wurde der Aufstand in der Parteipropaganda glorifiziert. Die schwankende Haltung der Kommunistischen Partei – sie schien oft weniger die Interessen der deutschen Arbeiter zu vertreten, als ihr oberstes Gebot in der Devise »Wir schützen die Sowjetunion« zu sehen – trug wesentlich zu dem späteren Desaster bei. Tatsächlich schützte man weniger die Sowjetunion, als daß man sklavisch Befehle aus Moskau entgegennahm, die die deutsche Partei oft in Mißkredit brachten. Es ist bis heute eine entscheidende Schwäche der kommunistischen Bewegung, daß sie nie imstande war, die Vergangenheit zu bewältigen. Es gab harte Kritik, wenn ein Zentralkomitee abgelöst wurde. Einige ihrer Führer wurden in die Wüste geschickt, später unter Stalin in großer Zahl ermordet. Liest man jedoch ihre Geschichtsschreibung, so erweist sie sich als monolithische Rechthaberei, die immer damit rechnet, daß ihre Ojekte, die Arbeiter, kein Gedächtnis haben und daß der »Apparat« erhalten bleibt. Wir, mit Hans Litten, erkannten das schon frühzeitig, arbeiteten jedoch in Einzelfragen mit der KPD zusammen, weil wir uns nicht in Splittergruppen isolieren wollten.

Ich will gar nicht behaupten, daß wir damals recht hatten. Es gibt wohl niemand, der dies auf die Vergangenheit bezogen für sich in Anspruch nehmen könnte. Geblieben ist mir aber das System, an politische Fragen heranzugehen: Sich die verschiedenen Aussagen zu merken und zu wissen, wo opportunistische Politiker das Gegenteil von dem sagen, was sie einige Monate oder Jahre vorher proklamiert haben in der Annahme, daß wir die Erinnerung verloren haben. Wir lasen viele Zeitungen und Zeitschriften, machten Ausschnitte und reichten sie herum. Man ist nicht informiert, wenn man die Tagespolitik verfolgt, ohne sie in das Vergangene einordnen zu können. An dieser Stelle ist mir das wichtig als der immer gegenwärtige Hintergrund meiner Liebesgeschichte, der Erzählungen von Sterben, Leben und Überleben.

Gewiß waren wir nicht unbedingt typisch für das Verhalten der Jugend in den zwanziger Jahren, auch darin nicht, wie wir versuchten, den Weg aus der Jugendbewegung herauszufinden. Wollten wir uns nicht als Randerscheinung verstehen, so ergab sich die Notwendigkeit zu gesellschaftlichem und politischem Engagement. Wir wollten uns mit den Strömungen der Zeit auseinandersetzen, um sie zu begreifen. Die Kunst in allen ihren Formen nahm dabei einen großen Raum ein, denn wir räumten ihr ein, daß sie uns zu formen vermochte.

Wenn wir von unseren Freunden forderten, auch in den politischen Jugendorganisationen mitzuarbeiten, so hofften wir, einen Teil unserer Erkenntnisse dort hineintragen zu können.

Die Sozialistische Arbeiterjugend, die Jugendgruppe der SPD, wurde von der Partei sehr gegängelt. Sie fürchtete immer eine Unterwanderung durch linke Elemente. Aber sie, und noch mehr die »Naturfreunde«, die sich etwas freier von Parteibeeinflussung halten konnten, waren kulturellen Erscheinungen gegenüber sehr offen. Nicht nur, daß viele dieser Jungen und Mädchen die Volkshochschulen bevölkerten, man traf sie auch bei der Vorführung der – damals ersten – russischen Filme und in der Volksbühne oder in anderen Theatern, wenn Stücke gespielt wurden, die sich mit der Gegenwart auseinandersetzten. In ihren Zimmern und Buden gab es viele Bücher; selbstverständlich Jack London, Traven, Upton Sinclair, Andersen-Nexö, Hamsun, Maxim Gorki und überhaupt viele russische Schriftsteller, ›Das Feuer‹ von Henri Barbusse, ›Der Untertan‹ von Heinrich Mann und von Leonhard Frank ›Der

Mensch ist gut‹ und ›Der Bürger‹. Das war sozusagen die Grundausstattung. Es fehlte die expressionistische Dichtung, zu der sie keinen Zugang hatten.

Ähnlich sahen auch die Bibliotheken unserer Freunde in der KJ (Jugendgruppe der KPD) aus; Makarenkos ›Der Weg ins Leben‹, John Reeds ›10 Tage, die die Welt erschütterten‹ und natürlich Schriften von Marx, Lenin, Rosa Luxemburg, vielleicht auch noch Trotzki. Die KPD und ihre Jugend entwickelten in ihrem Rahmen dann doch ein Stück eigene Kultur. Die Agitprop-Gruppen boten manchmal hervorragende, einfallsreiche Darbietungen, die Stilmittel von Piscator, Brecht und den russischen Theatergruppen aufgenommen hatten. Hierher gehört auch der Sänger der Revolution, Ernst Busch, für mich der erste Protestsänger. Mit Liedern vom Nigger Jim in der Trambahn, dem Bergarbeiterlied, dem Lied der Arbeitslosen oder dem Solidaritätslied von Brecht riß er die Menschen auf den Parteiversammlungen zu Begeisterungsstürmen hin. Wo er nicht selbst sein konnte, mußte der Plattenspieler herhalten, und auch dann noch zwang die Stimme das Publikum zum Mitsingen.

Die Aktiven in der politischen Jugendbewegung wurden von den Parteien sehr strapaziert: Flugblätter verteilen, Demonstrationen und Versammlungen hielten sie in Atem. Sicher war das alles notwendig, Versuche, der sich immer mehr zuspitzenden Situation entgegenzuwirken; trotzdem hatte ich schon damals den Verdacht, daß gerade in der KP viel Betrieb um des Betriebes willen gemacht wurde – so, wie der Meister in der Werkstatt, in der ich gelernt hatte, uns immer hetzte, damit wir keine Flausen in den Kopf bekämen, das heißt, damit man nicht zum Nachdenken kommt und unerwünschte Fragen stellt. Es rächte sich später bitter. Daneben lebte die bürgerliche Jugendbewegung immer noch in der Vorstellung, daß Politik ein dreckiges Geschäft sei, man war eher dem Hehren und Großen verpflichtet; das gleiche galt für die deutschvölkischen Wanderbünde, mit denen wir damals noch oft ins Gespräch kamen, wenn wir auf Wanderungen oder in Jugendherbergen aufeinandertrafen. Immer und überall wurden Lieder ausgetauscht, wie man Briefmarken sammelt.

Sie hatten ihre Landsknechtslieder und wir die russischen und deutschen Revolutionslieder. Ich erinnere mich, einmal mit Rudi Arndt allein auf Fahrt gewesen zu sein. Wir wanderten zwei Tage lang im Erzgebirge und sangen, und die Lieder gingen uns nicht aus. Jeder von uns hat später auch im Konzentrationslager gesungen, um unsere Mitgefangenen aufzurichten. Eine ganz andere Strömung in der Jugend blieb uns eigentlich fremd, ja, sie wurde von uns kaum wahrgenommen, weil sie außerhalb unseres Gesichtsfeldes blieb. Ich spreche von einer Gruppe der bürgerlichen Jugend, die sich als Repräsentantin der Weimarer Republik verstand und diesen Anspruch auch als realisiert ansah, weil sie an der Rampe stand, publizieren konnte und die Illustrierten sich um ihr Konterfei bemühten. Ihr Lebensstil war mondän, ein Wort, das heute kaum noch gebraucht wird und etwa durch »in« zu ersetzen ist. Sie folgte den neuesten Moden, adaptierte die neuesten Tänze, bevölkerte die neuesten Kabaretts und las die neuesten Dichter. Zwei Namen sind mir in Erinnerung, um die sich die Gesellschaft zu sammeln schien: Erich Ebermayer und Klaus Mann, es waren aber noch viele andere. Wir warfen im allgemeinen niemandem seinen Vater vor, aber hier war es zu auffällig, wie sie von der Prominenz ihrer Eltern profitierten und kaum den Boden beachteten, auf dem sie standen. Sie merkten es erst, als er ihnen 1933 entzogen wurde. Sie waren es auch, die wohl mit Recht, mit ihrem Recht, von den »goldenen zwanziger Jahren« sprachen. Gewiß, auch wir atmeten glücklich die besondere Luft jener Jahre und nahmen begierig auf, was sie an Anregungen hergaben. Trotzdem wog für uns der Hintergrund von Reaktion, Arbeitslosigkeit, Armut und Ungerechtigkeit schwerer als das Schaumgold, das uns als Moderne angeboten wurde. So gewannen wir zum

Beispiel aus dem politischen Theater über das ästhetische Ereignis hinaus eine dichtere Beziehung zur Wirklichkeit. Entscheidend war nicht, ob die Thematik revolutionär war, Kunst war für uns ihrer Natur nach revolutionär. Jahrelang galt uns Rilkes Gedicht zu einem Torso Apollos, mit der Schlußzeile »Du mußt dein Leben ändern!« als Leitsatz unserer Einstellung zur Kunst überhaupt. Kunst, die uns nicht anschrie – es konnte sehr leise sein –, war für uns uninteressant. Unsere Einstellung zur Elite blieb zwiespältig. Ich habe niemals Chansons von Fritzi Massary gehört. Wir hatten damals kein Geld, keine Zeit und wohl auch wenig Interesse dafür. Heute bedaure ich es ebenso wie das Versäumnis, in Königsberg und in Berlin nie in Kneipen gesessen und Schnaps getrunken zu haben. Man kann eben nicht gleichzeitig den Alkohol als Volksübel bekämpfen und ihn trinken.

Jede der Piscator-Inszenierungen sahen wir mindestens einmal, und wir stießen uns nicht daran, daß das Theater am Nollendorfplatz seine Gründung einem Mäzen verdankte, der ein Schnapsfabrikant war, weil die außerordentliche Tilla Durieux, seine spätere Frau, mit Piscator arbeiten wollte. Wir waren ja schließlich keine Puritaner! Wir drängten uns in das Piscator-Theater und griffen, weil wir kein Geld hatten, zu illegalen Methoden. Mit zwei bezahlten Stehplätzen brachten wir etwa 25 Leute hinein. Die Logenschließer waren unserem Ansturm gegenüber machtlos, und sooft sie uns hinauswarfen, zu Beginn der Aufführung waren wir alle wieder drinnen und hatten uns über das ganze Theater verteilt. Hin und wieder hatten Margot und ich auch Freikarten, denn ihr Onkel, der Komponist Edmund Meisel, hatte für viele Inszenierungen die Musik geschrieben.

Bekannt geworden war Meisel als Autor der Musik zu dem Film ›Panzerkreuzer Potemkin‹, die in den Wirren des Krieges verlorengegangen zu sein scheint. Auch zu dem Pabst-Film ›Die weiße Hölle vom Piz Palü‹ und zu Walter

Ruttmanns ›Berlin, Symphonie einer Großstadt‹ schrieb er die Musik. Der Zufall oder Gottes Ungerechtigkeit oder ein Fehler der Ärzte ließen ihn schon 1932 an einer nicht rechtzeitig erkannten Blinddarmentzündung sterben. Heute ist er zu Unrecht fast völlig vergessen. Als wir jetzt nach seiner Musik suchten, wußte man kaum den Namen, nur Ernst Busch erinnert sich liebevoll an ihn und hat auch einige Noten aufbewahrt. Damals trug er viel zum Erfolg Piscators mit Tollers ›Hoppla wir leben!‹ und ›Rasputin‹ bei. Es gibt ein herrliches Lied im Rasputin, das von Meisel komponiert ist. Der Chor der Bauern singt ›Neige dein Herz zur Bitternis‹. Und in ›Hoppla wir leben!‹ das Chanson im Zwischenakt, ›In diesem Hotel zur Erde‹, von Kate Kühl gesungen, eine kurze Szene, in der alles stimmte, Melodie, Text und die Inszenierung. Sie stand im schwarzen Kleid vor einem schwarzen Vorhang, nur das Gesicht angestrahlt, das über dem Theater zu schweben schien, und sang das Lied vom »leichten Leben«, das eigentlich für die erste Nachkriegszeit geschrieben war, aber für uns damals die Situation blitzartig beleuchtete. Es gilt übrigens noch heute.

»In diesem Hotel zur Erde
ist die Crème der Gesellschaft
zu Gast.
Sie trägt mit leichter Gebärde
die schwere Lebenslast.«

9

In einer Welt, zu der ich auch gehöre, die vor lauter Fortschritt fast atemlos geworden ist, geziemt es sich, rückwärts zu schauen. Nicht, weil die »gute alte Zeit« besser gewesen wäre, sondern weil sie statisch geworden ist; am nicht mehr zu verändernden Objekt kann man Überlegungen anstellen, was daraus zu lernen ist. Nach Rosa Luxemburg ist die Geschichte die beste Lehrmeisterin der Politik. Das kann auch nur eine Gläubige sagen, sonst würde sie wissen, daß jede Geschichtsschreibung mehr über die Gegenwart aussagt als über die Vergangenheit, und sie wußte es sicher auch, wie manipulierbar die scheinbar feststehende Geschichte ist. Nur ein gläubiger Mensch kann und will über sich selbst hinaus Zukunft planen, die andern handeln aus Todesfurcht kurzfristig und hastig. Was bleibt für mich aus diesen Widersprüchen? Nichts beschönigen, Unverständliches unverständlich lassen und auf den nachdenkenden Leser hoffen.

Versuche, die Toten zu beschwören, um sie zu Aussagen über die Gegenwart zu bewegen, gibt es viele. Bei der Hexe von Endor versuchte es Saul, Orpheus, als er in die Unterwelt ging, um sein Weib zu finden, und Dante, als er die Hölle bis in ihren letzten Winkel durchstöberte. Aber die Toten blieben matt, wie es alte Menschen sind, nicht mehr so interessiert an der Gegenwart, die nicht die ihre ist. Mir geht es fast umgekehrt: Matt erscheinen mir die Überlebenden, erschöpft vom Leben und Alter. Wir stehen da mit einem Aktenbündel voller Entschuldigungen, daß wir die Zeit nicht besser genutzt haben, der Zeitwende nicht gewachsen waren. Die wenigen Ausnahmen muß man mit der Laterne suchen wie Diogenes den Weisen. Frisch dagegen sind mir die Toten in Erinnerung geblieben, sie haben immer noch dieselbe Kraft. Es bedarf gar nicht der wenigen schriftlichen Dokumente, um sie einzeln vor mir erscheinen zu lassen. Straßennamen einer Stadt: Die Aufreihung läßt das Gefüge eines Viertels erstehen, ruft ihr Bild wach und vermag noch dem später Geborenen einen leisen Geschmack der Stadt zu geben, wie wir sie kannten. Deshalb will ich einmal alle Namen aus der Gruppe aufsagen, soweit ich sie in Erinnerung habe. Ich will sie noch einmal nennen wie in einem Gedicht, die gerade noch Lebenden, die über die Welt Zerstreuten und die Toten. Auch ihre Gebeine sind über die Welt verstreut, ich wüßte nicht, wo ich sie finden könnte, und ich will sie auch nicht finden. Ich will die damals Lebenden finden. Also kein Heldengedenkfriedhof, wie ihn die Kriegsgräberfürsorge uns bietet, nicht gesammelt aus den Verstecken und wieder in Reih und Glied aufgestellt, sondern als noch Lebende, jeder mit einem Schicksal, einem unverwechselbaren Schicksal, das ich schildern möchte.

Alle sind in den ersten vierzehn Jahren des Jahrhunderts geboren. »Vorkriegsware« sagte man damals – wie wenig heute der Altersunterschied ausmacht. Die heute noch Lebenden sind alle alt, und die Toten sind jung geblieben. Wie soll sich das in einem Himmel oder der Hölle zusammenfinden. Die Erfahrungen derer, die zum Tode, und jener, die zum Weiterleben verurteilt wurden. In ein paar Jahren werden wir alle verwandt sein, und man kann über uns sprechen wie über die alten Germanen, Griechen, Römer oder die Völker Asiens. Dann wird auch von unserer Zeit nur noch eine pauschale Vorstellung übriggeblieben sein. Ich will das noch ein wenig aufhalten. Ich zähle die Namen einfach auf, vielen wird der Leser an anderen Stellen wiederbegegnen, wenn er sich die Mühe macht, sie zu identifizieren, sonst sind sie so stumm oder beredt wie Straßenschilder in einer zerstörten Stadt.

Hans Litten, Rudi Arndt, Fritz Bloch, Frida Peiser (Bloch), Heinz Pächter, Karl Lehrburger, Kate Grünwald, Herbert Hamburger, Rubin Mittelmann, Nati Steinberger, Sammy Gläsel, Leo Roth, Alexander Dienstfertig, Leo Rosenthal, Grete Frank (Rosenthal), Fritz Sauer, Irma Ginsberg (Sauer), James Löwensohn, Serge Rakusin, Raphael Samuelowitsch, Siegfried Adler, Rosa Fürst (Adler), Max Kahane, Sieke Kahn, Rosa Hutterer (Kahn), Berthold Moses, Bertold Jacoby, Hertha Gottfeld, Hilde Pächter (Ehlen), Gisa Peiper, Ilse Kroner, Hanna Fürst, Walter Herz, Hanna Levy (Herz), Lotte Frank (Ehrlich), Ruth Prager, Edith Finkelstein, Walter Fisch.

Jeder Name ist eine Geschichte für sich. Mich bewegte lebenslang die kühle Bemerkung im Lateinbuch: »Die Stadt wurde erobert, und wer nicht niedergemacht wurde, wurde in die Sklaverei verkauft.« Damals erschrak der Junge, konnte es nicht übersetzen, weil ihn die entsetzten Augen der Menschen anstarrten. Damals war noch wenig die Rede von Juden, aber es war Krieg und Städte wurden erobert und zerstört. Es war das erste Mal, daß ihn das Unglück direkt ansah.

Ich schreibe von einer Gruppe, deren Mitglieder als Juden vom Ausbruch des Dritten Reiches in besonderer Weise getroffen waren: Sie fanden sich plötzlich von ihrer Gemeinschaft isoliert und in einer Schicksalsgemeinschaft mit Juden, gleich welcher Herkunft sie waren und welche Überzeugungen sie hatten. Von 1928, als wir unseren Bund auflösten, blieben bis 1933 noch fünf Jahre; die damals 14- bis 17jährigen standen inzwischen im Beruf, waren Studenten oder hatten die ersten Examina hinter sich. Schon damals erkannten wir, daß die Krankheit in Wahrheit alle betraf und sich an den Juden nur am rigorosesten zeigte. Eine Welt war aus den Fugen gegangen.

1928 kam Hannchen aus ihrer freiwilligen Verbannung vom Darß in Mecklenburg zurück. Was sie nach Berlin zurückzog, weiß ich nicht genau, denn ihrer Einstellung nach hätte sie sich auf dem Land wohl fühlen müssen. Sie sagte nur kurz, die Kinder würden dort versauern; aber dies war kaum der einzige Grund. Das Wort Enttäuschung kam nie über ihre Lippen, jedenfalls wurde es nicht auf andere Menschen oder Verhältnisse angewandt. Das war so eindrucksvoll, daß auch ich es in meinem weiteren Leben nicht zu gebrauchen wagte. Vielleicht mit der einen Ausnahme: gegen mich selbst. Bei all meinen hochfliegenden Plänen war ich nie fähig, sie so zu verwirklichen, wie sie gedacht waren, und erst spät ging ich auch mit mir bescheidener um. Hannchen hat das einmal in ihrer einfachen Art gesagt, als ich ihre Freunde auf dem Darß Trottel nannte: »Wenn du nicht mehr aus ihnen machen willst oder kannst, bist du selber schuld.«

Damals versuchte ich die Wohnung in der Mulakei etwas

wohnlicher zu machen. Etwas blaue Farbe für die Hocker und Bänke aus Eierkisten machte schon etwas aus. Wir hatten ein neues Heim in der Oranienburger Straße gefunden. Es war ein Häuschen für sich auf dem dritten Hinterhof, wo nicht mehr so empfindliche Leute wohnten, die sich durch unseren Krach gestört fühlten. Zwei Räume, eine kleine Küche, darüber ein Dachboden mit Stroh zum Schlafen. Das war wichtig, weil es immer mehr unserer Freunde nach Berlin zog. Im selben Jahr lösten wir dort den Bund auf. Das ist so einfach mit einem dürren Satz hingeschrieben. Für mich schien eine Welt unterzugehen. Tagelang lief ich durch Berlin voller Selbstvorwürfe und Selbstmordgedanken. Im nachhinein erst kann man die Logik des Verlaufs erkennen. Wir waren schließlich erwachsen geworden, und jeder hatte sich sein Betätigungsfeld gesucht. Eine Jugendbewegung kann selbständig nicht von Dauer sein. Ein neuer Bund der Erwachsenen hätte zwangsläufig den Charakter einer Partei angenommen, in der die Jungen in die von den Erwachsenen erarbeiteten Normen hineinwachsen sollten. Das war die Struktur jeder Partei, jeder Splitterpartei, jeder Sekte. Gerade dagegen waren wir ja angetreten, und so war es auch vernünftig, die Jüngeren, die den Bund gern erhalten gesehen hätten, sich selbst zu überlassen.

Natürlich ist es schwer, dem ein Ende zu setzen, für das man viele Jahre gearbeitet hat. Meine Kraft, alles zusammenzuhalten, war wohl vermindert, mein Zusammensein mit Margot beschäftigte mich mehr, als es jemandem erlaubt war, der in dieser Aufgabe ungeteilt für jeden dazusein hatte. Hans hatte mir das bereits vorgeworfen. Ich kann hier nur an die Parabel von Samson erinnern, dessen Kräfte, sein Volk zum Sieg zu führen, schwanden, seit er mit seiner Dalila zusammenlebte. Seine abgeschnittenen Haare sind das Symbol seiner Zähmung, und die Darstellung Dalilas als Hure und Verräterin legt Zeugnis ab für die Frauenfeindlichkeit der Geschichtsschreiber, die ihren Held »pure« wollten.

Ich wurde damals weder geblendet, noch konnte ich Säulen einreißen, damit das ganze Philisterschloß einstürzte, obwohl ich es manchmal gewünscht hatte. Für Hans Litten, den äußerst komplizierten Menschen, waren viele Situationen einfacher zu bewältigen. Hatte er eine Konzeption von allen Seiten durchdacht, war es auch klar, was geschehen mußte, und für ihn waren die, die den Bund sprengten, einfach Verräter. Diese Fähigkeit, Probleme auf Freund und Feind zu reduzieren oder auch Schwarz und Weiß zu sehen, war seine Stärke und befähigte ihn zu dem, was man in anderen Zeiten Heldentaten nannte.

Es gelang mir mit einem großen Kraftakt, die gegenseitigen Anschuldigungen in erträglichen Grenzen zu halten, so daß wir, als der Bund nicht mehr bestand, Freunde bleiben konnten. Warum werden diese längst vergangenen Episoden hier noch einmal ausgebreitet? Wer weiß, welche Umstände und Einflüsse schließlich einen Menschen prägen, auch die Erfahrungen der Pädagogen gelten nur sehr begrenzt und in der Rückschau; sie lehren nicht, wie man gute, hilfsbereite, einsichtige Menschen erzieht. Leider nicht, und was uns die Wissenschaft beschert, ist höchstens eine kleine Erste-Hilfe-Station. Wir waren keineswegs deutlich unterschieden von anderen Menschen, wir wollten ja auch keine Elite erziehen, dazu fühlten sich andere berufen. Am besten sagt es mir wieder Scheherezade, aber das Thema kommt in allen Volksmärchen vor.

Da wird jemand in die Welt geschickt, nicht ein Königssohn, der einen Sack Gold mitnehmen konnte, nicht ein reicher Kaufmann mit einem Troß von Kamelen und Dienern, sondern so ein einfacher Mensch, der nichts besitzt außer seinen Kleidern und einem Päckchen; man gibt ihm einen Stein, ein Haar und eine Wurzel mit. Was soll das, denkt der Mensch und steckt die Gegenstände achtlos in seine Tasche. Er weiß nicht, daß der Stein, den er irgendwann, als er ihn drückte, fortgeworfen hat, eine Bastion um ihn hätte errichten können, daß er das kaum je in der Tasche bemerkte Haar nur zu reiben brauchte, um alle Freunde und guten Geister herbeizurufen, und daß die immer dürrer und unansehnlicher werdende Wurzel sich mit ein wenig Wasser zu einem Baume der Erkenntnis entwickeln könnte, der einem alles, was je gelernt worden war, wiederbringen würde. Wie soll ich jemals wissen, was jeder von uns sich hatte bewahren können. Jeder Zauber hat seine Grenzen. So kann ich mühsam einige Relikte sammeln und vorzeigen, Beispiele, die es gewiß auch anderswo gibt, Beispiele für Menschen, die über ihr eigenes Leben, ihre eigenen Bedürfnisse und Vorteile hinwegdenken können, weil in der Jugend der Wunsch oder sogar der Zwang in sie hineingepflanzt wurde, sich so zu verhalten.

Es ist mir erzählt worden, daß in Brooklyn in einem von Weißen fast völlig geräumten Bezirk noch heute zwei Frauen aus unserem Kreis wohnen – damals waren sie noch so jung, daß ich sie nicht beachtet hatte und keine Erinnerung mehr an sie habe. Sie bleiben dort wohnen, trotz der täglichen Schwierigkeiten, organisieren Bürgerinitiativen gegen den Verfall der Häuser oder arbeiten in Straßenkomitees. Sie behaupten ihren Platz, um dort ein Zusammenleben der Rassen zu praktizieren. Sie sind tätig für Amnesty International, und jeder, der es einmal erlebt hat, was es bedeutet, nicht zu wissen, in welchem Gefängnis seine Lieben verschwunden sind, wie sie sich befinden oder ob sie noch am Leben sind, wird ihnen dankbar sein.

Da sind die Leute, die ihre illegale Menschlichkeit in Gefängnisse und Konzentrationslager trugen, wie es Hans Litten tat, der noch Monate vor seinem Tod in einer Zeit, als er schon völlig geschlagen schien, in seiner Gruppe, die zu wochenlanger Dunkelhaft verurteilt war, die Stimmung aufrecht hielt, indem er aus seinem schier unerschöpflichen Gedächtnis Gedichte vortrug und über Kunst sprach. Und ein anderes Mal, früher, im Arbeitslager, wo ihm sein Knie zerschmettert wurde, zu den vorgeschriebenen Liedern ein einfaches Volkslied beitrug, das dann durch alle KZs wanderte: ›Die Gedanken sind frei!!‹

Da ist Rudi Arndt, von dem berichtet worden ist, wie er im KZ die jungen jüdischen Häftlinge ermutigte und sie von dem Elend ablenkte. Von ihm ist ein Brief aus dem Zuchthaus Brandenburg erhalten, von 1936, kurz ehe er in ein KZ »überstellt« wurde. Darin heißt es:

... Was mir die Haft am schwersten macht und was mir das Gemüt beschwert, wenn ich an die Zukunft denke, das ist der Gedanke an Euch, meine Lieben. Wenn ich Euch fröhlicher, ruhiger, sicherer, selbständiger wüßte, wenn ich wirklich wüßte, daß Ihr mit allem fertig würdet und über alles hinwegkämt – eine riesige Last wäre mir vom Herzen gerollt. Man muß sich in jedem Leid zu lassen und zu fassen wissen. Was Dir fehlt, das weiß ich, sind Freuden, freundliche Ermunterungen. Aber man muß auch selbst etwas auf der Jagd nach Freude-Möglichkeiten sein, anderen Freude bereiten und sich selbst Freude schaffen. Die vielen Gründe und Anlässe zum Frohsein erkennen meist nur die, denen sie gerade fehlen ... Und geistig und charakterlich weiterkommen muß man auch: dadurch, daß man Erfahrungen sucht, macht, verarbeitet. »Nicht was wir erleben, sondern wie wir empfinden, was wir erleben, macht unser Schicksal aus, sagt Marie von Ebner-Eschenbach ... All dies liegt meist hauptsächlich an jedem selbst – wie er den Willen und das Geschick dazu hat. Wenn ich Dir schrieb, daß man gerade in jeder schlechten Lage, die man z. Z. nicht ändern kann, das Höchstmögliche noch herausholen muß, daß man in unserem Alter nicht Jahre sinn- und nutzlos verstreichen lassen darf, so glaube mir, daß ich nach denselben Grundsätzen handle bzw. an Deiner Stelle handeln würde. Überhaupt, bei allem, was noch kommen mag: Sei ein bißchen Philosoph, nicht wahr? – Wenn Du mich in Zukunft etwas über Kunstfragen (nicht nur Literatur) informieren willst, so wäre ich dankbar dafür. Eine Bitte: Bitte schenke Dir zu meinem

Geburtstag ›Liebesgeschichte einer Wildgans‹ von Bengt Berg. Sie wird Dich überraschen und Dir Freude machen.
Recht herzliche Grüße bis zum nächsten Brief in acht Wochen Euch allen ...

Rudi war der Anführer der Gruppe gewesen, die auf eine Auflösung des »Schwarzen Haufens« drängte. Danach hörte ich eine Zeitlang wenig von ihm, wußte nur, daß er eine Lehre als Drucker begonnen hatte und politisch sehr aktiv war. Er war sicher sehr enttäuscht von mir, weil ich anderer politischer Auffassung war. Eines Tages kam er doch wieder, um sich ein wenig auszuruhen, wie er sagte; wir sprachen dann wenig von Politik, in vielen Dingen waren wir uns ja auch einig. Wir sprachen viel über Hans Litten, oft lasen wir auch Gedichte, meistens aber sangen wir wie in alten Zeiten, und jedes Lied hatte seine Bedeutung, hatte einen Namen, erinnerte uns an eine Situation, die sogleich vor uns stand, oder an den Freund, der es zuerst gesungen hatte. Manches Lied war durch Rudi zu uns gekommen, und eines, das ich bis heute nicht singen kann, ohne den Freund vor mir zu sehen, hieß ›Die weiße Lilie‹ und endete mit dem Vers: »Ich habe eine Mär vernommen/ es soll bald Frieden kommen.«

Nach und nach trafen wir auch all die andern wieder. In dem großen Berlin, durch das man sich noch nicht in Isolier-Einzelzellen, sondern mit Fahrrad, Straßenbahn, Omnibus, U- und Stadtbahn bewegte, wenn man es wollte, weil man wußte, zu welchen Zeiten sie zur Arbeit oder wieder nach Hause gingen. Wir trafen uns in Versammlungen, im Theater, in Konzerten oder bei Demonstrationen. Groß-Berlin war zugänglicher, als es heute kleine Städte sind.

»Menschenmaterial«, das ist eines der verachtungswürdigsten Worte, die ich kenne. Schon das Wort Material ist durch den Gebrauch so entwürdigt worden, daß man es kaum wieder zu seiner ursprünglichen Ableitung von mater – Mutter Erde zurückführen kann.

In diesem Zusammenhange befürchte ich beinahe, in den Verdacht zu kommen, ich wollte Material abwerfen, wenn ich jetzt versuche, einige Lebensläufe meiner Freunde zu beschreiben; sie sind schwer in der weiteren Geschichte unterzubringen; wie kann ich es beweisen, daß sie in meinem Leben nie in Vergessenheit geraten sind, daß sie am Ursprung meiner Zweifel und meiner Hoffnungen stehen.

Mythen und Sagen entstehen, wenn Naturkatastrophen über die Menschheit hereingebrochen sind. Wer kann nach einer Sturmflut glauben, daß Meer Meer und Land Land bleibt. Wer kann noch dem stillen Fluß trauen, der in rasender Gewalt das bewohnte Land in einen See verwandelt hat, die Menschen verschlingt oder heimatlos macht. Wer kann nach einem Erdbeben noch der stillen Ruhe der Erde trauen. Der Mensch kann es, er baut sein Haus nach der Sturmflut an derselben Stelle, läßt seine Stadt nach dem Erdbeben auf alten Grundmauern doch höher in den Himmel wachsen. Merkwürdig, dieser Mensch mit dem großen Gedächtnis, das aber auch das Vergessen erlaubt. Einige neue Gebetsformeln, Beschwörungen, einige Dämme, die auch nicht viel mehr wert sind als Beschwörungen, und er kehrt in das Land zurück, das ihn vernichten wollte, ihn verstoßen hat.

Leo Rosenthal. Ich erwähnte bereits, daß wir ihn um 1930 in Berlin wiedertrafen, wo er die Buchhandlung im Karl-Liebknecht-Haus gegenüber der Volksbühne leitete. Wir sahen ihn damals oft, weil seine Freundin und spätere Frau, Grete Frank aus Essen, eine Zeitlang bei uns wohnte. Nach 1935 hörte ich viele Jahre nichts von ihm. Als ich 1950 nach Berlin zurückkam und in den Trümmern in Ost- und West-Berlin die alten Straßen und meine Freunde zu suchen begann, fand ich Grete mit zwei Töchtern, die damals noch kaum ein Wort Deutsch verstanden. Grete war Bahnpolizistin und trug Uniform. Es fiel damals – im Westen fand man die alten Freunde als Trümmerfrauen – nicht so sehr auf. Es gab so viele absurde Berufe. Meine Fragen nach Leo wurden nur zögernd beantwortet; den Kindern hatte sie gesagt, er sei im finnischen Krieg gefallen. In Wahrheit war Leo in der Stalin-Ära als »Verräter« erschossen worden; postum wurde er wie viele andere rehabilitiert. Was nützt es dem Toten! Inzwischen weiß ich mehr über das Schicksal der deutschen Kommunisten in der Sowjetunion. Die meisten von ihnen wurden gar nicht erschossen, sondern kamen in Straflagern um. Sie hatten nie einen Prozeß gehabt. »So erschöpft, wie man war, genügte der Tritt eines Bewachers auf dem Rückweg von der Arbeit, um getötet zu werden, und die anderen fluchten, daß sie ihn ins Lager schleppen mußten, damit die Zahl stimmte.« So erzählte mir einer, der es überlebt hatte. Die Solidarität der Genossen war schon 1933 angeschlagen. Fast jeder stand zeitweise im Verdacht, ein Verräter zu sein. In Moskau wurde es dann völlig absurd. Wurde ein Mann plötzlich abgeholt – niemand kannte den Grund –, so zog sich jeder von den Hinterbliebenen zurück. Die Pest konnte nicht ansteckender sein als das Unglück. Niemand wußte auch genau, was Wahrheit war und was nicht. Ein Brief, eine Freundschaft, der unbedacht ausgesprochene Name eines, der zum Verräter ernannt war, konnte neue Verhaftungen nach sich ziehen. »In der Sowjetunion sind schließlich mehr deutsche Kommunisten umgekommen als in den deutschen KZs«, sagte mir jemand in der DDR, und er wird wohl recht haben. Viele meiner Freunde, die nach 1933 in die Sowjetunion flüchteten, sind zurückgekehrt. »Es ging uns nicht elender, als es den Sowjetbürgern ging«, sagten sie; aber ich habe noch nie einen klaren Bericht erhalten, warum sie die Zeit ohne Verhaftung überlebten. Wahrscheinlich wissen sie es selbst nicht, wollen es auch nicht wissen. Gern wüßte ich, ob die Töchter von Leo und Grete – ich habe sie nie mehr gesehen – heute stolz sind auf ihren Vater.

Der letzte Satz ist ein Lesebuchsatz; da er mir so aus der Feder geglitten ist, bleibt er stehen. Warum sollten sie stolz sein auf ihren Vater? Ich war nie stolz auf meinen Vater, ich war schon froh, daß wir uns gegenseitig duldeten. Es war auch eine andere Zeit, keine Zeit für Helden. Mein Vater war ein Bürger, der recht und schlecht lebte und für seine große Familie sorgte, der eigentlich mehr recht als schlecht war. Wenn es zu Konflikten kam, dann war es wohl mehr meine Schuld. Wie verhält es sich nun mit der Zeit nach 1933, als ein unglückliches Volk Helden brauchte? War Leo ein Held oder ein Opfer? Ich weiß zu wenig über ihn. Solange ich ihn beobachtete, war er ein Idealist, ein Idealist mit marxistischer Weltanschauung, und wer ihn kannte, wußte, daß er nie jemandem etwas zuleide tun konnte und, was in diesem Fall wichtiger war, daß er nie auch nur einen Schritt von der jeweils vorgeschriebenen Linie der Kommunistischen Partei abgewichen wäre. Er ist also wahrscheinlich einfach zwischen die Räder gekommen, wie bei einem Autounfall, nur daß es das Räderwerk der stalinistischen Bürokratie war. Wäre er als Widerstandskämpfer in einem KZ umgekommen, so wäre wohl in der DDR eine Straße, eine Sporthalle, eine Schule nach ihm benannt worden. Ich kenne keine Straße und keine Schule, die den Namen eines Opfers des Stalinismus trägt.

Held ist ein Wort, das ich nur mit Stirnrunzeln und etwas heruntergezogenen Mundwinkeln benutzen kann. Immer wieder fällt es mir zu in den Erzählungen der Scheherezade. Es gibt aber auch Helden der Sowjetunion und Helden der DDR. Mir scheint, zum Helden wird nur stilisiert, wer für die gegenwärtige Politik zu gebrauchen ist. Da sind sich Ost und West gleich. Wenn es mir scheint, daß die Sowjetunion und die DDR ihren Rehabilitierten keinerlei Einfluß zugestehen, sie nicht als Widerstandskämpfer gegen die Fehlentwicklung des Stalinismus feiern, sondern Schweigen und Wohlverhalten von ihnen fordern, so steht dem gegenüber, daß den aktiven radikalen Kämpfern gegen den Nationalsozialismus in der Bundesrepublik immer noch der Ruch des Vaterlandsverräters anhängt; ausgenommen sind eigentlich nur die Juden, denen man Notwehr zugesteht, und eine Gruppe konservativer Offiziere, die sehr spät zu der Erkenntnis kamen, daß Hitler in eine nationale Katastrophe steuerte. Dagegen hat die Sowjetunion trotz Stalin gesiegt, und wer wird einem Sieger den Prozeß machen, und habe er auch durch falsche Politik Millionen Menschen geopfert. Solange es hüben wie drüben keine Revolution gibt, wird die Politik der Herrschenden auf der Kontinuität beruhen, und man wird sich möglichst nicht dabei stören lassen, den Stammbaum der gegenwärtigen Herrschaft zu bewahren. Das gilt für die Sowjetunion ebenso wie für die Bundesrepublik. Die Stunde Null hat es nicht gegeben, nur »verwirrte Zeiten«, wie es im Jubiläumsbericht eines berühmten Konzerns zu lesen ist, der in der NS-Zeit prosperierte. Die waren bald vorüber, und es regierten wieder »dieselben Gesichter«, heißt es bei Walter Mehring. Und ist es nicht so, daß wir in Ost und West nach diesem Leitsatz leben? Wer will denn ernsthaft Gerechtigkeit?

In den Jahren nach 1950, nach meiner Rückkehr nach Deutschland, konnte ich zwar einigermaßen leicht in Erfahrung bringen, wer in deutschen Konzentrationslagern umgekommen war; es gab vor allem in der DDR vorzügliche Dokumentationen. Aber über den Tod ihrer eigenen Leute, die die Partei zu Recht oder Unrecht zu Verrätern ernannt hatte, wurde eine dicke Decke des Schweigens gelegt. Mir fiel es lange schwer, mit meinen Schwestern und andern Freunden in der DDR zu reden, weil sie von den Ermordeten mit großer Sicherheit und Entrüstung als von Verrätern sprachen. Sie hätten es schon damals besser wissen müssen und haben es auch gewußt; erst nach dem 20. Parteitag, als Chruschtschow Stalins Untaten öffentlich anprangerte, gaben sie zu, sich in einigen Fällen geirrt zu haben. Dabei blieb es. Ich weiß nichts von tätiger Mithilfe zur Aufklärung des Schicksals Verschwundener.

So weiß ich von vielen meiner ehemaligen Freunde, die in die Sowjetunion gegangen oder geflüchtet waren, heute noch nicht, wo und woran sie gestorben sind. Sicher ist, daß

Sammy Gläsel aus der Berliner Gruppe umgekommen ist; er war ein Verräter, sagte man mir. Bestürzend war für mich damals der Fall Leo Roth. Er gehörte zu der Gruppe, die aus der sozialistisch-zionistischen Jugendbewegung zu uns gekommen war. Kurz nachdem Hitler die Macht übernommen hatte, erschien er in meiner Werkstatt und bat als Mittelsmann der KPD um die Erlaubnis, dort Bomben herstellen zu dürfen. Plötzlich, als das allgemeine Vertrauen erschüttert war, griff man auf die Menschen zurück, deren Loyalität man sicher sein konnte. Ich reagierte genauso, wäre bestimmt einem Fremden mit noch so guten Empfehlungen gegenüber mißtrauisch gewesen. Zur Werkstatt, einem Laden mit Schaufensterfront zur Straße, gehörte ein Keller, der durch eine Luke auf einer Leiter zu erreichen war. Meine wenigen kleinen Maschinen waren erst kurz zuvor in größere Räume gebracht worden, wo ich in einem Umschichtungskurs der Jüdischen Gemeinde Lehrlinge ausbildete. Nun war der Raum leer und für illegale Arbeit sehr geeignet, weil ihn niemand vermutete. Es kamen viele Leute dorthin, darunter auch Polizisten aus dem zwei Häuser weiter liegenden Revier. Zu der Zeit war die Polizei noch nicht ausgewechselt, es gab also noch viele, die keine Nationalsozialisten waren. Leo Roth organisierte alles gut und geräuschlos; es kamen zweizollige Rohre und Rohr- und Gewindeschneider. Es war kein sehr angenehmes Gefühl, auf einer Bombenwerkstatt zu sitzen, aber ich sah ein, daß es sein mußte, und andere saßen damals schon an viel unangenehmeren Stellen. In einigen Wochen war alles vorüber. Ich habe allerdings nie gehört, ob auch nur eines der Geschosse benutzt worden ist. In der heutigen Zeit, wo man täglich in der Zeitung liest und im Fernsehen sieht, wie Bomben explodieren, kann man sich gar nicht vorstellen, daß rein nichts dergleichen geschah. Kaum einer hat geschossen, wenn er von den Häschern abgeholt und in den Tod geschickt wurde. Wir wußten doch alle, was uns blühte. Nicht nur die Juden wehrten sich nicht gegen ihren

Untergang, auch die Sozialisten, Kommunisten, selbst die rebellischen Soldaten und Offiziere ließen sich wie Lämmer in die Todeszellen abführen.

Als Leo Roth einige Zeit nichts mehr von sich hören ließ, forschte ich nach. »Weißt du nicht, daß er ein Verräter war? Er ist liquidiert worden«, bekam ich zur Antwort. Ich erschrak sehr, faßte mich aber bald, denn wäre Leo Roth ein Spitzel der Gestapo gewesen, würde ich nicht mehr leben. Wahrscheinlich galt er als linker Abweichler, und das mag auch der Grund dafür sein, daß die Bomben nie gezündet wurden.

Die Freunde, die wie ich später nach Palästina ausgewandert waren, Fritz Bloch, Lex und manche andere, traf ich dort wieder und blieb all die Jahre hindurch mit ihnen in Verbindung. Vom Schicksal der meisten, die es nach Frankreich, England und den USA verschlagen hatte, erfuhr ich erst in den letzten Jahren.

Einige Schicksale werden noch im weiteren Verlauf des Berichts behandelt werden, aber eine Geschichte, die mir sehr am Herzen liegt und die besonders typisch und tragisch ist, will ich schon jetzt erzählen, auch, weil sie mit Hannchen und uns eng verbunden ist.

Es geht um Rubin Mittelmann, den ich bereits an anderer Stelle erwähnte. Rubin war nicht gerade wohlgestaltet, er war sehr dunkel und sah sehr jüdisch aus. Da ich den großen Fehler hatte, rasch von schönen Menschen fasziniert zu sein, beachtete ich ihn zunächst wenig, denn es gab so viele schöne und intellektuell glänzende junge Leute in unserem Bund, und überhaupt waren es inzwischen viele geworden, die sich um uns scharten, so daß man leicht einige übersehen konnte. Rubin, Nati Steinberger, Sammy Gläsel waren auch stärker mit Rudi Arndt verbunden als mit mir. Später, nach der Auflösung des Bundes, sah ich nur Rubin öfters, der wieder bei Hannchen wohnte. Schon damals war er krank, litt an furchtbaren Ekzemen, die sich vom Kopf her über den ganzen Körper ausbreiteten. Wie hatten einen guten

Arzt, Dr. Bußmann, eigentlich Dr. Dr. Dr. Bußmann; er war Homöopath, lebte in einer ziemlich dürftigen Wohnung in der Prenzlauer Allee, meistens in großer Armut. Vielleicht war er ein Außenseiter geworden, weil er homosexuell war. Ein Wunder war es nicht, daß er arm war, denn er behandelte uns und alle Armen umsonst, und ich weiß nicht, ob auch wohlhabende Leute zu ihm gingen. Hatten wir Furunkel oder Halsentzündungen, so behielt er uns gleich da, und wir mußten so lange Umschläge und Spülungen machen, bis wir wieder gesund waren, das ging meistens überraschend schnell. Irgendein geheimnisvolles Pülverchen gab er uns oder alle halbe Stunde ein paar Tropfen. Es waren schöne Stunden bei ihm, er hatte eine große Bibliothek und ein umfassendes Wissen auf vielen Gebieten. Dr. Bußmann war ein leidenschaftlicher Arzt, eigentlich ein leidenschaftlicher Helfer, der nie auf den Gedanken kam, aus seinem Können ein Geschäft zu machen. Groß und dürr, war er eigentlich eine Spottfigur für uns, und seine Reden kamen uns oft lächerlich vor. So warnte er mich vor Margot, sie würde in meinem Leben dominierend werden. Das war schon lächerlich genug, so etwas von diesem kleinen Mädchen zu behaupten. Ob er vielleicht doch ein Psychologe war? Damals dachte ich nur daran, daß er ein Weiberfeind sein müsse, und erzählte es rundum als Beweis dafür. Wir kannten übrigens viele sehr hilfsbereite Ärzte, die sich keineswegs wie Götter in weißen Kitteln gebärdeten; wir wären auch nie auf die Idee gekommen, sie für Handwerker wie uns zu halten. Bekannt war Dr. Georg Benjamin auf dem Wedding, der schon kurz nach dem Reichstagsbrand von den Nationalsozialisten ermordet wurde. Er war der Vetter von Walter und der Mann von Hilde Benjamin, der späteren Justizministerin in der DDR, die vor 1933 zeitweise als Gerichtsassessor mit Hans Litten zusammenarbeitete. Zu den wichtigen Ärzten gehörte auch Max Hodann, der Autor von ›Bub und Mädel‹, dem Standardaufklärungsbuch für die Arbeiterjugend; das Buch enthielt alles, was wir brauchten, und war jedermann verständlich. Ich kannte viele Ärzte, oft jüdische, die eine gute Praxis im Westen Berlins hatten, aber auch jederzeit bereit waren, ohne Bezahlung zu arbeiten und noch die Medikamente dazu zu liefern. Später, als ich die Jugendberatungsstelle leitete, machte ich viel Gebrauch von ihrer Hilfsbereitschaft.

Aber zurück zu Rubin mit seinen Ekzemen, die auch Dr. Bußmann nicht zum Verschwinden bringen konnte, obwohl er ganz richtig einen Leberschaden als Ursache dafür diagnostizierte. Keine Kur schlug an. Monatelang wurde er mit einer gelben Salbe eingerieben, und das hieß für Hannchen salbenverschmierte Wäsche und Bettlaken waschen. Sie nahm das ungeachtet ihrer vielen Arbeit auf sich, ohne ein Wort darüber zu verlieren. Sie ließ sich auch nicht helfen, traute mir vielleicht nicht zu, daß ich es gut genug machen würde, sondern hielt mich – wohl mit Recht – für zu ungeduldig. Mehr als ihre vielen andern guten Taten ist mir dies im Gedächtnis geblieben; die Selbstverständlichkeit und Ausdauer, mit der sie diesen Dienst versah, wurde ein Maßstab für mich; erst wenn einer das tat und nicht nur Leute mit guten Worten abspeiste wie ich, konnte man von einem hilfreichen Menschen sprechen.

Mir fällt auf, wie sehr ich die nicht endende Arbeit preise, eigentlich ganz gegen meinen Willen, wo ich doch eigentlich das Beschauliche hervorheben wollte. Aber ich habe die Erfahrung gemacht, daß eines das andere keineswegs ausschließt, man muß nur darauf vorbereitet sein und sich selber mobilisieren können. Der Begriff, den ich seither mit größtem Mißtrauen ansehe, ist »Zeitvertreib«. Nicht, weil das Leben kurz ist – es ist für uns, wenn es nicht gewaltsam unterbrochen wird, reichlich bemessen –, sondern weil das Miteinanderleben immer zu höchsten Leistungen herausfordert.

Es kam der Zeitpunkt, wo Rubin doch in ein Krankenhaus mußte; er wurde ins jüdische Krankenhaus in der Exerzierstraße gebracht, nicht weit vom Gesundbrunnen, und der Weg von der Mulakstraße dorthin war lang. Das Krankenhausessen – von Diät war keine Rede – konnte Rubin nicht zuträglich sein; Hannchen war entsetzt und brachte oder schickte ihm mit einem der Kinder täglich frisches Gemüse, Salat oder Obst. Ich glaube, ich würde es heute noch als ein großes Opfer ansehen, obwohl ich nicht zu Fuß gehen müßte, sondern ein Auto zur Verfügung hätte. Hannchen jedoch forderte auch von den Kindern etwas von dem, was sie sich selbst abverlangte.

Tamen war damals noch klein, ein kleines, blondes Tier, das man liebhaben mußte, und sie hatte es sicher nicht leicht, sich zwischen den Älteren zu behaupten. Heute, so viele Jahre später, ist sie Lehrerin und spielt in dem kleinen Dorf, wo sie in der Nähe Bremens lebt, die Orgel. Sie hat von allen Kindern die größte Ähnlichkeit mit Hannchen, wenn sie auch deutlich von einer neuen Zeit geformt ist. Sie setzt sich ebenso intensiv mit der Bibel auseinander, wie Hannchen es tat, wenn auch in einer viel intellektuelleren Weise als damals die Mutter. Da sie in der Schule auch Religionsunterricht gibt, kam sie auf die Idee, einige Themen der Bibel als moderne Parabeln für den Rundfunk zu bearbeiten. Eines Tages gerieten wir in eine Diskussion über das Thema ›Abraham opfert Isaak‹. Wir sind selten einer Meinung, aber diesmal ging mir auf, wie sehr dies ein zentrales Thema unserer Zeit ist. Nicht nur in der Zeit des Dritten Reiches wurde der Konformismus mit den Verpflichtungen der Familie und den Kindern gegenüber begründet. Mir scheint dies ein Problem zu sein, das ebenso dringend nach Klärung verlangt wie die Emanzipation der Frau. Es ist die Frage nach der Ehe und ihren Folgen in unserer Zeit, in der das theoretische Gemeinschaftsbewußtsein längst über die Familie hinausgewachsen ist, während die Praxis noch an einem Punkt der Entwicklung verharrt, als die Familie den noch nicht in der modernen, umgreifenden Form bestehenden Staat ersetzte und allenthalben seine Grundregeln schuf.

Es ist ja wohl einer der barbarischsten Berichte der Bibel, besonders wenn man bedenkt, daß der Sohn in jener Zeit das physische Weiterleben des Stammes ermöglichte: Die Opferung hätte die Familie Abrahams eliminiert. Die Forderung nach dem Opfer des Erben schiebt die Familie in das zweite Glied zurück und bestätigt den Primat der Idee. Heute würde man von einer Kulturrevolution sprechen, und in der Tat lag in China ihre wichtigste Aufgabe im Aufbrechen der Familientradition – nicht ihrer Vernichtung –, so wie auch Gott in der Bibel die Bereitschaft zum Opfer genügte, die Bereitschaft, nicht nur sich selbst, sondern auch seine Kinder der Idee zu opfern. Für diese Bereitschaft, für den Gedanken, daß man nicht nur sich selbst, sondern auch sein Fortleben für die Idee opfern muß, dafür, daß diese unerhörte Forderung an einen Menschen gestellt werden kann, bekam Abraham den Segen und die Versicherung, fortzuleben über Geschlechter hin.

Glauben wir der Bibel, nehmen wir sie mindestens so wörtlich wie die Sagen und Berichte anderer Völker, so hebt dieser außerordentliche Akt der Demonstration und der Klarstellung die Kinder Israel aus den Nachbarvölkern heraus, indem Menschenopfer ihnen seither verboten waren. Und es ist ein barbarischer Akt, der eine humanitäre Idee manifestiert! Wurde in den zwanziger und dreißiger Jahren immer wieder gefordert, ohne Rücksicht auf die Familie richtige Erkenntnisse zu befolgen, so scheint das heute nur in nebensächlichen Entscheidungen ein Problem zu sein; ich fürchte aber, es wird bald wieder mehr Entschiedenheit von uns gefordert werden.

Für Hannchen wären diese Überlegungen, die ich jetzt anstelle, absurd gewesen. Sie wußte ohnedies, was zu tun war, und wenn ich versucht hätte, mit ihr darüber zu diskutieren, hätte sie mich nur erstaunt angesehen. 1933 waren ihre beiden Söhne »Arier« im Sinne der Nationalsozialisten. Plötzlich war es ein Vorteil, daß sie sich damals auf dem Standesamt geweigert hatte, den Vater anzugeben. Nun suchte sie die Meldung nachzuholen, denn sie fand, daß die Knaben sich ihres jüdischen Vaters nicht zu schämen brauchten. Außerdem sollten sie aus Solidarität mit den Juden ihr jüdisches Schicksal auf sich nehmen. Sie scheiterte diesmal an der Sympathie, die ihr und den Kindern in der ganzen Gegend entgegengebracht wurde. Vertuemo sollte das Schmiedehandwerk erlernen. Im Hof der Mulakei gab es eine Schmiede, deren Meister, der die Kinder von klein auf kannte, ihn als Lehrling annahm. Der Mann war ein entschiedener Nationalsozialist. Er kannte natürlich auch Hannchens Familiengeschichte. Als Hannchen den Behörden klarzumachen versuchte, daß ihre Kinder Juden seien, verhinderte das der bullige Schmiedemeister, der in der ganzen Gegend geachtet und gefürchtet wurde. Er erklärte jedem, der es hören wollte oder nicht, die beiden Jungen seien Arier »wie wir alle«, und wer es nicht glauben wolle, der solle nur zu ihm kommen, er werde ihn aufklären. Es kam keiner, denn vom Polizisten bis zum SA-Mann kannte jeder seine Art der »Aufklärung«, und man war auch gar nicht so interessiert daran, dem prächtigen Jungen Schwierigkeiten zu machen. Hannchen gab es auf; es gab andere Wege, ihre Solidarität mit den Verfemten zu beweisen.

Die beiden älteren Mädchen rebellierten oft gegen Hannchen. Das war nur natürlich, sie lebten in der Welt. Auch wenn diese Welt die Kommunistische Jugend war, so sahen sie doch, daß man es sich leichter machen konnte. Mutter ist verrückt, sagten sie, und sie hatten eigentlich recht, denn was Hannchen tat, sprengte jeden Rahmen.

Die beiden Jungen waren anders. Hannchen hatte sie in eine Volksschule nach Neukölln gegeben, die besser war als das, was in unserer Gegend geboten wurde. Im Sommer gingen sie oft zu Fuß dorthin, denn wenn auch das Fahrgeld gering war, so war es doch viel Geld für Hannchen. Hannchen hatte eine entzückende Schwäche für Apfelkuchen mit Schlagsahne, wäre aber natürlich nie auf den Gedanken gekommen, sich so etwas zu kaufen. Die Jungen sparten das

Fahrgeld für das Geburtstagsgeschenk. Ich kam dazu, als sie das Stück verzehren mußte. Sie stand mit hochrotem Gesicht inmitten ihrer Kinder, die einander bewachten, damit keines auch nur ein Stückchen von ihr annahm. Ich merkte mir, daß ein Geschenk nur dann ein Geschenk ist, wenn man es sich selbst entzogen hat.

Wie wenig Hannchen ihre Kinder schonte, zeigt die Geschichte mit dem Winterhilfswerk. Noch heute sehe ich die SA-Leute im Weihnachtsrummel an den Straßenecken stehen und sammeln. Die »Volksgemeinschaft der Nationalsozialisten« drückte sich in dieser Sammelaktion für die Armen aus. Man konnte sich dem kaum entziehen, überall, auch in den Schulen, wurde Druck ausgeübt. Ich kann nicht sagen, wer letzten Endes das Geld bekam, wir vermuteten, nicht die wirklich Armen, sondern die Gehorsamen, und daß es überdies dazu diente, die Parteikassen aufzufüllen. Vielleicht diente es auch als Sold für die Scharen von Arbeitslosen, die sich der SA angeschlossen hatten und nun frierend auf der Straße standen und sammelten. Hannchen verbot ihren Kindern, an der Spende für das Winterhilfswerk teilzunehmen. Sie durften auch nicht sagen, sie hätten kein Geld, was man ja wußte, sondern: »Unsere Mutter verbietet es, dafür etwas zu geben.« Es gab einiges Aufsehen, und Hannchen wurde die geringe Kriegswitwenrente entzogen. Das waren Auswirkungen, die sie nicht bekümmerten. Es handelte sich keineswegs um eine pädagogische Maßnahme, um die Kinder etwa zum Widerstand zu erziehen, sondern um den Zwang, dem Konformismus auch nicht einen Schritt nachzugeben.

Aus der Zeit, in der wir nicht mehr in Deutschland waren, erzählt Hannchens Tochter Tamen:

Hannchen forderte zwar niemals Heldentum, freute sich allerdings sehr, wenn wir von uns aus welches aufbrachten.

Mal mußte ich für sie zum Wohnungsamt. Der graue Mensch hinter den Akten fragte maliziös: »Gleich drei un-

eheliche Kinder?« Ich antwortete (damals 15 Jahre alt): »Jawohl, und nicht aus Versehen, sondern aus Überzeugung!« Das hat sie sehr gefreut. – Im Krieg wollte man ihr das Mutterkreuz verleihen. Zu dem Blockwart, einem pensionierten Konrektor, sagte sie: »Ich will kein Kreuz. Meine Kinder habe ich zu meiner eigenen Freude bekommen und nicht für den Staat.« Aber auch in solchen Situationen war sie durchaus nicht so selbstmörderisch, wie das heute klingt. Sie hatte genug Instinkt, die Wirkung ihrer Worte abzuschätzen. Einem brutalen Schlägerschwein hätte sie sicher eine andere Antwort gegeben. Allerdings auch keine konformistische. Das war das Geheimnis ihrer Unverletzlichkeit.

Wenn sie Untergrundarbeit für uns hatte (einen geflohenen Genossen irgendwo hinführen oder Kleider zum Gefängnis bringen), dann fragte sie vorher um unser Einverständnis. Sie hat nicht autoritär Helden aus uns stampfen wollen. Als mein Bruder Vertuemo die Gesellenprüfung abgelegt hatte, veranstaltete die Schmiede-Innung ein Fest, zu dem die Eltern, also auch meine Mutter, geladen waren. Nach den Ansprachen wurde das Deutschland-Lied gespielt, und selbstverständlich erhoben sich die Anwesenden von ihren Sitzen. Alle, nur nicht Hannchen. Wir andern standen da mit wahnsinnigem Herzklopfen und hatten furchtbare Angst. Die Leute guckten auf Hannchen, und der Meister von Vertuemo konnte die Situation nachher nur dadurch retten, daß er erklärte, die Frau leide an einer Herzschwäche und könne nicht stehen.

Jeder etwas vernünftige Mensch hätte in dieser Situation, wenn schon nicht an sich, so doch an die Kinder gedacht. Hannchen hat auch nie die Hand zum Hitlergruß erhoben, auch dann nicht, wenn sie beim Staatsanwalt oder bei der Gestapo vorgeladen war. Sie wäre wohl daran erstickt. Sie sorgte dafür, daß ihre Kinder Berufe erlernten. Lotte lernte die Buchdruckerei, Grete Fotografie, Vertuemo, wie schon gesagt, wurde Schmied, Sajero Maschinenzeichner und Tamen – aber da war ich schon über alle Berge und etliche Meere – Lehrerin. Hannchen konnte auch autoritär sein. Als Grete im Beruf stand und meinte, sie habe es jetzt nicht mehr nötig, im gemeinsamen Haushalt etwas zu tun, wurde sie fortgeschickt. Ich weiß nicht mehr, was sie damals dachte, und die Kinder können mir wenig über sie erzählen. Sie meinen, daß sie später härter geworden sei. Das wäre ja kein Wunder bei der großen Belastung, die sie trug.

Grete traf das Schicksal am härtesten, jedenfalls wenn wir es von unserem bürgerlichen Standpunkt aus sehen. 1933, gerade als Hitler an die Macht kam, prangte sie in ihrer blonden proletarischen Schönheit als Covergirl auf der Titelseite der AIZ, der kommunistischen ›Arbeiter-Illustrierten-Zeitung‹. Sie mußte sofort fliehen und ging nach Spanien, wo sie keine andere Möglichkeit fand, als sich ihr Geld mit ihrem schönen Körper zu verdienen. Sie ist verschollen, was nicht heißt, daß sie nicht vielleicht noch irgendwo lebt. Nach dem Krieg schrieb sie noch einmal an ihre Geschwister, sie schrieb aus England und etwas unbestimmt, daß sie in Südamerika einen Freund aufsuchen müsse. Doch wer soll entscheiden, wen das Schicksal am härtesten traf? Lotte, die zwei Jahre wegen politischer Betätigung im Zuchthaus verbrachte, oder die Brüder, die in den Krieg mußten, aus dem Sajero mit einem schweren Leberschaden zurückkehrte. Was Grete betrifft, so muß gesagt werden, daß es emigrierte deutsche Arbeiter besonders schwer hatten. Für Juden wurde von vielen Hilfsfonds gesorgt, zwar spärlich genug, aber doch so, daß sie überleben konnten. Es gab eine Bruderschaft der Juden. Auch die Intellektuellen konnten sich irgendwie helfen, aber gegen Arbeiter, zumal wenn sie Kommunisten waren, war jedes Land durch die Arbeitsgesetze gut abgeschirmt. Er erhielt einfach keine Arbeitserlaubnis. Man sah in Hitler ja auch nur den Judenfeind, daß er gegen den Bolschewismus kämpfte, wurde ihm zugute gehalten, wenn manche auch mit den Methoden nicht einverstanden waren. Floh ein deutscher Arbeiter ins Ausland, so war er allein dadurch verdächtig. So war von 1933 bis zum Kriegsbeginn die allgemeine Einstellung in Frankreich, England und Amerika; nur in Holland und in den skandinavischen Ländern war man eher bereit, Ausnahmen zu machen.

Margots Schwester, die 1934 zum Studium nach England gegangen war, kam öfters nach Deutschland, in den ersten Jahren legal, später illegal. In ihrem bei Gollancz erschienenen Buch ›Where freedom perished‹ schildert sie einen Besuch bei Hannchen kurz vor Kriegsausbruch und stellt fest, daß es den drei jüngeren Kindern bei aller eindeutigen Gegnerschaft gegen die Nazis in der Praxis des täglichen Lebens doch oft schwerfiel, den rigorosen Erwartungen der Mutter zu entsprechen und auf alle auch nur kleinen Annehmlichkeiten zu verzichten. Von der Jüngsten berichtet sie: »Die Brüder ärgern mich, und Mutter wird immer böse, wenn ich ins Kino oder zum Tanzen gehen will; sie kann auch nicht verstehen, daß ich nicht so unmöglich angezogen sein will, wenn alle anderen Mädchen in der Schule schönere Kleider haben«, berichtet Hilda Monte. Als ich die Kinder 1950 wiederfand, konnten sie nicht verstehen, daß Hannchen den ganzen Krieg über illegal gearbeitet, sie aber nicht einbezogen hatte. Ich konnte nur mutmaßen, was sie dazu bewogen hatte. Einerseits wollte sie ihre Kinder nicht gefährden, andererseits war sie vielleicht auch ihrer Standfestigkeit nicht ganz sicher. Tamen erinnert sich: »Die Jungen gehörten noch Jahre einer verbotenen Jugendgruppe an. Ich war wütend, daß Mädchen nicht zugelassen waren. Ich hatte nichts. Die netten Mädchen waren im BDM. Draußen blieben die kleinen Flittchen, denen schloß ich mich an, ging mit ihnen flirten. Da die männliche Jugend in Uniformen war, flirtete man mit Soldaten. Aber ein SS-Mann oder ein SA-Mann? Niemals! Das klingt jetzt ziemlich nach Rechtfertigung, ist es auch, denn der geheime Vorwurf, kein Held gewesen zu sein, bleibt bestehen. Die

Sophie Scholl war ja nicht viel älter als ich. Aber der ›Sog des NS‹ – vielleicht weil wir alle Soldatenlieder sangen? Es waren die Schlager jener Zeit, und wir sangen überhaupt gerne. Identifiziert haben wir uns aber nicht mit dem Kram, das weiß ich genau. Es gab auch viel Streit bei uns, tagtäglich, um das Essen, um die Kleidung usw., niemals um Politik. In dem Punkt waren wir uns damals alle einig.«

Tamens Bemerkung über den »Sog des NS« bezieht sich auf meine Behauptung, es bedürfe nicht unbedingt der Diktaturen, um Kinder oppositioneller Eltern durch die Außenwelt langsam und ohne daß sie es merken in den Sog der Gesellschaft zu ziehen.

1933 zog Hannchen, die so Bewegliche, aus der Mulakstraße nach Mahlsdorf. Dort wohnte sie in einer Laubenkolonie. Manche der Hütten waren etwas größer und fester, man konnte sie auch Häuser nennen; sie ist dort noch häufig umgezogen, blieb aber bis an ihr Lebensende in der Gegend.

Stets nahm sie Verfolgte bei sich auf. In dem Gewirr der Häuschen fand sich selbst die Gestapo schwer zurecht. Damals, 1934, wohnte Rubin wieder bei ihr, im Stadtzentrum gab es kaum mehr einen sicheren Ort. Durch einen Verrat wurde sein Versteck bekannt; wenn viele verhaftet waren, gab es wohl immer einen, der die verschiedenen Torturen nicht aushalten konnte und Namen nannte. An einem Sonnabend im Winter, bei Schnee und Frost, umstellte eine Gruppe Hilfspolizisten, das heißt SA-Leute, ihre Hütte und polterte hinein, als Hannchen gerade eine große Bütte heißen Wassers gemacht hatte, um die Kinder zu baden. Rubin war nicht im Hause, aber es war abzusehen, daß er bald kommen würde. Hannchen war unerschütterlich. Sie veranstaltete ein großes Badetheater, so daß die Eindringlinge die Übersicht verloren und die Kinder nicht mehr mitzuzählen vermochten. In einem unbewachten Augenblick ließ sie Vertuemo aus dem Fenster gleiten, der sofort begriffen hatte, was zu tun war. Als geübter Indianer schlüpfte er barfuß durch den Schnee unbemerkt an den Wachen vorbei, lief einen Kilometer die Landstraße entlang, kletterte auf einen Baum und wartete, bis Rubin kam. Er warnte ihn und lief auf demselben Weg ins Haus zurück. Hannchen hatte unterdes die SA-Leute humanisiert. Sie begannen von ihren diversen Leiden zu sprechen, wie man das bei einer Mutter so macht, und Hannchen gab ihnen homöopathische Ratschläge und empfahl das Kneipp-System. Schließlich zogen sie ab. Welche Mutter hätte, ohne sich zu bedenken, ihr Kind nach dem Baden barfuß in den Winter hinausgeschickt?

Vertuemo war seit jeher mein besonderer Liebling. In einem Buch hatte ich unter der Abbildung eines Mongolenjungen als Legende gefunden: »Wild, aber gutartig.« So war Vertuemo. Ich fragte mich damals oft, ob ich je meine eigenen Kinder später so lieben würde wie die Hannchen-Kinder.

Nach meiner Entlassung aus dem KZ, in der schwersten Zeit, als Margots Schicksal noch ungewiß war, schickte mir Hannchen Vertuemo zum Trost und zur Zerstreuung. Mir machte es Spaß, ihn in unser Leben hineinzuziehen. Hannchen schimpfte zwar etwas, daß ich ihn verderbe, aber sie freute sich an seiner großen Neugier. Einmal ging ich mit ihm in eines der Erstaufführungskinos am Zoo. Sein großes Erlebnis war nicht der Film, sondern die breiten Polstersessel, in denen man saß. Er konnte sich nicht darüber beruhigen, daß er den Sessel ganz für sich alleine einnehmen konnte. So führte ich ihn in den Luxus ein.

Rubin kehrte auf die Warnung hin in seine Stadtwohnung zurück, um Adressen zu vernichten. Das gelang ihm, bis die Häscher erschienen. Dann ist er gefoltert worden, bis er es nicht mehr aushielt und eine Verabredung für den nächsten Tag preisgab. Er wurde von der Gestapo zum Treffpunkt geführt, riß sich aber, als die Freunde erschienen, rechtzeitig los und warf sich, um sie zu warnen, vor ein Auto. Beide Beine waren gebrochen und zerquetscht.

Das Krankenhaus war sein Glück im Unglück, denn die Ärzte weigerten sich, ihn auszuliefern, ehe er geheilt war. In der Zwischenzeit gab es dann wirklich einen polnischen Paß – ob echt oder von Freunden besorgt, weiß ich nicht –, und er wurde abgeschoben. Über Schweden ging er in die Sowjetunion. Damit endet der erste Teil seines Leidensweges.

1955 sah ich ihn wieder. Schon vorher war ich an ihn erinnert worden, als ich 1950 in Berlin West und Ost meine alten Freunde suchte. Tagelang durchstreifte ich die Gegend von Mahlsdorf in Ost-Berlin. Irgend jemand erinnerte sich an Hannchen, gab mir eine neue Adresse, und so ging ich weiter, von Haus zu Haus, von Wohnort zu Wohnort, bis ich bei Vertuemo landete. Seine Frau und zwei kleine Kinder waren zu Hause, und ich bekam Tamens Adresse, nur eine Straße weiter. Es war inzwischen Abend geworden. Sie saß mit ihrem Mann, der mir damals noch fremd war, beim Abendessen, ein kleines Kind in einem Korb war dabei. Als ich Tamen das letzte Mal gesehen hatte, war sie zwölf Jahre alt gewesen. Nun erhob sie sich vom Tisch, starrte mich an, als wäre ich ein Gespenst, glutrot: Warte, ich weiß gleich, wer du bist: Rubin.« Mich nannte sie als zweiten. Kein Goldgräber konnte über den Fund eines Schatzes glücklicher sein als ich, als ich die »Kinder« wiedergefunden hatte. Viele Abende lang hörte ich dann ihre Geschichten.

1955 war ich mit Margot in Schweden, in Stockholm hatten wir unsere Freundin Ingegert besucht. Es war unsere erste große Reise mit einem alten Volkswagen. Auf dem Rückweg landeten wir in Berlin und trafen uns mit meinen Schwestern und alten Freunden; es war das letzte Mal, daß wir alle beisammensaßen. Der Trennungsstrich zwischen Ost- und Westdeutschland wurde härter. »Rubin ist da, aber du mußt ihn mit dem Wagen holen. Und erschrick nicht.« Ich erschrak und konnte kaum etwas sagen, weil ich verhindern wollte, daß mir die Tränen herunterliefen. Er war so verkrüppelt, daß die Beine fast waagerecht vom

Körper abstanden. Nur mit Mühe konnten wir ihn vom Rollstuhl auf den Sitz des VWs heben. Wir waren alle älter geworden – zwanzig Jahre sind eine lange Zeit –, nur er war der geblieben, der er damals war, nur ausdrucksvoller war er geworden, intensiver seine Augen, der gute, dunkle Blick voller Trauer, das Haar weiß, er sah wie ein leibhaftiger Rebbe von Chagall aus. Seine Frau kam mit ihm. Sie war aus der Ukraine, konnte kaum ein Wort Deutsch, war dunkelhaarig, zierlich, und einen Sohn hatte er auch. Später bei der Diskussion wurde er lebhaft. Wir waren bei unserer Freundin Ilse, der »roten« Ilse, wie sie ihrer roten Haare wegen hieß. Sie war Apothekerin von Beruf und hatte eine leitende Funktion im Staatlichen Chemiekonzern. Ein Fahrstuhl brachte uns zu ihrer Wohnung in der Stalinallee. Nach zwanzig Jahren wieder zusammenzusitzen: eigentlich war keiner weniger aktiv als damals. Margot und ich waren die einzigen aus dem Westen. Wir hielten uns so gut wie möglich zurück, weil wir kein Interesse daran hatten, die Kämpfe und Schmähungen der Mächtigen in unserem Kreise auszutragen.

Ich wollte eher hören als reden; es verlangte mich danach, mehr zu wissen über Ilses Schicksal, ihre Arbeit und natürlich über Rubins Leben. Wir erfuhren jedoch wenig, es schien, als gäbe es nichts, was nicht Staatsgeheimnis wäre. Natürlich ergaben sich Kontroversen, und Rubins drängende Frage: »Wie ist das moglich, wo wir uns doch so einig waren, und angesichts all derer, die dafür gestorben sind« konnte nur damit beantwortet werden, daß wir einig gewesen waren *gegen die Macht*. Ich habe Christen nie so gläubig gesehen wie diesen Kommunisten. Die Leuchtkraft eines Sterbenden ging von ihm aus. Was sollte mein Skeptizismus, was hatte ich ihm zu bieten? Einen größeren Freiraum für Widerspruch, besseres Essen, ein Auto und eine – noch? – geschützte Privatsphäre. Oder einen Judenstaat, in dem ich selbst nicht leben wollte. Verschwindend klein wurde das, was ich tat, gegenüber seinem Glauben an das, was im Namen des Kommunismus in der DDR geschehen war. Nie habe ich jemanden gefunden, der gläubiger an den Realitäten vorbeisah, nie aber auch jemanden, der so über sein Schicksal hinausgewachsen wäre. Wir schieden schweren Herzens, für immer, denn er starb zwei Jahre darauf. Später hörte ich von Auszeichnungen, die sein Sohn als Mathematiker an der Humboldt-Universität erhielt; ob er auch ein Rubin geworden ist oder einer der neuen smarten Manager in der DDR?

Sonderbarerweise lernt man sich selbst durch Schreiben kennen. Die Opferung Isaaks ist ja in Wahrheit seine Errettung. Und ich, der ich nicht an ein Fortleben nach dem Tode glaube, scheine an ein Fortleben in den Kindern zu glauben.

Würde ich sonst die Frage stellen, ob das Leben Rubins durch sein Kind fortgesetzt wird?

Was es mit Rubins Verkrüppelung und seiner Krankheit auf sich hatte, erfuhr ich erst viel später, als Stalin und Ulbricht nicht mehr am Leben waren. Wie zufällig wurde mir dann doch das eine oder andere aus der Zeit erzählt, als die Freunde in den Lagern der Sowjetunion saßen. In Moskau habe jemand Rubin zufällig vor dem Hotel Lux stehen sehen: »Er kam dann zu mir hinauf, es war lange nach dem Krieg, 1949 wahrscheinlich.« Ich war sehr erstaunt, wie konnte Rubin mit den verkrüppelten Beinen in Moskau auf der Straße gehen und gar Treppen steigen? »Damals waren die Beine noch in Ordnung. Er fuhr in die Ukraine, um seine Frau zu holen, fiel auf der Straße, und diesmal waren sie nicht mehr zu reparieren – vielleicht war auch der Arzt zu unfähig dazu.« In der DDR habe man sich dann sehr bemüht, etwas für ihn zu tun, aber inzwischen war sein Gesundheitszustand schon zu schlecht geworden. Ein anderer erzählte von einem Zusammentreffen mit Rubin in einem Lager. Ich konnte nicht feststellen, ob er dorthin verbannt oder evakuiert war. Jedenfalls war es ein Lager für Arbeitsunfähige, für Kranke. Dazu die Bemerkung, in diesen Lagern habe es zwar noch weniger zu essen gegeben als in den Arbeitslagern, man habe aber eben nicht die letzte Kraft verausgaben müssen und dadurch bessere Chancen gehabt zu überleben. Rubin hatte überlebt.

›Gestohlenes Leben‹ heißt ein Buch der Mathematikerin Susanne Leonhard. ›Schicksal einer politischen Emigrantin in der Sowjetunion.‹ Gestohlenes Leben – wem aus unserer Generation wurde nicht das Leben oder ein Teil davon auf diese Art gestohlen? Leben in Hütten, in Zelten am Polarkreis, Leben unter den primitivsten, menschenunwürdigen Umständen, es gilt für alle, daß die Schädigungen ja auch nach der Entlassung nicht aufhören. Man kann die Toten, manchmal sogar noch die Lebenden rehabilitieren, man kann sie unterstützen, aber die Verkrüppelungen – die seelischen wie die körperlichen – sind nicht mehr rückgängig zu machen.

Bewunderungswürdig: Rubin, Susanne Leonhard und viele andere, die ihren Idealismus nicht brechen ließen. Die Kirchen aller Bekenntnisse haben oft die reinsten Gläubigen als Ketzer verfolgt oder verbrannt, während diese bis zu ihrem Tode der Macht trotzten und ihren Glauben bekannten.

10

Immer wieder beendet Scheherezade ihre Erzählungen mit den Worten: Und sie lebten glücklich, bis der Tod sie trennte. So endeten auch die Filme in den zwanziger Jahren. Aufregende Geschehnisse, bis sich die Liebenden gefunden hatten, und dann ... Tucholsky kommentierte: »Und darum wird zum guten End' gewöhnlich wieder abgeblendet.« Also hatte man doch die Hoffnung auf ein Himmelreich auf Erden und die Sehnsucht nach ruhigem, ungestörtem Glück nicht aufgegeben? Blind, stumm und taub muß man heute schon sein, um die Insel der Seligen zu finden. Von allen Seiten schreit uns das Unglück in die Ohren, die zwar vom Lärm betäubt werden, aber nicht taub genug, um nicht die Verfolgten in der Welt schreien zu hören. Die Namen der Völker wechseln, die von der Flut des Unglücks erreicht werden, und wir müssen schon unseren ganzen Optimismus zusammennehmen, um an ein ruhiges Ende für uns und unsere Lieben zu glauben. Die Welt hat schon vor uns bestanden, das ist eine Tatsache, die wir gelernt haben, aber man begreift es nur schwer; auch die Unruhe in der Welt ist nicht erst heute geboren, aber die moderne Informationsflut bringt uns das Unglück frisch und blutig ins Haus. Im Unglück ist die Welt offenbar eins. So unberechenbar wie Krankheiten kommen Verirrungen und Mord über uns, ehe wir ihre Tragweite erfaßt haben. Hat man Glück, so kann man überall ein individuell ruhiges Leben haben. Wer aber einmal gefangen, geschlagen, getreten wurde, den wird das Mit-leiden nicht mehr loslassen, oftmals mit den Opfern *und* den Tätern. Man ist verwirrt und ist nicht mehr sicher, wer Opfer und wer Täter ist. Das sind Sätze, die man hinschreibt, weil es einen dazu drängt, aber »man« ist nicht jeder Mann, jede Frau. Vielen bringt das Unglück Verhärtungen, und es klingt nichts mehr bei ihnen, wenn andere leiden.

Jung, unruhig, glücklich und nicht ohne Sehnsucht nach Ruhe, so lebten wir in den fünf Jahren vor 1933. Schon damals erschien es uns als ein Glück, wie Philemon und Baucis kopfwackelnd auf einer Bank im milden Sonnenschein zu sitzen und uns unseres Zusammenseins zu freuen. Und wenn wir nach einem langen und turbulenten Tag ins gemeinsame Bett fielen, sprachen wir erleichtert das Abendgebet: »Max und Margot haben das Ziel der Klasse erreicht.« Damals, 1928, war es für uns noch ein Problem, das gemeinsame Bett zu finden. Hans Litten und ich hatten jeder ein Zimmer in der Wohnung der Obersten-Tochter und Bankierswitwe Frau Giessmann, die über die Moral ihrer Mieter wachte. Wir waren natürlich auch wachsam, aber eines Tages verkündete sie mir drohend: »Ich dachte, Fräulein Margot wäre ein anständiges Mädchen.« Es wurde Zeit, sich nach einem anderen Quartier umzusehen. Der arme Hans war das Opfer, denn er liebte keine Veränderungen. Wir nahmen die Sache in die Hand und hatten bald zwei neue Räume gefunden, für drei langte es immer noch nicht. Diesmal war es eine Frau Zlotnicky, die freundlicher und so kurzsichtig war, daß sie mich in Margots Bett nicht entdeckte, als sie einmal versehentlich in das Zimmer hineinspazierte. Wir blieben dort, bis wir »legalisiert« waren und unser Kind geboren war. Ich wohnte offiziell bei Hannchen in der Mulakstraße, die gleich gegenüber in die Alte Schönhauser Straße einmündete. Seltsam, wie sich in den Jahren die Dinge geändert haben. Margots Mutter, die pflichtgemäß über die Unschuld ihrer Tochter zu wachen hatte, ging zu Frau Zlotnicky und empfahl sie ihrer Fürsorge. Damals sprach man noch in Andeutungen, und das nahm sich, wie uns berichtet wurde, etwa so aus: »Bitte achten Sie ein wenig auf Margot; zwar tut meine Tochter ›so etwas‹ nicht, sie hat nur geistige Interessen, aber...« Damals begann uns Margot mit ihrer alles überrennenden Tüchtigkeit zu helfen. Es gab (und gibt) für sie kein Hindernis, wenn sie in einer Sache engagiert war oder liebte. Übrigens waren die Schwierigkeiten, die wir als junge Liebende hatten, nichts Außergewöhnliches. Verständnisvolle Eltern gab es allenthalben, aber die Grenzen waren nicht sehr weit gezogen. Ich gestehe, daß mir die Erinnerung an die Abenteuer, die sich aus unserer Liebe ergaben, kostbar sind. Weite Wanderungen in der Mark und Nächte unter freiem Himmel, oder, wenn es regnete, in einem winzigen Zelt. Nur der Winter war schwierig, und 1928 war er eisig. 28 Grad unter Null, so daß in ganz Berlin nicht nur die Wasserleitungen, sondern auch die Zentralheizungen einfroren. Margots Zimmer war nicht heizbar, und tagsüber hielten wir uns bei Hans auf. Im Bett fühlte man sich zunächst wie am Nordpol, und das Aufstehen morgens um 5 Uhr – ich mußte ja aus dem Hause sein, ehe die Wirtin aufwachte – war schon hart. Im Bahnhof am Alex gab es einen gutgeheizten Wartesaal, wo wir sogar eine Tasse Kaffee trinken konnten, ehe wir zur Arbeit gehen mußten. Da kann ich nur unsere Freundin Else Hohl zitieren – von der wird später noch zu erzählen sein –, die ihre herrlichen Geschichten vom Wedding zärtlich und spöttisch ausklingen ließ mit einem »so dußlig war man in der Jugend, so wundervoll dußlig«.

Meine Erinnerung an jene Zeit ist etwas zwiespältig. Wir hatten es nicht leicht, aber mehr als das ist mir in Erinnerung, daß wir fröhlich waren, begeisterungsfähig und niemals trübe. Es gibt auch für die Gesichter der Jugend Moden, und wenn jemand ein »vom Leben enttäuschtes«, verdrossenes Gesicht gemacht hätte, wie es heute üblich ist, hätten wir ihn wahrscheinlich ausgelacht. Es hätte wohl auch niemand daran gedacht, sein verkorkstes Leben mit fehlender Nestwärme oder den autoritären Eltern zu erklären. Dabei gab es genug Schwierigkeiten. Nur wenige Eltern verstanden es, auf die Jugend einzugehen, rar waren sie bei uns, die wir aus bürgerlichen Verhältnissen kamen, aber noch seltener unter Arbeitern. Wir fühlten uns als Kinder des neuen Jahrhunderts, waren bereit, den Kampf gegen überlebte Formen und Inhalte auszufechten – in der Rückschau auf vergangene Jahrhunderte kam das 19. nicht sehr gut weg –, und diese Auseinandersetzung hielt uns in Spannung und trug zu unserer Frische und unserem Lebensmut bei. Erst über den Generationenkampf kamen wir zum Kampf gegen die herrschende Gesellschaft. Ich weiß nicht, woher wir unseren Optimismus nahmen, aber wir glaubten, in einer Zeitenwende zu leben, und daß wir dabeisein durften, war alle Bemühungen, alle Ärgernisse, die wir uns zuzogen, wert.

Wir lebten zu dritt zusammen von 1927 bis zur Verhaftung von Hans am Tage nach dem Reichstagsbrand am

28. Februar 1933. Ich muß den Leser enttäuschen, es gab keine sexuellen Orgien zu dritt, aber es ergab sich, daß wir Hans eigentlich mehr Zeit widmeten, als wir für uns hatten. Es wäre uns bestimmt nicht langweilig gewesen, wenn wir keine Arbeit gehabt hätten. Margot arbeitete mindestens 8 Stunden bei der Aafa-Film Aktiengesellschaft, Hans zuerst für das Studium, dann als Anwalt, eigentlich ohne jegliche Begrenzung der Arbeitszeit. Ich habe in den ersten Jahren nur sehr unregelmäßig im Beruf gearbeitet. Hans war sehr dagegen, er empfand es als Verrat an meiner »eigentlichen« Arbeit, zunächst dem Bund und dann der Jugendberatungsstelle, von der ich noch erzählen werde. Außerdem sollte ich auch immer gegenwärtig sein. Hans bekam während des Studiums von seinen Eltern genügend Geld. Wir konnten davon zwar nicht üppig leben, aber es reichte noch zu Theaterbesuchen, Konzerten, Ausstellungen und den verschiedensten Zeitungen und Zeitschriften. Die ›Weltbühne‹, das ›Tagebuch‹ und vor allem die ›Fackel‹ von Karl Kraus wurden regelmäßig gekauft und gelesen. Wenn Hansens Geld verbraucht war, lebten wir von Margots Verdienst. Wir aßen im billigen vegetarischen Restaurant oder unsere Erbsensuppe im »Krokodil« oder bei Aschinger, der Rest war lange Zeit Brot und Margarine. Im ganzen gaben wir wahrscheinlich mehr für Kaffee und Zeitschriften aus als für unsere Ernährung.

Ab und zu hatte ich dann doch Arbeit. Geld brauchten wir immer mehr, als wir hatten, und es gab genug Leute, die unterstützt werden mußten, aber es waren für mich nur Jobs, denen ich nicht viel Interesse zu widmen gewillt war. Legal vom Arbeitsamt eine Arbeit zugewiesen zu bekommen war zu der Zeit unmöglich, es war stets eine nicht enden wollende Reihe von Leuten vor mir, die eine Familie ernähren mußten. Auch hatte ich, wenn ich dort in der Reihe stand, immer das Gefühl, der fünfhundertste Überflüssige zu sein. Einmal bekam ich durch irgendeine Vermittlung Arbeit in der Kleiderkammer der Jüdischen

Gemeinde, wo Kleider, Schuhe und Möbel aus Nachlässen und Stiftungen gesammelt wurden. Neben einer Polsterei, Schneiderei, Schusterwerkstatt gab es auch eine Tischlerei mit einigen Hobelbänken und sehr stumpfem Werkzeug. Alle, die dort arbeiteten, waren arme Leute und hatten den Status von Wohlfahrtsempfängern. Ich bekam zwar Tariflohn, glaube aber nicht, daß dies bei den andern auch der Fall war. Gewiß war ich damals kein guter Tischler, aber die andern, die sich als solche ausgegeben hatten, wußten allenfalls Nägel einzuschlagen, wenn ein Stuhl zu sehr wackelte. Im übrigen unterschied sich die dort herrschende Korruption wohl kaum von der bei anderen Wohlfahrtsunternehmen üblichen. Gut erhaltene Gegenstände verschwanden in dunklen Kanälen, dafür wurden die armen Teufel jeden Abend beim Herausgehen durchsucht. Es war das erste, was ich abstellte. Bei den Beamten wußte ohnehin eine Hand nicht, was die andere tat. Als ich dann begann, mir mit der Herrichtung der Stücke Mühe zu geben, hatte ich plötzlich viele Aufträge, aber nicht ein Stück ging an die anonymen Armen, sondern alles landete bei den unteren Beamten, die allerdings auch sehr schlecht bezahlt waren und Unterstützung nötig hatten. Allmählich begann ich Spaß daran zu haben, aus alten unansehnlichen Stücken etwas zu machen. Ich modernisierte vorsichtig, und ab und zu fand sich auch ein schönes Stück, das, wiederhergestellt, plötzlich wertvoll geworden war. Unter den Polsterern gab es gute Handwerker, und ich begann eine Vorliebe für Stühle und Sessel zu entwickeln. Mir kam das alles sehr zustatten, denn ich hatte als Tischler noch wenig Erfahrung, und fing an erfinderisch zu werden, hatte plötzlich wieder große Tischlerpläne und begann auch Möbel zu zeichnen.

Ein Wohlfahrtsverband ist immer ein seltsamer Verein, undurchschaubar für einen Außenstehenden. So habe ich nie verstanden, weshalb zum Beispiel Kinderschuhe stets als Altleder verkauft wurden. Als ich nachfragte, erzählte man mir, es sei ungesund für Kinder, gebrauchtes Schuhwerk zu tragen. Das mochte wahr sein, aber dringender erschien mir, daß Kinder überhaupt Schuhe hätten, und das war damals keineswegs selbstverständlich. Ich dachte natürlich an meine, das heißt Hannchens Kinder. Tamen brauchte dringend Schuhe, und Kinderschuhe waren teuer. So begann ich, Schuhe mitzunehmen, man kann auch sagen zu stehlen. Es war gar nicht so leicht, nach Maß zu stehlen. Die ersten Schuhe, die ich brachte, waren viel zu groß und paßten meinem Freund Vertuemo; die nächsten dem Jüngeren, Sajero, dann erst gelang es mir, die richtigen für Tamen zu finden. Ich sehe sie noch heute vor mir, sie waren aus rotem Saffianleder. Aus irgendeinem Grunde war ich erst nachts bei Hannchen eingetroffen; die Kleine hüpfte sofort aus dem Bett und stolzierte nackt mit den roten Schühchen herum, es war ein wunderbarer Anblick.

Der Tanz mit den roten Schuhen – mir fiel er erst wieder ein, als ich vor einigen Jahren den Film mit der Tänzerin Moira Shearer sah. In unserer Jugend sahen wir übrigens wenig klassisches Ballett. Es schien uns eher künstlich als künstlerisch zu sein, und selbst bei Strawinskys ›Petruschka‹, das wir in der Kroll-Oper unter Klemperer hörten und sahen, war es wohl die Musik, die uns vor allem interessierte. Unvergessen bleiben dagegen die Tänze der Mary Wigman. Noch heute sehe ich vor mir, mit welcher unerhörten Expressivität sie den »Sturm« fegen ließ, die Arme waren es und ein wehender Rock, sie rührte sich dabei nicht von der Stelle. Ein Ereignis war auch Valeska Gert mit ihren frechen Tänzen. Sie kam aus Leipzig, und um sie herum gab es eine Jugendgruppe, die auch eine Druckschrift herausgab. Diese war für uns wichtig, weil sie nicht nur künstlerisch beeindruckte, sondern auch politisch auf unserer Linie lag. Natürlich sahen wir die Meister und Lehrer des Ausdruckstanzes, Harald Kreutzberg und Laban. Vom russischen Theater ist mir Tairow am lebendigsten in Erinnerung geblieben: Die Leichtigkeit zwischen Tanz und Akrobatik verkörperte für uns den neuen Stil. Natürlich die Habimah mit ihrem berühmten ›Dybbuk‹, vor allem aber das Wachtangowtheater. ›Die Nacht auf dem alten Markt‹, oftmals gesehen, verzauberte uns wie kaum etwas anderes, vergleichbar höchstens der Chinesischen Oper, die wir Ende der fünfziger Jahre in Stuttgart sahen.

Geliebt und heftig kritisiert war Elisabeth Bergner in Filmen und auf der Bühne. Deutlich besinne ich mich auf ihre Darstellung in ›Seltsames Zwischenspiel‹ von O'Neill im Künstlertheater, und wir bewunderten, wie sie sich im Laufe des einen Abends vom jungen Mädchen zur jungen Frau und bis hin zur alten Dame verwandelte. Viele Mädchen spielten damals Bergner, und es war ja auch ein entzückendes Vorbild, das in die Zeit paßte: tapfer, kapriziös und sensibel. Schon wieder weiß ich nicht, wo wir die Zeit hernahmen, aber wir lasen alle Kritiken und nahmen Partei in den literarischen Kämpfen, die ja auch eine politische Bedeutung hatten. Vor dem Ersten Weltkrieg waren sich die Schriftsteller einig in ihren Zweifeln am Kaiserreich, dann kam – wie bei den Parteien – die Bewährungsprobe. Heute liest es sich fast nur noch komisch, was einige im Krieg produzierten; aber der »große Vaterländische Krieg«, ein durchaus passendes Wort, wenn es auch erst später erfunden wurde, schuf niemals verheilende Spaltungen. Vor dem Krieg war ›Die Aktion‹, die von Franz Pfemfert herausgegebene Zeitschrift, ein kulturelles Blatt, im und nach dem Krieg wurde es auch eine politische und moralische Plattform. Plötzlich sah man ein, daß Politik nicht nur ein dreckiges, sondern ein lebenswichtiges Geschäft war. Ein Zurück zu Literaturseligkeit gab es nicht. Wer einmal konformistisch gehandelt und geschrieben hatte, dem war nicht mehr zu trauen. Unter diesem Gesichtspunkt ist auch die Gegnerschaft von Karl Kraus zu Alfred Kerr zu verstehen, an der wir lebhaft teilnahmen. Karl Kraus hatte wirklich bös kriegshetzerische und schlechte Knittelverse Kerrs aus dem Krieg entdeckt und veröffentlichte und zitierte sie überall. Kerr leugnete halbherzig, ging seinerseits zum Angriff über und sprach von Leuten, die im Kriege ihre »Pflicht getan hätten anders als andere (Kraus), die sich ins Ausland ›verdrückten‹«. Das war natürlich Wasser auf die Mühlen von Karl Kraus, dem die Pflicht geboten hatte, die »letzten Tage der Menschheit« zu schreiben. Große Diskussionen in Berlin und Plakate an den Litfaßsäulen: »Der größte Schuft im ganzen Land/das ist und bleibt der Denunziant.«

Wir besuchten alle Veranstaltungen von Karl Kraus in Berlin, ob er allein Offenbach-Operetten wie ›Die Großherzogin von Gerolstein‹ vortrug oder Nestroys ›Das Notwendige und das Überflüssige‹, die er mit »Zeit-Strophen« durchsetzte, oder ob er aus eigenen Werken las. Der Angriff gegen Kerr kam uns sehr gelegen. Im Literarischen wie im Politischen treten immer wieder einmal sich offenbar göttergleich vorkommende Menschen auf, die sich unerträglich arrogant gebärden und ihre Macht mißbrauchen. So war in jenen Jahren an den Bühnen Berlins kaum etwas gegen Kerr durchzusetzen, und wenn auch seine Besprechungen oft geistvoll, witzig und spritzig waren, so waren sie ebensooft nur anmaßend und dumm, und es war schon gut, daß jemand kam, der ihn in seine Schranken weisen konnte. Wir verstanden es zwar nicht, aber tatsächlich fühlten sich durchaus nicht alle im Blickfeld stehenden Schriftsteller und Publizisten genötigt, in dieser Auseinandersetzung eindeutig für die eine oder die andere Seite Stellung zu beziehen. Zu den Entschiedenen gehört zum Beispiel Kurt Hiller, einer der wenigen übrigens, die ich später – im KZ – persönlich kennenlernte.

Für uns war Herbert Ihering (›Börsen-Courier‹) der wichtigste Rezensent, klug und unbestechlich. Es war nicht immer leicht, der Zeitungsflut Herr zu werden, aber wir wollten ja rundum informiert sein. »In einer Zeit, die längst vergangen ist«, spielte Brechts ›Dreigroschenoper‹ eine große Rolle. Vorher hatte uns ›Mann ist Mann‹ in der Regie von Erich Engel in der Volksbühne begeistert. Wie oft wiederholten wir die von Helene Weigel als Prolog gesprochenen Worte: »Herr Bertolt Brecht hofft, Sie werden den Boden, auf dem Sie stehen/Wie Schnee unter Ihren Füßen vergehen sehen ...« und wußten noch nicht, wie bald er für uns alle Wirklichkeit werden würde.

Es war die große Zeit der Regisseure. Hans Litten zum Beispiel sah die Bühnenaufführung als selbständige Kunstgattung an, deren Elemente: Sprache, Gesang, Licht und Bewegung der Regisseur zur Schaffung seines Kunstwerks benutzte. Dies galt gewiß für Tairow, aber auch für Piscator, der sehr souverän mit den Texten umging (was Karl Kraus gar nicht schmeckte). Die Brecht-Aufführungen waren dagegen eher das Ergebnis eines Teams: Brecht führte mit Engel Regie, und Caspar Neher, der Bühnenbildner, stand in gleicher Reihe. Ob die ›Dreigroschenoper‹ tatsächlich das beste Theaterstück war, welches in jener Zeit gespielt wurde, kann ich nicht beurteilen; sie war es, die uns in Fleisch und Blut übergegangen ist. Wer aus jener Zeit blieb wohl unbeeinflußt davon! Die ›Dreigroschenoper‹ stand damals lange Zeit auf dem Spielplan des Theaters am Schiffbauerdamm, und wir gingen viele Male hinein, sahen das Stück in allen Besetzungen. Es war ein Glücksfall, daß sie in »unserem« Bezirk, gegenüber dem Bahnhof Friedrichstraße, herauskam: So stimmte auch das Milieu. Harald Paulsen spielte den Mackie Messer wie einen Strichjungen von der Friedrichstraße, dem man täglich begegnen konnte (im Gegensatz zu Rudolf Forster, der später im Film einen heruntergekommenen Kolonialoffizier aus ihm machte). Erich Pontos Peachum konnte man im »Mokka Efti« am Alexanderplatz als Geschäftsmann begegnen, und Kurt Gerron – uns einer der liebsten, er kam später in Auschwitz um –, den etwas weinerlich gerissenen Brown, trafen wir als Typ auch auf Schritt und Tritt. Auch Roma Bahn als Polly, Lotte Lenya als Jenny und Carola Neher trafen genau den Ton vom Alexanderplatz. Eine Sondernummer war Rosa Valetti; diese schön verschlampte Mrs. Peachum war so echt wie all die Puffmütter des Reviers, man könnte auch sagen wie die Zimmervermieterinnen: nur fehlte denen der trockene Humor.

War es ein politisches Stück? Für uns bestimmt. Ein politisches Stück zeichnet sich nicht dadurch aus, daß Fahnen geschwungen werden, sondern daß es Bezüge zur Wirklichkeit hat und Zusammenhänge herstellt.

Wenn ich nun doch ein Stück dessen ausgebreitet habe, was als die goldenen zwanziger Jahre gepriesen und geschildert wird, so hat das seinen Grund. Es ist ein großer Teil des Kapitals, das wir in die Emigration mitnahmen, ein Kapital, von dem man schon eine Zeitlang zehren konnte, selbst wenn nichts Neues hinzukam. Es ist auch mein Dank an die Künstler, die uns lebendig erhalten haben. Immer begleiteten uns Gottfried Benn, Else Lasker-Schüler, Trakl und viele andere. Nicht zu vergessen Alfred Döblin und die Lieder und Chansons aus dem ›Ketzerbrevier‹ von Walter Mehring – unsere Trostbringer in der Emigration. Wir konnten sie wieder lesen und von den Theatererlebnissen erzählen oder von den Ausstellungen moderner Kunst. Wir konnten den Kindern eine kleine Reproduktion von Munchs Bild ›Pubertät‹ zeigen aus der ersten Ausstellung, die Margot und ich zusammen besucht hatten, ein Bild, das besser als eine Fotografie zeigte, wie Margot damals war, oder besser, wie ich sie sah. Ich schenkte ihr die Abbildung zusammen mit den ›Geschichten des Rabbi Nachman‹ von Martin Buber. So sehr lebten wir in diesen Dingen, daß wir auch in ihnen drin waren, und das war es wohl, was uns Mut machte, aus der Emigration zurückzukommen.

Frischkost waren die vielen Filme, die wir in dem kleinen Kino Unter den Linden, der »Kamera«, sahen. Wir gingen gern hin – trotz der schrecklichen Wurlitzer Orgel, die unvermeidlich die stummen Filme untermalte oder übertönte. Es ist etwas grundsätzlich anderes, einen Film in seiner Zeit zu sehen, als ihn als Delikatesse vergangener Filmkunst vorgeführt zu bekommen. Wie enthusiastisch begrüßten wir ›Caligari‹, ›Die freudlose Gasse‹, die ersten russischen Filme, Chaplin, Buster Keaton. Diese Erlebnisse aus erster Hand sind unwiederholbar, himmelweit entfernt von der leisen Melancholie über eine vergangene Zeit, die uns heute beim Besuch der Reprisen anfliegt.

Wir gingen oft ins Kino, oft noch von der Werkstatt aus in die Nachtvorstellung von 11 bis 1 Uhr in den »Admiralspalast« am Bahnhof Friedrichstraße. Schlaf brauchten wir nicht viel. Uns schmeckte auch Triviales, wir lachten und ließen uns rühren von dem Kitsch, über den wir dann auf dem Heimweg wieder pflichtgemäß lachten. Ich besinne mich auf den ersten Tonfilm, ›Sonny Boy‹ mit Al Jolson, der den Negersänger spielte; Margot, zwischen Hans und mir sitzend, hielt ihre Hände auf wie Schalen, um unsere Tränen aufzufangen. Das hing auch mit Margots Arbeit bei der Filmgesellschaft zusammen, wo sie unter anderem blödsinnige amerikanische Vorfilme mit deutschen Untertiteln zu versehen hatte; begegnete ihr einer von denen, die sie Dutzende Male hatte ansehen müssen, auch noch im Kino, konnte sie nur noch die Augen schließen, um, sobald das Publikum in lautes Lachen ausbrach, zu murmeln: »Jetzt ist der Hund reingefallen.« Ja, da war wirklich zu allem andern auch noch der Hund im Farbtopf gelandet. Wir summten auch alle Schlager mit, besonders dann, wenn sie mit Liebe zu tun hatten. Nein, Snobs waren wir nicht, wir nahmen uns, was uns schmeckte, wenn wir irgend Zeit hatten.

Es wäre für uns kein interessanter Fall gewesen, die »Steglitzer Schülertragödie«, wie sie in den Zeitungen genannt wurde. Es passierten so viele schlimme Dinge in dieser Zeit, und es schien uns, daß wir uns nicht gerade darüber aufregen sollten, wenn gelangweilte Kinder reicher Leute nichts Besseres wußten, als halb besoffen mit einem Revolver zu spielen und eine schlechte Schmiere mit Mord und Selbstmord aufzuführen. Wir horchten erst auf, als ein deutsches Gericht die beiden anderen Mitglieder der Party, die sich nicht umgebracht hatten, vor Gericht stellte, weil es ja in jedem Fall einen Täter geben mußte. Auf diese Weise kam es zu einem Justizskandal, dem sogenannten Krantz-Prozeß.

Die Presse hatte ihre Sensation, und den Bürgern lief der Speichel aus dem Mund vor Entrüstung über die verdorbene Jugend. Hilde Scheller hatte, während ihre Eltern verreist waren, ihren Freund Hans Stefan, einen Kochlehrling, ins Haus geladen. Später kamen ihr Bruder Günter und Paul Krantz hinzu. Da Günter aus vielen Gründen den Hans Stefan nicht mochte – vielleicht weil er kein standesgemäßer Liebhaber für seine Schwester war, vielleicht spielten auch Eifersucht oder Geschwisterliebe eine Rolle –, versteckte Hilde ihren Freund, als die beiden kamen. Auch mit Krantz hatte Hilde am Tag zuvor ein wenig geflirtet. Krantz hatte eine Pistole mitgebracht. Man trank Bier und Schnaps, bis man nicht mehr recht wußte, was man tat. Jedenfalls hatte man einen großen Katzenjammer, und alle drei wollten gemeinsam Selbstmord begehen. Schließlich entdeckte Günter, mit geladenem Revolver in der Hand, den Kochlehrling Stefan im Nebenzimmer, schoß außer sich auf ihn und danach auf sich selbst; die beiden anderen waren starr vor Entsetzen und erwachten erst, als schon die von den Schüssen alarmierte Polizei im Haus war.

Paul Krantz, das Kind armer Leute, begabt, aber mit allen Schwierigkeiten und Minderwertigkeitsgefühlen armer Kinder – nichts hat sich geändert –, die zwischen den Kindern der Wohlhabenden leben müssen, Krantz war labil, mit einem schmalen, ausdruckslosen leeren Gesicht, wie ich es später bei SA-Leuten kennenlernte, ein Gesicht, das gewohnt ist, Disziplin anzudeuten, und unfähig, Gefühle widerzuspiegeln. Er war Mitglied des Jungdeutschen Ordens, der nun wirklich eine halbfaschistische Organisation war, die vorgab, Jugendpflege zu betreiben, während es sich tatsächlich um eine paramilitärische Ausbildung handelte. Vorbild war der deutsche Ritterorden, eines der beliebtesten Geschichtsbilder unseres Schulunterrichts. Nibelungentreue und die Uneigennützigkeit der Ritterorden, die Hand des Erzengels Michael, der in den Kreuzzügen das Heilige Land den Ungläubigen entriß, dann sehr romantisch auf Malta residierte und später Ostpreußen germanisierte. Wir Ostpreußen hatten ein wenig hinter die Kulissen gesehen, kannten die materiellen Hintergründe, die Korruption und die Grausamkeiten, die sich hinter diesen Anmaßungen verbargen, aber ein Jungdeutscher Orden mit einer ganzen Rangordnung von Comturen kam der romantischen Jugend entgegen und sollte den Drachen Sozialismus erlegen. Finanziert wurde der Orden aus dunklen Quellen. Man veranstaltete Kriegsspiele und militärische Aufmärsche und imitierte die bierseligen Mannbarkeitsriten der Corpsstudenten, und – schlimmer noch – man marschierte bei den internationalen Frontkämpfertreffen auf, wo sich ehemalige Gegner, statt sich dafür zu schämen, was sie sich gegenseitig angetan hatten, die Hände schüttelten und sich die vaterländische Tapferkeit bestätigten.

Von diesen Klischees war der achtzehnjährige Junge besetzt. Sie nahmen bereits vorweg, was sich später in der Hitlerjugend abspielte. Dazu gehörte auch der Revolver, mit dem er angeben wollte und der das ganze Unheil ausgelöst hatte. Nicht deswegen aber stand der Junge vor Gericht, er wurde nach neunmonatiger Untersuchungshaft wegen Unzucht mit einer Minderjährigen, wegen Mordverdachts und Beihilfe zum Totschlag angeklagt. Während der Verhandlung wurde das minderjährige Mädchen durch die zudringlichen Fragen des Gerichtsvorsitzenden mehr als vergewaltigt, und der Junge wäre kaltblütig zu einer mehrjährigen Zuchthausstrafe verurteilt worden, hätte sich nicht der Starverteidiger jener Zeit, Dr. Frey, ohne Bezahlung des Falles angenommen und ihn herausgepaukt. Und nun ging es zu wie im Märchen der Scheherezade: Man nahm sich seiner an; er machte in der Odenwaldschule Abitur, wurde als Schriftsteller zunächst Mitarbeiter der ›Frankfurter Zeitung‹, konnte aber auch in der Emigration in Frankreich und den USA publizieren und war schließlich Professor für vergleichende Literaturwissenschaft an der University of Oklahoma. Seine Geschichte hat er selbst unter seinem seither geführten Namen Ernst Erich Noth aufgeschrieben.

In die Erleichterung über den Freispruch im Krantz-Prozeß mischte sich bei uns starkes Unbehagen, hatte das Verfahren doch einmal mehr gezeigt, wie hilflos die Jugend dem Erwachsenenrecht ausgesetzt war. »Die reitenden Boten des Königs«, hier in Gestalt des Dr. Frey, griffen ja nur sehr gelegentlich ein.

Etwa zur gleichen Zeit zog Peter Martin Lampels Theaterstück ›Revolte im Erziehungshaus‹ die Aufmerksamkeit auf die Zustände in Fürsorgeanstalten.

Nach mehreren kleinen, von Hans Litten organisierten Versammlungen, in denen wir gegen die schamlose Unterdrückung der Jugend protestierten, veranstaltete die Liga für Menschenrechte eine große Kundgebung, auf der – mit Ausnahme von Paul Krantz und Hilde Scheller – alle am Prozeß Beteiligten auftraten. Dr. Frey mit seinem Monokel und Bulldoggengesicht, Dr. Max Hodann, Magnus Hirschfeld vom Institut für Sexualwissenschaft, Dr. Hildegard Wegscheiden vom Berliner Jugendamt (die vielleicht von uns zu Unrecht besonders gehaßt wurde; wir nannten sie die »zahnlose Süßwasserschildkröte«, weil sie stets bemüht war, die Gegensätze herunterzuspielen: Man solle sich doch »vertrauensvoll an das Jugendamt wenden, man würde dort immer auf Verständnis für die Jugend stoßen«. Wir hatten es schon mehrfach ausprobiert und unsere Erfahrungen mit diesem »Verständnis« gemacht). Leiter der Kundgebung war Rudolf Olden, Rechtsanwalt am Kammergericht, Hauptverteidiger in Ossietzkys Hochverrats-Prozeß und gelegentlicher Redakteur des ›Berliner Tageblatts‹, ein enthusiastischer Kämpfer der Liga für Menschenrechte, deren Vorsitzende Helene Stöcker war, eine der ganz großen Frauenrechtlerinnen und immer auch in praktischen Dingen hilfreich. Rudolf Olden ging 1933 über Prag und Paris nach England. Am 17. 9. 1940 ertrank er, als das Schiff, mit dem er nach Amerika gelangen wollte, torpediert wurde.

Auf jener Versammlung ergab sich eine Kontroverse zwischen Rudolf Olden und Hans Litten, die auf dem Heimweg noch weitergeführt wurde. Ich sehe die Situation noch deutlich vor mir. Auch ich hatte einiges gesagt, als das entscheidende Wort von Olden kam: »So tut doch selbst etwas dagegen!« Das war für uns der letzte Anstoß zur Gründung der Jugendberatungsstelle unter dem Motto: »JUGEND HILFT JUGEND.«

Rudolf Olden hat seine Erinnerung an den Abend im Vorwort zu Frau Littens Buch ›Eine Mutter kämpft‹ – zunächst englisch: ›A Mother fights Hitler‹ in London, dann in Rudolstadt, Thüringen (DDR), erschienen – niedergeschrieben:

Hans Litten
Aus dem Dämmer der Erinnerung taucht das Bild Hans Littens wieder vor mir auf und nimmt Gestalt an.
Ich sah ihn das erste Mal in einer Versammlung der Liga für Menschenrechte, in der ich über eine Mißhandlung oder Vernachlässigung von Fürsorgezöglingen gesprochen hatte. In der Diskussion sprach aus dem Saal heraus auch ein junger Mensch, den ich für einen Schüler hielt. Daß ein Halbwüchsiger sich in einer öffentlichen Versammlung, zumal da es um das Schicksal Jugendlicher ging, äußerte, wäre damals nicht unmöglich gewesen. Der Sprecher hatte einen auffallenden Kopf, ein glattes Gesicht, eine randlose Brille vor den runden hellen Augen. Er trug das Hemd am Halse offen und kurze Hosen, unter denen die Knie nackt waren. Seine Argumentation schien mir klug, aber auch altklug, mit einer etwas kindlichen Überlegenheit vorgebracht. Was er sagte, entsprach der radikalen These der Jugendbewegung: daß die Jugend ein Recht auf ihr eigenes Leben, auf Selbstbestimmung habe und daß wir Erwachsenen, auch

wenn wir, wie hier, die Rechte Jugendlicher verteidigten, kein Recht auf Einmischung hätten.

Meine Antwort muß wohl etwas väterlich geklungen haben. Denn nach dem Schluß der Debatte sagte einer meiner Freunde lachend zu mir: »Wissen Sie, wer der ›Junge‹ war? ... Der Assessor Litten.«

Hans Litten war damals übrigens bereits als Rechtsanwalt beim Kammergericht zugelassen.

Die Jugendberatungsstelle – heute würde man von einer Bürgerinitiative sprechen – begann ohne jede finanzielle Hilfe, denn auch für eine Sammlung hätten wir die Erlaubnis der Behörden gebraucht. Es gab aber doch viel Unterstützung; auf einen Aufruf in den Zeitungen meldeten sich die Mitarbeiter, sie wurden sorgfältig ausgewählt und durften nicht älter als 25 sein. Es war ein bunter Kreis, der schon nicht mehr nach den Maßstäben der Jugendbewegung oder gar des Wandervogels zusammengestellt war, sondern Wissen über die Nöte der städtischen Jugend und die Bereitschaft, sich für sie einzusetzen, voraussetzte.

Einer der Staranwälte in Berlin – übrigens auch der Anwalt von Kurt Tucholsky – war der Strafverteidiger Dr. Apfel. Das Büro Apfel & Beck befand sich in der Friedrich-, Ecke Leipziger Straße im 3. Stock des »Mokka Efti«-Hauses. Dr. Beck, ein jüngerer, tüchtiger Mann, war Notar und führte die Zivilprozesse. Dieses Büro stand uns an drei Nachmittagen der Woche zur Verfügung, und auch die Sekretärinnen durften uns bei der Arbeit helfen. Mit einer von ihnen freundeten wir uns so an, daß sie später unsere Trauzeugin wurde.

Ich residierte also im Zimmer von Dr. Beck, nahm aber meistens einen bescheideneren Raum, um meine Jugendlichen nicht zu erschrecken. Manchmal war der Prunk aber auch nützlich, wenn wir Presse, Eltern oder Amtsträger beeindrucken wollten.

Die Satzung hatten wir mit Hans Litten ausgearbeitet.

Berater sollten nur Jugendliche sein, damit sie den Ratsuchenden gleichgestellt waren; sie sollten umgeben sein von einem Kreis von Fachberatern, zu denen wir Vertrauen hatten: Ärzten, Psychologen, Anwälten, Beamten vom Jugendamt, Stellenvermittlern. Alle diese sollten verpflichtet werden, sich auf die von ihnen geforderten Hilfen zu beschränken. Akten sollten nicht geführt, nur provisorische, später zu vernichtende Notizen gemacht werden. Wir waren uns darüber klar, daß Schwierigkeiten mit Polizei und Jugendämtern nicht auszuschließen waren.

Eine große Hilfe waren dann wieder Rudolf Olden und Dr. Beck, die Verbindung zu interessierten Journalisten herstellten, und so berichtete die Presse von Zeit zu Zeit über unsere Arbeit; vor allem die Boulevard-Blätter: die linke ›Welt am Abend‹ und die bürgerliche ›BZ am Mittag‹ waren nützlich, weil sie einen großen Radius hatten. Im übrigen wurden billige Handzettel gedruckt und von jedem in seiner Wohngegend oder bei der Arbeit verteilt. Merkwürdigerweise war das vornehme Haus in der Friedrichstraße kein Hemmnis. Das wäre es wohl erst gewesen, wenn die Beratungsstelle im Westen Berlins gelegen hätte.

Zunächst einmal hatten wir viel zu lernen, denn was da zu uns kam, hatte nichts mit unserer noch immer jugendbewegten Vorstellung von Jugend gemein. Die ersten Erfahrungen zeigten, daß man sein Gesicht beherrschen mußte, niemals erschrecken durfte, was auch erzählt wurde; man mußte zuhören, weitererzählen lassen und sehr sparsam mit Ratschlägen sein, durfte auch nicht alles glauben, mußte aber verstehen, daß der Erzählende glaubte, die Wahrheit zu sagen. Oder er hatte noch zu wenig Vertrauen zu uns, um die Wahrheit zu sagen. Man durfte nicht beleidigt sein, wenn man belogen wurde, sondern die Schuld im eigenen Verhalten suchen; man lernte, nicht enttäuscht zu sein, wenn Ratschläge nichts fruchteten, sondern Fehlverhalten wie eine Krankheit zu sehen, die nur langsam abklingen kann und immer wieder Rückschläge mit sich bringt.

Überhaupt mußte man von der Vorstellung Abschied nehmen, daß jedes Problem zu lösen sei. Auch politisch waren Abstriche zu machen. Man konnte nicht voraussetzen, daß Kriminelle Helden seien oder überhaupt gewillt, das Gesellschaftssystem zu bekämpfen, das sie kaputtmachte; es galt ihre Sehnsucht zu erkennen, zunächst einmal wie alle anderen zu sein. Ausnahmen waren selten. Natürlich waren wir oft übereifrig und hatten viele Mißerfolge, aber ich glaube kaum, daß wir viel Schaden angerichtet haben.

Ein großer Teil der Fälle erledigte sich dadurch, daß man sich aussprechen konnte. Oft, wenn das Wartezimmer voll war, mußte man unterbrechen und die Jungen und Mädchen zu sich nach Hause bestellen, wo man mehr Zeit hatte. Der Redefluß war schwer zu bremsen, wenn der Damm einmal durchbrochen war. In schwierigen Fällen sprang Siegfried Bernfeld ein, der Psychologe. Häusliche Verhältnisse, Schule, Lehrstelle wurden untersucht; manchmal half es, mit den Eltern zu sprechen, sie hinzubestellen oder sich als Bekannter zu Hause einschleusen zu lassen.

Dann, »mein Freund«, »meine Freundin« – es waren dieselben Probleme, die auch ich kannte: Keinen Raum zu haben, in dem man allein sein konnte; viele Fragen nach Geburtenkontrolle: Wie kann ich mit meinem Freund schlafen, ohne gleich ein Kind zu bekommen. Die Ahnungslosigkeit war groß. Wir hatten stets Aufklärungsliteratur vorrätig, aber auch Adressen von Ärzten, die über den Gebrauch von Verhütungsmitteln unterrichteten und bei der Beschaffung des Notwendigen halfen. Es gab auch städtische Jugendberatungsstellen. Um sie auszuprobieren, ging Margot hin. Ich kann mir vorstellen, was für einen Schreck sie der Beraterin einjagte. Da kommt ein etwas untypisches Wandervogelmädchen mit dunkelblauem Samthängekleid und Sandalen zu dem etwas ältlichen Fräulein und fragt direkt und sachlich nach Verhütungsmitteln, und was es denn da wohl gäbe. Die Arme errötete und verschwand im Nebenzimmer, wo ein langes Getuschel anhob. Schließlich die üblichen unbestimmten Ermahnungen mit dem immer passenden »aber Kindchen«, und, als sich bei der Ratsuchenden so gar kein Gewissen melden wollte, der immerhin vernünftige Rat, einen Arzt aufzusuchen.

Es wäre also witzlos gewesen, die ihrer selbst sehr unsicheren Jungen und Mädchen solcher Hilflosigkeit auszusetzen, zumal die amtlichen Stellen sich ja auch strikt im Rahmen der Gesetze bewegen mußten. Es hatte sich jedoch bald herumgesprochen, wo Hilfe zu erwarten war, und so kamen natürlich auch Mädchen, die schwanger waren. Das Problem waren nicht die Ärzte oder gar das Geld. Es gab genügend Ärzte, die bereit waren zu helfen und meinten, an ihrer regulären Praxis genügend zu verdienen, um es sich leisten zu können, für unsere Freunde umsonst zu arbeiten. Ein Brief oder ein Anruf von mir genügten. Das Problem lag darin, daß von einigen Seiten versucht wurde, uns Spitzel in die Beratungsstelle zu schicken. Aber sie wurden leicht herausgefunden; sie scheiterten an der jugendlichen Solidarität. Einen anderen Aspekt haben wir damals überhaupt nicht bedacht: Die Möglichkeit, daß es zu Erpressungen kommen könnte. Wir hatten überhaupt eine traumhafte Sicherheit mit unserem Vertrauen, und das ist sicherlich eine schwer übersteigbare Barriere. Heute erscheint es mir wie ein Wunder, aber damals machte ich mir darüber keine Gedanken. So brachten wir häufig entlaufene Fürsorgezöglinge bei uns unter, bis sich andere Möglichkeiten ergaben; nie hat sich einer etwas angeeignet, was uns gehörte, und es gab nicht ein verschließbares Fach. Wir hätten es wahrscheinlich genauso hingenommen, wenn etwas gestohlen worden wäre, wie wir es hinnahmen, daß einige wieder verschwanden und rückfällig wurden. Der Dank kam oft erst Jahre später.

Wir gewöhnten uns wirklich das Staunen ab, als das ganze Elend der Stadt an uns herangetragen wurde, und bemühten uns, nicht zu urteilen, sondern zu helfen. In

Berlin bildeten sich damals viele Jugendcliquen, heute würde man sie wahrscheinlich Rocker nennen. Viele Jungen und einige Mädchen, die teils Anführer, teils Opfer waren. Zu den Aufnahmeriten gehörte, daß die Jungen vor den anderen an den Mädchen ihre Männlichkeit beweisen mußten. Eines dieser Mädchen wollte abspringen; sie war etwa 14 oder 15 und arbeitete in einer Fabrik. Wir mußten ihr in einem anderen Viertel der Stadt Unterkunft und Arbeit verschaffen, weil sie sonst wieder zurückgeholt worden wäre. Wir berieten, ob nicht etwas gegen die Cliquen unternommen werden könnte, aber das lag weit außerhalb unserer Reichweite. Eine Anzeige beim Jugendamt hätte zu Strafaktionen geführt und das Vertrauen zu uns zerstört.

Wir fanden mehr Helfer unter den Erwachsenen, als wir je erwartet hatten, aber auch die Freunde aus unserem Bund, Leute von den Naturfreunden, dem sozialistischen Wanderbund und den andern linken Jugendbünden halfen uns. Der Kreis konnte gar nicht groß genug sein, der sich um Unterbringung und Stellensuche bemühte. Durch die Liga für Menschenrechte fanden wir auch Unternehmen, die für unsere Arbeit aufgeschlossen waren, und wenn man bedenkt, wie groß die Arbeitslosigkeit noch immer war, war es schon ein Wunder, daß sich für diese Außenseiter überhaupt Arbeitsplätze und Lehrstellen fanden. Wir gewannen auch Freunde, wo wir es am wenigsten vermuteten: beim Jugendamt. Eine wichtige Rolle spielte der schon erwähnte Dr. Max Hodann, der Stadtarzt war und uns zu den richtigen Leuten schicken konnte. Vor allem aber Dr. Arthur Gottschalk, inzwischen zum Leiter des Jugendamts Prenzlauer Berg aufgerückt, bei dem ich mir immer Rat holen konnte und der ganz und gar unbürokratisch zu helfen wußte. Das wichtigste war, für die entlaufenen Fürsorgezöglinge eine Regelung zu treffen. Die Polizei fahndete nach ihnen, Papiere hatten sie nicht, und ohne Papiere konnte keine Arbeit für sie beschafft werden. Versuchten wir beim Jugendamt zu vermitteln, so hieß es, die

Jungen sollten zurückkommen, dann würde man sehen, was man tun könne. Die Jungen wußten aber genau, was sie bei einer Rückkehr erwartete: zunächst eine Strafe fürs Fortlaufen. Ehe sie unter die zu entlassenden Zöglinge eingereiht würden, konnte lange dauern. Es war ja auch vom Standpunkt der Fürsorgeanstalten nicht einzusehen, weshalb Unbotmäßigkeit belohnt werden sollte. Wir sahen es natürlich anders. Die Unbotsamen waren die Aktiven. Sie würden sofort wieder fortlaufen und sich immer weiter in kriminelle Tätigkeiten verstricken. Die meisten verdienten sich ihr Geld auf dem Strich der Homosexuellen, aber bald hatten sie es satt und begannen mit Diebstählen und Erpressungen. Wir hatten gewiß nichts gegen Homosexuelle, und Prostitution war zwar ein Übel, aber es war nicht unsere Sache, uns zu entrüsten. Ich hatte einmal mit einem Mädchen in der Mulakstraße eine lange Diskussion, als ich noch die ganze Welt bekehren wollte. Sie war 34 Jahre alt, und als ich ihr sagte, daß sie dabei doch völlig auf den Hund komme, zeigte sie mir Arbeiterfrauen im gleichen Alter, die wesentlich verbrauchter waren als sie. »Findest du es besser, wenn sich ein Mädchen, nur um versorgt zu sein, lebenslang einem Mann hingibt?« Von Liebe konnte ich da nicht reden, die hatten auch alle ihren »Süßen«. Ich war zwar nicht überzeugt, konnte aber auch nicht überzeugen.

Doch zurück zu den geflüchteten Jungen und Mädchen aus der Fürsorge. Mit Arthur Gottschalks Hilfe erreichten wir eine Vereinbarung mit den Jugendämtern: Sie stellten provisorische Papiere aus, und wir sorgten für Arbeit und jemanden, der mit den Jungen in Kontakt blieb. So gelang es uns, vieles zu regeln; manchmal ging es schief, aber einige Solidarität übten auch diese Jungen, denn sie wußten, daß von ihrem Verhalten die ganze Aktion abhing. Sie nahmen mich mit in die »schwulen Dielen«, wenn es galt, einen Jungen zu angeln und zu überzeugen, und es fanden sich auch dort genug Leute, die uns halfen.

Eines Tages erschien eine ziemlich elende Frau mit einem

Kind, dem man, als es den Mantel auszog, gleich ansah, daß es schwanger war. Es war nicht ungewöhnlich, daß Eltern mitkamen, und wir pflegten dann erst getrennt mit ihnen und dann den Kindern zu sprechen. Aus dem vierzehnjährigen Mädchen war nichts herauszukriegen. Die Mutter erzählte mir dann nach einigem Drucksen, daß sie krank sei und der Vater das Kind ins Bett genommen habe. Es gab nicht viel zu reden; an Abtreibung war nicht mehr zu denken. Hätte man den Vater angezeigt, wäre er ins Zuchthaus gekommen und die Familie mittellos gewesen. Ich ging zu Helene Stöcker; im Gespräch wunderte ich mich, daß sie eher noch vorurteilsloser war als ich. »Wir wollen lieber gleich vergessen, von wem das Kind ist«, sagte sie und brachte das Mädchen im Heim für uneheliche Mütter unter, welches sie im Auftrage der Liga für Menschenrechte aufgebaut hatte. Bis zur Niederkunft konnte das Mädchen dort im Haushalt leichte Arbeit verrichten. Das Kind wurde adoptiert, während ich beim Vater durchsetzte, daß das Mädchen zu einer Tante nach Weimar kam und dort eine Lehre als Friseuse begann. Das war ihr Wunsch. Ich fand einen armseligen Haushalt in einem Hinterhof in Charlottenburg vor. Der Vater verdiente als Buchhalter gar nicht so schlecht, die Frau war völlig zerquetscht und hatte nur Angst. Es war gar nicht ganz leicht, das Mädchen loszueisen, aber ich war auch entschlossen und setzte mich durch.

Mit der Zeit wurde die Jugendberatungsstelle zu einem Full-time-Job, und nicht nur für mich. Nach zwei Jahren begann sie langsam zu zerfallen. Die meisten Mitarbeiter angelte sich die Stadt, sie gingen auf Fürsorgeschulen, und auch ich mußte endlich daran denken, Geld zu verdienen, da bei uns ein Kind unterwegs war. Aber noch einige Jahre lang wurden mir Hilfsbedürftige ins Haus und in die Werkstatt geschickt. Das Ganze ist natürlich eine winzige Episode in der großen Stadt Berlin, und dazu ein Versuch, der keine Nachfolge hatte. Es gab viel größere Versuche, die von fortschrittlichen Menschen im Zusammenhang mit der

Kirche unternommen wurden. Ich wußte davon damals nur am Rande, und es kam nie zu einer Zusammenarbeit. Vielleicht am wichtigsten für uns war, daß wir mitmachten. Wir wollten helfen, und uns wurde geholfen. Wir wollten lehren, und wir wurden belehrt.

11

Diese traumhafte Sicherheit, die ich damals hatte, oder die Unverletzlichkeit, von der ich bei Hannchen sprach: beides Phänomene, die nicht nur bei Scheherezade verwundert geschildert werden. Sie selbst gehört ja zu ihnen. Als sie sich entschließt, dem Tun des mädchenmordenden Königs mit ihren Mitteln ein Ende zu setzen, erzählt ihr der Vater, der Wesir, um sie davon abzuhalten, eine lange Geschichte. Sie endet mit der Drohung, man könne einem verstockten Weibe auch mit einem Knüppel die Mucken austreiben. Er war nicht dafür, ein Mitglied seiner Familie für die andern zu opfern. Bei allem Kummer, den ihm die Blutherrschaft des Königs bereitete, lag ihm doch die Sicherheit seiner Familie und seiner Stellung am meisten am Herzen.

Ich sehe die Szene vor mir: Den tobenden Vater und das völlig ungerührte Mädchen, das sich fast mitleidig seine hilflosen Drohungen anhört. Sie ist sich ihrer Sendung bewußt und tritt ohne Angst auch dem König entgegen. Wenn sie ihn auch stets mit »glücklicher König« anredet, so klingt doch ihr leiser Spott mit. Er ist der Kranke und von dem Zauber ihrer Gesundheit abhängig. Es dauert lange, bis er es selber merkt.

Die Saga von der Unverletzlichkeit geht durch unsere ganze geschichtliche Märchenwelt. Begründet wird sie je nach den gedanklichen Moden einmal mit der Keuschheit, ein andermal mit Zaubertränken. Es beginnt nicht bei Achilles oder der Siegfried-Sage und endet nicht mit den

Heiligen-Legenden oder der Jungfrau von Orléans. In jedem Falle sind höhere Mächte im Spiel. Ernst Bloch wehrt sich in einer Diskussion dagegen, hier von *Gnade* zu sprechen, man solle nicht gleich Gott bemühen, wenn etwas nur schwer erklärlich sei. Ich meine, schon deshalb nicht, weil auch der Fehltritt, der diesen Zustand beendet, nicht als eine sündhafte Überschreitung betrachtet werden kann, sondern vielmehr als eine notwendige Überschreitung der eigenen Kräfte und Grenzen.

Diese Unverletzlichkeit ist naturgemäß eines der Vorrechte der Jugend; die wunderbare Einseitigkeit, die noch guten Nerven lassen sie oft Schwierigkeiten überwinden, vor denen man später zurückschreckt. Später, wenn die Vielfalt der Aufgaben uns überrennen will, ist es nur wenigen gegeben, die Einfalt zu bewahren. Die Kirche umgeht diese Tatsache mit ihren Mitteln, mit der Hilfe und Gnade Gottes kann man den Versuchungen, vom rechten Wege abzukommen, widerstehen. Die Geschichte und die weltlichen Kirchen, die Ismen, pflegen den Zwiespalt fortzustilisieren. Ich versuche, bei meinen »Helden« das »dennoch« herauszustellen, nicht weil ich weiß, durch wieviel Untergründe man gehen muß, wie oft lächerliche Hemmungen zu überwinden sind, ehe es zu einer Tat kommt, die dann bewunderungswürdig ist. Oft resultiert die Tat gerade aus der Überwindung der Verletzlichkeit.

So wie uns Hans Litten in der Arbeit der Jugendberatungsstelle unterstützte, nahmen wir an seinen Aktivitäten teil. Er war in das Anwaltsbüro von Dr. Ludwig Barbasch eingetreten. Barbasch war ein sozialistischer Typ, der damals in Berlin nicht selten war. Ein glänzender politischer Theoretiker, aber auch voller Aktivität, ein kleiner Mann mit breiten Schultern, ein Revolutionär und dabei von bürgerlicher Genauigkeit und der Solidität eines Buchhalters. Er war kurz nach dem Krieg Justizminister einer Revolutionsregierung in Mecklenburg geworden, nach der Niederschlagung durch Regierungstruppen wurde er zum

Tode verurteilt, schließlich begnadigt und entlassen. Zu unserer Zeit, 1928, war er Mitglied der KAP (Kommunistische Arbeiterpartei), einer links von der KPD angesiedelten Partei, die sich auf Rosa Luxemburg berief, gegen den Zentralismus Lenins Stellung nahm und Stalin den Napoleon der Russischen Revolution nannte. Wie groß die Zahl ihrer Anhänger war, weiß ich nicht, es war auch kaum festzustellen, da sie sich an Wahlen nicht beteiligten. Sehr intensiv beteiligt war die KAP am Mitteldeutschen Aufstand (Max Hölz). Außerdem spielte sie eine erhebliche Rolle in der Diskussion innerhalb der revolutionären Linken. Ludwig Barbasch war ein politisch sehr streitbarer, aber auch damals schon ein sehr toleranter Mensch, sonst wäre er wohl kaum mit seinem ungebärdigen, etwa zehn Jahre jüngeren Sozius ausgekommen. Es war kein pompöses Büro, wie das von Apfel & Beck in der Friedrichstraße; mich erinnerte es eher an ein Bankgeschäft ganz alten Stils, wie es in Brechts ›Dreigroschenoper‹ beschrieben wird. Im Charakter waren sie beide gleich, das alte Büro am Molkenmarkt und das spätere in der Neuen Königstraße, unmittelbar neben dem »roten Rathaus«, unweit vom Alexanderplatz. Gegenüber, im Café Dobrin, konnte man die seriöse Geschäftswelt treffen. Bemerkenswert, wie viel sich damals noch in den Caféhäusern abspielte: Man traf einander und wußte genau, wann man den oder jenen, den man brauchte, dort finden würde. Die Beamten vom Rathaus, die Rechtsanwälte, meist in hitzige Diskussionen verwickelt, Journalisten, die ihre Informationen verarbeiteten, aber auch die Textilhändler, deren Zentrum in dem Gebiet um den Spittel- und Molkenmarkt lag.

Betrat man das Anwaltsbüro Barbasch-Litten, so stand man in einem durch eine hölzerne Barriere geteilten Raum, in dem die Sekretärinnen tippten; in der Mitte der Barriere hinter einem Stehpult stand mit Bart und mißtrauischen Äuglein ein kleines, quirliges Männchen als Bürovorsteher: Barbaschs Vater. Linkerhand, durch eine Glaswand abgetrennt, lag das Wartezimmer. Das Ganze sah recht kleinlich und bürgerlich aus, ganz sicher konnte man nicht vermuten, daß in den beiden übrigen Räumen zwei Revolutionäre residierten. Barbasch war aber auch ein Familienmensch; er wohnte mit seinem kleinen Sohn Fedor, dessen Mutter, eine Russin, bei der Geburt gestorben war, bei seinen Eltern. Überhaupt schien mir Barbasch immer dem Modell der sozialdemokratischen Führer um die Jahrhundertwende zu entsprechen wie zum Beispiel Wilhelm Liebknecht, dem Vater von Karl; bürgerliche Revolutionäre, wie man sie auch aus der 48er Revolution kannte, aufrechte Männer mit geordnetem Familienleben. »Der alte Herr« spielte im gemeinsamen Büro sicherlich eine wichtige Rolle, denn bei allem Idealismus ist schließlich auch ein Anwaltsbüro ein Geschäft. Das bescheidene Entgelt der »Roten Hilfe« für die politischen Prozesse reichte nicht weit, während andererseits für die einträglicheren Zivilprozesse nur wenig Zeit übrigblieb. Ich habe Barbasch erst in Palästina richtig kennen- und schätzengelernt. In der Nacht nach dem Reichstagsbrand wurden er und Hans Litten verhaftet. Er hatte jedoch das Glück, nach vielen Monaten im KZ Brandenburg entlassen zu werden und noch auswandern zu können.

Hans fühlte sich wohl in der Atmosphäre des Büros mit seiner überschaubaren Enge, wenn er auch manchmal über die Kleinlichkeit fluchte. Es fiel ihm nicht leicht, Kontakt zu andern zu finden, und kaum jemand, der ihn für kühl und unnahbar hielt, erkannte, wieviel Scheu und welche Ängste sich hinter dieser Maske verbargen. So konnte es geschehen, daß er Margot in ihrem Büro anrief, um zu klagen, wie traurig »alles« sei. Und sie, wenn sie herausgefunden hatte, daß es sich um behebbare Übel handelte, entfernte sich unter irgendeinem Vorwand aus dem Büro, fuhr mit einem Taxi zu ihm, um ihm die Bleistifte anzuspitzen und einen Mokka zu bereiten. Die Sekretärin erstarb vor Angst und Ehrfurcht, während er ihr gegenüber die Bitte nicht zu äußern wagte. Margot ging auch häufig abends zu ihm ins Büro und ließ sich Schriftsätze diktieren, besonders wenn es sich um Scheidungssachen handelte. Er hatte Hemmungen, sie der schönen Edith Sulkiewicz zu diktieren; »unzumutbar«, meinte er. Was er der immerhin älteren Sekretärin nicht zumuten wollte, diktierte er Margot nach ein paar Notizen druckreif mit Punkt und Komma in die Maschine. Edith Sulkiewicz, die auf diese Weise geschont wurde, war ein sehr hilfsbereites, tüchtiges, kräftiges Mädchen mit einem offenen, ausgesprochen slawisch-mongolischen Gesicht. Sie wurde hin und her gerissen zwischen den beiden Chefs, weil sie auch die klügere der beiden Sekretärinnen war. Später, und bis zu unserer Auswanderung, war sie unsere liebe Freundin und bekam 1933 gleichzeitig mit Margot ihr Kind.

Sie hatte einen merkwürdigen Stammbaum: Ihr Großvater, ein polnischer Adliger und Grundbesitzer, heiratete eine Japanerin, eine sehr vornehme und bis ins hohe Alter hinein schöne Dame. Nach dem Tode ihres Mannes hielt sie sich mehr in Paris und Monte Carlo auf als daheim in Polen und verspielte dort ihr gesamtes Vermögen; als sie nach Polen zurückkehrte, kam sie gerade zurecht, um die Pfändung des Gutes anzusehen, fiel um und war tot. Ediths Eltern lebten in Berlin in mehr als dürftigen Verhältnissen. Ihr Vater hatte den seltsamen Einfall, in Hausschuhen fortzugehen, um sich an der Ecke Zigaretten zu besorgen; es dauerte zwölf Jahre, bis er vorübergehend zurückkehrte. So ernährte die Tatarenprinzessin, wie ich sie nannte, guten Muts als Anwaltssekretärin ihre Familie. Das ist nun keine Geschichte aus 1001 Nacht, sondern aus Berlin. Sie heiratete später einen echten Räuberhauptmann und gebar ihm einen Sohn, der Timur genannt wurde, nicht nur nach dem Tatarenfürsten, sondern nach einem der ersten – expressionistischen – Romane von Kasimir Edschmid, den wir liebten, weil er sich in so extremen Gemütslagen abspielte. Das Jahr 1929, jenes Jahr, in dem die große, alles Schlimme auslösende Wirtschaftskrise begann, ist mir als das privat sorgloseste Jahr unseres damaligen Lebens in Erinnerung. Hans verdiente verhältnismäßig gut, Margot bei ihrer Filmgesellschaft auch, und ich brauchte kein schlechtes Gewissen zu haben, weil ich voll mit der Jugendberatungsstelle zu tun hatte. Wir planten eine Reise nach Paris, ich weiß nicht mehr, was uns anzog, war es der Louvre oder eine Picasso-Ausstellung. Ich weiß nur, daß die lange für Weihnachten geplante Reise aufgegeben werden mußte: Unser Kind war unterwegs, und ich mußte darangehen, unsere wirtschaftlichen Verhältnisse neu zu regeln. Eine Wegscheide, auch in politischer Hinsicht: Der Endkampf hatte begonnen.

Angefangen hatte es mit dem Verbot der Demonstrationen zum 1. Mai 1929. Schon vorher war es zu Zusammenstößen mit der Polizei gekommen, und die Preußische Regierung unter dem Sozialdemokraten Severing kämpfte bereits mit dem Rücken an der Wand gegen den wiederkehrenden Nationalismus. So legte sie, um die Bürger zu beruhigen, Wert auf Ruhe und Ordnung in Berlin. Der 1. Mai war aber noch der Kampftag der Arbeiter für ihre Rechte, die wirklich in jeder Phase der Weimarer Republik bedroht waren. Es war noch nicht der »Tag der Arbeit«, wie ihn Jahre später Hitler proklamierte, und auch nicht der Tag der Spaziergänger mit schönen Reden, wie er heute begangen wird. Immer von neuem mußte man sich das Recht zu Demonstrationen am 1. Mai erkämpfen, durfte es sich nicht nehmen lassen. Eigentlich hätten auch die Regierenden es wissen müssen, daß es Punkte gibt, wo man sich von der Basis trennt. Es waren auch keineswegs nur Kommunisten und Arbeitslose auf der Straße, sondern viele altgediente Sozialdemokraten. Es war selbstverständlich, daß wir uns an der Demonstration beteiligten, besonders weil es sich diesmal gewiß nicht um eine Parade handelte. An heutigen Verhältnissen gemessen war es natürlich dennoch ein äußerst friedlicher Aufmarsch. Es wurden keine Sachen beschädigt, keine Fensterscheiben zertrümmert. Das tat erst die Polizei mit ihren Schüssen. Der Polizeieinsatz war massiv, überall wurden wir von Horden mit Gummiknüppeln überfallen, aber immer von neuem schloß sich an anderer Stelle der Zug. Margot und ich konnten uns immer wieder irgendwie aus dem Gewühle retten, nur einmal stand ein Polizist hinter uns und schlug auf Margot ein, ich konnte gerade noch mit meinem Arm den Schlag abwehren. Schlimmer war es Hans Litten ergangen, der völlig zusammengeschlagen zurückkam. Er hatte am U-Bahn-Eingang Münzstraße gesehen, wie Polizisten einen Mann niederschlugen und ihn mit Tritten traktierten. Er drängte sich durch, sagte, er sei Anwalt und wolle ein Protokoll aufnehmen. Man schlug auf ihn ein, er ließ sich jedoch nicht beirren und notierte die Namen des Mannes und einiger Zeugen. Das gleiche versuchte er mehrere Male.

Hans hatte immer eine schwierige Einstellung zu Gefahren. Es war manchmal eine Qual für uns, mit ihm eine Straße zu überqueren, er hatte Platzangst und verdächtigte jedes Auto, ihm nach dem Leben zu trachten. Drängte ich ihn, so bewies er mir schlüssig, daß es doch völlig unsinnig sei, sein Leben unter einem Auto zu beenden. Galt es aber, einem Menschen beizuspringen, nahm er es mit einer Horde knüppelschwingender Polizisten auf, und ich glaube, er merkte es im Moment gar nicht, daß sie auf ihn einschlugen.

Am Ende jenes Tages waren 25 Menschen erschossen worden, nicht nur Demonstranten, sondern auch Passanten, die zufällig auf der Straße waren; dazu kam noch eine große Anzahl Verwundeter. Das Resultat war, daß die Spaltung innerhalb der Arbeiterbewegung größer geworden war. Die kaum vernarbten Wunden aus der Zeit Noskes waren wieder aufgerissen.

Hans Litten erstattete Strafanzeige gegen den Berliner Polizeipräsidenten Zörgiebel und seinen Assistenten Weiß wegen Anstiftung zum Mord in dreiunddreißig Fällen. Natürlich wurde ihr nicht stattgegeben. Es gab aber öffentliche Anhörungen und Protestversammlungen der »Roten

Hilfe« im großen Haus des Zirkus Busch, auf denen außer Politikern auch viele bürgerliche Anwälte und Hans Litten sprachen. Es war sein erstes öffentliches Auftreten in Berlin, und er sprach scharf und sachlich.

Es ist nicht meine Aufgabe, die Politik nachträglich zu kritisieren. Die Fehler, die damals gemacht wurden, sind Fehler, die sich oft und immer wiederholen. Ich möchte mich auf das beschränken, was wir damals dachten, und erklären, warum wir so handelten. Ich denke, es ist genug, wenn mir das gelingt.

Hans Litten sahen wir in jenen Tagen wenig; nachts kam er zu uns, und wir sprachen die Ereignisse des Tages durch, und am Sonntag hatte er einige Stunden Zeit. So fuhren wir diesmal im Sommer allein nach Ostpreußen und auf die Kurische Nehrung.

Es war gar nicht leicht, Margot für drei bis vier Wochen vom Büro loszueisen, sie hatte offiziell nur wenige Tage Urlaub, aber sie schaffte es doch jedesmal, vom Vertrauensarzt der Krankenkasse einen Erholungsurlaub zugestanden zu erhalten. Sie sah ohnehin immer elend und mager aus und brauchte nicht viel zu spielen. Sie sollte sich also zwei bis drei Wochen in guter Luft aufhalten, deshalb meldeten wir sie auf der Hinfahrt bei Freunden in Marienburg an, auf der Rückfahrt wieder ab, und auf diese Weise erhielt sie sogar eine kleine Summe Krankengeld. Diesmal machten wir in Königsberg nicht, wie im Jahr zuvor, einen Umweg um mein Elternhaus. Um Streit zu vermeiden, hatte ich mit Margot bei einer Freundin logiert, konnte es aber doch nicht lassen, Margot die Kneiphöfische Langgasse zu zeigen, darauf hoffend, daß mich niemand erkennen möge. Margot ging in das Geschäft meines Vaters und kaufte ein Taschentuch bei ihm. Es war gut, daß sie ihn auf diese Weise wenigstens gesehen hatte, denn wenige Monate später, im Februar 1930, erlitt er einen Schlaganfall. Ich wurde nach Königsberg gerufen und sah ihn langsam sterben. Es dauerte nur eine Woche, sie war aber quälend lang. Er hatte das

Glück, nicht mehr aus der Bewußtlosigkeit zu erwachen, und dennoch war es schwer anzusehen, wie er mit dem Tode oder mit dem Leben rang. Er warf sich hin und her, zuckte, bäumte sich auf, und all das mit unverändert starren Augen. Oft beugte ich mich über ihn und versuchte mit ihm zu reden, in der Hoffnung, er würde mir ein kleines Zeichen des Verstehens geben. Mich erschütterte nicht der Tod, sondern das Sterben, wieder hilflos allem ausgeliefert zu sein wie am Anfang des Lebens. Ich hatte nie ein besonders gutes Verhältnis zu meinem Vater gehabt, aber mir gefiel die ungespreizte Art seiner Würde, und ich konnte mich schwer damit abfinden, daß einem am Ende seines Lebens auch dies noch zerschlagen werden konnte. Als er starb, wurde die Trauer überlagert von dem guten Bewußtsein, was ihm dadurch erspart geblieben war.

Ehe ich nach Berlin zurückkehrte, überwog das Glück, mit meinen vier Schwestern wieder einmal an einem Tische zu sitzen. Ich wußte damals noch nicht, daß es das letzte Mal sein sollte, denn obwohl sie noch alle am Leben sind, sind Meere und Grenzen zwischen uns, die schwer zu überwinden sind. Einige Monate später, im Juli, wollte ich sehen, wie Mutter sich mit dem Alleinsein abgefunden hatte, obwohl ich eigentlich schon wußte, daß sich bei ihr kaum etwas verändert haben würde. Sie war dem Tod und der Beerdigung ausgewichen, indem sie krank wurde, hatte geweint wie ein Kind und war dann unmittelbar in ihr Alltagsleben zurückgekehrt. Mit 31 Jahren war sie aus einer behüteten Kindheit in eine behütete Ehe gekommen; als Kind und auch später war sie häufig krank. Die fünf Kinder zu bekommen machte ihr jedoch anscheinend keine Schwierigkeiten. Sie fällte selten Entscheidungen, überließ das ihrem Mann, und wenn wir Probleme hatten, gingen wir zu unserem Kindermädchen Helene oder zu unserem Vater. Sie war aber eine sehr freundliche Frau, und wir liebten sie, wie sie war. Jede Woche las sie einen dicken Roman aus der Leihbibliothek; Vater behandelte sie, glaube ich, sehr freundlich, wie ein unmündiges Kind. Es gab selten Streit, und wenn, dann wohl überwiegend über uns oder die Dienstmädchen. Dann war sie so lange unglücklich, bis die baldige Aussöhnung erfolgte. Dabei hatte sie viele gute Anlagen und sicher auch einige Energie, die sie zum Beispiel bewies, als sie es noch 1939, zu Beginn des Krieges, fertigbrachte, zu meiner Schwester nach Argentinien zu entkommen. Wir Kinder nahmen das Verhalten meiner Mutter als selbstverständlich hin. Es war ja auch beinahe das ideale Rollenverhältnis einer bürgerlichen Frau um die Jahrhundertwende.

Vielleicht war es gerade der Gegensatz zu meiner Mutter, der mich bei Margot so anzog. Für meine Mutter war es wohl zunächst ein großer Schock, als ich mit einer »Freundin« nach Hause kam – was würden die Verwandten sagen! Sie selbst war sehr freundlich zu dem »Kindchen«, und ihre Gerechtigkeit ging so weit, daß sie keineswegs meine Partei nahm. »Schick doch das Kind zurück zu seiner Mutter«, schrieb sie mir später, »es ist doch nicht recht, was Du tust.« Sie war eine gute Frau, und man mußte sie liebhaben.

Das »Kind« und ich entwichen bald auf die Kurische Nehrung. Berlin war gut, aber so richtig glücklich sein konnte man nur auf der Nehrung; nackt über die baumlosen Dünen rennen, einmal im Brackwasser des Haffs, einmal in der salzigen See baden, kein Mensch weit und breit. Alles, was es an Sorgen gab, war in der Stadt zurückgeblieben. Nächte im wie eine Fahne wehenden Zelt auf der Düne. Für zwei Wochen waren wir wieder die Götterkinder, denen nichts etwas anhaben konnte. »Schlange«, sagte ich zu ihr beim kleinen buckligen Schuster in Schwarzort, der Margots Sandalen richtete. »Das ist doch keine Schlange«, sagte der, »die schmiegt sich doch an wie ein Täubchen!« Wir beschlossen dann, ein Kind zu haben, wir wollten unser Glück immer noch vergrößern. Da kann man nur wieder Else Hohl, die waschechte Berlinerin, zitieren: »So dußlig war man in der Jugend, so wundervoll dußlig!« Es war wohl das Unvernünftigste, was wir uns ausdenken konnten. Um noch einmal Else Hohl vom Wedding zu zitieren: »Sie hatten vorne nischt und hinten nischt, und kochen konnte sie auch nicht«, oder auch meine Tante Sophie, die etwas bucklige, weißhaarige Schwester meines Vaters: »Und noch nicht einmal Bettlaken haben sie.« Uns hätte ja doch die aussichtslos verfahrene politische Situation warnen sollen. Hinzu kam, daß Margot sich einen zum Geldverdienen hoffnungslos ungeschickten Mann ausgesucht hatte. Die Geldsorgen blieben uns auch erhalten, bis wir Großeltern waren.

Dennoch sind es gerade diese »Dußligkeiten«, die uns nicht nur Freude bereitet haben, sondern uns auch das Leben retteten, denn ohne die beiden Kinder wären wir nie rechtzeitig ausgewandert. Von Anfang an stellte sich die Frage: Kinder zu haben und nichts von dem aufzugeben, was zu tun notwendig ist. Nicht sich aus der politischen Arbeit zurückzuziehen und die Eltern zu gleichen Teilen zu belasten, damit jeder auf seine Kosten komme.

Nun, als Margot schwanger war – in der Jugendberatung sagten die Mädchen von sich, sie wären »verfallen« –, gab es doch einige Dinge zu regeln, die wir anfangs nicht bedacht hatten. Irgendwie mußten wir das Papier für den »amtlich erlaubten Beischlaf« erhalten, wie wir damals sagten. Wir mußten heiraten, nicht nur, damit das Kind einen, meinen Namen hätte, das wäre nicht so wichtig gewesen, aber da Margot minderjährig war, hätte es auch einen amtlichen Vormund bekommen. Außerdem gab es noch das Wohnungsamt, das den Trauschein zur Voraussetzung für den Nachweis einer Wohnung gemacht hatte. Zudem erwies sich Margots Jugend als ein Hindernis. Sie mußte die väterliche Einwilligung zur Heirat haben. Jetzt wiederholte sich die Szene zwischen Scheherezade und dem Wesir, mit dem Unterschied allerdings, daß Margots Vater nicht Wesir, sondern ein Gentleman war. Die beiden trafen sich im Café Dobrin. Margot eröffnete, daß sie ein Kind erwarte, welches sie auch zu haben wünsche – und daß es aus verschiedenen praktischen Gründen zweckmäßig sei, zu heiraten. Da sie dieser Formalität keine Bedeutung beimesse, dürfe er, der Vater, den Partner hierfür bestimmen, zur Auswahl stünden Hans Litten (Rechtsanwalt) und Max Fürst (Tischler). Der Vater schlug vor, am besten den Vater des Kindes zu wählen. Anschließend sprachen sie über andere Themen, zum Abschied überreichte ihr der Vater eine große Bonbonniere und bekam auf die Frage, ob er auch ohne das Erfordernis seiner Unterschrift ins Vertrauen gezogen worden wäre, die sachliche Antwort, man würde sich dann gefragt haben, ob er sich über das Ereignis eher freuen würde oder nicht. Es sei jetzt nicht nachzuvollziehen, wie man sich entschieden hätte. Wir hatten uns auf eine dramatische Szene vorbereitet, und nun war es 1:0 für den Vater ausgegangen.

Die Mutter war natürlich entsetzt, sprach von »sich sein Leben zu zerstören...«, was ja vom bürgerlichen Standpunkt aus richtig war, und wer weiß, wie so etwas ausgeht, und eigentlich waren die Chancen schlecht.

Wir gaben vor, der ganzen Angelegenheit keinen Wert beizumessen, waren aber doch kindlich genug, beim Standesamt schnell noch um einen Termin im November, vor Margots 17. Geburtstag, nachzusuchen. Es mißlang, und ich mußte mich damit zufriedengeben, vier Tage später eine Siebzehnjährige geheiratet zu haben. Sicher haben wir uns sehr merkwürdig benommen. Zunächst hatte ich keine anständigen Hosen, deshalb versuchten wir, in eine Trainingshose Bügelfalten hineinzubügeln. Dann hatte ich einmal gehört, daß man seine Braut über die Schwelle seines Hauses tragen müsse. Da wir kein Haus hatten, trug ich sie an den erstaunten Beamten und Wartenden vorbei durch das Amtsgebäude zum Standesamt hinein. Der Standesbeamte war ernst und würdig – bis auf die leider unübersehbare rote Schnapsnase. Wir hatten zwei wirklich glaubwürdige Trauzeugen mitgebracht – Hans hatte gerade einen Termin auf dem Gericht, deshalb sprang im letzten Augenblick die Sekretärin des Apfelschen Anwaltsbüros ein, Christine Jürgens (31) – der zweite war unser Freund Fritz Bloch, immerhin Elektroingenieur bei der AEG. Trotzdem wäre der feierliche Akt beinahe gescheitert. Vom Fenster gegenüber sah uns ein Mann zu, der gerade beim Rasieren war, mit Schaum im Gesicht, dickem Bauch und herabhängenden Hosenträgern. Es war alles so unwiderstehlich komisch, daß wir ständig mit unseren zuckenden Mundwinkeln zu tun hatten, auch unsere ehrenwerten Trauzeugen boten keinen sittlichen Halt. Zweimal unterbrach sich der Standesbeamte in seiner Rede und wollte uns hinausschicken, weil wir offensichtlich den Ernst der Situation nicht voll realisierten, schließlich klappte es aber doch. Margot fand es lächerlich, sich dieser Angelegenheit wegen einen freien Tag zu nehmen (während sie sonst gern jede Gelegenheit dazu wahrnahm), sie hatte sich also nur für zwei Stunden abgemeldet. So reichte es auf dem Rückweg gerade zu einem Eisbecher bei »Mokka Efti« in der Friedrichstraße. Es war der größte Luxus, den unser reicher Freund Fritz Bloch uns spendierte. Anschließend ging jeder an seine Arbeit. Als ich Margot am Abend aus dem Büro abholte, gab es dann doch noch eine Überraschung. Margots Chef, dem sie notgedrungen den Grund ihrer Beurlaubung eingestanden hatte, hatte die Mär von der Heirat »der kleinen Kommunistin« – so nannte man sie dort – im Büro verbreitet. Es zeigte sich, wie beliebt sie war. Man hatte gesammelt und lauter nützliche Gegenstände gekauft. Ein Kaffeeservice mit Zwiebelmuster und sogar Bettlaken waren darunter. Ja, die Kunde hatte sich auch in der Friedrichstraße verbreitet, und so kam noch das Primeltöpfchen der Klofrau dazu. Zu Hause war inzwischen von den Mitarbeitern der Jugendberatungsstelle und dem Büro Apfel & Beck eine Torte abgegeben worden, kurzum, der Tag endete durchaus festlich.

Mich erstaunte, daß die so selbständige, individualistische Margot den neuen Namen sofort akzeptierte und sich nie versprach, während ich noch jahrelang Briefe an ihren Mädchennamen adressierte.

In den langen Monaten, bis das Kind geboren war, arbeitete Margot weiter im Büro der Filmgesellschaft, tippte Werbetexte, notierte Untertitel für die blödsinnigen Vorfilme aus Amerika und stellte Programmhefte für die abendfüllenden Filme zusammen. Der Pressechef erkannte ihre Fähigkeiten und forderte sie oft auf, selbst Texte zu schreiben, was sie strikt mit dem Hinweis darauf ablehnte, daß es genüge, wenn einer sich seinen Stil verdürbe. Sie wollte auch keine Überstunden machen, weil ihre Freizeit, wie sie sagte, unbezahlbar sei. Einmal wurde sie zu einem gleichaltrigen jungen Filmstar – es war Marianne Winkelstern – geschickt, um sie zu interviewen. Der Pressechef hatte es sich so gut vorgestellt, die beiden jungen Mädchen miteinander reden zu lassen. Das Unternehmen scheiterte vollständig. Margot konnte keine indiskreten Fragen stellen, während die andere darauf brannte, sie zu beantworten. Dafür machten wir Abende lang Kreuzworträtsel für die Film-Zeitung, eine lustige Arbeit, in der wir eine große Fertigkeit entwickelten.

Am Abend vor der Geburt des Kindes waren wir noch im Kino; ›Therese Raquin‹ war ein guter Film, schilderte aber die menschliche Bestie so schauderhaft, daß ich immer angstvoll auf Margot sah, ob ihr das nicht schaden könnte. In der Nacht weckte sie mich, da sie merkte, daß es soweit war. Die Wehen waren bereits so stark, daß ich fürchtete, das Kind würde noch im Taxi zur Welt kommen. Endlos, bis uns die Klinik geöffnet wurde! Auf einer Bank warteten wir auf die Schwester, die sich bei Margot erkundigte, wo denn die Wöchnerin sei. Man sah ihr immer noch kaum etwas an. Ob sie die Treppe wohl noch hinaufsteigen könne, weil es so lange dauern würde, bis der Fahrstuhlführer käme. Endlich lag sie auf einer Bahre und flüsterte, als die Wehen wieder einsetzten: »Mein Gott, tut das weh.« Alles lachte, als ich meinte: »Du könntest etwas konsequenter sein und sagen: Karl Liebknecht, Rosa Luxemburg, tut das weh.« Die Schwester flüsterte mir noch zu: »Sie können gleich darauf warten.« Das tat ich, und nach einer halben Stunde konnte ich mir das Kind ansehen. Ich fand es gleich aus einem Dutzend Babys heraus. Es schrie und steckte die Fäustchen in die Augenhöhlen, das tut Margot immer noch, wenn sie sehr lachen muß. Es war ein Mädchen. Wir nannten sie Birute nach einer litauischen Fürstin und gaben ihr den bürgerlichen Namen Hanna dazu, damit sie später nicht unter den Verrücktheiten ihrer Eltern leiden müsse. Das hatten wir von Wedekind gelernt, der Pamela auch noch einen zweiten Namen, ich glaube: Grete, gab, falls sie sich zu einer Familienmutter berufen fühlen würde. Dann ging ich zu Margot, sie lag mit sechs anderen Frauen in einem Raum. Nichts von dem Glanz junger Mütter: »Bring mir bitte etwas zu lesen, sonst langweile ich mich hier.« Ich ging nach Hause. Hans hatten wir nicht geweckt, weil er sich nur furchtbar aufgeregt hätte. Margot läßt dich grüßen und das »Kleine Winzige« auch. Eine Zeitlang hieß es dann so, bis sie sich selbst den Namen *Mop* gab, den sie bis heute beibehalten hat. Am Nachmittag gingen wir beide, Hans und ich, sehr gut gestriegelt, ins Krankenhaus und brachten Margot Blumen und Bücher.

Nach einigen Tagen verließ Margot »auf eigene Gefahr« die Klinik. Hans zog in das kleinere Zimmer, mußte aber Akten und Bücher bei uns lassen. Es war eng, hinzu kamen eine Hitzewelle und entsetzlich viele Wanzen. Die neue Wohnung am Bülowplatz in der Koblank-(heute: Zola-)straße wurde erst einen Monat später frei.

Meine Mutter war weit. Ich hatte ihr erst von der Heirat geschrieben, als alles vorüber war, und bekam einen rührenden Mutter-Brief: »Ich bin natürlich sehr traurig, daß Du Margot so unglücklich gemacht hast. Nun betrachtet die Ehe nicht als etwas, in das man hineinspringt, um gleich wieder hinauszuspringen, sondern haltet es so, wie Vater und ich es gehalten haben: Dein Weg sei mein Weg...« Er belustigte uns sehr, dieser Brief einer altmodischen Dame, wir zitierten ihn oft – und befolgten ihren Rat.

Margots Vater war in Begleitung ihrer Mutter geschäftlich in Ägypten. Hilfe kam von einer Seite, von der wir sie nicht erwartet hätten. Eine junge Frau trat in die Werkstatt. Ich mußte erst dreimal schlucken, ehe ich sie erkannte. Als kleiner Junge in Königsberg hatte ich mich einmal heftig in sie verliebt. Sie gehörte zu dem Kreis um Hannah Arendt, hatte einen reichen Vater, dem dort ein ganzer Vorort gehörte, hieß inzwischen Ruth Marx und war bekannt für ihre schnippischen Bemerkungen. Dementsprechend begann sie die Konversation mit den Worten: »Ich habe gehört, daß Sie ein Kind geschändet haben.« Ich bin sicher rot geworden, erwiderte aber: »Ja, und mit gutem Erfolg« und konnte mir natürlich nicht verkneifen zu sagen: »Wir haben ein wunderschönes Kind.« Sie wurde ernsthaft und bat mich, ihr zu erlauben, »meine Frau« zu besuchen. Ich gestehe, daß ich zum ersten Mal diese Bezeichnung für das Mädchen Margot hörte. Dann verschwand sie plötzlich. Kurze Zeit später war sie am Telefon: »Ich habe Ihnen die beiden gestohlen, sie sind bei mir; ich habe auch einen Sohn, einige Monate älter als Ihre Tochter, und eine Kinderpflegerin; es ist ja unerhört«, schimpfte sie mit mir, »wie Sie Ihre Familie untergebracht haben.« Das war natürlich geflachst, aber ich erwiderte, wir seien eben Arbeiter, und es gehe uns sehr viel besser als anderen. Sie hatte jedoch vollendete Tatsachen geschaffen, und so erlebte das Kleine Winzige, kurz: KLW, seine ersten Monate in höchstem Luxus oder was wir dafür ansahen. Margot, die unnatürliche Mutter, kam aber jeden Abend, nachdem sie das Kind genährt hatte, nach Hause, gegen alle Bedenken Ruths und ihres Mannes. Alfred Marx kannte ich aus Königsberg, er war der Sohn eines Bankdirektors und gehörte zu den Jungen, die am Sabbat ein Diener abholte, um ihre Schulsachen zu tragen. Er war Zionist und eine Zeitlang in Palästina gewesen, hatte in einem Kibbuz gearbeitet und hatte in Berlin irgend etwas mit Versicherungen zu tun. Die Wohnung war sehr gut und geschmackvoll mit Möbeln aus kaukasischem Nußbaum – der damaligen Holzmode – eingerichtet; sie lag im Westen in der Seesener Straße. Ruth war eine sehr schöne Frau, schlank und mit dem Gesicht eines edlen Hundes; sie war Tänzerin, Gymnastiklehrerin und machte Massagen. Heute kommt es mir sehr bescheiden vor, wie die Kinder von Millionären lebten, aber damals waren die reichen Eltern noch sehr puritanisch.

Ich war sehr erleichtert, denn ich brauchte nicht mehr von der Arbeit fortzulaufen, um Margot zu helfen, das Kind anzulegen und zu wickeln. Statt dessen baute ich wenigstens einige Betten (Couches), Regale, Hocker und Tische. Hans wollte endlich seine Bibliothek – es waren damals bereits mehr als tausend Bände – nach Berlin holen. Schränke, Schreibtisch und anderes Mobiliar folgten erst, als wir in die erste eigene Wohnung gezogen waren. Vorübergehend hatten wir eine möblierte Wohnung im gleichen Gebäudekomplex von Fritz Sternberg, einem linken Politologen – dessen Buch ›Der Imperialismus‹ viel diskutiert wurde –, gemietet. In der eigenen Wohnung konnten wir endlich auch Freunde ohne Mühe unterbringen. Es waren viereinhalb Zimmer, das halbe immerhin größer als unser früheres in der Münzstraße. Zeitweise hatten wir auch ein Mädchen für das Kind, was nötig war, weil wir ja alle drei arbeiteten. Das erste Zimmer gleich neben der Wohnungstür war unseres: schwarz gebeizte Möbel standen an den weiß tapezierten Wänden. Ich hatte einen wandfüllenden Schrank mit zwei großen Schiebetüren gebaut und einen Schreibtisch, der wie ein Band, mit abgerundeten Kanten, verlief. Er war so schön, daß ich ihn heute noch gern hätte. Die Strenge von Schwarz und Weiß entsprach wohl unserem Lebensgefühl. Im Kinderzimmer, nebenan, stand auch die Bibliothek, später, als das KLW laufen konnte, in seiner Reichweite mit Gittern bewehrt. Über dem Kinderbett hing ein Piperdruck in natürlicher Größe, van Goghs aufgehende Sonne über Feldern. Daneben lag das Zimmer von Hans. Er hatte seine Möbel von Königsberg bekommen, und es war immer mühevoll, zwischen Akten, Büchern, Couch und Schreibtisch Ordnung zu machen. Er arbeitete unentwegt, wenn nicht im Büro, dann zu Hause. Gegenüber, dem Hof zu, war das blaue Zimmer. Die Decke und drei Wände waren in hellem Blau gestrichen, die dem Fenster gegenüberliegende Wand leuchtete in sonnigem Gelb. Es waren die Farben des van Gogh-Bildes, es machte das Zimmer hell, und wenn wir es nicht an Freunde vermietet hatten, legte man sich dorthin, wenn man krank war, weil eine beruhigende, heilende Wirkung von ihm ausging.

In dieser Wohnung blieben wir, bis Hans Litten 1933 verhaftet wurde.

12

Meine erste Werkstatt. Sechs weitere sollten folgen, und alle wurden durch »höhere Gewalt« aufgegeben. Ich weiß nicht, welche mir die liebste war, ich denke, die letzte. Sie lag in Stuttgart, auf einem Trümmergrundstück im Vorort Zuffenhausen. Sie sollte schon abgerissen werden, als ich einzog, und steht heute noch.

Die erste Werkstatt war in der Georgenstraße, nahe dem Bahnhof Friedrichstraße. Die Straße verlief parallel dem Bahndamm, und ich konnte beim Arbeiten, ohne aufzusehen, die Züge unterscheiden, die dem frisch umgebauten Bahnhof zustrebten, dann sanft quietschend hielten oder abfuhren und langsam in Fahrt kamen. Das kleckernde Geräusch der Stadtbahn und das Brausen der Fernzüge, gemischt mit dem stöhnenden Anlauf der Dampfloks. Es waren doch ruhigere Geräusche als die der Autos heute, rhythmisch wie das Wellenspiel des Meeres.

Kam man aus der Stadtbahn heraus, so lag in der Friedrichstraße zur Spree hin der Admiralspalast, ein Kino, wo es von 11 bis 1 Uhr eine Nachtvorstellung gab. Es war oft gerade die Zeit, wenn ich mit der Werkstatt fertig und auch Margot frei war. Auf der anderen Seite der Bahnunterführung das Aschinger-Haus mit seinen blauweißen Kacheln, und an der Ecke Georgenstraße, in den Bogen gebaut, welcher den Bahnkörper trug, das damals so berühmte Franziskaner-Restaurant. Wir haben mit der Zeit alle Reparaturen für dieses Etablissement gemacht. Stühle – das ging ja noch, aber wenn die Küchentische mit den aufgeplatzten Ahornplatten kamen, mußten wir sie zunächst stundenlang auf dem Hof abscheuern, das alte Fett in den Fugen stank zu erbärmlich. Wir lernten, daß wir mit Appetit nur dort essen konnten, wo wir die Küche nicht kannten.

Verglichen mit dem Trubel der Linden und der Friedrichstraße war die Georgenstraße eigentlich still, bis auf den Stoßverkehr von Schülern, Studenten und Professoren zur nahe gelegenen Universität mit ihren Instituten. Ich wußte, als ich die Werkstatt aufmachte, noch nicht, daß sie meine liebsten Kunden werden sollten. Prinz-Louis-Ferdinand-Straße hieß die erste Querstraße zur Georgenstraße, vom Bahnhof aus gesehen; sie führte auf der einen Seite unter dem Bahndamm durch zum Weidendamm, auf der anderen zur Staatsbibliothek. An unserer Ecke war der große Buchladen von Collignon; ich war anfangs eher mißtrauisch gegen die betont christliche Buchhandlung, sie erwies sich jedoch später als freundlich uns gegenüber und in der Gesinnung stabil in der Nazizeit. Nebenan gab es ein Grammophon- und Schallplattengeschäft, während die Werkstatt der angrenzende Laden in der Georgenstraße war, neben einer Kneipe, an der mir nichts bemerkenswert schien als eine so schön schlechte Wandmalerei über der Theke, die ein jämmerliches Kamel auf einer Wiese zeigte, darunter verschnörkelt der Spruch:

»Wenn über eine schlechte Sache
mal endlich Gras gewachsen ist,
kommt sicher ein Kamel gelaufen,
das alles wieder runterfrißt.«

Ich schickte öfters Freunde hinein, die schmunzelnd zurückkamen. Direkt an die Kneipe schloß sich das Museum für Meereskunde an, ich ging aber immer nur hinein, wenn ich dort zu arbeiten hatte. Das Haus daneben – es stammte aus der Jahrhundertwende und hatte einen halbrunden Vorhof – beherbergte die Polizeiwache, die einzige ihrer Art, die mich für einen guten Bürger hielt und mir Freund und Helfer war. Weiter ging es – und geht es noch heute – zum Kupfergraben mit schönen alten Häusern, während vom anderen Ufer der stolze (»prangend« hatte Kurt Tucholsky seinerzeit geschrieben) Bau des Pergamon-Museums aufragte. Ein Buch könnte man füllen mit der Beschreibung dieser Gegend, die viele Gesichter hatte, geprägt von den vielen Fremden, die sie durcheilten, und den »Eingeborenen«, die zu bestimmten Stunden kamen und gingen.

Werkstätten wie meine mit einem Schaufenster zur Straße hin gab es viele im damaligen Berlin. Lugte man durch die staubige Schaufensterscheibe, sah man viel altes Gerümpel, noch zu verwertende Reste, reparierte Stühle. Ich hatte gar keine Ambitionen, als ich begann. Reparaturen machte ich immer gern, schon weil wenig Material gebraucht wurde. Sie gehörten in die Abteilung »Straßenfegen«, wie ich es nannte: Eine vernünftige, wichtige Arbeit, und dazu gehörten in jener Zeit Saubermachen, Windeln waschen, alles Arbeiten, die eigentlich viel zu schwer sind, um sie Frauen zu überlassen. Man hat nach getaner Arbeit ein so gutes Gefühl, ohne sich dabei besonders engagiert zu haben. Neue Möbel zu bauen ist eine ganz andere Aufgabe, die viel Aufmerksamkeit erfordert, einen Menschen völlig in Anspruch nimmt. Das wollte ich zuerst gar nicht, aber mit der Zeit kam ich doch dahin.

Zunächst mußte ich aber einen Gehilfen haben. Ich scheute den einfachen Weg zum Arbeitsamt. Ich hätte nicht den Mut gehabt, einen, den sie schickten, abzuweisen, und dann hätte ich ständig einen stoffligen Menschen um mich gehabt. In einer so kleinen Werkstatt ist die Zusammenarbeit schon beinahe eine Ehe, eigentlich eben viel schlimmer, wenn man sich nicht versteht. Ich hatte das noch gründlich zu lernen. Auf einer Bank im Park kam ich mit einem Menschen ins Gespräch, einem Militärflüchtling aus Jugoslawien, das damals noch Königreich und halb faschistisch war. Er war Tischler, konnte aber in Deutschland keine Arbeit bekommen, weil ihm die Arbeitserlaubnis verweigert wurde. Ich konnte ihn aus ebendiesem Grunde auch nicht einstellen; so nahm ich ihn als Sozius auf. Als Selbständiger bekam er Papiere und die Aufenthaltserlaubnis. Das war nun von meiner Seite aus nicht etwa reine Gutherzigkeit. Ich denke, es war wohl der Vorwand, den Schwierigkeiten aus dem Wege zu gehen, die mir der Gedanke an pünktliche Lohnzahlungen bereitete. Mir war auch nicht wohl in der Rolle des Unternehmers – es war wohl, schlicht gesagt, Dummheit.

Adam Eregdi, so hieß er, war keineswegs Jude, er war Katholik, Dissident und Kommunist. So nannte sich damals alles, was irgendwie nonkonformistisch war. Daß er katholisch war, erfuhr ich erst, als er meine Bitte, mir zu zeigen, wie man ein Kreuz schlüge, streng ablehnte: mit heiligen Dingen treibe man keinen Spott. Vor allem aber hatte er einen brennenden Ehrgeiz; schon bald wollte er die Werkstatt für sich haben und mich als Vertreter anstellen. Sicherlich war er ein besserer Tischler als ich, aber er sprach ein jugoslawisches Deutsch und schreiben konnte er die Sprache überhaupt nicht. Eigentlich war alles ganz naiv. Wir sprachen damals oft von dem »gesunden Egoismus« der Balkanvölker. Ich bin ihm in jeder Form begegnet, bei Arbeitern und bei Intellektuellen. Es gab natürlich auch andere Typen, die aus lange vernachlässigten Gebieten in ein nach ihrer Ansicht blühendes Deutschland kamen.

Sie mußten sich gegen alle Schwierigkeiten ihren Weg bahnen und vergaßen natürlich, daß nicht nur sie allein Schwierigkeiten hatten. Adam war so etwas wie ein Prototyp der Gattung. Er erkannte bald, daß er vielleicht mit mir fertig werden würde, aber nie mit Margot. Dafür schien es jedoch einen Ausweg zu geben. Als sie einmal krank war und ich darüber besorgt, sprach er in seinem zerdehnten Kauderwelsch die unsterblichen Worte: »Wäre es nicht besser, wenn die Margot sterben würde ... dann könnten wir beide zusammenziehen und ...« Ich hatte die Wahl, dreinzuschlagen oder zu lachen. Ich lachte, das heißt, wir beide lachten aus vollem Halse, Margot und ich. Er war wirklich so naiv und damals nicht imstande, auch nur einen Menschen neben sich zu sehen.

Inzwischen hatten wir doch so viel Arbeit, daß wir einen dritten Mann brauchten. Es kam Bernhard Hartkorn, ein blonder Riese aus Trier und der katholischen Arbeiterbewegung. Adam hatte ihn gebracht. Der war nun wirklich ein vorzüglicher Handwerker, und wir verstanden uns vom ersten Tage an. Adam hatte dafür gesorgt, daß er nicht Mitinhaber wurde, sondern Angestellter, was uns aber nicht daran hinderte, Freunde zu werden. Er fand bald heraus, daß Adam nicht zu uns gehörte, ich wußte es auch, aber ohne Bernhard hätte ich nie den Mut gehabt, ihn loszuwerden. Margot erzählt die Geschichte gern, wenn sie meine Geschäftstüchtigkeit schildern will. Für mein Leben gern wäre ich aufs Bauhaus nach Weimar, später nach Dessau gegangen. So schlug ich Adam vor, es für mich zu tun; ich hatte dort Freunde, die ihm den Eintritt erleichtern würden. Auf diese Weise kam Adam nach einjähriger Mitinhaberschaft in der Werkstatt zu einem von mir bezahlten zweieinhalbjährigen Stipendium am Bauhaus. Er war wirklich strebsam und intelligent, und als wir nicht mehr eine Ehe führten, verstanden wir uns viel besser. 1933 verlor ich ihn aus den Augen. Es gibt unzählige Adam-Geschichten, lustige und ärgerliche, aber nie böse, er verleugnete sich nie.

1968, während der Bauhaus-Ausstellung in Stuttgart, läutete nachts das Telefon: »Weißt du, wer hier ist?« Sofort erkannte ich die Stimme und das harte, gebrochene Deutsch. Dann kam er und war ein reizender älterer Herr. Zusammen lachten wir über einige der Adam-Geschichten. Er lebt in Oslo, ist Innenarchitekt des Konsum-Konzerns und hat eine Familie mit erwachsenen Kindern. Er hatte mich nicht vergessen. Wie er meine Adresse erfahren hatte? Nun, ganz einfach: er hatte in der Osloer U-Bahn einer jungen Frau geholfen, den Kinderwagen die Treppe hinaufzutragen; am gebrochenen Norwegisch erkannte er die Ausländerin, sie war aus Israel, Haifa: »Wenn Sie aus Israel kommen, müssen Sie doch meinen Freund Max Fürst kennen!« Sie kannte ihn nicht, aber ihre Eltern, und so erfuhr er meinen Aufenthalt in Stuttgart. Es ist eben alles einfach, wenn man Adam ist, der erste Mensch.

Mit Bernhard Hartkorn – die kleine Tochter taufte ihn schlicht »Bak«, und so will ich ihn weiter nennen – hatte ich einen Mitarbeiter, ich meine nicht die Vokabel, mit der man heute verschämt ausdrückt, was einer ist, für dessen Arbeit man mehr oder weniger gut zahlt, sondern einen, der jede Idee mitverfolgt und bei der Ausführung hilft. Ich war ja doch ein wenig ein Intellektueller geblieben, der Tischler ist. Er war es wirklich mit Kraft, Können und Phantasie. Zu uns kamen viele junge Doktoren, Studenten, Künstler und auch junge Arbeiter, die ein Zimmer oder eine Wohnung eingerichtet haben und keine Serienmöbel kaufen wollten, aber natürlich wenig Geld hatten. Ich lebte in den Ideen des Bauhauses, wollte und konnte aber auch meine Kundschaft nicht tyrannisieren. So wurde für jeden gezeichnet und entworfen, bis die Möbel paßten wie ein Kleid. Wir hatten ganz leichte Möbel aus Sperrholz auf Rahmen entwickelt, eine Methode, die wir nicht erfunden haben; sie wurde damals gerade von der Kleinmöbelindustrie angewendet. Da wir wenig Maschinen hatten – von meinen Schwiegereltern hatte ich einen nie zurückgezahlten

Kredit von 600 RM erhalten und dafür eine kleine, kombinierte Schneide- und Bohrmaschine gekauft –, mußten wir darauf achten, nicht zu oft zur Lohnmaschine laufen zu müssen. Das kostete Zeit und Geld. So machten wir noch viel Handarbeit. Bak brachte aber auch das Kunststück fertig, die verschiedensten Arbeitsgänge auf der kleinen Maschine auszuführen. Die Möbel waren jedenfalls sehr haltbar, einige stehen heute noch in Berlin, haben alles überdauert. Außerdem wendeten wir für Möbel etwas an, was üblicherweise nur für Paneele benutzt wurde: eine Umschlagbeize für Weichholz, also Kiefer, Fichte, Tanne. Sie machte die weichen Stellen hell und die harten Adern dunkel, dadurch ergaben sich immer wechselnde Strukturen und eine warme Tönung. Wir bevorzugten ein helles Grau, aber auch die Brauntöne kamen sehr gut heraus. Ein großer, zusätzlicher Vorteil der Beize bestand darin, daß sie ohne Wachs oder Politur haltbar war, weil sie tief in das Holz eindringt und trotzdem abgewaschen oder abgeschliffen werden kann. So konnten wir sehr billiges Holz massiv oder als Sperrholz verwenden, und es sah wunderbar aus.

Wir waren noch sehr unerfahren in all diesen Dingen, und auch das Polieren fiel uns schwer. Ich hatte es zwar gelernt, aber nie sehr viel Geduld dafür aufgebracht, und eine gute Handpolitur setzt viel Erfahrung voraus. So kam der Beizer-Max zu uns in die Werkstatt, ein kleiner, älterer Mann, der nach Feierabend für uns arbeitete; er war überragend geschickt. Hatten wir wieder einmal etwas vermurkst, kratzte er sich den Kopf, ging an die Arbeit, ohne uns Vorwürfe zu machen, und am Morgen fanden wir das tadellose Ergebnis vor. Er hatte es nicht sehr gerne, wenn wir ihm zusahen, aber er war ein großer Künstler. Einmal, als ein Kunde unzufrieden die für seinen Geschmack zu geringe Maserung eines Möbelstückes bemängelte und ich schon bereit war, alles neu zu furnieren, nahm er es in die Hand und zauberte eine reiche Maserung hin. Wie viele Begabungen ich in der Werkstatt entdeckte, und was für Werte da so vorkommen, dachte ich in meinem intellektuellen Hochmut. Ich hätte gerne aus allen Professoren gemacht, aber was soll das eigentlich? Man sollte doch froh sein, daß es in den arbeitenden Schichten helle Köpfe gibt, die es mit den Professoren aufnehmen können. Das Problem liegt ja höchstens darin, die Bezahlung auszubalancieren, und wirken kann man an jeder Stelle, manchmal fruchtbarer als auf der Universität. Ich tat mein möglichstes, um Interessen zu wecken, es wurde dankbar aufgenommen und keiner wurde dadurch unzufrieden mit der Arbeit.

Die Werkstatt wurde vor eine weitere Aufgabe gestellt: Unsere Kunden hatten meist sehr kleine Wohnungen, und so begann ich mich mit kombinierten und raumsparenden Möbeln zu beschäftigen.

Ich habe in den langen Jahren, in denen ich Werkstätten hatte, unendlich viele Kombinationen entworfen. Die originellste war wohl für ein Kinderheim in Israel, wo die Raumnot noch größer war als in Deutschland. Klappbare Kinderbetten machten tagsüber ebenfalls klappbaren Spieltischen Platz, und für Spielregale war auch noch Raum vorgesehen. Inzwischen hat sich die Industrie der Sache angenommen und macht es natürlich viel perfekter und mit eigens dafür angefertigten Beschlägen. Wir mußten uns von überall passende Beschläge zusammensuchen, zum Teil aus Katalogen ganz anderer Branchen. Unser Schlager aber wurde eine Schreibplatte, die in jeder gewünschten Größe mitsamt den Füßen aus Bücherregalen herauszuklappen war. Mich hatte es immer geärgert, daß man bei den üblichen Sekretären mit dem Gesicht zur Wand oder in den Schrank sah. Bei unserem Sekretär konnte man bis zu 2 m lange Platten herunterklappen, seitlich daran sitzen und ins Zimmer hineinsehen. Wir hatten mit unserem Freund, dem Architekten Werner Harting, solch einen Büroschrank-Sekretär für einen Verlag entwickelt und ihn dann immer weiter vereinfacht.

Von einem anderen Architekten kam die Anregung,

Stühle zu bauen. Der Auftrag lautete, einfach zusammenschraubbare Stühle für ein Feriencafé zu bauen; er regte uns zu eigenen Versuchen an, bis wir schließlich einen Sessel in Holz bauten, zu dem der berühmte Bauhausstuhl in Stahlrohr von Breuer Pate gestanden hatte. Es kam in unserer Version etwas ganz anderes heraus, war aber so gut in der Form und so praktikabel, daß ich die Herstellung dieses Modells nach meiner Rückkehr nach Deutschland wieder aufnahm. Soviel über meine Arbeiten. Ich, der ich in Königsberg während meiner Lehrzeit die Kunstgewerbeschule besucht, sie aber eigentlich mehr geschwänzt hatte, weil immer Dringenderes zu tun war, begann nun zu zeichnen: Möbelansichten perspektivisch für die Kunden und Werkzeichnungen für die Ausführung. Sehr geschickt bin ich nicht im Zeichnen, aber es reichte, um den Kunden einen Eindruck dessen zu vermitteln, was ich mir vorstellte.

Wenn Margot je eifersüchtig war, so war sie es auf die Werkstatt; sie nannte sie schlicht »die Hure«, mit der ich sie betrüge und ihr die Zeit stehle. Es war ja eigentlich nicht viel Zeit, die ich ihr stehlen konnte, ich hätte mich eher beklagen können, zu oft war einer von uns beschäftigt, wenn der andere gerade etwas Zeit hatte. Das ergab sich schon daraus, daß einer das Kind zu besorgen hatte. Alles Böse kam von der Hure, und als ich einmal kein Geld hatte, um mit Margot ins Kino zu gehen, maulte sie böse: »Immer brauchst du Nägel für deine Hure...« Na, der Satz ging in unseren Sprachschatz ein.

Als wir einen weiteren Mann in der Werkstatt brauchten, kam Erich Pinske zu uns; er war eigentlich kein guter Tischler, aber findig, und mit solchen Menschen konnte man arbeiten. Außerdem besaß er, was damals noch eine Seltenheit war, einen Führerschein, der uns bei Lieferungen sehr zustatten kam. Berlin war groß, Dreiradautos zu mieten kostete nicht viel, trotzdem lieferten wir vieles auf dem Fahrrad. Die Sitten waren noch nicht so streng, und so unternahm ich oft lebensgefährliche Fuhren, transportierte ganze Couches auf dem Rad, das Gestell auf dem Gepäckträger gegen meinen Rücken gelehnt, balancierte ich das Ganze mit zwei Seilen und der Lenkstange. Es gab noch wenig Ampeln, und von Vorfahrt wußte ich auch nichts. Abzusteigen mußte vermieden werden, aber schließlich gelangte ich auf diese Weise in kilometerweit entfernte Stadtteile Berlins. Erichs Bruder, Georg Pinske, war auch einer, aus dem man mühelos einen Professor hätte machen können – warum eigentlich? Vielleicht wirklich nur, damit sein Leben etwas leichter abgelaufen wäre. Georg verstand viel vom Buchhandel und hatte einen Bücherwagen an der Prinz-Louis-Ferdinand-Straße vor der Buchhandlung Collignon, ganz nahe der Staatsbibliothek. Es gab damals viele Bücherwagen, hauptsächlich Antiquariat oder Ramsch, aber das Hauptgeschäft wurde wohl mit Groschenheften gemacht. Georg Pinske hatte sich auf moderne Literatur und Kunst spezialisiert. Es war die Zeit, als die Bücher aus dem Kurt-Wolff-Verlag in den Ramsch kamen, ebenso Bücher aus Herwarth Waldens Sturm-Verlag und manch anderes Interessante von Außenseitern. Wir hatten uns bald angefreundet, und ich hatte immer das Vorkaufsrecht, wenn mich etwas interessierte. Er wußte binnen kurzem, was ich brauchte, und so kaufte ich für Pfennige, höchstens 1 Mark Bücher zusammen, für die heute oft dreistellige Summen anzulegen wären. Leider konnten wir nur wenige Bücher in die Emigration mitnehmen, der Rest verbrannte mit dem Haus eines Freundes, bei dem sie untergestellt waren.

Georg hatte mit den Nazis viele Schwierigkeiten, zu viele wußten, daß er »entartete« Kunst und Bücher, die verbrennungswürdig waren, weiter an Liebhaber verkaufte. Er war auch kurze Zeit im KZ. Als ich ihn 1950 in Berlin suchte, lag das ganze Viertel in Trümmern. Bücherwagen gab es nicht mehr. Nur die Stadtbahn ging wieder; wie alte römische Aquädukte schien sie am wenigsten von der allgemeinen Zerstörung betroffen. Noch im Bereich des Bahnhofs in der Friedrichstraßen-Unterführung war eine kleine

VEB-Buchhandlung. Schüchtern fragte ich dort nach Georg Pinske – da kam er schon, und wir lagen uns in den Armen, wie man es seit jeher tut, wenn man aus Lebensgefahr gerettet ist. Als ich ihn einige Jahre später das nächste Mal besuchen wollte, war er tot. Wieder einmal war er über die »entartete Kunst« gestolpert. Man hatte ihn entlassen, weil er nicht davon abging, daß moderne Kunst wichtig sei. Da hat er wohl nicht mehr die Kraft gehabt, neu zu beginnen, und nahm sich das Leben. Wir, die Jugend von damals, die wir den Nazis widerstanden, sind alle angeschlagen, nur wenige haben die Kraft, der gleichen Situation noch einmal zu begegnen. Hätte er nur zehn Jahre gewartet, so wäre die Engherzigkeit in der DDR gemildert gewesen.

Noch ein paar Worte über Erich Pinskes Verbleib. Wir sagten damals – es war wohl 1934 –, er sei auf »natürliche« Weise aus der Werkstatt verschwunden. Das geschah so: Ein Mädchen betrat die Werkstatt, ein hübsches »Bergner«-Mädchen mit mutigem Gesicht und braunem Bubikopf. Sie bestellte einige Regale und einen Tisch. Erich wurde mit der Lieferung beauftragt. Es war gerade viel zu tun, deshalb ärgerte ich mich, daß er, obwohl es sich nur um eine kleine Montage handelte, den ganzen Tag über wegblieb. Als ich am nächsten Tag nachfragte, antwortete er bockig und rot werdend: »Du brauchst mir ja die Zeit nicht zu bezahlen.« Derweil läutete das Telefon. Das Mädchen meinte, es seien noch einige Dinge zu reparieren. Ich versprach, gleich zu kommen, sie bestand jedoch auf dem »Tischler von gestern«; boshaft fragte ich »welchen«, aber seinen Namen kannte sie nicht. Ich versprach, ihn nach Feierabend zu schicken. Diese schöne Dame hat ihn dann zu seinem Heile nach Skandinavien entführt, und wenn er nicht gestorben ist, so lebt er dort noch heute.

Durch die Werkstatt wuchs mir ein neuer Freundeskreis zu. Da war Dr. Fritz Buchtal, der junge Augenarzt, ich erwähnte ihn bereits. Er war gerade mit dem Studium fertig und arbeitete als Assistent an der Universitätsklinik. Es muß wohl gegen Ende des Jahres 1930 gewesen sein, als wir ihm seine Wohnung im Westen Berlins einrichteten, denn Margot kam mit dem Baby, mir zu helfen. Wir deponierten es in der Badewanne und erschreckten Buchtal heftig mit der Mitteilung, es sei etwas für ihn abgegeben worden. 1968 erzählte mir Adam Eregdi, er habe Buchtal in Kopenhagen besucht, er sei, wie ich es vorausgesagt habe, Professor geworden und lebe noch immer in meinen Möbeln. Professor war damals für mich so etwas wie Sokrates, das Beste und Weiseste, was ich mir vorstellen konnte. Schade, daß einem nach und nach die Illusionen geraubt werden.

Ein anderer Kunde aus jener Zeit war Bernhard von Brentano, damals Korrespondent der ›Frankfurter Zeitung‹ und linker Sozialist. Dem Aussehen nach machte er seinem Stammbaum Ehre. Journalist – Sozialist ... niemand wäre darauf gekommen; er wirkte wie ein gepflegter Landedelmann mit einem Schuß Turgeniew. Über etliche Jahre hinweg haben wir uns öfters gegenseitig besucht. Wir waren für ihn fremde Tiere, und es interessierte ihn, was wir aus unserem Milieu zu erzählen hatten. Als ich ihn nach 1950 in Wiesbaden besuchte, erkannte er mich nicht; er war sehr alt geworden und glich eher seinem Bruder, dem damaligen bundesrepublikanischen Außenminister.

Da ich nun doch bei »Prominenten« bin: Da waren noch zwei Kunden, die beide nach 1933 und nach dem 1. April jenes Jahres, dem Tag des »Judenboykotts«, in die Werkstatt kamen. Wer sie geschickt hat, weiß ich nicht, derartige Aktionen waren damals immer geheimnisvoll. Gustaf Gründgens schickte seinen Sekretär und bestellte ziemlich lässig ein teures Möbelstück. Dann erschien eines Tages ein sehr junges und hübsches Mädchen in Begleitung einer älteren Dame (so erschien sie uns damals, wahrscheinlich war sie höchstens Ende Dreißig) im Laden. Sie ließ sich einiges zeigen und wollte so viel bestellen, daß ich stutzte. Ich fragte, ob solch junges Ding denn auch genügend Geld hätte, nach meinen Erfahrungen hätten junge hübsche Mädchen nie Geld. Sie lachte, aber die ältere Dame, »meine Sekretärin«, schien indigniert und fragte etwas spitz, ob ich denn Magda Schneider, die Filmschauspielerin, nicht kenne. Wer erkennt schon eine Filmschauspielerin, wenn sie in Zivil herumläuft! Jedenfalls erhielt ich eine große Anzahlung.

Über die Prominenten will ich aber nicht die zahlreichen Kunden vergessen, die mir treu blieben, bis ich 1935 auswanderte.

Eine der liebsten Kundinnen war Hannah Arendt, damals war sie noch nicht berühmt. Als Kinder hatten wir uns bei Kindergesellschaften getroffen, später wurde sie der glänzende Stern eines intellektuellen Kreises. Nach dem frühen Tode ihres Vaters hatte die Mutter in eine Kaufmannsfamilie hineingeheiratet, wahrscheinlich um die Ausbildung ihrer Tochter nicht zu gefährden; Hannah dankte es ihr mit aufopfernder Liebe. Ich wußte damals nur, daß sie sehr klug und schön war, wir nannten sie Pallas Athene, schon wegen der Ähnlichkeit mit den Götterbildern. Zwischen Hans Litten und ihr gab es zeitweilig heftige Kämpfe; sie gehörte für ihn zu den zwar sehr geistreichen, aber die gesellschaftliche Umwelt ignorierenden Jugendlichen. Das waren für ihn alle, die sich nicht mit Politik und Jugendbewegung auseinandersetzten.

Natürlich spielten auch ganz andere Dinge eine Rolle. Dann hatte ich von Hannah Arendt lange nichts gehört, bis Margot und ich sie mit ihrer Mutter 1929 auf der Kurischen Nehrung trafen. Sie fand Gefallen an dem »Kind« und redete ihr zu, doch noch das Abitur zu machen. Tatsächlich begann Margot bald darauf, sich mit ihrer Hilfe auf das Abitur vorzubereiten, und zwar, ihrer Neigung folgend, im humanistischen Zweig, das heißt mit Griechisch und Latein als Hauptfächern. Margot hatte vor, Jura zu studieren, um Hans die Zivilpraxis abnehmen zu können. Zur Prüfung kam es nicht mehr. 1933 – inzwischen war unser zweites Kind, ein Sohn, geboren – wurde sie als Extranerin nicht mehr angenommen. Es war auch sinnlos geworden, und der Augenblick verlangte anderes von uns.

In dieser Zeit, vor 1933, richtete ich Hannah Arendt – die damals mit Günther Stern verheiratet war – eine Wohnung ein. Günther Stern, Sohn des Hamburger Pädagogen William Stern, beeindruckte mich tief durch die Berufsangabe »Philosoph«. Heute kennt man ihn unter seinem Schriftstellernamen Günther Anders, und er ist bestimmt von diesem Anspruch weit entfernt. Wenn ich zu ihnen kam, um auszumessen oder zu liefern, blieb ich oft die halbe Nacht dort, und wir diskutierten miteinander. Ich versuchte sie zu überzeugen, daß man sich jetzt intensiv um die gesellschaftliche Entwicklung kümmern müsse. Natürlich hatte ich ihnen gegenüber einen schweren Stand, obwohl ich recht hatte, und nach 1933 änderten sie, jeder in seiner Art, ihre Meinung gründlich und verschrieben sich der Erforschung politischer Zusammenhänge. Unsere Begegnungen waren gekennzeichnet durch lange Zwischenräume; Margot traf Hannah Arendt im Herbst 1933 noch einmal in der Schweiz – darüber wird noch zu berichten sein –, dann sahen wir uns vierzig Jahre lang nicht mehr, bis sie – ein halbes Jahr vor ihrem Tode – zu uns kam, als sie in Marbach a. N. im Deutschen Literaturarchiv den Nachlaß von Jaspers ordnete. Es war, als hätten wir uns erst tags zuvor getrennt. So geht es oft mit Freunden der frühen Jugend.

In Dahlem war ein neuer Vorort entstanden: Onkel Toms Hütte, im Volksmund das »Affendorf« genannt. Kleine Häuser, farbig gestrichen, jedes mit einem Garten und nahe am Wald. Dr. Walter Menne wohnte dort. Es war eine herrliche Aufgabe, für ihn und seine Frau, eine Fotografin, Möbel zu bauen. Sie schienen uns damals die einzigen wahrhaft reichen Leute zu sein. Er stand vor dem Studienabschluß, erhielt von zu Hause einen monatlichen Betrag von RM 300, etwas verdienten sie noch hinzu, und so hatten sie alles, was sie brauchten. Für Wein sorgte ein Onkel im Rheinland, der Bischof war. Im weiten Umkreis waren sie die einzigen, die keine Geldsorgen hatten und eben einfach gute Menschen waren. Walter Menne studierte Medizin und dazu Malerei bei Erich Heckel. Diese Vielseitigkeit war es, die mich faszinierte. Auch politisch stimmten wir überein. Wir besuchten sie oft, schliefen dann im Oberstock des Hauses in Betten, die mit blau- oder rotkariertem Leinen überzogen waren, und bekamen Pilzpasteten zu essen, in jener Zeit unglaubliche Genüsse, die man nie vergißt. Zu ihnen flüchtete ich oft in den langen Monaten, als ich bereits aus dem KZ entlassen war, Margot aber noch im Gefängnis saß. Bei ihnen wurde auch gefeiert, als Margot endlich frei war. Als wir überstürzt unsere Sachen zur Auswanderung packen mußten, nahmen sie unsere Kinder in ihre Obhut. Nach unserer Rückkehr nach Deutschland fiel uns eine Besprechung in die Hände, die Menne über eine der ersten Ausstellungen Grieshabers geschrieben hatte; wir hatten endlich einen Faden, er riß aber ab, weil er inzwischen als Arzt in die damalige Ostzone gegangen war. Im nächsten Jahr in Berlin erzählte eine neugewonnene Freundin, Medizinstudentin, die sich um den Studentenaustausch mit Italien bemühte, eine lange Geschichte von jungen Italienern, die von Ausweisung bedroht waren, weil sie Tuberkulose hatten: Kein Krankenhaus war bereit, sie aufzunehmen. Dann fiel der Name Dr. Menne. Inzwischen arbeitete er am Virchowkrankenhaus; den einen jungen Mann hatte er in seine Wohnung aufgenommen. Er war Direktor der Pathologie. Wir stürzten ans Telefon. »Gut, daß ihr wieder da seid«, sagte er, »könnt ihr gleich kommen?«

Diese vielen kurzen Biographien: Es ist ein Jammer, daß ich sie nicht ausführlicher halten kann, diese Freunde, eigentlich Nachbarn, ermöglichten mir das Leben; es ist schwer, so viel Dankbarkeit angemessen abzutragen. Ich kann es nur tun, indem ich den Kurs halte, den mir das Glück ihrer Freundschaft brachte.

1932 stand in meiner Werkstatt ein zierlicher Mann, etwa

meines Alters, mit einer beginnenden Glatze, wie ich sie habe, schüchtern und etwas älter wirkend. Architekt sei er, und ob ich wohl für ihn arbeiten wolle. Er zog Zeichnungen heraus, die von einem Bett werde ich nie vergessen: Kopf- und Endstücke mit Rohrgeflecht, die Rahmen in hellem, massivem Birkenholz. Nach solch einer Arbeit hatten wir uns schon lang gesehnt. Werner Harting war ein moderner Architekt, kam aber nicht vom Bauhaus her. Er verlangte nicht, daß die Menschen sich den Häusern und Möbeln, die er baute, anpassen sollten, sondern paßte seine Entwürfe ihren Bedürfnissen an; durch sein Können und seinen Geschmack vermochte er aber unmerklich ihr Niveau zu heben, ohne jegliche Schulmeisterei. Nach dem Kriege, auch das ist inzwischen lange her, als die meisten Architekten vor allem sich selbst mit jedem Bau ein Denkmal setzen wollten, baute er eine Schule mitten zwischen Häuser aus dem Anfang des Jahrhunderts. Durch den Verzicht auf eine spektakuläre Fassade fügte sich das Gebäude in die Umgebung ein, ohne daß er die geringste Konzession in bezug auf Konstruktion, die Proportionen usw. gemacht hätte. Man könne doch die Schule nicht so bauen, daß man gleich das ganze Viertel abreißen müsse, meinte er. Wieder hatte ich etwas von ihm zu lernen. Damals, Ende der zwanziger Jahre, war er nach langer Krankheit sehr geschwächt, hatte keinen größeren Auftrag, und seine Frau verdiente das Geld mit Heilgymnastik und Massagen für die Krankenkasse. Werner Harting beteiligte sich an Wettbewerben, gewann oft den 1. Preis – aber wie es so ist, bekamen dann andere die Aufträge. Zuzusehen, wie er zeichnete, war ein großer Genuß, und wir saßen oft nächtelang in seinem Dachatelier in der Prinzregentenstraße im Westen Berlins; während Werner und ich die Probleme seiner Entwürfe diskutierten, schlief Margot in ein altes Bärenfell gewickelt. Werner erwies sich als ein guter Freund; als wir verhaftet waren, führte er die Werkstatt zusammen mit Heinrich Liebrecht weiter, ja, er kam sogar mehrmals mit meiner Tochter zu

Besuchen ins KZ Oranienburg. Er war auch der erste, mit dem ich nach dem Krieg in Verbindung trat, und als ich wieder nach Berlin kam, wohnte ich zunächst bei ihm.

Die Werkstatt hatte sich wacker über die Wirtschaftskrise hinweg gehalten, wir hatten mit unseren preiswerten und individuellen Möbeln eine Marktlücke gefunden: in einer Zeit, wo man Möbel brauchte, aber wenig Geld hatte, waren wir immer beschäftigt. Mit der Zeit gewannen wir auch Dauerkunden, etwa den »Franziskaner« oder viele Universitätsinstitute, die in den alten Häusern rings um uns untergebracht waren. Sie waren gute Kunden und blieben es auch noch nach 1933, ja, sie hielten die Aufträge zurück, als ich im KZ und die Werkstatt zeitweise versiegelt war. Dennoch wirkte sich die »Machtergreifung« katastrophal auch auf die Werkstatt aus. Viele unserer Kunden waren in KZs oder Gefängnissen gelandet, andere packten ihre Sachen, um Deutschland zu verlassen, an Möbelanschaffung dachte niemand mehr. In diesem Moment trat die Jüdische Gemeinde an uns heran. Ich sollte einen Umschichtungskurs für junge Leute, meist Akademiker, machen, die nach Palästina auswandern wollten. Natürlich war ich gleich bei der Sache. Wir richteten mit alten Maschinen, vierzig Hobelbänken und dem nötigen Werkzeug – alles billig zusammengekauft – in der Fruchtstraße am damals noch Schlesischen Bahnhof in einem Fabrikgebäude, das der Gemeinde gehörte, eine Tischlerei ein. Bald waren alle Plätze besetzt. Meine Werkstatt verlegte ich ebenfalls dorthin. Die leitenden Leute in der Gemeinde hatten seltsame Vorstellungen davon, wie Tischler auszubilden seien. Zwar war Geld für Gehälter eines Teils der Ausbilder vorgesehen, nicht jedoch für Material. Ein Stück Holz genüge ja, meinte man. Ich war anderer Ansicht, zumal es eine nicht ganz einfache Gesellschaft war, die sich da zusammengefunden hatte. Die meisten hatten bereits einen Beruf, zum Beispiel eine Kaufmannslehre hinter sich, andere hatten zumindest einige Semester studiert. Anfangs wollten viele von ihnen auch gar nicht ausgebildet werden, sondern nur ein Zeugnis als gelernte Handwerker erhalten. Die englische Regierung hatte nämlich die Einwanderung nach Palästina streng kontingentiert. Am einfachsten ging es mit »Kapitalisten«-Zertifikaten, hier genügte der Nachweis des Besitzes von £ 1000, damals rund RM 12 000 und viel Geld; »Arbeiter«-Zertifikate, für die man kein Gold haben mußte, wurden äußerst sparsam ausgegeben; sie galten für die ganze Familie, und darum bevorzugte man verheiratete Leute und natürlich vor allem die, die wirklich Zionisten waren. Vor der Hitlerzeit hatten diese Quoten ausgereicht, angesichts des Ansturms bemühte sich die englische Regierung eher, sie noch zu beschneiden. Die dritte Möglichkeit waren »Handwerker«-Zertifikate; man brauchte den Nachweis von £ 250 = RM 3000 und einer abgeschlossenen handwerklichen Ausbildung. Vor diesem Hintergrund wurden die verschiedenen Berufsumschichtungskurse ins Leben gerufen. Anfangs kannte ich die Zusammenhänge nicht, und dann war ich wieder Preuße genug, um zu versuchen, den Teilnehmern wenigstens die Grundelemente des Tischlerhandwerks beizubringen. Vor allem galt es, Arbeit zu beschaffen.

Die Jüdische Gemeinde verhielt sich uninteressiert, weil sie fürchtete, in einen Konflikt hineingezogen zu werden, wenn in den Lehrwerkstätten gewerbliche Arbeit verrichtet würde. Andererseits reichten die Mittel nicht, um ohne die Herstellung verkäuflicher Waren eine Ausbildung zustande zu bringen. Sicher lag der Effizienzgrad nicht sehr hoch, aber es galt doch, für viele Hände Arbeit zu finden.

Meine Gesellen – es waren zu der Zeit drei – zogen in die Fruchtstraße um. Bak übernahm die Leitung der Werkstatt und war gleichzeitig mit Erich Pinske Vorarbeiter. Der dritte, dessen Namen ich vergessen habe, machte die Arbeiten fertig. Wieder kam Hilfe von ganz unerwarteter Seite. Eines Tages stand in meinem Laden in der Georgenstraße ein SA-Mann in voller Uniform und fragte schüchtern, ob ich Möbel für ein SA-Heim bauen könne. Zwanzig Schränke und Tische sollten es sein. Ich zögerte etwas, und da er mir trotz der Uniform sympathisch zu sein schien, beschrieb ich ihm die Lage. Er fand es prima, es sei doch richtig, wenn Juden vor der Auswanderung ein Handwerk lernten. Wir wurden rasch handelseinig. Es ging auch alles gut; als wir endlich mit den Möbeln anrückten, stürzte sich eine Horde Jungen auf sie, trug sie hinein, während einer mir einen vorbereiteten Scheck auf die ganze Summe gab. Ähnliches konnte damals noch geschehen. Das faschistische Reich war noch nicht durchorganisiert.

Ein anderes Beispiel: Für den 1. April 1933 wurde zum ersten Mal ein Tag des Judenboykotts ausgerufen. Allenthalben standen Wachen vor jüdischen Geschäften, und wer nicht freiwillig schloß, dem wurden die Scheiben eingeschlagen. Am Abend zuvor war der Offizier der Polizeiwache zu mir gekomken und hatte gefragt, was ich zu tun gedächte. »Schließen«, sagte ich, denn ich hätte nicht das Geld, eine so große Schaufensterscheibe zu bezahlen. »Schließen Sie nicht«, bat er, »ich werde einen Polizisten zu Ihrem Schutz abstellen, es müßte doch mit dem Teufel zugehen, wenn uns das nicht gelänge.« Ich zweifelte, weil ich nie einen Hehl daraus gemacht hatte, Jude zu sein. »Schließen Sie nicht«, beharrte er, »sonst schlagen *wir* Ihnen die Scheibe ein. Man muß sich nicht ergeben.« Es war eigentlich nicht die Stelle, wo ich Widerstand leisten wollte. Alles ging gut, kein Mensch kümmerte sich um mich. Einen Monat später erschien der gleiche Offizier von neuem. Diesmal knarrte seine Stimme erheblich. »Ich bin beauftragt, bei Ihnen eine Haussuchung vorzunehmen. Ich werde morgen kommen und fände es sehr bedauerlich, wenn ich etwas finden sollte.«

Ich bekam wirklich einen Schreck. Margot hatte nach der Verhaftung von Hans Litten die Akte seiner politischen Prozesse aus dem Büro in die Werkstatt bringen lassen. Wir hatten bereits einen Schub Briefe und Mitteilungsblätter unseres Bundes im Fußboden versteckt, die Dielen hochgehoben, Kies und Sand herausgenommen und sie durch unsere Papiere ersetzt. Das ging jetzt aber nicht, ohne daß es auffällig gewesen wäre. Da erbot sich der Nachbar aus dem Grammophongeschäft, das Material in seinen Keller zu nehmen, das ging leicht und unauffällig, weil wir die heiße Ware nur über den Hof zu bringen hatten.

Bei so viel Hilfe von allen Seiten glaubten wir nicht daran, daß Goebbels je Berlin erobern könnte. Wir dachten noch keinen Augenblick daran auszuwandern; täglich hörten wir von Morden, Folterungen und Verhaftungen, aber für uns galt noch der Satz Hans Littens: »Die Arbeiter können auch nicht auswandern. Solange mich die Leute, die im Gefängnis sitzen, brauchen, kann ich sie nicht im Stich lassen.« Nun war Hans selbst im KZ, und wir erfuhren, daß er gefoltert wurde. Um so weniger konnten wir fort.

Ich konnte ja auch schon deswegen nicht fort, weil ich den Umschichtungskurs übernommen hatte. Einige der Teilnehmer sind wirklich Handwerker geworden, für andere wurde der Beruf zu einem Durchgangsstadium.

Das Verdienst daran, daß der Kurs funktionierte, kommt im wesentlichen Bak zu: Er hatte bei aller Jugendlichkeit eine große Geduld und Standfestigkeit; er ebenso wie Erich Pinske hatten nicht einen Augenblick bedacht, daß sie sich mit ihrer Arbeit einer Gefahr aussetzten. Bak kam dann wirklich im Zusammenhang mit uns und dem Kurs mehrere Wochen in Untersuchungshaft.

Heinrich Liebrecht habe ich schon öfters erwähnt, er war für den Kurs und für mich einer der wichtigsten Helfer in dieser Zeit. Es ist typisch für ihn, daß ich gar nicht wußte, daß er Richter gewesen war, als Sozialdemokrat jedoch schon in einem frühen Stadium aus dem Amt entfernt wurde. Er war auch soviel Jude wie Hans Litten und kam aus einem protestantischen Elternhaus. Man bemerkte nicht, daß er einige Jahre älter war als wir, er war ein nicht sehr großer, agiler Mensch, der bei allem Ernst, mit dem er bei der Sache war, in jeder Situation einen humorvollen Spruch auf den Lippen hatte. Schon im Ersten Weltkrieg war er Offizier gewesen, im Kriege zum Katholizismus konvertiert, auch nach Kriegsende bei der Armee geblieben und hatte gegen die Roten gekämpft, bis er wieder studierte und selbst ein Roter wurde. Diese Vergangenheit kannte ich damals nicht, ich wäre wahrscheinlich sehr mißtrauisch gegen ihn gewesen. Unsere Einstellung zum Krieg war bestimmt durch ›Die Wandlung‹ von Ernst Toller, ›Der Mensch ist gut‹ von Leonhard Frank und besonders durch ›Die letzten Tage der Menschheit‹ von Karl Kraus, und es war uns ganz und gar unverständlich, wie jemand bei diesem blutigen Handwerk bleiben konnte. Heinrich Liebrecht schien mir offen und war doch verschlossen, im übrigen fragte man damals nicht nach der Vergangenheit. Die Gegenwart war überwältigend.

Liebrecht kam auch nicht durch die Jüdische Gemeinde, sondern privat zu mir. Ich war sehr froh darüber, einen vernünftigen Menschen im Kurs zu haben, und er hatte eine große Liebe zum Handwerk, eine unglückliche, wenn ich mich recht entsinne. Bei der Leitung des Betriebes war er jedoch für uns alle eine große Hilfe. Als ich verhaftet wurde und die Werkstatt versiegelt war, nahm er sogleich die Zügel in die Hand, setzte es durch, daß er mich im KZ Oranienburg besuchen konnte. So berichtete er Margot in einem Brief über mich unter dem Vorwand, für den Fortbestand der Werkstatt wichtige Fragen an sie zu haben.

Es war die erste Nachricht, die sie über mich erhielt. Er schaffte es auch, daß der Laden wieder geöffnet werden konnte, und führte mit Werner Harting zusammen geschickt die Geschäfte, bis ich zurückkam. Trotzdem wurde der Kursus noch im Laufe des Jahres 1934 geschlossen. Die Gründe habe ich nie genau erfahren. Es herrschte wohl auch in der Jüdischen Gemeinde eine gewisse Panik, und der Mann, der sich für den Kurs eingesetzt hatte, war fortgegangen. Man sprach von Schwierigkeiten mit den Behörden. Als ich jedoch nachforschte, wurden andere Gründe vorgeschoben. Wir saßen nun auf der Straße, denn in die Georgenstraße konnte ich nicht zurück. Einen Teil des Kellers hatte die Buchhandlung Collignon übernommen, und im hinteren Raum, der früher als Holzlager gedient hatte, hatte ich uns ein Stückchen Wohnung eingerichtet. So fanden wir in aller Eile einen Fabrikraum in einem Hinterhaus in der Barnimstraße, über einer Persipanfabrik. Anstelle der für Marzipan verwendeten Mandeln treten bei Persipan Kokosflocken, und der fade süße Geruch hing über der ganzen Gegend. In der Barnimstraße lag auch das Frauengefängnis, in dem Margot viele Monate gesessen hatte, und Jahre vor ihr, im Ersten Weltkrieg, Rosa Luxemburg. Die Zelle wurde damals noch gezeigt.

Es war meine dritte Werkstatt innerhalb von vier Jahren und meine letzte in Berlin. In der Georgenstraße waren nur noch Möbel zum Verkauf ausgestellt, aber verdient wurde natürlich sehr wenig. Im letzten Jahr war der Gerichtsvollzieher häufiger Gast, um Steuern zu kassieren. Wir kamen mit den Zahlungen nie nach, aber er war ein dicker, verständnisvoller Mann, der Ratschläge gab und immer neue Termine setzte. Gearbeitet wurde in der Werkstatt trotz aller Schwierigkeiten bis zum letzten Tag, aber das letzte Jahr wurde für mich so lang wie ein Jahrzehnt.

Heinrich Liebrecht, der tapfere und so unauffällige, blieb noch einige Zeit bei uns und nahm dann einen Posten in einem mit der Botschaft verbundenen amerikanischen Anwaltsbüro an. Über sein weiteres Leben zu schreiben heißt, das Buch Hiob ins Moderne zu übersetzen. Die Geschichte von Hiob war für mich stets ein Ärgernis; wie kann man Hiob und seine Leiden herausheben und nur mit dürren Worten erwähnen, wie seine Frauen und Kinder umkommen. Gut, sein ganzer Besitz geht verloren, er wird krank und aussätzig – es ist genug auch für einen starken Menschen, den Glauben an Gott und die Welt zu verlieren. Aber Frau und Kinder leidend untergehn zu sehen: es ist übermenschlich, dann doch weiterzuleben und im Glauben noch bestärkt zu werden. Hiob ist eine realistische Geschichte, sie wiederholte sich tausendfach, eine Geschichte über die Möglichkeiten, die ein Mensch hat, über seine Gebundenheit auf das Marterrad und auch über seine Freiheit in höchster Not.

Hiob-Liebrecht, es ist eine Geschichte, die, seit ich sie kenne, mich nicht losläßt, weil sie mir so fremd ist und meine Möglichkeit des Einfühlens weit übersteigt. Hiob-Liebrecht blieb bei seiner Anwaltsfirma bis 1942, als es keine amerikanische Botschaft mehr gab. Er heiratete ein kunstbegabtes jüdisches Mädchen, und sie hatten ein Kind. Dann, als es schon sehr spät war, zu spät, und seine Frau deportiert werden sollte, ging er in die Illegalität und versuchte, über die chilenische Botschaft ein Visum zur Auswanderung zu bekommen. Der Mittelsmann war ein Spitzel und arbeitete mit der Gestapo zusammen. Als die beiden in den vereinbarten Raum kamen, standen bereits vier Juden an der Wand, bewacht von einem Gestapomann. Hiob-Liebrecht ist ein sehr tapferer Mann. Er schlug den Gestapomann nieder, der sich wehrte wie ein Teufel, aber er hielt ihn am Boden und rief seiner Frau und den andern zu, sie sollten fortlaufen. Seine Frau war zuerst starr vor Schrecken, aber dann lief sie. Es ist der einzige Fall, den ich kenne, wo sich einer in dieser Art gewehrt hat. Der Gestapomann befahl den Juden, ihm zu helfen – und sie halfen ihm. Liebrecht wurde zusammengeschlagen, ins Gefängnis gebracht, dort weiter mißhandelt, und wenn er ohnmächtig wurde, brachte man ihn mit kalten Duschen wieder zur Besinnung. Es war ein unerhörter Fall. Einer hatte sich gewehrt. Man marterte ihn wochenlang, und als er aufgeben wollte, nichts mehr ertragen zu können glaubte, hatte er eine Erscheinung. So beschreibt er es selbst. Hätte mir das ein anderer erzählt, so hätte ich wohl gezweifelt, aber Liebrecht ist ein kluger, realistischer Mensch, er übertreibt nie. Als er am folgenden Tag zum Verhör gebracht wurde, stand er einem anderen Mann gegenüber, der ihn sachlich fragte, wie er dazu gekommen sei, einen Gestapomann anzugreifen. Liebrecht stellte »von Mann zu Mann« die Gegenfrage, was er wohl getan hätte, wäre es seine Frau gewesen, die sich in solcher Gefahr befände. Der Mann sorgte dafür, daß Liebrecht seinen Folterern entrissen wurde. Er wurde ins KZ Theresienstadt gebracht. Vorher hatte ihn seine Mutter besuchen dürfen, die ihm sagen mußte, daß seine Frau sich das Leben genommen hatte. Hiobs Leiden in Theresienstadt: Hunger, Enge, Schwerarbeit, und noch schlimmer: auch seine Mutter wurde dorthin gebracht und starb an Entkräftung. Man sollte meinen, eine Steigerung der Leiden sei nicht mehr möglich. Aber sein Kind, das bei guten Leuten untergebracht war, wurde von einer Nonne, die »nicht die Unwahrheit sagen wollte«, verraten. Das kleine Mädchen kam ebenfalls nach Theresienstadt, dem Vater völlig entfremdet. Als es ihm gelungen war, wieder sein Vertrauen zu gewinnen, wurden beide per Schub nach Auschwitz gebracht; sie wurden getrennt, das Kind wurde ermordet, er arbeitete in einer Fabrik als Sklave. Als er krank wurde und kaum noch zu retten war, kamen die Russen. Ich weiß, daß man solche Geschichten, nach denen ich nächtelang nicht schlafen kann, nicht schreiben sollte. Sie ist übrigens in einem kurz nach dem Krieg in England erschienenen Buch, ›We survived‹, festgehalten.

Solche Bücher werden nicht ins Deutsche übersetzt. Wer sollte sie auch lesen? Ich weiß es. Diejenigen, die die Hiobsgeschichte erzählen wollen. Hiob, der Mann, wurde, als er endlich aus den Flüchtlingslagern herauskam, wieder Richter an einem Entnazifizierungsgericht. Voller Abscheu über die Farce, wo man die Kleinen henkte und die Großen laufenließ, ging er nach Amerika. Jahre arbeitete er als Tellerwäscher und Hilfsarbeiter, bis er als bundesdeutscher Konsul nach Kanada kam, Generalkonsul in Rotterdam wurde und schließlich in Pension ging. So ist Hiob der Mann, der nicht in seinem Glauben wankte und nichts von seiner Redlichkeit verlor, bis zum heutigen Tag.

Wie ich ihn wiederfand? Ich habe ihn nicht gesucht, weil ich wußte, daß er nach Auschwitz gekommen war, und nicht annehmen konnte, daß er es überlebt haben würde. Er suchte mich nicht, weil er mich weit fort in Israel wähnte. Ich sprach, als mein erstes Buch herauskam, einige Worte im Fernsehen. Er sah mich und rief mich aus Freiburg an. Das war der schönste Erfolg meines Buches.

Um noch einmal auf Hiob zurückzukommen: Irgendwo stimmt die Geschichte nicht. Die Bibel ist wohl von alten Männern geschrieben worden, die allein im ruhigen Alter einen Wert sehen. Das Wort vom »gestohlenen Leben« scheint mir realistischer zu sein. Es ist gut, die Hölle zu überleben, es ist ein Wunder, wenn man sie überlebt, ohne gebrochen zu sein, aber die Wunden, die der Übermut der Götter und Menschen einem zugefügt haben, bleiben, auch bei den Gerechten, und eine gestohlene Jugend ist unersetzlich. Ich kann mich nicht damit abfinden.

13

Zwei Bücher befassen sich speziell mit Hans Litten: Irmgard Littens bereits erwähntes ›A Mother fights Hitler‹ – deutsch: ›Eine Mutter kämpft‹. Die englische Fassung erschien in London, Paris, New York, Mexiko und Shanghai. Das Buch macht die Gestalt des leidenden Kämpfers vor dem Hintergrund des fünfjährigen Kampfes der Mutter mit den KZ-Beherrschern um sein Leben transparent. Es will keine Biographie sein, sondern dem Kampf gegen das System dienen, ihn weiterführen.

Carlheinz von Brück dagegen schildert in seinem 1975 im Union Verlag, Berlin (DDR), erschienenen ›Dokumentarbericht‹ den Kampf, den Litten als Anwalt bis zum Tage seiner Verhaftung am 28. Februar 1933 gegen den heranwachsenden Faschismus mit aller Rigorosität führte. Littens Biographie erforderte ein drittes Buch. Das kann ich nicht leisten, aber ich will versuchen, etwas von der Fülle der Begabungen und dem Charakter zu vermitteln, die sich eben nicht erst unter der unerträglichen Belastung des KZs, sondern in den Jahren davor formten. Ich möchte in die Lücken springen und dabei auch einige Mißverständnisse – mir erscheinen sie als solche – ausräumen.

In ›Gefilte Fisch‹ schrieb ich über ihn: »Er ist so vielschichtig, daß ich immer wieder versuche, mich an ihn heranzuarbeiten, seine Widersprüche darzustellen, aus denen sein Leben und eben die Gradlinigkeit seines Lebens bestand.« Ich will kein Monument errichten, und liefe es darauf hinaus, so würde es mit der gleichen Vorsicht angelegt, mit der ich ein Bild von Picasso zu erklären versuche, in dem die Geschichte eines Menschen übereinander gezeichnet ist. Vor mir stehen so viele heitere Episoden vor einem rotglühenden Hintergrund, denn das Leben besteht nicht aus sichtbaren Taten und es endet nicht mit dem Tode. Kunst definierte er als »die Gestaltung metaphysischer Realität durch physische Ausdrucksmittel«, und wir diskutierten den Satz bereits im Jugendbund. Er findet sich auch noch in seinem ›Kunstmerkblatt für Anfänger‹ (Aufzeichnungen zu einem Vortrag, gehalten im Konzentrationslager Lichtenburg, im Kreise von Kameraden). Hier liefert er auch die »vielfach gewünschte Verdeutschung« des Kernsatzes: »Kunst ist Gestaltung übersinnlicher Wirklichkeit durch sinnliche Ausdrucksmittel.« Ich will mich hier nicht mit der Kunstgeschichte anlegen, sondern etwas ganz anderes erklären: die »metaphysische Realität«. Es gab für Hans Litten also eine Realität, die nicht »von dieser Welt« war. Zur Erklärung verwies er mich einmal auf die unendlich vielen Entscheidungen dieser Welt, deren Wirklichkeit nicht davon abhänge, ob sie uns bekannt würden oder nicht. Was er meinte, demonstrierte er an Hand einer gerade stattfindenden Wahl. Wenn die Wahlurnen geschlossen sind, ist eine neue Realität mit vielleicht weitgehenden Folgen geschaffen: Sie existiert, obwohl sie noch keiner kennt. Wieviel eher kann es ein Ordnungsprinzip geben, welches wir mit unseren beschränkten Mitteln der Aufnahme immer nur teilweise erkennen können. So hatten die Werke der Künstler oder die Worte der Propheten immer zugleich teil an der transzendenten wie an der diesseitigen Welt. Im Augenblick, da sie irdischen Ausdruck finden, sind sie insoweit auch an die Gesetze der Materie gebunden und spiegeln auch die wirtschaftlichen, gesellschaftlichen, psychologischen Gegebenheiten ihrer Entstehungszeit wider, und nicht nur das. Auch ihre Wirkung bleibt nicht konstant, sondern wird modifiziert durch die jeweilige Umwelt. Das gilt zum Beispiel auch für die Bibel oder die anderen heiligen Schriften, die in ihrer geschichtlichen Überlieferung der Kritik und der Veränderung offenbleiben, sozusagen weitergeschrieben werden sollen. Es gibt deshalb für die Kunst wie für die Religion nur Annäherungen, nicht Beweisführungen. Hans Litten war indessen weit davon entfernt, die Rolle der Wissenschaft zu unterschätzen. Vielmehr war er überzeugt davon, daß ihre Methodik zu großen Erhellungen führen könne – er selbst bediente sich ihrer ja in hohem Maße –, nur tauge sie eben nicht zur Auflösung des »Restes«. Der menschliche Spielraum war nach seiner Meinung so groß, daß ihm der Gedanke an Fatalismus in irdischen Dingen nicht kam. Die politischen Gegebenheiten mußten nach den Prinzipien der Gerechtigkeit und der Humanität geordnet werden. Dazu erschien ihm der Marxismus das geeignete Mittel.

Man kann also nicht sagen, Hans Litten sei aus religiöser Überzeugung zum politischen Handeln gekommen. Es war politische Einsicht. Aber in der Ordnung der Verhältnisse auf dieser Erde sah er die Voraussetzung für die Entfaltung des Menschen, wie er gedacht war, und zu dessen Entwurf die Fähigkeit, Kunst zu schaffen und aufzunehmen, gehörte. Er spricht vom »Dienst an der Kunst«. In den kurzen Perioden relativer Ruhe in den verschiedenen KZs arbeitete er an einem Buch über mittelalterliche Kunst für Jugendliche von vierzehn bis sechzehn Jahren. Ich zitiere aus den Briefen, die er aus dem KZ an seine Mutter schrieb; über ihre Entstehung werde ich später noch einiges zu sagen haben.

Ich arbeite zur Zeit an einer sehr wichtigen Aufgabe: Das deutsche Mittelalter und die germanische Frühzeit für 14- bis 16jährige Jungens auszuwählen. Ich glaube nämlich, daß man diese Kultur auch in ihren eigenen Zeugnissen (Bildwerke und Dichtungen) ohne romantische Verfälschung schon 14jährigen zugänglich machen kann, allerdings in Auswahl. Ich bringe ziemlich viel von den älteren Edda-Liedern, einiges aus den Sagas, eine Episode aus dem angelsächsischen Beowulfslied. Dann aus Deutschland: Hildebrandslied, Merseburger Zaubersprüche, Wessobrunner Gebet, Muspilli, eine Szene aus dem Heliand (Petrus schlägt dem Kriegsknecht Malchus das Ohr ab, mit dem entsprechenden Relief des Naumburger Doms), Rolands Tod, aus dem Rolandslied des Pfaffen Konrad (wenig bekannt, aber ungeheuer stark), ein paar Proben mittelhochdeutscher Lyrik (unter fast völliger Ausschaltung der Minnedichtung, nur des Kyrembergers »ich zoch mir einen valken« wird als erste Andeutung gebracht) und eine sehr ausführliche Auswahl aus dem Nibelungenlied. Von Bildern: Aus dem Naumburger Dom Ekkehard und Uta, der Bamberger Reiter, der Dom von Worms (zum Nibelungenlied), eines aus der nordischen Schnitzerei und Holzarchitektur, einige südliche Normannenburgen (als Denkmäler des Vikingergeistes) und einige ritterliche Miniaturen (Weingartner Liederhandschrift usw.). Die nordischen Dichtungen in der Übersetzung von Genzmer, die mittelhochdeutschen im Urtext (denn »Übersetzung« aus dem Mittelhochdeutschen ins Neuhochdeutsche ist genau so ein Unfug, als ob man Luthers Bibel in heutiges »Deutsch« übersetzen wollte), die angelsächsischen, althochdeutschen und altsächsischen Dich-

tungen wahrscheinlich in eigener Übertragung, an der ich gerade arbeite, weil mir die bisherigen Übersetzungen den dichterischen Gehalt noch nicht genügend wiederzugeben scheinen.

(Generell muß zu den Briefen bemerkt werden, daß der Gefangene über moderne Kunst nicht schreiben durfte.)

Es soll hier keine Kunsttheorie verteidigt werden; ohnehin klingt in der verkürzten Form meiner Darlegung manches vielleicht zu apodiktisch; ich wäre zufrieden, wenn es mir gelänge, in Ansätzen deutlich zu machen, in welcher Weise Litten dachte und lehrte.

Hans hatte eine schwere Last zu tragen. Das war mir schon klar, als ich den Sechzehnjährigen kennenlernte. Es ist schwer für ein Arbeiter- oder Bauernkind, wenn es aus den traditionellen Bewegungsräumen aufbrechen will; nicht weniger schwer ist es wohl auch für ein Kind bürgerlicher Herkunft, das den tradierten Rahmen sprengt; es geht bei beiden selten ohne seelische Wunden ab.

Die Littens – aber das steht eigentlich schon in dem Buch ›Gefilte Fisch‹ – gehörten zu den angesehensten Familien Königsbergs. Der Vater, Fritz Litten, war Jurist, Ordinarius der juristischen Fakultät der Universität und zeitweise ihr Rektor. Wenn Hans von ihm sprach, hieß er einfach »der alte Litten«. Sonst erfuhr ich wenig mehr von der väterlichen Familie, als daß der Vater sich um seiner Karriere willen hatte taufen lassen, was Hans verachtenswürdig fand. Aufschlußreich war mir deshalb, was mir ein Verwandter der Littens kürzlich schrieb:

... auch wenn ich ja nun gerade Hans Litten nicht persönlich gekannt habe. Aber von den Littens insgesamt könnte ich Ihnen sehr viel erzählen: wie sie eine Assimilationsfamilie geworden sind, insbesondere meine engere Familie, der Großvater Dr. jur. Julius Heinrich Litten – ein Bruder von Hans Littens Großvater Joseph – als »ungetaufter« Jude

erster jüdischer Oberlandesgerichtsrat in Preußen, als geheimer Justizrat mit dem roten Adlerorden III. Klasse mit der Schleife 1905 aus dem Dienst geschieden, auf eine Pension verzichtend, weil er der Erbe des millionenschweren Jacob Litten, des gemeinsamen Urgroßvaters von Hans Litten und mir, war, der als kleiner Bankier und Grundstücksmakler in Elbing angefangen hatte und als reicher Rentier in Berlin West lebend 1902 auf einer Reise in Zoppot starb. Sein ältester Sohn war Joseph Litten, der Großvater von Hans Achim, von Elbing nach Königsberg gehend, dort übrigens noch Vorsteher der jüdischen Gemeinde!, verheiratet mit Marie Lichtheim, einer Schwester des Königsberger Universitätsmediziners Ludwig Lichtheim. Aus der Ehe stammte der »alte Litten«, wie Sie Hans Littens Vater in Ihrem Buch nennen, und eine Tochter Margarete, die einen Thüringer Gutsbesitzersohn heiratete, den späteren Königsberger Privatdozenten Ludloff, der nach dem Zweiten Weltkrieg hoch betagt als emeritierter Professor in Frankfurt starb. Ja, das waren die jüdischen Familien, die es »geschafft« hatten. Wahlspruch meines sehr ehrenwerten geheimrätlichen Großvaters: nur keine Rückfälle. Nun, das soll alles beileibe nicht zynisch klingen. Es zeigt nur an einem typischen Beispiel eine Entwicklung ...

Diese »nur keine Rückfälle« in kleinbürgerlich-jüdische Verhältnisse wünschende Lebensanschauung war ein bestimmender Faktor. Professor Litten war ein glänzender Jurist, Lehrer mit sonorer, autoritärer Stimme, Gutachter für die preußische Regierung, Freund des Hauses Hohenzollern. Die Enkel Wilhelms II. studierten bei ihm; er nannte sich Prinzenerzieher und hat mir einmal erzählt, daß er gern juristischer Berater beim Vatikan würde, dann würde er die Kardinalswürde mit den dazugehörigen Insignien erhalten und die Schweizer Wache würde ihre Degen vor ihm präsentieren. Er sagte das im Spaß, aber ernst war es ihm mit dem sozialen Aufstieg. Zwischen ihm und der

Mutter, die so völlig anders war, wuchsen die drei Knaben auf. Die Mutter war eine geborene Wüst, schwäbischer Herkunft, deren Vater Professor in Halle war, wo auch Fritz Litten damals lehrte. Hans, der älteste, wurde noch in Halle geboren. Man hat heute in der DDR eine Gedenktafel an seinem Geburtshaus angebracht. Hans legte auf seinen Geburtsort wenig Wert. Ihm wäre, wenn überhaupt, eine Gedenktafel in Königsberg lieber gewesen, er war ein begeisterter Ostpreuße, »bezwungen durch die stärkere Logik der Landschaft«, wie er sagte.

Irmgard Litten, die Mutter, hatte keinen Ehrgeiz im Sinne ihres Mannes. Ihre Vorfahren gehörten schon seit Generationen zum geistigen Adel, so daß sie es nicht nötig hatte, ihre Identität durch persönlichen Ehrgeiz zu finden. Sie verfügte über ein fundiertes Wissen in der Kunstgeschichte. Auch das hatte sie bereits von ihrer Mutter mitbekommen, die ich einmal gesehen habe, als sie – eine damals über Siebzigjährige – aus Halle nach Berlin kam, mit Hans vier Stunden im Völkerkundemuseum arbeitete und anschließend nach Königsberg weiterreiste. Sie war eine sehr energische Dame und diente der Kunst als einer strengen Herrin. Als sie, inzwischen achtzig Jahre alt, mit ihrer Tochter, die die Fünfzig auch schon überschritten hatte, zu einer Kunstreise nach Italien aufgebrochen war, wurde von morgens bis mittags in Kirchen und Museen gearbeitet; während sie sich nach dem Essen zu einem Nickerchen zurückzog, erwartete sie von der Tochter die Niederschrift des Gesehenen und war schlicht empört, als diese im Gedanken an das bevorstehende Nachmittags- und Abendprogramm ebenfalls etwas ruhen wollte.

Die Familie Wüst war eine große Familie mit lauter »studierten Leuten«, wie man in Berlin sagte. Viele von ihnen waren Professoren. Ich weiß nur von dem einen Onkel, »Dickerchen« genannt, Professor für Astronomie an der Kieler Universität; von ihm ging die Sage, er sei so dick, daß er sich zuletzt nicht mehr allein vom Stuhl erheben konnte. Ein anderer Bruder war Rechtsanwalt in München, und die Schauspielerin Ida Wüst war eine Cousine von Frau Litten.

Im Hause Litten redete man vom Staufer Friedrich II. oder den Medicis wie von alten Bekannten. Der Professor tat da nur widerwillig mit. Er pflegte Gäste, leicht abschätzig, aufzufordern: »Reden Sie mit meiner Frau über Kunst, von anderen Dingen versteht sie nichts.« Das stimmte noch nicht einmal, nur hatte sie über Politik eine in seinen Kreisen nicht erlaubte andere Meinung. Sie besaß einen naiven Gerechtigkeitssinn und war offen für jede neue Bewegung, und wie die Söhne von ihr die Liebe zur Kunst annahmen, so nahm sie deren politische Meinungen ernst. Sie war eine rührende Mutter und eine Frau von großem Charme und ohne jede Arroganz, die man bei einer Dame ihres Standes vermuten könnte. Kein Wunder, daß ihre Söhne ihr nacheiferten. Hans wollte Kunstgeschichte studieren, Heinz, der zweite Sohn, wurde Regisseur, und Rainer, der jüngste, Schauspieler. Der Professor war gegen diese, wie er es nannte, »Dekadenz«; ihn interessierte nur Hans. Die beiden andern hielt er ohnehin für »Schwachköpfe« (sein Ausdruck), die werden mochten, was sie wollten.

Den ersten Ausbruch aus der Familientradition beging Hans durch seine Hinwendung zum Judentum. Sein Abitur machte er mit Hebräisch als Wahlfach. Nicht genug damit: Er begann, in die Synagoge zu gehen, wandte sich der jüdischen Mystik zu und suchte die Gemeinschaft der Chassidim, einer ekstatischen jüdischen Sekte. Um diese Zeit, als er auch in den jüdischen Wanderbund eintrat, lernte ich ihn kennen. Sein lebenslanger Hang zur Mystik war der Gegenpol zu seinem scharfen logischen Verstand. Er hatte das humanistische Gymnasium absolviert, konnte also Griechisch und Latein, hatte auch Französisch gelernt, beschäftigte sich mit dem Alt- und Mittelhochdeutschen. Seine Kenntnisse im Italienischen, Spanischen und Englischen reichten aus, um Dante, Cervantes und Shakespeare in den Originaltexten lesen zu können. Zu seinen Wünschen gehörte es, eine eigene Shakespeare-Übersetzung zu liefern. Zudem lernte er etwas Sanskrit und Chinesisch. Er hatte ein unerhörtes visuelles Gedächtnis, behielt im Kopf, was er einmal gelesen hatte. Den Beweis lieferte er im KZ, als er Abende lang Rilke, Stefan George, Trakl, Shakespeare und Dante aus dem Kopf zitierte, und aus seinen Briefen geht hervor, daß er für seine Meditationen über mittelalterliche und moderne Kunst fast ausschließlich auf sein anscheinend unzerstörbares Gedächtnis angewiesen war. Als Professor Litten seinem Sohn verbot, Kunstgeschichte zu studieren (brotlose Kunst!), kam es zu harten Zusammenstößen, die auch die Mutter anfangs nicht beilegen konnte. Hans versuchte sich als Sackträger im Hafen von Königsberg, bis schließlich doch ein Kompromiß zustande kam. Er studierte Jura, belegte aber auch die ihn interessierenden Vorlesungen in Kunstgeschichte. Die Juristerei verachtete er im Grunde; in seinem Tagebuch notierte er damals: »Als sich das Rindvieh im Paradies langweilte, da erfand es die Jurisprudenz.« Jedenfalls sprach er über alles andere mehr als über sein Hauptstudium, höchstens berichtete er, wie er zum Gaudium der Kommilitonen seinen Vater in die Enge getrieben habe, der sehr bald – und später noch mehr – bereute, seinen Sohn zu diesem Studium gezwungen zu haben. Hans brüstete sich oft damit, was er alles nicht gelernt habe, bestand aber die Examina einigermaßen mühelos und mit summa cum laude. Daß er uns und seine Umgebung damit quälte, indem er bis zur letzten Minute vorgab, nie ein Examen bestehen zu können, lag in seiner Art von Minderwertigkeitsgefühlen und Depressionen, die er vor jeder Tat hatte, handelte es sich nun um ein Examen oder um einen Prozeß, ja, oft vor ganz banalen alltäglichen Dingen, die er glaubte nicht bewältigen zu können. Dabei war er im Ernstfall auch als Jurist den meisten überlegen und verfügte über eine große Sachkenntnis. Es flog ihm nicht nur zu, sondern er war ein unermüdlicher harter Arbeiter, wenn er sich auch ständig – als noch nicht Dreißigjähriger – über das Nachlassen seiner Geisteskraft und seines Gedächtnisses beklagte. Er bezeichnete sich selber als manisch depressiv; gewiß hatte er es von Jugend an schwer, mit sich zurechtzukommen.

Hans Litten lehnte übrigens die Freudsche Psychoanalyse als eine »individuelle Lösung des 19. Jahrhunderts« ab. Im Grunde hielt er es für falsch, seelische Schwierigkeiten, die in hohem Maße familiär oder gesellschaftlich bedingt seien, individuell zu heilen – dies sollte jedenfalls auf Notfälle beschränkt bleiben –, derartige Schwierigkeiten könnten vielmehr, so meinte er, auch als Stachel fungieren, um die bürgerliche Ordnung zu revolutionieren. In der Tat beobachteten wir bei manchen, die sich einer Analyse unterzogen hatten, daß ihre intensive Nabelschau alle sozialen Interessen verkümmern ließ. Auf ähnlichen Einsichten beruhen wohl die Erkenntnisse und Erfahrungen der modernen Psychotherapeutik, wie sie von Wilhelm Reich, Ericson, Horst E. Richter und anderen vertreten werden.

In seinen eigenen Schwierigkeiten fand Hans Litten wahrscheinlich viel Verständnis und Hilfe bei seiner Mutter. Von daher rührt auch sein Marienkult, von dem Mithäftlinge im Konzentrationslager berichten. Ich wußte davon und betrachtete ihn als eine der Übertreibungen, die er sich bei der Kunstbetrachtung erlaubte. Die Madonnen, die er verehrte, waren Kunstwerke hohen Ranges. Dafür spricht auch eine Stelle aus den Briefen an die Mutter:

Die Muttergottesbilder, die Du mir geschickt hast, sind herrlich. Ich habe sie mir heute angesehen und mich nicht entscheiden können, welche die Schönste ist ... ich würde sehr gern von der Schongauerschen Madonna in der Rosenlaube eine Photographie haben. Mir liegt an dem Bild sehr viel. Die Lochnersche Maria im Rosenhag ist sehr schön, aber die Rosen sind darauf nur äußere Staffage, allenfalls symbolische Entsprechung zur Figur der Himmelskönigin. Bei

Schongauer aber kommt zum Ausdruck, daß Maria die Ursache der Rosen ist – entsprechend der Zeile »da haben die Dornen Rosen getragen« aus dem mittelalterlichen Marienlied, und auf diese Beziehung kommt es mir an. Ich will das Bild jemand zu Weihnachten schenken, der weiß, daß der tote Dornwald wirklich Rosen trägt, wenn Maria mit dem Kinde unter dem Herzen hindurchgeht – was die Menschen unseres Jahrhunderts meistens nicht mehr wissen.

So war es sicher ernst gemeint, wenn er einen Häftling, der aus Dachau entlassen wurde, bat, der Madonna in der Asam-Kirche in München in seinem Namen eine Kerze zu zünden: »Maria hilf!«

Mit Frauen hatte er es nicht leicht: Sie waren für ihn entweder Madonnen, vor denen er auf den Knien lag, oder Huren, die er verabscheute, womit nicht die Straßenmädchen gemeint waren, die ein ehrliches Gewerbe betrieben. Außerdem gab es noch Kameradinnen, mit denen er zusammen arbeitete. Daß alle drei Möglichkeiten sich auch in einer Frau vereinigen könnten, akzeptierte er nicht.

Hans liebte es, mir mit großer Vehemenz den Wert oder Unwert eines Menschen klarzumachen. Er fügte so viele Details zusammen, bis ein Ungetüm entstand. Mir kamen diese Charakterisierungen zugute, da ich selbst dazu neige, kleine Charaktermerkmale zu übersehen, die Bedeutung haben könnten. Wenn ich dann näher hinsehe, finde ich auch Nachteile und Schwächen ausgleichende Eigenschaften, und überhaupt finde ich es leichter, mit einem Menschen auszukommen, der einen »schlechten« Charakter hat als gar keinen. So konnte ich häufig vermitteln, und das Mittel war oft genug meine Gitarre und die Lieder, mit denen ich Herzen öffnen konnte wie andere Tresore knakken. Wiewohl unser Verhältnis keineswegs mit dem von Saul und David zu vergleichen war, dachte ich oft an David, wenn ich Hans mit der Laute die bösen Gedanken und Depressionen wegsang. Später, als ich ungeduldig wurde, weil so vieles zu tun war, hat es Margot mehr und mehr übernommen, ihn zu trösten und ihm über seine Schwierigkeiten hinwegzuhelfen. Hierhin gehört aber auch seine große und demütige Bemühung um Menschen, denen keine Göttin hervorragende Talente in die Wiege gelegt hatte und die sich im allgemeinen auch keine besonderen Sympathien zu erringen vermochten. »Man kann doch einen Menschen nicht auf den Misthaufen werfen«, sagte er einmal.

Jeder, der ihn näher kannte, hat wohl das große Glück empfunden, mit ihm auf Wanderungen die Natur zu entdecken und freie glückliche Gespräche mit ihm zu führen. Ein kleines Stichwort auf irgendeinem Gebiet genügte, und fast immer brachte er einen mit Rede und Gegenrede auf einen Gedankengang, der neu und schlüssig war. Ich kam mir in meiner Unwissenheit zwar wie eine Wand vor, zu der er sprach, aber auch eine Wand kann auf einen Ruf ein gutes Echo geben.

Wie oft sind wir nach Mitteldeutschland gefahren und sind um die großen Dome herumgelaufen: in Erfurt, Magdeburg, Merseburg und immer wieder nach Naumburg. Auch in den Zeiten dringendster Arbeit gab es hin und wieder freie Sonn- und Feiertage. So, wie wir damals um den Naumburger Dom herumgingen und immer neue Entdeckungen machten, Baupläne studierten oder über die geschichtlichen Hintergründe diskutierten, so gehe ich jetzt um Hans Litten herum. Ich entdecke auch an ihm immer wieder neue Seiten, Bekanntes und Befremdendes. Zunächst sah ich seine politische Arbeit, dann in engem Zusammenhang damit seine Lehren über moderne Kunst. Fünfzehn eng beschriebene Schreibmaschinenseiten mit Auszügen aus Briefen liegen vor mir, die er aus den Konzentrationslagern im Laufe von fünf Jahren an seine Mutter geschrieben hat. Frau Litten schickte sie uns einmal nach Palästina. Die Briefe selbst sind verlorengegangen; einen Teil ließ sie in England, als sie nach dem Krieg nach Deutschland zurückkehrte, und der Rest, den sie wahrscheinlich in Ostberlin bei sich hatte, wo sie bei ihrem Sohn Heinz lebte, ist ebenfalls nicht mehr aufzufinden. Seit vielen Jahren sind beide nicht mehr am Leben.

Liest man die Briefe heute, im Abstand von vierzig Jahren, so staunt man beinahe darüber, daß es eine Zeit gegeben hat, in der man sich mit solcher Unbefangenheit der deutschen, ja allgemein der nordischen Sagenwelt nähern konnte. Inzwischen waren einem ja das Nibelungenlied und der Heliand, die Edda und das Rolandslied vergällt. Vielleicht ist man morgen wieder in der Lage, nicht mehr an die irren Ableitungen Hitlers zu denken. Eroberungen und Blut kommen in den alten Sagen der ganzen Welt reichlich vor.

Die Briefe klingen, als seien sie in der Studierstube oder in der Ruhe einer großen Bibliothek geschrieben, aber nicht im KZ nach jahrelangen Torturen und den schweren Moorarbeiten in Esterwege.

Aus dem KZ Lichtenburg schickte Hans Litten der Mutter seine Übersetzung des Wessobrunner Gebets mit einem ausführlichen Kommentar.

Das Wessobrunner Gebet.
Das erfragt ich im volke als frühestes Wunder
Daß erde nicht war noch oben himmel
Noch baum irgend noch berg nicht war
Noch vom süden sonne nicht schien
Noch sonne nicht leuchtte noch der meer-see
Da nichts war an enden noch wenden.
Und da war der eine allmächtige Gott.
Der männer mildester.
Und da waren auch manche mit ihm.
Gute geister. und Gott. der heilige.

Ich halte das Wessobrunner Gebet nicht für die Bearbeitung eines Psalmes und überhaupt nicht für christlich, sondern für ein heidnisches Schöpfungsgedicht (was allerdings dem Auf-

zeichner nicht mehr bewußt war, der es als Einleitung eines in Prosa gehaltenen wirklichen Gebets in christlichem Sinne aufzeichnete.) Beweis: die Zeile »daß erde nicht war noch oben himmel« findet sich fast wörtlich in dem gegen 1000 auf Island aufgezeichneten Edda-Gedicht ›Voluspa‹ wieder. Das Wessobrunner Gebet ist um 800 aufgezeichnet, gegenseitige Beeinflussung also ausgeschlossen. Beide müssen also auf gemeinsamer Vorlage beruhen, die schon existiert haben muß, als zwischen Nord- und Westgermanen Sprachgemeinschaft bestand, also spätestens 400 nach Christus. Die Wendung »der eine allmächtige Gott« braucht nicht christlich gedeutet zu werden, sondern kann sich auf einen obersten Gott (im Gegensatz zu anderen weniger mächtigen) beziehen, und die Bezeichnung »der Männer mildester« ist für den christlichen Gott undenkbar. Sie kommt in frühen christlichen Dichtungen wohl für Christus, aber nie für Gottvater vor. Die beiden letzten Zeilen fehlen bei von der Leyen, wohl weil er mit den meisten Herausgebern glaubt, daß sie bruchstückhaft sind, weil nach den Worten »und Gott der heilige« eine Schilderung seiner Taten folgen sollte. Ich bin der Meinung, daß das Gedicht da zu Ende ist. Sollte es wirklich eine Fortsetzung gehabt haben, so hat der Zufall mit der bruchstückhaften Überlieferung eine ganz starke Wirkung erzielt, denn der unendliche Höhepunkt, den die nochmalige Erwähnung Gottes hinter die Vielheit der »guten Geister« setzt, ist dichterisch ungeheuer stark. Die 4. Zeile ist verstümmelt; Rhythmus und Stabreim verlangen in der ersten Hälfte ein betontes mit S beginnendes Wort; die meisten Herausgeber ergänzen »sundana« = von Süden, dem folgt unsere Übersetzung. In der nächsten Zeile lesen die meisten Herausgeber »mareo« (mit kurzem a), das ist gen.plur. von mari = das Meer. Meine Lesung ist möglich, denn die Handschrift macht (wie ich an Hand des Faksimiles in der Königlichen Literaturgeschichte feststellen konnte) zwischen à und ă keinen Unterschied. Die Zusammensetzung Meer-See ist in anderen Texten bezeugt, und dichte-

risch halte ich sie für stärker. Übrigens ist Wolfskehl auch unter Berücksichtigung seiner Lesung mit der Übersetzung nicht zurechtgekommen. »Märchen-Meer« ist eine romantische Verfälschung; die Landschaft ist nicht märchenhaft, sondern mythisch gesehen. In der später erschienenen Auswahl der Insel-Bücherei hat er geändert in »die mächtige See« – das ist sinngemäß richtiger, schwächt aber den Klang zu sehr. In der gleichen Neufassung hat er im ersten Teil dieser Zeile das rhythmisch unmögliche »leuchtete« in »licht war« geändert, das geht rhythmisch, ist aber klanglich unmöglich. Daß er die einzig mögliche Form »leuchtte« nicht wagte, ist eine Wirkung des von Luther zur Schriftsprache erhobenen obersächsischen Kanzleistils, der solche »Kürzungen« nicht duldet.

Er berichtet auch über weitere Arbeiten, die ihn beschäftigen:

Ich beschäftige mich zur Zeit hauptsächlich mit dem Heliand und werde wahrscheinlich, wenn ich Zeit und Ruhe dazu habe, die ganze Dichtung hintereinander weg übersetzen.

... Von meiner Arbeit ist zu berichten, daß ich mich z. Z. in Verfolgung des Nibelungenstoffs auf die jüngere Edda gestürzt habe. Natürlich bin ich dabei gleich wieder auf Abwege geraten und habe mich in ein Problem verbohrt, das mich seit längerer Zeit beschäftigt, nämlich die sachgemäße Übersetzung von Skaldenstrophen. Die Niednerschen Übersetzungen sind tatsächlich unmöglich, was aber wirklich vielleicht nur daran liegt, daß die Übersetzung dieser Dichtungsgattung überhaupt unmöglich ist. Wichtig ist an Niedners Übersetzungen, daß zum ersten Mal der Versuch gemacht ist, die Form dieser Dichtung so nachzubilden, daß man auch im Deutschen einen Begriff von ihr bekommt.

Der Zwang des Binnenreims macht aber doch wohl die an sich schon sehr schwere sinngetreue Übersetzung ganz unmöglich. Man wird wahrscheinlich dazu zurückkehren müssen, nur Stabreim und Versmaß originaltreu zu übersetzen und auf den Binnenreim zu verzichten. Dazu kommt, daß der Binnenreim, selbst wenn man ihn genau nachbildet, im Deutschen niemals ein so sinnfälliges Element des Strophenbaus wird, wie im Altnordischen mit seinen viel häufiger einsilbigen Formen. Vielleicht kann man ihn durch ein verwandtes Kunstmittel – etwas Assonanz – ersetzen. Das erfordert aber alles eine Unmenge von Vorarbeit, zu der ich wohl im Laufe der nächsten Jahre nicht kommen werde.

Gibt es einen größeren Sieg über Not und Verzweiflung als solche Briefe? Ich spreche nicht davon, daß nicht geklagt wird; das ist selbstverständlich, sonst hätten sie die Zensur nicht passiert. Ich weiß noch, welche Mühe Frau Litten aufwenden mußte, bis sie erreichte, daß sie ihrem Sohn einige Bücher bringen durfte. Bei der Beschaffung der Bücher fand sie viel Hilfe; es gab noch genügend Bibliothekare und Buchhändler, die Hans Litten kannten und alles daransetzten, auch ausgefallene Spezialwünsche zu erfüllen. Aber wie viele Laufereien, wie viele Eisenbahnfahrten, wie viel Schlepperei und Kämpfe mit den Beamten gehörten dazu! Und wenn es ihr in einem der Lager einmal gelungen war, die Ignoranz der Wachen zu überwinden, bekam sie einen Brief mit der Aufforderung, die Bücher wieder abzuholen – eine neue Mannschaft, verschärfte Bedingungen, Verlegung in ein anderes Lager, wohin, mußte erst auf vielen Wegen herausgefunden werden, bis der Kampf von neuem beginnen konnte. Die Briefe zeigen aber auch, was Menschen möglich ist. Sklavenarbeit im Moor, Holz hacken, Latrinen reinigen, auf dem Exerzierplatz antreten, abzählen, hundert Schikanen und Prügel: All das kann man abstreifen und sich seiner eigentlichen Arbeit mit ganzem Herzen zuwenden. Man kann noch im Dunkelarrest Rilke und Hölderlin zitieren. Wer kann sich das ausdenken, der bequem im Sessel in der geheizten Wohnung sitzt und klagt. Ich wundere mich immer, daß es überhaupt möglich ist, darüber zu diskutieren, daß Menschen mehr wissen müssen, als für ihren Beruf nötig ist. Zu einem vollen Leben gehört es, über alle Dinge nachzudenken, und besonders über die, die weit abseits vom Broterwerb liegen.

Noch einmal will ich Hans Litten seine Thesen über Kunst selbst begründen lassen: ich könnte es nicht besser und würde nur immer in Gefahr sein, die vierzig Jahre Abstand zu überbrücken, und das ist eigentlich überflüssig nach den Erfahrungen der letzten Jahre, in denen das große Suchen nach neuen – alten – Grundlagen begonnen hat. Hans Litten hatte diese Thesen schon vor 1925 mit unserer Gruppe ausgearbeitet, aber nie vorher hatte er sie so klar formuliert.

Kunstmerkblatt für Anfänger
(Aufzeichnungen zu einem Vortrag,
gehalten im Konzentrationslager Lichtenburg,
im Kreise von Kameraden)

I. Das Wesen der Kunst
Kunst ist die Gestaltung metaphysischer Realität durch physische Ausdrucksmittel. *Diese Definition ist erschöpfend, es darf aber auch aus ihr kein Wort gestrichen werden.*

1. Kunst ist Gestaltung metaphysischer Realität durch physische Ausdrucksmittel. Damit ist gesagt, daß jede Wiedergabe physischer Realität – vom Tisch bis zur subtilsten psychologischen Regung – nichts mit Kunst zu tun hat. Derartige Schilderungen physischer Realitäten mögen gelegentlich wissenschaftlichen oder auch moralischen Wert haben. Künstlerisch sind sie belanglos. Gewöhnlich hat diese Art von »Kunst« nur die Funktion eines Erlebnis-Ersatzes.

2. Kunst ist Gestaltung metaphysischer Realität durch physische Ausdrucksmittel. Die Frage, ob Metaphysisches überhaupt real oder nur in der menschlichen Vorstellung vorhanden ist, ist bekanntlich umstritten. Wissenschaftlich ist die Existenz des Metaphysischen weder beweisbar noch widerlegbar. Das Vorhandensein des Kunstwerks setzt aber das Vorhandensein einer metaphysischen Realität voraus. Es genügt also nicht, daß menschliche Gedanken über das Metaphysische oder menschliche Sehnsüchte nach dem Metaphysischen gestaltet werden. Eine solche Gestaltung bleibt immer Gestaltung menschlicher Seelenregungen. Also, physischer Realitäten. Es ist also scharf zu unterscheiden zwischen Gestaltung metaphysischer Realität und Gestaltung bloßer menschlicher metaphysischer Stimmungen, Gedanken usw. Werke der letzten Art, die man als »romantisch« zu bezeichnen pflegt, haben mit der Kunst ebensowenig zu tun wie die grobe Wirklichkeitsschilderung.

3. Kunst ist Gestaltung metaphysischer Realität durch physische Ausdrucksmittel. Für das Zustandekommen des Kunstwerkes genügt es nicht, daß sein Schöpfer den Kontakt zur metaphysischen Realität gefunden hat. Er muß auch die Fähigkeit haben, die von ihm erlebte metaphysische Realität in physische Ausdrucksmittel umzusetzen. Hat er diese Fähigkeit nicht, so bleibt sein Erlebnis für andere unsichtbar. Er kann Mönch oder – beim Hinzukommen besonderer anderer Fähigkeiten – Prophet oder Priester, aber niemals Künstler sein. Nach der Verschiedenheit des physischen Ausdrucksmittels unterscheiden sich die einzelnen Zweige der Kunst (fälschlich »Künste« genannt): Ausdrucksmittel der Dichtung ist der Laut, Ausdrucksmittel der Musik der Ton, Ausdrucksmittel der Malerei die ruhende Farbform usw.

4. Kunst ist Gestaltung metaphysischer Realität durch physische Ausdrucksmittel. Damit ist gesagt, daß zwischen der metaphysischen Realität und dem physischen Ausdrucksmittel das Verhältnis der Gestaltung, das heißt der unmittelbaren Umsetzung bestehen muß. Es genügt also nicht das bloße Reden über eine metaphysische Realität. Wer eine metaphysische Realität erlebt hat, sie aber nicht

durch Laute gestaltet, sondern in Lauten über sie redet, ist Theologe oder Prediger, aber nicht Dichter. (Damit soll nicht bestritten werden, daß es Predigten gibt, die gleichzeitig Dichtungen sind, zum Beispiel die Predigten von Tauler.) Der Satz: »Es gibt einen Gott«, ist eine (zutreffende) Aussage über eine metaphysische Realität; Dichtung, das heißt Gestaltung metaphysischer Realität durch Laute, ist er nicht. (Natürlich könnte der Satz, in richtigen Zusammenhang gesetzt, Bestandteil einer Dichtung werden, aber für sich allein ist er nicht dichterisch. Dagegen sind die Verse Hölderlins
»Mit gelben Birnen hänget
Und voll mit wilden Rosen
Das Land in den See«
Gestaltung einer metaphysischen Realität, obwohl sie, als Aussage gefaßt, nur von höchst physischen Realitäten handeln. Ich sehe davon ab, daß die Fortsetzung
»Ihr holden Schwäne,
Und trunken von Küssen
Tunkt ihr das Haupt
Ins heilig nüchterne Wasser«
als Aussage über eine physische Realität überhaupt nicht mehr faßbar ist und damit auch die physische Realität des Inhalts der drei ersten Zeilen in Frage gestellt wird; denn die drei ersten Zeilen sind schon für sich allein dichterisch, und wenn sie uns etwa als Fragment erhalten wären, so wäre dieses Fragment bereits eine Dichtung.) Man darf sich also nicht durch den »Inhalt« eines Werkes zu falschen Urteilen verführen lassen.

Sein Kunstbegriff beeinflußte notwendigerweise auch seine kunsthistorischen Untersuchungen. Er unterschied zwischen Kunst- und Anti-Kunst-Perioden. Anscheinend wird im Abendland der technische Fortschritt zum Feind der Kunst, der Fortschritt, welcher auch die Kultur erzeugenden menschlichen Gemeinschaftsstrukturen auslöst; Kunst ist dann in Gefahr, zur Perfektion zu werden, einer Perfektion, die sich selbst genügt und nicht mehr die Kraft oder den Wunsch hat, über sich hinauszugreifen. In den Briefen aus dem KZ hat er diesen Gegensatz, den er früher fast mit Gehässigkeit predigte, nahezu aufgelöst. Offenbar hatte er das weite Umfeld zwischen den Extremen erkannt und einzelne Künstler gefunden, die über einen Zeitraum von hundert Jahren als Vorläufer oder Nachfahren einer Kultur-Epoche anzusehen waren. Er brach den Stab über die klassischen und romantischen Epochen von Perikles über die Renaissance bis zu Goethe, und wir fragten uns oft, ob diese Schwankungen auf die abendländische Kultur beschränkt wären. Hans verneinte dies, nur der Rhythmus sei verschieden, das Auslaufen einer kulturellen Periode sei ein Gesetz, und er berief sich auf Echnaton, den er den Klassiker der Ägypter nannte. Ich vermag nicht zu entscheiden, wessen Sicht hier richtig ist. Er hat in der Gestalt Cäsars den ersten Einbruch des Mittelalters in die antike Welt gesehen, »Jahrhunderte, bevor die neuen Antriebe begannen sich zu einer Kultur zu verdichten«. Der Satz ist mir wichtig, weil ich immer sehnsüchtig und wahrscheinlich viel zu ungeduldig auf eine eigenständige Kultur in den sozialistischen Ländern warte. Nicht auf einen verspäteten Abklatsch dessen, was im Westen entstanden ist. Sicher hat Hans Litten darin recht, daß man in längeren Zeiträumen denken muß. Es ist in der Gegenwart unsere Gebundenheit in eine begrenzte Lebenszeit, die uns alles gleich und sofort haben wollen läßt, während das Geschenk, das wir Kultur nennen, tiefe Wurzeln hat.

Wieder lese ich in den Briefen und finde eine Stelle über Strindberg:

Das Entscheidende ist Strindbergs Fähigkeit, aus der naturalistischen Detailschilderung das »Allgemeingültige« herauszukristallisieren, und das hebt eben ›Die Beichte eines Toren‹ als Prosawerk und den ›Vater‹ als Drama aus allen übrigen Werken des Naturalismus heraus. Außerdem liegt in der Grundsätzlichkeit und Allgemeingültigkeit dieser Formulierung doch wohl schon ein Vorstoß in der Richtung auf das Metaphysische, das dem echten Naturalismus fremd ist und den Unterschied zu Strindbergs religiös-expressionistischer Spätzeit gar nicht so groß erscheinen läßt, wie er gewöhnlich angesehen wird. Übrigens ist es wohl richtig, die fünf Bände der Selbstbiographie im Zusammenhang zu lesen.

Ihm stand übrigens nicht nur die expressionistische, sondern auch die abstrakte Kunst in Malerei und Dichtung nahe. Mit welcher Freude rezitierte er Gedichte von August Stramm und Schwitters. Hierhin gehört eine Bemerkung über Rilke:

Du schreibst, daß Du die Rilkeschen Gedichte (französisch) herrlich findest, obwohl Du sie nicht »verstehst«, und fragst mich, ob ich mir das vorstellen könne. Das ist doch selbstverständlich, da gerade ich seit mehr als 10 Jahren predige, daß es bei einer Dichtung nicht auf den »Inhalt« ankommt. (Wir pflegten seinerzeit höchst ernsthafte Leute, die glaubten, daß sie sich über eine Dichtung durch Fragen nach dem Inhalt informieren könnten, damit zu veräppeln, daß wir sie nach einem soeben gehörten Konzert sehr naiv baten, uns doch von einer Bachschen Fuge oder einer Beethovenschen Sonate mal schnell den »Inhalt« zu erzählen.) Übrigens vermute ich, daß ein großer Teil der französischen Gedichte von Rilke schlechthin »unverständlich« sein wird. Soviel ich weiß, sind die meisten von ihnen gleichzeitig mit den ›Sonetten an Orpheus‹ oder sogar noch später entstanden. In den Sonetten war Rilke aber über die Themen der ›Duineser Elegien‹ (z. B. die 1. Elegie: »Sehnt es dich aber, so singe die Liebenden; lange noch nicht unsterblich genug ist ihr berühmtes Gefühl.«) zur Förderung der absoluten Dichtung vorgestoßen: Nicht sind die Leiden erkannt,/nicht ist die Liebe gelernt,/und was im Tod uns entfernt,/ist nicht entschleiert./Einzig das Lied überm Land/heiligt und feiert.« Diese Erkenntnis könnte nur noch eine konsequente Fortsetzung haben: Das künstlerische Komponieren von Lauten ohne jede Rücksicht auf einen etwaigen »Sinn«, also am besten in selbsterfundenen Worten, ohne jede Bedeutung. Die Flucht in die Fremdsprache halte ich für eine Kompromißlösung, weil Rilke zur radikalen Konsequenz noch nicht den Mut oder auch nicht mehr die Kraft hatte. Mein Verhältnis zu den ›Duineser Elegien‹ hat eine reiche Entwicklung durchgemacht. Ursprünglich liebte ich am meisten die 10., dann kam die 1. an die Reihe (die wohl die leichteste ist), dann die 2., dann die 6. Im Winter 1933/34 habe ich die 7. entdeckt, und jetzt bin ich wieder bei der 6. angelangt, die man die Heldenelegie nennen könnte.

Das Rilkeheft ist wirklich sehr interessant und teilweise auch sehr gut. Es scheint die große Mode zu sein, jetzt Rilkes angeblich antichristliche Grundeinstellung zu betonen, was bestimmt noch verkehrter ist als die früher übliche Betonung seines »Katholizismus«. Allerdings kann man sich dabei auf wichtige Selbstdeutungen aus den letzten Lebensjahren stützen, aber Rilkes Beurteilung seiner eigenen Produktion ist keineswegs immer zutreffend. So steht zum Beispiel gerade in diesem Heft in einem Brief Rilkes an Hermann Pongs die Behauptung, die Gedichte des Marienlebens seien bis auf eins oder zwei unwichtig. Die Rilkeliteratur scheint in den letzten Jahren ungeheuer angewachsen zu sein. Mein Buch über Rilke, an dem ich seit dreizehn Jahren arbeite, wäre sehr viel einfacher geworden, wenn ich es zur Zeit aus der ersten Eingebung heraus in einem Zuge zu Ende geschrieben hätte. Jetzt muß man sich mit dem größten Teil der inzwischen erschienenen Literatur auseinandersetzen, und ich schätze, daß ich dazu mindestens weitere dreizehn Jahre brauchen werde. Aber überholt scheint mein Buch durch die bisherige Rilkeliteratur nicht zu sein.*

Zum Schluß seien noch zwei Briefauszüge wiedergegeben, die Shakespeare zum Thema haben:

Ich habe jetzt gerade sämtliche Shakespeare-Werke noch einmal in der Gundolfschen Übersetzung durchgearbeitet. Sie ist wirklich zum größten Teil eine Verbesserung des Bisherigen, aber im Ganzen glaube ich doch, daß die endgültige deutsche Shakespeare-Übersetzung noch geschrieben werden muß. Wir müssen eben auch über Stefan George noch hinaus, um an Shakespeare so heranzukommen wie Borchardt mit seiner Übersetzung an Dante. Übrigens habe ich ›Heinrich IV.‹ jetzt innerhalb kurzer Zeit dreimal gelesen. Es gehört (d. h. der erste Teil) mit ›Hamlet‹ und ›Macbeth‹, ›Coriolan‹ und ›Sturm‹ zu den 5 Stücken, die ich mir aussuchen würde, wenn ich nur 5 Werke von Shakespeare besitzen dürfte.

Mit Heinzens Auffassung von ›Heinrich IV.‹ bin ich sehr einverstanden. Daß das Stück keine Falstaffkomödie ist, hat Shakespeare meiner Ansicht nach selbst dokumentieren wollen, als er nachträglich mit den ›Lustigen Weibern‹ eine wirkliche Falstaffkomödie schrieb. (Übrigens halte ich Falstaff wenigstens zur Hälfte für eine tragische Figur.) Ich habe hier kürzlich das Stück mit einem Kameraden zusammen gelesen, und wir waren gerade von der Stärke der historischen Szenen wieder ganz erschlagen. Überhaupt geht es mir bei jedem Shakespeareschen Stück so, daß mir fast jede Zeile bei jedem neuen Leben immer erstaunlicher wird. Ich begreife kaum noch, daß es einmal einen Menschen gegeben hat, der das alles fertigbekommen hat. (Daß eine Zeitlang intelligente Leute den Schöpfer dieser Werke mit dem Philosophen Bacon identifizieren wollten, sollte man heute nur als einen ergötzlichen Beitrag für die Rangblindheit des abgelaufenen Zeitalters vermerken.) Ich habe mich auch sonst noch viel mit Shakespeare beschäftigt. Von unserer gemeinsamen Lieblingsstelle im ›König Lear‹ glaube ich jetzt eine einigermaßen mögliche Übersetzung zustande gebracht zu haben. Die

Tiecksche Übersetzung »sehn wir den Größern tragen unseren Schmerz – kaum rührt das eigene Leid noch unser Herz« geht am Gehalt der Stelle ziemlich vorbei, deren wörtliche Übersetzung etwa lauten würde: »wenn wir unsere Besseren (d. h. diejenigen, die besser sind als wir) unsere Schmerzen tragen sehn, halten wir unsere Mißgeschicke kaum für unsere Feinde.« Also: Wir empfinden unser Unglück genau so intensiv wie sonst (das wird bei Tieck verfälscht), aber nicht als unseren Feind, sondern (das ist hier der geheime Unterton), im Gegenteil als einen erwünschten Ausgleich, der uns das Leid des wertvollen Menschen noch eben erträglich macht. Bei Gundolf heißt es: »sieht man den Bessern tragen unsere Not – dünkt man sich kaum vom eigenen Leid bedroht.« Der Gehalt der zweiten Zeile kommt da auch noch nicht richtig heraus; vor allem aber ist die Übersetzung »Bessern« unmöglich, weil das für uns unfehlbar einen moralisierenden Beigeschmack hat, während das Wort im Sprachgebrauch der Renaissance und des Barock noch eine reine Wertbezeichnung ohne moralisches Urteil gibt. Ich glaube mit folgender Fassung dem Original relativ am nächsten gekommen zu sein: »Sehn wir wer mehr als wir tragen unsere Last/ dünkt unser Leid uns kaum als Feind verhaßt.«

Immer ist es mir unverständlich geblieben, wie Hans Litten unter den Bedingungen, in denen er leben mußte, so intensiv arbeiten konnte, und erst recht, wie viele Pläne er hatte. Ein Buch über Hölderlin, eines über Rilke, ein Buch über die germanische Frühzeit. Das allein wäre wichtig genug gewesen, da wir immer noch unter dem Trauma des Hitlerismus uns lieber mit afrikanischer als mit der eigenen Frühzeit beschäftigen. Er mit seinen sauberen Händen wäre wohl imstande gewesen, neue Zusammenhänge zu entdecken; vierzig Jahre Forschungen hätte er mitverarbeiten oder mitentwickeln können, wieviel des neuen Weltbildes hätte er mitprägen können. Wer ist also zu bedauern, der Mann, der starb, oder das Volk, das solche Menschen vergeudet hat?

14

Je mehr ich mich in die letzten Jahre vertiefe, in denen ich in Deutschland lebte, desto mehr Erinnerungen steigen auf; sie beherrschen meinen Tag, aber sie beherrschen auch meine Träume. Jeder, der einmal meinen Weg kreuzte, erscheint in mancherlei Gestalt, redet mit mir, und ich habe oft das Gefühl, mich in einer Art Unterwelt zu bewegen. Ich sehe alles deutlich vor mir, aber die Zeiten vermischen sich, als seien die Jahre ein Tagtraum gewesen. Immer wieder sehe ich einen langen Gang wie in einem düsteren Gefängnis und an seinem Ende die unübersteigbare Barriere, die vielen Gestalten sprechen zu mir, obwohl ich allein bin, und beim Aufwachen ertappe ich mich dabei, das kleine Wort »bald« zu sagen. Bald werde ich auch über dich schreiben, ich werde dich nicht vergessen. Dann stehe ich auf, notiere einen Namen oder einen Satz und schlafe weiter, bis ich am Morgen erstaunt entdecke, was mir die Nacht beschert hat.

Mit derselben Intensität, mit der Hans Litten seine Kunsterlebnisse verarbeitete, stürzte er sich in seine Aufgaben als Verteidiger. Sein Prinzip: Er mußte immer mehr wissen als der Richter. Dazu gehörte, daß er mit seinen Zeugen den Fall genau rekonstruierte und keine Zeit oder Mühe scheute, um in wiederholten Lokalterminen alle Widersprüchlichkeiten aufzulösen. Ehe der Prozeß begann, wußte er mehr, als die polizeilichen Ermittlungen ergeben hatten, und hatte bereits die einschlägigen Gesetze und Entscheidungen des Reichsgerichts auf alle Möglichkeiten hin abgeklopft. Zwar war der Arbeiter seiner Überzeugung nach durch das Klassenrecht von vorneherein benachteiligt, aber zugleich war jeder Arbeiter auch ein Bürger, dessen Rechte in gewissem Umfange geschützt waren. Man mußte in Kenntnis der Gesetze die Richter beim Wort nehmen und sie dadurch zwingen zu tun, was ihnen vorgeschrieben war, nämlich Recht, gleiches Recht für alle zu sprechen. Da wurde mancher Kampf ausgefochten, denn die Richter waren nicht ohne weiteres bereit, die Gesetze als Bürger für Bürger anzuwenden. Oft ging er dabei bis an die Grenze dessen, was Konvention und Standesbewußtsein einem Anwalt zubilligten, und mancher Richter versuchte durch Anrufung des Standesgerichts der Anwaltskammer sich des unliebsamen Anwalts des Rechts zu entledigen. Hans war jedoch nach allen Seiten auf der Hut, und so scheiterten die verschiedenen gegen ihn eingeleiteten Verfahren. Seine gründliche Gesetzeskenntnis rettete ihn jedesmal, wenn man glaubte, ihn bei seiner temperamentvollen Engagiertheit fassen zu können. Es dauerte nicht lange, bis er bei den Rechten, vor allem bei den Nationalsozialisten, der bestgehaßte Anwalt war. Er setzte sich ohne Vorbehalte für seine Mandanten ein; die standesgemäße Zurückhaltung, die auch viele der großen liberalen und sozialistischen Anwälte auszeichnete, kümmerte ihn nicht.

Typisch für Hans Litten war sein Einsatz für eine Gruppe politischer Gefangener, die in Vergessenheit geraten schien. Es waren die Genossen, die seit dem Mitteldeutschen Aufstand im März 1921 in den verschiedensten Zuchthäusern des Landes saßen. Ich habe den Mitteldeutschen Aufstand schon mehrfach erwähnt. Niederlagen sind meist wichtiger als scheinbare Siege. Es ist so selten, daß sich die deutschen Arbeiter zu einer Tat aufraffen. Es war ein fast unblutiger Aufstand, jedenfalls von seiten der Arbeiter; blutig wurde er erst, als Polizei und Militär ihn niederschlugen. Die Gruppe hatte mehrere Sparkassen, Postämter und Lebensmittellager geplündert – sie nannten es Beschlagnahmen, was insofern zutreffend war, als das Geld nicht in private Taschen floß, sondern zur Versorgung der Truppen diente, eben um sie von individuellen Plünderungen, die nur die kleinen Leute treffen konnten, abzuhalten. Es war ein hoffnungsloser Krieg, in dem Fahrräder und Flinten einer gutausgerüsteten Polizeitruppe gegenüberstanden. Für diese »Beschlagnahmungen« saßen zahlreiche Genossen als einfache Kriminelle in den Zuchthäusern.

Im Juli 1928 wurde Max Hölz aus dem Zuchthaus entlassen. Klara Zetkin war 1922 noch von ihm abgerückt, sie nannte ihn einen Räuberhauptmann. Jetzt setzten sich jedoch die Rote Hilfe, die KPD und viele linkssozialistische Genossen in großen Kundgebungen für ihn ein. Hinzu kamen liberale Intellektuelle wie der Anwalt Dr. Apfel, der Kriminaljournalist Sling, Rudolf Olden, Thomas Mann, Egon Erwin Kisch, Arthur Holitscher, Erich Mühsam, Armin T. Wegner und viele andere. Heute würde man wohl wieder einmal von »Sympathisanten« reden, dabei waren den meisten von ihnen wohl weder Max Hölz noch sein Aufstand oder die KPD »sympathisch«. Sie waren einfach für Gerechtigkeit. Im Herbst 1927 war zu Ehren von Hindenburgs Geburtstag eine politische Amnestie erlassen worden. (Die Amnestien, die mit seinem Namen verknüpft sind, sind das einzig Positive, was ich an ihm sehen kann. Durch die Amnestie anläßlich seines Todes 1934 wurde der Prozeß gegen Margot eingestellt.) 1927 wurden vor allem die politischen Gefangenen der Rechten entlassen, und es mußte schon einiger Druck ausgeübt werden, um auch ein paar Linke freizubekommen.

Die Genossen, welche als Kriminelle verurteilt waren, kamen ohnehin für die Amnestie nicht in Frage. Dabei handelte es sich zweifellos um Straftaten, die im Zusammenhang mit politischen Taten verübt worden waren. Dies nachzuweisen war Hansens Aufgabe, und in vielen Fällen erreichte er die Anerkennung als politische Gefangene und damit die Freilassung auf Grund der Amnestie. Es war eine unendlich mühsame und langwierige Arbeit, die zu gar keinem spektakulären Erfolg führte, aber ich halte es für wichtig, davon zu berichten, weil jemand, der wie Hans im politischen Rampenlicht steht, leicht verdächtigt wird, aus Ehrgeiz oder Ruhmsucht zu handeln. Tatsächlich war er eher scheu, und der Ruhm brachte ihm kaum anderes als furchtbare Anfeindungen, anonyme Drohbriefe und Beschimpfungen ein. Das begann schon früh und steigerte sich in den letzten Jahren derart, daß er gelegentlich eine Schutzwache von der Roten Hilfe gestellt bekommen mußte.

Zur Gruppe der Leute von der »Direkten Aktion« gab es einen Mittelsmann: Felix Hohl, ein Riese mit schwarzen Haaren, einem wilden, zerfurchten Gesicht, auf dem oft überraschend ein gutmütiges Lächeln stand; er hatte Hände wie ein Schmied, mit eisernem Griff, wenn er zupacken wollte, die aber auch unsere kleine Tochter mit großer Zärtlichkeit aufnehmen konnten. Sein wildes Gesicht rührte von einer Verletzung im Ersten Weltkrieg her. Er war schon damals Kriegsgegner gewesen und arbeitete in einer Fabrik, die eroberte Flugzeuge instand setzte. Von Beruf Mechaniker, hatte er wohl auch etwas studiert und sich zum Techniker ausbilden lassen. Wie viele Kriegsgegner wollte auch er vermutlich beweisen, daß er kein Feigling sei, und wurde das, was man heute einen Testpiloten nennt: er erprobte die reparierten Flugzeuge. Mit einem stürzte er ab und mußte seither mit einem künstlichen Kiefer leben. Zu unserer Zeit war er Beleuchter an der »Scala« – dem Gegenstück zum »Wintergarten« – und hatte auch die in Berlin allgegenwärtige Leuchtreklame »und abends in die Scala« installiert. Felix mit seinen großen Händen war der geschickteste Mann, den ich je kannte. Was er nicht reparieren konnte, durfte man getrost wegwerfen. Er half oft, wenn Not am Mann war, in meiner Werkstatt, und man wußte gleich, ob er dort gewesen war, weil alle Maschinen dann tadellos liefen. Sein kleiner Dixi, aus alten Teilen zusammengebaut, hatte einen Rennmotor und konnte wie der Teufel fahren. Man konnte sich nur nicht vorstellen, wie der riesige Mensch in dieses winzige Auto hineinkommen sollte, aber es bereitete ihm offenbar keine Schwierigkeiten, sich mehrfach zusammenzuklappen. Seine Frau Else war ein passendes Gegenstück zu ihm, eine Urberlinerin, eigentlich eine von Wedding; sie war schlank und hatte eine unverwüstliche »Berliner Schnauze«, die zu jeder Situation den passenden Kommentar gab. Sie war gelernte Hutmacherin und war ebenso zuverlässig wie geschickt, keineswegs eine unterdrückte Frau. Oft hatte man den Eindruck, daß sie den Riesen um den Finger wickeln konnte, aber es gab wohl einer dem anderen nichts nach; sie konnte – und kann es noch – die schönsten Weddinger Geschichten erzählen, von Marktfrauen, Bauarbeitern und Arbeitslosen. Eines hatten die beiden gewiß gemeinsam: ihre politischen Ansichten und ihre Hilfsbereitschaft, die, was selten ist, völlig unaufdringlich und selbstverständlich geboten wurde.

Es gab viel Geheimnisvolles um Felix Hohl, Dinge, die ich nie ganz klären konnte. Es gab damals einen verlorenen Haufen, eine Restgruppe des Aufstandes, die nie zu einem, wie wir so sagen, ehrlichen Beruf zurückgefunden hat. Sie lebten von Einbrüchen, befolgten aber einen Ehrenkodex, wonach sie nie Geld von privaten Leuten nehmen und nie einen Menschen verletzen durften. Sie brachen in Banken, Postämter und andere öffentliche Institutionen ein und waren sehr bescheidene Teilhaber. Man muß sie verstehen, denn für die am Aufstand Beteiligten war es unmöglich, Arbeit zu finden, und dazu wurde es bei ihnen zur Ideologie, daß sie nicht mehr für den Kapitalismus arbeiten wollten. Sie finanzierten mit diesen Geldern auch je nach Anfall Hansens Unkosten für ihre Verteidigung, es war eine Art Betriebsunfallversicherung. Ich weiß davon nur durch eine heftige Diskussion zwischen Hans und seinem Vater, der es empörend fand, gestohlenes Geld anzunehmen. Hans wies ihm nach, daß praktisch jeder Strafverteidiger auch von gestohlenem Gelde lebe, vor allem die Verteidiger der »white collar«-Verbrecher. Wie weit Felix an all diesen Dingen beteiligt war, weiß ich nicht, Else sagte nach seinem Tode auf eine Frage nur: »Er war immer so gutmütig und ließ sich in alles hineinziehen.« Das ist gewiß wahr, ich weiß es aus eigener Erfahrung und werde davon noch erzählen. In jedem Falle hatte er die Rolle des Schiedsrichters inne, einer der seltenen Männer, die immer absolut aufrichtig und gerecht waren. Er führte das Leben eines Arbeiters, und ich habe es nie erlebt, daß er über das Notwendigste hinaus Geld gehabt hätte. Politisch war er immer aktiv, wenn er auch, soviel ich weiß, nirgends organisiert war. Flüchtig sah ich einmal zwei andere Mitglieder der Gruppe und erinnere mich nur an scharfe, elende Arbeitergesichter. Die Gruppe blieb bis über 1933 hinaus zusammen: alles ging lautlos vor sich, es gab weder Angebereien noch Verrat. Felix und Else Hohl blieben unsere Freunde von der Zeit vor 1933, im Konzentrationslager, bis zu unserer Auswanderung, und wir fanden sie auch wieder, als wir 1950 nach Deutschland zurückkehrten.

Wer kannte in jener Zeit in unserer Gegend nicht das Haus Parochialstraße 29, ein kleines zweistöckiges Haus mit ausgebautem Ziegeldach; ein Haus, übriggeblieben aus der Zeit, als der Krögel noch ein Dorf bei Berlin war, eingeklemmt zwischen damals auch schon uralten und wesentlich höheren Häusern. Das Friedensmuseum von Ernst Friedrich. An der Tür das Schild:

Eintritt:
Für Menschen 20 Pfg.
Für Soldaten frei!

Trat man hinein, sah man als erstes eine Fotografie des Gemetzels von Verdun in Großformat, übereinanderliegende Leichen, und als Unterschrift Hindenburgs Ausspruch: »Der Krieg ist mir bekommen wie eine Badekur«, Plakate mit zerbrochenen Gewehren aus aller Welt hingen an der Wand, und in Stahlhelmen wuchsen Blumen. Es war schon seltsam, dieses Museum mit seinem Kitsch, aber gerade dadurch wirkte die Direktheit des Angriffs gegen den Krieg noch intensiver. »Krieg dem Kriege« war seine Parole, und unter diesem Titel erschien auch das Buch Ernst Friedrichs kurz nach dem Krieg, damals ein Bestseller. Ernst Friedrich war gelernter Drucker, und ein Drucker blieb er sein Leben lang, ein einfacher, aber unbeirrbarer Einzelkämpfer gegen den Krieg. Das Geld, welches er in der Zeit der Antikriegskonjunktur – die es in Deutschland nach jedem Krieg gibt – verdient hatte, steckte er in das Haus und seinen Ausbau, und seither führte er nicht nur den Krieg gegen den Krieg, sondern auch heroisch um jeden Groschen, um das Haus zu erhalten. Veranstaltungen in den kleinen Räumen, Antikriegspostkarten, einen Antikriegskindergarten, Protestversammlungen gegen die Wiederaufrüstung. In seiner kleinen Handdruckerei stellte er auch seine Zeitung her, ›Die schwarze Fahne‹, in der jeder schreiben konnte, der etwas gegen den Krieg zu sagen hatte. Er übernahm die Verantwortung und hatte ständig Prozesse am Hals wegen angeblicher Verstöße gegen die Freiheitliche Grundordnung, damals war es die Weimarer Verfassung. Hans Litten war sein Verteidiger, und gelegentlich gehörten auch Erich Mühsam, der Dichter und fromme Anarchist, und der streitbare Intellektuelle Kurt Hiller zu den Mitangeklagten. Ernst Friedrich brauchte diese Prozesse, um immer wieder auf sich aufmerksam zu machen, auch Provokationen waren wichtig, damit die Boulevard-Presse über ihn schrieb. Ende der zwanziger Jahre waren die Zeiten schon vorüber, da Ernst Friedrich in großen Versammlungen sprach. Dies war inzwischen zur Domäne der großen Parteien geworden, die jede in ihrer Weise ihren Krieg gegen den Krieg der andern führen wollten und sich nicht von dem parteilosen Anarchisten hineinreden ließen, der ganz gewiß auch ein radikaler Sozialist war, dem es aber wirklich darum ging, jeden Ansatz zu einem neuen Krieg zu verhindern. Manche nannten ihn einen Clown, einen Politclown, er war aber ein einfacher Mensch, der sich aus den Streitereien der Pazifisten untereinander heraushielt und deshalb auch immer weniger beachtet wurde. Er wäre heute der Mann der Bürgerinitiativen gewesen, der sich nicht scheute, ganz direkt und ohne »staatspolitischen« Kompromiß das zu sagen, was gesagt werden mußte. Daß er verstanden wurde, war an dem Haß abzulesen, mit dem ihn die Nationalisten verfolgten. Schon vor der Machtergreifung der Nationalsozialisten wurden ihm Drohbriefe zugeschickt, die Scheiben eingeschlagen und sein Museum von Horden verwüstet. 1933 wurde er als einer der ersten verhaftet und sieben Monate lang so verprügelt, daß man ihn halbtot ins Lazarett schaffen mußte; als man ihn gebrochen wähnte, wurde er entlassen. Es war die Zeit, als in Deutschland die Gefängnisse und nicht einmal die Konzentrationslager für die Zahl der Gefangenen reichten, wo man Massen verhaftete, sie einige Monate gefangenhielt und die weniger Prominenten so lange prügelte und quälte, bis man annehmen konnte, daß sie lebenslang das Maul halten würden. Eine sehr eindrucksvolle Methode der Volksaufklärung. Ernst Friedrich waren zwar die Rippen und ein Bein gebrochen, er war es jedoch nicht. Als er herauskam, war das Antikriegsmuseum zur Hitlerkaserne geworden, sein Archiv konnte er jedoch ins Ausland retten – das allein zeigt, was für ein Kerl er war, weil er erst danach selbst hinausging. Er ging über die Schweiz nach Frankreich, wurde während der Besatzung von einer tapferen Frau versteckt, er nannte sie, die Französin, »meine knorke Martha«, und beschaffte sich nach dem Krieg zunächst eine Barke, die er wieder als Antikriegsmuseum und eine Art von Jugendherberge für junge Leute aus aller Welt einrichtete. Die Wiedergutmachungsgelder legte er bis zum letzten Pfennig in einer Friedensinsel an, der »île de paix« bei Paris. Er hatte sich eine halbe Insel auf der Seine gekauft, auf der ein paar alte Baracken standen, und begann wieder einmal, Groschen zu sammeln, um sie auszubauen. Wir kamen durch meinen Sohn, der damals in Frankreich herumstrolchte, wieder mit ihm in Verbindung. Ich besuchte ihn einmal, und mehrmals kam er nach Stuttgart, weil mein Freund und Mitarbeiter in der Stuttgarter Werkstatt sich seiner angenommen hatte und ihm in seinen Ferien die Insel bewohnbar machen half. Als letztes bauten wir ihm ein 1,60 m großes »Friedensbuch«, das er auf dem Rücken durch die Straßen und in die Rathäuser schleppte, damit sich die Bürgermeister eintrugen und ihm Geld für die Insel stifteten. Zu der Zeit war er schon alt und krank, aber nicht aufzuhalten. Er war einer, der wußte, was Krieg bedeutet, und er war verrückt genug zu glauben, daß man Menschen von dieser verrücktesten Tätigkeit abhalten könnte.

Wenn ich jetzt noch über Erich Mühsam und Kurt Hiller schreibe, so erweckt es den Anschein, als hätten wir hauptsächlich mit politischen Außenseitern verkehrt. Das Gegenteil ist der Fall, aber über die Freunde aus unserem Bund habe ich schon berichtet, und über die anderen Leute, die in der SPD, der KPD oder im ISK (Internationaler Sozialistischer Kampfbund) arbeiteten, ist mir aus dieser Zeit nicht so viel in Erinnerung geblieben, weil sie in das Tagesgeschehen integriert waren. Viele von ihnen verkehrten einige Zeit nach der Auflösung des Bundes wieder bei uns, es gab gelegentlich heftige Diskussionen, aber irgendwie waren wir uns doch immer einig.

Kurt Hiller hörten wir oft in Versammlungen, er war Pazifist und streitbar, aber im Gegensatz zu Ernst Friedrich stritt er mit anderen Pazifisten und linken Politikern. Seine glänzenden polemischen Fähigkeiten verlockten ihn zu immer neuen Eskapaden, als ob jemandem damit gedient sei, wenn er recht behielt. Wir verdanken ihm eine wesentliche Bereicherung unserer Familiensprache: Einer seiner Hauptgegner war der Pazifist Prof. Friedrich Wilhelm Foerster. Im Grunde ging der Streit um die Führung der Liga für Menschenrechte. Dieser Verein litt an einer Überfülle polemischer Köpfe. Während Helene Stöcker in der praktischen Arbeit viel Gutes und Vernünftiges tat, erhitzten sich die andern in gegenseitigen Auseinandersetzungen. Nimmt man sich heute, nach allem was geschehen ist, die Polemiken noch einmal vor, so war Foerster im Recht. Er trat mit aller Kraft dafür ein, daß man sich mit den Grenzen, wie sie der Versailler Vertrag diktiert hatte, zufriedengeben sollte. Kurt Hiller warf ihm immer wieder vor, daß er von Frankreich, Polen und der Tschechoslowakei auch finanziell unterstützt würde. Er wurde sehr pathetisch, und es unterliefen ihm auch durchaus nationale Töne. Nun kann man Kurt Hiller sicherlich nicht vorwerfen (was selbst die KP gelegentlich tat, wenn es ihrer Meinung nach in die Situation paßte), auch ins nationalistische Horn gestoßen zu haben, um der Rechten »den Wind aus den Segeln zu nehmen«, wie man so schön sagte. Die Auswirkungen waren die gleichen. Da Foerster ein bürgerlicher Pazifist war und ein friedliches, möglichst vereinigtes Europa anstrebte, sehe ich keine Verräterei darin, Gelder aus Europa zu nehmen, denn in Deutschland gab es nur eine ganz schmale Basis für seine Bemühungen.

In einer Versammlung donnerte Kurt Hiller gegen ihn: »Zwischen welchem unflätigen Burschen und uns wir das Tischtuch endgültig entzweischneiden.« Vom Erhabenen zum Komischen ist immer nur ein Schritt. Graf Eberhard von Württemberg war es, der nach einer verlorenen Schlacht sich seinem Sohn gegenüber als Tischtuchschneider betätigte. Hans kam kichernd aus der Versammlung, und auf Kurt Hiller gemünzt wurde der Satz geboren: »Zwischen welchem unflätigen Burschen und uns wir ein Tischtuch aufkommen zu lassen gar nicht erst gewillt sind!« Dabei blieb es mit Kurt Hiller, bis ich ihn im KZ Oranienburg traf.

An Erich Mühsam habe ich viel freundlichere Erinnerungen. Der Mann, der in der Bayrischen Räterepublik eine Rolle spielte – er war zum Kultusminister bestimmt – und zu 15 Jahren Festungshaft verurteilt wurde, war ein stiller und friedlicher Revolutionär. Einmal besuchten wir mit ihm zusammen den Schriftsteller Theodor Plivier, dessen Antikriegsbücher ›Des Kaisers Kuli‹ und ›Der Kaiser ging, die Generale blieben‹ wir verschlungen hatten. Plivier wohnte in einem Dachatelier, wo sich viele Leute zu einer heftigen Diskussion versammelt hatten. Ein andermal besuchten wir Erich Mühsam in seinem Häuschen in der Hufeisensiedlung in Berlin-Britz. Es war ein sehr angenehmes Haus und typisch dafür, wie damals für Arbeiter gebaut wurde. Wir lernten auch seine sehr bayrisch-bäuerlich-kluge Frau Zenzl kennen. Beide trafen wir erst nach 1933 wieder, Erich im KZ Oranienburg und Zenzl unter den vielen Frauen, die für die Befreiung ihrer Männer kämpften.

Bei uns hatte sich seit der Geburt unserer Tochter viel verändert. Margot war nicht mehr zur Aafa-Filmgesellschaft zurückgekehrt, sondern arbeitete ganz in Hans Littens Büro. Die Verbesserungen der Arbeitsbedingungen, die Hans Litten für die Arbeiter erkämpfen wollte, galten nicht für sein Büro, natürlich nicht, wie hätte man bei geregelter Arbeitszeit das Notwendige schaffen können. So traf mich Margot in der Woche nur noch nachts im Bett an, und oft, wenn sie mit Hans zwischen ein und vier Uhr morgens nach Hause kam, lag ich mit der kleinen Tochter im Arm, die ich zu mir genommen hatte, wenn sie unruhig war. Häufig schlief Margot dann noch, wenn ich um sechs aufstand, um in die Werkstatt zu gehen, manchmal begleitete sie mich aber auch trotz der kurzen Nacht, und wir tranken einen Kaffee, ehe sie sich vor dem Büro noch ein paar Stunden auf das Abitur vorbereitete. Hans, der sonst gegen jedermann so rücksichtsvolle, vergaß im Rausch der Arbeit die eigenen Bedürfnisse ebenso wie die anderer, und wenn Margot nach vielen Wochen intensiver Arbeit, einschließlich aller Sonntage, zögernd anregte, vielleicht einmal zwischendurch einen Tag wieder gemeinsam hinauszufahren, sah er sie mit runden, erstaunten, leicht vorwurfsvollen Kinderaugen an, und das traurige »Du willst nicht arbeiten?« war herzzerreißend.

Die Dinge, die mit Arbeitszeit zusammenhingen, waren also schwer zu lösen. Ich als »Kapitalist« ohne Kapital fand auch oft kein Ende in der Werkstatt, und mit meinen Gesellen-Freunden war es so geregelt, daß für Überstunden jeder von uns vier Wochen bezahlten Urlaub nahm, was damals noch nicht üblich war. Schwierig war es mit dem Haushalt und dem Kind, und als Margot aufhörte zu stillen, suchten wir nach einem Mädchen, das selbst ein Kind hatte, weil wir annahmen, es würde dann auch zu unserem freundlich sein. Außerdem hatten viele Freunde Schlüssel zur Wohnung und kümmerten sich, wenn es nötig war, um das Kleine, das dabei sehr gut gedieh. Da wir ihm den etwas hochtrabenden litauischen Namen Birute gegeben hatten, viel zu groß für solch ein kleines Tier, waren wir froh, daß sie, als sie die ersten Worte sprechen konnte, die Sache selbst in die Hand nahm und sich »Mop« nannte. So ist das Mädchen dann »der Mop« geworden, was eine kindliche Umkehrung für »Lump« ist, und sie wird den Namen noch als Großmutter tragen. Die kleine Tamen, Hannchens Tochter, war auch schon groß genug, um das Kind gelegentlich spazierenzufahren. War niemand da, wurde Mop in unserer Freizeit überallhin mitgenommen, und da es schwierig war, den Kinderwagen in Stadt-, U-Bahn oder Omnibus hineinzubugsieren, wurde es in ein – natürlich handgewebtes – Tuch geschlagen. Einmal, als wir recht übermütig waren, nahmen wir uns Unter den Linden eine Pferdedroschke und fuhren zu Margots Eltern in den Westen. Es muß ein köstlicher und damals noch ungewohnter Anblick gewesen sein: die junge, zierliche Mutter mit kurzen Cordhosen, aber einem Haarknoten, und der »Latscher«-Vater in der Droschke, denn alle Leute sahen uns nach, was wir natürlich als Huldigung verstanden. Meine Rolle als Schwiegersohn war in der Ehe wohl das Schwierigste für mich. Sich zu behaupten vor dem Schwiegervater, der gutmütig war, aber doch ziemlich unverhüllt verächtlich gegenüber einem Schwiegersohn, der – ihm ganz unverständlich – geschäftlich so enorm untüchtig war, und vor der Schwiegermutter, der herzensguten, die es zunächst schwer verwinden konnte, daß das Kind vier Monate vor dem offiziellen Termin geboren wurde; damals war das noch fast eine Schande. Sie half sich, indem sie vor Verwandten den Geburtstermin entsprechend änderte. Es war dann ein sehr gut entwickeltes Baby, aber bald war alles das ohne Belang durch ihre übergroße Freude mit dem Enkelkind.

Damals war es gar nicht so sehr »in«, Gefühle zu äußern. Unsere Freundin Ilse Kroner, die »rote« Ilse, war eine unserer liebsten Helferinnen bei dem »vernachlässigten« Kind. Manchmal trafen wir sie mit Kind auf dem Schoß an, wie sie es gerade fütterte und zärtlich dazu brummte: »Friß, du Canaille.«

Margot, die mädchenhafte Frau, hatte eine sachliche Einstellung zu dem Kind, nichts von dem Gebaren anderer junger Frauen, bei denen man den Eindruck hat, daß sie im Kind noch ihre letzte Puppe haben. Sie liebte es nicht, Gefühle zu zeigen, war aber immer da, wenn das Kind sie brauchte. Wir ergänzten uns hierin sehr gut. Ich, der Kindernarr, der ich mein Leben lang geblieben bin, und Margot mit einer gewissen Reserve, der aber alle Hunde und Kinder vielleicht eben deshalb nachlaufen. Es ist so geblieben, und ich habe mit einiger Eifersucht festgestellt, daß ich für die Kinder das tägliche Brot war, Margot dagegen der Kuchen, denn wenn sie etwas für sie tat, war es etwas Besonderes, Beglückendes.

Doch der Sonntag bleibet mein, spricht der Herr, so hatten wir es als Kinder gelernt. Es war zwar nicht der Sonntag, aber der Sonnabend Nachmittag und Abend, der uns beiden gehörte, da durften weder die Hure (Werkstatt) noch auch (möglichst) Hans dazwischenkommen. Da es nur wenige Stunden waren, waren sie um so kostbarer. Natürlich war immer einiges in der Wohnung zu richten und einzukaufen, aber dann begann die große Freiheit, und wenn wir nicht hinaus in die Mark fuhren oder ins Kino oder Theater gingen, bummelten wir durch die Stadt. Einmal, das weiß ich noch, waren wir von unserer Wohnung aus zu Fuß über die Friedrich- und Leipziger Straße zum Potsdamer Platz und weiter durch die Potsdamer Straße über den Nollendorf- und den Wittenbergplatz zum Kurfürstendamm gegangen und schließlich bei Margots Eltern gelandet. Der Vater fragte uns, als wir so glücklich dastanden, woher wir kämen. »Wir haben gebummelt«, sagten wir und erklärten ihm den Weg. Er schüttelte nur den Kopf über so viel Naivität und Anspruchslosigkeit.

Der Sonntag begann – nicht sehr früh – mit einem großen Frühstück. Da saßen wir ausgeschlafen und in Ruhe beisammen. Es waren die schönsten Stunden, die wir mit Hans hatten, und sie dehnten sich bis über den Mittag. Es wurden auch Gäste geladen, und mancher, der von der Institution wußte, gesellte sich zwanglos dazu. Die Welt blieb draußen, ob gut oder schlecht, man sprach leichter über alles, wenn man Zeit hatte, die für uns immer noch knapper war als das Geld. Im Anschluß daran zogen wir meist noch ins »Rosen-Café« am Rosenthaler Platz, nicht weit von unserer Wohnung. Es gab dort Sitznischen und aus dem Lautsprecher plärrte ein ewig gleicher Ablauf von Grammophonplatten. Hintereinander sang Richard Tauber mit schönem Schmalz ›Sah ein Knab' ein Röslein stehn‹ und ›Mädchen, mein Mädchen, wie lieb' ich dich‹. Die Schallkulisse war wichtig, denn sie verhinderte, daß unsere Gespräche mitgehört wurden. Da wurden die Prozesse durchgesprochen, aber meist redeten wir über Kunst. Die Welt war wieder geordneter, wenn wir das Caféhaus verließen, nicht nur unsere Welt, sondern die da draußen war durchsichtiger geworden, wenn wir die Möglichkeiten abgewogen hatten, all das Verwirrende etwas entknotet. Wie hätte man leben und eine Woche allen Schwierigkeiten begegnen können ohne diese klärenden Gespräche? Je hoffnungsloser die Situation wurde, um so mehr halfen uns diese wenigen Stunden, den Mut nicht zu verlieren.

»Über Tote soll man nichts Schlechtes sagen.« Das hatte mir meine Mutter eingeprägt, und so wurde es zu Hause auch praktiziert. Mit diesen Worten schnitt Mutter das Gespräch ab, wenn jemand gestorben war und wir Kinder beginnen wollten, über ihn zu hecheln. Vielleicht fällt es mir auch heute noch schwer, von einem Menschen zu sagen, daß ich nichts Gutes an ihm gefunden habe.

In den letzten Jahren vor 1933 hatte Hans eine Freundin. Wir hatten uns das immer gewünscht, denn bei unserem Leben zu dritt war er ja benachteiligt gewesen. Nun hatte er endlich eine – aber es war eine schlimme Frau. Sulamith hieß sie, ihren bürgerlichen Namen habe ich selten gehört und längst vergessen. Sie schien aus einem türkischen Harem ausgebrochen zu sein, bei Scheherezade kommen solche intriganten Weiber vor. Eine Sulamith war sie jedenfalls mit ihren schwarzen Haaren und einem etwas feisten, wenn auch nicht dicken Gesicht und Körper. Das wäre für mich noch zu ertragen gewesen, aber sie war maßlos faul und unordentlich. Das Mädchen, das auf unser Kind aufpaßte, wollte kündigen, weil Sulamith sie tyrannisierte und sich bedienen ließ, wenn sie, längst nachdem wir bei der Arbeit waren, aufzustehen geruhte.

Man konnte nicht verhindern, daß sie Hans ständig quälte. Sie arbeitete nicht, weil sie jeden Job, den man ihr anbot, als Unterdrückung ansah. Wir waren schon beinahe froh, als Hans mit ihr eine eigene Wohnung nehmen wollte; als alles vorbereitet war, zog Hans es dann doch vor, bei uns zu bleiben. Für Margot und mich war Sulamith – ein Hoppla-da-bin-ich-Typ – so unerträglich, daß wir oft vor dem Einschlafen uns entspannen mußten, indem wir eine Viertelstunde auf sie schimpften. Vor allem ihre Eigenschaft, alles zu dramatisieren, irritierte uns; sie wäre gern Schauspielerin geworden. Sie war oder gab sich immer unglücklich und quälte Hans eine Zeitlang mit der Aufforderung, ihr einen Revolver zu besorgen, da sie sich erschießen wolle. Hans, völlig zerschmettert, erzählte uns die Geschichte, und ich versprach Abhilfe. Am folgenden Tag nahm ich Sulamith an die Hand und ging mit ihr in die Untergrundbahn. Sie bestand darauf, mir zu erzählen, warum sie sich das Leben nehmen wolle. Ich sah es ein und führte sie zu den heranbrausenden Zügen. Ein Revolver wäre vielleicht nicht so gut, meinte ich, weil man sich damit zu leicht selbst verstümmeln könnte. Sich vor einen fahrenden Zug zu werfen – das sei der sichere Tod. Ein kleiner Schritt vorwärts genüge. Ich schilderte das sehr ausführlich, bis sie sich bleich und zitternd die Stufen aus dem Schacht beinahe herauftragen ließ. Damit war der Fall erledigt. Sie beschloß, am Leben zu bleiben, schon weil Hans und ihr anderer Freund ohne sie nicht leben könnten. Ich bestätigte ihr dies widerwillig. Schlimm war, daß Freunde begannen, Hans nach Sulamith zu beurteilen, und das ist gewiß unzulässig, weil Liebe, wenn sie einen packt, wie eine Krankheit ist, gegen die man sich kaum wehren kann. Ich bin natürlich ungerecht, denn ein Mensch, der nicht nur Hans, sondern auch andere Männer, gute und intelligente, bezaubern kann, muß ja auch positive Eigenschaften haben. Als Hans im Gefängnis war, rief sie uns an, ob Hans sterben würde, wenn sie fortginge. Nein, sagten wir, und sie erläuterte ausführlich, daß sie sehr gefährdet sei und ihr Freund auch. Ja, sagten wir. Die beiden gingen dann nach Spanien und gerieten dort in den Bürgerkrieg. Ihr Freund Walter Reuter war Fotograf und arbeitete als Bildberichterstatter. Später zogen sie weiter nach Mexiko, wo Sulamith einen Sohn bekam, den sie Jasmin nannte. Geendet hat sie, etwa zwanzig Jahre später, dann doch durch Selbstmord. Wahrscheinlich habe ich sie überhaupt ganz falsch eingeschätzt.

Man kann mich kritisieren, daß ich auf diese Art ein Heldenbild zerstöre, aber es ist gerade das, was ich zeigen will: Wie schwer die Last einer großen Begabung zu tragen ist, daß es auch dann einen immerwährenden Kampf gegen sich selbst gibt und wiederum, daß Hans nie durch seine eigenen Schwierigkeiten seine Arbeit beeinträchtigen ließ.

Hans Litten war nicht nur bei den Nationalsozialisten und den Rechten verhaßt, er war es auch bei den Polizisten aller Dienstgrade. Sein Vorgehen gegen den Polizeipräsidenten, die Hartnäckigkeit, mit der er Zörgiebel verfolgte, dem er Anstiftung zum Mord in dreiunddreißig Fällen vorwarf und den er aufforderte, gegen ihn Strafanzeige zu erstatten, damit er den Wahrheitsbeweis erbringen könne, hatte viel böses Blut gemacht. Zörgiebel hütete sich, gegen Hans zu klagen. Dann aber nahm er sich die einzelnen Polizeioffiziere und Polizisten vor, die Übergriffe verübt hatten, und hatte vor Gericht einen Teilerfolg, in dem bestätigt wurde, daß sinnlos geschossen worden war; weiter erfolgte natürlich nichts.

Ein andermal war den Teilnehmern an einer kommunistischen Sportversammlung kurzfristig verboten worden, eine Plakette der Spartakiade zu tragen. 62 Arbeiter kamen vor den Schnellrichter und wären ix-fix zu Gefängnisstrafen verurteilt worden. Hans erschien gerade rechtzeitig und brachte die als Zeugen anwesenden Polizisten so in die Klemme, daß sie zugeben mußten, die Angeklagten hätten von dem Verbot noch gar keine Kenntnis haben können. Sie wurden freigesprochen. In ähnlicher Weise gelang es Hans Litten auch in den großen Prozessen häufig, die Unglaubwürdigkeit von Zeugen der Anklage, Polizisten und anderen, nachzuweisen und aufzuzeigen, daß sie aufs Geratewohl Beschuldigungen zu Protokoll gegeben hatten.

Einmal bekamen wir alle den Unwillen der Polizei zu spüren. Es war an einem Sonntag, Hans war wie immer in seinem Büro, und Margot und ich waren in der Werkstatt. Eine dringende Arbeit hatte uns bis in den späten Abend festgehalten, und anschließend waren wir noch zur Nachtvorstellung ins Kino gegangen. Als wir nach 1 Uhr in der Früh nach Hause kamen, gingen wir ganz leise schlafen, um niemand aufzuwecken.

Um 3 Uhr Schläge gegen die Tür, Polizei stürmte herein: »Wie viele Personen wohnen hier?« Ich zählte sie auf: wir, das Kind, Hans Litten, im hinteren Zimmer eine Freundin, an die es vermietet war, und das Mädchen. Bei der Durchsuchung stellte sich auch zu meiner Überraschung heraus, wie bevölkert die Wohnung tatsächlich war. Im Kinderzimmer ein Paar, das ich nur flüchtig kannte; die Mieterin und das Mädchen hatten ihre Freunde da, dann natürlich Sulamith. Es war völlig absurd, immer mehr Menschen sammelten sich verschlafen im Korridor unter scharfer Polizeibewachung. In einer Art Galgenhumor meinte ich beim Vorübergehen an der Küche: »Mal sehen, ob da auch noch einer schläft«, und siehe da: groß und rothaarig lag Ilse Kroner, in eine Decke gehüllt, auf dem Boden. Später erfuhr ich, daß es nach dem Wahltag für einige der Gäste zu spät geworden war, nach Hause zu fahren. Was ich dann noch erfuhr, war gar nicht zum Lachen. Auf dem Bülowplatz, auf den Stufen zum Kino »Babylon«, war ein Polizeioffizier erschossen worden. Irgend jemand hatte behauptet, Hans und mich gesehen zu haben. Nun wurde die Wohnung nach dem Revolver durchsucht, aber keiner gefunden. Ich wußte, daß ich keinen hatte, aber manchmal fand schon damals die Polizei Dinge, die sie finden wollte. Darum blieben wir immer in der Nähe der suchenden Polizisten. Elf Menschen in der Wohnung ohne das Kind war schon verdächtig genug. Die Männer mußten mit ins Polizeipräsidium am Alexanderplatz. Hans verschaffte sich Respekt, als er sich als Anwalt auswies. Herumstehen, langes Warten im Gang. Man hatte es sicherlich auf Hans und mich abgesehen, aber wir hatten zufällig wirklich leicht nachprüfbare Alibis. Jeder wußte, wo der andere gewesen war, und es hatten uns genügend Leute gesehen. Um 9 Uhr war alles vorüber. Später stellte sich heraus, daß ein ziemlich verkorkster junger Mann uns angezeigt hatte, vielleicht ein Polizeispitzel, jedenfalls hatte er sich schon einmal an Hans herangemacht und sich als Zeuge in einem Prozeß angeboten. Hans hatte mit einigen Fragen schnell herausgefunden, daß er nicht echt war, und ihn abgewiesen. Das war nun seine Rache, und die Polizei hatte ihm nur zu gerne geglaubt.

Wer es unternimmt, Geschichte so darzustellen, daß man,

wie Rosa Luxemburg fordert, aus ihr lernen kann, muß zunächst den Schutt wegräumen; vom Zeitgenossen verlangt es Distanz zu sich selbst; er muß wissen, daß der, der im Schützengraben steht, selten imstande ist, die Lage zu übersehen, ihm fliegen die Kugeln um den Kopf, und er sieht nicht, wie der Feind, der nach seinem Leben trachtet, an den gleichen Strippen dirigiert wird wie er selbst. Über sich selbst und seine eigenen augenblicklichen Interessen hinwegzusehen ist wohl die schwerste Aufgabe, die in jeder geschichtlichen Phase dem Menschen gestellt wird.

Ich lese bei Simone Weil, der französischen Sozialistin, die zu Beginn der dreißiger Jahre in französischen Zeitungen über die Entwicklung in Deutschland schrieb, daß dort in jenen Jahren die europäische Geschichte entschieden würde. Ich finde in ihren Schriften vieles von dem, was wir damals dachten, aber heute berührt mich besonders ein Begriff, den sie oft gebraucht: politische Kultur. Was sie darunter versteht, ist klar. Sie meint den Arbeiter, der durch den Marxismus gelernt hat, über seine persönlichen Interessen hinaus Solidarität mit den Arbeitern anderer Berufsgruppen, ja auch mit den Arbeitslosen und den Arbeitern anderer Länder zu üben. Die materialistische Geschichtsauffassung stellte gerade an die unteren Schichten die höchsten idealistischen Anforderungen. Stehe man zum Marxismus, wie man wolle: Nichts seit der Begründung der großen Religionen hat die Welt in solchem Maße verändert. Gerade diese politische Kultur des deutschen Arbeiters, die Solidarität, war brüchig geworden. Immer wieder ließen die Führer der sozialistischen Parteien die Standfestigkeit vermissen, die die eigenen Theorien von ihnen verlangt hatten. Wie sollte da der einzelne Arbeiter durchsehen, woran sollte er sein Verhalten orientieren? Gewiß gehören auch Taktik und Konzessionsbereitschaft zu den notwendigen Kampfmitteln, aber wenn eine Partei aufhört, für ihre Mitglieder transparent zu sein, fühlen sie sich verraten und verkauft, dann sehen sie nicht mehr den Weg und sind offen für jede Demagogie. Die sozialistische II. Internationale war am Ersten Weltkrieg in einer nicht wiedergutzumachenden Weise zerbrochen. Zu Recht konnte Kaiser Wilhelm II. bei Kriegsbeginn sagen, er kenne keine Parteien mehr, denn die große Mehrheit der sozialistischen Abgeordneten hatte für den Krieg gestimmt, und unter der Führung derer, die sie eigentlich bekämpfen wollten, schlugen sich die Arbeiter gegenseitig die Schädel ein.

Die Führer der III. Internationale wurden in ihrer Fixierung auf die Sowjetunion als dem »Vaterland der Werktätigen« unter Stalin auch unglaubwürdig, denn wäre es das Vaterland aller Werktätigen gewesen, so hätten die Werktätigen der Welt ein Mitspracherecht haben müssen, anstatt auf die widersprüchlichen, oft nur phrasenhaften Weisungen der Zentrale angewiesen zu sein, denn Opfer und Idealismus wurden von jedem aktiven Arbeiter gefordert bis zum Verlust der Freiheit und des Lebens.

Es soll hier nicht der Eindruck hervorgerufen werden, als hätten wir viel mehr gewußt als andere oder als seien wir imstande gewesen, die Lage zu ändern, aber Hans Littens Beurteilung der Lage wurde im wesentlichen bestätigt.

Wenn Hans Litten gegen den Sozialdemokraten Zörgiebel zu Felde zog, so bekämpfte er nicht die sozialistischen Arbeiter; und wenn er mit der »Roten Hilfe« Schwierigkeiten hatte, dann deshalb, weil sich dort eine Richtung breitzumachen begann, der es nicht so wichtig war, Freisprüche für die Angeklagten zu erzielen, sondern Märtyrer zu schaffen. Hans Litten erkannte, daß in den damaligen Prozessen auf beiden Seiten Arbeiter die Täter waren, und er versuchte, die nationalsozialistische Führung, die Hetzer, zu treffen und nicht allein die arbeitslosen und ausgesteuerten Arbeiter (Wohlfahrtsempfänger), die, natürlich besonders anfällig für die billigen Lösungen des Nationalsozialismus, in den Sturmlokalen kaserniert und mit wenig Geld zu Feinden ihrer Mitleidenden benutzt wurden. In der ersten Phase des Nationalsozialismus, in der Hitler, um seine Bewegung aus der kleinbürgerlichen Enge zu befreien, viele Arbeiter in die Partei aufgenommen hatte, traf diese Beurteilung der Lage sicher zu. Hierher gehörten auch Arbeiterführer, die zeitweise einen großen Einfluß hatten und die »Sozialismus« größer schrieben als »National«. Es waren die beiden Brüder Otto und Gregor Strasser, der Hauptmann Stennes und andere. Diese hofften zeitweise wirklich auf einen nationalen Sozialismus, hofften den bürgerlichen faschistischen Teil der Bewegung eliminieren zu können. Zu ihnen gehörte auch der Rechtsanwalt Becker, der in dem berühmten Edenpalast-Prozeß die angeklagten Nationalsozialisten verteidigte, während Hans Litten die verletzten kommunistischen Arbeiter als Nebenkläger vertrat. Anlaß des Prozesses war ein Überfall des berüchtigten Sturms 33 auf Arbeiter, die sich im Januar 1931 zu einer Versammlung im Tanzpalast »Eden« getroffen hatten. Wichtiger als die Verurteilung der Angeklagten war es für Hans Litten, die Hintergründe dieser Art Überfälle aufzuklären. Er fand dabei die Unterstützung des Rechtsanwalts Becker und des Hauptmanns Stennes, die ihn mit Material gegen die Hitler-Goebbels-Clique versorgten. Hans Litten gelang es, gegen den anfänglichen Widerstand des Gerichts, Hitler als Zeugen dafür aufzurufen, daß mit terroristischen Maßnahmen die Republik untergraben und eine faschistische Diktatur errichtet werden sollte.

Die Vernehmung Hitlers war auf den 8. Mai anberaumt. Hunderte von Polizisten waren aufgeboten, um das Gericht vor Störungen zu bewahren. Margot gelang es, die Sperre zu durchbrechen; sie hatte als heilige Monstranz einen Aktendeckel unter den Arm geklemmt, von dem sie behauptete, ihn Litten dringend übergeben zu müssen. So wurde sie Zeugin der Vernehmung. Hans Litten war wie immer gut vorbereitet und hielt Hitler, der die Loyalität seiner Bewegung beteuerte, Reden und Bücher von Goebbels vor, die nur so von blutrünstigen Drohungen strotzten. Es gelang Hans Litten, Hitler immer wieder in die Enge zu treiben, und von dem staatsmännischen Auftreten, das dieser sich vorgenommen hatte, blieb nichts übrig. Hans berichtete, er habe geschrien wie eine hysterische Köchin. Es half ihm nichts, Hitler mußte an jenem Nachmittag vier Eide schwören, die, wenn das Gericht nur gewollt hätte, leicht als Meineide hätten entlarvt werden können. Immer wieder gab es solche Momente, in denen es möglich gewesen wäre, mit Hitler fertig zu werden. Sie wurden nicht genutzt; heute weiß man, wie er von der Großindustrie und einer reaktionären Richterschaft unterstützt wurde.

Hitler selbst war sich der Gefahr bewußt, in die ihn Hans Litten gebracht hatte. Er hat die Demütigungen nicht vergessen. Daher der abgrundtiefe Haß, mit dem er ihn, kaum an die Macht gelangt, verfolgte.

Hitler wurde also gegen sein besseres Wissen gezwungen zu beschwören, daß es keine Rollkommandos gebe, daß die SA eine Sport-, nicht eine Sturmabteilung sei und daß er die Macht nur mit legalen Mitteln erringen wolle. Damals wußte er es selbst noch nicht, daß ihm die Macht durch die Machenschaften Papens, Hindenburgs und mit Hilfe der Großindustrie in gar nicht ferner Zukunft tatsächlich zufallen würde.

Litten hatte sich viele Feinde geschaffen. Im ›Angriff‹ wie im ›Völkischen Beobachter‹ erschienen unverhüllte Morddrohungen. Der böseste Feind wurde ihm aber der Sturm 33, gegen dessen Angehörige Litten in drei Jahren fünf Prozesse führte. Jeder – außer angeblich die Polizei – wußte, daß zur Ausrüstung des Sturms Handfeuerwaffen, Schlagringe und Totschläger gehörten. Hans Litten war abwechselnd als Nebenkläger für die Verletzten tätig oder als Verteidiger, wenn es dem Sturm gelungen war, die Polizei zu überzeugen, daß er selbst angegriffen worden sei. Es erforderte dann minuziöse Detektivarbeit, die Sachverhalte zu klären. Die Polizei war dazu nicht mehr bereit. Die Wut des Sturms 33 war maßlos, und sie ließen sie später an Hans Litten aus, als sie ihn in der Gewalt hatten.

In die Reihe der politischen Prozesse gehören noch viele andere. Ich nenne den Röntgenstraßen-Prozeß und den Felseneck-Prozeß aus dem Jahre 1932. Felseneck war der Name einer Laubenkolonie, in der damals viele Arbeitslose wohnten. Ein aus einer Versammlung kommender Zug von SA-Leuten machte in Polizeibegleitung einen Umweg, um provozierend an der Kolonie entlangzumarschieren. Es war aber spät, die Bewohner schliefen schon. Als die voranziehende Polizei sich bereits entfernt hatte, unternahm der Rest des Sturms einen Angriff auf die Kolonie. Es gab durchschossene Häuser, ein Arbeiter wurde getötet, mehrere wurden verletzt, und bei der darauffolgenden Schlägerei kam auch ein SA-Mann ums Leben. Die Polizei hatte nichts gesehen oder gehört und glaubte den SA-Leuten, daß sie überfallen worden seien.

Es wurde ein langer Prozeß. Mehrmals versuchten Staatsanwaltschaft und Richter, Hans Litten auszuschalten; man warf ihm Zeugenbeeinflussung vor, und es gab Anzeigen bei der Anwaltskammer, doch Hans Litten konnte sich rechtfertigen. Man ließ den Prozeß platzen und verhinderte die Zulassung Littens als Verteidiger im neuen Verfahren. Rechtsanwalt Löwenthal führte ihn dann zu Ende; es war kurz vor Beginn des Dritten Reiches.

Hans Litten machte sich wenig Illusionen über die Erfolge seiner Anwaltstätigkeit. Aber: Klassenjustiz hin, Klassenjustiz her, er wußte, daß es im Gesetz genügend Freiraum gab, um angeklagte Arbeiter auch in politischen Prozessen verteidigen zu können. Die Richter waren dem Gesetz verpflichtet, und er wollte sie dazu zwingen, danach zu handeln. Selbst in der bürgerlich-liberalen Presse fand er viel Sympathie für seine Aktionen, weil auch dort vielen allmählich angst und bange wurde vor der bösartigen Auslegung der Gesetze durch einzelne Richter und vor der Parteilichkeit der Polizei.

Er stand auch als Anwalt nicht allein. Das hätte er gar nicht geschafft. Es gab manche Kollegen, die ihn gern vertraten, wenn mehrere Termine gleichzeitig angesetzt waren. Da war Dr. Eva Eichelbaum, die in Königsberg mit uns zusammen aufgewachsen war, mit ihm studierte und ihm bis über das Konzentrationslager und den Tod hinaus die Treue hielt. Da war der Rechtsanwalt Cohn-Bendit, und auch Hilde Benjamin gehörte dazu, die, ein paar Jahre jünger, damals ihre Referendarzeit absolvierte. Das sind nur einige Namen aus dem breiten Spektrum linker und liberaler Anwälte.

Eine wichtige Rolle spielte die Rote Hilfe mit ihrem großen Wirkungskreis, auch wenn sie nicht viel Geld hatte, weil sie von Arbeitergroschen finanziert wurde; ohne sie wäre es jedoch gar nicht möglich gewesen, die langen Prozesse durchzustehen. Hans Litten lag oft im Streit mit den Funktionären, aber die lange Zusammenarbeit beweist, daß sie auch großzügig diesem schwierigen Menschen gegenüber handelten, der nicht nur abweichende Meinungen hatte, sondern sie auch aussprach.

Hans Litten trat in vielen Versammlungen der Roten Hilfe als Redner auf, aber auch auf Protestversammlungen bürgerlicher Liberaler, denn allmählich hatte man bis weit in das bürgerliche Lager hinein eingesehen, daß hier nicht ein Kampf für Individuen, sondern um Recht geführt wurde, ohne das ein Staat sich selber aufgibt, und leider muß man es immer wieder sagen, daß der Staat gerade von den Beamten von rechts mehr und wirkungsvoller ausgehöhlt wurde, als es je von links her geschehen konnte. Dies zu beweisen und zu verhindern war die Aufgabe, die Hans Litten sich gestellt hatte.

Hans war damals gar nicht, wie ihn Rudolf Olden in seinem Vorwort (Irmgard Litten: ›A Mother fights Hitler‹) beschreibt, ein franziskanischer Mensch. Er war fanatisch wie einer ist, der die letzte Schlacht schlägt. Er hatte den Atem, diesen Kampf drei Jahre durchzuhalten. Ich war wohl in der letzten Zeit ein schlechter Freund, zog mich mehr und mehr von ihm zurück. Oft ärgerte ich mich, daß Margot so ganz in seinen Bann und seine Arbeit hineingezogen wurde und wirklich kaum Zeit für mich hatte. Meine Geduld hat immer Grenzen gehabt. Natürlich wußte ich, um was es ging, aber es ist zweierlei, das Richtige zu erkennen und es gegen seine eigensten Interessen zu dulden. Ich sah nicht nur eine politische, sondern auch eine menschliche Katastrophe voraus. Die Rettung aus meinen grauen Gedanken waren die Werkstatt und das Kind.

An einem grauen Novembertag 1931, als Margot wieder sehr spät aus dem Büro kam und ich ganz krank vor Unmut und Ärger über Hans und sie und noch mehr über mich selbst war, fuhr sie über meine Stimmung hinweg: »Weißt du, wohin wir nächstes Jahr fahren?« –? »Nach Alcudia Puerto.« Irgend jemand hatte von einem Urlaub dort geschwärmt. Eine Karte zeigte uns, daß der Ort auf Mallorca lag. Es war kaum glaubhaft, daß wir diese Reise machen würden, aber blaues Mittelmeer und Sonne halfen schon im voraus, den Winter zu überstehen. Man sollte sich eigentlich schämen zu bekennen, in solcher Zeit von den Vorfreuden gelebt zu haben, aber wir hatten wieder etwas gemeinsam zu planen, und allen Umständen zum Trotz sollte es Wirklichkeit werden.

Es war unsere erste Auslandsreise, wenn man davon absieht, daß wir mit Hans zusammen nach Litauen und Lettland gewandert waren, aber diese Länder waren nur durch Grenzen von Ostpreußen getrennt. Es war dieselbe Landschaft, nur intensiver und weiträumiger, so eigentlich, wie wir Ostpreußen in unserem Herzen sahen. Südfrankreich und Spanien, das war eine ganz andere Welt, eine schöne Fremde, aber es blieb auch eine Fremde, und heimlich habe ich mich immer, wenn ich das strahlende, prangende Mittelmeer sah, nach der Ostsee und ihrem grünen, schaumigen Polarwasser zurückgesehnt. Ich bin ja doch ein hoffnungsloser, nicht zu überzeugender Steppenmensch, dessen Landschaft Wiesen, Wälder und Seen sind. Unbewachsene Erde in der Sonne wie dort zwischen Olivenbäumen erinnert mich an frische Gräber.

Felix Hohl lieh uns seinen kleinen Dixi, und Erich Pinske, mein Kollege, fuhr uns bis zur französischen Grenze. Es war eine lustige Fahrt. Das rote, hohe, schmale Auto, in das wir drei mit dem Gepäck kaum hineinpaßten, hatte einen Rennmotor, wie schon gesagt, und wir freuten uns über die dummen Gesichter der Leute in den großen Wagen, wenn wir sie rüttelnd und leicht schwankend überholten. Von der Grenze fuhr Erich Pinske zurück und brachte den anderen Mitarbeiter, Bak, zu einer Nordlandreise bis an die dänische Grenze. Er selbst hatte seinen Urlaub bereits gehabt und hütete die Werkstatt.

Wir sahen erst Straßburg, dann Colmar, den Isenheimer Altar und Schongauers Maria im Rosenhag. Danach begannen wir südwärts fahrende Autos anzuhalten und wurden überall mitgenommen. »Beaucoup de virages«, viele Kurven, waren die ersten französischen Worte, die ich anzubringen wagte, als wir die Vogesen überquerten. Das war wirklich das Fremde, eine von anderer Geschichte geprägte Landschaft mit mächtigen Kathedralen, römischen Aquädukten und Amphitheatern.

Wie schön ist das ganz Fremde, zum ersten Mal gesehen. Es war ein Nachteil und wurde zum Vorteil, daß wir keine Zeit gehabt hatten, uns gut vorzubereiten: Wir entdeckten das Land wie Forscher, überließen oft das Ziel dem Zufall. Auf diese Weise brachte uns ein Autofahrer in die überwältigend großartige römische Arena nach Orange, wo gerade die ›Walküre‹ gespielt wurde. Weiter ging es nach Nîmes und Avignon. Wir trampten – so hieß es damals – den ganzen Weg bis Marseille, nur so war die Reise möglich, denn sie durfte nicht mehr kosten, als wir in Berlin verbraucht hätten. So trugen wir im schweren Gepäck unser Haus auf dem Rücken, und die Gitarre war auch dabei. Margot war wieder schwanger, im dritten Monat, und wenn sie einmal müde war, schimpfte ich: »Du läßt auch schon nach.« Strahlend zogen wir durch die Landschaft van Goghs, nach Marseille mit dem alten Hafen und Kanälen, wie von ihm gemalt, mit dümpelnden Booten. Im Kohlenhafen nackt badende Kinder aller Rassen, die, wenn sie aus dem Wasser kamen, alle grau aussahen in der strahlenden Sonne. Vom Hafen aufsteigend das alte Vieux-Port-Quartier. Ein Polizist warnte uns davor hineinzugehen: Räuber, Verbrecher. Wir verstanden ihn nicht, wollten ihn nicht verstehen. Wir durchstreiften das Quartier, Armut im Süden, Frauen, Wäsche auf der Straße waschend, Kneipen, Bordelle, alles offene unverhüllte Armut, die sich nicht schämte, arm zu sein. Die Abwässer liefen die Straße hinunter. Keiner tat uns etwas.

Im Hafen uralte Kräne, gut geschmiert arbeiteten sie neben hochmodernen, es fiel uns auf, die wir aus dem Land der Perfektion kamen, wie Altes und Neues nebeneinander lief.

Als Deckpassagiere nach Barcelona, nachts unter Sternen auf Deck zwischen Seilen liegend und singend, wir waren große Genießer und konnten alles vergessen, was uns bedrückte.

Barcelona, die breite Rambla entlang mit den vielen Kirchen, Frauen mit Tüchern über dem Haar – auch Margot bekam in der Kirche eines –, die unvollendete wahnsinnige Sagrada familia von Gaudi. Ein großes Erlebnis für uns mit der Gotik Aufgewachsenen war die Entdeckung des spanischen Barock.

Zurück aufs Schiff und weiter nach Mallorca. Palma war damals noch eine spitze Märchenstadt, von der man sich kaum vorstellen konnte, daß Menschen dort gewöhnliche Berufe ausübten wie in Berlin. Weiter auf Lastwagen mit Orangenkisten nach Andraitx Puerto, einem Felsennest über dem Meer, Räubernest wie aus Tausendundeiner Nacht. Noch einmal zurück nach Palma, weil Margot eine Augenentzündung bekam. Ein spitzbärtiger Augenarzt behandelte sie bei flimmernder Hitze im schwarzen Anzug. Und dann, wieder zwischen Kisten, zu unserem Ziel, Alcudia Puerto, ein kleines schlafendes Dorf mit einem Hotel am Meer. Wir gingen weiter, wollten unser Zelt aufschlagen, es gab keinen Platz zwischen den Steinen, aber einen runden maurischen Turm am Meer. Die steinerne Wendeltreppe führte auf eine halb mit einer Kuppel überdachte Terrasse. Die Treppe war ein Labyrinth, ein Abweg endete vor einem Abgrund, weil die Stockwerke eingestürzt waren. Wir wohnten auf dem Dach unter der Kuppel, sahen auf das Meer, stachlige Büsche, steinige Abhänge und Olivenbäume, kletterten über Steine ins Meer; abwechselnd ging einer ab und zu ins Dorf, kaufte für umgerechnet 15 Pfennige Mandeln und frische Feigen, holte Wasser in Feldflaschen. Es war noch die Republik, und uns erschien alles in tiefem Frieden. Eines Morgens, als wir herunterwollten, fanden wir das Tor verschlossen. Wir erzählten uns die Geschichten von Verhungerten in einem Turm, dann bog ich eine Haarnadel und öffnete die Tür. Etwas über eine Woche lebten wir dort. Trockene, braune, salzige Haut. Wir wurden wieder viel jünger, ein schrecklicher Gedanke, zurück in die aufgewühlte Nebelstadt Berlin zu fahren, aber es mußte sein. Im Grunde hätte ich ja dort auch nicht leben wollen.

Die Rückreise war schwierig. Von Barcelona über Perpignan, die Côte d'Amour entlang, neben uns der Schienenstrang der Eisenbahn. Nicht immer kamen die Autos, wie wir sie brauchten. Wir mußten uns trennen und fanden uns wieder im Bahnhof von Lyon. In Lyon ein richtiges Zimmer in einem Hotel. Ich streckte mich aus, war böse, als Margot mich um 6 Uhr zur Weiterreise weckte. Es wurde ein Wettlauf zwischen dem dahinschmelzenden Geld und der verrinnenden Zeit. Die Reise endete in Idar-Oberstein. Einen Tag lang waren wir durch das Saarland marschiert, zwischen Bergwerken und rauchenden Schloten, ohne daß uns ein Auto mitnahm. Unsere Freunde, ein Arztehepaar, fanden wir nicht vor. Müde, hungrig, durstig und bargeldlos standen wir vor dem verschlossenen Haus. Bald erschien jedoch eine Frau und fragte uns nach unserem Namen.

Dann war es wie im Märchen, alles vorbereitet: Bett, Bad, Essen, Geld. Oh, diese guten Freunde. Wir trafen sie später in Frankfurt und fuhren von dort mit der Bahn zurück an die Arbeit.

Unterwegs hatten uns viele Franzosen gefragt, ob in Deutschland Hitler an die Macht kommen würde. Solange wir in dem friedlichen Land waren, konnten wir es selber nicht glauben, aber als wir die deutsche Grenze überschritten hatten, kamen uns überall heiser brüllende Demonstranten entgegen. Es waren Nationalsozialisten mit roten Fahnen und dem Hakenkreuz in der Mitte.

15

Ein Schwindel überfällt mich noch heute, wenn ich an die folgenden Monate und das Jahr bis zu unserer Verhaftung denke: Es war wie auf einer Achterbahn, Aussteigen unmöglich, es geht abwärts, auch wenn es gelegentlich wieder etwas aufwärts geht. Ich habe noch immer den Eindruck, das einzige Mal zur Ruhe gekommen zu sein, als ich in der Zelle der Gestapo in der Prinz-Albrecht-Straße saß. Sonne und Mallorca waren schnell vergessen. Margot in Hansens Büro und ich in der Werkstatt hatten mehr denn je zu arbeiten. Nur das Kind gedieh ganz unabhängig von der trostlosen Situation. Es hatte ihm nicht einmal geschadet, daß das Mädchen es in unserer Abwesenheit durch die Kneipen Berlins geschleppt hatte, wo sie ihre Freunde traf.

Auf und ab auf der Achterbahn ist wohl das richtige Bild. Es gab immer wieder Hoffnungen, aber diese Achterbahn endete nicht wieder am Ausgangspunkt, sondern im Abgrund.

Eine der Aufwärtsstrecken, auf die wir viel Hoffnung gesetzt hatten, war der Berliner Verkehrsstreik. Es dauerte nur wenige Tage, aber einen kurzen Moment lang bestand die Hoffnung, daß er sich zum Generalstreik ausweiten und wie seinerzeit beim Kapp-Putsch den reaktionären Unsinn fortfegen würde. Es war ein spontaner Streik, weder von den Gewerkschaften noch von der SPD organisiert, ja, von der SPD wurde er sogar bekämpft. Nachdem die Kommunisten und die Nationalsozialisten zum Streik aufgerufen hatten, überließ man ihnen das Feld. Achtundsiebzig Prozent der Arbeiter hatten für den Streik gestimmt, und die NSDAP wie auch die Strasser-Fraktion versprachen sich weiteren Zulauf von Arbeitern. In der Bundesrepublik ist es üblich, diese Zusammenarbeit zwischen der KP und den Nazis mit dem Stalin-Hitler-Pakt zu vergleichen, wobei unterschlagen wird, daß sich alle Gruppen erst an einen spontanen Streik der BVG anhängten. Keine der Parteien wagte es jedoch weiterzugehen, obwohl ein Generalstreik in der Luft lag. Als erste bröckelte die NSDAP ab. Den Führern wurde diese Art der Verbrüderung mit den Arbeitern unheimlich, sie entsprach auch nicht der Vorstellung ihrer Geldgeber. Die Kommunisten konnten sich nicht dazu entschließen, die gleichzeitig anstehende Wahl fahrenzulassen. Ich habe noch heute die Klagen der jungen KP-Funktionäre im Ohr, die zu Dauersitzungen einberufen waren, als sie dringend auf der Straße gebraucht worden wären. Wir fanden es bezeichnend, daß sie nicht laut zu protestieren wagten. Wer es dennoch tat, wurde als rechter oder linker Abweichler ausgeschlossen. So tragen die beiden sozialistischen Parteien SPD und KPD ein gerütteltes Maß an Schuld an der späteren Entwicklung, weil sie sich gegenseitig so bekämpften, daß sie die Macht, die sie hatten, nicht ausüben konnten.

Das Wahlergebnis war dann auch uninteressant; ob die Nationalsozialisten Stimmen gewannen oder verloren: der große Einbruch in die sozialistische Wählerschaft war ihnen nicht gelungen. Aber die Front der Arbeiter war durch den Streit zwischen SPD und KPD blockiert. Jede Partei war eher bereit, mit den Feinden der Arbeiterpartei zu gehen als mit der Bruderpartei. Die Situation damals ist nicht zu vergleichen mit der Lage nach dem Krieg in der DDR, wo hinter der KP die bewaffnete Macht der Sowjetunion stand.

Wir waren damals, am Ende der Weimarer Republik, gegen Demokratie. Sie war durch die Ereignisse jeden Sinns entleert worden. Demokratie ist, wie ich früher schon sagte, nur da möglich, wo es eine politische Kultur gibt, wo der Wähler nicht nur seine persönlichen Interessen vertritt und wo er die Konsequenzen seines Wohlverhaltens erkennen kann. Ich schreibe bewußt, daß wir damals gegen Demokratie waren, weil ich in die Berichterstattung keinen falschen Ton bringen will. Wir konnten nur auf die Realität reagieren, und wenn die Weimarer Republik in ihrem letzten Stadium, wo nur noch mit Ausnahmegesetzen regiert wurde, Gesetzen, die sich stets gegen die schwächere, dazu noch aufgespaltene Mehrheit des Volkes richteten, sich gleichwohl eine Demokratie nannte, so mußte man zum Gegner eines solchen Systems werden.

Vieles innerhalb des dicht gesäten Feldes der Autobiographien erweckt in mir das Gefühl, daß dort verlorene Schlachten noch einmal geschlagen werden. Jeder versucht sich zu rechtfertigen. Keiner war Nationalsozialist, keiner Kommunist und niemand war inaktiv. Es geht aber nicht um Rechtfertigung, sondern darum, vor dem Gericht der Zeit die Dinge so darzustellen, wie sie waren; jeder mag sich dann seinen Vers darauf machen.

Mir scheint, ich sollte, ehe das organisierte Chaos ausbricht, noch einmal die Auswirkung der Jugendbewegung preisen.

Viele sind sich einig darüber, Jugendbewegung und Nationalsozialismus seien gleichzusetzen oder versuchen wenigstens einen Zusammenhang zwischen beiden zu konstruieren. Übersehen wird dabei die Arbeiterjugendbewegung, die gerade die von der großen Arbeitslosigkeit besonders hart betroffene Jugend zusammengehalten hat. Tatsächlich sind die Jugendorganisationen mit ihren Parteien niemals ganz gleichzusetzen, schon aus dem Grunde, weil sie sich mit ihren Mitgliedern viel persönlicher befassen, als es einer Partei je möglich wäre; Wanderungen, Zeltlager, Lehrzirkel spielten eine große Rolle. Brecht ließ in seinem Film ›Kuhle Wampe‹ singen: »... und es liegt nun auf der Wiese, was sonst auf der Straße lag«, aber es war doch eine große Sache, daß auf der Wiese auch Solidarität gelernt wurde. Ich kenne viele, die nur einmal in der Woche in die Stadt kamen, um sich beim Arbeitsamt zu melden. Wenn nicht mehr Jugend zur SA abfiel, so ist dies das Verdienst der Arbeiter-Jugend, der Naturfreunde, der Kommunistischen Jugend und vieler kleiner Bünde, deren Namen ich vergessen habe.

In dieser Zeit, wo es in rasender Fahrt bergab ging, ging das alltägliche Leben weiter. Es schreckte mich wenig, wenn johlende Formationen durch die Straßen zogen und »Juden raus!« oder »Einbahnstraße nach Palästina« brüllten. Wir lebten in unserem Kreis von Freunden, von denen keiner gewankt hat. Das hätte mich erschüttert. Die armen Verführten würden wieder etwas anderes brüllen, wenn die Zeiten sich änderten. Man kann es sich in schwerer Zeit kaum vorstellen, daß sie sich ändern könne. So war es in der Wirtschaftskrise, und so hatte ich es schon als Kind im Ersten Weltkrieg erlebt: Ich konnte es nicht glauben, daß er je ein Ende nehmen würde. Aber er nahm es – wie jedes Übel.

Auch in Hans Littens Büro nahm die Hektik zu; Margot, jetzt hochschwanger, arbeitete unermüdlich, nein, nicht unermüdlich, aber unablässig. Sie hätte mehr Pflege und Ruhe gebraucht, aber weder ich noch Hans konnten sie ihr geben. Es machte wenig Eindruck auf uns, als Hitler im Januar 1933 an die Macht kam. Es waren so viele, zum Teil furchtbare Regierungen gekommen und gegangen. Wir hatten Zeit gehabt, uns an den Gedanken zu gewöhnen. In Thüringen und in Oldenburg gab es bereits nationalsozialistische Regierungen. Schlimmer als die Papen-Regierung, die Regierung der Barone, konnte es wohl nicht werden. Wir lebten schon längst unter einer Diktatur, und es waren dieselben Kräfte, die hinter Papen, Hugenberg und Hitler standen. Man begann mit der Gleichschaltung, aber es fiel noch nicht so sehr auf, da Personalabbau bei der Regierung und in der Industrie an der Tagesordnung waren.

Margot kam erst wenige Stunden vor der Entbindung aus dem Büro nach Hause. Diesmal wollte sie nicht wieder ins Krankenhaus. Der Gedanke, mit fünf Frauen in einem Zimmer zu liegen, erschreckte sie. Sie hat überhaupt ein seltsames Verhältnis zu Frauen: Einmal bot ihr ein Hotelportier an, mit einer fremden Dame ein Zimmer zu teilen. Margot sah ihn fassungslos an und stotterte: »Aber ich schlafe doch nicht mit Frauen.« Ein anderes Mal, als eine Frauenrechtlerin ihr sehr penetrant die Rechte der Frauen auseinandersetzte und sie diesen gewissen Tonfall »Wir Frauen...« nicht mehr ertragen konnte, platzte sie heraus: »Ich bin keine Frau«, was wohl eindeutig unwahr ist. Ganz anders verhielt sie sich ihren Freundinnen gegenüber. Als sich herausstellte, daß die Sekretärin von Barbasch, Edith Sulkiewicz, zur gleichen Zeit wie sie ein Kind erwartete und auch nicht gern in die Klinik wollte, bot sie ihr sofort an, bei uns zu gebären, und wenn es fünf Frauen gewesen wären, hätte sie die auch aufgenommen. Wir hatten alles gut vorbereitet. Unser Freund, Dr. Hirsch, ein Frauenarzt in der Kurfürstendamm-Gegend, wollte zu Hilfe kommen. Er wollte gern wieder einmal selbst Kinder holen; die Hebamme war dieselbe, die Margot schon das erstemal versorgte, und ich zimmerte hohe Füße an eine schmale Couch, damit man bequem arbeiten konnte. Wir waren also voller Erwartung, nur wollte das Kind nicht termingerecht kommen. »Kein Wunder«, sagte ich, »bei den politischen Verhältnissen.« So bekam Edith ihr Kind zuerst. Es war eine schwere Geburt, und zwischendurch, wenn die Wehen aussetzten, sollte sie im Gang auf und ab gehen. Dr. Hirsch fand es reizend, wenn die beiden Frauen ihren Bauch als

Kugelgelenk benutzten, um aneinander vorbeizukommen. Einige Tage später weckte mich Margot, es sei soweit. Es war schon sehr weit. Ich sollte Wasser aufsetzen, bat die Hebamme am Telefon, Eile könnte vonnöten sein. Sie war so lange unterwegs, daß ich bereits überlegte, wie ich das Kind selbst holen könnte, als sie schließlich kam, einen Blick auf Margot warf, zwei Stück Watte nahm – und das Kind war da. Ein Junge, und er hatte eine dicke rote Nase, weil er es plötzlich so eilig gehabt hatte. Niemand in der Wohnung wachte auf, nur das Töchterchen holten wir, aber sie war verschlafen und unwillig. Wir sollten das Kind in den Schnee draußen legen, dann würde es wieder weggehen, meinte sie. Das war die erste Reaktion, aber bereits am folgenden Tag nahm sie sich seiner an und wurde ihm bald zur zweiten Mutter. Das hat uns in der Folgezeit vieles erleichtert.

Margot hatte mich gebeten, Poldi, das Mädchen, nicht zu wecken. Poldi war aus Schweden, ein merkwürdiges Wesen, sie hielt es für ihre Pflicht, immer fröhlich zu sein, und redete ununterbrochen. Sie war ebenso hilfsbereit wie lärmend. Und noch eine Eigenschaft hatte sie: Täglich rettete sie mindestens einem Menschen das Leben, ja, sie brauchte nur über die Straße zu gehen, schon geschah etwas »Unwahrscheinliches«. Das Töchterchen rettete sie unentwegt. Sie erzählte mit heiterster Miene grausige Geschichten, so daß wir uns angewöhnt hatten, nicht zuzuhören. Sie war aber gut zu den Kindern und zuverlässig. In ihrem einigermaßen hilflosen Zustand konnte Margot Poldi nicht ertragen, deshalb kam ich mehrmals am Tage mit dem Rad aus der Werkstatt, um ihr das Kind anzulegen und zu tun, was nötig war.

Poldi kam zwei Jahre später – sie war nicht mehr bei uns – auf eine scheußliche Weise ums Leben; sie geriet mit dem Fahrrad unter ein Auto.

Poldi hatte darauf bestanden, daß es Unglück bringe, wenn wir für das Baby etwas vorbereiteten. So machten wir erst mal im Schrank ein Lager zurecht. Schließlich war Margot erschöpft und wollte schlafen, ich legte mich zu ihr, die Hebamme, verpflichtet, noch einige Stunden bei der Wöchnerin zu bleiben, bekam einen Liegestuhl und schlief ebenfalls bis zum Morgen. Dann begann ein Tag wie alle andern.

Wie die Schwester bekam auch der Junge einen litauischen Namen: Elnis, was Elch bedeutet, und wenn ich ihn heute ansehe, so ist er auch eine Art Elch geworden mit seinem wilden Bart und seiner Vorliebe für eine urtümliche Lebensweise. Am Morgen erschien Hans Litten, küßte Margot die Hände, bedauerte das »arme Tier« und noch mehr sich selbst, weil er ja mindestens einige Tage lang ohne ihre Hilfe auskommen mußte. Margot nahm das Telefon, organisierte das Büro um, bat eine Kollegin zu sich, um ihr das Stenogramm des vorhergehenden Tages zu diktieren, und beschloß, Urlaub zu haben.

Zwei Tage später gab es eine große Versammlung an Margots Bett. Dr. Barbasch war gekommen, um ihr zu gratulieren, Hans, Ilse Kroner und ein paar weitere Freunde. Wir besprachen die Lage. Barbasch sagte, was wir alle dachten: Es sei höchste Zeit, in die Emigration zu gehen. Vor allem Hans Litten sei gefährdet, wenigstens vorübergehend solle er außer Landes gehen wie einige besonders gefährdete Führer der Linken, die bereits draußen waren. Frau Litten, die Mutter von Hans, hatte in der ČSR ein kleines Haus für den Sohn gemietet und beschwor uns, in diesem Sinne auf Hans einzuwirken. Hans lehnte strikt ab. Solange er noch als Anwalt arbeiten könne, müsse er bleiben, die Arbeiter in den Gefängnissen müßten auch bleiben und würden sich verraten fühlen.

Das war im Augenblick eine richtige Entscheidung. Die Propaganda der Nazis, die schon lange auf vollen Touren lief, hämmerte auf die Arbeiter ein, die Intellektuellen, die sie entweder Juden oder verjudet nannten, würden sie sofort im Stich lassen, wenn es brenzlig würde. Die Hetze war nicht ohne Wirkung geblieben. Die Juden in den oberen Rängen der Parteien sah man, die Juden, die unten arbeiteten, wie meine Freunde, fielen als solche natürlich gar nicht auf. Aber ganz abgesehen davon, aus unserer damaligen Perspektive war vor allem Standfestigkeit erforderlich. Wir wußten schon, daß es gefährlich war, aber es schien uns die einzige Möglichkeit, noch einen Umschwung zu bewirken. Natürlich war Hans besonders gefährdet, und man hörte schon Schlimmes von den Folterkammern der SA-Kasernen, aber es läßt sich immer schlecht gegen Tapferkeit und Vorbilder argumentieren. Klug ist man erst hinterher.

Zehn Tage nach der Geburt des Kindes, am Abend des 27. Februar, brannte der Reichstag. Ich war an dem Abend mit dem Rad unterwegs zu einem Kunden. Als ich die »Linden« überquerte, wußte ich, daß etwas los war, rasende Feuerwehr, Unfallkommando und Brandschein. Der Kunde wußte bereits Bescheid, und auf dem Rückweg machte ich einen großen Bogen, um nicht in irgendwelche Demonstrationen hineinzugeraten. Hans kam spät nach Hause und wußte auch nicht mehr als ich. Um 4 Uhr morgens erschien die Polizei und nahm Hans in Schutzhaft. Es ging ruhiger zu als das erste Mal, man durchsuchte die Wohnung und nahm ausgerechnet einige Grundrißzeichnungen mit, die Hans vom Naumburger Dom angefertigt hatte. Erst später erfuhren wir, wie viele in der Nacht abgeholt worden waren und daß sie alle verdächtigt wurden, den Reichstag angesteckt zu haben. Ossietzky, Erich Mühsam, viele bekannte Politiker und Anwälte, auch Dr. Barbasch, der Sozius von Hans Litten, waren in Haft.

Margot war nicht zu Hause zu halten. Sie ging ins Büro und bemühte sich um Kollegen, die in Vertretung Littens seine Termine wahrnehmen könnten. Damals war sie böse, weil sich niemand dazu bereit fand, auch Cohn-Bendit nicht; später erfuhren wir, daß er kurz nach dem Gespräch das Haus verlassen hatte und gleich darauf die SA erschienen war, um ihn zu suchen. Er entkam glücklicherweise ins Ausland, und wir leisteten in Gedanken Abbitte.

Nun war bei uns wirklich die Hölle los. Wir hörten von den Mißhandlungen, es war, als ob die Nazis die halbe Stadt verhaftet hätten, jedenfalls jeden dritten unserer Bekannten. In der Alexanderstraße im Hause der Feldpolizei hörte man auf der Straße die Schreie der Geschlagenen. Margot konnte ermitteln, daß Hans im Gefängnis in Spandau war, sie schaffte es auch, eine Besuchserlaubnis als Sekretärin zu bekommen. Frau Litten hatte zu ihren Gunsten verzichtet, weil es zunächst einmal wichtig schien, die Büroangelegenheiten zu regeln, zu retten, was zu retten war, denn wir dachten ja alle nicht, daß es so weitergehen könne.

Es konnte aber, und jeden Tag wurde es schlimmer. Margot zerteilte sich zwischen Büro, Spandau und dem Kind. Mehrmals traf ich sie zu Hause, wie sie das Kind nährte, gleichzeitig telefonierte und Notizen machte. »Madonna mit dem Telefon«, sagte ich, weil es für uns immer noch dazugehörte, einen Witz zu machen, aber manchmal mußte das Kind stundenlang auf sie warten. Margot war zum Umfallen elend. So beschlossen wir, das Kind abzusetzen, und Poldi mußte für es sorgen.

Ich hatte mit der Werkstatt zu tun, mußte herumlaufen und um Geld betteln, denn wir hatten bald nicht mehr einen Pfennig im Haus, nachdem Hans und Margot so plötzlich als Verdiener ausgefallen waren. Die Stunden in der Werkstatt waren noch die ruhigsten, aber auch dorthin gelangten stündlich neue Hiobsbotschaften.

Es kamen auch Leute, die dringend fortmußten oder nicht mehr in ihre Wohnung gehen konnten, wollten sie sich nicht verhaften lassen. Nun war es hilfreich, daß ich viele Freunde hatte, auch solche, von denen ich wußte, daß sie nicht belastet waren. Dort half man den Flüchtlingen weiter. In einem kleinen Haus gleich hinter dem Stadtbahnbogen war das Büro der englischen Quäker. Ich kannte sie, weil ich auch einmal für sie gearbeitet hatte. Sie fragten nicht viel, sondern besorgten Papiere für England; sie schienen immer ruhig und ohne Hast, arbeiteten aber schneller, als ich es für möglich hielt.

Die Warteräume der Gestapo und der Polizei, wo sich die Angehörigen der Gefangenen trafen, wurden zu einer Nachrichtenquelle. Man half einander, unterrichtete sich gegenseitig, und es entstanden neue Freundschaften unter den Frauen. Das Spandauer Gefängnis war noch nicht gleichgeschaltet, dort taten noch die alten Beamten Dienst und bemühten sich, den neuen Gefangenen das Leben möglich zu machen. Im April wurden die Gefangenen jedoch von dort nach Sonnenburg verlegt; wir wußten zuerst nichts davon, bis eine Zeitung berichtete, ein Trupp kommunistischer Verbrecher sei durch die Straßen der Stadt transportiert worden, sie seien gezwungen worden, das ›Horst-Wessel-Lied‹ zu singen, und die wackeren Bewacher hätten mit Stiefeln und Gummiknüppeln nachgeholfen. Frau Litten und Margot suchten Dr. Mittelbach, den Leiter der zuständigen Gestapo-Abteilung auf; es nahm viel Zeit, an ihn heranzukommen, dann leugnete er natürlich alles ab, so etwas könne in unserem Lande nicht passieren, allenfalls seien Übergriffe vielleicht nicht immer zu vermeiden. Inzwischen kamen Briefe von Hans, getarnt als Anweisungen für das Büro und in unserer Familiensprache abgefaßt, die außer uns niemand verstand. Es war von einem Herrn Bär die Rede, welcher den Mietvertrag lösen müsse, weil er von seinen Mitbewohnern geschlagen würde, oder man müsse dem Herrn Perthier helfen, das Testament aufzusetzen, weil er im Sterben liege. (»Perthier« war leicht als Kürzel für seinen Kosenamen »Schnuppertier« zu erkennen, und der Bär war er für uns sowieso.)

Margot ging noch einmal zu Dr. Mittelbach und beschwor ihn, selbst nach Sonnenburg zu fahren und sich an Ort und Stelle über den Zustand der Gefangenen zu informieren. Zwar könne sie ihm nicht sagen, woher sie ihre Kenntnisse habe, stehe aber zu seiner Verfügung, wenn sie sich nicht als wahr herausstellen sollten. Auf die Frage Mittelbachs, was die Linke wohl im Falle eines Sieges mit ihren Gegnern gemacht haben würde, antwortete sie, sie könne verstehen, daß es in bestimmten Situationen notwendig werden könnte, den politischen Gegner durch Gefangennahme unschädlich zu machen, jedoch gäbe es keinerlei Entschuldigung dafür, wehrlose Gefangene zu mißhandeln. Dazu muß man wissen, daß der Sturm 33, den Hans Litten so intensiv vor Gericht bekämpft hatte, jetzt in Uniformen der Hilfspolizei das Lager Sonnenburg verwaltete. Dr. Mittelbach fuhr tatsächlich nach Sonnenburg, fand Hans Litten in einem fürchterlichen Zustand und brachte ihn in seinem Wagen zurück nach Spandau. Es kostete ihn seinen Job. Er wurde auf einen unteren Posten abgeschoben. Nach dem Krieg benannte er Frau Litten und uns als Zeugen in seinem Entnazifizierungsverfahren. Wir schrieben, was wir wußten, und das war gut für ihn.

Diesmal fand Margot Hans in grundlegend verändertem Zustand vor: Er hatte den Blick des Verfolgten, sah ständig unruhig um sich und steckte ihr schließlich einen Kassiber zu, der die Bitte um eine bestimmte Menge Opium, in Butter verpackt, enthielt. Wir taten natürlich, was er wollte. Man muß bedenken, wie weit wir alle damals schon waren, daß wir nicht mehr an seine Rettung dachten, sondern ihm nur noch einen ruhigen Tod wünschten.

Im Juni mußten wir die Wohnung in der Koblankstraße aufgeben: für uns allein war sie zu teuer, es drohten auch ständig Haussuchungen, und die Kinder sollten aus unserem tumultuösen Stadtleben heraus. Wir fuhren auf Rädern durch die Gegend und fanden in Sachsenhausen bei Oranienburg ein Zwei-Familien-Haus mit einem Garten, nahe der Havel und dem Wald. Wir wußten damals nicht, daß gleichzeitig in Oranienburg ein Konzentrationslager eingerichtet wurde. Später wurde es nach Sachsenhausen verlegt, aber zu der Zeit waren wir schon weit weg. Es war eine idyllische Gegend, so schön, wie es an einsamen Stellen in der Mark Brandenburg nur sein kann. Wasser, Wald, Wiesen. Schon zuvor hatte Hans gebeten, die Bücher zu retten. Ich habe aus dieser Zeit die Erinnerung, daß ich ständig die aus mehreren tausend Bänden bestehende Bibliothek von einem Ort zum anderen trug.

Zunächst wurde sie im Lager einer Schuhgroßhandlung, die einem Vetter von mir gehörte, untergestellt. Später, als wir provisorisch den hinteren Werkstattraum zu unserer Stadtwohnung machten, holten wir sie zurück. Alles war schon wie auf einer Flucht. Beim Auszug wurde ich von der Polizei auf Betreiben der Wohnungsgesellschaft verhaftet – es war eine jüdische –, die zuvor eine Regelung des durch die Ereignisse aufgelaufenen Mietrückstandes verlangte. Frau Litten besorgte das Geld, und so trafen wir nachts mit Möbeln und Familie in Sachsenhausen ein. Ich sehe noch deutlich vor mir, wie ich mit zwei Schreibtischlampen in die Wohnung ging und Licht machte; dann stellten wir die Betten auf, legten die Kinder hinein, richteten die Wohnung ein und gingen schlafen; bis zu unserer Auswanderung wurde nichts mehr an der Wohnung geändert.

Die Woche über blieben wir in der Georgenstraße. Zunächst hatten wir noch mit Bak, meinem Mitarbeiter, eine Wohnung im Westen, in einem Hinterhaus der Kleiststraße, genommen, sie aber wieder aufgegeben, als Bak dort verhaftet wurde. Den hinteren Raum der alten Werkstatt hatte ich inzwischen etwas umgebaut, den fünf Meter hohen Raum durch einen über die Regale gezogenen Boden geteilt, denn bei meinem Vetter konnte die Bibliothek nicht bleiben, jetzt war jeder gefährdet. So wurden die Bücher wieder herumgeschleppt.

Das Hauptproblem aber war, jemand zu finden, der die Kinder die Woche über in Sachsenhausen versorgte. Es gab nur einen Menschen, der selbständig und zuverlässig genug war: Marie Ehlert. Marie kannte ich als eine etwa gleichaltrige Freundin Hannchens. Als Hannchen einmal sehr krank war und durchaus nicht mehr aufstehen konnte, sagten die Kinder, Marie müsse kommen. Ich schrieb ihr also, und sie kam. Ich sehe noch genau vor mir, wie sie den kleinen Koffer in die Ecke stellte. Innerhalb von fünf Minuten hatte sie den Haushalt in der Hand, und alles lief wie am Schnürchen. Marie stammt aus Rostock, ist (oder war, ich weiß nichts mehr von ihr) die Tochter eines Schusters und hatte in vielen Haushalten gearbeitet, oft bei bekannten Leuten – zum Beispiel bei dem Kulturphilosophen und Biologen Ernst Fuhrmann, dessen sehr aufschlußreiche Bücher verschwunden zu sein scheinen – und in Siedlungen. Zuletzt pflegte sie Dr. Bußmann, den ich bereits erwähnte, und führte dessen Haushalt.

Einen Posten übernahm sie nur, wenn sie an den Menschen Interesse hatte oder etwas dabei lernen konnte. Sie war groß, sehr norddeutsch, wir pflegten von ihr zu sagen, sie sei gerecht mit sich und allen anderen, und sie hatte feste Anschauungen über viele Gebiete des Lebens, ganz gewiß über Politik und die Menschen; sie war eine wunderbare Gärtnerin, besaß den berühmten grünen Daumen und düngte nur biologisch. Als wir sie in dem mecklenburgischen Dorf, wo sie gerade lebte, vom Postamt ans Telefon rufen ließen, um sie zu bitten, zu uns zu kommen, fühlte sie sich überfahren und reagierte zögernd, unwillig, abwehrend. Margot gegenüber war sie zunächst recht zurückhaltend, im Grunde fand sie wohl doch, daß eine Frau ins Haus und zu ihren Kindern gehöre, und die Städterin, die die Natur als Erholungsgebiet ansah, war ihr suspekt. Sie kam schließlich doch, und sobald sie im Haus war, ging alles gut. Die Kinder liebten sie, und das Baby betrachtete sie bald als ihr eigenes.

Im Juli hatte Hans Litten seinen 30. Geburtstag. Der alte Wärter im Gefängnis sagte zu ihm, jetzt finge das Leben doch erst an. Jedenfalls hatten wir alle Besuchserlaubnis, Margot, ich und Mop. Es war das letzte Mal, daß ich ihn sah.

Einige Wochen darauf, im August, erfuhr Margot, als sie Hans besuchen wollte, daß er gerade nach einem Selbstmordversuch ins Krankenhaus gebracht worden sei. Vorausgegangen waren Verhöre durch die SS, die den Felseneck-Prozeß auf ihre Weise noch einmal aufrollen wollte. Er sollte demnach gestehen, daß die freigesprochenen Kommunisten in Wahrheit des Mordes schuldig gewesen und die SA-Leute zu Unrecht verurteilt worden seien. Nach mehreren »Verhören«, bei denen er furchtbar zugerichtet worden war, hatte er gestanden, was sie wollten. Nach seiner Rückkehr in die Zelle widerrief er das Geständnis und schnitt sich die Pulsadern auf. Man hatte ihn etwas zu früh gefunden und »gerettet«. Die Mutter und Margot bekamen Besuchserlaubnis und fanden ihn ausgeblutet und apathisch. Sie bestürmten den Arzt, ihn doch endlich sterben zu lassen, aber das ging gegen die Ehre des Herrn Professor, der ihn wieder in haftfähigen Zustand bringen wollte. Während des Krankenhausaufenthaltes gelang es Frau Litten, ihrem Sohn einen Code beizubringen, den wir uns ausgedacht hatten; er war natürlich recht primitiv: durch Verschiebung der Buchstaben des Schlüsselwortes »Denkmalsfigur«, die an bestimmter Stelle eines jeden Satzes benutzt wurden, konnten wir uns nun gegenseitig Mitteilungen machen.

Derweil war Hans Litten nur eine unserer Sorgen. Der Alltag forderte mit aller Gewalt sein Recht. Zu dieser Zeit wurde der Umschichtungskurs der Jüdischen Gemeinde begonnen. So unglaublich es für uns war: Weiterhin wechselten Leute ihre Wohnungen und brauchten neue Einrichtungen. Fast jeden Sonnabend fuhren wir auf Rädern die dreiunddreißig Kilometer nach Sachsenhausen zu den Kindern hinaus. Die Bahnverbindung dorthin – mit dem Fernzug von Oranienburg aus – war ungünstig, und billiger war es auch auf unsere Weise. Sonntags fuhren wir mit den Kindern, so oft es ging, durch die Wälder und an der Havel entlang und gönnten Marie ein paar ruhige Stunden.

Das Haus in Sachsenhausen war wirklich ein Ort der Ruhe nach der Hetze in der Stadt. Sachsenhausen war noch ein richtiges Dorf, Marie genoß dort bald großes Ansehen, und die Kinder gehörten dazu. Bald versorgte uns der von Marie angelegte Garten mit Gemüse, Tomaten und Kräutern. Die Tochter schien uns schon erwachsen, weil sie sprechen konnte, wovon sie einen Dauergebrauch machte.

Ich besaß ein schweres Rad – meinen ersten »Opel«, vor mir saß das Töchterchen auf einem Kindersitz, und in einem Körbchen an der Lenkstange krähte der kleine Bursche. Margot fuhr um uns herum und sagte glücklich: »Alles, was ich liebe, auf einem Rad.« Für einen Tag waren wir dann wieder eine glückliche Familie.

Marie brauchte keine Gesellschaft, dennoch gingen wir abends, wenn die Kinder schliefen, oft lange durch den Wald und besprachen unsere Schwierigkeiten. Inzwischen hatte sie in ihrer spröden Art auch Margot gern, das spürte man daran, wie sie uns umsorgte. Der Junge gehörte ihr ganz, und sie überließ ihn nur ungern jemand anderem. Übers Wochenende kamen auch wieder Freunde hinaus: die Hohls, Edith Sulkiewicz mit Mann und Kind, Ilse Kroner mit ihrem Freund Willi, Bak und die rothaarige Iris, Hannchen mit den Kindern, meine Mutter und meine Schwiegermutter, Frau Litten und gelegentlich auch der Herr Professor, welcher die Welt nicht mehr verstand. Die Tochter erzählte jedem, der es wissen wollte oder auch nicht, sie habe viele Väter, und dann zählte sie neben mir alle anderen Männer auf, die sie liebte.

In meiner Familie hatte sich viel geändert. Ich muß sagen, daß ich damals wenig Zeit für meine Mutter und die Schwestern hatte, auch nicht haben wollte. Lisbeth, die älteste, war Bibliothekarin in der Stadtbibliothek von Köpenick; Edith hatte ein Kinderheim in Niederschönhausen. Es war nur ein kleines Siedlungshäuschen, dennoch wurde für viele Kinder Platz gefunden. In jenem Jahr sammelten sich dort die Kinder aus den zerstörten Familien. Es war schon ein Glück, daß es diesen Platz gab.

Hilde Benjamin, deren Mann, ein Armenarzt vom Wedding, gleich in den ersten Wochen von den Nazis bestialisch ermordet wurde, brachte, wie viele andere, ihren Sohn zu Edith. Zu ihr war auch meine Mutter gezogen, als sie Königsberg schließlich verlassen hatte. So war auch unsere Tochter Mop öfters zu Besuch im Heim und kam dann voller großer Erlebnisse nach Sachsenhausen zurück, wo es doch viel einsamer war. Meine dritte Schwester, Rosa, war mit ihrem Mann im Ruhrgebiet, wo Siegfried Adler, Redakteur am kommunistischen ›Ruhr-Echo‹ und schon vor 1933 als politischer Gefangener in Haft, nun im KZ Esterwege in Oldenburg im Moor saß. Rosa, von Beruf Fürsorgerin, hatte ebenfalls an der Zeitung mitgearbeitet, zunächst als Reinemachefrau, dann als Jugendredakteurin. Jetzt half sie Edith im Heim. Siegfried, im folgenden Jahr aus dem KZ entlassen, arbeitete wieder als Schuster, in dem Beruf also, den er gelernt hatte, bevor er Werkführer in Schuhfabriken wurde und dann später ganz zur Politik überging. Rosa erwartete damals ihr Kind, und als wir, vielleicht etwas besorgt, über die bevorstehende Geburt sprachen, sagte meine kleine, kluge Tochter: »Das macht nichts, die Schmerzen gehen weg, aber das süße Kind bleibt.« Mop war ein liebes, kokettes und raffiniertes Kind, das aber manchmal unvermutet recht besinnliche Aussprüche hören ließ. Ihr eines Tages ohne jeden erkennbaren Zusammenhang geäußerter Spruch: »Wenn ich gestorben bin, werde ich sagen, es war doch sehr schön, daß ich gelebt habe« wurde zu unserem Leitsatz.

Die jüngste Schwester, Hanna, war als Jugendleiterin ausgebildet. Ihr Freund, Martin Fenske, war Lehrer, konnte aber wie so viele Junglehrer keinen Arbeitsplatz finden. Im Durchschnitt dauerte es damals vierzehn Jahre, bis eine Lehrstelle frei wurde. So verdiente er sein Brot als Hilfsarbeiter, lange Zeit als Heizer im Neuen Schauspielhaus. Politisch gehörte er zu einer rechten kommunistischen Splittergruppe (Brandler), aber sein Hauptbetätigungsfeld war der Freidenkerverband. Dort fungierte er als Redner bei feierlichen Anlässen wie Hochzeiten und Beerdigungen.

Wir pflegten etwas über ihn zu spotten und nannten ihn den einzigen orthodoxen Atheisten. 1932 betrachtete er die Situation in Deutschland als hoffnungslos und ging nach Argentinien, arbeitete zunächst als Cowboy, bis er endlich Lehrer an der deutschen Schule in Buenos Aires wurde. Als die Schule »gleichgeschaltet« wurde, gründete er dort die deutsche Antinazi-Schule. 1933 ließ er auch Hanna nachkommen. Er war es, dem die Rettung meiner Mutter zu verdanken ist. Ich war nach monatelanger Krankheit ganz mit meinem schweren Anfang in Palästina beschäftigt und hatte nur wenig Interesse an der übrigen Familie. Noch heute habe ich deswegen ein schlechtes Gewissen. Martin besorgte 1936 ein Visum für Lisbeth, die als Jüdin in Deutschland Berufsverbot hatte, und noch nach dem Ausbruch des Krieges 1939 gelang es ihm, meine Mutter hinüberzuholen; sie ist dort sehr alt geworden und hat die Enkelkinder heranwachsen sehen. Rosa, Siegfried und das Kind gingen bald nach unserer Auswanderung nach Bolivien, nachdem ein Bruder Siegfrieds ihnen ein Visum verschafft hatte. In der Nähe von La Paz verwalteten sie ein Gut und verrichteten schwere Bauernarbeit, 1950 kehrten sie nach Deutschland, in die DDR, zurück.

Edith blieb als einzige aus der Familie die ganze Zeit über in Deutschland. Als wir jung waren, hingen wir wie Kletten aneinander, dann hatte plötzlich jeder andere Interessen, und wir sahen uns nur noch selten. Sie war ausgebildete Säuglingsschwester, unterbrach die Arbeit aber eine Zeitlang, weil mein Vater sie im Geschäft brauchte, das sie nach seinem Tode auch auflöste.

Als sie ihr Kinderheim nicht mehr weiterführen konnte, wurde sie Leiterin der Kinderkrippe der jüdischen Gemeinde. Sie blieb in Deutschland, um Mani Bruck, der wegen illegaler Arbeit zu acht Jahren Zuchthaus verurteilt war, beizustehen. Mani, eigentlich Dr. Emanuel Bruck, war Volkswirtschaftler und vor dem Dritten Reich Sekretär eines Reichstagsabgeordneten. Edith kannte ihn seit 1921, noch aus der Zeit des jüdischen Wanderbundes. Ich kannte ihn nur flüchtig. Edith hatte Mani Bruck im Zuchthaus geheiratet, um mit ihm in Verbindung bleiben zu können. Nach Verbüßung der Strafe kam Mani Bruck in das Todeslager Neuengamme, todkrank wurde er nach Dachau gebracht und starb dort.

Die erste Nachricht von Edith ging nach Bolivien, und ich will den Brief vom Juni 1946 mit einigen Kürzungen hier abdrucken, weil er, zeitlich so nahe am Geschehen, eine nicht mehr wiederholbare Wirklichkeit hat.

Sülzhayn, den 30. 6. 1946
Ich weiß nicht, wie weit ich Euch mal berichtete: In kurzen Zügen war es so: Mani sollte am 30. 4. aus dem Zuchthaus kommen, aber er kam erst ins Lager Fuhlsbüttel, da besuchte ich ihn für 10 Minuten, länger ließ die SS mich nicht da. Er war munter und zuversichtlich, trotzdem er sehr dünn war, es ging ihm auch da gut, er brauchte keinen Stern zu tragen. Wir waren uns so einig, daß wir durchhalten, wie es auch kommen mag. Dann kam er nach Neuengamme, ich erhielt da nur sehr kurze Karten, die so schlecht geschrieben waren, man sah, er war aus dem Gleichgewicht, im ganzen vielleicht 3, und ich schrieb alle 14 Tage und er erhielt meine Briefe nicht, ich schickte auch Geld, dann kam am 28. August ein Brief vom 23. August aus Dachau und am 7. September erhielt ich von der SS die Nachricht, daß er am 29. August an Lungenentzündung gestorben sei. Die Urne setzten wir noch am 18. Oktober 1942 in Weißensee bei, das mußte damals alles sein.

Ich sprach jetzt einen Genossen hier, der 10 Jahre im Lager war und zu der Zeit in Dachau, er sagt, daß der Block, den Mani angab, ein Krankenblock war, er wird gewiß schon von Neuengamme todkrank dorthingekommen sein, dort soll es so schlimm gewesen sein. Sein letzter Brief war so lieb, und ich hatte da schon das Empfinden, daß er nicht durchkommen kann, denn Dachau war doch bekannt!

Ich bin dann am 23. Oktober in die Illegalität gegangen, weil ich evakuiert werden sollte. Kurt und Hilde und Andere wollten nicht, daß ich mitgehe, und da es auch mit dem Quartier und Ernährung zu klappen versprach, entschloß ich mich dazu. Ich wollte dort keinem zur Last fallen. Ich war bis November bei Bekannten und 14 Tage bei Hannchen und dann nahm ich bei einer Fichte-Genossin eine Stelle an, sie war krank und hatte ein Baby von ca. 5 Monaten und eine Mutter, die schlecht hörte und arbeitete. So machte ich Haushalt und Kind und bekam mit zu essen. Butter besorgte meistens Kurt und so was es noch mal geben konnte. Ich schlief auf einer Matratze, es war ganz ordentlich und ich lebte mich gut ein. Im Hause galt ich als Freundin, die eben hilft. Dann ging ich im Januar wieder zu Bekannten und im Februar auch. Und dann bekam ich durch Hilde, über Hilde wieder eine Stelle im Haushalt im Grunewald bei Intellektuellen. Sie war Philologin und er Archäologe. Das Kind war 7 Monate alt. Er war in Jüterbog und kam dann ins Feld, wir hatten 2 ½ Zimmer. Ich führte den Haushalt und kochte für uns und sie versorgte das Kind unter meiner Anleitung und machte auch 2 Zimmer und Badezimmer sauber. Einmal in der Woche ging ich zu Pölchaus, d. i. der Gefängnispfarrer aus Tegel, durch den ich zu der Familie gekommen war, und machte seiner Familie die Wohnung sauber. Die Frau Pölchau war immer sehr lieb zu mir und dann war noch ein 5- bis 6jähriger Sohn da. Ebenfalls war alles sehr in Ordnung, ohne Judenstern war ich für keinen mehr eine Jüdin, sondern, da ich auch einen Postausweis auf den Namen von Kurts Schwägerin Gertrud Heß hatte und mein Bild, Gertrud oder Tante Gertrud. Und Gertrud war mir vertraut von Mutti her. Heute bekomme ich auch noch Post mit der Anrede »liebe Gertrud«.

Ich brachte auch meine Frau mit Kind nach Halle, als die Luftangriffe in Berlin zu groß wurden, und blieb mal 14 Tage in Halle, mal fuhr ich später mit ihnen, um sie nach dem Sudetenland zu bringen oder sie abzuholen. Inzwi-

schen von 1943 Februar bis 1944 November wohnte ich immer im Grunewald und betreute die Wohnung, offiziell wohnte ich in der Stadt bei meinen Schwiegereltern, die mich aber nicht liebten und deshalb war ich eben im Grunewald. Als meine Wirtin mit Kind dauernd fort waren, machte ich in der Woche 5 x verschiedene Wohnungen sauber von ½ 9 Uhr bis 4 oder 5 und bekam dafür zu essen. Auch mal extra Lebensmittelmarken und 5,- Mark bei verschiedenen, die froh waren, wen zu haben, denn alles war dort in der Rüstung beschäftigt. Ich erzählte wiederum, daß ich Pflegen machte. So kam es oft vor, daß ich Luftangriffe in fremden Kellern, oder bei Bekannten im Keller erlebte. Im Grunewald ging ich dann auch in den Keller, nachdem mich die Hausbewohner darum baten.

Bis 31. Januar war ich noch oben geblieben, es war zwar Parterre, aber dort draußen ging es hoch her, und der Neubaublock wackelte nur so. Ich war sehr glücklich in der Wohnung und mein halbes Zimmer gefiel mir so gut, es war schön eingerichtet und viele schöne Bücher standen auf den Regalen, an der Wand über meinem Sofa hing ein griechischer Tempel. In der Küche stand ein elektrischer Herd, die Küche war klein und niedlich und gemütlich, die anderen Zimmer benutzte ich nicht, die waren aber auch schön eingerichtet. Ein Badezimmer gab es auch. Leider ist das ganze Haus noch am 1. Mai 1945 kaputt gegangen und die Sachen sicher auch. Von mir waren einige Sachen im März 1945 fortgetragen worden zu Pölchaus, der Rest ist wohl mitverbrannt. Der eine Teil ist in der Auguststraße geblieben, ein Teil bei Kurt zum Schluß verbrannt in der Neuen Königstraße und das sogenannte Luftschutzgepäck nahm ich mit, als sie mich am 18. November 1944 holen kamen, und die schöne Decke, und das alles nahm mir die SS im Lager weg, alles, nichts besaßen wir im Lager außer unseren Schuhen, Strümpfen, die wir anhatten und 4 Taschentüchern, Seifenreste, Seife, Kamm, Zahnbürste. Wir erhielten im November ein Hemd, eine Hose, ein Kleid und einen Sommermantel.

Aber bis 1944 lebte ich noch weiter so wie beschrieben. Sonnabend und Montag war ich immer bei Ehlens. Am Sonnabend reinemachen und am Montag stricken und erzählen. Dort hatte ich auch viele schöne Stunden. 1943 waren wir noch vom 3. August bis 31. August mit Kurt und seiner Frau an der Ostsee. Königsberg – Fischhausen – Küstelang nach Sorgenau – Brüsterort-Umgebung, ran durfte man nicht mehr. Gr. u. Kl. Kuhren, Warnicken-Rauschen und dann von Cranz mit dem Dampfer nach Nidden, dort blieben wir 14 Tage. Wir hatten für mich auch genügend Reisemarken und so war es eine schöne Reise, Pilze, die wir in Mengen sammelten, ersetzten die fehlende Nahrung. Denn es war ja oft sehr fettarm. Zum Schluß war ich noch einen Nachmittag durch Königsberg gepilgert und besah auch den leeren Platz, wo mal die Synagoge stand.

Im August 1944 ist dann die ganze Innenstadt den Bombenangriffen, ich glaube 2 waren es, zum Opfer gefallen. Kurts Frau stammt aus Tilsit und liebte deshalb auch Ostpreußen.

Als wir nach Berlin zurückkehrten, begann richtig das Bombardement auf Berlin. Manchmal war es wüst. So wollte ich mal am 23. November 1943 von Neukölln nach einem Luftangriff nach Hause und dann fuhr nichts mehr, nur bis zum Alex. Die U-Bahn und überall brannte es, und man lief die ganze Zeit durch Brand und Rauch, ein schaurig schöner Anblick. Ich landete dann, um 10 Uhr war ich bei Emmy fortgegangen, die ja in N. wohnt, um 1 Uhr in Kurts Privatwohnung am Bahnhof Friedrichstraße, bis zum Grunewald wollte ich nicht mehr laufen. Ich kam mir oft vor wie der einzig übriggebliebene Mensch, der alles beobachtet und den nichts mehr treffen kann, denn ich hatte ja nur noch meine Freiheit zu verlieren, sonst nichts. Oft freute ich mich, wenn wieder so ein Luftangriff kam, wie eine ausgleichende Gerechtigkeit, wenn die anderen im Keller Angst hatten, dann war ich so recht zufrieden, denn der Haß gegen diese ganze Gesellschaft war sehr groß in mir. Ja, ich hatte mich sehr an dieses ganze Leben gewöhnt, und wenn wir noch Ausland hören konnten, das war nur am Dienstag und Freitag-Abend bei Bekannten, dann war ich sehr zufrieden. Ich konnte nur noch Mitleid aufbringen, wenn die Wohnung von einem von uns beschädigt oder zerstört war.

Die Anderen alle interessierten mich nicht, da war ich richtig schadenfroh, und wenn ich so die Stimmung hörte und Angst, dann redete ich noch mit und pieckte sie ordentlich, wo ich nur konnte. Und dann kam ich leider schon ins KZ. Durch die Unvorsichtigkeit eines jungen jüdischen Genossen, der wohl meine Telefonnummer in der Tasche hatte, als er verhaftet wurde. Erst 5 Tage in der Schulstraße im jüdischen Sammellager mit 27 Männlein und Weiblein auf Matratzen in engem Zimmer, ganz gutem Essen und mit Zentralheizung. Es war das ehemalige jüdische Altersheim, in der Nähe des jüdischen Krankenhauses. Und da wohl nicht viel von mir zu haben war, und ich ja auch keine jüdischen Beziehungen hatte, kam ich gleich nach 5 Tagen nach Ravensbrück mit 12 Frauen. Im jüdischen Sammellager wurden wir von Juden bewacht, die wohl arische Frauen hatten, oder es sonst verstanden hatten, sich bei der Gestapo beliebt zu machen. Es gab jüdische Spitzel, die die illegalen Juden aufspürten und der Gestapo übergaben und dafür bleiben konnten, Männlein und Weiblein.

Ich traf auch die Schwester und Schwager von Frau L., die Du, liebe Rosa, auch noch kanntest, die saßen da auch noch dick und fett, während Ls. in Theresienstadt wohl geendet sind oder dgl. Mir war das ganze Pack so zuwider, daß ich froh war, mit neuem Judenstern verschmückt unter großartiger Bewachung nach Ravensbrück in Mecklenburg bei Fürstenwalde abrücken zu können. Vor allen Dingen war ich dann sicher, daß mir dann keiner mehr folgen würde. Denn ich wollte doch keinen verraten. Das war meine größte Angst. Ich wußte ja nicht, wie weit sie was wußten. Aber die waren doch ziemlich dumm, sie wußten oder dachten, den Postausweis hätte ich mir selber gemacht und sonst hatten sie wohl auch wichtigere Sachen, als mich zu erledigen.

So rückten wir in Ravensbrück am 24. November Vormittags ein. Meine Mitkolleginnen hatten reichlich Gepäck mit und schleppten sich sehr, man hatte gesagt, man würde es gut haben, man solle nur alles mitnehmen. Ich hatte nur meinen Rucksack und den kleinen schwarzen Lackkoffer und die Decke, an hatte ich viele warme Sachen, denn frieren wollte ich ja nicht. Aber nachdem wir den ganzen Tag und die ganze Nacht vor dem Eingang des Baues gestanden hatten, mußten wir alles ablegen und waren alles los, wie schon oben erwähnt. Jetzt war man frei von Gepäck und wir wurden in einen Quarantäneblock 21 gebracht. In der Zeit wurden scharenweise Ungarinnen aus Budapest gebracht, Italienerinnen, Jugoslawinnen u. a., darum hatte es bis zum Block so lange gedauert. Mein Eßbesteck, Uhr und Geld wurde sogar extra aufgeschrieben, aber zurück kam natürlich nichts mehr. Ja, der Block, darin sah es nun aus wie in einem Kaninchenstall. 2 bis 3 in einem Bett, die Pritschen mit Strohsäcken, die fast alle kaputt waren und Decken gab es kaum für jeden eine, und ganz kaputte.

Jeden Abend ging der Kampf um die Decken von neuem los. Im Laufe des Tages waren sie geklaut und oft auch im Schlaf übernacht. Das war Übung. Und November ist ja schon kalt. Morgens wurden wir schon durch viel Geschrei geweckt. Viele mußten den Kaffee aus der Kuche holen und um 5 Uhr war wohl Aufstehen, und dann Appell stehen von 6 bis 8 oder dgl. in Reih und Glied und Abstand. Ein wunderbares Theater, dabei gab es Krach und Backpfeifen und nie gab es Ruhe, und immer wurde geschimpft. Bei uns war die Blockälteste eine Polin, politisch 6 Jahre drin, die Deutsche und Juden haßte wie die Pest. Es war erstaunlich, wie sich so ein Mensch bewegt, wie sie uns schikanierte. Sie hatte zur Seite Stubenälteste und Reinemachemädels und dgl. Alle waren mit gleichem Krach tätig. Sie unterstanden der Sicherheitsdienstfrau und der SS, die SD's benahmen sich meistens auch wie die Höllenhunde. Man kam sich vor wie in einem Kindergarten, in dem nur geschimpft und geschlagen wird, und man auf alle Fälle eine gelangt bekommt. Und dann das Essen – immer Anstehen und einen rostigen Becher bekam man und einen Löffel, das band man sich am besten mit Bindfaden um den Bauch. Das Bündelchen von Toilettenartikeln auch und so hatte man alles bei sich, Brot gab es meistens Abends für den ganzen Tag und das aß man am besten gleich auf, sonst wurde es geklaut. Ich hatte in meinem Mantel zwei große Taschen, das beste am Mantel, und da hatte ich meine Wirtschaft drin. So war man zu allem gerüstet.

Im Waschraum war immer großer Andrang, so daß man sich schon irgendwann eine Zeit am Tag stehlen mußte, um sich zu waschen.

Als wir ca. 14 Tage im Block waren und Appell hinter uns hatten, sollten wir zur Außenarbeit gehen. Ich dachte, es wäre eine Abwechslung und ging mit. Vorn und hinten SS, und geladene Gewehre. Wir gingen zu einem Kohlenschiff und mußten Kohle und Gemüse ausladen nach besonderem System. Dann gingen Loren zu den Gemüsekellern und Kohlenschuppen und die Loren mußten wir auch schieben. Das war alles zu schaffen, wenn die SS nicht getobt hätte, schneller, schneller und mit Gerten hinter uns her gehetzt hätte, das gefiel mir nun nicht, und wenn ich auch selbst nichts abbekam, so genügte mir das schon. Ich drückte mich vor der Arbeit. Das war auch sehr schwierig und mußte gelernt werden. Nach dem Appell bis ca. 10.10 Uhr trieb man sich in den Lagerstraßen rum und durfte gewärtig sein, daß man geschnappt wurde und warst du endlich drin, dann ging wieder das Toben los. Ich legte mich dann meistens in den dritten Stock (Bett oben) irgendwohin und versuchte zu schlafen, man mußte doch die Tage herum bringen. Mit manchen Mädels konnte man auch mal sprechen. Aber es war schwer, den Ungarn zu verstehen zu geben, wie wir das alles als Gemeinheit und Schande empfinden.

Im Dezember sind wir dann und ich durch Zufall 10 Minuten von Ravensbrück ins Siemenslager gekommen. Das Essen war besser, die Arbeit in der warmen Fabrikhalle erträglich, ich hatte viel Nachtschicht. Im Block war es wieder schlimm. Ein Block für ungarische und slowakische Juden, wir paar Deutsche dazu und dann asoziale junge Mädchen dazu, die nur zum Spitzeln erzogen waren und die Juden haßten. Eine Komteß als Blockälteste, die schon 11 Jahre Haft hatte, die die Juden haßte und hysterisch war und tobte wie eine Irre, dazu eine verrückte Stubenälteste aus Danzig, die schon 6 Jahre darin war. Wieder Appell, aber weniger lange dafür von diesen Beiden Schikanen und Sonntags möglichst eine verrückte Arbeit oder Stehen.

Am 31. Januar 1945 haben wir am Nachmittag 4 Stunden draußen stehen müssen, weil angeblich wer um den Block »geschissen« hatte. Das war der feinste Ausdruck hier. Ich hatte Durchfall und verzog mich bald auf das Klo und blieb auch die ganze Zeit dort, denn es war dort geheizt, weil sonst das Wasser eingefroren wäre. In der Fabrik war es ganz annehmbar, die Meister waren etwas freundlicher und die Aufpasserinnen konnten sich auch nicht so doll zeigen.

Bis 1½ Wochen nach Ostern blieben wir dort, dann sollte das Siemenslager verlegt werden und wir kamen ins Lager zurück. Indessen war im Lager Typhus gewesen und von Block 21 waren sehr viele gestorben. Ich war mit einigen Durchfallerkrankungen und Februar mit 14 Tage Fieber mit Magenkatarrh davongekommen.

Ich wog vielleicht noch 35 bis 40 kg. So dünn war ich noch nie gewesen. Nachdem wir viele Prozeduren überstanden hatten, kamen wir bei unserem Glück in den 23. Block, das war auch etwas besonders geliebtes ...«

Hier bricht der Brief ab. Als sich die Russen dem Lager näherten, begann der Todesmarsch. Die SS trieb die Gefangenen ziellos über die Landstraßen. Viele starben am Wege. Bald war es nur noch ein Elendszug, auch die Bewacher mußten von den Gefangenen gestützt werden. Eines Tages war die SS verschwunden, und die Russen erschienen als Befreier. Edith schlug sich nach Berlin durch und fand ihre Freunde wieder. Mit schwerer TB wurde sie von den Russen in die Lungenheilstätte nach Sülzhayn gebracht und geheilt.

16

Zurück zur Gegenwart 1933. Gegenwart ist flüchtig, sie zerrinnt jeden Augenblick zwischen den Fingern, wir leben in der Zukunft, in die wir mit jedem Schritt hineingehen. Aber auch die Vergangenheit ist nicht so stabil, wie man sie sich denkt, man kann sie sich vergegenwärtigen, sie wieder zur Gegenwart machen.

Als man Hans Litten im Krankenhaus Moabit etwas zusammengeflickt hatte, wollte ihn die SS nicht mehr aus den Fingern lassen. Man brachte ihn ins ehemalige Zuchthaus Brandenburg, welches, als veraltet stillgelegt, nun als KZ eingerichtet worden war. Die Mobilisierung aller Beziehungen, die Frau Litten aus der Glanzzeit des Hauses in Königsberg noch hatte, blieb erfolglos. Der ehemalige Garnisonspfarrer in Königsberg, Müller, war zum »Reichsbischof« ernannt worden. Früher hatte er sich in die Gesellschaft des Hauses Litten gedrängt, nun ließ er nur ausrichten, er könne sein neues Amt nicht mit einer Fürbitte für einen Kommunisten beginnen. General Blomberg war charmant und hilfsbereit wie stets, es stellte sich jedoch heraus, daß er nichts tun konnte oder wollte. Prinz Wilhelm von Preußen, der Enkel Wilhelms II., der bei Professor Litten studiert hatte und zu dem ein freundschaftliches Verhältnis bestand, reagierte ehrlich und sympathisch, hatte aber tatsächlich keinerlei Einfluß. Frau Littens Bitte, doch mit seinem Onkel, Prinz August Wilhelm, »Auwi« genannt, zu sprechen, weil er Nationalsozialist war, konnte er nicht erfüllen, weil seine Familie mit diesem gebrochen hatte und Wilhelm fürchten mußte, die Lage eher zu verschlimmern. Heinz, der Bruder von Hans, war gut bekannt mit der Schauspielerin Emmy Sonnemann aus der Zeit, als sie beide, er als Regisseur, am Theater in Dessau tätig waren. Sie war inzwischen mit Göring liiert und wurde später seine Frau. Sie war eine gutmütige Person und veranlaßte Göring tatsächlich zu einer Intervention bei Hitler. Die Antwort war niederschmetternd. Hitler hatte getobt: Jeder, der noch einmal den Namen Litten in seiner Gegenwart ausspreche, komme selber ins KZ. Rache ist süß, und es ist erstaunlich, wie selbstverständlich dieselben Leute nach dem verlorenen Krieg Gnade für sich forderten.

Wir bekamen mittels des vereinbarten Codes immer wieder Nachrichten über die Folterungen, denen Hans ausgesetzt war. Von neuem forderte er Gift – diesmal Zyankali –, um ein Ende zu machen. Da wir von den Aktionen im Inland nichts mehr zu erwarten hatten, wollten wir versuchen, das Ausland zu mobilisieren. Im August fuhr Margot – illegal – drei Wochen ins Ausland. Es war ein schwerer Entschluß für mich, sie fahren zu lassen, kein Mensch konnte wissen, wie es ausgehen würde. Else Hohl gab Margot ihren Paß, sie hatten zwar keine Ähnlichkeit miteinander, zudem war Else fast zwanzig Jahre älter, aber wer würde das schon bemerken. Felix brachte sie an die Grenze zur Tschechoslowakei, er kannte dort Übergänge, die man ungesehen passieren konnte. Margot suchte Max Brod auf, damals Redakteur am ›Prager Tagblatt‹, um ihn im Detail über die Vorgänge zu informieren und Reaktionen aus dem Ausland hervorzurufen. Anschließend fuhr sie über Österreich nach Genf, um Hannah Arendt zu treffen, welche die Internationale Juristenkonferenz und die englische und französische Presse einspannen konnte. Margot hatte ein ausführliches Protokoll über die Geschehnisse in verschiedenen Lagern aufgesetzt, besonders soweit sie Hans

Litten betrafen; zu jener Zeit gab es noch nicht viel authentisches Material über die Zustände in den KZs und den Vernehmungskellern der Gestapo. In London nahm sich Lord Allan of Hurtwood, ein konservativer Politiker, Hans Littens an und versuchte durch die Botschaft, etwas zu erreichen. Das genügte nicht zu seiner Befreiung, aber die Naziregierung, die damals noch Rücksichten auf ihren Ruf im Ausland nehmen zu müssen glaubte, war in die Defensive gedrängt. Sie zeterte über die Greuelpropaganda, aber sie war sich im klaren darüber, daß das Ausland wach geworden war und ein paar Beschwichtigungen nicht mehr ausreichten, um den Ruf des Regimes zu erhalten. Die Regierungen der Nachbarländer hatten zunächst das Regime begrüßt. »Ruhe und Ordnung« ist eine Parole, die man beim Nachbarn gern hört, und Hitler schien ihnen das geeignete »Bollwerk gegen den Bolschewismus« zu sein.

Drei lange Wochen wartete ich auf Margot, und es fiel mir schwer, die Ungewißheit zu ertragen. So sparte ich an allem, was ich konnte: In der ersten Woche kaufte ich einen »Olympia«-Anzug. Es handelte sich um einen verbesserten Trainingsanzug, hellblau mit goldenen Knöpfen. In der zweiten Woche kaufte ich, im Laden als einziger Mann, rot werdend, »seidene Höschen für eine Dame mittlerer Größe«. In der dritten Woche kam allerlei Kosmetikkram an die Reihe, den ich sonst nie für Margot kaufte. Als sie dann mitten in der Nacht wiederkam – Felix hatte sie an der verabredeten Stelle abgeholt –, wurde sie feierlich neu bekleidet und mit allen Wohlgerüchen Arabiens gesalbt. Wir waren wohl, für den Hausgebrauch, noch rechte Kinder geblieben.

Ein großer Erfolg war der Reise nicht beschieden, aber Hans war nun zu einer Person geworden, die man vorzeigen mußte, und das wirkte sich wenigstens zeitweise aus.

Das Leben ging weiter, und die neue Werkstatt nahm meine ganze Kraft in Anspruch.

Im November meldeten sich zwei Leute in der Werkstatt,

finstere Gestalten mit Soldatenstiefeln; sie waren von Freunden empfohlen. Litten sollte aus Brandenburg befreit werden, und sie hatten auch einen genauen Plan: Für den 17. Dezember war eine Vorweihnachtsfeier der Bewacher angesetzt, bei der es hoch hergehen sollte. Die beiden wollten sich durch Bekannte dazu einladen lassen und, nachdem alle besoffen sein würden, Hans Litten in eine SS-Uniform stecken und herausschleusen. Mir gefielen die Burschen gar nicht. Angeblich hatten sie den kommunistischen ehemaligen Reichswehrleutnant Scheringer auf ähnliche Weise befreit. Mir erschienen die Typen wie eine Mischung aus Rotfrontkämpferbund und SA. Später stellte es sich heraus, daß sie wirklich Überläufer waren, aber damals tappte man im dunkeln, selbst bewährte Parteigenossen wußten keinen Rat. Man konnte auch nicht feststellen, ob Scheringer frei war, noch nicht einmal, ob er je verhaftet gewesen war. Auch die Kommunistische Partei mußte ihre Kader erst neu aufbauen. Ich muß gestehen, daß ich gegen die ganze Aktion war, ich stellte mir vor, was aus den Kindern und allem, was an uns hing, werden sollte, wenn auch wir verhaftet würden. Margot war für den Versuch, und auch sie hatte recht, denn wie konnte man in dem Bewußtsein leben, daß Hans im KZ saß und mißhandelt wurde, wie konnte man es verantworten, eine Möglichkeit für seine Befreiung nicht zu nutzen.

Die Entscheidung fiel, als Felix Hohl bereit war mitzumachen. Er wollte mit seinem Auto an einer Kreuzung in der Nähe warten und Hans in die Tschechoslowakei bringen. Die beiden Burschen brauchten Geld, es handelte sich um eine Summe, die durchaus in vernünftigen Grenzen lag, wenn sie auch für uns nicht leicht zu beschaffen war. Auch einen Revolver sollten wir besorgen. Das ließ sich ebenfalls mit einigen Schwierigkeiten bewerkstelligen.

Der 17. Dezember war ein Sonnabend, und wir fuhren wie üblich nach Sachsenhausen zu den Kindern. Wir waren erregt, aber einigermaßen zuversichtlich, weil Felix dabei war, der durch seine Besonnenheit schon manche Situation gemeistert hatte. Mitten in der Nacht Schläge gegen die Tür. Ich öffnete, und an mir vorbei stürmte eine Horde SA-Leute mit Revolvern und Gummiknüppeln. Aufstehen! Anziehen! Die Gummiknüppel waren zum Schlag erhoben. Da erhob sich aus dem Kinderbett eine kleine weiße Gestalt mit blonden Locken: »Mein duter Max, warum willst du jetzt weggehen?« Es war die hohe, gar nicht ängstliche Kinderstimme der Tochter, die klar durch den Tumult hindurchdrang. Plötzlich herrschte Ruhe, die Gummiknüppel und Pistolen wurden zurückgezogen und sachlich teilte man uns unsere Verhaftung mit. Marie hatte sich eine Windjacke über das Nachthemd gezogen und weigerte sich einfach, sich anzuziehen und mitzukommen. Sie müsse bei den Kindern bleiben. Die SA befahl, sie bei den Nachbarn zu lassen. »Das geht nicht«, sagte Marie, »das sind doch Nazis.« Marie hatte eine solche Autorität in ihrer Stimme, daß sie sich durchsetzte; die beiden SA-Wachen ließ sie mit einem Topf Kaffee in der Küche und legte sich wieder ins Bett. Am Morgen waren die Bewacher abgezogen, dafür kam Hannchen in aller Eile: sie hatte so ein »Gefühl« gehabt.

Wir wurden auf einen mit einer Zeltbahn überdachten Flitzer hinaufgestoßen. Ich versuchte Margot zu sehen, es war aber dunkel, selbst wenn wir an einer der trüben Laternen vorbeirasten. Halt vor einem hellen Haus. Ich wußte, es war das Hauptquartier der Gestapo in der Prinz-Albrecht-Straße nahe dem Anhalter Bahnhof. Man brachte uns ins Dachgeschoß. »Dachkahnfeste« fiel mir ein, das berühmte Faschingstreiben in den Künstlerateliers dieses Hauses. Inzwischen galten die meisten Bewohner als »entartet« und waren schon Vertriebene, ehe man ihre Räume in Folterkammern verwandelte. Jetzt sah ich Margot vor der Tür eines Vernehmungszimmers stehen. Wir konnten nicht mehr miteinander reden. Ich sah nur ihr völlig verschlossenes Gesicht, die langen Wimpern. Mir war heiß trotz der langen Fahrt im offenen Wagen. Das ist nun das Ende, dachte ich, als ich die Treppe in den Keller hinuntergestoßen wurde. Dort waren einige Einzelzellen; in einer davon saß Dimitrow, den man der Brandstiftung im Reichstag beschuldigte, soviel wußte ich. Als sich die Tür hinter mir geschlossen hatte, schlief ich sonderbarerweise sofort ein. Der erste ruhige Schlaf seit Monaten. Einen Tag lang geschah nichts außerhalb der Gefängnisroutine. Beim Essenfassen glaubte ich Dimitrow gesehen zu haben, und das tat mir gut, denn bis dahin hatten sich meine Gedanken nur um Margot gedreht: dieses Mädchen in der Hand der Bestien. Es ging wie ein Mühlrad in meinem Kopf herum. Jetzt beschloß ich, mich auf die Verhöre zu konzentrieren, jedes Detail war wichtig und mußte eingeordnet werden.

Am zweiten Tag wurde ich zum Verhör geholt. Eine breite Treppe. Vier Stockwerke im Laufschritt hinauf, auf jedem Absatz prügelte ein SS-Mann auf einen los. Auch im Verhörzimmer wurde mehr geprügelt als gefragt, aber ich konnte heraushören, daß man wenig wußte. Man vermutete eine umfangreiche Organisation hinter uns und wollte Namen wissen. Immerhin erfuhr ich aus ihren ungeschickten Fragen, daß auch Felix Hohl verhaftet war: Hansens Befreiung war also nicht mißglückt, sondern verraten. Beim zweiten Verhör sah ich dann einen der beiden, die Hans befreien wollten, die Treppe herunterkommen; er schlug mich ins Gesicht: »Du Idiot!« Es war mir gleichgültig, was er dachte, man ist immer ein Idiot, wenn etwas mißglückt ist, aber ich wußte nun besser, wie ich mich zu verteidigen hatte.

Am Abend kam ich »auf Transport«, wie man damals sagte. »Grüne Minna« nannten wir die Polizeiwagen mit schmalen, vergitterten Fenstern. Ich wurde in einen Einzelkäfig gesteckt, im größeren Raum waren noch andere Opfer. Keiner sprach. Nie ist man so einsam, so ausgestoßen wie im Polizeiwagen, der durch die lebende Stadt fährt. Keiner sah auf den Gefangenenwagen. Die bekannten Straßen, die Friedrichstraße, ganz nahe bei der Werkstatt; wie oft mag ich selbst dort entlanggegangen sein und den düsteren Gefangenenwagen nicht gesehen haben. Kein Blick – und man wäre so dankbar gewesen für einen aufmunternden Blick. Alexanderplatz: im Polizeigefängnis wurden die anderen Gefangenen ausgeladen, ich blieb zurück. Aus der Route wußte ich, wo es hinging. Auf dem Tempelhofer Feld lag eine alte Kaserne: das »Columbiahaus«; dort wurden die Gefangenen »zur Verfügung der Gestapo« aufbewahrt. Ich wurde aus dem Wagen gerissen, mit einem Tritt stolperte ich über die Schwelle des Gefängnisses, lange Gänge, alle paar Meter ein SS-Mann, der mit Gummiknüppel oder Lederkoppel auf mich einschlug. Spießrutenlaufen, dachte ich, bekam einen Tritt von der Seite und landete auf einem anderen Körper in einer Zelle. »Bleib liegen, Genosse, sonst kommen sie gleich wieder.«

Das Wort Genosse war es, das mir Halt gab. Ich hörte auf, einer zu sein, der gegen das Schicksal fluchte und tobte, der sich zerriß in der Sorge um die Frau und die Kinder. Ich war einfach einer der vielen Genossen, die sich alle um ihre Familien sorgten, geschlagen und gedemütigt wurden und dennoch standhaft blieben, einer war ich von vielen mit gar keinem so besonderen Schicksal, und so hatte ich es auch zu ertragen: aufmerksam und gelassen. Damals half mir noch ein wenig Schizophrenie; wenn es gar zu schmerzhaft und unerträglich wurde, konnte ich mich aus meiner Haut herausdenken, war dann ein amerikanischer Journalist, der die KZs erforschen wollte, und während ich mich vor Schmerzen krümmte, machte ich Beobachtungen über mein und der Schläger Verhalten.

Am Morgen, nachdem wir aus den Zellen getrieben waren und vor den wenigen Lokussen warteten, während der Wächter zuschlug, wenn einer länger als eine Minute saß, übersah ich zum erstenmal die Zelle und ihre Insassen. Sie war für einen Mann klein genug und mit einem Holzgestell mit Strohsack möbliert; die anderen mußten auf dem Boden liegen. Der mich mit Genosse begrüßt hatte, war ein älterer

Mann, ehemaliger Stadtverordneter eines Berliner Bezirks, der auch nicht wußte, wo sich seine Frau befand. Der andere war ein junger Ganove und Strichjunge: er hatte bei einem Mädchen geschlafen, als dieses von der Gestapo geholt wurde, und war mitgenommen worden.

Wurden die Zellen geöffnet, ging es selten ohne Schläge ab; jedenfalls mußte man dann, zu welcher Tageszeit immer, hinten an der Wand stehen. So stramm konnten wir nie stehen, wie es verlangt wurde. Meistens wurden die Zellen reihenweise geöffnet, und das näher kommende Gebrüll verriet, daß wieder einmal ein Sadist sich befriedigen wollte. Beim allmorgendlichen großen Appell auf dem Flur wurden diejenigen ausgesondert, welche zu Vernehmungen in die Prinz-Albrecht-Straße beordert waren, danach einige zum Dienst im Haus eingeteilt; der Rest mußte in die Zellen zurück.

Ich wurde diesmal wieder von der Gestapo verlangt. Auf dem Hof sah ich Felix Hohl mit zerschlagenem Gesicht, der mir zuzwinkerte; ich wurde jedoch wieder in die Einzelzelle des Wagens gesperrt. Auf dem Rücktransport saßen wir dann nebeneinander und konnten die Lage besprechen. Er war an der verabredeten Stelle gewesen, als ein Sturmtrupp der SA ihn überfiel und zusammenschlug. Felix war direkt ins Columbiahaus gekommen und konnte sich dort bald frei bewegen, weil er als Elektriker sehr begehrt war. Später sorgte er dafür, daß auch ich aus der Zelle herauskam: Für immer neue Häftlinge wurde Raum geschaffen, und ich wurde einem Putzkommando zugeteilt. Das war immerhin besser, als in der engen Zelle den ganzen Tag über jeder Willkür ausgesetzt zu sein.

Zunächst einmal aber mußten wir eine Strategie entwickeln. Da offensichtlich Verrat im Spiele war, war es nicht möglich, alles zu leugnen. Ich sollte, wie er, ein Geständnis ablegen und soviel zugeben, wie die Spitzel wußten, schon um Margot zu informieren. So geschah es. Das nächste Mal wurde ich wahnsinnig verprügelt, man schlug von zwei

Seiten mit Stühlen auf mich ein, ich fiel hin, und sie schlugen sich gegenseitig; zwar nützte mir das wenig, aber ich freute mich. Dann wurde mir Margots Aussage vorgelesen. Ich merkte am Stil, daß sie nicht gebrochen war. Die Protokolle stimmten überein bis auf einen Punkt, wo jeder den andern entlastete und die Schuld auf sich nahm.

Es gab verschiedene Punkte im Protokoll, die für uns hätten lebensgefährlich werden können; ohne uns zu verabreden, hatten wir sie gleich beantwortet; intuitiv hatten wir in gleicher Weise reagiert, wie es nur bei Menschen möglich ist, die sich gegenseitig gut kennen. Mir wurden zum Beispiel Koffer gezeigt, die bei uns gefunden worden waren. Ja, es seien unsere. »Dann sind Sie in Prag gewesen.« – »Niemals.« – »Wir haben den Beweis – die Hotelaufkleber aus Prag.« Es durchfuhr mich glühend heiß, sie waren Margot auf die Spur gekommen, aber ruhig erwiderte ich, wir hätten die Koffer von meinem Schwiegervater bekommen, der als Exportkaufmann mehrmals im Jahr in Prag zu tun habe. Ich hatte die Schilder vorher nie gesehen. Aber: einer, der sich illegal in Prag aufhält, läßt sich keine Hotelmarken aufkleben. – So stand es auch in Margots Protokoll.

Dann war da die Sache mit dem Revolver; natürlich wollten sie die Herkunft wissen. Ich dachte nach, was Margot darauf wohl sagen würde, und erklärte, wir hätten ihn zufällig im Gepäck einer Genossin (Sulamith) gefunden, die dies vor ihrer Flucht im Keller der Werkstatt untergestellt habe. Das stimmte zwar nicht, aber Margot hatte das gleiche gesagt. Margots Protokoll beruhigte mich ein wenig, die Diktion zeigte mir, daß sie es selbst geschrieben haben mußte. Tatsächlich war Margot einigermaßen gut behandelt worden, sie hatte auch etwas von der Unverletzlichkeit von Scheherezade: als die Gorillas sich auf der Schreibmaschine mühten, nahm sie ihnen die Arbeit ab. Sie hatte auch von der Gestapo aus mit ihrem Vater telefoniert, der später erzählte, er habe dabei das Gefühl gehabt, sie spräche aus dem Hotel Adlon.

Margot konnte auch die Sache mit den Kindern regeln. In welches Waisenhaus die Kinder gebracht werden sollten, sie könne ja nicht damit rechnen, wieder herauszukommen. »Wir werden sehen«, meinte Margot und veranlaßte, daß die Kinder bei Marie in Sachsenhausen blieben.

Ich bekam noch einmal Prügel, weil ich ein Hurensohn sei und meiner Frau erlaube, mit anderen zu schlafen. Erst langsam begriff ich: Margot hatte, schon als sie Hans in Moabit besuchen wollte und als Sekretärin keine Erlaubnis mehr erhielt, nicht widersprochen, als man ihr die Verbindung mit dem vermeintlichen Vater ihres Kindes gestattete.

Bald hatte ich wieder einmal Gelegenheit, mit Felix zu sprechen, und er fand es richtig, es bei Margots Aussage, daß sie allein schuldig sei, zu belassen. Er sah keinen Sinn darin, falschen Stolz zu zeigen; Margot war in jedem Falle belastet, und sie hatte die Situation ganz richtig eingeschätzt, daß, wenn überhaupt, nur für mich eine Chance bestand, freizukommen. In der Zelle konnte ich über solche Fragen nicht sprechen, denn der kleine Ganove war zwar ein wirklich netter Junge, wäre aber durch Prügel oder Versprechungen sicherlich zu jeder Aussage zu bringen gewesen.

Inzwischen ging das Leben im Columbiahaus seinen Gang, und allmählich sah ich mehr von meiner Umgebung, als ich nicht mehr so verquollene Augen hatte. Zwischen die Kommunisten, Sozialisten, Juden, Alten und ganz Jungen waren auch seltsame Vögel gemischt, von denen man sich nicht vorstellen konnte, wie sie dazwischengeraten waren. Schikaniert und geschlagen wurden alle, insofern herrschte Gerechtigkeit. Mehrmals fiel mir ein großer, weißhaariger Mann in bayrischer Jacke und kurzen Hosen auf. Er fiel leider nicht nur mir auf, sondern auch den Wächtern. Er war so unwahrscheinlich ungeschickt, daß ich ihn für einen Oberlehrer hielt. Die SS fand ihre Freude daran, ihn zu kujonieren und, wo es irgend ging, zu demütigen. Die Solidarität der Häftlinge funktionierte, und man pflegte die Ungeschickten, die nicht das erforderliche nichtssagende Gesicht machen konnten, beim Appell in die hinteren Reihen zu bugsieren. Das tat ich auch einige Male mit ihm; es dauerte eine Weile, bis er kapiert hatte, worum es ging, und der Vorgang sollte später in Oranienburg noch merkwürdige Folgen haben.

Jeden Sonnabend wurden wir zum Duschen geführt. Man glaubte, in der Hölle zu sein. Manche Körper waren schwarz geschlagen vom Hals bis zu den Kniekehlen, manche hatten tiefe eiternde Wunden, dazwischen wieder weiße, unverletzte Körper. Ich konnte mich ja nicht von hinten sehen, konnte zwar oft nicht liegen, hatte aber keine offenen Wunden. Offenbar nur ein ganz kleiner Fisch.

Weihnachten nahte. Ein paar Tage vorher rannte eine besoffene Horde durch die Gänge, riß die Türen auf, schlug blindlings drein. Danach wurde sie abgelöst, und es herrschte eine fast feierliche Ruhe. Es gab Würstchen mit Kartoffelsalat, das erste Essen, welches man ohne Abscheu herunterbringen konnte. Ich hatte mir schon fast das Essen abgewöhnt, nahm nur so viel zu mir, um halbwegs bei Kräften zu bleiben, schon deshalb, weil das Aufsuchen der Toilette außerhalb der Zeit hin und zurück im Laufschritt an den Knüppelgarden vorbei bedeutete. Außerhalb der Zellen mußte alles im Laufschritt geschehen, und wer da nicht mitkonnte, wurde – ob krank oder alt – unbarmherzig geschlagen.

Am ersten Weihnachtsfeiertag wurden wir in den Hof geführt. Es war in der ganzen Zeit das einzige Mal, daß wir an die Luft kamen. An und für sich war sie nicht angenehm, die Zeit zwischen den Feiertagen; nicht, daß uns das Schreien und Schlagen fehlte, aber in der Stille hörten wir deutlicher das Wimmern und Stöhnen aus anderen Zellen. Außerdem stand die Zeit still, nichts passierte, keine Verhöre und auch keine Hoffnung herauszukommen, und unsere Sorgen kletterten mehr als je durch uns hindurch. Von Zeit zu Zeit wilde Schreie aus den anderen Zellen. Ich wußte, da hilft nur eines: Geschichten erzählen. Ich erzählte tagelang und durfte nicht aufhören. Geschichten aus meinem Leben und aus Büchern, die ich gelesen hatte. So kamen wir ohne Hysterie über die Feiertage.

Einmal ging die Tür auf, wir stellten uns, wie vorgeschrieben, hinten an die Wand. Ein junger SS-Mann stürzt auf mich zu und schüttelt mir die Hand: »Herr Fürst, Sie hier!« Ich erkannte ihn nicht, es war ein Student von der Universität, der zur Ablösungsmannschaft gehörte. Ich rührte mich nicht. Welten lagen zwischen uns, und Erklärungen gab es nicht. Er ging, und ich habe ihn nicht wiedergesehen.

Felix, der, wie schon erwähnt, im Gefängnis frei umhergehen konnte, klopfte mehrmals an meine Zelle. Wir konnten sogar, wenn niemand in der Nähe war, ein paar Worte miteinander wechseln. Einmal hörte er vom Nebenraum aus ein Gespräch mit. Die KP hatte einen Spitzel umgebracht, den man in die Kader eingeschleust hatte. Aus Rache sollten sechs Leute, deren Namen mit »S« anfingen, erschossen werden. Sie wurden nach der Gefangenenliste bestimmt, und in einer halben Stunde waren sie fort. Glücklicherweise konnte Felix sich unbemerkt entfernen, sonst hätten sie ihn als Mitwisser gleich mitgenommen. Wir hatten uns alle so an den Gedanken an den Tod gewöhnt, daß er nicht mehr Entsetzen auslöste als das, was täglich geschah. Jeder konnte der nächste sein, wenn man weiterlebte, verdankte man es dem Zufall, zum Beispiel einen Namen zu haben, der nicht mit »S« anfing. Das Ende betrachtete man als eine Vereinfachung der Situation. Als bei einer Vernehmung einer, der sich besonders hervortat – ich nannte ihn »Pferdegesicht« –, einen Revolver hervorzog und drohte, mich zu erschießen, lachte ich ihm ins Gesicht. »Du hast Mut, Jude«, sagte er, aber es war gar nicht Mut: Was riskierte ich schon nach all dem, was mir genommen war. Mut ist eine Tugend, die so gar nicht zu mir paßt, nur, wenn ich gar nicht anders kann, bin ich mutig, sonst gehe ich Gefahren lieber aus dem Wege.

Im Januar waren die Untersuchungen offenbar abgeschlossen. War das Columbiahaus überfüllt, wurde ein Schub nach Oranienburg gebracht. Felix blieb im Columbiahaus, er war unentbehrlich, er war so unentbehrlich, daß man ihn ungern gehen ließ, selbst als Margot schon entlassen war. Er kam als letzter von uns heraus. Frau Litten hatten wir in unsere Pläne nicht eingeweiht; sie wäre bestimmt bereit gewesen, mitzumachen, aber es war besser, sie nicht in Gefahr zu bringen, damit notfalls wenigstens einer übrigblieb, um für Hans zu sorgen. Es war natürlich, daß wir sie in den Verhören entlasteten. Hans war schlimm dran, wir hatten ihm im Code wenigstens soviel mitgeteilt, daß er nicht Angst haben sollte, mit den Männern mitzugehen. Er hatte durch das Mißlingen der Unternehmung viel zu leiden.

Heinrich Liebrecht, der Unermüdliche, hatte es bis Ende Januar geschafft, daß der versiegelte Laden wieder geöffnet wurde. Er hatte auch mit meinen Schwiegereltern geregelt, daß Marie und die Kinder in Sachsenhausen bleiben konnten. Ein Konsortium, bestehend aus Liebrecht, meinem Freund Werner Harting, dem Architekten, und Bak, meinem Mitarbeiter, hatte sich gebildet und versuchte, den Umschichtungskurs weiterzuführen und neue Aufträge für die Werkstatt zu beschaffen.

Von alledem hatte ich keine Ahnung und auch mit niemand direkten Kontakt, als ich nach Oranienburg kam. Das KZ Oranienburg lag auf dem Gelände einer stillgelegten Brauerei. Im Verwaltungsgebäude und dem Herrenhaus hauste die SA, während wir in ehemaligen Maschinenräumen und Baracken untergebracht waren. Es gab die übliche Empfangszeremonie mit stundenlangem Stehen und Exerzieren auf dem Hof. Anschließend wurde man einzeln ins Vernehmungszimmer geholt, wo der berüchtigte »Stahlkopf« herrschte. Er nannte sich Sturmführer und war nun wirklich ein dummer Sadist, denn mit Vernehmungen hatte er an und für sich nichts zu tun. Immerhin war irgendeine

Akte mit dem Namen Hans Litten zu ihm gekommen. Grund genug für eine Sonderbehandlung. Während wir im Columbiahaus alle gleichermaßen Verbrecher und Schädlinge gewesen waren, so wurden wir nun in Kategorien eingeteilt. Es gab eine »Judenkompanie«, die normalen »arischen« Häftlinge und »Sonderhäftlinge«. Die Sonderhäftlinge waren zum großen Teil gefallene Engel, Nationalsozialisten, die sich durch Schiebungen oder Opposition unbeliebt gemacht hatten. Sie stolzierten, nachdem sie im Columbiahaus wie Hunde behandelt worden waren, nun schon wieder in halber Uniform und mit Soldatenstiefeln herum.

Ich kam natürlich in die Judenkompanie. Neben dem Feldwebel, der schon damals den Beinamen »Himmelstoß« trug und uns täglich über den Hof und eine Mauer hetzte, agierte ein weiterer Vorgesetzter; er hieß Wynecken, ehemals sozialdemokratischer Redakteur in Thüringen, nun ein Bekehrter; wahrscheinlich war er zur Bewährung auf die Juden angesetzt. Er war zwar ein großer Mann, aber ein armes Würstchen, es gelang mir mit der Zeit, an ihn heranzukommen und ihn soweit zu humanisieren, daß er unnötige Schikanen unterließ.

Zu meiner Zeit bestand die Judenkompanie aus etwa 20 bis 23 Mann von etwa 2000 Gefangenen im Lager. Man hatte noch nicht die Zeit, besonders viele Juden zu verhaften, nur hatten es diese, wenn sie gefaßt wurden, immer ziemlich schwer. Mir scheint, daß auch der Sadismus der Einübung bedarf. Was der Himmelstoß betrieb, entsprach dem, was er mit jungen Soldaten und in den Gefängnissen gelernt hatte, es war schlimm genug, vor allem, wenn es auf Ältere angewandt wurde, wenn zum Beispiel vor der Mauer zwei SA-Leute mit Stöcken standen und den Älteren hinüber»halfen«, wenn diese, atemlos von einem Dauerlauf, kaum noch stehen konnten. Trotzdem war der Sadismus noch nicht als System zur Menschenvernichtung ausgebaut. Man hat später viel dazugelernt, und man lernt immer noch.

Als Jude durfte man nicht außerhalb des Lagers arbeiten, und so mußten wir die Waschräume und Latrinen saubermachen. Ich halte es nicht für entwürdigend, Latrinen zu reinigen, und warum soll nicht ich es tun, wenn es doch gemacht werden muß. Größer war die Gefahr, daß wir viel zu viele für die Arbeit waren, denn wer ohne Arbeit angetroffen wurde, den holte sich Stahlkopf zu »Vernehmungen«. Hinzu kam, daß wir immer greifbar waren, wenn Stahlkopf etwas Neues einfiel. So fiel ihm einmal ein, uns scheußliche Spottgedichte auf die Juden auswendig lernen zu lassen. In Österreich war die Nationalsozialistische Partei verboten worden, und es hatte einen Aufstand der Arbeiter gegeben. Leider kann ich auch solche schrecklichen Verse nicht vergessen: »Das Jüdchen futtert, nein, es frißt – in Österreich!/Ein Schwein am Trog gleicht Kavalieren – in Österreich!« So ging es weiter über viele Strophen. Ich war der Meinung, man müßte das mit Humor ertragen, wir hatten schon so viele schlechte Verse auswendig gelernt. Außerdem hatten sie ja noch andere Druckmittel als Schläge, und wir waren schon reichlich zerschlagen. Da waren die »Stehbunker«. Es waren Steinkisten, gerade so bemessen, daß ein Mann darin stehen konnte. Am zweiten Tag schwollen die Beine unerträglich an, obwohl die Wachen in der Nacht die Häftlinge oft lange auf den Toiletten sitzen ließen. Immer wieder waren ein paar Leute dazwischen, die alles nur widerwillig mitmachten. Eine der Strafen für »Ungehorsam« war Strafexerzieren bis zum Umfallen; wurde man ohnmächtig, wurde man wachgeprügelt. Wie viele Menschen so umgekommen sind, weiß ich nicht.

Viele der Insassen der Judenkompanie waren ganz unpolitisch und wußten selbst nicht genau, warum gerade sie geholt worden waren. Sie hatten eigentlich mehr Schwierigkeiten als wir, die wir etwas getan hatten. Unter diesen zusammengewürfelten Leuten war es aber auch schwer, Solidarität herzustellen. Da war eine Gruppe von fünf SAP-Leuten, linken Sozialisten. Ihr Anführer war Dr. Stepan

Szende. Ich erwähne den Titel, weil er für Stahlkopf der besondere Anlaß war, sich ihn vorzunehmen. Immer wieder ging es gegen den jüdischen »Dr.«. Stepan gehörte zu den besonders schwer Mißhandelten, er war nicht nur schwarz am Körper, sondern hatte offene Wunden an den Schenkeln, die die Prügelhunde nicht zum Ausheilen kommen ließen. Er litt gräßliche Schmerzen. Stepan war der bei weitem Klügste unter uns, ein Ungar, und er hatte in der SAP eine führende Rolle. Wir waren bald sehr befreundet.

Stahlkopf war wieder einmal etwas eingefallen: Wir mußten uns in zwei Reihen einander gegenüberstellen und uns gegenseitig ins Gesicht schlagen. Ich hatte geschwind an die Clowns gedacht und mich erinnert, daß Schläge auf den Hals laut klatschen und keinem weh tun. Eines Tages aber stand ich Stepan gegenüber: das kluge, völlig zerschlagene Gesicht – ich konnte die Hand nicht heben. Zur Strafe wurde dann mit mir ein Boxkampf veranstaltet. Einer schlug auf mein Gesicht ein, wich ich zurück, boxte der Hintermann, versuchte ich, das Gesicht mit den Händen zu schützen, trafen die Schläge in den Bauch und nahmen mir die Luft. Der Stahlkopf mit seinen perversen Launen ließ sich derweil von einem Häftling rasieren. Ich stolperte, fiel auf ihn, und er hatte eine Schramme im Gesicht. Nun schrie alles »Mordversuch«, und ich wurde dazu verurteilt, an der Pforte zu stehen. Man hatte mich aus dem Waschraum geholt, ich war also nur mit Hemd und Hose bekleidet. Es war Februar und noch ziemlich kalt, Schnee, aber ich habe von der Kälte nichts gemerkt. Nach zwei Stunden wurde das Tor aufgerissen, und der Lagerkommandant Schäfer fuhr herein. Er war früher Boxlehrer an der Universität gewesen und hatte den Tick, daß in seinem Lager nicht geschlagen würde; in seiner Gegenwart tat man es auch nicht. Außerdem hielt er das Lager für eine Art Sanatorium und gab diese Version auch noch zum besten, als er nach dem Krieg in Nürnberg vor Gericht stand. Wir wurden bei der Einlieferung und der Entlassung gewogen, und es wurde festgestellt, daß wir alle zugenommen hatten. Das ist sogar möglich, denn das Essen im Lager war wesentlich besser als im Columbiahaus, wo man möglichst gar nichts aß. Zudem gab es Lagergeld, und man konnte sich, wenn man Geld hatte, einiges kaufen. Ich besinne mich, daß ich anfangs so verhungert war, daß ich große Scheiben Speck in mich hineinfraß.

In Oranienburg sah er mich stehen und schnauzte mich an, ob ich verrückt sei, mitten im Winter da herumzustehen. Ich würde mir noch eine Lungenentzündung holen. Mein zerschlagenes Gesicht sah er nicht. Ich mußte beinahe lachen, machte aber so ordentlich, wie ich konnte, Meldung. – Ich solle mich ins Bett legen, die Sache sei erledigt, befahl er.

Ich habe mir im Lager das Rauchen angewöhnt. Die Werkstatt schickte mit Zigaretten-Pakete zum Verschenken. Das tat ich auch, aber niemand wollte sie nehmen, ohne daß ich mitrauchte. So kam ich zu einem Laster, das ich dann nicht mehr loswurde.

Die Zustände im Lager wechselten periodisch. Es gab Wochen, wenn Stahlkopf verreist war, wo es friedlich zuging. Ich hatte einmal erzählt, daß ich Gitarre spiele und singe. Wynecken veranlaßte die SA, meine Gitarre aus dem nahen Sachsenhausen zu holen. Marie bekam einen Schreck, als der Trupp erschien, wurde aber beruhigt und benachrichtigte meine Freunde, daß es mir gutgehe. So sang ich in der Mittagspause, wenn die Wachen fort waren, Revolutionslieder. Bald wurde mir die Gitarre wieder abgenommen, weil Juden solche Vergünstigungen nicht haben durften.

Den Waschraum hatten wir inzwischen gut organisiert. Waschbecken gab es genug, aber nur drei Hähne mit heißem Wasser, um die es oft Streit gab. Wir besorgten uns Marmeladeneimer, und wenn abends die Arbeitskolonnen aus dem Moor kamen, brachten wir jedem warmes Wasser zum Waschen. Der Witz kam auf: Die Juden sind doch Teufelskerle, kaum sind sie ein paar Wochen da, und schon haben sie die lebenswichtigen Stellen besetzt. Wir fanden für den Dienst im Waschraum und die sauberen Latrinen viel Anerkennung, und wir brauchten sie auch, weil die SA die anderen Häftlinge zu gerne gegen uns aufgehetzt hätte.

Der Waschraum wurde überhaupt ein neutraler Ort. Es gab Holzbütten, in denen man baden konnte, und man konnte viel erfahren, da auch die Wachmannschaften zwischen den Häftlingen badeten.

Schon in den ersten Tagen bekam ich Nachrichten von Margot. Ein Häftling, der meinen Namen hörte, fragte mich, ob meine Frau bei der Gestapo arbeite. Ich glaubte nicht recht zu hören. Er erzählte, er sei zum Verhör in der Prinz-Albrecht-Straße gewesen und von dort aus in ein anderes Zimmer geführt worden; dort habe eine junge Frau mit den Beamten gestanden, und er sollte erzählen, daß es in Oranienburg nicht so schlimm sei. Die Frau habe mit den Beamten geschimpft: »Sie sehen doch, daß er gar nichts anderes sagen darf!« Man redete sie mit Frau Fürst an. – Das zweite Mal war einer mit ihr zusammen im Gefängniswagen zum Alex gefahren, und sie hatte die Männer getröstet, sie sollten nicht den Mut verlieren, sie selbst hätte zwei Kinder und der Mann säße im Columbiahaus. Es war das erste, was ich von Margot hörte, und der Mann mußte mir das wohl zehn Mal erzählen. Es gehörte zu den Wundern, daß ich diese Leute zufällig traf. Die Trennung zwischen »arischen« und jüdischen Häftlingen war nicht so streng, wie gesagt, es war noch nicht alles perfekt organisiert. Wir trafen uns im Waschraum, auf den Toiletten und in der Kantine, aber seltsam genug ist es doch, daß ich sie unter mehr als 2000 Leuten fand. Es war immer kein Zweifel, wenn von Margot die Rede war, sie fiel aus dem Rahmen der vielen verhafteten Frauen. Sie erzählte mir später, sie wäre unter den weiblichen politischen Gefangenen auf dem Alexanderplatz die einzige gewesen, die nicht mißhandelt worden war, obwohl sie als besonders gefährlich galt und fast die ganze Zeit über Einzelhaft hatte.

Einmal wurden wir alle in die Kantine gerufen: das Urteil im Reichstagsbrandprozeß sollte verkündet werden. Wir sollten die Radioübertragung direkt mithören. Es gab dann bei der SA-Führung lange Gesichter, als das Todesurteil nur van der Lubbe traf, während Dimitrow und Genossen freigesprochen wurden. Gleich darauf wurden die Juden zu Herrn Stahlkopf kommandiert und geprügelt, aber nicht einmal das konnte meine große Freude stören.

Auch die Besuche fanden in der Kantine statt. Heinrich Liebrecht kam und berichtete alles, was ich über Margot und die Kinder und die Werkstatt wissen mußte. Es war gerade ein guter Tag, und man konnte frei miteinander reden und an den Tischen sitzen. Nun wußte ich wenigstens soviel, daß Margot regelmäßig Besuch von ihrer Mutter bekommen konnte und einmal sogar das Töchterchen mitgekommen war. Liebrecht berichtete auch, daß der Kurs und die Werkstatt weitergingen, aber ich glaube, ich zeigte wenig Interesse dafür: Ich glaubte nicht daran, daß ich bald herauskommen würde. Wenn Margot es auch geschafft hatte, als Alleinschuldige zu gelten, so schien es mir unwahrscheinlich, daß man mich vor Beendigung des Prozesses laufenlassen würde. Ich glaubte eigentlich nicht einmal an einen Prozeß. Von meinen Genossen im KZ hatten höchstens Stepan Szende und seine Freunde einen ordentlichen Prozeß zu erwarten, die anderen saßen einfach, weil sie im Wege gewesen waren oder weil man vermutete, sie würden etwas unternehmen. Je zweifelhafter die Schuld war, desto schwieriger erschien es mir, jemanden herauszubekommen. Was sollte man mit all den Zeugen von Greueltaten beginnen?

Da Heinrich Liebrechts Besuch gerade in eine Periode milden Wetters im KZ gefallen war, fragte ich ihn, ob das nächste Mal nicht auch das Töchterchen mitkommen könne. Ich hätte sie zu gerne gesehen. Das nächste Mal sollte also Werner Harting zusammen mit dem Kind kommen. Ich war immer noch viel zu optimistisch. Schon in den folgenden Tagen verschärfte sich das Klima ganz erheblich. Vier Tage vor dem angesetzten Besuchstag spielte sich die Geschichte mit dem Boxkampf ab, die paar blutenden Stellen schlossen sich schnell, aber würde das Kind nicht furchtbar erschrecken, wenn ich mit dem völlig deformierten Gesicht ankam? Ich hielt viele Stunden lang den Kopf unter kaltes Wasser. Abzusagen war nicht mehr möglich, da die halbe Seite, die wir schreiben durften, eine Woche lang bei der Zensur lag, ehe sie abgeschickt wurde. Ich hatte zwar einen Freund in der Schreibstube, einen Homosexuellen, der wahrscheinlich deshalb saß, aber telefonieren durfte auch er nicht.

Diesmal war die Kantine der Länge nach durch zwei Drahtgitter geteilt: auf der inneren Seite standen die Häftlinge, zwischen den Gittern die bewaffnete SA, und der Platz vor dem Gitter war für die Besucher vorgesehen. Da sehr viele Häftlinge auf Besuch warteten, standen wir in drei Reihen. Dann kam der Befehl, die Juden sollten sich nicht vordrängen, und so stand ich in der dritten Reihe. Dennoch sah ich schon weit über den Hof Werner Harting mit dem Töchterchen kommen. Es entwickelte sich dann alles ganz schnell. Auf der einen Seite drückten die Gefangenen gegen das Gitter, auf der anderen die Besucher. So standen die Wachen bald, ohne sich rühren zu können, als wirkliche Gefangene in den Gittern eingeklemmt. Es gelang mir, Harting heranzuwinken, und zu dem SA-Mann sagte ich: »Kamerad, gib mir doch das Kind rüber.« Er tat es. Nichts ist in solch einer Situation so ansteckend wie Weinen; alles ringsherum weinte, und ich bemerkte, daß mir auch die Tränen herunterliefen. Das Kind, dreieinhalb Jahre alt, war keineswegs irritiert von meinem Gesicht, sie streichelte mich mütterlich: »Mein duter Max, du mußt doch nicht weinen, ich bin doch bei dir, dann ist doch alles wieder dut.« So war es auch, und bald waren wir in fröhlichem Gespräch. Sie erzählte von Elnis, dem kleinen Sohn, von Marie, von der Omi, mit der sie Margot »in der anderen

Tadt« besucht hatte. Mit der Zeit waren die Gitter völlig überrannt, und es gelang mir, auch noch einige Worte mit Werner Harting zu wechseln, und jetzt konnte ich ihm auch Auskünfte und Anweisungen für die Werkstatt geben. Die Tränen hatten einen Knoten in mir gelöst, es tat mir seltsam gut, einmal meinen Gefühlen nachgegeben zu haben; die seltsame Versteinerung in mir wich, ich konnte wieder klarer und hoffnungsvoller denken.

Manchmal wußte man nicht mehr, ob man im KZ oder im absurden Theater war, ob man weinen oder lachen sollte. Einmal wurden wir herausgeholt und mußten auf dem Hof antreten. Dreißig »arische« Häftlinge standen bereits dort, wir wurden daruntergemischt. Um uns herum stolzierten die Honoratioren des Lagers: der Kommandant, Stahlkopf, welcher versuchte, ein leutseliges Gesicht zu machen, eine große Anzahl Sonderhäftlinge und – mein Freund aus dem Columbiahaus mit weißem Haar und Sepplhosen. Er schien der Mittelpunkt zu sein. Später erfuhr ich, er sei Rassenprofessor, der nach den Schädelmaßen angeblich genau feststellen konnte, ob einer Arier sei oder einer minderen Rasse angehöre. Er war in der Frühzeit ein Freund und Mentor Hitlers gewesen und hatte sich nach der Machtergreifung unterfangen, ihm Ratschläge zu geben, bis er Hitler wirklich lästig war und eingesperrt wurde.

Er begann sogleich mit den Kopfmessungen: Länge, Breite, Höhe usw. Das ging eine Zeitlang gut. Der eine war echter Arier, der andere weniger echt, der dritte Jude. Dann kam er zu mir, fummelte an meinem Kopf herum, erkannte mich wahrscheinlich als den wieder, der ihm im Columbiahaus geholfen hatte, und brach in einen Begeisterungssturm aus: der arischste Schädel in der ganzen Gruppe. Es gab großes Hallo und Gelächter, und wir wurden schnell in unseren Stall zurückgetrieben. Kurz darauf befahl man mich ins Vernehmungszimmer. Die Bestie Stahlkopf war überaus freundlich und bot mir an, in die Arierabteilung überführt zu werden, wenn ich gestand, daß meine Mutter es mit einem Deutschen getrieben hätte. Ich war zu keinen Zugeständnissen bereit; ganz abgesehen von den unabsehbaren Folgen, die sich für meine Angehörigen ergeben konnten, kannte ich seine Launenhaftigkeit: morgen würde er versuchen, das Gegenteil aus mir herauszuprügeln. So blieb ich Jude und bei meinen Freunden in der Judenkompanie und wurde nun überall mit meinem arischen Schädel gefrotzelt.

Wochenlang ging das Gerücht um, das KZ Brandenburg würde aufgelöst und die Insassen kämen nach Oranienburg. Ich freute mich und fürchtete gleichzeitig, daß Hans Litten dabeisein würde. Ich hatte Angst davor, zusehen zu müssen, wie man ihn quälen würde. Was würde man anstellen, wenn man uns beide zusammen hätte? Es schien gerade in Vergessenheit geraten zu sein, daß ich bei dem Versuch, Hans Litten zu befreien, festgenommen worden war; was würde ich tun, wenn man uns zum Ohrfeigen einander gegenüberstellen würde? Es würde über meine Kräfte gehen, und ich würde ihn mit hineinreißen. Am Tage, als die Lastwagen mit den Brandenburgern eintrafen, ließ ich alles stehen und liegen und suchte ihn. Er war nicht dabei, sondern ins Moor nach Esterwege gebracht worden, sagten mir die Genossen. Schlimm, aber vielleicht wäre es in Oranienburg noch schlimmer gewesen, denn auch einige Angehörige des Sturms 33 suchten ihn hier bereits. Mitgekommen waren jedoch Erich Mühsam und Kurt Hiller. Um Erich Mühsam sah es böse aus. Den Bart hatte man ihm geschnitten, und die zerschlagenen Ohren sahen aus wie die eines Boxers, er war ganz alt und halb taub. Man brachte ihn ins Judenlager, und wir suchten in den dreistöckigen Kaninchenställen, in denen wir übereinander lagen, einen bequemen Platz, wo er nicht steigen mußte, und nicht zu sehr am Rand, wo man ihn greifen würde, wenn man gerade wieder einen suchte, um sein Mütchen zu kühlen. Mehr konnten wir nicht für ihn tun. Dann suchte ich Kurt Hiller. Ich fand ihn fluchend und protestierend, weil er in die Judenkompanie sollte, er wäre seit langem aus dem Judentum ausgetreten und hätte nichts mit Juden zu tun. Ich glaubte ihm das gerne, die meisten von uns waren in derselben Lage, er hätte das der SA sagen sollen und nicht uns. Ich freute mich darauf, mit ihm zu sprechen, weil ich wußte, daß er wochenlang mit Hans Litten in einer Zelle gesessen hatte. Als ich ihn darauf ansprach, tobte er furchtbar, er teilte die Ansichten Hans Littens nicht, Litten sei ein mystischer Anarchist – kurz, er gab mir keinerlei Auskunft, sondern schimpfte nur noch auf die Kommunisten. Ich weiß, er hat das später in seinen Büchern ganz anders dargestellt und auch einen sehr schönen Nachruf auf Hans Litten verfaßt. Ich fragte einen Arbeiter, der ebenfalls aus Brandenburg kam, nach Litten und Kurt Hiller, weil ich dachte, sie hätten vielleicht etwas gegen Intellektuelle gehabt; Hans Litten und Erich Mühsam waren jedoch in Brandenburg außerordentlich geachtet und beliebt gewesen, nur Kurt Hiller wollten sie alle »mal die Jacke vollhauen«. Es stellte sich heraus, daß er sich extrem egozentrisch verhalten hatte; Hans Litten und Erich Mühsam teilten, was sie hatten, mit allen anderen, während Kurt Hiller versuchte, sich Vorteile auf Kosten anderer zu verschaffen. Wir nahmen ihn, wie er war; manchem ist es eben unmöglich, selbst in außerordentlichen Verhältnissen ein sozialer Mensch zu sein. Ich kannte ihn ja auch aus Reden und Schriften und war nicht so sonderlich erstaunt, daß er wirklich war, wie er war. Allerdings hatten auch wir eine Menge Schwierigkeiten mit ihm. Wenn wir zum Prügeln geholt wurden, ging er einfach nicht mit. Trotz meiner Warnung, es würde sehr unangenehm für ihn werden, beharrte er darauf, nichts damit zu tun zu haben. Wir wurden gezählt und dann so lange geprügelt, bis er gefunden wurde. Er kam wirklich besser davon als wir, die Unmenschen deuteten an, daß wir ja mit ihm abrechnen könnten. Nun verstand ich die Andeutungen der Arbeiter. Wir unternahmen natürlich nichts, waren aber sehr froh, als er wegen einer Lungenentzündung aus dem Lager herauskam und entlassen wurde. Mir ist kein anderer Fall bekannt, daß einer, wenn auch schon halb tot, aus diesem Grunde freigekommen wäre. Uns war es recht, denn lange wäre es nicht gutgegangen mit ihm.

Erich Mühsam war das genaue Gegenteil. Wenn einer haftunfähig war, so war er es. Stepan und ich haben schließlich wenigstens bei Himmelstoß erreicht, daß er nicht über die Mauer gejagt wurde. Himmelstoß hatte dann und wann eine Anwandlung von Herz: als er einmal unsere blauen Rücken und Ärsche sah, war er entsetzt und fast milde. Soviel ich weiß, ist er später wieder Gefängniswärter geworden. Bei Stahlkopf wurde eines Tages festgestellt, daß seine Mutter keine Arierin gewesen sei. Er erschoß sich an ihrem Grab.

Erich Mühsam erzählte mir dann viel von Hans, der oft Margots und meinen Namen genannt hätte, und er fragte mich aus nach den Kindern, die Hans so sehr liebte und von denen er immer sprach. Von Erich Mühsam war übrigens kein böses Wort über Kurt Hiller zu hören. Der ist eben so, meinte er, und wir sollten das hinnehmen.

Mit dem »alles hinnehmen und ein guter Mensch sein« ist es in den Streßsituationen im Konzentrationslager nicht getan. Ungewollt war mir die Verantwortung für den Waschraum und die Judenkompanie zugewachsen, und natürlich hat man es dann auch mit denen zu tun, die nur unwillig ihren Anteil an den Gemeinschaftsaufgaben leisten. Mit Mühe und Not hatten wir einen der Unpolitischen in der Küchenbaracke untergebracht; dort verbitterte er die andern, indem er sich darüber beklagte, wie schwer die Arbeit – es handelte sich um Kartoffelschälen – für ihn sei; sie – als Arbeiter – empfänden es ja nicht so, während es für ihn eine Demütigung sei. Natürlich war er mit solchen Reden bald so unbeliebt, daß keiner mit ihm arbeiten wollte. Andere wiederum wollten nicht einsehen, daß man die Latrinen tatsächlich saubermachen mußte und daß darin keine Entwürdigung liege. Wir bekamen dann Schwierigkeiten mit Wynecken, der schärfer »durchgreifen« sollte. Es ist immer schwer, eine Arbeit auf 28 Leute zu verteilen, für die ausreichten. Man glaubte, ich hätte einen Sauberkeitstick, wenn ich immer von neuem die Wannen scheuern ließ oder die Wasserhähne putzen, aber ständig mußte man einer Kontrolle gewärtig sein, und wer müßig angetroffen wurde, wurde bestraft. Es gab auch schwerwiegendere Entscheidungen. Bei der SAP-Gruppe rissen die Vernehmungen nicht ab. Drei Genossen ließ man tagelang in den Stehbunkern; wenn sie mittags in den Waschraum geführt wurden, wankten sie nur noch. Wir sperrten dann den Zugang, bereiteten ihnen ein Bad, massierten ihre Beine und fütterten sie mit allem, was wir kriegen konnten. Einer aus der Gruppe, ein Junge, war mit seinen Nerven völlig am Ende; Stahlkopf brauchte ihm nur zu drohen, und er sagte alles Gewünschte aus. Er war lebensgefährlich und brachte andere ins KZ. Wenn er zurückkam, weinte er und erzählte alles, was er verraten hatte. Wir wußten wirklich nicht mehr, was wir mit ihm tun sollten. Wir beschlossen, daß er sich aufhängen sollte. Ich war wohl in der ganzen Zeit nie so glücklich wie in dem Augenblick, als er plötzlich aus dem Lager in Untersuchungshaft kam. Seither bin ich sehr vorsichtig, wenn ich von Zwistigkeiten und Morden von Häftlingen untereinander höre. Wer hat da das Gewissen: wer alles laufen läßt oder wer gezwungen wird einzugreifen.

Meine Entlassung ging dann im Februar so schnell vor sich, daß ich mich kaum von meinen Freunden verabschieden konnte. Es war in der Mittagspause, und selbst Herr Stahlkopf schlief, als ich kurzerhand durch die Verwaltung geschleust wurde. Auf dem Hof wartete ein Polizeiwagen. Ich wurde eingesperrt und ab ging es. Natürlich wußte ich nicht, wohin. Nachdem wir eine Strecke gefahren waren, hielt der Wagen. Meine erste Reaktion war: das ist nun das Ende; oft wurden unliebsame Häftlinge auf freiem Feld erschossen. Ein freundlicher Polizist erschien. Ob ich nicht neben ihm sitzen wolle, es sei doch eine lange Fahrt, meinte er. Er sprach mich mit »Herr Fürst« an. Nach Monaten, in denen ich Nummer war, »kippte ich beinahe aus den Pantinen«, wie man in Berlin zu sagen pflegte; es war ähnlich wie Weihnachten im Columbiahaus, als mich der SS-Mann plötzlich mit meinem Namen ansprach. Man muß sich furchtbar beherrschen, nicht weich und ein Nervenbündel zu werden. Die Fahrt ging also zum Alexanderplatz, das könnte die Entlassung bedeuten! Der Polizist stellte viele Fragen, wollte wissen, wie es in Oranienburg sei. Ich überwand mein Mißtrauen und erzählte, vielleicht war ein Freund zu gewinnen, und viel konnte mir nicht mehr passieren. Er fuhr Umwege, durch die Friedrichstraße, aber in die Georgenstraße wagte er sich nicht, vor allem weil dort eine Polizeistation war.

Damals empfand man es als Erleichterung, wieder im Polizeipräsidium zu landen, wiewohl die Umstände noch provisorischer und eigentlich enervierender waren als in Oranienburg.

Der Raum war groß, aber viel zu klein für die etwa achtzig Untersuchungshäftlinge. In der Ecke ein Heuhaufen, der am Abend auf dem Boden ausgebreitet wurde; dort fanden aber bei weitem nicht alle Platz, der Rest lag auf dem Gang. Dieses irrsinnige Warten: das einzige, was man sicher wußte, war, daß der Raum alle sechs Wochen geräumt wurde, indem man die Insassen auf die KZs verteilte – für mich ein übler Gedanke, weil der Stahlkopf meine Rückkehr als Beweis meiner Schuld angesehen hätte und mich wohl nicht sehr glimpflich davonkommen lassen würde. Die Polizei war überlastet, und man stellte sich vor, wie sie der Arbeit wohl Herr werde, etwa so: Ein großer Aktenstoß ist aufgetürmt; jemand bearbeitet ihn auch, aber bevor meine Akte an die Reihe kommt, wird ein neuer Stapel obenaufgelegt, so geht es weiter bis in die Unendlichkeit. So ähnlich muß es wohl gewesen sein, denn tatsächlich verschwanden neu eingetroffene Häftlinge manchmal bereits nach wenigen Tagen, während andere vergessen zu sein schienen und ohne Vernehmung liegenblieben.

Es war wichtig, einigermaßen sauber zur Vernehmung zu

kommen. Einem, der wie ein Landstreicher aussieht, haut man leichter in die Fresse als einem Herrn. Wie wir selbst aussahen, ging uns auf, wenn neue Häftlinge eingeliefert wurden. Sie waren zumeist gutbürgerlich gekleidet und zunächst darauf bedacht, sich von dem Haufen Galeerensträflinge fernzuhalten. Zwei Tage später sahen sie dann ebenfalls aus wie aus der Gosse gezogen. Wir rieten: »Zieh Jacke und Hemd aus, lege die Krawatte ab, häng alles an einen Nagel an der Wand, und zieh dich erst wieder an, wenn du zur Vernehmung geholt wirst.« Wenige aber brachten es über sich, dem »Gesindel«, das diesen Rat gab, zu trauen. Hatten sie dann später die »Gleichheit« entdeckt, war es zu spät. Ich war der einzige, der bereits aus dem KZ kam, und mir schienen die anderen kleine Fische zu sein, »Unschuldslämmer«, wie sie alle beteuerten. Die ernsteren Fälle waren im Gewahrsam der Gestapo und nicht bei der Polizei. In meinem Falle war es wohl eine Vergünstigung, die ich Margots Intervention verdankte.

Einige Tage nach mir wurde ein Herr eingeliefert, der unglücklich mit einem dicken Buch im Arm herumlief. Menschen mit Büchern interessieren mich immer. Er sagte, er habe sich schon gedacht, daß es langwierig werden würde, aber nun könne er sich nicht aufs Lesen konzentrieren. Ich konnte mir natürlich nicht verkneifen zu sagen, wenn er erst wie ich aus einem Konzentrationslager käme, würde sich das bessern. Er gab mir das Buch: die große Inselausgabe der Märchen aus Tausendundeiner Nacht. Es ist lächerlich, aber ich las Tag und Nacht darin mit großer Hingabe, so viele Geschichten von Bedrängnissen, so viele politische Geschichten, Geschichten, wo Liebende getrennt werden und sich glücklich wiederfinden. Ich war in einer völlig anderen Welt, und es war mir beinahe gleichgültig, daß der Tag näher rückte, an dem ich ja wohl ins KZ zurückmußte. Ich hörte auch nicht, als ich aufgerufen wurde, um entlassen zu werden. Erst nach einiger Zeit wurde ich in einer Ecke sitzend und lesend aufgefunden, ich verdankte es der Beharrlichkeit eines Polizisten, der nicht daran glauben wollte, daß einer von einem Dämon aus dem Gefängnis geholt werden könne. »Sie fahren jetzt zur Gestapo in die Prinz-Albrecht-Straße.« Ich mußte mich zusammenreißen, damit man nicht meine zitternden Knie bemerkte, aber ich stand noch im Banne und unter dem Schutz Scheherezades, die Wirklichkeit war – wie nach einem langen Traum – noch nicht ganz da. Wie im Traum ging ich wieder die gefürchtete Treppe hinauf, aber niemand berührte mich. Kurze Formalitäten. Das Pferdegesicht, das mich halb totgeschlagen hatte, drückte mir den Entlassungsschein in die Hand: »So, und nun wird wieder der Hobel geschwungen, Herr Fürst!« Mir war kotzübel, aber ich schwieg. Ich stand ohne Bewacher mit dem Schein in der Hand im Gang. Ich ging, als hätte ich Blei an den Sohlen. Es wurden gerade wieder Häftlinge heraufgehetzt, mit Augen, die vor Schrecken herauszuquellen schienen, sie überrannten mich fast. Ich ging langsam hinunter, zauderte vor den Wachen an der Pforte. Es kostete mich eine übermenschliche Anstrengung, meinen Schein vorzuzeigen. Sie sahen ihn gleichgültig an. Die Türe schloß sich hinter mir, ich stand unter anderen Fußgängern auf der Straße. Keiner kümmerte sich um mich, die ganze Zeit über im Lager war ich nicht so fremd, so allein gewesen. Ich ging ein Stück, dann wagte ich es, in die U-Bahn zu steigen. Am Bahnhof Friedrichstraße hätte ich über die Straße gehen müssen, aber dort stand ein Polizist und lenkte den Verkehr; es dauerte ungefähr zwanzig Minuten, bis ich dann endlich den Mut hatte, an ihm vorbeizugehen.

Im Laden saß ein fremdes Mädchen. Ich murmelte meinen Namen, sie starrte mich an, als ob ein Geist erschienen wäre. Dann sah ich die Schaufensterscheibe, sie war ganz staubig, ich weinte fassungslos. Das Mädchen stand hilflos daneben, dann rief sie die Werkstatt am Schlesischen Bahnhof an. Bak, Liebrecht, Erich ließen die Maschinen laufen, stürzten in ein Taxi und waren plötzlich da. – Endlich faßte ich mich und war wieder unter Freunden.

Wenn ich nachrechne, so bin ich nur drei Monate im Lager gewesen. Ich muß aber immer noch nachrechnen, denn zuzeiten ist »ein Tag wie tausend Jahre«. Drei Monate: Das war die Zeit für Minderbelastete, denen nur ein tüchtiger Schrecken eingejagt werden sollte; sie mußten dann einen Revers unterschreiben, daß ihnen nichts passiert sei, und es wurde ihnen bei Strafe der Wiederverhaftung verboten, über ihre Lagerzeit zu reden. Die Andeutungen, welche trotzdem durchsickerten, genügten, um eine »schweigende Mehrheit« zu schaffen und andere davon abzuhalten, die Opposition zu unterstützen.

Wahrscheinlich hätte ich Urlaub machen sollen, um erst wieder zu mir zu kommen; es war jedoch nicht möglich. Einen Tag war ich bei den Kindern in Sachsenhausen, dann schlugen aber auch alle Wellen über mir zusammen.

In meiner Erinnerung begann erst jetzt die schwerste Zeit für mich, denn im Lager hatte ich nur die Verantwortung für mich, das war trotz allem einfach. Gewiß war man auch im Lager für manches verantwortlich, aber es war ein leicht überschaubarer Rahmen, und jung wie ich war, konnte ich Gefahr und sogar die stete Todesdrohung leichter ertragen als den Alltag, den ich vorfand.

Ich weiß nicht, weshalb der Kurs und die Werkstatt in solch einem desolaten Zustand waren, nachdem sich so tüchtige Leute darum bemüht hatten. Man hatte mit den Gläubigern einen Vergleich geschlossen und alles in Gang gehalten, aber die Werkstatt war wohl doch so auf mich zugeschnitten, daß ein Dritter sie nur schwer führen konnte. Hinzu kam, daß mit einem Teil unserer Bibliothek auch Steuer- und Rechnungsunterlagen und Korrespondenz beschlagnahmt oder verlorengegangen waren, und schon dadurch entstand eine kaum behebbare Unordnung.

Schlimmer jedoch war das Warten auf Margot. Jetzt rächte sich, daß ich vernünftig gewesen war und ihr die

»Schuld« überlassen hatte. Zwischen Vernunft und Schuldgefühlen ist keine Übereinstimmung herzustellen. Ich haderte mit mir und dem Schicksal, denn es war nicht abzusehen, wann sie je herauskommen würde.

Margot war jetzt Untersuchungsgefangene in dem Frauengefängnis Barnimstraße. Ein Status, der Besuch erlaubte, das heißt, alle Verwandten konnten die Erlaubnis erhalten außer mir, weil ich in den Prozeß verwickelt war. Sie konnte sich in gewissen Zeitabständen Lebensmittel einkaufen lassen, Briefe schreiben und erhalten, die allerdings vom Staatsanwalt zensiert wurden. Der Staatsanwalt war ihr irgendwie zugetan. Er war ihre Rettung, wenn man versuchte, sie im Gefängnis zu schikanieren, andererseits hielt er sie für so gefährlich, daß er sie fünf Monate in Einzelhaft ließ, und erst nach vielen Protesten durch den Anwalt durfte sie tagsüber mit einer anderen Gefangenen die Zelle teilen. Bei dem Staatsanwalt löste sie wohl wie bei anderen in jener Zeit zwiespältige Empfindungen aus: Er war gerührt von ihrer Jugend, ihrer Intelligenz und dem Hintergrund der zwei kleinen Kinder, andererseits aber auch provoziert durch messerscharfe Aussagen und Briefe. Leicht hatte er es nicht, aus den Tatsachen genug Material für einen Prozeß zu filtern. Wie verhielt es sich denn eigentlich mit der versuchten Gefangenenbefreiung, die ihr vorgeworfen wurde? Wir hatten zwei Lockspitzel unterstützt, die Hans Litten befreien wollten. Die beiden waren von der Gestapo zu uns geschickt, befanden sich, wie ich wußte, in Freiheit und würden in einem Prozeß nicht auftreten können. Noch gab es keinen Volksgerichtshof, der sich über alle rechtlichen Bedenken hinwegsetzte. Als Delikt blieb allenfalls unerlaubter Waffenbesitz übrig, aber auch das hatte sich durch unsere Aussagen eigentlich schon erledigt. Die Auslandsreise, aus der ein Landesverrat konstruiert werden konnte, ließ sich nicht belegen. Sie war vermutlich der Grund dafür, daß die Gestapo die Spitzel eingeschleust hatte.

Dies versuchte ich dem Anwalt klarzumachen. Es war Dr. Masius, ein Deutschnationaler, nur die durften es überhaupt wagen, solche Fälle zu übernehmen. Er beurteilte die Sachlage weniger optimistisch, meinte, der Staatsanwalt würde durchaus Gründe für eine Anklage finden können; er wollte mir wohl vor allem nicht zu viel Hoffnung machen. Immerhin hatte ihm der Staatsanwalt angedeutet, daß ein Widerruf Margots die Situation bessern könne. Sie sollte von Hans Litten abrücken und ihn als Verbrecher bezeichnen. Hans Litten hätte das nun nicht mehr schaden können, aber Margot lehnte dieses Ansinnen strikt ab. Man sprach ihr von allen Seiten zu, ihre Mutter wollte sie bei ihren Besuchen überreden, es half aber nichts. Diese Art von Klugheit wird Margot bis an ihr Lebensende nicht lernen. Nach vielen Verhandlungen erklärte sie schließlich dem Staatsanwalt, sie wolle sich in Zukunft nicht mehr um Politik kümmern, sondern für ihre Kinder sorgen. Natürlich könne sie nicht »bereuen«, was sie versucht habe, denn es wäre ja wichtig genug, Hans Litten aus dem KZ zu befreien. Das war im August, und die Amnestie anläßlich des Todes von Hindenburg kam dem Staatsanwalt gerade recht, um den Fall auf elegante Weise loszuwerden. Damit war man zwar einen Schritt weiter, Margot aber noch nicht außer Gefahr, da sie noch immer statt in die Freiheit in ein KZ entlassen werden konnte, wenn die Nazis mit der gerichtlichen Verfügung nicht einverstanden waren.

Ich habe für dieses Buch kaum Unterlagen, habe nie ein Tagebuch geführt. Eines aber ist merkwürdigerweise erhalten geblieben, sehr zerfetzt, aber noch lesbar: meine Briefe, und es sind viele, die ich Margot ins Gefängnis geschickt habe. Sie geben ein gutes Bild der Zeit, trotz der Zensur, die man berücksichtigen mußte. Wendungen aus der Familiensprache halfen darüber hinweg. Der Staatsanwalt schien die Briefe mit Vergnügen zu lesen, jedenfalls deutete er dies Margot gegenüber mehrmals an. Wir ließen uns durch seine Teilnahme kaum stören. Es sind Briefe eines Menschen, der sich ganz altmodisch vor Sehnsucht verzehrt. Daran änderte auch nichts, daß gelegentlich andere Mädchen bei ihm waren. Es waren meist unfrohe Begegnungen, der Körper verlangte es, aber eigentlich war er nicht dabei und hatte das Gefühl, Mißbrauch zu treiben.

Aus den Briefen habe ich auch Dinge erfahren, die ich schon lange vergessen hatte: die Erinnerung ist doch sehr lückenhaft. Mein Schwager Siegfried Adler kam aus Esterwege zurück und überbrachte Grüße von Hans Litten, der gerade dort eingeliefert worden war. Margot konnte ich verschlüsselt davon benachrichtigen. Im übrigen waren die Themen meiner Briefe immer wieder Liebe und Sehnsucht, die Werkstatt, Arbeit und Geldnot. Ich war manchmal so arm, daß ich Margot nicht die Dinge besorgen konnte, die man ihr bringen durfte, oder den erlaubten Geldbetrag einzahlen. Ich konnte über die Kinder berichten und, soweit es ungefährlich war, über die Freunde.

Margot hatte die Gefangenen-Nummer 1001! Wie sollte ich das nicht als ein Omen nehmen, das ein gutes Ende verhieß? Sind Trost und Hoffnung nicht auf Realitäten zu gründen, schöpft man sie aus kleinen Zeichen. Aus diesem Grunde sind einige der Briefe im Stile von 1001 Nacht geschrieben.

Nr. 1001

Berlin, d. 22. III. 34

Liebe Margot!
Das ist ein ganz großes Glück schon, daß ich jetzt so viele Briefe von Dir habe, und ich warte jetzt mit Sehnsucht auf Deinen Brief nach dem Besuch Deiner Mutter mit Mop. Ist sie nicht herrlich, diese Tochter? Wir sind doch trotz allem noch sehr reich und glücklich. Liebe, Du darfst nicht ungeduldig sein, es sind sicher nur noch ein paar Wochen, bis wir uns wiedersehen ...

Als ich von Margot einmal einen sehr heftigen und über die Einzelhaft verzweifelten Brief bekommen hatte: sie verlerne das Sprechen und wüßte nicht mehr, wie ein menschliches Gesicht aussähe, schrieb ich:

Nr. 1001

Berlin, d. 27. II. 34

Liebe Margot,
ich habe Dir gestern einen bösen Brief geschrieben, jetzt habe ich Angst, daß er zu hart und böse geklungen hat, und schicke Dir gleich einen anderen nach, und wenn das Schicksal ein gutes Einsehen hat, so kommt er mit dem anderen zusammen noch zu Ostern an.

Liebe, ich habe heute morgens gelächelt und tue das den ganzen Tag, trotzdem hier heute der Teufel wieder los ist. Das Telefon geht immerzu, einer will Geld haben, ein Geselle fehlt, das Geld kommt nicht an, die Sachen werden nicht fertig, das Sperrholz kommt nicht, der Teufel soll alles holen. Ich lächle, weil ich mich die ganze Nacht damit beschäftigt habe, Dir die Wände der Zelle auszumalen mit »menschlichen Gesichtern«. Weißt Du, wenn wir früher spazierengegangen sind und ich Dir plötzlich den einen oder anderen Menschen gezeigt habe, der schön war, der gut aussah usw. Also ich male Dir die ganze 1. Wand voll mit Fürsten, Kalifen, Prinzessinnen. Du wirst staunen, wie schön die aussehen, alle haben schwarze Seide an, rote, blaue, manche auch gelbe. Viele Monde male ich auch herauf, bald Halbmond, bald Vollmond, der ist gelb, damit er leuchten kann (Mond ist immer gut, er beruhigt), und silberne Wüsten und goldene Luftschlösser, eines schöner als das andere, und das wird alles mit Dir sprechen, und dann treten sie heraus aus der Wand, machen ganz leise ihre Verbeugungen vor Dir und kleiden Dich auch so an, denn Du bist die schönste Prinzessin, die im Augenblick eben verwunschen ist (das geht schönen Prinzessinnen immer so). Aber wenn dann der Richtige da ist und Dir einen Kuß gibt. Dann ...

Auf die zweite Wand male ich Dir Deine ganze Familie, Deine Mutter und Deinen Vater, Deine Schwester und Deine ganze Vergangenheit. Da mach ich ein Puppentheater daraus, Du bekommst die Fäden einfach in die Hand, und wenn es Dir Spaß macht, läßt Du sie mit den Märchenprinzen diskutieren, das wird fein. Was sagt Deine Mutter, wenn sie unsere Märchenschlösser sieht? Siehst Du, da hast Du Unterhaltung für mindestens 6 Tage. –

Auf die 3. Wand male ich nur Tiere, alles Bären, das sind so weiche Tiere, denen man im Fell zotteln kann; wie die sich benehmen werden, ist gar nicht zu übersehen. Ich will nur sagen, daß eines gerade gehen lernt, so ein Tier, das nimmt immer Schritte, als hätte es Siebenmeilenstiefel an. Die Nase ist aber immer früher da als das kleine Tier. Dann ein modernes Plapperbärchen, das nicht einen Moment den Mund halten kann. Dann ein ganz großer trauriger Grizzly-Bär, na, über den schreib ich lieber nicht. Der trottet dahin und leckt Dir Dein Pfötchen.

Auf die letzte Wand aber kommt das wichtigste Tier. Das ist so wichtig, daß es eine ganze Wand für sich alleine einnimmt. Es hat schöne große Höcker und sehr vornehme Nasenlöcher und es nährt sich vorwiegend von … tränennassen Taschentüchern. Jetzt ist es ihm aber schon zu salzig und da möchte es einmal etwas anderes essen. Bitte behandle das Tier gut, es ist noch ganz repräsentabel und will Dich noch durch viele Wüsten tragen, also vertraue Dich ihm ruhig an. Es ist das zuverlässigste Tier, das Du hast, ein bißchen langsam und unmodern, aber viel besser als ein modernes Auto.

Liebes kleines Mädchen, es ist alles sehr traurig. Ostern ist unser Hochzeitstag. Ich werde es mit den Kindern feiern, falls ich hier nicht von wütender Kundschaft ermordet bin.

Liebe, Du weißt, ich werde immer treu zu Dir halten, ich werde Dich immer lieben, und wenn ich als alter Mann mit dem Kopfe wackel, werde ich Dich auch noch selig und glücklich ansehen, denn Du bist die liebste und tapferste

Frau, die es gibt. Denk an unsern Hochzeitstag. Sei froh, wir werden wieder glücklich sein. In großer Liebe Dein Max.

Aus einem anderen Brief:

Liebe, Du fehlst mir. Ich wohne jetzt wieder in der Werkstatt, aber ich schlafe nicht oben in unserem Zimmer, sondern unten auf der schmalen Couch. Ich rauche ziemlich viel, und wenn am Abend die Leute weggegangen sind, dann ist es schön gemütlich und ich arbeite noch bis 12 oder 1 und stehe trotzdem früh auf, das ist jetzt leicht, denn was hält einen schon im Bett. Morgens gehe ich erst zur Fruchtstraße und tobe da herum bis 11 oder 12 und dann gehe ich in den Laden, da ist L., und arbeite mit, was an Aufträgen da ist. Ich mach auch hier sauber, aber selten, an die Bibliothek habe ich mich noch nicht herangewagt, die ist so verstaubt. –

Neulich war mir nicht gut, da war ich im Film. Liebe, Deine Greta Garbo spielte in einem Film mit Stroheim. Er war so scheußlich, wie sie schön war. Inhalt? Ein Mann wartet 10 Jahre auf seine Frau, die ihm irgendwie verlorengegangen war. Es war traurig und schön, denn das Ende war gut, wie bei uns ...

Marie war in der Stadt, sie mußte zum Zahnarzt und Else hat sie bei den Kindern vertreten, da kam sie am Abend, und ich habe sie dazu verführt, über Nacht hier zu bleiben, da sind wir in die Kamera gegangen zu ›Maternelle‹, war das schön! So viel Kinder, da war besonders eines, das ähnelte Dir, bockig und verliebt und entzückend wie Du, und ein kleines Negerkind, das mit schwarzen Patschen ein weißes Kaninchen streichelte, und ein kleiner Junge, der einen Reißverschluß als Hosenschlitz hatte, das muß ich mir für den Jungen merken. – Marie hat bei mir saubergemacht. In zwei Stunden blitzte alles, sie war furchtbar nett, hat die Werkstatt besichtigt und war begeistert.

Noch ein Auszug – wie seltsam persönlich ich alles sah:

Neulich war ich in dem tschechischen Film ›Junge Liebe‹. Das war so schön, da spielt ein 14jähriges Mädel mit. Es ist eine Wonne anzusehen, wie sie spielt, da legte sie so unendlich lieb und vertrauensvoll ihr Köpfchen auf die Schulter des Jungen und erinnerte mich lebhaft an ein kleines Mädchen vor vielen Jahren. Wir waren so glücklich. Der Film bringt so herrliche Kinder und so schöne verwitterte Bauerngesichter, und die Landschaft. Die Spielhandlung ist auch süß und eigentlich nur dazu da, alles in Bewegung zu setzen. Wie das Mädel die Kleider des Jungen am Fluß findet und glaubt, er wäre ertrunken, und wie ein aufgescheuchtes Wild über Steine und Hügel ins Dorf eilt und wie sie trauert und wie der Junge gerettet wird und wie die beiden tanzen, da blieb kein Auge trocken. Du hättest Deine helle Freude daran gehabt, ich ging nachher ganz glücklich nach Hause und wollte gleich an Dich schreiben, aber dann ist man doch zu müde.

Oft schrieb ich über die ewigen Geldsorgen, die mich plagten. Es war plötzlich wie ein Kurzschluß, man bestellte zwar noch Möbel, aber dem Geld mußte ich monatelang nachrennen. So war es auch bei der Jüdischen Gemeinde, für die ich den Umschichtungskurs leitete und für die wir außerdem noch arbeiteten.

Ich bin leider dauernd gezwungen, das, was ich für die Gemeinde baue, in Rechnung zu stellen, und ich kann es mir nicht leisten, auf diese Rechnungen 4 bis 5 Wochen zu warten. Daher bin ich unbeliebt, denn Geld gibt man dort wie Almosen, und wenn einer fordert, was er zu kriegen hat, ist er unverschämt. Man verlangt jetzt, daß ich auf meine Kosten neue Leute für den Kurs einstelle. Ich kann und will es nicht. Ich werde es also auf einen Krach ankommen lassen.

Hannah Arendt hat in ihrem berühmten Fernsehinterview erzählt, wie einsam sie nach 1933 in Deutschland plötzlich war. Ich habe die gegenteilige Erfahrung gemacht. Ich wohnte tagelang bei meinen Freunden, Werner Harting und seiner Frau, und auch in dem schönen Häuschen, das Dr. Menne und seine Frau bewohnten. Ich erzählte schon von dem Arzt, der nebenher bei Erich Heckel Malerei studierte. Sie ließen sich auch nicht dadurch beirren, wenn Hausmeister und andere, die es nichts anging, sie darauf aufmerksam machten, wie ungern man es sähe, daß sie Juden beherbergten. Ja, ich hätte sie schwer gekränkt, wenn ich mich zurückgezogen hätte. Im Dorf Sachsenhausen waren wir beliebter als die nationalsozialistische Familie, die über uns wohnte, überall wurden wir ehrerbietig gegrüßt, man wußte von unserem Schicksal, und so konnten wir ruhig unsere Freunde herauskommen lassen. Es war ein schöner und trauriger Sommer.

Berlin, d. 28. VI. 34
Meine gute liebe Margot,
Du weißt, mein liebes Mim, daß ich mir immer Mühe gebe, Optimist zu sein, aber jetzt fällt es mir wahrhaft schwer, jetzt ist Mittsommer vorüber, die Tage werden schon wieder kürzer, und wenn ich morgens von Sachsenhausen zur Bahn gehe, streift schon etwas von dem Herbstduft der reifen Gemüse über die Felder, – und Du bist nicht da, wie ich lebe so lange ohne Dich, es ist kaum zu denken, und ich fürchte, es wird noch lang dauern. Liebe, ich möchte 10 000 mal Deinen Namen schreiben und küssen, und alle Wärme, die hier ist, möchte ich in Dein Herz schicken, damit Du nicht vergißt, wie der Sommer ist. Weißt Du den Geruch noch, wenn durch eine sonnenheiße Straße der Sprengwagen gefahren ist. Weißt Du noch, wie eine Blaubeere schmeckt, die man sich selbst gepflückt hat. Ich weiß, daß wir noch viele Sommer zusammen durch den Wald, durch die Felder laufen werden, aber ich bin eifersüchtig auf diesen Sommer, der

ohne Dich seinen Frühling überschritten hat. Mein Herz zieht sich so zusammen, daß es schmerzt, wenn ich an die Mauern denke, die uns trennen, meine Frau. Meine Liebe zu Dir steigt noch täglich weiter, wird tiefer und reifer. Liebe, wenn Du wieder bei mir bist, wirst Du ernten.
Dein Max

Am Nachmittag sind wir dann alle: Bernhard und seine Braut, Mop, Marie, Elnis an der Havel entlang gegangen zwischen blühenden Fliederbüschen, und Schlehen, und es war warm, da hat der Mop immer gebeten, daß er baden darf, da mußten wir alle baden und haben von wegen der Tradition an der Stelle gebadet, wo Dir die Kuh zugesehen hat. Mop sah süß aus, als wir sie dann ins Wasser nahmen, schrie sie wie am Spieß, dann, als wir eine Weile geschwommen hatten, wollte sie wieder herein und da war es besser. Dann gingen wir, da die Eisenbahnbrücke gesperrt ist, weit herum bis zu der Brücke von Fichtengrund. Wir sind da mal mit dem Rad zusammen gefahren. Mop ist gut gelaufen. Wir gingen durch den blühenden Abend weiter, es war so warm und so ruhig.

Der letzte Briefausschnitt, das Märchen, ist eigentlich das Motto des Buches; seltsam ist, daß auch Ernst Bloch gerade dieses Märchen gefunden und es in sein Buch ›Prinzip Hoffnung‹ aufgenommen hat. Ich habe es seither oft erzählt, wenn scheinbar unlösbare Schwierigkeiten bestanden. Eine Geschichte, die mich schon im Gefängnis getröstet hatte, die Geschichte von Unglück, Standhaftigkeit und Rettung.

Ich habe so lang gewartet, bis ich Dir diese Geschichte aufschrieb, weil es so schwer ist, sie kurz zu erzählen, jetzt aber schreibe ich sie doch, denn vielleicht hilft sie auch Dir: ...
  Der Wesir Ali Hamed war reich und glücklich, er hatte alles, was sein Herz sich wünschte. Der Wesir ging durch

seinen blühenden Garten und berührte das Wasser in seinem grundlos tiefen Brunnen sanft mit der Hand. Da fiel ihm sein kostbarer mit Rubinen besetzter Ring in den Brunnen, sank aber nicht hinab, sondern schwamm oben. Der Wesir Ali Hamed staunte ob diesem Wunder und erschrak tief. Er rief seine Diener seine treuen und sagte, daß sie sein Geld und seine Frauen in Sicherheit bringen sollten, denn es würde bald ein großes Unglück über ihn kommen. Kaum war dies geschehen, als die Soldaten des Königs in sein Haus eindrangen, und alles zerstörten, und ihn selbst in einen tiefen Turm sperrten, wo er Hunger und Kälte ertragen mußte. Der Wesir Ali Hamed litt, wie ein Mensch, der das Glück gewöhnt ist und den das Dunkel um so schwerer trifft, je heller seine Vergangenheit war. Er hatte Hunger, Hunger nach Licht, Sonne, aber dann überwog der rein physische Hunger nach Rapunzelsalat. Er bat lange, lange darum, aber der König war ihm gram und lehnte alles ab, so sehr und dringend er auch bat. Bald schien dem Wesir das Wichtigste und Dringendste im Leben Rapunzelsalat, er litt und glaubte ohne ihn nicht mehr leben zu können. Endlich erbarmte sich ein Wärter und reichte ihm mit einer langen Stange, mit der ihm die Speisen in sein Verlies hineingereicht wurden, eine kleine Schüssel mit Rapunzelsalat. In dem Augenblick als er überglücklich zugreifen wollte, sprangen 2 große Ratten, die an der Decke sich balgten, in die Schüssel hinein, warfen sie ihm aus der Hand und beschmutzten alles so, daß es ungenießbar war. Der Wesir stand davor. Er klagte nicht, weinte nicht, sondern sagte zu dem mitleidigen Wärter: In 2 Tagen wird alles gut werden, und richtig, in 2 Tagen wurde er herausgeholt. Der König umarmte ihn, denn es hatte sich herausgestellt, daß er zu Unrecht verleumdet war, und vermehrte seinen verlorenen Reichtum noch um Vieles. – Eines Tages aber fragten ihn die Freunde, warum er damals, als der Ring ins Wasser fiel, gewußt hatte, daß es Unglück für ihn geben würde, und daraus, daß ihm die Ratten in den Salat fielen, geschlossen hätte, daß seine

Freiheit anbrechen würde. Da sagte der weise Wesir Ali Hamed: Seht, ich war froh und glücklich, als ich aber so glücklich war, daß der Ring, der in den Brunnen gefallen war, oben schwamm, da wußte ich, daß eine Steigerung meines Glücks nicht mehr möglich war, daß daher jetzt ein Umschwung ins Unglück sofort einsetzen müßte; aber als dann ein Unglück nach dem andern über mich herfiel und dann zum Ende noch, als mir, der ich krank nach Rapunzelsalat war, als dieser mir gereicht wurde, die Ratten diese letzte Freude zerstörten, da wußte ich, daß das Maß meines Unglücks voll war, daß jetzt wieder der Schwung zum Glück einsetzen würde.

Da schwiegen die Freunde und staunten über die Weisheit des Wesirs Ali Hamed. –

Es liebt Dich Dein Max

Die Briefe klingen nach Rückzug in die Idylle, tatsächlich wurde man jedoch jeden Tag in das Schicksal der anderen einbezogen. Eines Tages betrat Ilse Kroner zu einer ganz ungewöhnlichen Zeit den Laden. Es mußte schon etwas Besonderes vorgefallen sein, wenn die immer gleichmütige Ilse so aufgeregt war. Sie war am Morgen Milch holen gegangen und sah auf dem Weg zurück einen Polizeiflitzer vor der Türe. Als nächstes sah sie, wie ihr Freund, Willy Grigusch, abgeführt wurde. Sie selbst konnte sich in einem Hausflur verstecken. Ilse war Mitglied der KP und man suchte sie mindestens so dringend wie ihren Freund. Beizer-Max, ein unscheinbares Männchen, war gerade bei mir, und einiges hatten wir inzwischen gelernt von illegaler Arbeit. Ich schickte ihn zu Freunden herum, um Geld und Kleider zu besorgen, und Beizer-Max verhielt sich, wie erwartet, vorsichtig und besonnen. In der Nacht blieb Ilse bei mir und verließ als eine völlig veränderte Person am folgenden Morgen die Werkstatt. Aus dem schlampig gekleideten Wandervogelmädchen war eine unauffällige Frau geworden, und ein großer Hut verbarg ihre roten Haare. Eine Stunde später war die Gestapo da, um nach ihr zu fragen. Sie drohten, mich wieder zu verhaften und Repressalien gegen Margot anzuwenden. Ich blieb dabei, sie vor Jahren gekannt, die Verbindung zu ihr aber verloren zu haben. Das gleiche sagte Margot, als man sie zu einer Vernehmung aus ihrer Zelle holte. Etwas beruhigte mich das Foto, das sie von ihr hatten; danach würden sie sie nicht erkennen, selbst wenn sie in die Werkstatt hineinkäme. Ilse blieb wie viele Kommunisten trotz aller Gefahren in Deutschland, um weiterzukämpfen. Als Willy noch einmal entlassen wurde, mußten sie sich trennen, weil sie ein zu auffälliges Paar waren. Willy ging nach Ostpreußen, während Ilse ihr Arbeitsgebiet nach Süddeutschland verlegte. Willy wurde wieder verhaftet und kam ins KZ. Nun ging Ilse in die Tschechoslowakei. Gegen Kriegsende wurde Willy in ein Arbeitslager hinter der Front gebracht. Sie waren in SS-Uniformen gesteckt worden und wurden nach der Gefangennahme besonders schlecht behandelt. Als der Irrtum aufgeklärt war, lag er todkrank in einem Lazarett in Berlin. Ilse war es gelungen, mit dem letzten Flugzeug vor der Besetzung der Tschechoslowakei nach England zu entkommen. Wie eine Löwin kämpfte sie um Penicillin und die Erlaubnis, nach Berlin zurückzukehren. Einige Tage nach Willys Tod kam sie dort an. Auch Willy gehörte zu den vielen Helden, die gegen den Faschismus kämpften, von denen man in der Bundesrepublik nichts weiß und auch nichts wissen will.

Immer öfter wurde man, ob man wollte oder nicht, in schwierige Aktionen hineingezogen. Stepan Szende hatte seine Frau zu mir geschickt, die als Ungarin mit geringen Deutschkenntnissen in Berlin ohne ihn recht verloren war. Sie hatte eine Ausbildung als Opernsängerin hinter sich, aber damit konnte sie kein Geld verdienen. So ernährte sie sich tapfer als Putzfrau. Zu ihren Schwierigkeiten kam noch, daß ihre kleine Tochter in Ungarn bei ihren Eltern zurückgeblieben war. Es war nicht abzusehen, wie die Familie je wieder zusammenkommen sollte. Nun war Stepan ins KZ eine wichtige Nachricht zu überbringen. Einer der Führer der SAP hatte die andern entlastet. Ich weiß heute nicht mehr, warum gerade ich hingehen sollte, da ehemaligen KZ-Häftlingen Besuche im Lager verboten waren. Zuverlässige Leute waren wohl rar, und außerdem herrschte im Lager gerade wieder eine »sanfte« Periode. Ich nahm meine Tochter mit. Besuche mit Kindern wirkten harmlos. Wir kamen auch ohne Schwierigkeiten ins Lager hinein. Natürlich war ich sehr aufgeregt, aber ich hielt mich an dem Kind fest. Diesmal war nur ein Seil zwischen den Besuchern und den Gefangenen gespannt, in einem unbewachten Augenblick wechselte ich die Seiten. Die Wachen schienen sich nicht ganz klar darüber zu sein, wohin ich gehörte. Einige begrüßten mich wie einen alten Freund; es gab oft einen großen Unterschied im Verhalten der Lagermannschaft und dem ihrer Vorgesetzten. Die Unteren waren nämlich nicht viel besser daran als die Insassen, sie mußten auch exerzieren und zeigten manchmal eine gewisse Sympathie für die Gefangenen und Mitleid mit ihnen. Auch Unmenschlichkeit muß eingeübt werden – genauso wie Menschlichkeit.

Als ersten sah ich Erich Mühsam und stellte ihm die Tochter vor. Er nahm das Kind auf den Schoß und freute sich, vor seinem Tode dieses Kind noch gesehen zu haben. Ich versuchte, ihm das auszureden, er war seiner Sache aber gewiß. Man schien schon etwas davon zu wissen, daß in zwei Wochen die SA-Bewachung durch SS abgelöst werden sollte, die Bewacher fürchteten sie fast ebenso wie die Gefangenen. Tatsächlich ging kurze Zeit später der sogenannte »Röhm-Putsch« vor sich, der darin bestand, daß Röhm und eine ganze Anzahl SA-Leute ermordet wurden; alle KZs wurden von der SS übernommen, und die Linken in der SA und der Partei wurden – in der Sprache des Dritten Reiches – »ausgemerzt«.

Unmittelbar nach der Übernahme des KZs durch die SS wurde Erich Mühsam ermordet; er wurde aufgehängt in den Latrinen gefunden. Bei meinem Besuch hatte er sich nicht lange an der Tochter freuen können. Einige der SA-Leute hatten das blonde Kind so schön gefunden, daß sie ihm unbedingt einen Waschbären, der im Lager gehalten wurde, zeigen mußten. So konnte ich ungestört mit Stepan und Genossen konferieren. Es dauerte lange, bis die SA-Leute sich von dem Kind trennen konnten. Dann schlüpften wir wieder unter dem Seil durch, und ich war sehr erleichtert, als ich das KZ wieder hinter mir hatte. Stepan wurde dann doch zu Zuchthaus verurteilt, entkam danach mit der ganzen Familie nach Schweden und lebt dort als Schriftsteller.

Wöchentlich einmal brachte ich Margot Wäsche, Bücher und etwas Geld ins Gefängnis. Immer am gleichen Wochentag und um die gleiche Stunde. Ich hoffte, sie einmal sehen zu können, was schließlich auch gelang. Es gab eine junge freundliche Wärterin, die sie einmal an mir vorbeiführte und uns in eine Ecke drückte, so daß wir uns um den Hals fallen und küssen konnten. Margot las viel und – o Wunder – sie strickte. Eines Tages bekam ich mitten im Sommer einen riesengroßen dunkelblauen Rollkragenpullover. Es war gleich ein Meisterstück, und ich habe ihn viele Jahre getragen.

Großes Glück hatte sie mit der Kameradin, mit der sie nach fünf Monaten Einzelhaft tagsüber zusammensein konnte; die Türkin Sina, hochbegabt und hochintelligent, Tochter eines Generals, der mit Atatürk die moderne Türkei begründet hatte, gründete ihrerseits die kommunistische Partei im Land, kam ins Gefängnis, floh nach der Sowjetunion, wo sie wegen »linker Abweichungen« ebenfalls bald im Gefängnis landete. Mit der Zeit lernte sie die Gefängnisse aller Balkanländer und ganz Italiens kennen. In Deutschland vermied sie die Ausweisung durch Heirat mit einem deutschen Genossen. Sie war, ehe sie in die Barnimstraße kam, so mißhandelt worden, daß ihre Nieren nur noch schwer funktionierten. Sina war ein Mensch, der nicht zu brechen war. Zwischen den beiden Frauen wuchs bald eine gute Freundschaft; auf Toilettenpapier schrieben sie politische Kurse und Nachrichten, die im ganzen Block zirkulierten. Heftige Diskussionen löste der Handelsvertrag der Sowjetunion mit dem Naziregime aus. Tatsächlich waren der Vatikan und die Sowjetunion die ersten, die die Nazis hoffähig machten. Margot und Sina waren entsetzt über die Sturheit der KP-Genossinnen, die sich auf das Argument beschränkten, im ZK der Sowjetunion säßen so kluge Leute, die besser imstande wären als wir, die Situation zu überblicken. Darüber stehe ihnen keine Diskussion zu. Bezeichnend für Margot: Sie gab nicht nur politische Schriften weiter, sondern auch ein Rezept für Zitronencreme, kalt in der Zelle herstellbar. Noch lange nach ihrer Entlassung wurde das Rezept weitergegeben und praktiziert.

Nach der Hindenburg-Amnestie im August 1934 hatte der Anwalt mir Hoffnung gemacht, daß der Prozeß niedergeschlagen werden könne. Tagelang wagte ich nicht, den Laden zu verlassen. Schließlich traf gleichzeitig mit einer Besuchserlaubnis die Nachricht ein, Margot sei wieder auf dem Alexanderplatz. Dies wurde unsere traurigste Begegnung. Erst mußte ich lachen, als eine riesige, füllige Wärterin sie in den Raum führte. Es sah zu widersinnig aus: diese zarte Gestalt gegen die Riesin. Dann aber mußten wir uns an die Kopfenden eines langen Tisches setzen, und dabei erstarb jedes zärtliche Wort. Man kann schreiben, auch wenn der Staatsanwalt mitliest, aber das sture Gesicht der Bewacherin zwischen uns machte uns stumm. Immerhin erfuhr ich, daß die Gestapo sie in ein KZ bringen lassen wolle, um wahr zu machen, daß sie die Kinder nicht mehr wiedersehen würde.

Ich setzte alle Hebel in Bewegung. Schließlich war es das Verdienst von Margots Mutter, daß sie entlassen wurde. Sie setzte den Gestapobeamten auseinander, daß ihr Mann im Begriff sei, seine übliche Geschäftsreise nach Kairo anzutreten, womit ja den wirtschaftlichen Interessen Deutschlands gedient werde; er würde sich jedoch in einer mißlichen Lage befinden, wenn man ihn nach seiner Tochter fragen würde. Solange sie unter Anklage gestanden hatte, war alles erklärbar; jedoch würde es sehr schwierig sein, den Geschäftsfreunden in aller Welt zu erklären, weshalb sie zwar amnestiert, aber nicht frei sei. Es war gerade noch der Augenblick, wo solche Reden Eindruck machten, wenn auch viel Mut dazu gehörte, dergleichen auszusprechen.

Margot wurde dann zwei Wochen nach meinem Besuch bei ihr freigelassen. Es war September geworden. Wir fuhren nach Sachsenhausen und waren wieder eine glückliche Familie. Die Tochter konnte gar nicht genug Leuten auf der Straße erzählen, daß Margot nun wieder »aus der anderen Stadt« zurückgekommen sei. Das Dorf schien sich mit uns zu freuen. Am Abend gingen wir zu Margots Eltern, es gab ein wunderbares Essen, und Margot freute sich an dem schönen Porzellan, dem silbernen Besteck, vor allem aber an den Lichtschaltern und Türgriffen, die sie wieder selbst betätigen konnte. Unmöglich, meine Freude zu schildern. Vielleicht durch den Schwiegervater, der spottete: »So ein Hammel, stellt seine Frau auf zehn Postamente und betet sie an.« Zum ersten Mal war auch der Widerstand zwischen meinen Schwiegereltern und mir überwunden. Die jüngere Schwester, Hilde, war die einzige, die etwas Anstoß an all der Freude nahm. Sie war Margot ähnlich, aber auch ganz anders; sie war als Kind lange krank und zeitweise mit ihrer Mutter im Gebirge oder in einem Heim am Meer gewesen; nach der Pubertät machte ihre Entwicklung plötzlich einen großen Sprung nach vorn. Wir hatten wenig Verbindung zu ihr, schon, weil die Eltern unseren Einfluß fürchteten: Sie wollten nicht noch eine Tochter verlieren. Jetzt war sie in der Bewegung Nelsons, dem ISK, ein ernstes Mädchen und im Gegensatz zu Margot etwas puritanisch. Für Margot – wie übrigens auch für Hans Litten – war der Begriff puritanisch beinahe ein Schimpfwort. Alles, was notwendig ist, tun und das Leben in vollen Zügen genießen: niemals freiwillige Dürftigkeit. Hilde hatte wohl damals – und sie war noch sehr jung – eine feste Vorstellung von einer Revolutionärin, die aus dem Gefängnis kommt. Für eine, Margot immer mögliche, harmlose Freude und Entspannung hatte sie kein Verständnis. Es bröckelte wohl etwas von dem Vorbild der älteren Schwester ab, und sie nahm dann auch einen ganz anderen Weg. Sie ging nach England, studierte dort Nationalökonomie. Sie war außerordentlich vielseitig begabt, dichtete, machte Kleinplastiken, aber wirklich hervorragend waren ihre politischen Schriften, vor allem das bei Gollancz erschienene ›Unity of Europe‹, ein Konzept für die Elektrifizierung des Donaubeckens analog der unter Roosevelt entstandenen Tennessee Valley Authority. Sie war zu tapfer, um sich mit literarischer Betätigung zu begnügen. Sie war häufig illegal in Deutschland – vor dem Krieg, aber auch noch im Krieg; sie überwarf sich mit dem ISK, der ihre illegale Tätigkeit ablehnte, ließ sich nach dem D-Day auf den Kontinent und in die Schweiz bringen, von wo aus sie Verbindung zu österreichischen Widerstandsgruppen aufnahm. Sie arbeitete unter anderem mit einer Gruppe, der auch Karl Gerold, der spätere Herausgeber der ›Frankfurter Rundschau‹ angehörte, zusammen und unterstützte die Widerstandstätigkeit in Deutschland selbst. Eigentlich war ihre Kuriertätigkeit bereits abgeschlossen, als sie zwei Wochen vor Kriegsende in Vertretung eines erkrankten Mädchens noch einmal nach Österreich ging. Sie wurde von einem Grenzposten am Übergang nach Liechtenstein gestellt, versuchte zu fliehen und wurde wenige Meter vor der rettenden Seite – wo Karl Gerold sie erwartete – erschossen. Ihr Grab auf einem wunderschönen winzigen Friedhof in Feldkirch, wo sie unter ihrem Schriftstellernamen Hilda Monte (-Olday geb. Meisel) begraben ist, ist das einzige Grab meiner verschollenen Freunde, wo ich Blumen niederlegen kann. Der Stein trägt neben den Daten – 31.7.1914 – 17.4.1945 –

die Inschrift: »Sie lebte und starb im Dienste der sozialistischen Idee.«

Unser letztes Jahr in Deutschland war angefüllt mit der politischen und wirtschaftlichen Pression. Auch Margot konnte sich keinen Urlaub gönnen, sie arbeitete zunächst bei einer privaten Bildagentur und dann im Büro ihres Vaters. Wir dachten immer noch nicht ernsthaft an Auswanderung, wir wollten es nicht glauben, daß dieses Regime, das auch von innen her erschüttert schien, sich halten könne.

Margot konnte jetzt nicht mehr mit Hans Litten in Verbindung treten. Hansens Mutter mußte dies jetzt allein übernehmen, und so gut wie es ging, berichtete sie ihm von unserem Schicksal. Es war schlimm, jetzt untätig dabeizustehen, wie er langsam zu Tode gequält wurde. Er hatte schon Herzanfälle, als er nach Papenburg ins Moor kam, bei einem Schwindelanfall kam sein Bein unter eine Lore. Nach kurzem Aufenthalt im Krankenhaus wurde er ins KZ Lichtenburg gebracht. Dort gelang es seinen Mithäftlingen, ihn in der Buchbinderei unterzubringen. Die meisten seiner Briefe über Kunst sind in dieser Zeit geschrieben. Er war jetzt ein Krüppel, aber sein Geist war ungebrochen. Die letzte Station seiner Todesfahrt war Dachau; Häftlinge, die dort mit ihm zusammen waren, berichteten von seinen Vorträgen über Politik, Psychologie und Kunst während der monatelangen Dunkelhaft im Jahre 1937, zu der sie wegen der »Greuelnachrichten« im Ausland verurteilt waren. Neuen Vernehmungen Anfang 1938 war er nicht mehr gewachsen. Er erhängte sich am 5. Februar 1938.

Zurück ins Jahr 1935, in dem wir – als Staatsfeinde registriert – kaum mehr aktiv sein konnten. Langsam wuchs der Gedanke in uns, auszuwandern. Im Oktober 1934 hatte ich noch eine neue Werkstatt in einem Hinterhof in der Barnimstraße aufgebaut, nachdem der Umschichtungskurs geschlossen wurde und die Jüdische Gemeinde uns auch den Raum gekündigt hatte. Es mußte Hals über Kopf geschehen, damit wir angefangene Aufträge ausführen konnten. Felix Hohl kümmerte sich um die Elektroanlage, und wir schleppten die Maschinen.

Weihnachten waren wir noch einmal in Ostpreußen, gingen über die Kurische Nehrung. Es war eine Abschiedsreise, wir wußten schon, daß wir über kurz oder lang gehen müßten. Der Abschied von diesem schönen Land tat weh. Schwieriger noch war der Abschied von den Freunden. Wir, die wir Emigranten sein würden, hatten Angst um die, die bleiben mußten, denn daß ein Ende mit Schrecken kommen mußte, war uns klar.

Es verging dann noch fast ein Jahr, bis alles geregelt war. Es hätte noch viel länger gedauert, wenn wir auf ein normales »Arbeiter«-Visum nach Palästina gewartet hätten. Unvermutet erreichte uns telefonisch eine Warnung: Wir sollten schleunigst das Land verlassen, unsere Wiederverhaftung sei geplant. Ich habe nie erfahren, wer da gesprochen hat. Die Stimme war freundlich und drängend, Margots Vater gab uns 3000 RM für ein »Handwerker«-Visum, das sofort ausgestellt werden konnte. Wir lösten die Wohnung in Sachsenhausen auf, Freunde kümmerten sich um die Kinder. Die Maschinen wurden verkauft; während sie bereits abmontiert wurden, hobelten wir noch die Bretter für einige Transportkisten, die eines Tages als Schränke aufgestellt werden konnten.

Margots Vater hatte durch sein Exportgeschäft Verbindungen zu Speditionen und für uns eine Überfahrt auf einem holländischen Frachter von Amsterdam nach Haifa gebucht. So fuhren wir nach Amsterdam.

Zum Abschied wollten so viele Menschen kommen, daß wir sie sorgfältig über alle Bahnhöfe der Stadtbahn verteilten, damit es nicht auffällig würde. Trotzdem standen auf jeder Station mindestens ein Dutzend unserer Freunde. Ich kann sie gar nicht mehr alle aufzählen. Am Schlesischen Bahnhof waren Hannchen und Marie, am Alexanderplatz meine Schwester mit meiner Mutter, die Freunde aus der

Werkstatt erwarteten uns zusammen mit Felix und Else Hohl am Bahnhof Friedrichstraße, Margots Eltern und einige Verwandte am Bahnhof Zoo, und am Bahnhof Charlottenburg standen Werner und Christel Harting, Dr. Menne und seine Frau, Heinrich Liebrecht. Treulos lasse ich viele andere in dieser Aufzählung aus.

An der Grenze lief alles viel einfacher ab, als wir gefürchtet hatten, dann standen wir, ziemlich verlassen, mit 2 Kindern und 13 Gepäckstücken auf dem Bahnsteig in Amsterdam. Was sollte man eigentlich tun, mit 20 RM, die wir mitnehmen durften, bis das Schiff abfuhr. Jemand hatte für uns gedacht, und so wurden wir bereits erwartet, und eine Unterkunft für die Nacht war besorgt. Es fand sich auch ein Verwandter, der uns Geld für die Reise nach Rotterdam gab, als sich bei der Reederei herausstellte, daß das Schiff dort beladen wurde.

Ein großes Aufatmen, als wir an Bord waren. Die »Telamon«, so hieß das Schiff der KNSM, hatte vierzig Kühe für Haifa geladen; sie standen in Boxen auf dem Deck, dazwischen lagen Heuhaufen, auf denen die Kinder bei schönem Wetter spielen konnten. Heugeruch mischte sich mit der Seeluft. Der Kapitän sprach deutsch und zitierte Rilkeverse. Mit zwei Handlungsreisenden und einem holländisch-javanischen Ehepaar mit zwei bezaubernd schönen Kindern waren wir die einzigen Passagiere. Das Schiff legte in Gibraltar an, gegenüber in Tanger, wurden Kohlen gebunkert, und dann durften wir noch in Malta an Land gehen. Die neunzehn Tage auf dem Schiff waren der große Urlaub, wir durften uns ausruhen, um Abstand zu gewinnen und gefaßt in die Zukunft zu sehen.

Die Reise verlief nicht ohne Zwischenfälle: Ein großer Sturm in der Bucht von Biskaya zwang das Schiff, den Kurs aufzugeben, weil die Kuhboxen gefährdet waren; Margot und die Kinder waren tagelang seekrank. Ein Matrose wurde über Bord gespült und einen Tag lang vergeblich gesucht. Eine große Flutwelle fegte bei Sonnenschein über das

Schiff, warf die spielenden Kinder zwischen die Kühe, aber es geschah kein Unheil. Als wir die erste Nacht durchs Mittelmeer fuhren, tauchten schattenhaft die riesigen Kriegsschiffe der Home Fleet auf. Der Krieg Italiens gegen Abessinien war ausgebrochen, der erste der Kriege, in denen die faschistischen Staaten ihre Kräfte für den Zweiten Weltkrieg probten.

Entscheidung für Palästina und Heimkehr

Texte aus dem Nachlaß

»Das Versprechen, das im ersten Band von Max Fürst enthalten war, ist im zweiten mehr als erfüllt. Dreißig seiner Lebensjahre sind mit diesen beiden Bänden ›gedeckt‹. Es fehlen noch vierzig: seine Zeit in Israel und die 25 Jahre nach der Rückkehr.«
Heinrich Böll

Max Fürst hat einen dritten Band begonnen, aber leider nicht vollenden können. Die folgenden Fragmente fanden sich im Nachlaß des Autors. (Anm. d. Verlags)

Eines Tages, Ende Oktober 1935, standen wir früh am Morgen an Deck des holländischen Frachtdampfers »Telamon«. Wir waren zeitig aufgewacht, weil die Maschinen stillstanden. Schon an das Stampfen gewöhnt, war uns die plötzliche Stille unheimlich. Wir waren nach oben geeilt, diesmal mußte es Haifa sein, unser Ziel. Wir sahen noch im Dunkel im weiten Bogen die Lichter an Land. Es wurde schnell Morgen und blendend hell, wir lagen noch weit draußen vor der großen Bucht. Das blaue Meer, das unregelmäßige Gewimmel des Hafens, die Häuser, die den Berg hinaufzuklettern schienen, gelbes Land und dahinter, bläulich schimmernd, die Berge. Wir wußten, daß es der Carmel war. Der Anblick war bezaubernd schön, und wir hatten Zeit, zu staunen und zu bewundern, da das Schiff nicht vor Mittag landen würde. Neunzehn Tage war es her, seit wir in Rotterdam an Bord gegangen waren, für uns der erste Urlaub seit 1933, die erste ruhige Zeit seit Jahren.

Nachdem Margot und ich aus Gefängnis und KZ entlassen waren, hatten wir uns damit abgefunden, daß wir Berlin und Deutschland verlassen mußten. Konkret und überhastet wurden die Vorbereitungen zur Abreise nach einem anonymen Anruf, wir sollten besser rasch auswandern, um einer erneuten Verhaftung zu entgehen. Wir mußten den Rat wohl als ernste Warnung ansehen und hätten eigentlich unverzüglich verschwinden sollen. Wie macht man das mit zwei kleinen Kindern? Es war ohnehin eine unerbittliche Hetze, in knapp zwei Wochen fertig zu werden. Viele haben damals auf diese Weise ihr Leben verspielt, aber das wurde auch uns erst viel später klar. Wir hatten Glück. Nie werde ich die Nacht vergessen, in der ich die Kisten packte: Haushalt, Bücher und Werkzeug. Auch für meine Hobelbank machte ich einen Verschlag. Meine Mitarbeiter waren spätabends nach Hause gegangen, am Morgen wollten sie die Kisten zunageln und expedieren. Alles geschah zum letzten Mal, die Kehle war mir trocken. Wie viel war »zum letzten Mal« geschehen: noch einmal waren wir durch unsere Wohnung gegangen, durch den Wald, durch die Werkstatt, durch die Friedrichstraße. Es war, wie wenn ein Baum entwurzelt, jede Wurzel einzeln aus dem Erdreich gezogen wird. Margot packte im Laden unsere persönlichen Sachen, die wir für die Reise und die ersten Wochen in Palästina brauchen würden. Schließlich waren es 13 Koffer und Pakete, die Tochter Birute, fünf Jahre alt, der Sohn Elnis, zweieinhalb, und wir beide. So standen wir, schwer beladen, auf dem Schlesischen Bahnhof. Friedrichstraße – Zoo – Charlottenburg und Wannsee, überall standen unsere Freunde, fein verteilt, damit es keinen Auflauf gäbe, um Abschied zu nehmen. Unsere Herzen waren schwer, und doch war es eine große Erleichterung, als der Zug das Stadtgebiet von Berlin verließ. Die erste Hürde war genommen. Auf den Bahnsteigen hatten die *Freunde* gewartet – nicht die Polizei. Jetzt stand uns noch die Grenze bevor. Während der Zug seine Strecke herunterratterte, bemühten wir uns, die Kinder bei Laune halten. Mop war groß genug, um neugierig zu sein und das Abenteuer zu genießen. Unsere Sorge galt dem Kleinen. Er war wenige Tage vor dem Reichstagsbrand geboren. Kurz darauf wurde unser Freund Hans Litten in der gemeinsamen Wohnung verhaftet, täglich drohten neue Haussuchungen, und so waren wir in das Dorf Sachsenhausen ausgewichen. Es lag außerhalb der Berliner Stadtgrenze, nahe der Havel und zwischen Wiesen und Wäldern. Wir dachten damals, dem Übel durch einen einfachen Umzug entrinnen zu können. Wir wußten noch nichts von dem Konzentrationslager Oranienburg, wenige Kilometer entfernt, das später als KZ Sachsenhausen in die Geschichte des Terrors eingegangen ist. Wohl jedes KZ lag in der Nähe solch eines harmlosen Dorfes, das mit dem Lager nichts gemein hatte als den Namen. Behütet von Marie, unserer Freundin, lebten unsere Kinder dort auch dann noch ungestört, als wir im KZ waren. Marie hatte den Jungen, einige Wochen alt, übernommen und war wie eine Mutter zu ihm. Er kannte sie besser als Margot und mich. Nun war diese Verknüpfung abrupt abgebrochen worden, und wir mußten dem Jungen oft versichern, daß »Mahie«, wie die Kinder sie nannten, bald kommen würde. Tatsächlich haben wir Marie nie wiedergesehen. Nach dem Krieg kam noch einmal ein Brief aus Rostock, wo sie in einer Fabrik arbeitete, aber dann keine Antwort mehr, und Rostock war für uns auch nach der Rückkehr so weit entfernt, daß wir nicht hinfahren konnten.

Koffer ließen wir in Berlin nicht zurück, wohl aber unser halbes Leben, das mit den vielen Freunden auf den Bahnsteigen verbunden war. Auch die Bibliothek gehörte dazu. Wir konnten sie nicht mitnehmen. Wie oft hatte ich die zweitausend Bücher treppauf und treppab von Wohnung zu Wohnung geschleppt. Vor allem ließen wir sie zurück, weil wir immer noch hofften, unser Freund Hans Litten würde sie eines Tages doch wieder gebrauchen können. Ein Bekannter nahm sie in sein Haus, das dann durch Bomben zerstört wurde. Wir hatten für uns eine Kiste mit Büchern der Expressionisten gepackt, aber sie wurde vertauscht, und wir fanden statt dessen griechische und lateinische Lexika, die zwar jede Bibliothek zieren, in Palästina für uns aber ohne Nutzen waren. In Haifa holten wir uns dann später unsere Freunde wieder, weil viele Emigranten Ballast abstießen, so daß wir aus staubigen Stapeln Karl Kraus, Else Lasker-Schüler, Gottfried Benn, Alfred Döblin herausfischen konnten. Trotzdem war der Erwerb schwierig, denn kosteten die Bücher auch wenig, so war es doch Geld, das am meisten fehlte.

Damals war ich dreißig Jahre alt, Margot sieben Jahre

jünger. Noch immer hatte ich nicht das Gefühl, erwachsen zu sein, ein Ziel, das ich wohl nie recht erreichen werde. Ich maß das Erwachsensein an meinem Vater und seiner Generation; von einem bestimmten Punkt an schien die Entwicklung abgeschlossen zu sein, wohl gab es Unsicherheiten und Niederlagen, aber man hatte eine feste Lebensanschauung und eine sichere Begründung für seine Handlungen. Bei mir blieb und bleibt alles im Fluß. So wird jede Entscheidung schwierig, und nie kann ich Zweifel beiseite schieben und etwas vollkommen rechtfertigen, was ich getan habe. Einerseits verachtete ich die Bürger, wollte nie werden wie sie, aber andererseits beneidete ich sie, die immer so überzeugt waren, das Richtige zu tun. Eine gewisse Blindheit erleichtert vieles und bringt einen nicht in die Gefahr, sehenden Auges in ein Unglück zu laufen oder einen als falsch erkannten Weg doch zu gehen, weil auch die andere Lösung zweifelhaft erscheint. Jede Entscheidung stellt mich vor das ganze Spektrum der Möglichkeiten und bürdet mir eine Verantwortung auf, die ich nur ungern trage.

Uns war die Entscheidung, nach Palästina zu gehen, nicht leichtgefallen. Einen Judenstaat neu zu gründen war wohl das Absurdeste, was man sich im 20. Jahrhundert ausdenken konnte. Es widersprach vor allem dem, was wir uns als Aufgabe des Judentums vorgestellt hatten: Weltbürger zu sein. Ein Volk, welches zwischen allen Völkern lebte, war von Natur aus nicht anfällig für einen engen Nationalismus. Soweit wir uns noch als Juden begriffen, nahmen wir diese Herkunft als eine Aufgabe, die uns durch die große Zerstreuung zugedacht war: die Völker zu verbinden.

Hinzu kam, daß wir in der Denkweise des Marxismus lebten, welcher der Nationalitätenfrage wenig Aufmerksamkeit schenkte und sie eher als Spielball kapitalistischer Interessen sah. Zwar hatte Lenin auch die Bedeutung des Nationalismus entdeckt, jedoch eigentlich nur als Antwort auf die Kolonialpolitik der imperialistischen Staaten. Die Notwendigkeit der nationalen Identitätssuche als psychologisches Problem, parallel zur Identitätssuche des Individuums, erkannten wir nicht an, am wenigsten für die Juden, deren gemeinsames Schicksal seit zweitausend Jahren gerade in der Zerstreuung lag. In einem immerhin hochmütigen Stolz sprachen wir von der Bestimmung des jüdischen Volkes, Salz der Erde zu sein, und wäre es auch nur ein einziges Körnchen.

Nun war auf die große und stürmische Zeit der Russischen Revolution ein allgemeiner Rückschlag gefolgt. Die Sowjetunion hatte sich hinter die Gitter ihrer Grenzen zurückgezogen; nicht mehr auf die Weltrevolution hoffend, verstanden sie die kommunistischen Parteien Europas auch nicht mehr als Instrumente zur Erreichung des gemeinsamen Zieles, sondern bedienten sich ihrer zum Schutze der eigenen Machtposition. Seit Stalin die Parole ausgegeben hatte, die Revolution könne auf *ein* Land begrenzt sein, gerieten die Juden auch dort in den Verdacht, Weltbürger zu sein, und immer wieder wurde gegen den »Kosmopolitismus« vorgegangen. Praktisch waren die Juden dem gleichen Vorwurf ausgesetzt wie bei Hitler, nur hieß es dort »Internationalismus«.

Die allgemeine Abkehr von der Idee eines Weltbürgertums bedeutete nicht etwa, daß die Sammel-, das heißt Vielvölkerstaaten die zu ihnen gehörenden Nationalitäten pflegten, sondern daß die vielen von der einen die Macht ausübenden Gruppe beherrscht wurden. Würde man den Begriff der Räterepublik ernst nehmen, so hätte es auch nach dem Kriege kein Problem gegeben, die eroberten Staaten, welche nun zum Sowjetblock gehörten, voll zu integrieren, das heißt sie als unabhängige, gleichberechtigte Republiken anzuerkennen. Natürlich hätten sich die Herrschaftsgewichte verschoben, anstelle der russischen Hegemonie hätten die zusammengeschlossenen Völker gleichberechtigt und gemeinsam ihre Politik bestimmt. Dieses Problem ist also nicht auf die Sowjetunion beschränkt; es gilt in etwa gleicher Weise für die Europäische Union, für die Länder Afrikas, Lateinamerikas und Asiens. Theoretisch könnten die wirklichen Interessen der Völker am besten in einer Gemeinschaft gefördert werden. Leider nur theoretisch. So bleibt der Gedanke eines Weltbürgertums vorläufig noch eine Utopie. Gewalt als Herrschaftsmittel führt unweigerlich zur Unterdrückung der Identität der Völker, die sich immer wieder in langen Prozessen zu befreien trachten – und eine zweifelhafte Befreiung zu neuen Abhängigkeiten erreichen.

Israel, eine Spätfolge des Nationalsozialismus. Darüber wird noch viel zu schreiben sein. Damals haderten wir auch mit dem Schicksal, daß uns die verrückten Entscheidungen des Dritten Reiches eigene absurde Entscheidungen aufnötigten. Man kann, glaube ich, mit mehr Recht als beim einzelnen von Völkern und Regierungen sagen, daß sie verrückt und wahnsinnig sind. Nur mehr noch als beim einzelnen Menschen, mit dessen Verrücktheiten man irgendwie fertig werden kann, greift eine geistige Erkrankung eines Volkes in das Leben ein. Selbstverständliche Dinge, an denen man nie gezweifelt hatte, wurden problematisch. Plötzlich war es unmöglich geworden, in einem Land zu leben, welches wir als »unseres« bezeichnet hatten. Und wenn man erst die Spätfolgen bedenkt: Wie viele haben diesen Wahnsinnsanfall später gleich uns büßen müssen!

»Scheiß-Jude«, sagte der Gestapomann, ich wußte nicht genau, ob er mich meinte oder das ganze Problem. Ein Gespräch war vorausgegangen; er hatte mich gefragt, warum ich Tischler geworden sei, und ich hatte geantwortet: »Weil es mir zum Kotzen war, daß alle Kaufleute oder Akademiker würden.« Später in der Zelle tat mir die Antwort schon leid. Sie war eine Antwort auf den Antisemitismus, und darauf gibt es keine Antwort.

Hundert Jahre lang hatte man sich bemüht zu antworten, zu widerlegen. Ich lese ganze Geschichtswerke, die eigentlich nur eine Rechtfertigung sein wollen. Die Tatsachen waren nicht zu ändern, und die Fragen hörten nicht auf.

Wenn die Juden ein *Volk* sind, so leben sie mit einem Buch statt auf einem Land, und darin liegt der Unterschied zu anderen Völkern. Es gibt auch Ähnlichkeiten: Sie sind zerstritten untereinander wie andere Völker, und jede Gruppe sieht auf die andere herab und distanziert sich. Wenn es jedoch ein Anzeichen dafür gibt, daß sie ein Volk sind, so ist es dies: Über alle Unterschiede hinaus sind sie, ob Ostjuden oder Westjuden, spanische oder arabische Juden, im gleichen Bann gefangen und – landschaftliche Differenzen einbezogen – ist auch die soziale Schichtung im wesentlichen die gleiche. Es stellen sich überall dieselben Fragen: Warum hatten Juden bis in die Neuzeit hinein nie den Wunsch, Land zu nehmen, und sei es auch in einem fremden Land?

In Mitteleuropa war es ihnen im Mittelalter verboten, Grundbesitz zu erwerben, in Polen, in Arabien, in Amerika hätte ihnen jedoch Land zur Verfügung gestanden. Zwar waren die jüdischen Gesetze mit ihren strengen Schabbatbestimmungen ursprünglich für ein Bauernvolk gegeben, aber gerade deswegen so stark an den Landstrich gebunden, daß sie unter ganz anderen Verhältnissen eine ernsthafte, rentable Ansiedlung eher verhinderten. Tatsächlich scheiterten im 19. Jahrhundert aber auch gelegentliche Versuche zur Neubesiedlung in Palästina, weil sie nur halbherzig und ohne Überzeugung ausgeführt wurden.

Es liegt wohl in der ganzen Struktur dieses Volkes ohne Land, aber mit einer letzten Bindung an die Religion, daß sich in ihm eine Verachtung der Landwirtschaft herausgebildet hatte.

Dies begann bereits bei der ersten Vertreibung aus Palästina ins babylonische Exil. Nur die Stadtbevölkerung wurde exiliert, die Landbevölkerung blieb und paßte sich an.

Ein ganzes Kapitel in der Bibel berichtet davon, wie die intellektuellen Rückwanderer versuchten, die angepaßte Landbevölkerung wieder zum rechten Glauben zu bekehren. Bauern ist ihr *Besitz* heilig und nicht die Religion, sie sind die Träger jeder Staatsreligion – Ausnahmen bestätigen die Regel.

Auch bei der großen »Zerstreuung« durch die Römer blieb die Landbevölkerung im Lande und wurde erst zum Christentum und später zum Islam bekehrt. Es wird schon richtig sein, daß die heutigen Palästinenser die wahren Nachfahren der Juden vor zweitausend Jahren sind.

Die Geschichte der Bauern ist noch nicht geschrieben, es wird immer nur von der Geschichte der Oberschichten berichtet. Jede Klasse hat ihre eigene Ehre, ihre eigene Identität, die sie pflegt. Aber auch der Rumpfgeschichte der exilierten Oberschicht nachzugehen ist faszinierend genug, läßt sie doch das Geflecht erkennen, in dem die Eigenheit des Volkes sich herausbilden konnte. Ich will nicht werten, gut oder schlecht sind hier keine Kriterien. Ein verruchtes Wort ist heute Ehre, wir benutzen dafür das weniger dramatische, aber nicht weniger verschwommene Wort Identität. Bleiben wir aber einmal bei der Ehre. Den Juden gebot sie, nach den Postulaten ihrer Literatur zu überleben. Nichts war wichtiger als dieses Überleben, es formte ihren Stil und schuf eine eigenartige Gruppe Menschen, verstreut über fast alle Völker und doch mit gewissen Gemeinsamkeiten. Mit ganz anderen Maßstäben, als andere Völker sie für sich setzten, kam man durch die Weltgeschichte. Nicht von Eroberungen und Landbesetzungen, nicht von Königen und Adel, sondern von Vertreibungen und immer neuen Einwanderungen wird erzählt. Das Maß der Leiden ist wohl bei allen Völkern gleich, selten ist ein Volk von Leid verschont geblieben, aber die jüdische Geschichte hat die Leiden aufgezeichnet, wie es nirgends geschehen ist, weil Geschichte sonst nur die Geschichte der Sieger ist. Erfinderisch schlüpften sie in jede Lücke, die es in der Volkswirtschaft des Gastlandes gab, führten Handel und Naturwissenschaften in bisher reine Agrarwirtschaften ein. Die Skala reichte vom Großhändler zum Hausierer, vom Weltbankier zum Geldeintreiber, vom Goldschmied zum Kesselflicker und vom Wissenschaftler und Arzt bis zum Lastträger. Die Spitzen waren oft alles gleichzeitig: Philosophen, Schriftsteller, Ärzte und Bankiers, Handwerker. Hohe Sondersteuern trieben sie in einen unbändigen Aufstiegswillen. Sie folgten den Herren als Soldaten und im Troß; Alexander nach Indien, den Römern nach Gallien und Germanien, den Normannen nach England, Kolumbus nach Amerika. Sie waren gern gesehen, um die Wirtschaft neu zu organisieren und zu beleben, und gehaßt, sobald sie zur lästigen und listigen Konkurrenz wurden, stets aber mit Mißtrauen betrachtet wegen ihrer Andersartigkeit und ihrer Geschlossenheit. Ihr Familiensinn half ihnen über Krisen hinweg, ihre Hartköpfigkeit rettete sie vor der Auflösung. Unbeschadet der Abtrünnigen wuchs die Gruppe stetig, erhob sich noch aus den vernichtendsten Schlägen von neuem. Wanzen, sagte der SS-Mann, die vernichtet werden müssen, und sie haben es fertiggebracht, Millionen von Menschen wie Wanzen zu vergasen, aber den jüdischen Geist, der in der Welt ist, haben sie nicht vernichten können.

Ich diskutiere nicht mit ihm, aber ich habe eine Verantwortung aufgeladen bekommen, die ich vorher nicht wollte. Eine neue Nachdenklichkeit. Es lohnt sich nicht, aufzuzählen, wieviel Humanität durch die Juden in die Welt gekommen ist, es lohnt sich nicht, die bedeutenden Männer: Philosophen, Wissenschaftler, vorzuzeigen, die dieses Volk hervorgebracht hat. Ich bin plötzlich verantwortlich für die kleinen Juden, die unbeachtet um ihre Existenz, um ihr Leben kämpfen. Das bleibt aus dem Konzentrationslager, wo ich wider meinen Willen in die Judenkompanie gesteckt wurde. Nicht alle gefielen mir, es waren nicht nur Genossen, sondern kleinherzige Leute, deren Nasen ihrer Umwelt nicht gefallen hatten. Ich kam darauf, daß auch meine Vorfahren Hausierer und Geldeintreiber waren, überall getreten wurden.

»Zurückversetzt«, sagte ich damals und tat, was ich konnte. Unter den Juden gibt es wenig überkommene Eliten, ich war froh, es festzustellen. Was dann ans Licht kommen kann, ist wie eine plötzliche Blüte im arktischen Sommer, alles ist vorhanden in der unscheinbaren Knolle, ein Wissen von Jahrtausenden, und es bedarf nur einiger Sonnenstrahlen, um die Blüte nach eisigem Winter zu entfalten.

Die schnelle Blüte des Judentums in der Emanzipation, die Russische Revolution: Uns schienen die Probleme des Judentums einer Lösung nahe. Die Welt würde es als einen besonderen Geschmack im modernen Völkergemisch aufnehmen, nicht als Fremdkörper ausstoßen, wie es bisher geschehen war.

Die Geschichte aller Völker ist rätselhaft. Der Brunnen fließt zuzeiten stärker, zuzeiten schwächer, unabhängig vom sichtbaren Regen. Noch hat keiner eine Norm aufstellen können. Viele Völker, die Geschichte gemacht haben, sind verschwunden, und manche aus rätselhaften Gründen wieder aufgetaucht und in die Geschichte eingetreten. Die Juden, das Volk, welches ein Buch besaß anstelle von Land. Im Zeitalter der Aufklärung lockerte sich die Bindung an die Religion, und man suchte wohl halb unbewußt nach neuen Zusammenhängen. Etwas, was da ist, braucht keine Entschuldigung, und doch kam in der Jahrhundertwende ein neues Fragen auf. Ich selbst hatte mir die Frage gestellt. Ich wurde Tischler statt Kaufmann, angeblich im Zuge der Emanzipation aus sozialkritischen Gründen, aber insgeheim war meine Auseinandersetzung mit dem mir leer erscheinenden Judentum der einsichtigste Grund. Unbewußt war es ein Schritt hin zum Zionismus, der das Volk wieder vom Kopf auf die Beine stellen wollte. Hierzu gehörte, daß

Ackerbau und Viehzucht nicht länger aus seinem Lebenskreis ausgeschlossen sein sollten. Der Wert der Arbeit, der Arbeit mit den Händen wurde neu entdeckt. Gleichzeitig mit dem Zionismus entstand eine ausgesprochene Agrarbewegung.

Forderte Herzl einen jüdischen Staat nach dem Muster der Nationalstaaten des 19. Jahrhunderts, so gingen die meisten aus dem Osten kommenden Propagandisten des Zionismus von ganz anderen Voraussetzungen aus. Sie kamen aus den sozialistischen Kreisen Rußlands und Polens, stark beeinflußt von den Sozialrevolutionären, der großen russischen Kleinbauernbewegung, und so dachten sie sich Palästina zunächst als sozialistischen Agrarstaat. Sie standen damit im Gegensatz zu Herzl und den bürgerlichen Zionisten, denen der Staat wichtiger war als seine soziale Struktur.

Doch genug mit den Verweisen auf die Geschichte des Zionismus. Ich möchte nur zeigen, was mich damals bewog, doch eher nach Palästina als in ein anderes Land auszuwandern. Eben nicht in ein Land wie alle andern, sondern in eines mit einer neuen Idee. Natürlich sahen wir die engen Grenzen des Nationalismus, die britische Kolonialpolitik, die die Juden gegen die Araber ausspielte, um ihre Herrschaft stabil zu erhalten. Wir meinten auch zu wissen, daß es keinen Weg gab, einen Sozialismus auf friedlichem Wege aufzubauen, aber es lohnte sich, das Experiment anzusehen. An das Scheitern großer Ideen gewöhnt, hofften wir doch, durch diesen Neuanfang würde etwas entstehen, was Vorbild für neue Versuche sein könnte. So fuhren wir hin mit der Hoffnung auf ein sinnvolles Leben.

Lassen wir die kleine Familie einstweilen noch an Bord des Schiffes und gönnen wir ihr die Ruhe, sie wird noch alle Kraft nötig haben, um einigermaßen mit Anstand die Anforderungen zu bestehen, die die Zeit an sie stellte. Erzählen wir von der Seereise, die sie später immer als ihre glücklichste Zeit inmitten des Umtriebs bezeichnen wird, und wie es dazu kam.

Ich hatte Margot geheiratet, als sie noch fast ein Kind war, und bildete mir ein, ein mir verwandtes Wesen gefunden zu haben, und was ihr dazu fehlte, würde sie noch hinzulernen. So blind ist man, wenn man verliebt ist, und so wenig weiß man über sich selbst Bescheid, daß man von sich denkt, man hätte es überhaupt gesucht, das verwandte Wesen.

Gefunden hatte man unverdienterweise seinen Gegenpol, aber das stellte sich erst mit der Zeit heraus, und es galt, sich damit einzurichten.

Margot hatte viel Ähnlichkeit mit ihrem Vater. Er war ein extremer Individualist mit einem intensiven geschäftlichen Engagement und einem trockenen Humor. Margot liebte ihn, soweit es der Generationenkampf damals zuließ. Sie gab sich genauso intensiv der Arbeit hin, nur auf anderen Gebieten. Beide waren geborene Großbürger, die Kleinliches nicht ertrugen. Eine typische Geschichte von ihrem Vater, die ich oft gehört hatte: Als er vorübergehend geschäftliche Rückschläge erlitt und große Schulden hatte, versuchte seine Frau, ihm zu helfen, indem sie den Haushalt einschränkte. Sie schraubte in der Wohnung alle, wie ihr schien, überflüssigen Glühbirnen aus. Als er nach Hause kam, stellte er erst einmal die alte Ordnung wieder her, ehe er sich setzte, da er so nicht leben und nicht arbeiten könne. Seinen Lebenszuschnitt behielt er bei, ob er viel Geld verdiente oder keines hatte. Es muß wohl ein Schlüsselerlebnis für Margot gewesen sein, denn sie hat diese Episode oft erzählt.

Jedenfalls lebte sie danach. Wenn ich schwierige Situationen mit Sparen zu überbrücken suchte, erschloß sie neue Erwerbsquellen oder machte Schulden. An unserem Lebensstandard – soweit man nach heutigen Begriffen davon reden konnte – durfte nicht gerüttelt werden, nie sah es in unserer Wirtschaft nach Armut oder Sparsamkeit aus. Wir führten ein großes Haus mit vielen Gästen, selbst wenn wir in einer Hütte wohnten.

Ohne Margot wäre ich wahrscheinlich ein seltsamer Wandervogelheiliger geworden, der genügsam alle Tage seine Erbsensuppe aß. Nicht, daß sie mich je drängte, tüchtig zu werden, sie unterstützte alle meine kein Geld einbringenden Tätigkeiten, aber eben weil sie mich nicht drängte, sondern die notwendigen Dinge selbst in die Hand nahm, wurde ich gezwungen, aktiver zu werden.

Jahrelang ist Margot vom Alexanderplatz, wo wir wohnten, zu Fuß ans Ende der Friedrichstraße, wo sie arbeitete, gegangen. Der Weg dauerte immerhin eine Dreiviertelstunde. Sie ertrug es am Morgen nicht, in einem Massenverkehrsmittel zwischen unausgeschlafenen Leuten und schlechtrasierten Männern zu sitzen. Ab und zu nahm sie sich dann für das ersparte Geld ein Taxi. Ich hingegen fuhr gerne mit der Stadt- oder U-Bahn, mich amüsierte das Zusammensein mit fremden Leuten, ich nahm teil an ihren Gesprächen und dachte mir für ihre Gesichter Schicksale aus. Ich liebte lange Fahrten, es war eine willkommene Zwischenzeit, die ich nur selten mit Lesen, öfter mit Denken und Träumen überbrückte. Die Hautnähe der anderen Menschen regte mich eher an.

Bei dieser Verschiedenheit kam es natürlich zu Zusammenstößen, aber auf seinem Höhepunkt endete der Krach in einem Gelächter. Hatte jeder seinen Standpunkt vorgetragen, wurden die Probleme, wie man heute sagt, unter den Teppich gekehrt, wo sie blieben, bis sie sich von selbst lösten. Schließlich kannten wir den andern und liebten ihn, wie er war, und wußten auch, daß er nicht zu ändern war.

Ich war einsichtig, man kann hier auch sagen opportunistisch genug, die Vorteile, die sich aus ihrer Einstellung ergaben, mitzunehmen. Margot schreckte davor zurück, den üblichen Weg der Emigranten nach Palästina über Genua oder Marseille und von dort auf einem überfüllten Schiff nach Haifa zu gehen. Hinzu kam, daß wir wieder als zu Verhaftende auf irgendwelchen Listen figurieren konnten und im Strom der Auswanderer gesucht wurden. Margots Vater, der durch seinen Exporthandel Verbindungen mit Schiffahrtslinien hatte, besorgte uns eine Passage auf einem holländischen Frachter, der von Amsterdam nach Haifa fahren sollte. Tatsächlich lag er dann in Rotterdam, schwierig für uns, weil wir, nur mit den erlaubten 20 RM ausgestattet, keine Mittel für die unerwartete Reise besaßen. Es fand sich jedoch ein in Amsterdam ansässiger Verwandter, der uns den nötigen Betrag lieh. Die Erleichterung war groß, als wir endlich an Bord waren. Ein seltsames Schiff, es hieß »Telamon« wie der Sohn des Odysseus, rings um die Laderäume an Deck waren Holzboxen für 40 Kühe aufgebaut, die nach Haifa gebracht werden sollten.

Diese Reise war für mich die Erfüllung eines langgehegten Wunsches. Ich, in Königsberg geboren und an der Ostsee aufgewachsen, hatte selten Gelegenheit gehabt, das Meer zu befahren. Oft hatte ich in den Ferien die Fischer mit ihren Segelbooten zum Fischfang begleitet, und einmal war ich statt mit der Eisenbahn mit dem Dampfer von Pillau über Stettin nach Berlin gefahren. Sonst hatten mich meine vielen Tätigkeiten auf dem Lande gehalten.

Wir sahen noch, wie unser Gepäck mit großen Kränen in Netzen an Bord gehievt wurde, dann wurden wir in unsere Kabinen gebracht. Der Raum war sehr klein, aber über Wasser, mit einem Bullauge, zwei Betten übereinander und einem großen Korb auf dem Boden für unseren kleinen Sohn. Ein Klapptisch und ein Regal für Gepäck vollendeten die Einrichtung. Wegen stürmischen Wetters, vor allem mit Rücksicht auf die Deckladung, wurde die Ausfahrt um einen Tag verschoben, schließlich legten wir aber doch ab. Nachts weckten uns heftige Schläge an die Tür. Im Halbschlaf dachten wir noch an die SA, bis wir sahen, daß es nur der Korb mit dem Jungen war, der den Schiffsbewegungen folgend mit gräßlichem Lärm zwischen Tür und Bordwand hin und her rutschte. Ich verankerte ihn mit einem Gürtel an den Bettbeinen, und wir schliefen beruhigt weiter.

Am Morgen fanden wir die Tische in der Kantine mit Lattengittern versehen; so sehr schaukelte das Schiff, daß Teller und Tassen sonst auf dem Boden gelandet wären.

Das große Aufatmen nach bedrückenden, tumulthaften Jahren. Seither stelle ich mir das Nirwana wie eine Schiffsreise vor. Entrückt dem Geschehen in eine Welt, die anderen Gesetzen unterliegt. Für einen, der in der Ebene geboren ist und sie liebt, die Monotonie in ausdrucksvoller Bewegung, ist das Meer die Vollendung, das große Glück, gleich, ob es in Ruhe bewegt daliegt, oder ob Schaumkrone auf Schaumkrone sich an das Schiff heranpirscht, so weit man sieht, derselbe rastlose Rhythmus, der dann eben doch wie flaches und tiefes Atmen immer auch unterschiedlich ist. Eine schier unendliche Bewegung, die sich doch nie wiederholt. Ich dachte an Theodor Däublers Worte:

»das meer ist unsrer zukunft
riesiges versprechen
es sagt auch wenn es schweigt
ich werde wiederkommen.
ich eile fort
um meine eide nie zu brechen
ich bin das wort
das andre von mir abgenommen.«

Da ich das Glück hatte, nicht seekrank zu werden, und bald den wiegenden Schritt des Seemanns annahm, der sich den Schwankungen des Schiffs anpaßt, konnte ich die neue Freiheit in vollen Zügen genießen. Welch ein glückliches Gefühl, einmal kein Verantwortung zu tragen, für einen, der von Kindheit an daran gewöhnt worden war, mit der Verantwortlichkeit zu leben für alles, was geschieht, der an die Hitlerkatastrophe nicht anders denken konnte als gleichzeitig an eigene Versäumnisse. Endlich war Zeit da, nachzudenken und sich aus der Verantwortung zu emanzipieren. Der Wind bläst die trüben Gedanken fort. Schon auf dem Meer hatten wir Europa hinter uns und wollten mit ihm abgeschlossen haben, suchten dem Schicksal zu entfliehen.

Dennoch entließ es uns nicht einen Augenblick. Konnten wir unsere Freunde in den Gefängnissen und Konzentrationslagern vergessen? Die Zukunft Deutschlands, Hitler, der einen Krieg ansteuern würde, um sich halten zu können, einen Krieg, dessen Ausmaß wir nicht ahnen konnten, der aber alle, die dort geblieben waren, in sich hineinziehen würde. Im Kanal fuhren wir zwischen Frankreich und England entlang, die mehr oder weniger Hitler unterstützten, weil auch sie die »Ruhe und Ordnung« schätzten, die er hergestellt hatte, und weil er das vielbegehrte Bollwerk gegen den Bolschewismus war.

Als der Kanal sich weitete, besserte sich das Wetter. Die Mannschaft des Schiffes war den Gästen gegenüber sehr freundlich, ihre Hauptsorge aber galt den Kühen. An Deck spielten die Kinder im Heu, das über den Laderäumen für die Kühe aufgeschichtet war. Außerdem stellte der Kapitän den Platz vor dem Steuerhaus zur Verfügung, der rundherum mit Teakholz eingefaßt war. Außer unseren waren noch zwei Kinder eines holländischen Ehepaares an Bord, das über Haifa hinaus bis nach Malaysia fuhr. Der Holländer war dick und gutmütig, die Frau eine auffallend schöne, sehr vornehme Malaiin. Wir konnten derweil das ganze Schiff durchwandern bis in den Kesselraum, wo pechschwarze Heizer noch mit großen Schaufeln Kohlen in die Feuerung warfen. Gegessen wurde in der Offiziersmesse. Es wurde holländisch, das man halbwegs verstehen konnte, englisch und deutsch durcheinandergesprochen.

Wir verfolgten auf der Karte die Route des Schiffes. In der Bucht von Biskaya setzte der Sturm mit voller Wucht wieder ein und verstärkte sich von Stunde zu Stunde. Der Kapitän meinte, es sei in dieser Zeit, im Oktober, auch nicht anders zu erwarten. Wir mußten, statt an der Westküste

Spaniens entlang zu fahren, nach Norden abdrehen, quer zu den Wellen, die sonst die Aufbauten mit den Kühen weggerissen hätten. So kreuzten wir wie ein Segelschiff über den Atlantik, gelangten erst an die Südküste Englands, ehe wir in weitem Bogen wieder nach Spanien kamen.

Es war das letzte Jahr vor Ausbruch des Bürgerkriegs. 1932 hatten wir Spanien besucht auf unserer einzigen großen Auslandsreise in jenen Jahren – mit Autostop, denn wir durften nicht mehr verbrauchen als zu Hause. Seither hatten wir großes Interesse an Spanien und verfolgten die Ereignisse dort mit zunehmender Besorgnis. Leider legte das Schiff in keinem spanischen oder portugiesischen Hafen an.

Die übrigen Passagiere der »Telamon« lagen seekrank in den Kabinen, ich war der einzige, der mit großem Appetit in der Kantine aß. Wenn ich Margot und die Kinder, so gut ich konnte, versorgt hatte, ging ich wieder an Deck, mich vom Wind durchblasen zu lassen. Der Sturm und die heranjagenden Wellen schreckten mich nicht, vielmehr erfuhr ich ein nie gekanntes Glücksgefühl. Naturgewalt beglückte mich noch als Gegensatz zu dem politischen Sturm, dem ich gerade entronnen war.

Die Katastrophe geschah, als der Sturm schon im Abflauen war. Am Nachmittag war ein Seemann auf das Vorderdeck geklettert, um den Wasserstand im Schiff zu messen, eine Routinearbeit. Der Vorschrift nach hätte er dabei von der Kommandobrücke aus nicht aus den Augen gelassen werden dürfen. Wie das so bei Routineangelegenheiten ist, sah es dann keiner, daß er über Bord gespült wurde. Vermißt wurde er erst beim Abendessen. Das Schiff stand still und schaukelte gefährlich, dann drehten wir und fuhren einen Tag lang immer wieder die Strecke ab, wie es vorgeschrieben war. Der Kapitän zuckte die Achseln und murmelte etwas von der Nadel, die man im Heuhaufen suchen wollte. Außerdem hatte der Vermißte schwere Stiefel und Ölzeug an, in dem an Schwimmen nicht zu denken ist. Ich fand das alles brutal, wollte mich noch immer nicht mit dem Lauf der Dinge abfinden. – Schließlich setzten wir die Fahrt fort.

Das Meer zeigte sich uns in seiner Vielfalt als grüner und blauer Spiegel, in den weltverlassen unser Schiff eine Kerbe schnitt, als gehämmerter, gewölbter Schild und gelegentlich als bösartiges, ungezähmtes Tier.

Eines Tages, als wir uns bei ruhiger, leicht gekräuselter See und hellem Licht im Heu sonnten, das zwischen den Kuhställen auf dem Hinterdeck aufgeschichtet war, pirschte sich von weither eine Schaumkrone an das Schiff heran. Beim Näherkommen war sie zur haushohen Welle geworden, die das Schiff zu verschlingen drohte. Ich konnte noch schnell die Hand der Tochter greifen, ehe ich umgerissen wurde. So schnell, wie sie gekommen war, glitt die Woge über uns hinweg. Sie hatte alles durcheinandergewirbelt. Den Sohn fanden wir zwischen den Kühen wieder. Die Tiere standen gleichmütig still, das Kind war unverletzt, nur triefend naß wie wir andern auch.

Wir landeten in Gibraltar, am äußersten Ende Europas, und dort holte uns die politische Wirklichkeit gleich wieder ein. Wir kauften Zeitungen und erfuhren von dem Krieg, der zwischen dem faschistischen Italien und Äthiopien auszubrechen drohte. Weiter ging es über die Meerenge nach Tanger, um zu bunkern. Nur wenige Kilometer entfernt, aber plötzlich waren wir mitten in Afrika. Wie Seeräuber stürmten halbnackte Schwarze das Schiff, tatsächlich legten sie nur Stege und Planken, über die sie in Körben die Kohle auf das Schiff schleppten und in die Laderäume prasseln ließen. Menschenkraft mußte wohl sehr viel billiger sein als Kräne, sonst hätte sich der Umweg ja wohl nicht gelohnt. Für uns war es einstweilen eine fremde, romantische Welt. Wir hatten einen Tag lang Zeit, an Land zu gehen, schoben uns etwas ängstlich durch die belebten Geschäftsstraßen und landeten im Suk mit seinen überreichen Gerüchen und Angeboten aus ganz Asien und Afrika. Am schönsten schienen uns die marokkanischen Silber- und Lederwaren, und Margot konnte es nicht lassen, eine Handtasche zu kaufen.

Eines Abends, es war schon dunkel, waren wir plötzlich von Kriegsschiffen mit abgeblendeten Lichtern umgeben. Der Krieg zwischen Italien und Abessinien war ausgebrochen. Der Faschismus zeigte sich als das, was er war: eine aggressive Macht, die sich nicht damit begnügte, das eigene Volk zu unterjochen, auch nach außen hin wollte er seine Macht erweitern. Sie war unheimlich, diese drohend schwarze Flotte, die an uns vorbeirauschte. Die englische Home Fleet war nicht weit, leicht hätte sie durch Unterbindung des Nachschubs den Angreifer entscheidend schwächen können. Aber unsicher, wie die Engländer waren, blieb es bei einer Demonstration. Ich entdeckte, daß ich an meinem Pazifismus zu zweifeln begann. Zu jenem Zeitpunkt wäre es noch leicht gewesen, dem Faschismus eine Niederlage zu bereiten, aber es wurde nichts unternommen, und man gönnte Mussolini den doppelten Sieg über die Abessinier und die zögernden Engländer. Es steigerte seinen Übermut.

Von nun an war die Unruhe in uns zurückgekehrt. Zwar hatten wir noch einen schönen Tag in Malta, wo wir herumschweifen konnten. Wenig habe ich von den Kirchen und Burgen dort in Erinnerung behalten, dafür war es ein bleibendes Erlebnis, daß wir frische Bananen zu kaufen bekamen, saftig wie Birnen. Wir waren jetzt aber ungeduldig, ans Ziel zu kommen, als hätten wir durch unsere Anwesenheit etwas verhindern können.

Nach 19 Tagen Schiffahrt standen wir vor Haifa. Wieder bewährte sich Margots Individualismus. Wir brauchten vor den Paßbehörden nicht lange zu warten. Wir waren die einzigen, die an jenem Tag an Land gingen.

Fast jedermann kennt Palästina/Israel heute besser als ich. In den 15 Jahren, von 1935 bis 1950, die ich dort war, hatte ich kaum Gelegenheit, etwas vom Land zu sehen. Es war nicht möglich, weit über die Stadt, in der man lebte und arbeitete, hinauszukommen. Vielerlei trug dazu bei: die ewigen Unruhen, die einen Ausflug selbst in die nähere Umgebung zu einem gefährlichen Unternehmen werden ließen, die schwere Arbeit, um wenigstens das Allernotwendigste zum Lebensunterhalt zusammenzuholen, die Kinder, die man nicht allein lassen konnte, und nicht zuletzt die schlechten Verbindungen und der am Schabbat ruhende Omnibusverkehr.

Es ist leicht, über Ostpreußen zu schreiben, ich sehe es klar vor mir, es ist mein Orplid, versunken in Geschichtslosigkeit. Auch heute noch kann es geschehen, daß ein Land aus den Schlagzeilen verschwindet und keine Versammlung der Heimatvertriebenen es in die Aktualität zurückholen kann. Dort hat die Machtpolitik der Sowjetunion Erfolg gehabt, und es ist müßig, über Recht und Unrecht zu diskutieren. Die Vertriebenen sterben aus, und längst war ihre Empörung der Trauer gewichen. Ganz anders ist es in Palästina. Es ist eben nicht gleich, wer vertreibt, außerdem hängt das weitere Schicksal der Vertriebenen in hohem Maße davon ab, ob ihre Wiedereingliederung gelingt oder nicht. Wenn ich über meine Zeit dort berichte, schieben sich der tägliche Kampf um den Staat Israel und das Schicksal der Vertriebenen, die Gegenwart also, hartnäckig vor die Vergangenheit, und nur langsam formt sich ein Bild vom Aufbruch jener Tage, die verhältnismäßig heitere Zeit des Anfangs. Heiter nicht, weil es leichter gewesen wäre damals, in Palästina zu leben, sondern weil man gläubig war, auch wir Ungläubigen. Ringsherum gab es ein Sendungsbewußtsein, welches auch uns ansteckte, die Gegenwart war noch nicht Alltag, und es bestand die Hoffnung, die Probe, etwas Neues zu schaffen, zu bestehen.

Mir schreibt eine französische Wissenschaftlerin: »Ich bin ein Mensch geworden, der sich aus drei wesentlichen Quellen nährt. Natürlich aus den deutschen, dann aus den jüdischen und schließlich – ich lebe seit 1933 in Frankreich – aus den französischen. Diese Quellen haben jede für sich einen Fluß gebildet, die drei Flüsse sind aber wohl nie zu einem Strom zusammengeflossen, was mich jedoch keineswegs unglücklich macht. Ich fühle mich ganz und gar nicht zerrissen.«

So geht es auch mir, wenn mir auch die französische Komponente fehlt. Ich werde oft danach gefragt und bin verwundert, da ich immer noch meine, daß ein deutscher, französischer, amerikanischer oder israelischer Mensch in entscheidenden Dingen einer Meinung sein sollten und es auch sind.

Die deutsche Schuld verjährt nicht, sie ist mit der Wiedergutmachung zu lindern, aber nicht abzutragen. Nicht nur für die Deutschen und ihre ehemaligen Besiegten, die zur Ausrottung bestimmten Polen, Russen, Zigeuner, Juden gilt dies, es trifft auf viele zu: die Amerikaner gegenüber den Indianern und Schwarzen, die Kolonialmächte im Verhältnis zu den von ihnen unterdrückten Völkern. Da steht kein Land, das Macht ausübt, als rein da, jedes hat seinen Packen zu tragen, und es sollte ihn tragen, solange es sich seiner Geschichte bewußt ist, und sich nicht wundern, wenn eines Tages Abrechnung von ihm verlangt wird.

Der große Philosemitismus, der sich in Deutschland nach dem Kriege ausbreitete, war ebenso blind und gefährlich wie der vorangegangene Antisemitismus. Er geht an den Realitäten vorbei und verhindert die Gleichstellung, die Aufnahme als selbstverständliches Mitglied der Gemeinschaft. Ihm folgt die Enttäuschung, wenn entdeckt wird, daß Menschen Menschen sind, mit Fehlern behaftet, und daß durch Leiden ein Mensch nicht gut wird, sondern höchstens Schwierigkeiten hat, sich in der Welt der Normalen zurechtzufinden. Auch die große Begeisterung für den Staat Israel weckte von jeher mein Mißtrauen. Zu oft ist sie verwandt mit der »Einbahnstraße nach Palästina«, die die SA-Leute 1933 in den Straßen Berlins ausriefen, sicherlich die leichteste Lösung des Rassenproblems in Deutschland – und schließlich ist ja erreicht, was die Nationalsozialisten forderten.

Man hat in Deutschland allen Grund, dem Zionismus dankbar zu sein. Es wird nicht darüber gesprochen, aber denkbar wäre es ja gewesen, daß man den Juden, denen ein weiteres Zusammenleben mit den Deutschen nicht zumutbar war, als Wiedergutmachung die Gründung eines eigenen Staates auf deutschem Boden ermöglicht hätte. Eine phantastische und absurde Vorstellung, die sich einem Deutschen aber aufdrängt, wenn er über Israel nachdenkt.

In dieser Konsequenz hat man in Deutschland nicht nur die Verantwortung für die vertriebenen Juden, sondern auch für die Vertreibung der Araber, denn ohne den Exodus der Juden aus Mittel- und Osteuropa wäre der jüdische Staat wohl nie entstanden. Vierzig Jahre sind noch keine Zeit, in der die Geschichte Absolution erteilt, zu genau sind noch die Spuren der Taten zu verfolgen, da gilt der Satz, wonach auch die Kinder für die Taten der Eltern mitverantwortlich sind. Es ist demnach für jeden Deutschen schwer, im Nahostkonflikt Stellung zu nehmen, zu groß ist sein Anteil an der Verstrickung.

Ich maße mir nicht an, objektiv über das Israelproblem zu schreiben. Als Jude, der aus Israel fortgegangen ist, um in Deutschland zu leben, muß ich einige meiner Überlegungen schildern, die zu diesem Schritt führten. Immer wieder bin ich gezwungen, am Schicksal beider Staaten Anteil zu nehmen und meine Stellung zu überprüfen.

Beim Lesen der Geschichte des Zionismus fallen einem die unglaublich unrealistischen Voraussetzungen ein, die zur Gründung des Staates führten. Zeitlich gesehen, ist der Weg von der Utopie zur Realisation gar nicht lang. Knapp siebzig Jahre lagen zwischen dem ersten Anstoß und der Proklamation des Staates Israel. Gewiß haben die Juden ihr Stammesland in der fast zweitausendjährigen Zerstreuung über die ganze Welt nie vergessen. Dafür sorgten die Bibel und die Religion; sicher haben auch immer Juden im »Heiligen Lande« gelebt, sind hingewandert, um dort zu leben und zu sterben, aber es blieb das »Heilige Land« mit den Kultstätten, die man aufsuchte, so, wie es auch christliche und arabische Schwärmer zu tun pflegten. Erst durch den Nationalismus des 19. Jahrhunderts – der heute unversehens zum großen Problem geworden ist – wurde der Wunsch erweckt, ein Volk zu sein wie andere, mit eigenem Land und eigenen Grenzen in einem Staat, der allen verfolgten Juden Schutz bieten sollte. Es ist das Zeitalter, in welchem die Europäer die Welt mit ihren Kolonien besetzten, ohne sich um die dort lebenden Völker viel Gedanken zu machen. Die Überlegenheit der weißen Rasse, der Europäer, wurde noch nicht angezweifelt, und die Eingeborenen sollten glücklich sein, daß ihnen weiße Kultur und Sitte gebracht wurden. Waren sie es nicht, wagten sie gar den Aufstand gegen die »Herren«, wurden sie mit brutaler Gewalt und gutem Gewissen niedergeschlagen.

So machte man sich über das arabische Volk, das die Landstriche bewohnte, wenig Sorgen. Palästina schien ein unterentwickeltes Land zu sein, und man rechnete es sich als Verdienst an, es zur Blüte, die es einst in biblischer Zeit hatte, zurückzubringen. Mit den Bewohnern rechnete man um so weniger, als es eine arabische Bewegung noch nicht einmal in den Ansätzen gab. Mit wem man es zu tun hatte, waren die Effendis, die Großgrundbesitzer, und einige wenige Intellektuelle, die noch nicht bewußt das Volk vertraten. So verhandelte man mit den Mächtigen, anfangs mit dem Sultan, später im Ersten Weltkrieg mit den Engländern, die dunkle Zugeständnisse machten in bezug auf ein Land, das gerade erst erobert werden sollte. Die Engländer, Meister im Beherrschen von Kolonien, gaben Zusagen nach allen Seiten; nach der Devise »divide et impera« war es ihnen zunächst nur angenehm, wenn in einem Gebiet Volksgruppen gegeneinander standen. Sie glaubten wohl auch nicht so sehr, daß aus der Idee, einen jüdischen Staat zu gründen, je Wirklichkeit werden würde. Für Realpolitiker war es gewiß undenkbar, daß diese noch sehr verschwommene Utopie eines Tages ihren eigenen Rückzug aus diesem Territorium erzwingen würde. Das Unmögliche wurde Wirklichkeit, eine verzweifelte Wirklichkeit. Es ist nicht zu leugnen, daß Juden in Israel gefährlicher leben als in irgendeinem anderen Land. Nach vier Kriegen ist die Existenz dieses Staates unsicherer denn je.

Ketzerische Gedanken bieten sich an. Vernunft ist ein sehr ungewisser Wegweiser. Die Menschen scheinen so beschaffen zu sein, daß sie nur sehr ungern Wege gehen, die gangbar und gerade sind. Leicht steht man der Geschichte gleichsam händeringend gegenüber, nicht wissend, wo man Partei nehmen soll. Man kann und will nicht alles als gottgegeben hinnehmen, muß aber damit rechnen, daß die Wellen über einem zusammenschlagen und es schwer wird, stehen zu bleiben und ihnen ein *Trotzdem* entgegenzuschleudern.

Ebensowenig ist es erlaubt, den Ausbruch des Nationalsozialismus als geschichtliche Notwendigkeit hinzunehmen, es hätte hundert andere Wege gegeben, mit der Situation fertig zu werden. Es gibt hundert andere Möglichkeiten, die Judenfrage zu lösen – soweit es bei Lebenden überhaupt eine endgültige Lösung gibt. Aber wie sich die Dinge entwickelt haben, ist der Staat Israel eine Realität, und man muß sehen, das Beste daraus zu machen, ihn erhalten um der Menschen willen, die dort leben. Wir stehen im Sturm und müssen versuchen, den Kopf oben zu behalten. Nichts nützen apokalyptische Prophezeiungen. Man muß den Rest des Steuers in die Hand nehmen und immer wieder jede Möglichkeit prüfen, Katastrophen zu verhindern.

Ejn breira, auf deutsch: keine Wahl, oder es gibt keine Alternative, der ständige Einwand, spricht man in Israel über das Verhältnis zu den Arabern. So festgefahren ist die Situation, daß scheinbar nur ein Narr sich andere Möglichkeiten des Zusammenlebens von Juden und Palästinensern vorstellen kann. Als Zionist, der das ganze Land für sich beansprucht, bleibt einem tatsächlich gar nichts übrig, als die Palästinenser aus dem Lande zu verdrängen und eine jüdische Hegemonie zu errichten. Von rechts bis links unterscheidet sich nur die Konsequenz der Methode. Ist man dagegen palästinensischer Araber, wird man sich dagegen wehren. Vor dem totalen Anspruch werden auch die unbezweifelbaren Vorteile, die Palästinenser durch die jüdische Einwanderung genießen, gering erscheinen. Es ist eben nicht aus der Welt zu schaffen, daß arabische Palästinenser bei der Gründung des jüdischen Staates vertrieben worden sind.

Das Wort vom Verzichtfrieden ist uns aus der Weimarer Republik wohlbekannt. Viele Situationen zeigen Parallelen. Im Vorderen Orient wird um die Rückgabe der im Sechstagekrieg besetzten Gebiete gerungen; leider ist der Unterschied nicht sehr groß zwischen der maximalistischen Forderung nach Einverleibung dieser Gebiete und der Konzessionsbereitschaft der Gemäßigten, wonach »sichere Grenzen« gezogen werden sollen. Wo sind denn heute Grenzen noch militärisch zu sichern, gewiß nicht für den jüdischen Staat, der nur sicher sein kann, wenn er mit den Nachbarn in Frieden und Freundschaft lebt. Dieses Ziel wird aber nur erreicht werden, wenn man im Gegenzug für die Rückgabe der eroberten Gebiete die Anerkennung des Staates Israel in den Grenzen vor dem Sechstagekrieg aushandeln kann.

Ob man die arabischen Völker von der Friedfertigkeit des jüdischen Staates überzeugen kann, hängt wohl auch von einer Revision der zionistischen Ideologie ab. Man wird die These von der Errichtung eines jüdischen Staates in den Grenzen, die es zweitausend Jahre lang nicht mehr gegeben hat, opfern und sich prinzipiell mit einem Klein-Israel zufriedengeben müssen, auch, weil es weder möglich noch wünschenswert ist, alle Juden auf diesem Territorium zu vereinen. Ein Opfer der Wunschvorstellungen ist zunächst einmal erforderlich. Jede der beiden Parteien muß sich beschränken, um die Möglichkeit zu schaffen, zusammenzukommen. In jedem Falle bleiben noch genug Realitäten übrig, die bereinigt werden müssen, Tote und Vertriebene, denen man Stillschweigen gebieten muß, die nicht mehr zu neuen Kämpfen aufrufen dürfen. Ein Schweigen, das schwerfällt, das aber sein muß, um einer neuen Generation Lebensmöglichkeiten zu geben. Damit die Devise »ejn breira«, der Aufruf zum »letzten Gefecht«, das nie das letzte sein wird, ein Ende hat.

Singe mir ein Lied, sagst Du
Sing mir ein Lied, das Lied der Erstgeborenen
des 20. Jahrhunderts, die in ihm lebten,
die es nicht überleben werden, und vergiß
die Hoffnung nicht.

Singe von dem Reichtum, von der Armut derer,
die im ersten Jahrzehnt des Jahrhunderts geboren,
es noch kosten konnten, als es jung war,
die es ganz auskosten mußten, die es nicht
überleben werden, und vergiß die Hoffnung nicht.

Singe ein Lied von dem Glück, von der Schande
dieser Jahre, vom gewaltsamen Tod, der die Vielen traf,
von der Demütigung, die jeden traf,
den Tagen der Einfalt, der Ruhe in wenigen Stunden,
der Verzweiflung, und vergiß die Hoffnung nicht.

Singe ein Lied Deiner Taten, die zu gering wogen,
sich nicht vollendeten, abprallten am Stumpfen.
Zu früh ermattetest Du, zu früh ergabst Du Dich,
rettetest das Leben, wo andere starben, doch
vergiß die Hoffnung nicht.

Singe ein Lied von der Schuld der Anderen,
von der eigenen Schuld am Bösen, am Guten,
das auch Du nicht unterscheiden konntest,
Du, der Du dieses Jahrhundert nicht überleben wirst,
dessen Hände schon gesunken sind,
der Du müde bist, wie immer zur Unzeit,
vergiß die Hoffnung nicht.

Singe ein Lied, sagst Du, Dir sage ich's,
dem später Geborenen, der Du unschuldig in unsere
Schuld hineingeboren wurdest und sie auf Dich
nehmen mußt, nimm auch die Tat aus unseren Händen.
Du, der Du ins nächste Jahrhundert langen wirst,
das verspricht, was wir nicht halten konnten.
Vergiß die Hoffnung nicht.

Max Fürst

Gefilte Fisch – nachgefüllt

Er wußte, woher er kam. Das machte ihn im Gespräch sicher und fürs Leben frei: Deutscher, Jude, Vertriebener, Flüchtling, Emigrant, Remigrant, Königsberger und Tischler, Sozialist und Jugendbewegter. Ein Mann, der im Unterwegs stets ein Zuhause fand. Ein paar Jahre nach dem Kriegsende saßen wir uns in einer Zelle des einstigen Klosters Bernstein auf der Schwäbischen Alb gegenüber, beide eingefangen von dem Holzschneider HAP Grieshaber, und tauschten unsere Erfahrungen aus. Max Fürst war der erste Jude, den ich kennenlernte. Babitschka, meine tschechische Großmutter, hatte oft von den Ribaschs erzählt, ihren jüdischen Freunden, die nach Theresienstadt abgeholt worden waren, und ich hatte in der Wochenschau im Kino gesehen, wie Auschwitz befreit wurde. Er sei 1905 in Königsberg zur Welt gekommen, erzählte er mir und nickte sich nach, als verfolge er von diesem Ausgangspunkt den Mäander seines Lebens. Dabei war er genau so alt, wie mein Vater geworden wäre. Und obwohl er viel jünger wirkte, benahm er sich väterlich. Er wollte mich »elternlosen Stromer« beschützen und in dauernde Obhut nehmen, empfahl mir eine Schule in Genf mit einem Namen, den er hätte erfinden können: École humanité. Ich folgte seinem Rat nicht, bereitete mich auf eine weitreichendere Menschenschule vor, vergaß aber nicht, nachdem wir uns aus den Augen verloren hatten, und ich von ihm nur noch über meinen Freund Helmut Heißenbüttel hörte, wie er an einem Abend zur Gitarre gesungen und eine Wärme abgegeben hatte, die ich für die kommende Zeit nötig brauchte.

Manchmal träumte ich von ihm. Er saß klein, die Beine breit, auf einem Stuhl mit strenger Lehne mir gegenüber, redete und erzählte, machte mir klar, daß er nichts von dem sei, was ihm nachgesagt werde, also kein Vertriebener, kein Flüchtling, kein Deutscher, kein Jude. Das alte böse Lied, höre ich ihn sagen, wir werden festgelegt, damit wir passen.

Dabei fragte ich mich im Traum, wie er sprach. Nun weiß ich es wieder. Ich kann ihn lesen. Während ich ihm zuhöre, wird seine Stimme laut. Sie kommt mir erstaunlich jung vor, ostpreußisch eingefärbt, ist nicht die eines älteren Mannes. Aber was sie mir erzählt, hat mit Kindheit, mit Jugend zu tun. Mit Max Fürsts Jugend, und, so scheint es mir, mit seiner Stadt, die in seinem Gedächtnis eng und wohnlich wird. Eine Stadtwohnung, eine Wohnstadt: Königsberg. Wohnung für Juden und Deutsche, für Reiche und Arme. Da wird durch die Zimmer kein trennender Kreidestrich gezogen. Bloß nimmt die Enge auch den Atem, macht die Erwartungen klein, so daß einer wie Max Fürst schließlich aufbricht, ohne sich umzusehen, und erst, Jahre später, zur Erinnerung aufgerufen, wiederholt, was ihn erfüllte und antrieb, was ihn stärkte und bestärkte, die Mischpoche, die Familie, der Großvater, der ebenfalls Max gerufen wurde, ein überaus erfolgreicher Kaufherr in der Wassergasse.

Die Stadt, die Familie, die Schule: Wie alle Erinnerungen, die in das vorige Jahrhundert zurückreichen, gehen sie uns an einem Übermaß an Details verloren. Entfernungen und Größe schrumpfen, die Bewegungen (selbst bei jenen, die flüchten) werden langsamer. Offenbar hat uns das neue Jahrhundert mit neuen inneren Maßen versehen, die wir ziemlich hilflos »global« nennen. Wir bewegen uns in Gedanken hastiger, vergessen rascher. Was in der Welt geschieht, erreicht uns in medialen Nachrichten sofort, ja beinahe gleichzeitig. Nur mit Mühe halten die Jüngeren die Abirrungen unserer gemeinsamen in das letzte Jahrhundert führenden Geschichte aus, den unauflösbaren und undurchschaubaren Widerstreit von Philosophien und Ideologien. Die Spannung zwischen Links und Rechts beschreibt Max Fürst. Sie macht deutlich, wie das jüdische Königsberg ihn formte, die

Zeit ihn politisierte, wie der spätere Tischler, bedroht von der Gewalt der Nazis, in einem gleichsam physischen Vorgang unberührbar für alle Gemeinheiten und weise wird. So wie der alte Mann auf dem Bernstein, von dem ich wenig wußte und der mir viel auf den Weg mitgab. Zum Beispiel die Einsicht, daß Freunde zu Weggefährten werden, wie Hans Litten, der linke Jurist, an den er als seinen politischen Mentor denkt. Ein Treuer, der, trotz Marter und Folter im Konzentrationslager, mit unverstellter Stimme spricht. »Jeder, der einmal meinen Weg kreuzte, erscheint in mancherlei Gestalt, redet mit mir, und ich habe oft das Gefühl, mich in einer Art Unterwelt zu bewegen!« Hier offenbart sie sich von neuem, die unerhörte Entfernung. Unsere innere Bühne wird klein, schrumpft auf die Größe von Fotos. Sie lassen sich zeigen und regen zu Stichworten an. Eines davon gilt Margot, seiner Frau. Sie war auf dem Bernstein dabei, fast wortlos begleitete sie seine Geschichten und Gleichnisse. Sie sind beide in Nazihaft gewesen, er im KZ Oranienburg, sie im Frauengefängnis Barnimstraße. Auf einmal schießen die Wirklichkeiten, die mörderischen Veränderungen in einem wie zur Seite geredeten Satz zusammen. »Kurz nach dem ›Röhm-Putsch‹ gehen die Konzentrationslager von der SA an die SS.«

Zwei Jahre lang bemühen sie sich um die Ausreise. Von Amsterdam fahren sie mit dem Frachter »Telamon« nach Palästina. Mit diesem Aufbruch in ein anderes, neues Leben endet der zweite Band der Erinnerungen: ›Scheherezade. Die schwierigen zwanziger Jahre‹. Max Fürst wollte noch eine Fortsetzung schreiben, von der Zeit in Palästina berichten, der Rückkehr nach Deutschland, dem Aufenthalt auf dem Bernstein, den Jahren in Stuttgart. Dann wäre er sich von neuem ins Wort gefallen, um nachdenklich die Distanz zwischen sich und sich zu messen, sich von heute und sich von damals.

1968, als ich zum ersten Mal Israel besuchte, aß ich gefilte Fisch. Im Hotel, zum Frühstück. Die ungewohnte Mahlzeit war offenkundig nicht gut präpariert, die Gräten machten mir zu schaffen. Auch dem erinnernden Max Fürst. Bei diesem (seinem) gefilten Fisch sind die Gräten »leider dringeblieben. Die Probleme der Deutschen, der Juden, der deutschen Juden, der Schule, der Lehrzeit sind hineingepackt und zusammengebunden.«

Eine solche »Füllung« dürfte die jüngeren Leserinnen und Leser überraschen, sogar überrumpeln: So etwas gab es! Ja, so etwas gab es vor Hitler, vor den Nazis, vor dem Holocaust. Es war das Zeitalter, in dem die Synagogen – nicht wie jetzt in unserem Land – nicht bewacht werden mußten. Eine Zeit, in der es *ein* Gespräch gab und das Gedächtnis sich nicht teilte, sondern in eine Geschichte zu münden hoffte. Wir, Max Fürst und ich, würden darin übereinstimmen, daß es in diesem Jahrhundert, 2004, keine globale Aufklärung geben wird, vielmehr finstere Vorurteile die Völker bedrängen, heimsuchen werden. Der Bernstein scheint mir im Rückblick ein Vorposten für selbstverständliche Selbsterklärung und Aufmerksamkeit für den andern gewesen zu sein. Die Auseinandersetzung zwischen Israelis und Palästinensern, zwischen Vertriebenen, hätte den Vertriebenen Max Fürst unparteiisch werden lassen. Genauer gesagt: Parteiisch für den Frieden. Er habe, schreibt er, Israel, sein Land, kaum kennengelernt, aber mit den Israelis die Hoffnung geteilt, die Probe, etwas Neues zu schaffen, zu bestehen. Die gegenwärtigen Zustände hätten seine Ruhe, seine Weisheit sehr angegriffen.

Er hat lernen müssen, wie leicht ein Land aus einem Leben verlorengeht: »Es ist leicht, über Ostpreußen zu schreiben, ich sehe es klar vor mir, es ist mein Orplid, versunken in Geschichtslosigkeit. Auch heute noch kann es geschehen, daß ein Land aus den Schlagzeilen verschwindet und keine Versammlung der Heimatvertriebenen es in die Aktualität zurückholen kann.« Womit er recht hat, auch wenn es schmerzt. Es kann sein, daß ich aus unserer Begegnung die Lehre zog, daß ein Vertriebener nur bei sich ankommen kann, nicht als Königsberger, nicht als Deutscher und nicht als Jude, sondern schlicht und einfach als der Tischler Max Fürst.

Januar 2004 *Peter Härtling*

Inhaltsübersicht

Gefilte Fisch
Eine Jugend in Königsberg

1. Die Wohnung 9
2. Die Verwandten 32
3. Die Stadt · Frühling in Königsberg · Kaisers Geburtstag · Helene 49
4. Juden in Königsberg · Spaziergänge · Vorschule · Gymnasium · Die Stadt II · Familienleben · Helene II · Tiergarten · Cranz · Friedhof · Tante Rosettchen · Musik · Geigenstunden · Herrenartikel · Mutter Fox · »Jenagere« · Kaufhaus Ladendorff · Weihnachten 56
5. Die Schule · Der Erste Weltkrieg · Geschichte · Treue · Lügen · Schule II · Schulhof · Straßenfeger · Der Deutschlehrer · Sorgenau · Das Vorhängeschloß · (Haifa) · Heimat · Sorgenau II · Ende Sorgenau · Gerhard Birnbaum · Börsengarten · Theater 100
6. Die Synagoge · Jüdische Gebräuche · Noch einmal Judentum bis zur Bar Mizwa · Bar Mizwa II · Neumond · Fredi Quadfasel · Kriegsende 156
7. Ende der Schulzeit · Lipsky · Beginn politischen Interesses · Theater in Königsberg II · Waisenhaus 191
8. Jugendbewegung · Schulentlassung · Helenes Fortgang · Erwin Lichtenstein · Die Gruppe · Allenstein · Grünwald · Ruth Simon · Hans Litten · Lehrzeit · Karl Dittloff · Inflation · Kunstgewerbeschule · Lehrzeit II · Gesellenprüfung · Bettfedernschränke · Hans Litten II · Chewremann · Die Gruppe II · Siegfried Adler · Das Kamel · Sommerlager Sorgenau mit Hertha Sielmann · Hans Litten III 201
9. Hans Litten IV 262
10. Jugend und Politik · Hans Litten V · Vom Beruf · Lilli · Kurische Nehrung · Minderheiten · Zionistische Jugendbewegung 286
11. Aufbruch von Königsberg 324

Talisman Scheherezade
Die schwierigen zwanziger Jahre

1. Gehen durch Berlin 1970 343
2. Ankunft in Berlin 1925 362
3. Nachdenkliche Reise durch Mitteldeutschland 374
4. Hannover mit Leonard Nelson und Theodor Lessing 395
5. Reise durch Deutschland im ewigen Frühling 421
6. Berlin · Münze, Auguststraße, Rosenthaler Straße · Hannchen 447
7. Mulakstraße · Hannchen II 479
8. Mulakstraße II · Lex · Jugend und Politik und die Parteien · Theater, Piscator, Edmund Meisel 492
9. Auflösung des »Schwarzen Haufen« · Rudi Arndt · Rubin · Leo Rosenthal · Leo Roth u. a. · Hannchen und ihre Kinder 510
10. Das Gold der zwanziger Jahre · Krantz-Prozeß · Jugendberatungsstelle 539
11. Anwaltsbüro Barbasch-Litten · Tod des Vaters · Heirat und Geburt von Mop 562
12. Werkstatt und Umschichtungskurs 579
13. Hans Litten · Kunst-Theorie 603
14. Hans Litten II · Strafprozesse · Reichstagsbrand · Verhaftung · Befreiungsversuch 627
15. 1933 · Geburt von Elnis · Marie Ehlert · Edith Fürst 655
16. Unsere Verhaftung · Columbiahaus · Oranienburg · Entlassung 680
17. Margot als Gefangene Nr. 1001 · Entlassung und Auswanderung 708

Entscheidung für Palästina und Heimkehr

Texte aus dem Nachlaß 731